Der Schutz nationaler ungarischer Minderheiten durch ihren Ursprungsstaat aufgrund des ungarischen Statusgesetzes und dessen Vereinbarkeit mit dem Völkerrecht

Europäische Hochschulschriften
Publications Universitaires Européennes
European University Studies

Reihe II
Rechtswissenschaft

Série II Series II
Droit
Law

Bd./Vol. 4260

PETER LANG
Frankfurt am Main · Berlin · Bern · Bruxelles · New York · Oxford · Wien

Katrin Voigt

Der Schutz nationaler ungarischer Minderheiten durch ihren Ursprungsstaat aufgrund des ungarischen Statusgesetzes und dessen Vereinbarkeit mit dem Völkerrecht

PETER LANG
Europäischer Verlag der Wissenschaften

Bibliografische Information Der Deutschen Bibliothek
Die Deutsche Bibliothek verzeichnet diese Publikation in der Deutschen Nationalbibliografie; detaillierte bibliografische Daten sind im Internet über <http://dnb.ddb.de> abrufbar.

Zugl.: Kiel, Univ., Diss., 2005

D 8
ISSN 0531-7312
ISBN 3-631-54452-9

www.peterlang.de

Für meine Eltern, Kirsten
und
Torsten

Danksagung

Ich möchte mich sehr herzlich bei Herrn Prof. Dr. Dr. R. Hofmann für die interessante und herausfordernde Aufgabenstellung sowie die freundliche Betreuung während dieser Arbeit bedanken. Er hat den Fortschritt dieser Arbeit stets mit Diskussionen und Anregung begleitet.

Auch danke ich den Mitarbeitern des Walther-Schücking-Instituts, die mir während der Anfertigung meiner Arbeit immer hilfreich zur Seite gestanden haben.

Zudem danke ich ganz herzlich Herrn Udo von der Linden für die äußerst geduldige Korrektur meiner Arbeit.

Vor allem möchte ich mich aber ganz herzlich bei meinen Eltern bedanken, die mich sowohl während meines Studiums als auch während der Anfertigung dieser Arbeit finanziell und moralisch unterstützt haben und mir dadurch meine Ausbildung ermöglicht haben.
Auch danke ich meiner Schwester Kirsten für die von ihr geleistete moralische Unterstützung.

Schließlich möchte ich mich noch ganz herzlich bei Torsten Köcher bedanken, der mir zum einen durch seine computerspezifischen Kenntnisse stets weiterhelfen konnte und zum anderen mir vom Anfang der Arbeit bis zum Rigorosum immer mit guten Ratschlägen und mit viel Geduld zur Seite gestanden hat. Torsten, es ist schön, dass es Dich gibt!

INHALTSVERZEICHNIS

ABKÜRZUNGSVERZEICHNIS

a. A.	=	andere Ansicht
Abs.	=	Absatz
AEMR	=	Allgemeine Erklärung der Menschenrechte
AHB	=	Ausschuss Hoher Beamter
AIDI	=	Annuaire de l'Institut de Droit International
ARDK	=	Anti-Rassendiskriminierungskonvention
Art.	=	Artikel / Article
Aufl.	=	Auflage
BalticYIL	=	Baltic Yearbook of International Law
BayVBl	=	Bayrisches Verwaltungsblatt
BritishYBIL	=	British Year Book of International Law
bzgl.	=	bezüglich
bzw.	=	beziehungsweise
CAHLR	=	Ad-hoc-Sachverständigenausschuss für Regional- oder Minderheitensprachen
CLRAE	=	Ständige Konferenz der Kommunal- und Regionalbehörden Europas
CCPR	=	Covenant on Civil and Political Rights
CSCE	=	Conference on Security and Co-operation in Europe
ders.	=	derselbe
d.h.	=	dass heißt
dies.	=	dieselbe / dieselben
Doc.	=	Document
dt.	=	deutsch
ECHR	=	European Court of Human Rights
ECMI	=	European Centre for Minority Issues
EMRK	=	Europäische Menschenrechtskonvention
EPIL	=	Encyclopedia of Public International Law
etc.	=	et cetera
ETS	=	European Treaty Series

EU	= Europäische Union
EuGH	= Europäischer Gerichtshof
EuGMR	= Europäischer Gerichtshof für Menschenrechte
EuGRZ	= Europäische Grundrechte Zeitschrift
EYMI	= European Yearbook of Minority Issues
f.	= folgende
FAZ	= Frankfurter Allgemeine Zeitung
ff.	= fortfolgende
Fn.	= Fußnote
FS	= Festschrift
GA	= General Assembly
GG	= Grundgesetz
GV	= Generalversammlung
HKNM	= Hochkommissar für nationale Minderheiten
HRLJ	= Human Rights Law Journal
Hrsg.	= Herausgeber
i.B.a.	= in Bezug auf
ICJ	= International Court of Justice
ICLQ	= The International and Comparative Law Quarterly
i.d.S.	= in dem Sinne
IGH	= Internationaler Gerichtshof
ILM	= International Legal Materials
IPBPR	= Internationaler Pakt über bürgerliche und politische Rechte
IPWSKR	= Internationaler Pakt über wirtschaftliche, soziale und kulturelle Rechte
i.S.d.	= im Sinne des
IsraelYIL	= Israel Yearbook of International Law
i.V.m.	= in Verbindung mit
KSZE	= Konferenz für Sicherheit und Zusammenarbeit in Europa
lit.	= litera
LNTS	= League of Nations Treaty Series
MERS	= Menschenrechte Schweiz
MM	= Mindermeinung

NATO	=	North Atlantic Treaty Organisation
No.	=	Number
Nr.	=	Nummer
OAS	=	Organisation Amerikanischer Staaten
OAU	=	Organisation Afrikanische Einheit
o.ä.	=	oder ähnliche / oder ähnliches
ODIHR	=	Office for Democratic Institutions and Human Rights
OSCE	=	Organisation for Security and Co-operation in Europe
OSZE	=	Organisation für Sicherheit und Zusammenarbeit in Europa
Para.	=	Paragraph
PCIJ	=	Permanent Court of International Justice
RdC	=	Recueil des Cours de l'Académie de Droit International
Res.	=	Resulution
RFE/RL	=	Radio Free Europe / Radio Liberty
RIAA	=	Reports of International Arbitral Awards
Rn.	=	Randnummer
s.o.	=	siehe oben
sog.	=	sogenannt(e)
s.u.	=	siehe unten
S.	=	Seite
S.Ct	=	Supreme Court
TexasILJ	=	Texas International Law Journal
u.a.	=	und andere / unter anderem / unter anderen
UN	=	United Nations
UNO	=	United Nations Organisation
v.a.	=	vor allem
Verf.	=	Verfasser
vgl.	=	vergleiche
Vol.	=	Volume
VwVfG	=	Verwaltungsverfahrensgesetz
WKRK	=	Wiener Konsularrechtskonvention
WVRK	=	Wiener Vertragsrechtskonvention

ZaöRV	= Zeitschrift für ausländisches öffentliches Recht und Völkerrecht
z.B.	= zum Beispiel
ZP	= Zusatzprotokoll
z.T.	= zum Teil

EINLEITUNG

Die vorliegende Arbeit befasst sich mit dem Schutz der nationalen Minderheiten durch ihren Ursprungsstaat. Dabei wird insbesondere das ungarische Statusgesetz betrachtet, das eine derartige Regelung darstellt.

In Bezug auf den völkerrechtlichen Minderheitenschutz ist zunächst grundsätzlich festzustellen, dass der Schutz von Minderheiten sowohl auf universeller als auch auf regionaler Ebene noch nicht ausreichend bzw. effektiv genug ist. Denn gerade auf universeller Ebene existieren (noch) keine Verträge, die sich gezielt dem Minderheitenschutz widmen. Auch wenn Fragen nationaler Minderheiten sowie die Erfüllung internationaler Verpflichtungen hinsichtlich der Rechte von Angehörigen nationaler Minderheiten ein berechtigtes internationales Anliegen sind und daher eine nicht ausschließlich innere Angelegenheit des jeweiligen Staates darstellen, ist zur Zeit der Schutz von Minderheiten primär die Verpflichtung des Staates, in dem die Minderheit ansässig ist.
In diesem Sinne stellt der Schutz von nationalen Minderheiten durch den Ursprungsstaat eine neue Entwicklung des Völkerrechts dar. Daher ist es auch nicht verwunderlich, dass das Völkerrecht aufgrund der Aktualität des Themas bislang noch keine Regelungen bezüglich des Schutzes nationaler Minderheiten durch den Ursprungsstaat getroffen hat.

Das am 19. Juni 2001 verabschiedete und im Januar 2002 in Kraft getretene ungarische Statusgesetz sah sich seit seinem Inkrafttreten immer wieder deutlicher Kritik in Bezug auf seine Vereinbarkeit mit dem Völker- und dem Europarecht sowohl von internationaler und europäischer Seite als auch von der Seite der an Ungarn angrenzenden Nachbarstaaten ausgesetzt. Dies führte dazu, dass das ursprüngliche Statusgesetz bereits Ende 2002 modifiziert wurde. Da aber auch bis zu diesem Zeitpunkt die Kritik gegenüber dem modifizierten Statusgesetz immer noch nicht vollständig verstummt ist, soll im Folgenden untersucht werden, ob diese Kritik begründet oder unbegründet ist.
Wegen des großen Umfangs der Prüfung der Vereinbarkeit des Statusgesetzes mit dem Völkerrecht und mit dem Europarecht wird im Rahmen dieser Arbeit nur die Kritik betrachtet, die sich auf die Vereinbarkeit des Statusgesetzes mit dem (universellen, regionalen und bilateralen) Völkerrecht bezieht.

Die Prüfung der Vereinbarkeit des ungarischen Statusgesetzes mit dem (universellen, regionalen und bilateralen) Völkerrecht orientiert sich an den von der Venedig-Kommission aufgelisteten vier Kritikpunkten, nämlich der Unvereinbarkeit des Statusgesetzes mit dem Prinzip der territorialen Staatensouveränität, mit dem Prinzip der Nichtdiskriminierung, mit dem Prinzip der freundschaftlichen nachbarschaftlichen Beziehungen zwischen den Staaten und mit dem Prinzip der Heiligkeit der Verträge ("pacta sunt servanda").
Dabei ist allerdings zu betonen, dass der Schwerpunkt der Arbeit auf der Prüfung der Vereinbarkeit des ungarischen Statusgesetzes mit den beiden erstgenannten Prinzipien, d.h. mit dem Prinzip der territorialen Staatensouveränität sowie mit dem Prinzip der Nichtdiskriminierung, liegt. Dies ist damit zu begründen, dass es sich bei dem Prinzip der territorialen Staatensouveränität um eines der wichtigsten Prinzipien des Völkerrechts handelt und dass das Prinzip der Nichtdiskriminierung als eines der wichtigsten menschenrechtlichen Prinzipien ebenfalls zu den wichtigsten Prinzipien des Völkerrechts zu zählen ist. Sowohl das Prinzip der freundschaftlichen nachbarschaftlichen Beziehungen zwischen den Staaten als auch das Prinzip der

Heiligkeit der Verträge gehören zwar auch zu den von den Staaten einzuhaltenden Prinzipien des Völkerrechts, allerdings kommt ihnen lange nicht die Bedeutung der anderen beiden Prinzipien zu (was auch an dem Umfang der Erörterung in Bezug auf das Prinzip der freundschaftlichen nachbarschaftlichen Beziehungen zwischen den Staaten und in Bezug auf das Prinzip der Heiligkeit der Verträge im Vergleich zu den Erörterungen in Bezug auf die beiden anderen Prinzipien zu erkennen ist). Da aber auch das Prinzip der freundschaftlichen nachbarschaftlichen Beziehungen zwischen den Staaten sowie das Prinzip der Heiligkeit der Verträge von der Venedig-Kommission in Bezug auf ihre Unvereinbarkeit mit dem ungarischen Statusgesetz erwähnt wurden, sollen auch sie der Vollständigkeit halber im Rahmen dieser Arbeit ihren Niederschlag finden.
Zur Hervorhebung der sich aus der Modifizierung des ursprünglichen Statusgesetzes ergebenden Unterschiede der Prüfung des ursprünglichen Statusgesetzes im Vergleich zu der Prüfung des modifizierten Statusgesetzes in Bezug auf ihre Vereinbarkeit mit dem (universellen, regionalen und bilateralen) Völkerrecht wird zunächst das ursprüngliche Statusgesetz auf seine Vereinbarkeit mit allen vier Prinzipien hin untersucht. Erst danach wird das modifizierte Statusgesetz dargestellt. Danach wird geprüft, ob die möglicherweise festgestellten Unvereinbarkeiten des ursprünglichen Statusgesetzes durch die Modifizierungen des Statusgesetzes aufgehoben werden.

In dieser Arbeit finden alle diejenigen Dokumente des universellen, regionalen und bilateralen Völkerrechts – insbesondere die zwischenstaatlichen, d.h. die von Ungarn mit seinen Nachbarstaaten geschlossenen bilateralen Abkommen, – Berücksichtigung, die bis Ende Juli 2004 veröffentlicht worden sind.

KAPITEL I: BEGRIFFSBESTIMMUNGEN

Um bei den nachfolgenden Ausführungen möglichst keine Unklarheiten in Bezug auf die Bedeutung der grundlegenden Begriffe aufkommen zu lassen, sollen diese zunächst einmal kurz erläutert werden.

A. Nationale Minderheit

Zu klären ist, wer zu einer nationalen Minderheit zu zählen ist und somit durch das ungarische Statusgesetz geschützt werden soll.

I. Minderheit

Auch wenn der völkerrechtliche Minderheitenschutz in den letzten Jahren eine immer größere Bedeutung und Wichtigkeit erlangt hat, so existiert im Völkerrecht bislang noch keine allgemein akzeptierte Definition des Begriffs der Minderheit.[1]

Die meiste Anerkennung in Theorie und Praxis erhält die Definition von Francesco Capotorti, die auf der Rechtsprechung des Ständigen Internationalen Gerichtshofs, auf Vorschlägen einer großen Anzahl von Regierungen sowie auf der Diskussion von Capotortis Definitionsvorschlags in der Menschenrechtskommission beruht.[2] Nach dieser Definition ist eine Minderheit eine Gruppe, die numerisch kleiner ist als der Rest der Bevölkerung eines Staates, die sich in einer nicht-dominanten Position befindet, deren Mitglieder ethnische, religiöse oder sprachliche Eigenschaften aufweisen, die sie vom Rest der Bevölkerung unterscheiden, und die – wenn auch nur implizit – ein Gefühl der Solidarität hinsichtlich der Erhaltung ihrer Kultur, Tradition, Religion oder Sprache erkennen lassen.[3] Um als Minderheit charakterisiert werden zu können, muss man demnach zwei objektive Kriterien (zahlenmäßige Unterlegenheit gegenüber der "Mehrheit" und nicht-dominante Position sowie die Unterscheidbarkeit gegenüber der "Mehrheit" aufgrund ethnischer bzw. nationaler, kultureller, religiöser oder sprachlicher Merkmale) und ein subjektives Kriterium (das vom gemeinsamen Willen getragene Bestreben, die eigenständige Identität zu wahren) erfüllen.
Im Rahmen der objektiven Faktoren bezieht sich die numerische Inferiorität auf die Gesamtbevölkerung eines Staates.[4] Dabei muss eine Minderheit als Gruppe begrifflich aus mindestens zwei Personen bestehen. In der Regel wird es sich jedoch angesichts der sonstigen Merkmale des Minderheitenbegriffs um mehrere Gruppenmitglieder handeln.[5] Eine Angabe

---

[1]) **J. Niewerth**, "Der kollektive und der positive Schutz von Minderheiten und ihre Durchsetzung im Völkerrecht", 1996, Kapitel I, A., S. 30 ff.

[2]) **M. Nowak**, "UNO-Pakt über bürgerliche und politische Rechte und Fakultativprotokoll – CCPR-Kommentar", 1989, Art. 27, Rn. 13.

[3]) **F. Capotorti**, "Minorities", in: R. Bernhardt (Hrsg.), "Encyclopedia of Public International Law" (EPIL), Vol. III, 1997, S. 410 – 420 (411); **ders.**, "Studies on the Rights of Persons Belonging to Ethnic, Religious and Linguistic Minorities", UN-Doc. E/CN.4/Sub.2/384/Rev.1, 1979, Para 568.

[4]) **M. Nowak**, (s. Fn. 2), Art. 27, Rn. 15.

[5]) **Ch. Scherer-Leydecker**, "Minderheiten und sonstige ethnische Gruppen: Eine Studie zur kulturellen Identität im Völkerrecht", 1997, Viertes Kapitel, B., I., 1., S. 266.

genauer absoluter Zahlen oder Prozentzahlen als numerische Mindestgrenze wäre aber völlig willkürlich und findet deshalb auch keine rechtliche Grundlage.[6] Die vergleichsweise schwächere Position ist nicht nur in Bezug auf die politische Macht zu sehen, sondern auch in Bezug auf die ökonomische, kulturelle oder soziale Stellung der Minderheit.[7]

Sowohl wegen des massiven Assimilierungsdrucks, dem Minderheitenangehörige zum Teil ausgesetzt sind, als auch wegen der Berücksichtigung des legitimen Wunsches einzelner Personen, nicht gegen ihren Willen als Angehörige einer Minderheit angesehen und eventuell sogar "ausgegrenzt" zu werden, kann es aus völkerrechtlicher wie rechtsvergleichender Sicht heute als gesichert gelten, dass die Zugehörigkeit einer Person zu einer Minderheit in erster Linie von ihrem entsprechenden Willen abhängt.[8] Ausschlaggebend ist somit das subjektive Kriterium, dem die objektiven Kriterien allenfalls in Extremfällen als korrigierende Umstände entgegengesetzt werden können.[9]

Einer der umstrittensten Punkte im Zusammenhang mit der Definition des Minderheitenbegriffs ist, ob die Mitglieder einer Minderheit Staatsangehörige des Aufenthaltsstaates sein müssen oder ob auch eine ausländische Wohnbevölkerung eine Minderheit darstellen kann. Gegen die Einbeziehung des Merkmals der Staatsangehörigkeit in die Definition des Minderheitenbegriffs spricht zum einen Art. 27 des Internationalen Paktes über bürgerliche und politische Rechte (IPBPR), der nicht wie Art. 25 des IPBPR den Begriff der "Staatsbürger" bzw. der "Staatsangehörigen" verwendet, sondern in dem vielmehr von "Personen" die Rede ist, was im Sinne einer grammatikalischen Interpretation darauf schließen lässt, dass nicht nur Staatsangehörige unter den Begriff der Minderheit in Art. 27 des IPBPR fallen. Unterstützend kommt hinzu, dass Punkt 5.1 des General Comment No. 18 on Article 27 CCPR, das am 6. April 1994 vom Menschenrechtskomitee der Vereinten Nationen angenommen wurde[10], unmissverständlich klargestellt, dass die durch Art. 27 des IPBPR geschützten Individuen nicht Bürger ihres Aufenthaltsstaates sein müssen. Dem Geist der Menschenrechtspakte von 1966, deren Ziel gerade die Überwindung der traditionellen Unterscheidung von Staatsangehörigen und Fremden ist[11], die im völkerrechtlichen Fremdenrecht und dem klassischen Minderheitenschutz ihren Ausdruck fand, entspricht nur allein die Auslegung, die die Ausländer in die Definition einer Minderheit mit einbezieht.[12] Auf der anderen Seite ist zu bedenken, dass der Schutzumfang des Minderheitenrechts erweitert wird, wenn die Staatsangehörigkeit kein Definitionsmerkmal ist. Diese Ausdehnung des Minderheitenbegriffs auch auf Nicht-Bürger eines Staates könnte schnell zu einer Überforderung dieses Staates führen, die ihn wenig ge-

---

6) **J. Packer**, "On the Definition of Minorities", in: J. Packer / K. Myntti (Hrsg.), "The Protection of Ethnic and Linguistic Minorities in Europe", 1993, S. 23 – 65 (23 ff, 49).

7) **F. Ermacora**, "The Protection of Minorities before the United Nations", in: Recueil des Cours de l'Académiede Droit International (RdC) 182 (1983, IV), 1984, S. 247 - 370 (292).

8) **R. Hofmann**, "Das nationale Minderheitenrecht in Osteuropa. Gegenwärtiger Stand und aktuelle Perspektiven", in: G. Brunner / B. Meissner (Hrsg.), "Das Recht der nationalen Minderheiten in Osteuropa", 1999, S. 9 – 37 (12).

9) **G. Brunner**, "Nationalitätenprobleme und Minderheitenkonflikte in Osteuropa", 1996, II., A., 3., S. 22.

10) UNITED NATIONS, Human Rights Committee, General Comment No.18 (Article 27), 1994, UN-Doc. HRI\GEN\1\Rev.1 at 38 (1994).

11) **Ch. Tomuschat**, "Protection of Minorities under Article 27 of the International Covenant on Civil and Political Rights", in: R. Bernhardt / W. K. Geck / G. Jaenicke / H. Steinberger (Hrsg.), "Völkerrecht als Rechtsordnung, Internationale Gerichtsbarkeit, Menschenrechte", FS für H. Mosler, 1983, S. 949 – 979 (960).

12) Vgl. **Ch. Scherer-Leydecker**, (s. Fn. 5), Viertes Kapitel, B., II., 2., a), S. 272 f.

neigt machen wird, derartige Schutzverpflichtungen zu übernehmen. Da das allgemeine, ohnehin für alle Staaten verbindliche Völkerrecht im Bereich des Minderheitenschutzes nur sehr schwach entwickelt und über rudimentäre Grundregeln bislang nicht hinausgekommen ist, ist aber gerade diese freiwillige Übernahmebereitschaft extrem wichtig.[13] Die geschichtliche Entwicklung des völkerrechtlichen Minderheitenschutzes zeigt zudem, dass nur für diejenigen Personen und Personengruppen Minderheitenschutz gewährt wurde, die Staatsangehörige des jeweiligen Staates waren. Nicht-Staatsangehörige wurden und werden durch das völkergewohnheitsrechtlich anerkannte Fremdenrecht (ausreichend) geschützt.[14] Auch weicht die Nicht-Einbeziehung des Merkmals der Staatsangehörigkeit in die Definition des Begriffs der Minderheit grundlegend von den relevanten Bestimmungen der meisten nationalen Rechtsordnungen Europas sowie der Mehrzahl der einschlägigen regionalen Instrumente des völkerrechtlichen Minderheitenschutzes ab. Diese sehen nämlich nur solche Personen als Angehörige von "nationalen" Minderheiten an, die Staatsangehörige ihres Aufenthaltsstaates sind und zugleich Gruppen angehören, die schon seit längerer Zeit im jeweiligen Gebiet ansässig sind.[15]

Grundsätzlich lässt sich feststellen, dass es kaum zweifelhaft ist, dass der Minderheitenschutz nicht mit dem Moment des Zuzugs einsetzt. Wer sich in einem anderen Staat niederlässt, mag als Wanderarbeitnehmer oder Flüchtling Schutz erhalten, Minderheitenschutz genießt er allerdings nicht. Insofern betrifft das Problem, ob die Staatangehörigkeit ein Merkmal der Definition des Minderheitenbegriffs ist, nur die sogenannten "neuen" Minderheiten, deren Mitglieder erst in den letzten Jahrzehnten eingewandert sind. Mangels Einbürgerung besitzen sie häufig nicht die Staatsangehörigkeit des Landes, in dem sie leben. Für sogenannte "alte" Minderheiten stellt sich diese Frage nicht. Solche Minderheiten leben seit langer Zeit auf dem entsprechenden Gebiet. Ihre Angehörigen werden regelmäßig die Staatsangehörigkeit des betreffenden Territorialstaates haben.[16]

In dem in dieser Arbeit zu bearbeitenden Fall der nationalen ungarischen Minderheiten in der ehemaligen Bundesrepublik Jugoslawien (jetzt Serbien-Montenegro), der Republik Kroatien, der Republik Slowenien, Rumänien, der Slowakischen Republik und der Ukraine handelt es sich um in den jeweiligen Ländern schon lange ansässigen Personengruppen. Ihre Trennung von ihrem ursprünglichen Heimatstaat Ungarn basiert nicht auf ihrer Ausreise bzw. Flucht aus Ungarn, sondern auf den politischen Veränderungen des frühen 20. Jahrhunderts. Im Jahre 1920 führte der Vertrag von Trianon zur Zerschlagung des historischen Ungarn und brachte mehrere Millionen ethnischer Ungarn unter die Oberhoheit neuer Staaten.[17] Durch deren Politik der "nationalen Homogenisierung", die mit zahlreichen Diskriminierungen und starkem

[13]) Vgl. **E. Klein**, "Die Frage der Minderheitendefinition", in: M. Mohr (Hrsg.), "Friedenssichernde Aspekte des Minderheitenschutzes in der Ära des Völkerbundes und der Vereinten Nationen in Europa", 1996, S. 211 f. (211).

[14]) Vgl. **R. Oxenknecht**, "Der Schutz ethnischer, religiöser und sprachlicher Minderheiten in Art. 27 des Internationalen Paktes über bürgerliche und politische Rechte vom 16. Dezember 1966", 1988, 3. Kapitel, II., 4., c), S. 107; **G. H. J. Erler**, "Minderheitenrecht", in: K. Strupp / H.-J. Schlochauer (Hrsg.), "Wörterbuch des Völkerrechts", 2. Band, 1961, S. 531 – 536 (531).

[15]) Vgl. **R. Hofmann**, "Addendum 1995 (zu "Minorities")", in: R. Bernhardt (Hrsg.), "Encyclopedia of Public International Law" (EPIL), Vol. III, 1997, S. 420 – 424 (421).

[16]) **R. Uerpmann**, "Völkerrechtliche Grundlagen des Minderheitenschutzes", in: G. Manssen / B. Banaszak (Hrsg.), "Minderheitenschutz in Mittel- und Osteuropa", 2001, S. 9 – 27 (15).

[17]) Gegenwärtig leben knapp 3 Millionen ethnischer Ungarn außerhalb der Landesgrenzen: davon 1,7 Mio. in Rumänien, 600.000 in der Slowakei, 350.000 in Serbien-Montenegro, 200.000 in der Ukraine, 25.000 in Kroatien und 6.500 in Slowenien.

Assimilierungsdruck gegenüber der Minderheitsbevölkerung verbunden war, verloren die ehemaligen Ungarn unfreiwillig ihre ungarische Staatangehörigkeit und wurden Staatsangehörige des jeweiligen neuen Aufenthaltsstaates.[18] Insoweit kommt das Problem, ob die Staatangehörigkeit ein Merkmal der Definition des Minderheitenbegriffs ist, hier nicht zum Tragen, da es sich bei den nationalen ungarischen Minderheiten nicht um sogenannte "neue", sondern um "alte" Minderheiten handelt.

II. National

Minderheiten können entsprechend ihrer unterschiedlichen Merkmale in verschiedene Gruppen eingeteilt werden (national, ethnisch, kulturell, sprachlich, religiös...).[19]
In Bezug auf "nationale" Minderheiten ist die Abgrenzung zu "ethnischen" Minderheiten nicht gerade eindeutig.
Die Besonderheit einer ethnischen Minderheit besteht in ihrem sogenannten "Volkstum", das sie zu wahren sucht; es handelt sich dabei um mehr als nur Kultur, es ist vielmehr die Erinnerung an die gemeinsame Geschichte, an die Herkunft der Väter und Vorfahren, kurz ihr Gruppenbewusstsein. Um eine ethnische Minderheit im Sinne des Rechts der Vereinten Nationen (UN) handelt es sich daher bei einer Gruppe, die ihre eigene Sprache, Kultur und Geschichte besitzt, die ein Gruppenbewusstsein aufweist und deren Angehörige diese Besonderheit erhalten wollen.[20]
Die Besonderheit der nationalen Minderheit in Abgrenzung zur ethnischen Minderheit besteht in der zusätzlichen politischen Willenserklärung, ein Volk sein zu wollen. Minderheiten, denen der Status einer nationalen Minderheit zukommt, können als Volk qualifiziert werden.[21]
Eine nationale Minderheit ist demnach – ungeachtet der Tatsache, dass es keine eindeutige Definition gibt, die eine Unterscheidung einer nationalen Minderheit und einer ethnischen oder sprachlichen Minderheit ermöglicht – eine Personengruppe, die neben den bereits für eine ethnische Minderheit genannten Merkmalen den Willen besitzt, als Gruppe jene Rechte wahrzunehmen, die eine Teilnahme am politischen Entscheidungsprozess entweder eines bestimmten Gebietes oder sogar auf nationaler Ebene ermöglichen, ohne dadurch anderen Ethnien in diesem Staat gleichgestellt zu sein.[22]

Aus dem soeben Dargestellten folgt, dass der Ausdruck "ethnische Minderheit" grundsätzlich weiter gefasst ist als der Begriff der "nationalen Minderheit" und somit die nationalen Minderheiten von den ethnischen Minderheiten mitumfasst werden. In der neueren Entwicklung des Minderheitenschutzes im Rahmen der Organisation für Sicherheit und Zusammenarbeit in Europa (OSZE) und des Europarates wird der Begriff der "nationalen Minderheit" allerdings als Sammelbegriff für die Kategorien "ethnische, kulturelle, religiöse und sprachliche Minderheiten" verwendet[23], obwohl laut dem Bericht von Capotorti die Gremien der Vereinten

---

[18]) **A. Schmidt-Schweizer**, "Ungarische Minderheiten, ungarisches Statusgesetz: Brücke oder neues Konfliktpotential?", in: forost – Forschungsverband Ost- und Südosteuropa, "Minderheiten: Brücke oder Konfliktpotential im östlichen Europa", Arbeitspapier Nr. 8 (Oktober 2002), S. 25 – 34 (25).

[19]) **N. Lerner**, "Group Rights and Discrimination in International Law", 1991, Part I, Chapter I, S. 9.

[20]) **F. Ermacora**, "Der Minderheitenschutz im Rahmen der Vereinten Nationen", 1988, Kapitel II, I., Punkt 44. und 45. (d), S. 45 f.

[21]) **Ch. Tomuschat**, (s. Fn. 11), FS-Mosler, S. 960.

[22]) **M. Nowak**, (s. Fn. 2), Art. 27, Rn. 24.

[23]) **F. Pan**, "Der Minderheitenschutz im Neuen Europa und seine historische Entwicklung", 1999, III., A), 1., S. 15.

Nationen seit 1950 versuchten, nicht von "rassischen" und "nationalen" Minderheiten zu sprechen, sondern von "ethnischen".[24] Dem entspricht auch die politisch verbindliche Definition des Begriff der "nationalen Minderheit" durch den Europarat. Danach wird unter einer "nationalen Minderheit" eine Gruppe von Personen in einem Staat verstanden, die im Gebiet dieses Staates ansässig und Bürger dieses Staates sind, langwährende, feste und dauerhafte Bindungen zum Staat, in dem sie leben, unterhalten, besondere ethnische, kulturelle, religiöse oder sprachliche Merkmale aufweisen, ausreichend repräsentativ, wenn auch zahlenmäßig kleiner als der Rest der Bevölkerung dieses Staates oder Gebietes dieses Staates sind, und die motiviert sind, gemeinschaftlich ihre gemeinsame Identität einschließlich ihrer Kultur, ihrer Traditionen, ihrer Religion oder ihrer Sprache zu erhalten.[25]
In den Staaten des östlichen Mitteleuropas lässt sich zudem häufig die Auffassung finden, dass es sich bei nationalen Minderheiten um solche Bevölkerungsgruppen handelt, die in einem anderen Staat die staatstragende Nation darstellen. Ethnische Minderheiten sind hingegen solche Bevölkerungsgruppen, die diese Voraussetzung nicht erfüllen.[26]

B. Ursprungsstaat und Aufenthaltsstaat

Des Weiteren ist kurz die Abgrenzung zwischen dem Ursprungsstaat und dem Aufenthaltsstaat einer Minderheit und der jeweiligen Bedeutung dieser beiden in Bezug auf den Minderheitenschutz zu erläutern.

I. Ursprungsstaat

Die Selbsternennung eines Landes als Ursprungsstaat ist vor allem eine Kreation der mittel- und osteuropäischen Länder sowie der Sowjetunion. Als Ursprungsstaat ("Kin-State") einer Minderheit wird dabei der Staat bezeichnet, aus dem eine Minderheit ursprünglich abstammt und von dem sie dann auf irgendeine Weise – meist unfreiwillig – getrennt worden ist, mit dem sie aber dennoch immer noch in engem Kontakt steht.[27]

Grundsätzlich handelt es sich bei dem Versuch von Ursprungsstaaten, "ihre" ethnisch Verbündeten in den Nachbarstaaten zu schützen, nicht um ein neues Phänomen.[28] Es ist bzw. war aber im Internationalen Recht bisher nur anerkannt, dass ein Staat für seine eigenen Staatsangehörigen in anderen Ländern Verantwortung übernehmen kann, nicht aber für Nicht-Staatsangehörige im Ausland, die möglicherweise eine ethnische Verbundenheit mit seiner eigenen Bevölkerung aufweisen.[29] Die Tendenz von Ursprungsstaaten, innerstaatlich Gesetze zu erlassen, die ihren nationalen Minderheiten in anderen Ländern spezielle Rechte zubilligen,

---

[24]) **F. Capotorti**, "Studies on the Rights of Persons Belonging to Ethnic, Religious and Linguistic Minorities", UN-Doc. E/CN.4/Sub.2/384/Rev.1, 1979, Para 568.

[25]) Empfehlung 1201 (1993) des Europarates.

[26]) **F. Pan**, (s. Fn. 23), III., A), 1., S. 15.

[27]) **K. Huber / R. W. Mickey**, "Defining the Kin-State", in: A. Bloed / P. van Dijk (Hrsg.), "Protection of Minority Rights Through Bilateral Treaties", 1999, S. 17 – 51 (22).

[28]) **Venedig-Kommission**, "Report on the Preferential Treatment of National Minorities By Their Kin-State" adopted by the Venice Commission at its 48th Plenary Meeting, 2001 , Punkt A., S. 2, (aufzurufen unter: http://www.venice.coe.int/docs/2001/CDG-INF(2001)019-e.htm, besucht am 17.10.2002).

[29]) **K. Huber / R. W. Mickey**, (s. Fn. 27), S. 18.

hat daher – bis zum Erlass des ungarischen Statusgesetzes – keine Aufmerksamkeit in der internationalen Gemeinschaft erregt. Insofern stellt die neue Form des Minderheitenschutzes – speziell durch den Ursprungsstaat – einen positiven Trend in Bezug auf die Verwirklichung eines effektiven Schutzes nationaler Minderheiten dar, allerdings nur unter dem Aspekt ihrer Vereinbarkeit mit dem Internationalen Recht.[30] In den meisten Fällen, in denen sich Ursprungsstaaten um "ihre" Minderheiten bemühen, bleiben ihre damit verfolgten Absichten unklar: Fraglich ist, ob sie mit ihrer Politik nur ihre ethnisch Verbündeten unterstützen wollen oder ob solche Aktionen durch strategische oder andere geo-politische Interessen motiviert werden.[31]
Das Verhalten von Ursprungsstaaten gegenüber "ihren" Minderheiten in anderen Ländern kann in vier generelle Gruppen eingeteilt werden: (1) direkte Unterstützung der ethnisch verbündeten Gemeinschaften in ihren Aufenthaltsstaaten; (2) Unterstützung bei der Umsiedlung der ethnisch Verbündeten, die es sich wünschen, von ihrem Aufenthaltsstaat – oft in den Ursprungsstaat – umzuziehen; (3) bilaterale Kontakte mit den Offiziellen des Aufenthaltsstaates in Bezug auf die Lebensbedingungen der Minderheiten; (4) internationale Initiativen, die darauf zielen, das angebliche Dilemma der Minderheiten zu lösen. Bei jeder dieser vier Varianten der Unterstützung der Minderheiten ist darauf zu achten, dass dadurch im Aufenthaltsstaat nicht der Verdacht erweckt wird, dass der Ursprungsstaat bei seiner Unterstützung nur seinen sezessionistischen Motiven folgt. Ein solcher Verdacht wird vor allem durch eine widersprüchliche, spärlich erklärte Politik erregt, die zudem sichtbar mit anderen politischen Zielen verbunden ist und / oder nicht durch bilaterale Kontakte mit dem Aufenthaltsstaat der Minderheit koordiniert ist.[32]

Zudem sollte der Ursprungsstaat anerkennen, dass die Unterstützung von ethnisch Verbündeten in den Nachbarländern nicht in seinen legalen Zuständigkeitsbereich fällt, sondern er muss vielmehr akzeptieren, dass die Hauptverantwortlichkeit in Bezug auf den Minderheitenschutz bei dem jeweiligen Aufenthaltsstaat liegt (s.u.).[33] Auch muss der Ursprungsstaat bei der Unterstützung "seiner" Minderheiten jeder Zeit die in Art. 1 II und Art. 2 I UN-Charta niedergelegten völkerrechtlichen Grundsätze der Souveränität, der Unabhängigkeit und der territorialen Integrität der jeweiligen Aufenthaltsstaaten respektieren, indem er jegliches Verhalten vermeidet, das die bilateralen Beziehungen mit dem Aufenthaltsstaat stören könnte (s.u.).[34]

II. Aufenthaltsstaat

Im Gegensatz zum Ursprungsstaat handelt es sich bei dem Aufenthaltsstaat um den Staat, in dem die jeweilige Minderheit ihren dauerhaften Wohnsitz hat. Wie bereits dargestellt, trägt der Aufenthaltsstaat in Bezug auf den Minderheitenschutz in seinem eigenen Staatsgebiet die Hauptverantwortung.[35] Trotz allem muss aber auch der Aufenthaltsstaat die Rechte der Minderheitenangehörigen respektieren: Durch Art. 2 V der Minderheitendeklaration der UN-

---

30) **Venedig-Kommission**, (s. Fn. 28), Punkt D., S. 11.
31) **K. Huber / R. W. Mickey**, (s. Fn. 27), S. 18.
32) **Dies.**, S. 32 / 41.
33) **K. Gál**, "The Hungarian legislation on Hungarians living in neighbouring countries", in: European Commission for Democracy Through Law (Venice Commission), "The protection of national minorities by their kin-state", Science and technique of democracy, No.32, 2002, S. 157 – 174 (162).
34) **W. Graf Vitzthum**, "Begriff, Geschichte und Quellen des Völkerrechtes", in: W. Graf Vitzthum (Hrsg.), "Völkerrecht", 2001, Erster Abschnitt (S. 1 – 85), I., 2., b), Rn. 72 ff, S. 39 ff.
35) S.o. Kapitel I, B., I., S. 32.

Generalversammlung ("UN-Declaration on the Rights of Persons Belonging to National or Ethnic, Religious and Linguistic Minorities") sowie durch das Kapitel IV, insbesondere durch den Punkt 32.4, des Kopenhagener Abschlussdokuments über die menschliche Dimension der KSZE und durch Art. 17 des vom Europarat ausgearbeiteten Rahmenübereinkommens zum Schutz nationaler Minderheiten wird es ihnen gestattet, grenzüberschreitende Kontakte mit den Personen, die in den Ursprungsstaaten leben, zu erhalten.

KAPITEL II: DAS UNGARISCHE STATUSGESETZ

Das am 19. Juni 2001 vom Budapester Parlament mit großer Mehrheit verabschiedete und zum 01. Januar 2002 in Kraft getretene "Gesetz 2001: LXII über die Ungarn, die in den Nachbarstaaten leben" (Statusgesetz) ist ähnlich wie das ungarische Minderheitengesetz von 1993 als Rahmengesetz konzipiert, das einige generelle Bestimmungen enthält.[36] Das bedeutet, dass nur relativ wenige der angesprochenen Materien abschließend geregelt werden, sondern es wird vielmehr bei den meisten Fragen auf die einschlägigen Fachgesetze verwiesen.[37]

Erklärtes Ziel der ungarischen Regierung war es, durch ein derartiges Rahmengesetz die materielle Situation der ethnischen Ungarn in den Nachbarstaaten zu verbessern bzw. zu stabilisieren, ihre nationale Identitätswahrung zu unterstützen bzw. dem Assimilierungsdruck durch den Aufenthaltsstaat entgegenzuwirken, ihre Bindungen zum Mutterland zu stärken und damit gleichzeitig den Abwanderungsprozess der Personen ungarischer Nationalität abzubremsen sowie der Stabilität des Donau-Karpaten-Raumes zu dienen.[38]

Das Statusgesetz stützt sich auf Art. 6 III der ungarischen Verfassung, wonach die Republik Ungarn Verantwortung für die Magyaren jenseits der Grenzen empfindet und die Pflege ihrer Beziehungen zu Ungarn fördert.[39] Es basiert auf der "Nation" als kulturellem Phänomen[40] und definiert in seiner Präambel und seinem Art. 3 eine Reihe von Zielen, die unter den Titeln kulturell-politisch, wirtschaftlich und kulturell strictu sensu zusammengefasst werden können. Das kulturelle Ziel ist der Erhalt der nationalen Identität der Ungarn außerhalb der Grenzen; das wirtschaftliche Ziel ist die Verbesserung des Lebensstandards dieser Personen und das kulturell politische Ziel ist die zweideutige Idee der "Einigung der ungarischen Nation".[41] Das ausdrückliche Ziel dieses Gesetzes ist es aber, das Wohlergehen und das Glück der außerhalb der Grenzen lebenden Ungarn sicherzustellen und deren Fähigkeit, außerhalb Ungarns zu bleiben, abzusichern.[42]

Das Statusgesetz ist vor allem für die Zeit nach dem EU-Beitritt Ungarns konzipiert. Es ist eine Reaktion auf das realistische Szenario, dass Ungarn EU-Mitglied wird, mehrere seiner Nachbarn hingegen nicht. In diesen Nachbarländern leben aber Millionen von ethnischen Ungarn, die bislang in recht engem Kontakt mit dem Mutterland stehen und die durch einen EU-Beitritt und der damit verbundenen Einführung des Schengen-Regimes von ihm abgeschnitten werden.[43]

---

36) **S. Constantin**, "The Hungarian 'Status Law' on Hungarians Living in Neighbouring Countries", in: A. Bloed, R. Hofmann, J. Marko, J. Mayall, M. Weller (Hrsg.), "European Yearbook of Minority Issues" (EYMI), Volume 1, 2001/2, 2003, S. 593 – 622 (597).

37) **H. Küpper**, "Ungarns umstrittenes Statusgesetz", in: Osteuropa Recht 47 (2001), Heft 5, S. 418 – 434 (420).

38) **A. Schmidt-Schweizer**, (s. Fn. 18), S. 26.

39) Art. 6 III der ungarischen Verfassung lautet: "The Republic of Hungary bears a sense of responsibility for the fate of Hungarians living outside its borders and shall promote and foster their relations with Hungary." (Die ungarische Verfassung ist zu finden unter: http://www.oefre.unibe.ch/law/icl/hu00000_.html).

40) **K. Gál**, (s. Fn. 33), S. 162.

41) **M. Stewart**, "The Hungarian Status Law: A new European form of Transnational politics?", WPTC-02-09, S. 14.

42) **Ders.**, S. 15.

43) **H. Küpper**, (s. Fn. 37), S. 419.

A. Anwendungsgebiet

Die Zielgruppe des Gesetzes sind gemäß seiner Art. 1 und 2 sowie der Art. 19 – 22 die Personen in den Nachbarstaaten Ungarns – mit Ausnahme Österreichs – (also in der ehemaligen Bundesrepublik Jugoslawien (jetzt Serbien-Montenegro), der Republik Kroatien, der Republik Slowenien, Rumänien, der Slowakischen Republik und der Ukraine), die keine ungarischen Staatsbürger sind und sich als ethnische Ungarn bezeichnen bzw. zum "Ungarntum" bekennen. Dies müssen sie entweder durch die Kenntnis der ungarischen Sprache oder durch die Mitgliedschaft in Organisationen der Ungarn in den Nachbarstaaten oder einer der historischen ungarischen Kirchen bekräftigen.[44] Dabei müssen diese Personen ihre ungarische Staatsangehörigkeit durch einen nicht freiwilligen Verzicht verloren haben, und sie dürfen ferner nicht über eine Genehmigung zum ständigen Aufenthalt in Ungarn verfügen. Vom Geltungsbereich dieses Gesetzes werden auch die mit einer derartigen Person zusammenlebenden Ehegatten und die im gemeinsamen Haushalt lebenden minderjährigen Kinder erfasst, sofern diese im Übrigen nicht ungarischer Nationalität sind.

Alle diese betroffenen Personen können einen sogenannten "Ungarnausweis" bzw. ihre nichtmagyarischen Familienmitglieder einen "Angehörigenausweis" beantragen. Beide Dokumente, die fünf Jahre gültig sind, bilden die Grundlage für die Inanspruchnahme von Vergünstigungen im Mutterland und von Unterstützungen im Geburts- bzw. Aufenthaltsstaat. Die Ausweise selbst werden von der Republik Ungarn von zu diesem Zweck bezeichneten zentralen Verwaltungsbehörden (sog. Entscheidungsbehörden) in Ungarn ausgestellt, und zwar aufgrund der "Empfehlung" von Gremien in den Nachbarländern, die sich aus ethnischen Ungarn (in der Regel aus Persönlichkeiten des magyarischen öffentlichen Lebens oder aus Repräsentanten der Minderheitenverbände und der ungarischen Kirchen) zusammensetzen. Diese empfehlenden Organisationen, die sog. "Urkundenbüros", sind auch für die Information der Interessenten sowie für das Einsammeln und Weiterleiten der Anträge nach Ungarn zuständig.

B. Regelungsinhalte

In den Art. 4 – 18 des Statusgesetzes werden den Auslandsungarn Privilegien auf zahlreichen Gebieten gewährt: Bildung, Kultur, Wissenschaft, Stipendien, Unterricht und Fortbildungen, Reisevergünstigungen, Zugang zum Sozialversicherungs- und Gesundheitswesen und zum Arbeitsmarkt, finanzielle Unterstützungen.

Regelungstechnisch bedient sich der Gesetzgeber hierzu unterschiedlicher Mittel: Auf unterster Stufe stehen objektive Verpflichtungen des Staates ohne korrespondierende subjektive Rechte (Art. 3, 6, 13, 17). Darüber hinaus gehend wird Auslandungarn in manchen Feldern Gleichberechtigung mit ungarischen Staatsbürgern eingeräumt, d.h., sie haben Zugang zu bestimmten Leistungen unter den Bedingungen, die auch ein ungarischer Staatsbürger erfüllen muss (Art. 4 I, 9 I, 9 II, 10 I, 12 II). In manchen Bereichen verleiht das Statusgesetz auch über die Gleichbehandlung hinaus subjektive Rechte auf bestimmte Leistungen (Art. 7 II, 9 IV, 13 II 2, 14 IV, 16 I, 18, ähnlich: Art. 9 III, 11 I). In anderen Fällen gewährt das Gesetz

---

[44]) Vgl. **A. Schmidt-Schweizer**, (s. Fn. 18), S. 28.

einen subjektiv-rechtlichen Anspruch ohne Beschränkungen (Art. 4 II, 8 II/III, 14 I-III, auch: Art. 4 III, 7 I, 11 II).

Im Mutterland, also in Ungarn, sieht das Statusgesetz insbesondere folgende Vergünstigungen für die Inhaber der Ausweise vor:

- erleichterte Einreise (unter Beachtung völkerrechtlicher Verpflichtungen)
- viermal jährlich eine Ermäßigung der Bahntarife (2. Klasse) um 90 %
- Anerkennung von Schüler-, Studenten- und Pädagogenausweisen
- Vergünstigungen im kulturellen Bereich
- gleichberechtigter Zugang zu Studienplätzen und Stipendien
- Recht zur regelmäßigen Teilnahme an Lehrerfortbildungen und zur Kostenerstattung
- Zugang zum ungarischen Arbeitsmarkt für 3 Monate (mit der Möglichkeit der Verlängerung) und die Integration ins ungarische Sozialversicherungs- und Gesundheitswesen
- sowie – bei Nicht-Arbeitnehmern – die Übernahme der Kosten von Gesundheitsdienstleistungen in akuten Fällen sowie bei Krankheiten, die im Mutterland nicht behandelt werden können.
-

Im Geburts- bzw. Aufenthaltsstaat stehen den Ausweisinhabern bzw. ethnischen Ungarn unter anderem folgende Unterstützungen zu:

- Unterrichtsbeihilfen für Familien, die mindestens zwei Kinder in ungarisch-sprachige Schulen schicken
- Stipendien für Studenten der magyarischen Minderheit an Universitäten in ihrem Geburtsland – unabhängig vom Studienfach und der Unterrichtssprache
- die materielle und immaterielle Förderung von Einrichtungen der Ungarn in den Nachbarstaaten, die den Erhalt der ungarischen Sprache, Kultur und des historischen Erbes anstreben.

C. Ungarns Rechtfertigung des Statusgesetzes

Nachdem die inoffiziellen Ergebnisse der Volkszählungen von 2001 in der Slowakei, in Rumänien und in der ehemaligen Bundesrepublik Jugoslawien (jetzt Serbien-Montenegro) darauf schließen ließen, dass die Zahl der dort lebenden Personen ungarischer Nationalität um ca. 8 % innerhalb der letzten zehn Jahre zurückgegangen ist, sah sich die ungarische Regierung zum Handeln gezwungen. Dabei boten sich ihr drei Möglichkeiten: (1) Eine Möglichkeit wäre gewesen, die Abwanderung der außerhalb Ungarns lebenden Personen ungarischer Nationalität nach Ungarn anzuerkennen und ihre Wiedereinbürgerung zu unterstützen. Dies hätte aber nicht dem ungarischen Willen entsprochen, der vielmehr darauf gerichtet war, die Identität und Kultur dieser Personen in den Gebieten, in denen sie leben, zu erhalten. (2) Eine weitere Möglichkeit hätte die Idee einer doppelten Staatsangehörigkeit dargestellt. Dies wäre aber für Ungarn unter dem Gesichtspunkt der EU-Beitrittsverhandlungen nicht von Vorteil gewesen. (3) Die dritte Möglichkeit, für die sich die ungarische Regierung letztlich entschieden hat, da sie von allen als die harmloseste angesehen wurde und alle Umstände der Region berücksichtigte, war die Zusicherung von Vergünstigungen und Unterstützungen – durch sekundäre

Maßnahmen – an die ungarischen Minderheiten, die in den Nachbarländern leben, ohne ihnen einen speziellen "Status" anzubieten.[45]

In seiner Funktion als Ursprungsstaat – und nicht als Aufenthaltsstaat – hat Ungarn dabei aber erkannt, dass es mit den "Ungarn", die in den Nachbarstaaten leben, keine Staat-Bürger-Beziehung hat. Ungarn akzeptiert auch, dass der Schutz nationaler Minderheiten primär den Aufenthaltsstaaten und der internationalen Gemeinschaft zukommt, so wie es auch in § 56 des ungarischen Gesetzes LXXVII von 1993 zum Ausdruck kommt.[46] Es ist daher nur die Absicht Ungarns, mit dem Gesetz zu mehr kultureller Vielseitigkeit beizutragen bzw. die jetzige zu erhalten, so wie es auch vom Europarat gewünscht wird. Demnach zielen der Tenor und der Aufbau des Gesetzes auch nur darauf ab, Personen mit ungarischer Abstammung miteinander zu verbinden, und zwar durch kulturelle und ausbildungsbezogene Verbindungen. Dies entspricht auch dem Art. 3 q) EGV[47], Art. 151 EGV[48] und Art. 22 Charta der Grundrechte der EU[49], in denen die Achtung der kulturellen Vielfalt und die kulturelle Zusammenarbeit auch garantiert werden. Zu betonen ist, dass das Gesetz aus ungarischer Sicht nicht auf ethnischen Erwägungen beruht, sondern dass es vielmehr im Einklang mit Punkt 32 des Kopenhagener Dokuments[50] und mit Art. 3 I des Rahmenübereinkommens zum Schutz nationaler Minderheiten[51] steht. Des Weiteren ist die ungarische Regierung davon überzeugt, dass das Gesetz die

---

45) **K. Gál**, (s. Fn. 33), S. 161.

46) Der § 56 des ungarischen Gesetzes LXXVII von 1993 lautet: "An der finanziellen Förderung der Minderheiten können sich auch in- und ausländische Organisationen, Stiftungen und Privatpersonen beteiligen. Für ausländische Spenden zur Förderung der Minderheitenkultur kann der Staat – nach Maßgabe besonderer Rechtsvorschriften – Zollvergünstigungen und Zollfreiheit gewähren." (Das gesamte ungarische Gesetz LXXVII von 1993 ist abgedruckt bei: **G. Brunner / G. H. Tontsch**, "Der Minderheitenschutz in Ungarn und Rumänien", (Minderheitenschutz im östlichen Europa; Band 4), 1995, S. 63 ff).

47) Art. 3 q) des EGV lautet: "Die Tätigkeit der Gemeinschaft im Sinne des Artikel 2 umfasst nach Maßgabe dieses Vertrags und der darin vorgesehenen Zeitfolge: (...); einen Beitrag zu einer qualitativ hochstehenden allgemeinen und beruflichen Bildung sowie zur Entfaltung des Kulturlebens in den Mitgliedstaaten; ...."

48) Art. 151 des EGV lautet: "(1) Die Gemeinschaft leistet einen Beitrag zur Entfaltung der Kulturen der Mitgliedstaaten unter Wahrung ihrer nationalen und regionalen Vielfalt sowie gleichzeitiger Hervorhebung des gemeinsamen kulturellen Erbes.

(2) Die Gemeinschaft fördert durch ihre Tätigkeit die Zusammenarbeit zwischen den Mitgliedstaaten und unterstützt und ergänzt erforderlichenfalls deren Tätigkeiten in folgenden Bereichen:

- Verbesserung der Kenntnis und Verbreitung der Kultur und Geschichte der europäischen Völker,
- Erhaltung und Schutz des kulturellen Erbes von europäischer Bedeutung,
- nichtkommerzieller Kulturaustausch,
- künstlerisches und literarisches Schaffen, einschließlich im audiovisuellen Bereich.

(3) Die Gemeinschaft und die Mitgliedstaaten fördern die Zusammenarbeit mit dritten Ländern und den für den Kulturbereich zuständigen internationalen Organisationen, insbesondere mit dem Europarat.

(4) Die Gemeinschaft trägt bei ihrer Tätigkeit aufgrund anderer Bestimmungen dieses Vertrags den kulturellen Aspekten Rechnung, insbesondere zur Wahrung und Förderung der Vielfalt ihrer Kulturen.

(5) Als Beitrag zur Verwirklichung der Ziele dieses Artikels erlässt der Rat

- gemäß dem Verfahren des Artikels 251 und nach Anhörung des Ausschusses der Regionen Fördermaßnahmen unter Ausschluss jeglicher Harmonisierung der Rechts- und Verwaltungsvorschriften der Mitgliedstaaten. Der Rat beschließt im Rahmen des Verfahren des Artikels 251 einstimmig;
- einstimmig auf Vorschlag der Kommission Empfehlungen."

49) Art. 22 der Charta der Grundrechte der EU lautet: "Die Union achtet die Vielfalt der Kulturen, Religionen und Sprachen."

50) Zur Vereinbarkeit des ungarischen Statusgesetzes mit dem Punkt 32 des Kopenhagener Abschlussdokuments: s.u. Kapitel III, B., II., 2., b., (2), (a), ((3)), ((b)), S. 214 ff sowie Kapitel IV, B., II., 2., b., (1)., (c)., ((2)), S. 343.

51) Art. 3 I des Rahmenübereinkommens zum Schutz nationaler Minderheiten lautet: "Jede Person, die einer nationalen Minderheit angehört, hat das Recht, frei zu entscheiden, ob sie als solche behandelt werden

territoriale Integrität der Nachbarstaaten respektiert, da es keine Erwägungen einer Grenzveränderung oder einer doppelten Staatsangehörigkeit beinhaltet.[52]
Ungarn rechtfertigt den Erlass des Statusgesetzes außerdem damit, dass in anderen Ländern (u.a. in Slowenien, Rumänien, der Slowakei, sowie in Deutschland, Spanien, Italien, Portugal und Irland) ähnliche Gesetze erlassen worden sind, so dass das ungarische Statusgesetz nicht einzigartig ist. Auch wenn auf der einen Seite Unterschiede zwischen dem ungarischen Statusgesetz und den Gesetzen anderer Länder bestehen, so scheint es auf der anderen Seite doch eine anerkannte Praxis von Ursprungsstaaten zu sein, auf staatlicher Ebene Gesetze zu erlassen, die ihren anderswo lebenden Minderheiten Vergünstigungen zusichern.[53]

Auf internationaler Ebene fällt das ungarische Statusgesetz in den Aufgabenbereich der allgemeinen Standards des internationalen Rechts in Bezug auf den Minderheitenschutz. Da die Vergünstigungen, die durch das Gesetz gewährt werden, ausschließlich auf den Schutz, die Entwicklung und die Übertragung der Identität der betroffenen Personen auf ihre Abkömmlinge abzielen und keine Auswirkungen auf ihre Staatsangehörigkeit oder auf ihre Zugehörigkeit zu einer Minderheit haben, hat das Gesetz keine gesetzlichen Auswirkungen auf ihre bestehenden Rechte und Pflichten als Mitglieder von Minderheiten und als Bürger ihrer Aufenthaltsstaaten. Daher können die positiven Maßnahmen, die durch das ungarische Statusgesetz gewährt werden, nicht als Diskriminierung gegen ungarische Bürger oder gegen Bürger des / der Aufenthaltsstaaten angesehen werden.[54]
Diese Ansicht der ungarischen Regierung entspricht auch einigen Entscheidungen sowohl des Europäischen Gerichtshofes (EuGH)[55] als auch des Europäischen Gerichtshofs für Menschenrechte (EuGMR)[56], wonach in einer demokratischen Gesellschaft ein Ausgleich zwischen der Mehrheit und der Minderheit erzielt werden muss. Um dies zu erreichen, ist neben einer fairen und angemessenen Behandlung der Minderheit auch eine positive Diskriminierung der Minderheit möglich, die als einzige akzeptable Diskriminierung nach Art. 14 der Europäischen Menschenrechtskonvention (EMRK) angesehen werden kann.
Letztlich ist es ein allgemein anerkanntes Prinzip in modernen Ländern, dass das allgemeine gesetzliche System als solches die richtige Balance zwischen den verschiedenen Verpflichtungen des Staates einhalten soll – und nicht ein individuelles Gesetz. Deshalb kann man nach Ansicht der ungarischen Regierung nicht einfach das ungarische Statusgesetz aus der ganzen

---

möchte oder nicht; aus dieser Entscheidung oder der Ausübung der mit dieser Entscheidung verbundenen Rechte dürfen ihr keine Nachteile erwachsen."

[52]) **Venedig-Kommission**, "Paper containing the position of the Hungarian government in relation to the Act on Hungarians living in neighbouring countries", Punkt 2. a) – d), S. 3 – 7, (aufzurufen unter: http://www.venice.coe.int/docs/2001/CDL(2001)080-e.htm, besucht am 17.10.2002)

[53]) **Dies.**, Punkt 3., S. 7 f.

[54]) **Dies.**, Punkt 4. a), S. 10.

[55]) **EuGH**, Urteil vom 24. November 1998 (**"Bickel / Franz"**), Rechtssache C-274/96, Ziffer 29. Darin heißt es: "Der Schutz einer ethnisch-kulturellen Minderheit kann ein legitimes Ziel darstellen und somit als Rechtfertigung dienen."

[56]) **EuGMR**, Urteil vom 25. September 1996 (**"Buckley v. United Kingdom"**), Reports of Judgements and Decisions 1996-IV, Dissenting Opinion of Judge Pettiti, S. 1301 – 1306 (1302). Darin heißt es: "However, the only acceptable discrimination under Article 14 is positive discrimination, which implies that in order to achieve equality of rights through equality of opportunity it is necessary in certain cases to grant additional rights to the deprived members of the population such as the underclass of developed countries (...)."; sowie
EuGMR, Urteil vom 29. April 1999 (**"Chassagnou and others v. France"**), Applications No. 25088/94, 28331/95 and 28443/95, Opinion of the Commission, Ziffer 71, S. 96. Darin heißt es: "The Government point out that the principle of non-discrimination laid down by Art. 14 does not forbid the application of different rules to persons in different situations."

Menge an innerstaatlicher Gesetzgebung und anderen gesetzlichen Bestimmungen herausgreifen.[57]

Zur Rechtfertigung seines Statusgesetzes verweist Ungarn auch auf das Rahmenübereinkommen zum Schutz nationaler Minderheiten. Der Wortlaut dieses Vertrags und dessen Ziele bieten in den Augen Ungarns den Ursprungsstaaten ausreichende Möglichkeiten, derartige Gesetze wie das ungarische Statusgesetz zu erlassen. Art. 4 dieses Übereinkommens legt in seinem zweiten Absatz fest, dass die Vertragsparteien sich verpflichten, erforderlichenfalls angemessene Maßnahmen zu ergreifen, um in allen Bereichen des wirtschaftlichen, sozialen, politischen und kulturellen Lebens die vollständige und tatsächliche Gleichheit zwischen den Angehörigen einer nationalen Minderheit und den Angehörigen der Mehrheit zu fördern. In dieser Hinsicht berücksichtigen sie in gebührender Weise die besonderen Bedingungen der Angehörigen nationaler Minderheiten. Gemäß dem dritten Absatz dieses Artikels werden die in Übereinstimmung mit dem zweiten Absatz ergriffenen Maßnahmen nicht als Diskriminierung angesehen. Sowohl Art. 4 des Rahmenübereinkommens als auch die Rechtsprechung des EuGMR[58] erfordern, dass das ungarische Statusgesetz drei Bedingungen erfüllen muss, damit die in ihm niedergelegten Maßnahmen im Einklang mit dem Rahmenvertrag stehen: Es muss ein legitimes Ziel bestehen, die Maßnahme muss objektiv und mit einer Begründung zu rechtfertigen sein und es muss eine Verhältnismäßigkeit zwischen dem Ziel und der Maßnahme existieren. Ein legitimes Ziel wird darin gesehen, dass das Gesetz dafür sorgen soll, angemessene Bedingungen für jede Person einer nationalen Minderheit zu schaffen, die dieser hilft, ihre kulturelle und sprachliche Identität auszudrücken, zu bewahren und zu entwickeln. Die unterschiedliche Behandlung, die in dem Gesetz vorgesehen ist, lässt sich damit begründen, dass dies dazu dient, das Ziel des Erhaltens der kulturellen und sprachlichen Identität der ungarischen Minderheit in den Nachbarstaaten zu fördern. Die Verhältnismäßigkeit kommt dadurch zum Ausdruck, dass das ungarische Statusgesetz nicht die Mehrheit der Bevölkerung in den Aufenthaltsstaaten diskriminiert, da es die Möglichkeiten dieser zum Erhalt ihrer linguistisch-kulturellen Identität weder für nichtig erklärt noch beeinträchtigt.[59]

Die Vorwürfe der Exterritorialität des ungarischen Statusgesetzes, die vor allem darauf beruhen, dass durch das ungarische Statusgesetz ausländische Bürger betroffen sind und dass bei der Ausstellung des Ungarnausweises, durch den bestimmte Vergünstigungen gewährt werden, Organisationen eine wichtige Rolle spielen, die nicht ungarische Gemeinden repräsentieren, weist Ungarn mit dem Argument zurück, dass die meisten Vorschriften des Gesetzes ihre Anwendung im Bereich des ungarischen Staatsgebietes finden. Dass darüber hinaus auch Vorschriften existieren, die in den Aufenthaltsstaaten realisiert werden, ist eine unvermeidbare Folge, die immer dann in Kauf genommen werden muss, wenn sich ein Ursprungsstaat um

---

[57]) **Venedig-Kommission**, (s. Fn. 52), Punkt 4. c), S. 11.

[58]) **EuGMR**, Urteil vom 23. Juli 1968 (**"Belgian Linguistic Case"**), Series A, Vol. 6, I. B. Ziffer 10, S. 34. Darin heißt es: "(...). It is important, then, to look for the criteria which enable a determination to be made as to whether or not a given difference in treatment, concerning of course the exercise of one of the rights and freedoms set forth, contravenes Article 14. On this question the Court, following the principles which may be extracted from the legal practise of a large number of democratic States, holds that the principle of equality of treatment is violated if the distinction has no objective and reasonable justification. The existence of such a justification must be assessed in relation to the aim and effects of the measure under consideration, regard being had to the principles which normally prevail in democratic societies. A difference of treatment in the exercise of a right laid down in the Convention must not only pursue a legitimate aim: Article 14 is likewise violated when it is clearly established that there is no reasonable relationship of proportionality between the means employed and the aim sought to be realised."

[59]) **Venedig-Kommission**, (s. Fn. 52), Punkt 5. b) (1) – (3), S. 13 – 15.

seine nationalen Minderheiten in anderen Ländern kümmern will. Würde man diese Grenzüberschreitung ablehnen, dann würde damit jede Hilfe oder Unterstützung als ungesetzlich gelten. Ungarn ist des Weiteren der Ansicht, dass die für die Ausstellung der Ungarnausweise zuständigen Organisationen keine Geschäftsstellen der ungarischen Regierung sind, da die Regierung selbst diese nicht als solche betrachtet, da diese Organisationen im Einklang mit den Gesetzen des jeweiligen Landes gegründet worden sind und da sie vollständige Autonomie bezüglich ihrer Handlungen haben, um ihr Ziel zu erreichen, wobei ihre Empfehlungen weder die eine noch die andere Regierung in irgendeiner Weise binden. Zudem gibt es zahlreiche internationale und nationale Instrumente, die auch auf der Beteiligung von Ausländern beruhen (z.B.: Nobel-Preis-Nominierung, gemischte Komitees für die Stipendienauswahl). Aufgrund der heutzutage vorherrschenden grenzüberschreitenden Kooperation zwischen den einzelnen Ländern würde es daher aus Ungarns Sicht eine nicht zu rechtfertigende Übertreibung darstellen, wenn ein Ursprungstaat die ausdrückliche Zustimmung eines Aufenthaltsstaates bräuchte, um eine solche Kooperation mit ausländischen Bürgern herzustellen.[60]

Wegen all der soeben aufgezählten Gründe ist die ungarische Regierung der Ansicht, dass das ungarische Statusgesetz sowohl mit den Bestimmungen der internationalen Verträge und Gesetze zum Schutz von Minderheiten als auch mit den Bestimmungen der von Ungarn mit seinen Nachbarn geschlossenen bilateralen Verträge, die vor allem auf den Schutz der nationalen Minderheiten, die in dem Gebiet eines anderen Staates leben, ausgerichtet sind, vereinbar ist.

D. Kritikpunkte der Venedig-Kommission

Die im Rahmen des Europarates für Minderheitenfragen zuständige "European Commission For Democracy Through Law" (Venedig-Kommission) hat zu dem ungarischen Statusgesetz in ihrer 48. Sitzung durch den "Report on the preferential treatment of national minorities by their kin-state" Stellung genommen.

Wie bereits erwähnt, haben mehrere europäische Staaten zusätzlich zu den bilateralen Abkommen und den inländischen Umsetzungsbestimmungen zu diesen Abkommen spezielle Gesetze und Vorschriften erlassen, durch die eine bevorzugte Behandlung von Angehörigen "ihrer" Minderheit gesichert werden soll.[61] Allgemein lassen sich detaillierte Kriterien herleiten, die für jeden einzelnen erfüllt sein müssen, damit er in den personellen Anwendungsbereich eines dieser Gesetze fällt. Zu diesen Kriterien zählen die fremde Staatsangehörigkeit, die Zugehörigkeit zu einem spezifischen nationalen Hintergrund, ein im Ausland liegender Aufenthaltsort, keine Genehmigung für einen dauerhaften Aufenthalt im Ursprungsstaat, die Beherrschung der Sprache, das Wissen um die Kultur und ein Dokument, das die Berechtigung nachweist, die Vergünstigungen durch dieses Gesetz zu genießen. Die durch ein derartiges Gesetz gewährten Vorteile beziehen sich vor allem auf die Erziehung und die Kultur, die Sozialversicherung und die Krankenversicherung, Reisevergünstigungen, Arbeitserlaubnisse, Befreiungen von der Visums-Pflicht, Befreiungen von Aufenthaltserlaubnissen und Aufenthaltskosten bzw. die Wiedererstattung dieser, den Eigentumserwerb sowie den Erwerb der Staatsangehörigkeit. Normalerweise werden die eben beschriebenen Vorteile den Angehöri-

---

[60]) Dies., Punkt 7. a) – d), S. 16 f.
[61]) S.o. Kapitel II, C., S. 39.

gen einer nationalen Minderheit aber nur dann zugestanden, wenn sie sich auf dem Territorium des Ursprungsstaates befinden.[62]
Das ungarische Statusgesetz hebt sich allerdings in Bezug auf den räumlichen Anwendungsbereich von allen anderen bisher erlassenen Gesetzen ab, da es den Angehörigen "seiner" Minderheit – mit Ausnahme der Angehörigen der ungarischen Nation in Österreich – die Vergünstigungen nicht nur in Ungarn gewährt, sondern ihnen auch Vorteile auf dem Gebiet ihres Aufenthaltsstaates zubilligt. Erst durch dieses Gesetz ist die Aufmerksamkeit der internationalen Gemeinschaft erregt worden, die jetzt die dringende Notwendigkeit verspürt, derartige einseitige Maßnahmen auf ihre Vereinbarkeit mit dem internationalen Recht und dem europäischen Standard des Minderheitenschutzes hin zu überprüfen.
Nach der Meinung der Venedig-Kommission hängt die Frage, ob Staaten die Möglichkeit zugestanden werden soll, einseitige Maßnahmen zum Schutz ihrer nationalen Minderheiten zu ergreifen, davon ab, ob diese Maßnahmen mit folgenden Prinzipien vereinbar sind:

(1) dem Prinzip der territorialen Souveränität von Staaten
(2) dem Prinzip der Respektierung des Diskriminierungsverbots
(3) dem Prinzip der freundschaftlichen nachbarschaftlichen Beziehungen und
(4) dem Prinzip "pacta sunt servanda".[63]

Dem Prinzip der territorialen Staatensouveränität zufolge besitzen Staaten die exklusive Souveränität, also auch Gesetzgebungsbefugnisse, über ihr nationales Territorium. Dies bedeutet, dass kein anderer Staat oder keine andere internationale Organisation auf dem Gebiet dieses Staates ohne dessen Einverständnis Gesetzes erlassen kann.[64] In Bezug auf dieses Prinzip stellt sich daher die Frage, ob der bloße Erlass eines Gesetzes, das sich außerhalb des eigenen Staatsgebietes auswirkt, per se als ein Eingriff in die internen Angelegenheiten des anderen Staates bzw. der betroffenen Staaten angesehen werden kann und somit eine Verletzung dieses Prinzips darstellen kann.

Das Prinzip der Respektierung des Diskriminierungsverbots besagt, dass die Staaten verpflichtet sind, die internationalen Vereinbarungen zu den Menschenrechten, deren Partner sie alle sind, zu respektieren. In Ausübung ihrer Macht müssen sie zu jeder Zeit die Menschenrechte und die Grundfreiheiten anerkennen, wozu auch das Diskriminierungsverbot zählt.[65]
Bei dem ungarischen Statusgesetz und allen ähnlichen Gesetzen besteht die Möglichkeit, dass sie in dreifacher Hinsicht diskriminieren: zwischen den Angehörigen der nationalen Minderheit und den Bürgern des Ursprungsstaates; zwischen den Angehörigen der nationalen Minderheit und den Bürgern des Aufenthaltsstaates und zwischen den Angehörigen der nationalen Minderheit und den Angehörigen anderer, nicht begünstigter Minderheiten.

Das Prinzip der freundschaftlichen nachbarschaftlichen Beziehungen soll die Staaten dazu anhalten, einseitige Maßnahmen zu vermeiden, durch die sie riskieren würden, das Klima der Zusammenarbeit mit anderen Staaten zu verschlechtern.[66] Vor allem das Ausstellen des Ungarnausweises, durch den sein Halter als Mitglied einer nationalen Minderheit charakterisiert

---

[62]) **Venedig-Kommission**, (s. Fn. 28), Punkt C., S. 6 – 11.
[63]) **Dies.**, Punkt D., S. 11 ff.
[64]) **K. Ipsen**, "Völkerrecht", 3. Auflage, 1990, 5. Kapitel, § 23, II., 2., Rn. 6 ff, S. 249 ff.
[65]) **G. Alfredsson**, "Non-Discrimination and Minority Rights", in: J. C. Joerden (Hrsg), "Diskriminierung – Antidiskriminierung", 1996, S. 287 – 303 (288); **F. Ermacora**, (s. Fn. 20), Kapitel II, III., Punkt 60. und 63., S. 56 ff.
[66]) **Venedig-Kommission**, (s. Fn. 28), Punkt D., c., S. 14.

werden kann, als auch die Modalitäten, die zu seiner Ausstellung führen, könnten als eine derartige einseitige Maßnahme von Seiten Ungarns angesehen werden.

Dem Prinzip "pacta sunt servanda" zufolge müssen Verträge respektiert und in guter Verfassung erhalten werden.[67] Das bedeutet, dass Gesetze oder Verordnungen bzgl. der besonderen Behandlung von nationalen Minderheiten nicht in Bereiche eingreifen sollten / dürften, die durch bilaterale Verträge geregelt werden, sofern nicht der betroffene Aufenthaltsstaat vorher befragt worden ist und zugestimmt hat bzw. es dadurch akzeptiert hat, dass er keine Gegenmaßnahmen unternommen hat.

Die soeben aufgeführten vier Prinzipien stellen die Hauptkritikpunkte der Venedig-Kommission dar. Ob diese Kritik begründet ist und ob somit das ungarische Statusgesetz gegen das Völkerrecht verstößt oder ob sie widerlegbar sind, so dass das Gesetz mit dem internationalen Recht im Einklang steht, soll im nächsten Teil der Arbeit genauer untersucht werden.

---

[67]) **W. Graf Vitzthum**, (s. Fn. 34), Erster Abschnitt (S. 1 – 85), III., 1., a), Rn. 118, S. 65.

KAPITEL III: VEREINBARKEIT DES GESETZES MIT DEM VÖLKERRECHT

Um die Maßstäbe zu skizzieren, an denen die Frage der Vereinbarkeit des Gesetzes mit dem Völkerrecht gemessen werden soll, soll im Folgenden zunächst der völkerrechtliche Minderheitenschutz kurz dargestellt werden. Im Weiteren werden dann die einzelnen Kritikpunkte der Venedig-Kommission in Bezug auf die aufgezeigten Maßstäbe eingehend behandelt.

A. Darstellung des völkerrechtlichen Minderheitenschutzes

Allgemein lässt sich feststellen, dass Minderheitenschutz auf zwei Ebenen gewährt werden kann: auf der Ebene des jeweiligen Staatsrechts und auf der Ebene des Völkerrechts. Der innerstaatliche Minderheitenschutz wird gewöhnlich als wirksamer angesehen, da das innerstaatliche Recht durch entsprechende Verfahrensregeln leichter durchsetzbar ist. Der völkerrechtliche Minderheitenschutz ist im Zusammenhang mit der Zielsetzung der Vereinten Nationen zu sehen.[68]

Den Kern der allgemein anerkannten (völkerrechtlichen) Minderheitenschutzrechte bilden das Recht der Angehörigen der Minderheit auf physische Existenz, kulturelle Identität sowie auf Kommunikationsfreiheit und das Recht auf den Gebrauch der eigenen Sprache. Daraus mag sich auch ein Recht auf Errichtung und Unterhaltung eigener Institutionen, das Recht, an staatlichen Schulen in der Minderheitensprache unterrichtet zu werden sowie auch ein politisches Beteiligungsrecht, einschließlich parlamentarischer Vertretung, ergeben.[69]

Grundsätzlich lassen sich bei dem völkerrechtlichen Minderheitenschutz die Kategorien universeller, regionaler und bilateraler Minderheitenschutz unterscheiden.
Der universelle Minderheitenschutz zielt auf den Schutz von Minderheiten auf universeller Ebene ab, vor allem durch internationale Regelungen durch die Vereinten Nationen.
Der regionale Minderheitenschutz wird in Europa durch die diesbezüglichen Regelungen des Europarates und der Konferenz bzw. jetzt Organisation für Sicherheit und Zusammenarbeit in Europa (KSZE bzw. OSZE) geprägt.
Bilateraler Minderheitenschutz bestimmt sich durch die zwischen zwei Staaten geschlossenen bilateralen Abkommen zum Schutz ihrer jeweiligen Minderheiten in dem anderen Land.[70]

I. Universeller Minderheitenschutz

Wie bereits kurz angedeutet, wird der universelle Minderheitenschutz vor allem durch internationale Regelungen der Vereinten Nationen (UN) geprägt.[71]

68) **F. de Buy**, "Minderheiten- und Volksgruppenrecht in Europa und im Rahmen der Vereinten Nationen", in: F. Wittmann / St. Graf Bethlen (Hrsg.), "Volkgruppenrecht: Ein Beitrag zur Friedenssicherung", 1980, S. 83 – 96 (90 f).

69) **St. Hobe / O. Kimminich**, "Einführung in das Völkerrecht", 8. Auflage, 2004, Kapitel 15, S. 431.

70) **K. Hailbronner**, "Der Staat und der Einzelne als Völkerrechtsubjekt", in: W. Graf Vitzthum (Hrsg.), "Völkerrecht", 2001, Dritter Abschnitt (S. 161 – 265), III., 6., Rn. 331 ff, S. 259 ff.

Bei den Vereinten Nationen handelt es sich um eine 1945 in San Franzisko gegründete internationale Organisation, die aus den Siegermächten des Zweiten Weltkrieges hervorgegangen ist. Die Gründung der Vereinten Nationen beruhte vor allem auf Initiativen der USA, Großbritannien, der Sowjetunion und China (später auch noch Frankreich).[72] Dabei lag dieser Gründung die Vorstellung einer die ganze Erde umspannenden organisierten Staatengemeinschaft zugrunde.[73] Den ursprünglich 51 Gründerstaaten haben sich mittlerweile fast alle anderen Staaten angeschlossen. Derzeit umfassen die Vereinten Nationen 191 Mitglieder (Stand 31.07.2004). Neben Ungarn (Beitritt am 14. Dezember 1955) sind auch die anderen durch das ungarische Statusgesetz betroffenen Nachbarstaaten Ungarns Mitglied der Vereinten Nationen (die Slowakische Republik ist am 19. Januar 1993 beigetreten, Rumänien am 14. Dezember 1955 und die Ukraine am 24. Oktober 1945). Das Gründungsmitglied Jugoslawien ist durch Dismembration untergegangen. Seine Nachfolgestaaten, die Republik Bosnien-Herzegowina (22. Mai 1992), die Republik Kroatien (22. Mai 1992), die Republik Slowenien (22. Mai 1992), die frühere jugoslawische Republik Mazedonien (08. April 1993) und die Bundesrepublik Jugoslawien (01. November 2000) sind den Vereinten Nationen aber alle bereits wieder beigetreten.[74] Der Name der in die Vereinten Nationen aufgenommene Bundesrepublik Jugoslawien wurde am 04. Februar 2003 nach der Annahme und der Verkündung der Verfassung von Serbien-Montenegro durch die Bundesrepublik Jugoslawien in Serbien-Montenegro umgeändert.[75]

Als Hauptorgane der Vereinten Nationen fungieren nach Art. 7 Abs. 1 der UN-Charta die Generalversammlung, der Sicherheitsrat, der Wirtschafts- und Sozialrat, der Treuhandrat, der Internationale Gerichtshof sowie das Sekretariat mit dem Generalsekretär an der Spitze. Daneben können gemäß Art. 7 Abs. 2 der UN-Charta je nach Bedarf in Übereinstimmung mit der UN-Charta Nebenorgane eingesetzt werden. Die Ziele der Vereinten Nationen sind in Art. 1 der UN-Charta formuliert. Dieser Zielkatalog bildet dabei allerdings nicht bloß ein politisches Programm, sondern er bindet vielmehr mit normativer Geltung die Mitgliedsstaaten und die Vereinten Nationen. Die zentrale Aufgabe der Vereinten Nationen stellt aber gemäß Art. 1 Nr. 1 der UN-Charta die Wahrung des Weltfriedens und der internationalen Sicherheit dar. Als das universelle System kollektiver Sicherheit zielen die Vereinten Nationen darauf ab, allen potentiellen Parteien von Konflikten ("Feinden") ein Forum für die einvernehmliche (oder durch Zwangsmaßnahmen herbeigeführte) Konfliktlösung zu bieten. Durch die Einbin-

---

71) S.o. Kapitel III, A., S. 45.

72) **J. A. Frowein**, "United Nations", in: R. Bernhardt (Hrsg.), "Encyclopedia of Public International Law" (EPIL), Vol. IV, 2000, S. 1029 – 1043 (1030).

73) **E. Klein**, "Die Internationalen und Supranationalen Organisationen", in: W. Graf Vitzthum (Hrsg.), "Völkerrecht", 2001, Vierter Abschnitt (S. 267 – 377), I., 3., Rn. 9, S. 276.

74) **Website der UNITED NATIONS**: "List of Member States" (aufzurufen unter: http://www.un.org/Overview/unmember.html, besucht am 31.07.2004):
Aufnahme der Republik Bosnien-Herzegowina durch die Resolution der Generalversammlung A/RES/46/237 vom 22. Mai 1992;
Aufnahme der Republik Kroatien durch die Resolution der Generalversammlung A/RES/46/238 vom 22. Mai 1992;
Aufnahme der Republik Slowenien durch die Resolution der Generalversammlung A/RES/46/236 vom 22. Mai 1992;
Aufnahme der früheren jugoslawischen Republik Mazedonien durch die Resolution der Generalversammlung A/RES/47/225 vom 08. April 1993;
Aufnahme der Bundesrepublik Jugoslawien durch die Resolution der Generalversammlung A/RES/55/12 vom 01. November 2000.

75) **Website der UNITED NATIONS**: "Growth in United Nations Membership, 1945-2003" (aufzurufen unter: http://www.un.org/Overview/growth.htm, besucht am 31.01.2004).

dung möglichst aller Kontrahenten (einschließlich eines potentiellen Aggressors) unterscheiden sich die Vereinten Nationen als ein System kollektiver Sicherheit im völkerrechtlichen Sinne somit von einem reinen Verteidigungsbündnis, das nur Schutz gegen Angreifer von außen bieten soll.[76]

Die Entwicklung des universellen völkerrechtlichen Minderheitenschutzes kann grob in drei Zeitabschnitte unterteilt werden:
Der erste Abschnitt umfasst die Zeit vom Westfälischen Frieden bis zum Ende des Ersten Weltkrieges. Der zweite Abschnitt erfasst die Zeit nach dem ersten Weltkrieg bis zum Ende des Zweiten Weltkrieges. Der dritte Abschnitt schließlich erstreckt sich auf die Zeit nach dem Zweiten Weltkrieg.

1. Entwicklung bis zum Ende des Ersten Weltkrieges

Bis zum Ende des Ersten Weltkrieges weist der völkerrechtliche Minderheitenschutz folgende Merkmale auf: Geschützt werden Personengruppen, die sich innerhalb eines Staates durch eine andere Religion, eine andere Volkszugehörigkeit oder eine andere Sprache von der Mehrheitsbevölkerung unterscheiden und sich in einer Minderheitensituation befinden. Neben der Religion erhalten die Sprache und die Volkszugehörigkeit von Personen und Personengruppen eigenen Schutz.[77] Gewährleistet wird dieser Schutz sowohl durch individuelle Menschenrechte (Religions- und Gewissensfreiheit, Freiheit der Religionsausübung, Optionsrechte) als auch durch kollektive Rechte (Recht auf Errichtung neuer Kirchen, Zuerkennung von Autonomie, Gewährleistung von Unterricht in der Muttersprache).[78]

2. Entwicklung zwischen dem Ersten und Zweiten Weltkrieg

Nach dem Ersten Weltkrieg erhielt der völkerrechtliche Minderheitenschutz eine neue Dimension. Die zahlreichen Gebietsverschiebungen infolge des Ersten Weltkrieges ließen in den betroffenen Staaten neue Minderheitengruppen entstehen.[79] Dies sorgte dafür, dass am Ende des Ersten Weltkrieges mehrere Minderheitenschutzverträge als Reaktion auf die durch diesen Krieg und die ihn beendenden Pariser Vorortverträge bedingten Gebietsveränderungen geschlossen wurden.[80] Diese Minderheitenschutzverträge, die mit den Alliierten und Assoziierten Hauptmächten und den betreffenden Staaten in den Friedensverträgen sowie in vor dem Völkerbund abgegebenen Minderheitenschutzerklärungen und in bilateralen Verträgen festgelegt worden sind, enthalten folgende Minderheitenschutzbestimmungen:

- Minderheitenschutzverträge:
Folgende Minderheitenschutzverträge wurden auf der Pariser Friedenskonferenz vereinbart:
- Der Vertrag von Versailles mit Polen vom 28. Juni 1919[81]

---

[76]) **M. Herdegen**, "Völkerrecht", 5. Auflage, 2003, VIII. Kapitel, § 40, 1., Rn. 2 f, S. 254 f.
[77]) **P. Thornberry**, "International Law and the Rights of Minorities", 1991, 2., S. 25 ff; **R. Oxenknecht**, (s. Fn. 14), 1. Kapitel, I., 4., c), S. 24.
[78]) **R. Oxenknecht**, (s. Fn. 14), 1. Kapitel, I., 4., c), S. 24.
[79]) **Dies.**, 1. Kapitel, II., 1., S. 25.
[80]) **R. Hofmann**, "Minderheitenschutz in Europa: völker- und staatsrechtliche Lage im Überblick", 1995, B., 1., S. 17.
[81]) Abgedruckt bei **H. Kraus**, "Das Recht der Minderheiten", 1927, IX., S. 50 ff.

- Der Vertrag von Saint-Germain-en-Laye mit dem serbisch-kroatisch-slowenischen Staat vom 10. September 1919[82]
- Der Vertrag von Saint-Germain-en-Laye mit der Tschechoslowakei vom 10. September 1919[83]
- Der Vertrag von Paris mit Rumänien vom 9. Dezember 1919[84]
- Der Vertrag von Sèvres mit Griechenland vom 10. August 1920[85], der nicht ratifiziert worden ist; der Vertrag wurde durch den Vertrag von Lausanne vom 24. Juli 1923 ersetzt[86].

- Minderheitenschutzbestimmungen in den Friedensverträgen:
- Der Vertrag von Saint-Germain-en-Laye mit Österreich vom 10. September 1919[87]
- Der Vertrag von Neuilly-sur-Seine mit Bulgarien vom 27. November 1919[88]
- Der Vertrag von Trianon mit Ungarn vom 4. Juni 1920[89]
- Der Vertrag von Lausanne mit der Türkei vom 24. Juli 1923
- Der Vertrag mit Armenien vom 10. August 1920, der nicht ratifiziert wurde.

- Vor dem Völkerbund abgegebenen Minderheitenschutzerklärungen:
Die Staaten Albanien, Litauen, Lettland und Estland erhielten bei der Aufnahme in den Völkerbund die Auflage, Minderheitenschutzerklärungen abzugeben. Der Völkerbund, der am 10. Januar 1920 gegründet wurde und der die erste internationale Organisation darstellte, die die Staatengemeinschaft vertrat, hatte davon abgesehen, die neuen Staaten vertraglich auf einen Minderheitenschutz zu verpflichten. Er beschloss am 15.12.1920 das folgende Verfahren: "Die Bundesversammlung empfiehlt den baltischen und kaukasischen Staaten sowie Albanien für den Fall der Aufnahme in den Völkerbund die geeigneten Maßnahmen zu ergreifen, um die Anwendung der allgemeinen in den Minderheitenverträgen enthaltenen Grundsätze zu sichern, und bittet sie, sich über die Einzelheiten der Anwendung mit dem Rat in Verbindung setzen zu wollen"[90]. Albanien gab am 2. Oktober 1921 eine Erklärung ab, die im Wesentlichen den Bestimmungen des polnischen Vertrags zum Minderheitenschutz entsprach.[91] Weitere Erklärungen folgten am 15. Mai 1922 von Litauen[92], am 7. Juli 1923 von Lettland[93] und am 17. September 1923 von Estland[94]. Die kaukasischen Staaten gaben keine Erklärungen ab.

- Bilaterale Verträge zum Schutz von Minderheiten:
Die Bemühungen um Minderheitenschutzbestimmungen waren nicht auf die Pariser Friedenskonferenz beschränkt. Danach wurden noch eine Reihe bilateraler Verträge abgeschlossen, die nur mittelbar durch den Völkerbund beeinflusst waren:

---

[82]) **Ders.**, XII., S. 78 ff.
[83]) **Ders.**, XIII., S. 82 ff.
[84]) **Ders.**, XVI., S. 95 ff.
[85]) **Ders.**, XVIII., S. 101 ff.
[86]) **Ders.**, XXXI., S. 177 ff.
[87]) **Ders.**, XI., S. 73 ff.
[88]) **Ders.**, XIV., S. 88 ff.
[89]) **Ders.**, XVII., S. 99 ff.
[90]) Es wurde der Antrag der eingesetzten Redaktionskommission zum Beschluss erhoben. Nachweis bei **G. H. J. Erler**, "Das Recht der nationalen Minderheiten", 1931, III. Teil, III. Abschnitt, § 29, I., S. 141.
[91]) Abgedruckt bei **H. Kraus**, (s. Fn. 81), XXV., S. 119.
[92]) **Ders.**, XXVI., S. 121 ff.
[93]) **Ders.**, XXX., S. 174 ff.
[94]) **Ders.**, XXXIV., S. 188 ff.

- Der Vertrag zwischen Finnland und Schweden betreffend der Åland-Inseln vom 27. Juni 1921[95]
- Das deutsch-polnische Oberschlesienabkommen vom 15. Mai 1922[96]
- Der Brünner Vertrag zwischen Österreich und der Tschechoslowakei vom 7. Juni 1920[97]
- Der Friede von Dorpat zwischen der Sowjetunion und Finnland betreffend die finnischsprachige Bevölkerung in Ostkarelien vom 14. Oktober 1920[98]
- Das Abkommen zwischen Polen und der Freien Stadt Danzig vom 9. November 1920[99]
- Das Memel-Statut vom 8. Mai 1924, das anlässlich der Eingliederung des Memelgebiets in den Staat Litauen zwischen diesem und den Hauptsiegermächten abgeschlossen wurde[100].

Von den soeben aufgeführten Bestimmungen waren die Minderheitenschutzvorschriften in dem Vertrag mit Polen vom 28. Juni 1919, der für spätere Abkommen als Vorbild diente, sowie in dem finnisch-schwedischen Vertrag vom 27. Juni 1921 die Vorschriften, die inhaltlich am weitesten gingen.[101] Die Hauptziele dieser beiden Verträge waren die Herstellung und Sicherung der völligen Gleichheit zwischen den Angehörigen von Minderheiten und den anderen Staatsangehörigen eines Staates und die Bereitstellung von angemessenen Mitteln, mit denen es den Angehörigen einer Minderheit ermöglicht wird, ihre eigenständige Identität zu wahren.[102] Diese Ziele wurden durch folgende Zugeständnisse versucht zu realisieren: Allen Einwohnern der betroffenen Staaten wurde das Recht auf vollständigen Schutz von Leben und Freiheit, ohne jede Diskriminierung, sowie das Recht auf freie Ausübung von Glauben, Religion oder Bekenntnis – sowohl im privaten als auch im öffentlichen Forum – gewährt; allen Staatsangehörigen der betroffenen Staaten wurde zudem Gleichheit vor dem Gesetz, Gleichheit hinsichtlich bürgerlicher und politischer Rechte sowie gleichberechtigter Zugang sowohl zu öffentlichen Ämtern als auch zu freien Berufen und Gewerbe garantiert. Darüber hinaus wurde nicht nur der freie Gebrauch jeder Sprache im privaten Bereich, im Wirtschaftsleben, in religiösen Angelegenheiten, im Pressewesen und bei öffentlichen Veranstaltungen zugesichert, sondern es sollten vielmehr auch Maßnahmen zum freien Gebrauch von Minderheitensprachen vor Gericht getroffen werden. Der Gebrauch von Minderheitensprachen in den von

---

[95]) **Ders.**, XXIV., S. 116 ff.; **G. H. J. Erler**, (s. Fn. 90), III. Teil, IV. Abschnitt, § 30, S. 142 ff.

[96]) Abgedruckt bei **H. Kraus**, (s. Fn. 81), XXVII, S. 126. Die gesonderte Regelung war notwendig, da für das Gebiet Preußisch-Oberschlesien nach Art. 88 des Versailler Vertrags die Grenzziehung zwischen Polen und Deutschland einer Beschlussfassung der Alliierten und Assoziierten Mächte vorbehalten war und Minderheitenschutzbestimmungen nicht vereinbart waren.

[97]) LNTS Vol. 3 No. 98.

[98]) LNTS Vol. 3 No. 91.

[99]) LNTS Vol. 6 No. 190; **G. H. J. Erler**, (s. Fn. 90), III. Teil, IV. Abschnitt, § 33, S. 165 f.

[100]) LNTS Vol. 29 No. 86; **G. H. J. Erler**, (s. Fn. 90), III. Teil, IV. Abschnitt, § 34, S. 166.

[101]) **R. Hofmann**, "Minderheitenschutz in Europa: Überblick über die völker- und staatsrechtliche Lage", in: Zeitschrift für ausländisches öffentliches Recht und Völkerrecht (ZaöRV), Band 52, 1992, S. 1 – 69 (5).

[102]) **PCIJ**, Urteil vom 6. April 1935 ("**Minority Schools in Albania**"), Series A/B, No. 64, S. 4 – 36 (17). Darin heißt es: "The idea underlying the treaties for the protection of minorities is to secure for certain elements incorporated in a State, the population of which differs from them in race, language or religion, the possibility of living peaceably alongside that population and co-operating amicably with it, while at the same time preserving the characteristics which distinguish them from the majority, and satisfying the ensuing special needs."; **M. Vierheilig**, "Minority Schools in Albania", in: R. Bernhardt (Hrsg.), "Encyclopedia of Public International Law" (EPIL), Vol. III, 1997, S. 425 – 427 (425 f).

den Minderheiten selbst geschaffenen und unterhaltenen Einrichtungen auf dem Gebiet der Wohlfahrtspflege, der Religion und des Bildungswesens war außerdem gesichert.
Zusammenfassend lässt sich sagen, dass alle Rechte, die auch heute für die Wahrung und Förderung der eigenständigen Identität von Minderheiten als essentiell angesehen werden, in diesen Verträgen verankert waren.[103]

Trotz dieser durchaus befriedigenden vertraglichen Regelungen hat sich das Minderheitenschutzsystem, das sich nach dem Ersten Weltkrieg unter der Obhut des Völkerbundes entwickelt hat, in der Praxis nicht bewährt. Das lag vor allem daran, dass in der damaligen Zeit, die von einem extrem nationalistischem Staatsverständnis geprägt war, den meisten betroffenen Staaten die Bereitschaft fehlte, die Verträge wirklich zu beachten und zu vollziehen. Des Weiteren mangelte es dem zur Überwachung und Durchsetzung der gewährten Rechtspositionen eingesetzten Völkerbund an Kompetenz und Bereitschaft, den Vollzug dieser Verträge auch durchzusetzen.[104]

3. Entwicklung nach dem Zweiten Weltkrieg

Der Zweite Weltkrieg hatte zu Menschenrechtsverletzungen in einem bisher nicht bekannten Ausmaß geführt, wodurch auch das Bewusstsein der Verantwortlichen verändert wurde: Der strukturelle demographische Wandel, der durch die Vertreibung von mehr als 16 Millionen Volksdeutschen aus ihrer Heimat in Polen, der Tschechoslowakei, der ehemaligen Bundesrepublik Jugoslawien (jetzt Serbien-Montenegro), Rumänien und Ungarn sowie durch die Vernichtung tausender deutschstämmiger Personen in diesen Ländern eingetreten war, führte dazu, dass nach Ansicht der Siegermächte die Schaffung eines neuen Minderheitenschutzes nicht notwendig war.[105] Zudem waren die Vereinten Nationen direkt nach dem Ende des Zweiten Weltkrieges nicht bereit, vergleichbare Anstrengungen in Bezug auf den Minderheitenschutz zu unternehmen, wie sie zuvor in der Zwischenkriegszeit unternommen worden waren, da sie davon überzeugt waren, dass das unter dem Völkerbund eingerichtete System versagt habe.[106] Vielmehr vertraten sie die Auffassung, dass ein völkerrechtlicher Minderheitenschutz, der als Schutz von Gruppenrechten verstanden wurde, durch einen effektiven, auf das Individuum bezogenen Schutz der Menschenrechte ersetzt werden könnte.[107] Dem entspricht auch der Umstand, dass nach dem Zweiten Weltkrieg kaum Minderheitenschutzverträge geschlossen wurden; die wichtigste Ausnahme stellt das in Paris am 5. September 1946 zwischen Italien und Österreich geschlossene sogenannte Gruber-de Gasperi – Abkommen

---

[103]) **PCIJ**, Urteil vom 6. April 1935 (**"Minority Schools in Albania"**), Series A/B, No. 64, S. 4 – 36 (17). Darin heißt es: "In order to attain this object, two things were regarded as particularly necessary, and have formed the subject of provisions in these treaties. The first is to ensure that nationals belonging to racial, religious or linguistic minorities shall be placed in every respect on a footing of perfect equality with the other nationals of the State. The second is to ensure for the minority elements suitable means for the preservation of their racial peculiarities, their traditions and their national characteristics. These two requirements are indeed closely interlocked, for there would be no true equality between majority and a minority if the latter were deprived of its own institutions, and were consequently compelled to renounce that which constitutes the very essence of its being as a minority."; **M. Vierheilig**, (s. Fn. 102), S. 425 f.

[104]) **O. Kimminich**, "Minderheiten- und Volksgruppenrecht im Spiegel der Völkerrechtsentwicklung nach dem Zweiten Weltkrieg", in: Bayerische Verwaltungsblätter – Zeitschrift für öffentliches Recht und öffentliche Verwaltung (BayVBl), 1993, S. 321 – 326 (321); **P. Thornberry**, (s. Fn. 77), 3., S. 46 ff.

[105]) **F. Ermacora**, (s. Fn. 20), Kapitel I, II., Punkt 8., S. 18.

[106]) **R. Hofmann**, (s. Fn. 80), B., II., S. 19.

[107]) **P. Thornberry**, (s. Fn. 77), 10., S. 118 ff.

dar, das später als Annex IV Aufnahme in den Pariser Friedensvertrag vom 10. Februar 1947 fand.[108] In den anderen in Paris am gleichen Tag mit den ehemaligen Verbündeten Deutschlands (Bulgarien, Finnland, Rumänien und Ungarn) unterzeichneten Friedensverträgen wurden die Minderheiten nur durch ein ausdrückliches Diskriminierungsverbot geschützt.[109] Im Gegensatz zu den den Minderheiten während der Zeit des Völkerbundes zugestandenen Menschen- und Minderheitenrechten, durch die sie als Mitglieder bestimmter Gruppen, die durch ein gemeinsames Bewusstsein oder durch kulturelle, religiöse oder sprachliche Traditionen zusammengehalten wurden, behandelt wurden, zielten die zu dieser Zeit verabschiedeten neuen Menschenrechtsgesetze darauf ab, einen universellen Status zu erreichen, indem sie die Gruppenrechte fast vollständig vernachlässigten.[110] Diese Hinwendung zum Menschenrechtsschutz bedeutete für die Minderheiten, nicht mehr unmittelbar, sondern nur noch mittelbar geschützt zu werden.[111] Diese Entwicklung zeigt sich vor allem in den anderen für den Menschenrechts- bzw. Minderheitenschutz relevanten Verträgen und Abkommen, die seit diesem Zeitpunkt geschlossen wurden.

Um einen Überblick über diese Verträge und Abkommen zu gewinnen, von denen einzelne Bestimmungen im weiteren Verlauf der Arbeit noch genauer betrachtet werden sollen, sollen diese zunächst in ihrer allgemeinen Form kurz dargestellt werden.

a. Charta der Vereinten Nationen

Die Charta der Vereinten Nationen ist am 26. Juni 1945 in San Francisco unterzeichnet worden und am 24. Oktober 1945 in Kraft getreten. Sie war für den Beitritt aller unabhängigen und souveränen Staaten ausgelegt.[112] Als Mitglieder der Vereinten Nationen sind auch Ungarn und die durch das ungarische Statusgesetz betroffenen Nachbarstaaten Ungarns (die Republik Kroatien, die ehemalige Bundesrepublik Jugoslawien (jetzt Serbien-Montenegro), Rumänien, die Republik Slowenien, die Slowakische Republik und die Ukraine) an die Charta der Vereinten Nationen gebunden.

Die Ziele der Vereinten Nationen, die eine Richtschnur für deren Tätigkeit darstellen sollen, sind hauptsächlich in Art. 1 der UN-Charta niedergelegt. Sie setzen sich zusammen aus: (1) Frieden und internationale Sicherheit; (2) Entwicklung von freundschaftlichen Beziehungen zwischen den Nationen, die auf der Achtung des Grundsatzes der Gleichberechtigung und des Selbstbestimmungsrechtes der Völker beruhen; (3) internationale Zusammenarbeit bei der Lösung internationaler Probleme wirtschaftlicher, sozialer, kultureller und humanitärer Art sowie bezüglich der Förderung und Ermutigung der Achtung der Menschenrechte und Grundfreiheiten für alle, ohne Unterschied der Rasse, des Geschlechts, der Sprache oder der Religi-

---

108) **D. Blumenwitz**, "Minderheiten- und Volksgruppenrecht. Aktuelle Entwicklung", 1992, 2. Kapitel, A., II., 1., S. 43 ff; D. Schindler, "South Tyrol", in: R. Bernhardt (Hrsg.), "Encyclopedia of Public International Law" (EPIL), Vol. IV, 2000, S. 488 – 490 (489).

109) **D. Bumenwitz**, (s. Fn. 108), 2. Kapitel, A., I., S. 42 f; **E. von Putkamer**, "Peace Treaties of 1947", in: R. Bernhardt (Hrsg.), "Encyclopedia of Public International Law" (EPIL), Vol. III, 1997, S. 953 – 960 (956 ff).

110) **P. Thornberry**, "Is there a Phoenix in the ashes? – International Law and Minority Rights", in: Texas International Law Journal (TexasILJ), Vol. 15, 1980, S. 421 – 458 (453 f).

111) **E. H. Pircher**, "Der vertragliche Schutz ethnischer, sprachlicher und religiöser Minderheiten im Völkerrecht", 1979, 5. Teil, 1. Kapitel, I., S. 164.

112) **Ders.**, S. 165 f.

on herbeizuführen, sowie (4) ein Mittelpunkt für die Harmonisierung der Bemühungen der Nationen zur Verwirklichung dieser gemeinsamen Endziele zu sein.

Die Grundsätze der Vereinten Nationen finden sich in Art. 2 der UN-Charta. Sie lassen sich wie folgt beschreiben: (1) souveräne Gleichheit von allen Mitgliedern der Organisation; (2) Erfüllung der Verpflichtungen der Charta nach Treu und Glauben; (3) friedliche Beilegung von internationalen Streitigkeiten in einer Art und Weise, dass Frieden und internationale Sicherheit dadurch nicht gefährdet werden; (4) Verbot der Androhung oder Anwendung von Gewalt in internationalen Beziehungen; (5) Beistandspflicht der Mitglieder gegenüber der Organisation und Verpflichtung, solchen Staaten, gegen die die Organisation Vorbeuge- und Zwangsmaßnahmen ergreift, keinen Beistand zu leisten; (6) Verpflichtung der Organisationsorgane, auf Nichtmitglieder insoweit einzuwirken, als die Einhaltung der Organisationsgrundsätze durch alle Staaten im Interesse des Weltfriedens und der Weltsicherheit erforderlich ist, und (7) Ausschluss der Eingriffsbefugnisse der Organisation in solche Angelegenheiten, die ihrem Wesen nach in die innere Zuständigkeit eines Staates gehören. Diese Grundsätze bilden den Maßstab, an dem sich das Verhalten von UN-Organen und Vertragsparteien zu orientieren hat. Darüber hinaus sollen diese Grundsätze als universeller Standard internationalen Verhaltens dienen. Daneben wird diese Aufzählung der Ziele und Grundsätze einerseits durch die Präambel der UN-Charta ergänzt, die der Ausdruck der die Staaten motivierenden Idee darstellt, andererseits werden die in Art. 1 und Art. 2 der UN-Charta aufgeführten Ziele und Grundsätze in nachfolgenden Artikeln der Charta konkretisiert (Art. 33, 55, 73, 76 der UN-Charta u.a.).[113]

Konkretisiert und interpretiert werden die Ziele und Grundsätze der Vereinten Nationen schließlich auch noch durch einige Resolutionen und Deklarationen der Generalversammlung bzw. durch entsprechendes Handeln der anderen UN-Organe sowie durch solche Abkommen, die die UN-Mitgliedsstaaten auf der Grundlage der Charta geschlossen haben.[114] Gemäß dem Art. 103 der UN-Charta gehen die aus ihr folgenden Verpflichtungen anderen übernommenen Vertragspflichten aus anderen internationalen Übereinkünften vor.

Die Charta der Vereinten Nationen enthält keinen eigenen Menschenrechtskatalog, und es findet sich in ihr kein Hinweis auf Minderheiten.[115] Sie verfügt lediglich über ein allgemeines Prinzip für das Selbstbestimmungsrecht der Völker (Art. 1 Nr. 2, 55, 73 lit. b, 76 lit. b der UN-Charta).[116] Dafür sieht ihr vertraglicher Zweck aber unter anderem die Förderung und Festigung der Achtung der Menschenrechte und Grundfreiheiten für alle ohne Unterschied der Rasse, des Geschlechts, der Sprache oder der Religion vor.[117] Dieser Zweck schließt mittelbar den Schutz von ethnischen, religiösen und sprachlichen Minderheiten ein, wobei der

---

[113]) **A. Randelzhofer**, "Ziele und Grundsätze der UN", in: R. Wolfrum (Hrsg.), "Handbuch Vereinte Nationen", 1991, S. 1151 – 1158 (1151 f, Rn. 1 und 4).

[114]) **M. Herdegen**, (s. Fn. 76), I. Kapitel, § 2, 7., Rn. 19, S. 26.

[115]) **K. Dicke**, "Menschenrechte", in: W. Woyke (Hrsg.), "Handwörterbuch Internationale Politik", 2000, S. 261 – 268 (262).

[116]) **J. Hasan**, "Stellung der Minderheiten nach dem internationalen Pakt über bürgerliche und politische Rechte (IPBPR) und der Konvention zum Schutz der Menschenrechte und Grundfreiheiten (EMRK), Teil 1, 2002/2003, II., 3., a., (aufzurufen unter: http://www.efrin.net/deutsch/index/stellung_der_minderheiten_nach_d.htm, besucht am 10.07.2003).

[117]) **K. Doehring**, "Das Gutachten des Generalsekretärs der Vereinten Nationen über die Fortgeltung der nach dem Ersten Weltkrieg eingegangenen Minderheitenschutzverpflichtungen", in: Zeitschrift für ausländisches öffentliches Recht und Völkerrecht (ZaöRV) 1954, S. 521 – 540 (521 ff).

Begriff "rassisch" dem Begriff "ethnisch" entspricht.[118] Es werden in ihr also vielmehr die das Individuum betreffenden Menschenrechte hervorgehoben, was durch die damalige besondere Ausrichtung auf den Menschenrechtsschutz zu begründen ist.[119]

b. Allgemeine Erklärung der Menschenrechte

Die Allgemeine Erklärung der Menschenrechte (AEMR) wurde am 10. Dezember 1948 von der Generalversammlung der Vereinten Nationen in der Form der Resolution 217 (III) beschlossen.

Die Vereinten Nationen hatten sich nach dem Zweiten Weltkrieg entschlossen, eine "International Bill of Human Rights" zu verfassen, und sie haben dieses Anliegen an die Kommission für Menschenrechte weitergeleitet. Dabei wurde es aber offen gelassen, was unter dem Ausdruck "Menschenrechte" zu verstehen ist. Generell beinhaltet der Begriff der "Menschenrechte" das Prinzip der Nicht-Diskriminierung, zivile und politische Rechte sowie soziale und wirtschaftliche Rechte. Es war also von vornherein klar, dass der zu verabschiedende Entwurf universellen Charakter haben muss.[120]

Die wegweisende Bedeutung der AEMR besteht darin, dem in der Satzung der Vereinten Nationen mehrfach verwendeten Begriff der Menschenrechte inhaltliche Gestalt gegeben und dadurch einen universell anerkannten Mindeststandard geschaffen zu haben, der auch heute noch als Richtschnur für das Verhalten der Staaten und als inhaltliche Grundlage für eine Reihe von Maßnahmen und Verfahren der Weltorganisation zur internationalen Überwachung der Durchsetzung und Einhaltung der Menschenrechte durch die Regierungen gilt.[121]

Die AEMR stellt eine bemerkenswerte Errungenschaft dar, da zum ersten Mal in der Geschichte eine internationale Organisation (die Vereinten Nationen) einer gemeinsamen Erklärung der Menschenrechte zugestimmt hat, von der erwartet wurde, dass sie für ihre Parteien bindend ist.[122] Um allerdings den Menschenrechten nicht die Rolle einer politischen Waffe zukommen zu lassen, wurde für den Text der Menschenrechte letztendlich doch nicht die Form eines Abkommens ("Convention") gewählt, sondern nur die einer Erklärung ("Declaration").[123] Diese Erklärung ist nämlich kein völkerrechtlicher Vertrag, sondern nur eine rechtlich unverbindliche Erklärung, im Sinne einer Absichtserklärung für zukünftiges Verhalten, der lediglich politische Bedeutung zukommt.[124] Denn je bindender ein solcher Text ausgestaltet ist, desto größer wird die Anstrengung, seinen Inhalt zu begrenzen.[125] Aus diesem Grund kann man auch sagen, dass die größte Bedeutung der AEMR darin besteht, als eine Art "Vor-

---

[118]) **R. Oxenknecht**, (s. Fn. 14), 4. Kapitel, I., 1., S. 149.
[119]) **R. B. Russell / J. S. Muther**, "A History of the United Nations Charter. The Role of the United States 1940-45", 1958, S. 59.
[120]) **A. Samnøy**, "The Origins of the Universal Declaration of Human Rights", in: G. Alfredsson / A. Eide (Hrsg.), "The Universal Declaration of Human Rights: A common standard of achievement", 1999, S. 3 – 22 (11).
[121]) **M. Nowak**, (s. Fn. 2), Einführung, I., Rn. 2.
[122]) **A. Samnøy**, (s. Fn. 120), S. 3.
[123]) **St. Hobe / O. Kimminich**, (s. Fn. 69), Kapitel 13.1.3, S. 396.
[124]) **H. Kanger**, "Human Rights in the U.N. Declaration", 1984, Chapter III, B., 1., Article 2, S. 80 f.
[125]) **A. Samnøy**, (s. Fn. 120), S. 10.

bild-Dokument" zu dienen, durch das sowohl die nationale als auch die internationale Politik inspiriert wird.[126]
Dieser lediglich empfehlende Charakter einer Resolution der Generalversammlung, der ihr jede rechtliche Bindungswirkung verwehrt[127], führt dennoch nicht zu ihrer rechtlichen Bedeutungslosigkeit.[128] Auch wenn eine Resolution den Staaten keine Rechtsgrundlage zur Rechtfertigung ihres Verhaltens geben kann, so dient sie dennoch dazu, Hinweise auf rechtliche Entwicklungen und Trends zu geben.[129] Da man durchaus sagen kann, dass in einer juristischen Auseinandersetzung die Argumentationslast auf denjenigen übergeht, der die in der Resolution zum Ausdruck kommenden Auffassung bestreitet, sollte man die auf längere Frist angelegte Wirkung von Resolutionen der Generalversammlung nicht unterschätzen.[130] In Bezug auf die neben Ungarn durch das ungarische Statusgesetz betroffenen Staaten (Rumänien, die Slowakische Republik, Slowenien, die Republik Kroatien, die Ukraine und die ehemalige Bundesrepublik Jugoslawien (jetzt Serbien-Montenegro)) bedeutet dies, dass sie eine derartige Resolution der Generalversammlung der Vereinten Nationen nicht durch Ratifikation annehmen können, sondern dass sie lediglich im Einklang mit dieser handeln können.

Auf der moralischen Ebene verlangt die AEMR den Respekt vor der Würde und der Freiheit jedes Einzelnen sowie die kontinuierlichen Bemühungen auf allen Gebieten, die universelle Geltung der Menschenrecht zu realisieren. Auf politischer Ebene bestätigt die AEMR nicht nur die bereits in der UN-Charta festgelegten Prinzipien der gleichen Rechte für jeden und der Nicht-Diskriminierung, sondern sie erweitert diese auch noch. Diese Erweiterung ist durch eine Reihe von nachfolgenden Menschenrechtsdokumenten wie der Beseitigung der Diskriminierung bzgl. der Bildung und der Beschäftigung, der Diskriminierung von Frauen und der Rassendiskriminierung verdeutlicht worden. Des Weiteren enthält die AEMR ein unabhängiges und umfassendes System von Rechten, wobei die sozialen, wirtschaftlichen und kulturellen Rechte den zivilen und politischen gleichgestellt sind.[131]

Konkret beinhaltet die AEMR, die nach der Charta der Vereinten Nationen das wichtigste Dokument auf dem Feld des Menschenrechtsschutzes ist, allerdings – ebenso wie die Charta der Vereinten Nationen – keinen Hinweis auf den Schutz von Minderheiten. Vielmehr verfügt auch sie in ihrem Art. 2 nur über ein allgemeines Diskriminierungsverbot.[132] Auch wenn diese Bestimmung im Vergleich zu dem Diskriminierungsverbot des Art. 1 III der UN-Charta differenzierter ist, da in ihm neben den für Minderheiten üblichen Unterscheidungsmerkmalen wie Rasse, Sprache und Religion auch noch Farbe (Hautfarbe) und nationale Herkunft erwähnt

---

[126]) Vgl. **Website der Informationsplattform von Menschenrechten Schweiz MERS**: "Die Allgemeine Erklärung der Menschenrechte (1948)" (aufzurufen unter: http://www.humanrights.ch/cms/front_content.php?client=1&lang=1&idcat=217, besucht am 26.02.2004).

[127]) Vgl. ICJ Reports 1966, 6, 50. Darin heißt es: "Resolutions of the United Nations General Assembly (...) are not binding, but only recommendatory in character."

[128]) **K. Skubiszewski**, "The Elaboration of General Multilateral Conventions and of Non-Contractual Instruments Having a Normative Function or Objective. Resolutions of the General Assembly of the United Nations", in: Annuaire de l'Institut de Droit International (AIDI), Vol. 61 – I, (1985), S. 305 – 358 (318).

[129]) **E. Klein**, (s. Fn. 73), II., 4., c), Rn. 139, S. 325 f.

[130]) Vgl. **ders.**, II., 4., c), Rn. 139, S. 326.

[131]) **A. Eide / G. Alfredsson**, "Introduction", in: G. Alfredsson / A. Eide (Hrsg.), "The Universal Declaration of Human Rights: A common standard of achievement", 1999, S. xxv – xxxv (xxix f).

[132]) **P. Thornberry**, (s. Fn. 77), 13., S. 133 ff.

werden, so schützt sie dennoch Minderheiten nur in der Weise, dass sie sie der Mehrheitsbevölkerung in Bezug auf die Gewährleistung der Rechte gleichstellt.[133]

c. Internationaler Pakt über bürgerliche und politische Rechte

Ein vorsichtiger Wandel in der Haltung zum Schutz von Minderheiten durch völkerrechtliche Verträge auf universeller Ebene setzte in den 60er Jahren durch die Verabschiedung des Internationalen Paktes über bürgerliche und politische Rechte (IPBPR) sowie des Internationalen Paktes über wirtschaftliche, soziale und kulturelle Rechte (IPWSKR) vom 19. Dezember 1966 ein.[134]

Die beiden Menschenrechtspakte der Vereinten Nationen formen gemeinsam mit der Allgemeinen Erklärung der Menschenrechte und dem Fakultativprotokoll zum Pakt über bürgerliche und politische Rechte die "Internationale Charta der Menschenrechte", das Kernstück des Menschenrechtsschutzes der Weltgemeinschaft. Sie haben die einzelnen Rechte der AEMR näher ausgeformt, in die Form völkerrechtlicher Verträge gebracht und mit einem internationalen Durchsetzungsmechanismus ausgestattet. Mehr als die Hälfte der gegenwärtig existierenden Staaten in allen Teilen der Welt sind Vertragsstaaten der beiden Pakte geworden und haben sich damit völkerrechtlich verpflichtet, die darin niedergelegten Rechte ihren Rechtsunterworfenen gegenüber zu gewährleisten sowie die innerstaatliche Durchsetzung dieser Rechte einer internationalen Überwachung zu unterziehen. Folglich stellen die in den beiden Pakten garantierten wirtschaftlichen, sozialen, kulturellen, bürgerlichen und politischen Rechte den gegenwärtig geltenden menschenrechtlichen Mindeststandard auf universeller Ebene dar.[135]

Der Pakt über bürgerliche und politische Rechte, der erst ein Jahrzehnt nach seiner Verabschiedung, nämlich gemäß Art. 49 des IPBPR nach Hinterlegung der 35. Ratifikations- oder Beitrittsurkunde am 23. März 1976, völkerrechtlich in Kraft trat, enthält im Wesentlichen jene klassischen Menschenrechte der sogenannten "ersten Generation", die als Ergebnis der großen Revolution des späten 18. und 19. Jahrhunderts Eingang in innerstaatliches Verfassungsrecht der meisten Nationalstaaten gefunden hatten.[136] Im Gegensatz zu den wirtschaftlichen, sozialen und kulturellen Leistungsrechten der "zweiten Generation", die der Verwirklichung eines sozialen Freiheitskonzepts "durch den Staat" dienen, gewährleisten die bürgerlichen Rechte, ideengeschichtlich betrachtet, die liberale Freiheit des Individuums "vom Staat" und die politischen Rechte die demokratische Freiheit "zum Staat".[137] Als multilateraler völkerrechtlicher Vertrag schafft der Pakt Verpflichtungen zwischen den Vertragsstaaten. Die Vertragsstaaten müssen alle legislativen und sonstigen erforderlichen Maßnahmen treffen, um den Rechten des Paktes innerstaatliche Wirksamkeit zu verleihen und den Opfern von Verletzungen dieser Rechte wirksamen Rechtsschutz vor innerstaatlichen Gerichts- oder sonstigen Organen zu gewähren. Die internationale Kontrolle hat demnach nur überwachende Funktion. Die primäre Verantwortung zur Durchsetzung der Rechte des Paktes obliegt den Vertragsstaaten im Rahmen ihrer nationalen Rechtsordnungen. Hinsichtlich der konkreten Art und Weise der inner-

---

133) **R. Oxenknecht**, (s. Fn. 14), 4. Kapitel, I., 2., S. 150.
134) **R. Hofmann**, (s. Fn. 80), B., II., 1., a), S. 19.
135) **M. Nowak**, (s. Fn. 2), Einführung, I., Rn. 1 und 2.
136) **M. Nowak**, "Politische Grundrechte", 1988, Erster Teil, 2.1., S. 27 ff.
137) **M. Nowak**, (s. Fn. 2), Einführung, II., Rn. 3.

staatlichen Durchsetzung sind die Vertragsstaaten weitgehend autonom.[138] Aufgrund der Vereinbarung von Menschenrechten und Grundfreiheiten, die den Angehörigen der jeweiligen Mitgliedsstaaten gewährt werden sollen, gehört der Pakt zu den sogenannten rechtsetzenden völkerrechtlichen Verträgen. Dies bedeutet, dass er eine doppelte Verpflichtung beinhaltet: Jeder Mitgliedsstaat ist verpflichtet, sowohl gegenüber den anderen Mitgliedsstaaten als auch gegenüber den eigenen Staatsangehörigen die übernommenen Menschenrechtsgarantien auch zu gewährleisten.[139]
Sowohl Ungarn (Ratifikation am 17. Januar 1974, Inkrafttreten am 23. März 1976) als auch die von dem ungarischen Statusgesetz betroffenen Nachbarstaaten Ungarns haben diesen Pakt ratifiziert, und er ist für sie auch schon in Kraft getreten (die ehemalige Bundesrepublik Jugoslawien (jetzt Serbien-Montenegro): 02. Juni 1971 Ratifikation, 23. März 1976 Inkrafttreten; die Republik Kroatien: 12. Oktober 1992 Ratifikation (in Form einer Nachfolgeerklärung), 08. Oktober Inkrafttreten; Rumänien: 09. Dezember 1974 Ratifikation, 23. März 1976 Inkrafttreten; die Republik Slowenien: 06. Juli 1992 Ratifikation (in Form einer Nachfolgeerklärung), 25. Juni 1991 Inkrafttreten; die Slowakische Republik: 28. Mai 1993 Ratifikation (in Form einer Nachfolgeerklärung), 01. Januar 1993 Inkrafttreten; und die Ukraine: 12. November 1973 Ratifikation, 23. März 1976 Inkrafttreten), so dass sie alle an die Regelungen des Paktes gebunden sind.[140]

Die Rechte des Paktes sind Menschenrechte im dreifachen Sinne dieses Wortes:
- Sie sind im Gegensatz zu den innerstaatlichen Grundrechten unmittelbar durch das Völkerrecht geschaffen.
- Sie gelten mit Ausnahme der in Art. 25 des IPBPR garantierten politischen Bürgerrechte für alle Menschen, d.h. auch für Ausländer.
- Sie sind mit Ausnahme des Selbstbestimmungsrechtes in Art. 1 des IPBPR, das ausschließlich als Recht der Völker konzipiert ist, individuelle Menschenrechte.[141]

Im Gegensatz zur AEMR enthält der IPBPR neben dem allgemeinen Diskriminierungsverbot in seinem Art. 2 in seinem Art. 26 und seinem Art. 27 sowohl ein Gleichbehandlungsgebot als auch eine Bestimmung zum Schutz von ethnischen, religiösen und sprachlichen Minderheiten. Das Diskriminierungsverbot in Art. 2 des IPBPR entspricht dem in Art. 2 der AEMR und stellt daher keine neue Errungenschaft in Bezug auf den Minderheitenschutz dar. Daneben soll Art. 26 des IPBPR – auch in Form eines Diskriminierungsverbots – für eine Gleichheit vor dem Gesetz sowie den gleichen Schutz durch das Gesetz sorgen. Dies beinhaltet die Ausübung aller Rechte durch alle Bürger, unabhängig davon, ob sie unter die in Art. 27 des IPBPR näher konkretisierten Minderheiten fallen oder nicht.[142] Art. 27 des IPBPR gilt als die

---

[138]) **Ders.**, Einführung, V., Rn. 14 f.

[139]) **U. Scheuner**, "Die Fortbildung der Grundrechte in internationalen Konventionen durch die Rechtsprechung. Zur Rechtsprechung des Europäischen Gerichtshofs für Menschenrechte", in: I. v. Münch (Hrsg.), "Staatsrecht – Völkerrecht – Europarecht", FS für H.-J. Schlochauer, 1981, S. 899 – 926 (907); **K. Münger**, "Bürgerliche und politische Rechte im Weltpakt der Vereinten Nationen und im Schweizerischen Recht", 1973, Erster Teil, § 1, IV., A., S. 13.

[140]) **Website des Büros des Hohen Kommissars der Vereinten Nationen für Menschenrechte**: "Status of Ratifications of the Principal International Human Rights Treaties (as of 02 November 2003)" (aufzurufen unter: http://www.unhchr.ch/pdf/report.pdf, besucht am 03.03.2004).

[141]) **M. Nowak**, (s. Fn. 2), Einführung, V., Rn. 16.

[142]) **K. Myntti**, "The Prevention of Discrimination v. Protection of Minorities – With Particular Reference to 'Special Measures'", in: I. Ziemele (Hrsg.), "Baltic Yearbook of International Law" (BalticYIL), Volume 2, 2002, S. 199 – 226 (218); UN – Human Rights Committee, General Comment No.18 (Article 27), 1994: HRI\GEN\1\Rev.1 at 38 (1994).

derzeit wichtigste vertragliche Regelung des (universellen) Völkerrechts zum Minderheitenschutz.[143] Der in erster Linie als Individualgrundrecht konzipierte Art. 27 des IPBPR verpflichtet als überwiegend negatorisches Recht die Vertragsstaaten zu einem Unterlassen jeglicher Maßnahmen, von denen Integrations- oder Assimilierungsdruck ausgehen könnte.[144] Die Verpflichtung in Art. 27 des IPBPR geht über das bloße Diskriminierungsverbot in Art. 26 des IPBPR hinaus und enthält Elemente eines Rechts auf faktische Gleichheit und möglicherweise einen positiven Diskriminierungsschutz (s. u.).[145]

d. Minderheitendeklaration der UN–Generalversammlung von 1992

Nach 14 Jahren der Ausarbeitung hat die Arbeitsgruppe der UN-Menschenrechtskommission ihre Arbeit an der "Deklaration über die Rechte der Angehörigen nationaler oder ethnischer, religiöser und sprachlicher Minderheiten"[146] beendet. Diese wurde dann zunächst sowohl von der UN-Menschenrechtskommission als auch vom Wirtschafts- und Sozialrat gebilligt, bevor sie am 18. Dezember 1992 von der Generalversammlung der Vereinten Nationen ohne ausdrückliche Gegenstimme als Resolution 47/135 angenommen wurde.[147]

Die Bestimmungen dieser Deklaration sind aus dem Grunde von besonderer Bedeutung, da sie als einer der aktuellsten Nachweise der Arbeit der Vereinten Nationen auf dem Gebiet des Minderheitenschutzes angesehen werden kann.[148] Als Resolution der Generalversammlung stellt sie eine rechtlich nicht verbindliche Erklärung dar. Ihr Inhalt ist von dem "Dokument des Kopenhagener Treffens der Konferenz über die menschliche Dimension der KSZE" inspiriert und sie enthält Aussagen zu einigen Fragen der Rechtsstellung nationaler Minderheiten.[149]

Ebenso wie die Allgemeine Erklärung der Menschenrechte besitzt auch diese Deklaration als Resolution der Generalversammlung nur einen rechtlich nicht bindenden, empfehlenden Charakter. Daran ändert auch ihre – für eine Deklaration übliche – feierliche Beschlussfassung nichts.[150] Dies bedeutet, dass für die neben Ungarn durch das ungarische Statusgesetz betroffenen Nachbarstaaten Ungarns (Rumänien, die Slowakische Republik, Slowenien, die Republik Kroatien, die Ukraine und die ehemalige Bundesrepublik Jugoslawien (jetzt Serbien-Montenegro)) in Bezug auf die Ratifikation einer derartigen Resolution die zuvor zur AEMR

---

143) **R. Hofmann**, (s. Fn. 80), B., II., 1., a), S. 20.

144) **Ders.**, B., II., 1., c), S. 22.

145) **L. B. Sohn**, "The Rights of Minorities", in: L. Henkin (Hrsg.), "The International Bill of Rights – The Covenant on Civil and Political Rights", 1981, S. 270 – 289 (287 ff); **Ch. Tomuschat**, (s. Fn. 11), S. 966 ff.

146) Der vollständige Wortlaut der "UN-Deklaration über die Rechte der Angehörigen nationaler oder ethnischer, religiöser und sprachlicher Minderheiten" (Resolution 47/135) ist abgedruckt in: Human Rights Law Journal (HRLJ), Vol. 14, No. 1-2, 1993, S. 54 ff.

147) **K. Dicke**, "Die UN-Deklaration zum Minderheitenschutz", in Europa-Archiv (Zeitschrift für internationale Politik), 48. Jahrgang, 1993, S. 107 – 116 (109).

148) **R. Hofmann**, (s. Fn. 80), B., II., 2., S. 24.

149) **R. Hofmann**, (s. Fn. 8), 3., a), S. 24.

150) Vgl. ICJ Reports 1966, 6, 50, (s. Fn. 127); ebenso **Ch. Tomuschat**, "Die Charta der wirtschaftlichen Rechte und Pflichten der Staaten – Zur Gestaltungskraft von Deklarationen der UN-Generalversammlung", in: Zeitschrift für ausländisches öffentliches Recht und Völkerrecht (ZaöRV), Band 36, 1976, S. 444 – 491 (460 ff).

bereits gemachten Ausführungen ebenfalls auf diese Minderheitendeklaration der Generalversammlung der Vereinten Nationen zutreffen.[151]

Obwohl die Deklaration in ihrer Präambel und ihren neun Artikeln fast nur den Inhalt bereits in anderen internationalen Bestimmungen bestehender Rechte wiedergibt, ist sie dennoch von größter Bedeutung, da sie das erste internationale Menschenrechtsinstrument darstellt, das ausschließlich den Minderheitenrechten gewidmet ist.[152] Festzustellen ist, dass der sowohl im Titel als auch in den operativen Artikeln der Deklaration verwendete Begriff "persons" zu Recht dahingehend verstanden wird, dass sie – jedenfalls ganz überwiegend – Minderheitenrechte als Individual- und nicht als Gruppenrechte umfasst. Diese Interpretation entspricht auch der ganz herrschenden Auffassung zu Art. 27 des IPBPR, der für den Erlass der Deklaration laut der Präambel auch von gravierender Bedeutung war, da dieser auch zum größten Teil die Rechte von Individuen beschreibt.[153] Auch wenn die Deklaration – wie sehr viele völkerrechtliche Dokumente zum Minderheitenschutz – keine Definition des Minderheitenbegriffs enthält, so lassen sich aus ihrer Entstehungsgeschichte jedoch gute Gründe für die Auffassung ableiten, dass – ebenfalls in Übereinstimmung mit der vorherrschenden Meinung zum personalen Geltungsbereich des Art. 27 des IPBPR – auch Personen, die nicht Staatsangehörige ihres Aufenthaltsstaates, also Ausländer, sind, unter gewissen Voraussetzungen, wie insbesondere durch einen langen Aufenthalt gefestigte Bindungen zum Aufenthaltsstaat, Angehörige von Minderheiten im Sinne der Deklaration sein können.[154] Trotz aller Kritik, die vor allem wegen der unzureichenden Garantie des Rechts auf Unterricht in der Muttersprache, des völligen Fehlens einer Regelung des Rechts auf Gebrauch der Minderheitensprachen vor Gericht und Behörden sowie der Möglichkeit territorialer Autonomie aufgekommen ist, stellt diese Deklaration bei realistischer Einschätzung des Potentials der Vereinten Nationen doch einen gewissen Fortschritt dar: Angesichts der Heterogenität der Mitglieder der universellen Staatengemeinschaft und ihrer doch sehr unterschiedlichen Grundeinstellungen zu Minderheitenfragen muss jedenfalls als positiv gewertet werden, dass wenigstens die Rechte auf freien Gebrauch der Muttersprache, effektive Teilhabe am politischen Entscheidungsprozess und auch grenzüberschreitende Kontakte gesichert werden.[155] Festzustellen ist allerdings, dass man sich bisher noch nicht auf einen der Deklaration hinzuzufügenden, ernsthaften Umsetzungsmechanismus geeinigt hat.[156] Daher kann davon ausgegangen werden, dass diese Deklaration nicht den Bedürfnissen bzw. den Wünschen der Minderheiten genügen wird und dass sie auch nur begrenzten Einfluss auf die Vermeidung ethnischer Konflikte, auf die Lösung dieser Konflikte oder auf den Aufbau von Vertrauen nach solchen Konflikten haben wird. Es bleibt daher zu hoffen, dass sie wenigstens die nationalen Gesetzgeber und andere Aktionen auf nationaler Ebene beeinflussen wird.[157]

---

151) S.o. Kapitel III, A., I., 3., b., S. 54.

152) **G. Alfredsson / A. de Zayas**, "Minority Rights: Protection by the United Nations", in: Human Rights Law Journal (HRLJ), Vol. 14, No. 1-2, 1993, S. 1 – 9 (3).

153) **R. Hofmann**, (s. Fn. 80), B., II., 2., a), S. 24.

154) **P. Thornberry**, "The UN Declaration on the Rights of Persons Belonging to National or Ethnic, Religious and Linguistic Minorities: Background, Analysis, Observations and an Update", in: A. Phillips / A. Rosas (Hrsg.), "Universal Minority Rights", 1995, S. 13 – 76 (28 ff).

155) **R. Hofmann**, (s. Fn. 8), 3., a), S. 24.

156) **F. Ermacora**, "Späte Einsichten. Der Entwurf der UN-Erklärung zum Minderheitenschutz", in: Vereinte Nationen, Jahrgang 40 (1992), S. 149 – 153 (151).

157) **G. Alfredsson / A. de Zayas**, (s. Fn. 152), S. 3.

e. Zusammenfassung

Wie soeben dargelegt, hat der universelle Minderheitenschutz bereits eine jahrzehntelange Entwicklung hinter sich. Die zur Zeit des Völkerbundes unternommenen Anstrengungen, einen den Bedürfnissen der Minderheiten entsprechenden Minderheitenschutz zu gewährleisten, wurden nach dem Zweiten Weltkrieg von den Vereinten Nationen nicht fortgeführt. Vielmehr wurde der bis dahin existierende Minderheitenschutz in einen Schutz der Menschenrechte umgewandelt. Wie an der Darstellung der einzelnen internationalen Verträge und Deklarationen zu erkennen ist, werden in diesen Abkommen zum größten Teil nur die Menschenrechte geschützt, ein separater Schutz von Minderheiten lässt sich nur sehr selten feststellen. Insofern lassen sich auch auf das hier im Folgenden zu behandelnde Thema des Schutzes nationaler Minderheiten durch ihren Ursprungsstaat im Rahmen des universellen Minderheitenschutzes durch die Vereinten Nationen nur folgende kurze Ausführungen machen:

Die Hauptaufgabe der Vereinten Nationen in Bezug auf den Minderheitenschutz liegt darin, zu überwachen, ob die Staaten ihre sich aus den Menschenrechten ergebenden Verpflichtungen gegenüber den Minderheiten erfüllen. Diese Verpflichtungen beziehen sich allerdings nur auf das Verhalten von Staaten innerhalb ihrer eigenen Grenzen und nicht auf das Gebiet anderer Staaten. Auch ansonsten haben die Vereinten Nationen bzw. ihre ausführenden Organe bisher noch nicht viel mit Minderheiten und Ursprungsstaaten zu tun gehabt.[158]

Auf der politischen Ebene und auf dem Gebiet des Friedens und der Sicherheit in der Arbeit der Vereinten Nationen ist es anerkannt, dass Ursprungsstaaten sowohl eine positive als auch eine negative Rolle in Bezug auf die jeweiligen nationalen Minderheiten spielen können, je nachdem, wie sie das Verhalten der Minderheiten in Konfliktsituationen beeinflussen. In ihrer vor allem auf Frieden ausgerichteten Arbeit versuchen die Vereinten Nationen die Ursprungsstaaten dazu anzuhalten, eine positive Rolle bei den Friedensbemühungen zu spielen, indem sie "ihre" Minderheiten dahingehend beeinflussen. Der Vorteil der gegenseitigen Beziehungen wird aber auch anerkannt.[159]

Zusammenfassend lässt sich allerdings sagen, dass die Vereinten Nationen ein relativ geringes Interesse an dem Schutz nationaler Minderheiten durch ihren Ursprungsstaat zeigen.

II. Regionaler Minderheitenschutz

In Europa waren Minderheitenfragen – im Unterschied zur Lage vor dem Ersten Weltkrieg und zur Zwischenkriegszeit – nach dem Abschluss von Vertreibung oder Aussiedlung größerer Bevölkerungsgruppen im Anschluss an den Zweiten Weltkrieg bis zur Wende des Jahres 1989 letztlich kein wichtiger Gegenstand des politischen Geschehens und Interesses. Seitdem sind sie jedoch – wenn auch in unterschiedlicher Intensität – ein fester Bestandteil der politischen Agenda der für den regionalen Minderheitenschutz wichtigsten europäischen Organisa-

158) Vgl. **E. Stamatopoulou**, "Protection of National Minorities and Kin-States: An International Perspective", in: European Commission for Democracy Through Law (Venice Commission), "The protection of national minorities by their kin-state", Science and technique of democracy, No 32, 2002, S. 85 – 105 (88).

159) Vgl. **dies.**, S. 89.

tionen, nämlich dem Europarat und der Konferenz bzw. jetzt Organisation für Sicherheit und Zusammenarbeit in Europa (KSZE bzw. OSZE).[160]

1. Europarat

Die Gründung des Europarates, die durch Verabschiedung der Satzung des Europarates am 5. Mai 1949 von den Gründungsmitgliedern Belgien, Dänemark, Frankreich, Irland, Italien, Luxemburg, Niederlande, Norwegen, Schweden und des Vereinigten Königreiches Großbritannien und Nordirland vollzogen wurde, ist die Frucht einer spezifisch europäischen und universellen Entwicklung.[161] Die "politische Idee Europas", die sich ungeachtet aller politischen und kulturellen Vielgestaltigkeit der neuzeitlichen europäischen Staatenwelt herausgebildet hat, brachte im Laufe der Zeit eine Fülle von Entwürfen und Konzeptionen zur politischen Einigung Europas hervor.[162] Unterstützend kam die Einsicht hinzu, dass es sinnvoll sei, die sich in den letzten Jahren des Zweiten Weltkriegs in der Gründung befindliche neue Weltorganisation (UN) zu entlasten, indem man ihr regionale allgemein-politische Organisationen zu Seite stellte. Ähnlich wie die Organisation Amerikanischer Staaten (OAS) und die Organisation Afrikanische Einheit (OAU) ist der Europarat eine mit weitreichende Kompetenzen ausgestattete geographisch beschränkte Regionalorganisation, die gemäß dem Art. 1 lit. c) ihrer Satzung ausdrücklich den Vorrang der Verpflichtungen aus der UN-Charta respektiert. Deutschland ist dem Europarat 1950 beigetreten. Mittlerweile hat der Europarat 45 Mitglieder (einschließlich Russland) und repräsentiert eine Bevölkerung von ca. 800 Millionen.[163] Neben Ungarn selbst (seit dem 06. November 1990) sind von den durch das ungarische Statusgesetz betroffenen Nachbarländern Ungarns alle Mitglieder des Europarates (Kroatien seit dem 06. November 1996, Rumänien seit dem 07. Oktober 1993, Serbien-Montenegro seit dem 03. April 2003, die Slowakei seit dem 30. Juni 1993, Slowenien seit dem 14, Mai 1993 und die Ukraine seit dem 09. November 1995). Zudem haben zwei weitere Staaten die Mitgliedschaft im Europarat beantragt (Weißrussland und Monaco).[164]

Die Aufgaben des Europarates, die in Art. 1 lit. a) seiner Satzung festgelegt sind, sind politisch umfassend: Der Europarat soll eine engere Verbindung zwischen seinen Mitgliedern zum Schutze und zur Förderung der Ideale und Grundsätze , die ihr gemeinsames Erbe bilden, herstellen und ihren wirtschaftlichen und sozialen Fortschritt fördern. Dabei werden als Tätigkeitsfelder in Art. 1 lit. b) der Satzung des Europarates ausdrücklich der wirtschaftliche, soziale, kulturelle und wissenschaftliche Bereich, die Gebiete des Rechts und der Verwaltung sowie der Schutz und die Fortentwicklung der Menschenrechte und Grundfreiheiten genannt. Der Schwerpunkt liegt allerdings auf der vielfältigen Förderung der Zusammenarbeit seiner Mitglieder und der Erarbeitung multilateraler völkerrechtlicher Verträge (wofür auch die bisher erarbeiteten über 150 Konventionen des Europarates sprechen).[165]

---

160) **R. Hofmann**, (s. Fn. 8), 2., S. 13.

161) **K. Vasak**, "The Council of Europe", in: K. Vasak / P. Alston (Hrsg.), "The International Dimensions of Human Rights", Volume 2, 1982, S. 457 – 542 (456); **E. Klein**, (s. Fn. 73), Vierter Abschnitt (S. 267 – 377), IV., 1., Rn. 235 f, S. 368 f.

162) **R. H. Foerster**, "Europa, Geschichte einer politischen Idee", 1967, Anhang (Bibliographie europäischer Einigungsverträge), S. 325 ff.

163) **E. Klein**, (s. Fn. 73), Vierter Abschnitt (S. 267 – 377), IV., 1., Rn. 236, S. 369.

164) **Website des Europarates**: "Die Mitgliedsstaaten des Europarates" (aufzurufen unter: http://www.coe.int/T/D/Com/Europarart_kurz/Mitgliedslaender/default.asp, besucht am 31.07.2004).

165) **E. Klein**, (s. Fn. 73), Vierter Abschnitt (S. 267 – 377), IV., 3., Rn. 242, S. 371; **R. Hofmann**, (s. Fn. 8), 2., b), S. 16.

Der Schutz von Minderheiten ist bereits seit den ersten Jahren des Bestehens des Europarates eines seiner bedeutendsten Anliegen. Ein wichtiger Grund dafür war die Einbindung der Rechte der Minderheiten in die Menschenrechte, die, neben einer pluralistischen parlamentarischen Demokratie und der Rechtsstaatlichkeit, zu den Grundwerten der Mitgliedsstaaten des Europarates gehören. Die Achtung der Menschenrechte ist zudem bereits in Art. 3 der Satzung des Europarates als Bedingung für eine Mitgliedschaft festgehalten.[166]
Die Rolle des Europarates im Bereich des Minderheitenschutzes betrifft dabei sowohl die rechtliche als auch die politische Ebene:
Mit der rechtlichen Ebene sind die seit Anfang der 90er Jahre intensivierten Bemühungen gemeint, im Rahmen dieser Organisation völkervertragliche Regelungen zum Minderheitenschutz auszuarbeiten und die entsprechenden Texte dann den Mitgliedsstaaten zur Unterzeichnung und Ratifikation vorzulegen.
Unter der politischen Ebene wird die ebenfalls seit Anfang der 90er Jahre verfolgte Politik des Europarates verstanden, durch die er die Aufnahme neuer Mitgliedsstaaten nicht nur von deren Bereitschaft zur Zeichnung der EMRK nebst ihren Zusatzprotokollen in Zusammenhang mit ihrer Aufnahme in den Europarat sowie die Verpflichtung zur alsbaldigen Ratifikation abhängig machen will. Vielmehr ist darüber hinaus die Einschätzung von Interesse, ob und in welchem Umfang die Rechtsordnung der "Beitrittskandidaten" einem – nicht immer eindeutigen – europäischen Mindeststandard auf dem Gebiet des Minderheitenschutzes entspricht.[167]
Zur selben Zeit erkannte der Europarat die sich aus dem immer deutlicher werdenden hohen Destabilisierungspotential von Minderheitenproblemen für die friedliche Entwicklung in Europa ergebenden Gefahren. Dies veranlasste ihn dazu, sich intensiv mit dem völkerrechtlichen Schutz von Minderheiten zu beschäftigen. Um ein spezielles Schutz- und Kontrollsystem zu schaffen, wurde deshalb die "European Commission for Democracy through Law" (Venedig-Kommission), die direkt nach dem Fall der Berliner Mauer eingerichtet worden war und aus einem vom Europarat einberufenen Expertengremium besteht, mit der Lösung dieser Aufgabe betreut (s. u.).[168]

Die vom Europarat wichtigsten in Bezug auf den Minderheitenschutz erlassenen Konventionen sollen im Folgenden kurz dargestellt werden.

a. Europäische Menschenrechtskonvention und das Protokoll Nr. 12

Die vom Europarat erlassene Europäische Menschenrechtskonvention (EMRK) wird seit ihrem Bestehen von Zusatzprotokollen ergänzt. Der Übersicht halber soll im Folgenden zunächst die EMRK selbst und daran anschließend das hier relevante Protokoll Nr. 12 kurz erörtert werden.

---

166) **E. Konstantinov**, "Minderheitenschutz und Europarat", in: H.-J. Heintze (Hrsg.), "Selbstbestimmungsrecht der Völker – Herausforderung der Staatenwelt", 1997, S. 177 – 199 (177).

167) **R. Hofmann**, "Die Rolle des Europarats beim Minderheitenschutz", in: M. Mohr (Hrsg.), "Friedenssichernde Aspekt des Minderheitenschutzes in der Ära des Völkerbundes und der Vereinten Nationen in Europa", 1996, S. 111 – 147 (113).

168) **D. Franke / R. Hofmann**, "Nationale Minderheiten – ein Thema für das Grundgesetz? (Verfassungs- und völkerrechtliche Aspekte des Schutzes nationaler Minderheiten)", in: Europäische Grundrechte Zeitschrift (EuGRZ), 1992, S. 401 – 409 (404).

(1) Europäische Menschenrechtskonvention

Die EMRK ist ein völkerrechtlicher Vertrag, der von den Mitgliedsstaaten des Europarates ausgearbeitet worden ist und am 4. November 1950 in Rom unterzeichnet wurde. Am 3. September 1953 trat sie nach der Ratifizierung durch 10 Staaten in Kraft. Zur Zeit (31.07.2004) gibt es 45 Vertragsstaaten.
Ungarn selbst hat die EMRK am 05. November 1997 ratifiziert und diese ist dann auch am gleichen Tag für Ungarn in Kraft getreten. Die anderen durch das ungarische Statusgesetz betroffenen Staaten haben die EMRK alle schon ratifiziert und sie ist für diese dann auch (meistens am gleichen Tag noch) – teilweise unter Vorbehalten – in Kraft getreten (Kroatien am 05. November 1997, Rumänien am 20. Juni 1994, die Slowakei hat die EMKR am 18. März 1992 ratifiziert und diese ist dann am 01. Januar 1993 in der Slowakei in Kraft getreten, Slowenien am 28. Juni 1994, Serbien-Montenegro am 03. März 2004 und die Ukraine am 11. September 1997).[169]

Die der EMRK zugrunde liegende Idee basiert darauf, die Allgemeine Erklärung der Menschenrechte der Vereinten Nationen vom 10. Dezember 1948 in ein regionales Schutzsystem zu transformieren, das mit effizienten Kontrollmechanismen ausgestattet ist.[170] In ihrer Präambel greift die EMRK auf die Satzung des Europarates zurück, in der der Schutz und die Fortentwicklung der Menschenrechte und Grundfreiheiten als dessen Aufgaben genannt wurden: Sie bekräftigt nämlich den tiefen Glauben an die Grundfreiheiten, "welche die Grundlage von Gerechtigkeit und Frieden in der Welt bilden und die am besten durch eine wahrhaft demokratische politische Ordnung sowie durch eine gemeinsame Achtung der diesen Grundfreiheiten zugrunde liegenden Menschenrechten gesichert werden" kann.

Die EMRK ist gemäß ihres Art. 59 eine sogenannte "geschlossene" Konvention, d.h., sie kann nur von den Mitgliedern des Europarates ratifiziert werden. Auf der anderen Seite werden neue Mitgliedsstaaten vom Europarat nur aufgenommen, wenn sie die EMRK und die Protokolle dazu zeichnen.[171] Als völkerrechtlicher Vertrag wird die EMRK für die Vertragsstaaten mit der Ratifizierung verbindlich. Gemäß Art. 1 der EMRK werden die Vertragsstaaten unmittelbar verpflichtet, den ihrer Jurisdiktion unterstehenden Personen die Konventionsrechte zuzusichern. Diese Rechte werden dabei unmittelbar durch das Völkerrecht begründet, d.h., sie folgen aus der EMRK und es ist nicht so, dass die EMRK den Vertragsstaaten Verpflichtungen auferlegt, in ihrem innerstaatlichen Recht Garantien dieser Art vorzusehen. Auch überlässt die EMRK den Vertragsstaaten die Art und Weise, wie sie ihren völkerrechtlichen Verpflichtungen nachkommen wollen.[172]

In Bezug auf den Schutz von Minderheiten enthält die EMRK einige relevante Aspekte:

- Die Menschenrechte und Grundfreiheiten, die in der Konvention verankert sind, kommen allen Personen zugute, die sich im Hoheitsbereich eines Mitgliedsstaates befinden, also nicht unbedingt nur den Staatsbürgern des jeweiligen Staates bzw. der anderen Mitgliedsstaaten, sondern auch denjenigen beliebiger Drittstaaten (u.a. also auch

[169]) **Website des Europarates**, "Konvention zum Schutze der Menschenrechte und Grundfreiheiten" (aufzurufen unter: http://conventions.coe.int/Treaty/Commun/ChercheSig.asp?NT=005&CM=1&DF=06/02/04&CL=GER, besucht am 31.07.2004).

[170]) **J. Meyer-Ladewig**, "EMRK, Konvention zum Schutz der Menschenrechte und Grundfreiheiten, Handkommentar", 2003, Einleitung, I., Rn. 1 f.

[171]) **Ders.**, Einleitung, I., Rn. 1.

[172]) **Ders.**, Einleitung, VII., Rn. 28 f.

Angehörigen nationaler Minderheiten). Dies liegt vor allem daran, dass die Bestimmungen der EMRK – ähnlich wie die des Art. 27 des IPBPR – individualistisch konzipiert sind.[173] Im Gegensatz zu Kollektivrechten, die nur in Gemeinschaft mit anderen wirksam ausgeübt werden können und eine Rechtsverbürgung zugunsten einer Gemeinschaft oder Gruppe, die auch eine Minderheit sein kann, darstellen[174], handelt es sich bei Individualrechten um Rechte des Einzelnen gegenüber dem Staat, die ihm kraft seines Menschseins ohne Rücksicht auf die Zugehörigkeit zu einer Gruppe zustehen[175].

- Viele der Konventionsrechte sind von besonderem Interesse für Angehörige nationaler Minderheiten (z. B. Art. 9 der EMRK).
- Die besondere Bedeutung der Konvention basiert zudem nicht nur auf den durch sie zugesicherten Rechten, sondern auch auf den zur Durchsetzung dieser Rechte entwickelten Organen und Mechanismen.[176]

Trotz dieser minderheitenrelevanten Aspekte regelt die EMRK nicht spezifische Rechte von Minderheiten. In Art. 14 der EMRK wird zwar der Begriff "nationale Minderheit" erwähnt, der Text ist aber im Besonderen dem Diskriminierungsverbot gewidmet. Der Anwendungsbereich dieser Norm ist allerdings auch eingeengt, da sie kein absolutes Diskriminierungsverbot enthält, sondern nur ein Verbot bezüglich der Rechte und Freiheiten aufstellt, die durch die EMRK geschützt werden. Dies führt dazu, dass zahlreiche Grundsätze, die für die nationalen Minderheiten von besonderer Bedeutung wären, außerhalb des Wirkungsfeldes (Geltungsbereiches) der Konvention bleiben. Demzufolge enthält also auch die EMRK nur eine mittelbare Schutzbestimmung zugunsten von Minderheiten und ihren Angehörigen.[177] Der Vorteil des Minderheitenschutzes durch die EMRK gegenüber anderen internationalen Verträgen (IPBPR, Anti-Rassendiskriminierungskonvention usw.) liegt daher vor allem in der bindenden Wirkung der Entscheidungen der EMRK-Organe.[178]

(2) Zusatzprotokoll Nr. 12 zur EMRK

Die EMRK wird insgesamt durch 13 Zusatzprotokolle ergänzt, die zum Teil das Verfahren des Menschenrechtsschutzes geändert haben (s. Protokolle Nr. 8, 9 und 11) oder den Menschenrechtsschutz durch die Garantie neuer Rechte fortentwickelt haben (s. Protokolle Nr. 1, 4, 6, 7, und 12). Die Protokolle sind zum Teil Fakultativprotokolle, die nur für solche Vertragsstaaten gelten, die das Zusatzprotokoll auch ratifiziert haben (z. B. Protokolle Nr. 6 und

---

173) **L. Wildhaber**, "Menschen- und Minderheitenrechte in der modernen Demokratie", in: "Baseler Universitätsreden", Vol. 88, 1992, S. 3 – 25 (12, 17 f).

174) **Y. Dinstein**, "Collective Human Rights of Peoples and Minorities", in: The International and Comparative Law Quarterly (ICLQ) 25, 1976, S. 102 – 120 (102 ff).

175) **O. Kimminich**, "Der Schutz ethnischer Minderheiten in Westeuropa", in: Deutsche Sektion der Internationalen Juristen-Kommission (G. Brunner / I. Camartin / H. Harbich / O. Kimminich) (Hrsg.), "Minderheitenschutz in Europa", 1985, S. 13 – 55 (25).

176) **H. Hartig**, "The Role of the Council of Europe in the Field of the Protection of National Minorities", in: F. Matscher (Hrsg.), "Wiener Internationale Begegnungen zu aktuellen Fragen nationaler Minderheiten", 1997, S. 267 – 278 (269 f).

177) **E. Konstantinov**, (s. Fn. 166), S. 179 ff.

178) **M. E. Villiger**, "Handbuch der Europäischen Menschenrechtskonvention (EMRK) unter besonderer Berücksichtigung der schweizerischen Rechtslage", 1993, § 32 (Verbot der Diskriminierung – Art. 14 EMRK), A., Rn. 634, S. 378 f.

12) und zum Teil Änderungsprotokolle, die den Text der EMRK geändert haben und der Ratifizierung durch alle Vertragsstaaten bedurften (insbesondere Protokoll Nr. 11).[179]

Das hier relevante 12. Zusatzprotokoll (ZP) zur EMRK liegt seit dem 04. November 2000 zur Zeichnung durch die Mitgliedsstaaten aus. Bis zum 03. März 2004 ist es zwar schon von 27 Staaten unterzeichnet worden, allerdings ist es erst von sechs Staaten ratifiziert worden. Neben Ungarn selbst (am 04. November 2000) haben von den anderen durch das ungarische Statusgesetz betroffenen Ländern Rumänien, die Slowakische Republik, die Ukraine (alle ebenfalls am 04. November 2000) sowie Slowenien (am 07. März 2001) das 12. Zusatzprotokoll unterzeichnet, allerdings bisher noch nicht ratifiziert. Zu den sechs Staaten, die dieses Zusatzprotokoll bisher ratifiziert haben gehören aber auch die durch das ungarische Statusgesetz betroffenen Länder Kroatien (unterzeichnet am 06. März 2002, ratifiziert am 03. Februar 2003) und Serbien-Montenegro (unterzeichnet am 03. April 2003, ratifiziert am 03. März 2004).[180] Gemäß Art. 5 I des 12. ZP tritt das Protokoll aber erst am ersten Tag des Monats in Kraft, der auf einen Zeitabschnitt von drei Monaten nach dem Tag folgt, an dem zehn Mitgliedsstaaten des Europarates nach Art. 4 ihre Zustimmung ausgedrückt haben, durch das Protokoll gebunden zu sein. Dies bedeutet, dass das 12. Zusatzprotokoll zur EMRK momentan noch nicht in Kraft getreten ist.

Im Gegensatz zu Art. 7 der AEMR und Art. 26 des IPBPR, die einen allgemeinen Gleichheitssatz aufstellen, beinhaltet das Diskriminierungsverbot in Art. 14 der EMRK kein generelles Verbot der Diskriminierung; sein Anwendungsbereich beschränkt sich vielmehr auf den materiellen Geltungsbereich der Konvention. Diese Lücke soll durch das 12. ZP geschlossen werden.[181] Da der Anwendungsbereich des Schutzes gegen Diskriminierungen durch das 12. ZP weit über den des bisherigen Diskriminierungsverbots in Art. 14 der EMRK hinausgeht, soll auch auf regionaler Ebene ein genereller Diskriminierungsschutz in Form eines unabhängigen Rechts geschaffen werden.[182]

Art. 1 des Protokolls beinhaltet ein derartiges generelles Diskriminierungsverbot. Der Ausdruck "Diskriminierung" wird dabei in Art. 1 des Protokolls Nr. 12 in demselben Sinne wie in Art. 14 der Konvention verwandt. Der durch Art. 1 des Protokolls Nr. 12 gewährleistete Schutzumfang bezieht sich – im Gegensatz zu Art. 14 der EMRK – auf den Genuss eines jeden auf Gesetz beruhenden Rechts und nicht nur akzessorisch in Bezug auf die in der Konvention anerkannten Rechte und Freiheiten. Da es sich aber um ein Zusatzprotokoll handelt,

179) **J. Meyer-Ladewig**, (s. Fn. 170), Einleitung, II., Rn. 3.

180) **Website des Europarates**: "Protokoll Nr. 12 zur Konvention zum Schutze der Menschenrechte und Grundfreiheiten" (aufzurufen unter: http://conventions.coe.int/Treaty/Commun/ChercheSig.asp?NT=117 &CM=8&DF=&CL=GER, besucht am 03.03.2004).

181) **N. Grief**, "Non-discrimination under the European Convention on Human Rights: a critique of the United Kingdom Government's refusal to sign and ratify Protocol 12", in: European Law Review: Human Rights Survey 2002, S. HR/3 – HR/18 (HR/4).

182) **J. Schokkenbroek**, "Stronger European protection against discrimination: the new Protocol No. 12 to the European Convention on Human Rights", in: E. Klein (Hrsg.), "Rassische Diskriminierung – Erscheinungsformen und Bekämpfungsmöglichkeiten (Tagung in Potsdam, 29./30. September 2000)", 2002, S. 175 – 193 (185); **O. M. Arnardóttir**, "Equality and Non-Discrimination under the European Convention on Human Rights", 2003, Chapter 3, 3.2.2.2., S. 37 f.

ändert es weder Art. 14 der EMRK ab noch setzt es ihn außer Kraft (Art. 3 des 12. ZP). Dieser bleibt vielmehr anwendbar.[183]

b. Rahmenübereinkommen zum Schutz nationaler Minderheiten

Das Ministerkomitee des Europarates billigte am 10. November 1994 den in Ausführung des Beschlusses der Staats- und Regierungschefs des Europarates vom 8. / 9. Oktober 1993 von einem ad-hoc-Gremium von Experten aus den Mitgliedsstaaten des Europarates erarbeiteten Text einer "Framework Convention for the Protection of National Minorities" (Rahmenkonvention zum Schutz nationaler Minderheiten).[184] Am 1. Februar 1995 wurde der Text dann zur Unterzeichnung freigegeben. Gemäß Art. 28 I des Rahmenübereinkommens bedarf es zwölf Ratifizierungen, damit das Übereinkommen in Kraft tritt. Diese lagen Ende 1997 vor, so dass das Übereinkommen – entsprechend dem Art. 28 I des Übereinkommens – am 1. Februar 1998 in Kraft treten konnte. Bis zum 04. Februar 2004 haben insgesamt 42 Staaten das Übereinkommen unterzeichnet und 35 dieser 42 Staaten haben es auch bereits ratifiziert. Neben Ungarn selbst (am 25. September 1995) haben alle anderen durch das ungarische Statusgesetz betroffenen Nachbarländer Ungarns die Rahmenkonvention bereits ratifiziert (Kroatien am 01. Februar 1997, Rumänien am 11. Mai 1995, die Slowakei am 14. September 1995, Slowenien am 25. März 1998, die Ukraine am 26. Januar 1998. Serbien-Montenegro ist dem Übereinkommen am 11. Mai 2001 beigetreten).[185]

Das Rahmenübereinkommen ist ein Ergebnis der beeindruckenden "Renaissance" der internationalen Bemühungen zum Schutz der Rechte der Angehörigen nationaler Minderheiten, die dadurch entstanden, dass die internationale Gemeinschaft, parallel zum Ende der sozialistischen Regime in Europa, verstanden hat, dass ungelöste Beziehungen zwischen Mehrheit und Minderheit eine seriöse Bedrohung nicht nur des internen Friedens und der Sicherheit der primär betroffenen Staaten, sondern auch des Friedens und der Sicherheit im gesamten Europa darstellen. Bei dem Rahmenübereinkommen handelt es sich um den ersten und umfassendsten multilateralen völkerrechtlichen Vertrag, der ausschließlich den Schutz der Rechte von Angehörigen nationaler Minderheiten zum Inhalt hat.[186]

Verglichen mit den anderen Abkommen des Europarates stellt das Rahmenübereinkommen ein "offenes" Abkommen dar, dem Nichtmitgliedstaaten des Europarates beitreten können, wenn eine entsprechende Einladung durch das Ministerkomitee erfolgt.[187]

---

[183]) **F. Buonomo**, "Protocol 12 to the European Convention on Human Rights", in: A. Bloed / R. Hofmann / J. Marko / J. Mayall / M. Weller (Hrsg.) "European Yearbook of Minority Issues" (EYMI), Volume 1, 2001/2, 2003, S. 425 – 433 (432).

[184]) **A. Rönquist**, "The Council of Europe Framework Convention for the Protection of National Minorities", in: Helsinki Monitor, 1995, No. 1, S. 38 – 44 (38).

[185]) **P. Thornberry**, "The Framework Convention on National Minorities: A Provisional Appraisal and a Memory of the Baltic States", in: I. Ziemele (Hrsg.), "Baltic Yearbook of International Law" (BaltiCYIL), Volume 2, 2002, S. 127 – 157 (128); **Website des Europarates**: "Framework Convention for the Protection of National Minorities (Chart of Signatures and Ratifications and Status of Monitoring Work)" (aufzurufen unter: http://www.humanrights.coe.int/Minorities/index.htm, besucht am 13.02.2004).

[186]) **R. Hofmann**, "Protecting the Rights of National Minorities in Europe. First Experiences with the Council of Europe Framework Convention for the Protection of National Minorities" in: J. Delbrück / R. Hofmann / A. Zimmermann (Hrsg.), "German Yearbook of International Law – Jahrbuch für Internationales Recht", Volume 44 / 2001, 2002, S. 237 – 269 (238 f); **E. J. Aarnio**, "Minority Rights in the Council of Europe: Current Developments", in: A. Phillips / A. Rosas (Hrsg.), "Universal Minority Rights", 1997, S. 123 – 133 (129).

[187]) **G. Pentassuglia**, "Minorities in international law", 2002, Chapter VI, 1., d., iv., S. 132.

Im Gegensatz zur UN-Minderheitendeklaration und zu den einschlägigen KSZE-Dokumenten (s.u.), die nur politische und keine rechtlichen Verpflichtungen enthalten, hat das Rahmenübereinkommen neben den politischen Verpflichtungen auch eine rechtliche Bindungswirkung. Eine solche kommt zwar sowohl Art. 27 des IPBPR als auch der Europäischen Charta der Regional- und Minderheitensprachen (s.u.) zu, doch sind diese Normen entweder zu allgemein formuliert (Art. 27 des IPBPR) oder nur auf den sprachlichen Aspekt des Minderheitenschutzes beschränkt (Charta), als dass sie in zufriedenstellender Weise einen umfassenden Schutz der Rechte von Angehörigen nationaler Minderheiten garantieren könnten.[188] Andererseits enthält das Rahmenübereinkommen keine die Staaten unmittelbar rechtlich verpflichtenden Bestimmungen oder Normen, die aufgrund ihres self-executing-Charakters den betroffenen Individuen Rechte einräumen, auf deren Einhaltung sich diese vor nationalen Behörden und Gerichten berufen können. Wie auch schon durch den Begriff "Rahmen"-Übereinkommen zum Ausdruck kommt, besteht es vielmehr durchweg aus – innerstaatlich nicht unmittelbar anwendbaren – programmartigen Sätzen, die für die Vertragsparteien nur Ziele formulieren, zu deren Erreichen sich diese verpflichten.[189] Die Mitgliedsstaaten erhalten durch diese völkervertraglich schwächste Form einer rechtlichen Bindung einen sehr weiten Ermessensspielraum bei der Auswahl von (rechtlichen und politischen) Maßnahmen zur Erfüllung ihrer völkerrechtlichen Pflichten. Dies beruht zum einen auf der Überlegung, dass die faktische Situation in Bezug auf nationale Minderheiten in den (potentiellen) Mitgliedsstaaten des Rahmenübereinkommens durchaus unterschiedlich ist, was dazu führt, dass (zu) präzise vertragliche Vorgaben nicht unbedingt anzustreben sind. Andererseits hat diese Struktur des Rahmenübereinkommens zur Folge, dass eine effektive inhaltliche Kontrolle der Umsetzungspraxis der Mitgliedsstaaten – auch wenn das eingerichtete Berichtssystem angemessen funktioniert – praktisch unmöglich ist.[190]

Trotz der Tatsache, dass die Rahmenkonvention allein dem Schutz der nationalen Minderheiten gewidmet ist, enthält sie keine Definition des Begriffs der "nationalen Minderheit". Sie stimmt insofern mit den internationalen Instrumenten zum Minderheitenschutz überein, die im Rahmen der Vereinten Nationen und der KSZE (jetzt OSZE (s.u.)) entstanden sind. Die notwendige inhaltliche Bestimmung dieses Begriffs ist somit der Praxis (vor allem des Beratenden Ausschusses) überlassen.[191] In Bezug auf den Minderheitenschutz enthält das Rahmenübereinkommen zudem weder eine Anerkennung irgendwelcher kollektiver Rechte von Angehörigen nationaler Minderheiten[192], noch verbürgt es unmittelbar anwendbare Individualrechte (s.o.).

---

188) **R. Hofmann**, (s. Fn. 80), F., I., S. 200.

189) **St. Troebst**, "From paper to practice: The Council of Europe's Framework Convention for the Protection of national minorities", in: Helsinki Monitor, Vol. 10, 1999, No. 1, S. 19 – 26 (20).

190) **R. Hofmann**, (s. Fn. 167), S. 131 f.

191) **R. Hofmann**, "Preferential treatment of Kin-Minorities and monitoring of the implementation of the Framework Convention for National Minorities", in: European Commission for Democracy Through Law (Venice Commission), "The protection of national minorities by their kin-state", Science and technique of democracy, No.32, 2002, S. 235 – 260 (238); **R. Hofmann**, (s. Fn. 80), F., I., S. 200 f.

192) **Explanatory Report on the Framework Convention for the Protection of National Minorities**, Ziffer 13, (abgedruckt in: "Human Rights Law Journal" (HRLJ), 16 (1995), S. 101 – 108 (101 ff)).

c. Europäische Charta der Regional- und Minderheitensprachen von 1992

Die Europäische Charta der Regional- und Minderheitensprachen[193] beruht auf Initiativen der parlamentarischen Versammlung des Europarats und der ständigen Konferenz der Kommunal- und Regionalbehörden Europas (CLRAE). Ein Ad-hoc-Sachverständigenausschuss für Regional- oder Minderheitensprachen (CAHLR) erstellte nach längeren Vorarbeiten für das Ministerkomitee des Europarates den endgültigen Wortlaut der Charta. Am 25. Juni 1992 nahm das Ministerkomitee die Charta als Konvention an und legte sie am 5. November 1992 in Strassburg zur Zeichnung auf. Gemäß Art. 19 der Charta bedurfte es für das Inkrafttreten der Charta der Ratifizierung durch fünf Mitglieder des Europarates. Diese lagen Ende 1997 vor, so dass die Charta am 1. März 1998 in Kraft treten konnte.[194] Bis zum 12. Mai 2003 haben dreizehn Mitgliedstaaten die Charta unterzeichnet und siebzehn Mitgliedstaaten die Charta ratifiziert. Neben Ungarn selbst haben die Republik Kroatien, die Slowakische Republik und Slowenien die Charta bereits ratifiziert. Rumänien und die Ukraine zählen zu den Unterzeichnerstaaten.[195] Außer der ehemaligen Bundesrepublik Jugoslawien (jetzt Serbien-Montenegro) sind somit alle durch das ungarische Statusgesetz betroffenen Länder an die Charta (fest) gebunden.

Die Europäische Charta der Regional- und Minderheitensprachen stellt einen völkerrechtlichen Vertrag dar, der den Schutz und die Förderung der geschichtlich gewachsenen Regional- und Minderheitensprachen Europas vorsieht. Wie in der Präambel erläutert, ist der Hauptzweck der Charta kultureller Natur. Die Bewahrung der Sprachen- und Kulturvielfalt bedeutet aber nicht nur Identitätssicherung und Erhalt eines kulturellen Erbes, sondern dient auch der innerstaatlichen Verständigung und der Integration aller Bürger in den Staat; Toleranz und Offenheit für andere Sprachen und Kulturen werden von der Charta vorausgesetzt und eingefordert.[196] Es geht darum, im Rahmen des Zumutbaren und Möglichen die Benutzung der Regional- und Minderheitensprachen im Bildungswesen und in den Medien sicherzustellen und ihre Benutzung im Justiz- und Verwaltungsbereich, im Wirtschafts- und Sozialleben sowie bei kulturellen Tätigkeiten zu erlauben bzw. zu fördern. Aus diesem Grund enthält die Charta neben einem Diskriminierungsverbot hinsichtlich der Benutzung dieser Sprachen auch die Möglichkeit, Maßnahmen zu ergreifen, durch die diese Sprachen positiv unterstützt werden. Zu beachten ist allerdings, dass die Charta nur die Regional- oder Minderheitensprachen schützen und fördern soll, nicht jedoch sprachliche Minderheiten als solche.[197] Sie enthält daher auch keine unmittelbar verbindlichen Rechte der Sprecher derartiger Regional- und Minderheitensprachen, sondern nur völkerrechtliche Verpflichtungen der Staaten, eine be-

---

[193]) Die Europäische Charta der Regional- und Minderheitensprachen (ETS no. 148) (aufzurufen unter der **Website des Europarates:** http://conventions coe.int/treaty/en/Treaties/Word/148.doc, besucht am 31.07.2004).

[194]) **Parlamentarische Materialien**, "437 der Beilagen zu den Stenographischen Protokollen des Nationalrates XXI. GP; Ausgedruckt am 6. 3. 2001; Regierungsvorlage; Europäische Charta der Regional- und Minderheitensprachen samt Erklärungen" (aufzurufen unter: http//www.parlinkom.gv.at/pd/pm/XXI/I/texte/004/I00437_.html, besucht am 18.07.2003).

[195]) **Website des Europarates**: "States and the European Charter for Regional or Minority Languages" (aufzurufen unter: http://www.coe.int/T/E/Legal_Affairs/Local_and_regional_Democracy/Regional_or_Minority_languages/Charter/6_States/_Summary.asp#P100_1534, besucht am 03.03.2004).

[196]) **Auswärtiges Amt**, "Die Europäische Charta der Regional- und Minderheitensprachen des Europarates vom 5.11.1992" (Stand: Juni 2002), (aufzurufen unter: http://www.auswaertiges-amt.de/www/de/aussenpolitik/menschenrechte/europarat/konventionen/sprachen_html, besucht am 18.07. 2003).

[197]) **Parlamentarische Materialien**, (s. Fn. 194).

stimmte Politik zu verfolgen und sich für einige angebotene Förderungsmaßnahmen zu entscheiden.[198]
Die aus fünf Teilen bestehende Charta (Allgemeine Bestimmungen, Ziele und Grundsätze, Maßnahmen zur Förderung der Benutzung von Regional- oder Minderheitensprachen im öffentlichen Leben, Anwendung der Charta und Schlussbestimmungen) beruht nämlich auf dem Prinzip, dass ihre Mitgliedsstaaten aus den in ihrem III. Teil genannten Maßnahmen diejenigen auswählen können, die sie zur Förderung der Benutzung der im jeweiligen Staat gesprochenen Regional- oder Minderheitensprachen für geeignet erachten. Insofern gewährt die Charta den Mitgliedsstaaten einen erheblichen Spielraum bei der innerstaatlichen Umsetzung ihrer Bestimmungen. Dies kann aber gerade in Bezug auf den Schutz von Minderheiten nicht unbedingt von Vorteil sein. Denn durch den Charakter eines "pick and choose" können sich minderheitenfeindliche Staaten nur zur Umsetzung weniger wichtiger Maßnahmen verpflichten, ohne sich dem Vorwurf aussetzen zu müssen, ihre Bindungen aus ihrer Mitgliedschaft in der Charta nicht zu erfüllen.[199]

2. Konferenz / Organisation für Sicherheit und Zusammenarbeit in Europa

Die Organisation für Sicherheit und Zusammenarbeit in Europa (OSZE) bildet eine Art verstetigte Staatenkonferenz, die eine zunehmende organisatorische Festigkeit mit einem dauerhaften Institutionsgefüge erfahren hat.[200] Gegründet 1975 in Helsinki mit der Helsinki-Schlussakte war sie anfänglich nur eine Konferenz, zu der sich die beteiligten Länder regelmäßig zusammenfanden. Ihr Ursprung findet sich im Kontext des Kalten Krieges.[201] Die 1995 stattfindende Umbenennung von "Konferenz" in "Organisation" war ein Resultat der Budapester Gipfelkonferenz im Dezember 1994 und bringt die institutionelle Verfestigung dieses zwischenstaatlichen Forums zum Ausdruck. Mittlerweile sind alle Staaten Europas, der Heilige Stuhl sowie die USA und Kanada Mitglieder der OSZE. Dies bedeutet, dass neben Ungarn selbst (Beitritt am 25. Juni 1973) auch alle durch das ungarische Statusgesetz betroffenen Nachbarstaaten Ungarns zur OSZE gehören (die Republik Kroatien seit dem 24. März 1992, Rumänien seit dem 25. Juni 1973, die ehemalige Bundesrepublik Jugoslawien (jetzt Serbien-Montenegro) seit dem 10. November 2000, die Slowakische Republik seit dem 01. Januar 1993, Slowenien seit dem 24. März 1992 und die Ukraine seit dem 30. Januar 1992).[202]
Zu den Leitprinzipien der OSZE, die in der Schlussakte der ersten KSZE-Konferenz von Helsinki[203] in Form einer Erklärung der Teilnehmerstaaten niedergelegt sind, zählen die friedliche Beilegung von Streitigkeiten, die Anerkennung der Menschenrechte und Grundfreiheiten sowie die Gleichberechtigung und das Selbstbestimmungsrecht der Völker.[204]

Obwohl die OSZE-Vereinbarungen manchmal bestehende internationale Rechtsnormen und -prinzipien widerspiegeln, sind OSZE-Dokumente und OSZE-Verpflichtungen als solche nur

198) **R. Hofmann**, (s. Fn. 80), C., II., 4., f), S. 62 f.
199) Vgl. **R. Hofmann**, (s. Fn. 167), S. 124.
200) **M. Herdegen**, (s. Fn. 76), IX. Kapitel, § 45, Rn. 1, S. 296.
201) **Die Außenpolitik der Schweiz**, "Organisation für Sicherheit und Zusammenarbeit in Europa", S. 1 (aufzurufen unter: http://www.eda.admin.ch/eda/g/home/foreign/secpe/osce.html, besucht am 23.07. 2003).
202) **Website der OSZE**: "OSCE Participating States" (aufzurufen unter: http://www.osce.org/general/participating_states/, besucht am 26.02.2004).
203) Bull.BReg. 1975, Nr. 102, S. 995; International Legal Materials (ILM) 14 (1975), S. 1292.
204) **M. Herdegen**, (s. Fn. 76), IX. Kapitel, § 45, Rn. 1, S. 296 f.

politisch verbindlicher Natur und begründen keine vertraglichen Verpflichtungen.[205] Das bedeutet aber nicht, dass die OSZE-Staaten völlig frei sind bei der Umsetzung von OSZE-Verpflichtungen. Unter den OSZE-Staaten existiert das generelle Verständnis über ihre Bindung an alle OSZE-Beschlüsse. Da diese Bindungskraft nur politischer Natur ist, kann eine Verletzung von OSZE-Verpflichtungen durch die Teilnehmerstaaten keine Rechtsfolgen nach sich ziehen, sie wird aber dennoch von den Partnern als nicht akzeptierter Verstoß angesehen. Aufgrund des politischen Charakters der OSZE-Verpflichtungen weisen diese Normen und Prinzipien auch eine große Bedeutung in rechtlicher Hinsicht auf. Beschlüsse der OSZE stellen oft nicht nur eine "progressive Entwicklung" bereits bestehender Rechtsnormen dar, sondern tragen auch zur Schaffung neuen Rechts bei.[206]
Die Bedeutung der OSZE hat sich im Laufe der Zeit gewandelt. Erfüllte sie zu Beginn eine Brückenfunktion im Ost-West-Konflikt und eine Legitimationsbasis für osteuropäische Menschenrechtsgruppen, übernahm sie in den wieder aufgeflammten Krisen der 90er Jahre neue Aufgaben in der konkreten Konfliktprävention, der Konfliktbewältigung und im Wiederaufbau nach Konflikten.[207] Sie versuchte zudem, die demokratischen Transformationsprozesse in Osteuropa zu unterstützen. Aber erst mit dem Zusammenbruch der kommunistischen Regime in Osteuropa konnte sich der KSZE-(OSZE-)Prozess zu einem Vehikel für eine gemeinsame europäische Wertordnung namentlich im Hinblick auf Menschenrechte und staatliche Binnenstrukturen entwickeln.[208]

Für die OSZE bedeutet Sicherheit nicht nur die Abwesenheit von bewaffneten Konflikten (negativer Frieden), sondern sie versteht als Voraussetzung für den Frieden vielmehr den Schutz der Menschenrechte, gefestigte demokratische Strukturen und eine funktionierende Rechtsstaatlichkeit sowie soziale und wirtschaftliche Entwicklung und einen nachhaltigen Umgang mit Ressourcen. Dies manifestiert sich in den drei Dimensionen der OSZE: der politisch-militärischen Dimension, der Wirtschafts- und Umweltdimension und der menschlichen Dimension.[209] Unter der "menschlichen Dimension" wird ein sicherheitsrelevanter Bereich bezeichnet, der erstens Normgebung, Durchsetzung und Prüfung von Menschenrechten und Grundfreiheiten und zweitens den Aufbau und die Gewährleistung von demokratischen Institutionen umfasst. Seit dem Wiener Abschlussdokument von 1989 wird dieser Bereich, der seinen Ursprung im siebten Prinzip der Helsinki-Schlussakte von 1975 hat[210], als "menschli-

---

[205]) **G. Pentassuglia**, (s. Fn. 187), Chapter VII, 1., b., S. 139.
[206]) **A. Bloed**, "Die OSZE und nationale Minderheiten: eine neue Herangehensweise" in: M. Mohr (Hrsg.), "Friedenssichernde Aspekte des Minderheitenschutzes in der Ära des Völkerbundes und der Vereinten Nationen in Europa", 1996, S. 153 – 165 (157).
[207]) **Die Außenpolitik der Schweiz**, (s. Fn. 201), S. 1.
[208]) **M. Herdegen**, (s. Fn. 76), IX. Kapitel, § 45, Rn. 1, S. 297.
[209]) **Die Außenpolitik der Schweiz**, (s. Fn. 201), S. 1.
[210]) Die Helsinki-Schlussakte ist zu finden unter: **Website der OSZE**: "CSCE – Schlussakte – Helsinki 1975" (aufzurufen unter: http://www.osce.org/docs/german/1990-1999/summits/helfa75g.htm, besucht am 03.03.2004):
Das siebte Prinzip der Helsinki Schlussakte lautet: "Achtung der Menschenrechte und Grundfreiheiten, einschließlich der Gedanken-, Gewissens-, Religions- oder Überzeugungsfreiheiten:
Die Teilnehmerstaaten werden die Menschenrechte und Grundfreiheiten, einschließlich der Gedanken-, Gewissens-, Religions- oder Überzeugungsfreiheiten für alle ohne Unterschied der Rasse, des Geschlechts, der Sprache oder der Religion achten.
Sie werden die wirksame Ausübung der zivilen, politischen, wirtschaftlichen, sozialen, kulturellen sowie der anderen Rechte und Freiheiten, die sich alle aus der dem Menschen innewohnenden Würde ergeben und für seine freie und volle Entfalten wesentlich sind, fördern und ermutigen.

che Dimension" bezeichnet. Dieser verheißungsvolle Beginn für eine europaweite Thematisierung von Menschenrechtsfragen 1975 blieb zunächst allerdings nur deklaratorisch, da der Ost-West-Gegensatz auf den Folgekonferenzen von Belgrad und Madrid eine umfassende und ernsthafte Prüfung der Normen und ihre etwaige weitere Entwicklung nicht zuließen. Erst seit dem Helsinki-Dokument von 1992 spielt die Anwendung und Kontrolle der deklarierten Normen durch die Schaffung von Institutionen und die Verbesserung ihrer Wirksamkeit eine Rolle. Der gesamte inzwischen erreichte Umfang von Normen, Institutionen und Instrumenten der "menschlichen Dimension" beruht auf politisch erklärtem Einverständnis und nicht auf völkerrechtlich verbindlichen Abkommen der OSZE-Staaten.[211]

In Bezug auf den Schutz von Minderheiten lässt sich feststellen, dass die KSZE / OSZE seit ihrem Entstehen im Jahre 1975 in ihrer sogenannten "menschlichen Dimension" über eine Plattform verfügte, um sich mit menschen- und minderheitenrechtlichen Fragen zu befassen. Größere praktische Bedeutung für Minderheitenfragen gewann sie allerdings erst nach der Wende des Jahres 1989. Seither gehören die Formulierung minderheitenrelevanter Standards und die Überwachung der Einhaltung der sich aus diesen ergebenden politischen Verpflichtungen der Staaten zu den wichtigsten Aufgaben der Beteiligten des KSZE / OSZE-Prozesses.[212]

Das Verhältnis der OSZE zum Europarat war anfangs sehr gespannt. Nachdem die OSZE Anfang der 90er Jahre in Bezug auf den Minderheitenschutz einige Erfolge vorzuweisen hatte, versuchte der Europarat zunächst, der OSZE ihre führende Rolle auf dem Gebiet streitig zu machen. Dieser Wettbewerb ist glücklicherweise durch eine fruchtbare Zusammenarbeit ersetzt worden, bei der beide Parteien gelernt haben, die Stärken der jeweils anderen anzuerkennen und zu nutzen.[213] Dies sieht in der Praxis so aus, dass der Europarat versucht – in sei-

---

In diesem Rahmen werden die Teilnehmerstaaten die Freiheit des Individuums anerkennen und achten, sich allein oder in Gemeinschaft mit anderen zu einer Religion oder einer Überzeugung in Übereinstimmung mit dem, was sein Gewissen ihm gebietet, zu bekennen und sie auszuüben.

Die Teilnehmerstaaten, auf deren Territorium nationale Minderheit bestehen, werden das Recht von Personen, die zu solchen Minderheiten gehören, auf Gleichheit vor dem Gesetz achten; sie werden ihnen jede Möglichkeit für den tatsächlichen Genuss der Menschenrechte und Grundfreiheiten gewähren und werden auf diese Weise ihre berechtigten Interessen in diesem Bereich schützen.

Die Teilnehmerstaaten anerkennen die universelle Bedeutung der Menschenrechte und Grundfreiheiten, deren Achtung ein wesentlicher Faktor für den Frieden, die Gerechtigkeit und das Wohlergehen ist, die ihrerseits erforderlich sind, um die Entwicklung freundschaftlicher Beziehungen und der Zusammenarbeit zwischen ihnen sowie zwischen allen Staaten zu gewährleisten.

Sie werden diese Rechte und Freiheiten in ihren gegenseitigen Beziehungen stets achten und sich einzeln und gemeinsam, auch in Zusammenarbeit mit den Vereinten Nationen, bemühen, die universelle und wirksame Achtung dieser Rechte und Freiheiten zu fördern.

Sie bestätigen das Recht des Individuums, seine Rechte und Pflichten auf diesem Gebiet zu kennen und auszuüben.

Auf dem Gebiet der Menschenrechte und Grundfreiheiten werden die Teilnehmerstaaten in Übereinstimmung mit den Zielen und Grundsätzen der Charta der Vereinten Nationen und mit der Allgemeinen Erklärung der Menschenrechte handeln. Sie werden ferner ihre Verpflichtungen erfüllen, wie diese festgelegt sind in den internationalen Erklärungen und Abkommen auf diesem Gebiet, soweit sie an sie gebunden sind, darunter auch in den Internationalen Konventionen über die Menschenrechte."

211) **K. P. Tudyka**, "Das OSZE-Handbuch – Die Organisation für Sicherheit und Zusammenarbeit von Vancouver bis Wladiwostok", 2. Auflage, 2002, Stichwort "Menschliche Dimension", S. 144 – 147 (144 f).

212) **R. Hofmann**, (s. Fn. 8), 2., a., S. 13.

213) **A. Bloed**, "The OSCE and the Issue of National Minorities", in: A. Philips / A. Rosas (Hrsg.), "Universal Minority Rights", 1997, S. 113 – 122 (119).

ner Funktion als seriösere legale Basis mit größeren internen Strukturen als die OSZE –, die von der OSZE herausgebrachten und nur politisch bindenden Dokumente in eine rechtlich bindende Form zu bringen.[214]

Die wichtigsten von der OSZE in Bezug auf den Minderheitenschutz veröffentlichten Dokumente sollen im Folgenden kurz dargestellt werden.

a. Das Kopenhagener Abschlussdokument über die menschliche Dimension der KSZE von 1990

Das Kopenhagener Abschlussdokument über die menschliche Dimension der KSZE vom 29. Juni 1990[215] resultiert aus dem zweiten KSZE-Treffen zur menschlichen Dimension vom 5. bis zum 29. Juni 1990 in Kopenhagen (das erste KSZE-Treffen zur menschlichen Dimension fand vom 30. Mai bis zum 23. Juni 1989 in Paris statt, und das dritte KSZE-Treffen zur menschlichen Dimension erfolgte vom 10. September bis zum 4. Oktober 1991 in Moskau) und gilt als ein Meilenstein auf dem Weg zur völkerrechtlichen Verankerung des Schutzes von Menschenrechten in Europa.[216] Zum Zeitpunkt seines Abschlusses wurde es unzweifelhaft als das weitreichendste internationale Instrument zum Minderheitenschutz auf qualitativer Ebene angesehen, da es Bestimmungen enthält, die auf alle wichtigen Aspekte des internationalen Schutzes von nationalen Minderheiten Bezug nehmen.[217] In ihm realisierte die KSZE nämlich zum ersten Mal, dass es unumgänglich ist, spezielle Maßnahmen zu ergreifen, um den Personen, die nationalen Minderheiten angehören, vollständige Gleichheit in Bezug auf die Ausübung und den Genuss von Menschenrechten und Grundfreiheiten zuzusichern.[218] Obwohl die OSZE-Staaten eine eher vorsichtige Fassung der einzelnen Bestimmungen forderten, enthält das Kopenhagener Dokument sehr detaillierte Normen.

In der Präambel des Abschlussdokuments werden die Teilnehmer dieses Treffens aufgelistet, für die dieses Dokument auch verbindlich ist. Dazu zählen die damaligen Mitgliedsstaaten der KSZE, zu denen neben Ungarn auch Rumänien, Jugoslawien, die Tschechoslowakei und die Union der Sozialistischen Sowjetrepubliken gehörten. Da aufgrund der Umwälzungen der letzten Jahre aus Jugoslawien u.a. die Republik Slowenien, die Republik Kroatien und die ehemalige Bundesrepublik Jugoslawien (jetzt Serbien-Montenegro) hervorgegangen sind, sich durch die Spaltung der Tschechoslowakei u.a. die Slowakische Republik gebildet hat und sich die Ukraine aus der Union der Sozialistischen Sowjetrepubliken abgespalten hat, sind neben Ungarn auch alle seine Nachbarstaaten, die durch das ungarische Statusgesetz betroffen wer-

---

214) **W. Höynck**, "The Role of the OSCE", in: F. Matscher (Hrsg.), "Wiener Internationale Begegnungen zu aktuellen Fragen nationaler Minderheiten", 1997, S. 261 – 266 (263).

215) Das Kopenhagener Abschlussdokument über die menschliche Dimension der KSZE vom 29. Juni 1990 (aufzurufen unter der **Website der OSZE**: http://www.osce.org/docs/english/1990-1999/hd/Cope90e.htm, besucht am 31.07.2004).

216) **A. Bloed**, "A new CSCE Human Rights 'Catalogue': The Copenhagen Meeting of the Conference on the Human Dimension of the CSCE", in: A. Bloed / P. van Dijk (Hrsg.), "The Human Dimension of the Helsinki Process – The Vienna Follow-up Meeting and its Aftermath", 1991, Chapter 3, S. 54 – 73 (72).

217) **A. Bloed**, "The Conference on Security and Co-operation in Europe – Analysis and Basic Documents, 1972-1993", 1993, 4.5.5.2., S. 93.

218) **M. R. Lucas**, "Minority Rights and Conflict Management: Developments in the CSCE and Their Inter-institutional Context", in: G. Seewann (Hrsg.), "Minderheiten als Konfliktpotential in Ostmittel- und Südeuropa", 1995, I., 1.3.2, S. 243 – 281 (249).

den, zusätzlich zu ihrer Mitgliedschaft in der OSZE auch Unterzeichner des Kopenhagener Abschlussdokuments.

Das Kopenhagener Dokument besteht aus einer Einführung und fünf unterschiedlich langen Kapiteln (insgesamt 45 Bestimmungen) sowie einer als Annex angehängten Erklärung des Vorsitzenden über den Zugang von nichtstaatlichen Organisationen und Medien zu den Treffen der Konferenz über die menschliche Dimension. Die einzelnen Kapitel handeln von (1) der Rechtsstaatlichkeit, (2) individuellen Rechten und vergleichbaren Fragen, (3) der Arbeit demokratischer Institutionen und der Bedeutung der Zusammenarbeit auf diesem Gebiet, (4) nationalen Minderheiten und (5) dem Überwachungsmechanismus für die Menschliche Dimension der KSZE.
Der für den Bereich des Minderheitenschutzes relevante Teil IV des Kopenhagener Abschlussdokuments (Ziffern 30–40) enthält (politische) Vereinbarungen von erheblicher Bedeutung. In inhaltlicher Hinsicht werden diese Bestimmungen von der gemeinsamen Erkenntnis der Teilnehmerstaaten eingeleitet, dass Fragen nationaler Minderheiten nur in einem demokratischen und rechtsstaatlichen Rahmen zufriedenstellend gelöst werden können. Daneben wird klargestellt, dass die Zugehörigkeit zu einer nationalen Minderheit eine Angelegenheit der persönlichen Entscheidung eines jeden Menschen ist, die ihm als solche nicht zum Nachteil gereichen darf. Weiter sind die ethnische, kulturelle, religiöse und sprachliche Identität von Angehörigen nationaler Minderheiten zu schützen und Bedingungen für die Förderung dieser eigenständigen Identität zu schaffen. Das Recht auf Gebrauch der Muttersprache, sowohl im privaten als auch im öffentlichen Bereich, ist zu gewährleisten – vor Behörden und Gerichten sowie in den Medien gilt dieses Recht jedoch nur eingeschränkt. Angehörige nationaler Minderheiten haben ferner ein Recht, eigene Bildungs- und Kultureinrichtungen zu unterhalten. In öffentlichen Bildungsanstalten soll entweder der Unterricht der Minderheitensprache oder Unterricht in der Minderheitensprache ermöglicht werden. Schließlich gibt es ein Recht auf grenzüberschreitende Kontakte und einen gewissen Anspruch auf politische Vertretung und Teilnahme am öffentlichen Leben.
Zudem wird in Ziffer 37 des Dokuments dem Zusammenhang von Minderheitenschutz und territorialer Staatensouveränität Rechnung getragen.

Trotz all dieser Errungenschaften für den Schutz nationaler Minderheiten konnten dennoch viele Probleme, wie z.B. eine einheitliche Definition des Begriffs der "nationalen Minderheit" und die Frage nach dem individuellen oder kollektiven Charakter der Rechte von nationalen Minderheiten, in dem Kopenhagener Dokument nicht gelöst werden.[219] Dennoch hatten die einschlägigen Formulierungen des Kopenhagener Abschlussdokuments erheblichen Vorbildcharakter für in der Folgezeit verabschiedete nationale Regelungen zum Recht nationaler Minderheiten, und die sich aus ihnen ergebenden politischen Verpflichtungen wurden in einer Vielzahl von seither geschlossenen bilateralen Verträgen (auch) minderheitenrechtlichen Inhalts ausdrücklich als "rechtlich verbindlich" anerkannt.[220]

---

[219]) **A. Bloed**, (s. Fn. 213), S. 115.
[220]) **R. Hofmann**, (s. Fn. 8), 2., a., S. 14.

b. Der Hohe Kommissar für nationale Minderheiten

Der Einsicht folgend, dass Konfliktverhütung einerseits aus humanitären Gründen vorzugswürdig und andererseits auch in finanzieller und politischer Hinsicht viel billiger als "Peacekeeping" oder der Wiederaufbau von Gesellschaften nach gewaltsamen Konflikten ist, ist die Konfliktprävention zur zentralen Aufgabe der OSZE geworden.[221] Insbesondere zur Verhütung von Konflikten, die aus Minderheitenproblemen – vor allem nach dem Zusammenbruch des Kommunismus in Mittel- und Osteuropa – entstehen, richtete das 4. KSZE-Folgetreffen in Helsinki im Juli 1992 nach langen Verhandlungen über die genaue Reichweite des Mandats das Amt des Hohen Kommissars für nationale Minderheiten (HKNM) ein.[222] Dieser stellt allerdings kein Instrument der menschlichen Dimension dar.[223]

Es wurde vielmehr beschlossen, dass der Hohe Kommissar "eine namhafte internationale Persönlichkeit mit langer einschlägiger Erfahrung" sein soll.[224] Von 1992 bis 2001 bekleidete der Niederländer Max van der Stoel dieses Amt, und seit 2001 bis zum gegenwärtigen Zeitpunkt hat es der Schwede Rolf Ekeus inne.[225]
Das Mandat des Hohen Kommissars bestimmt: "Der Hohe Kommissar sorgt zum frühestmöglichen Zeitpunkt für "Frühwarnung" und gegebenenfalls für "Frühmaßnahmen" im Hinblick auf Spannungen bezüglich Fragen nationaler Minderheiten, die sich noch nicht über ein Frühwarnstadium hinaus entwickelt haben, die jedoch nach Einschätzung des Hohen Kommissars das Potential in sich bergen, sich im KSZE-Gebiet zu einem den Frieden, die Stabilität und die Beziehungen zwischen den Teilnehmerstaaten beeinträchtigenden Konflikt zu entwickeln, der die Aufmerksamkeit oder das Eingreifen des Rates oder des AHB (Ausschuss Hoher Beamter) erfordert."[226] Bei dem Mandat handelt es sich insofern um ein zwischenstaatliches, sicherheitsbezogenes Instrument.[227]

Auch wenn es sich bei den Begriffen "Frühwarnung", "Spannungen", "Potential, das sich zu einem Konflikt entwickelt" oder "den Frieden, die Stabilität und die Beziehungen beeinträchtigen" um eher unbestimmte Begriffe handelt, so ist doch klar, dass die Hauptrolle des Hohen Kommissars in der Phase der Spannungen liegt, die der Phase aktueller gewaltsamer Konflik-

---

221) **R. Zaagmann / A. Bloed**, "Die Rolle des HKNM bei der Konfliktprävention", in: Institut für Friedensforschung und Sicherheitspolitik an der Universität Hamburg (Hrsg.), "OSZE-Jahrbuch 1995", 1995, S. 225 - 240 (225); **M. van der Stoel**, "Gedanken zur Rolle des Hohen Kommissars der OSZE für nationale Minderheiten als Instrument zur Konfliktverhütung", in: Institut für Friedensforschung und Sicherheitspolitik an der Universität Hamburg (Hrsg.), "OSZE-Jahrbuch 1999", 1999, S. 429 – 441 (429); **H. Zaal**, "The CSCE High Commissioner on National Minorities", in: Helsinki Monitor, 1992 No. 4, Vol. 3, S. 33 – 37 (33 ff).

222) **M. R. Lucas**, (s. Fn. 218), I., 1.6, S. 257.

223) **K. P. Tudyka**, (s. Fn. 211), Stichwort "Hoher Kommissar für nationale Minderheiten", S. 125 – 129 (126).

224) Helsinki-Dokument 1992 "Herausforderung des Wandels", Helsinki, 9. – 10. Juli 1992, Unterkapitel II, Ziffer (8) (zu finden unter: **Website der OSZE**: "Gipfeltreffen von Helsinki 1992" (aufzurufen unter: http://www.osce.org/docs/german/1990-1999/summits/hels92g.htm, besucht am 02.03.2004)).

225) **Website der OSZE**: "OSCE High Commissioner on National Minorities – Overview" (aufzurufen unter: http://www.osce.org/hcnm/overview/, besucht am 02.03.2004).

226) Helsinki-Dokument 1992, (s. Fn. 224), Unterkapitel II, Ziffer (3).

227) **R. Ekeus**, "Speech by the OSCE High Commissioner on National Minorities on "Combatting Extremism: Preventing and Fighting Racism, Xenophobia and Discrimination" at the Conference on Racism, Xenophobia and Discrimination, Vienna, Austria, 4 September 2003, S. 4 (aufzurufen unter: http://www.osce.org/documents/hcnm/2003/09/613_en.pdf, besucht am 02.03.2004).

te vorausgeht.[228] Genauer gesagt bedeutet dies, dass das Mandat des Hohen Kommissars für nationale Minderheiten ein zweifaches ist: Zum einen ist es seine Aufgabe, Spannungen innerhalb seines Zuständigkeitsbereiches einzudämmen und abzubauen, und zum anderen alarmiert er die OSZE, wenn solche Spannungen ein Ausmaß zu erreichen drohen, das er mit den ihm zur Verfügung stehenden Mitteln nicht mehr einzudämmen vermag.[229] Obwohl dem Mandat zufolge die formelle Hauptkompetenz des Hohen Kommissars die "Frühwarnung" ist, kommt diesem Mechanismus in der Praxis keine Bedeutung zu. Die Aktivitäten des Hohen Kommissars sind mehr auf Deeskalation von Spannungen gerichtet als auf Frühwarnung.[230] Grund dafür ist die Tatsache, dass sich eine Frühwarnung negativ auf die Bereitschaft der Parteien auswirkt, selbst eine Problemlösung zu finden und mit dem Hohen Kommissar zusammenzuarbeiten.[231]

Zur Erfüllung seiner Aufgaben stehen dem Hohen Kommissar eine Reihe von Handlungsmöglichkeiten zur Verfügung, die insbesondere das Sammeln von Informationen, Überprüfungen der Situation vor Ort und Empfehlungen an die betreffenden Regierungen umfassen. Dem Hohen Kommissar stehen jedoch keine Instrumente mit juristisch bindender Wirkung zur Verfügung, so dass letztlich der ausschlaggebende Druck durch die politische Unterstützung und Entscheidungen des Hohen Rates und des Ständigen Rates, welche die OSZE als Ganze repräsentieren, erzielt werden muss.[232]

Die Wirksamkeit und der Erfolg der Tätigkeit des Hohen Kommissars hängen vor allem von folgenden vier Aspekten ab: (1) eine angemessene Mischung von Unabhängigkeit gegenüber den "politischen" OSZE-Organen und Rechenschaftspflicht ihnen gegenüber mit klaren Richtlinien für beide Elemente; (2) ausreichende politische Unterstützung innerhalb der OSZE, falls er eine solche Rückendeckung für seine Politik in Bezug auf eine bestimmte Situation benötigt; (3) Vertraulichkeit, die eine unauffällige präventive Diplomatie ermöglicht; und (4) genügend Freiheit in der Wahl der Gesprächspartner, die ihm mit Informationen und Lagebeurteilungen helfen können. Schließlich besteht das vorrangige Erfordernis strikter Unparteilichkeit, das der Hohe Kommissar bei allen seinen Tätigkeiten zu beachten hat.[233]

Nicht übersehen werden darf allerdings, dass die Tätigkeit des Hohen Kommissars auch einer Reihe von Einschränkungen unterliegt. Der Hohe Kommissar macht seinem Mandat nach nur solche Minderheitenkonflikte zum Gegenstand seines Handelns, die das "Potential in sich bergen, sich im KSZE-Gebiet zu einem den Frieden, die Stabilität und die Beziehungen zwi-

---

[228]) **A. Bloed**, (s. Fn. 206), S. 159.

[229]) **M. van der Stoel**, "The OSCE High Commissioner on National Minorities", in: OSCE ODIHR Bulletin, Vol. 3, No. 3, 1995, S. 40 – 45 (41); **F. Lange**, "Minderheiten und die OSZE – Die Rolle des OSZE-Hochkommissars für Fragen der nationalen Minderheiten", in: D. Blumenwitz / G. H. Gornig / D. Murswiek (Hrsg.), "Ein Jahrhundert Minderheiten- und Volksgruppenschutz", 2001, S. 125 – 136 (125).

[230]) **K. Huber**, "The CSCE and Ethnic conflict in the East", in: RFE/RL Research Report, 31/1993, S. 30 – 36 (32 f).

[231]) **A. Bloed**, (s. Fn. 206), S. 159.

[232]) **B. Reschke**, "Ethnische Konflikte und Hoher Kommissar der OSZE für nationale Minderheiten", in: H. J. Heintze (Hrsg.), "Selbstbestimmungsrecht der Völker – Herausforderung der Staatenwelt", 1997, S. 200 – 219 (201); **W. Zellner**, "Was der Hohe Kommissar für nationale Minderheiten bewirkt", in: D. S. Lutz / K. P. Tudyka (Hrsg.), "Perspektiven und Defizite der OSZE", 1999/2000, S. 141 – 171 (150).

[233]) **M. van der Stoel**, (s. Fn. 229), S. 41 f; **Website der OSZE**: "OSCE High Commissioner on National Minorities – Mandate" (aufzurufen unter: http://www.osce.org/hcnm/mandate/, besucht am 02.03.2004).

schen den Teilnehmerstaaten beeinträchtigenden Konflikt zu entwickeln" (s.o.). Spannungen betreffend kleinerer Ethnien, die nur innerhalb eines Staates als Minorität leben, sind damit von dem Mandat des Hohen Kommissars nicht erfasst, solange kein zwischenstaatlicher Bezug hergestellt ist.[234] Darüber hinaus muss auch beachtet werden, dass das Mandat des Hohen Kommissars in englischer Fassung als "High Commissioner on National Minorities" und nicht als "High Commissioner for National Minorities" bezeichnet wird. Aus der damit getroffenen Unterscheidung resultiert, dass er weder die Funktion eines Ombudsmannes wahrnehmen, noch "Verletzungen" von Minderheitenrechten im Einzelfall untersuchen soll.[235]

3. Zusammenfassung

Zusammenfassend lässt sich feststellen, dass der regionale Minderheitenschutz – im Gegensatz zum universellen Minderheitenschutz – die Minderheiten nicht nur durch allgemeinere Regelungen zum Menschenrechtsschutz mitschützt, sondern sie direkt durch entsprechende Minderheitenkonventionen und -regelungen schützt. Sowohl der Europarat als auch die OSZE haben mit den soeben aufgeführten Dokumenten zahlreiche minderheitenrelevante Werke hervorgebracht, durch die auf regionaler Ebene ein möglichst umfangreicher Schutz der in dieser Region ansässigen Minderheiten erzielt werden soll.

Unter den im Wege der Rechtsvergleichung ermittelten gemeineuropäischen Mindeststandard des Minderheitenrechtes fallen folgende Rechte:

- das Recht auf Zugehörigkeit zu einer nationalen Minderheit, das in erster Linie auf der freien Entscheidung der betroffenen Person beruhen muss und aus der auch keine Nachteile erwachsen dürfen;
- das Recht auf Wahrung und Entwicklung der eigenständigen Identität der jeweiligen nationalen Minderheit, insbesondere ein Verbot jeglicher, auf Zwang beruhender Assimilationspolitik;
- das Recht auf Freiheit von diskriminierenden Maßnahmen (allgemeines und spezielles Diskriminierungsverbot), wobei ein Anspruch auf staatliche Maßnahmen positiver Diskriminierung zugunsten der Angehörigen nationaler Minderheiten nicht zum europäischen Mindeststandard gehört;
- das Recht auf freien Gebrauch der Sprache im privaten wie öffentlichen Bereich, wobei sich ein europäischer Mindeststandard hinsichtlich der Frage, ob und gegebenenfalls in welchem Umfang dieses Recht auch einen uneingeschränkten Anspruch auf Gebrauch der Minderheitensprache im behördlichen und gerichtlichen Amtsverkehr einschließt, (noch) nicht feststellen lässt;[236]
- das Recht auf Erlernen der Muttersprache, wobei sich ein europäischer Mindeststandard hinsichtlich der Frage, ob und gegebenenfalls in welchem Umfang sich hieraus

[234]) **B. Reschke**, (s. Fn. 232), S. 218.

[235]) **A. Rönquist**, "The Functions of the OSCE High Commissioner on National Minorities with Special Regard to Conflict Prevention", in: E. Klein (Hrsg.), "The Institution of a Commissioner for Human Rights and Minorities and the Prevention of Human Rights Violations – Colloquium Potsdam, 14./15. December 1994", 1995, S. 43 – 52 (44); **M. van der Stoel**, "The Role of the OSCE High Commissioner on National Minorities in the Field of Conflict Prevention", (Address on 23 July 2002 at the Hague Academy of International Law, Peace Palace, The Hague), in: Recueil des Cours de l'Académie de Droit International (RdC) 296 (2002), 2003, S. 9 - 24 (17); **F. Lange**, (s. Fn. 229), S. 126.

[236]) Vgl. **K. Oellers-Frahm**, "Der Status der Minderheitensprachen vor Behörden und Gerichten", in: J. A. Frowein / R. Hofmann / St. Oeter (Hrsg.), "Das Minderheitenrecht europäischer Staaten. Teil 2", 1994, S. 383 – 409 (406 ff).

ein Anspruch auf Unterricht in der Muttersprache oder nur der Muttersprache ergibt, (noch) nicht feststellen lässt;[237]

- das Recht auf freie Gründung von Organisationen nationaler Minderheiten, insbesondere für erzieherische, kulturelle und soziale Zwecke;
- das Recht auf grundsätzlich uneingeschränkte, grenzüberschreitende Kontakte einschließlich des Rechtes, frei Informationen zu empfangen und zu verbreiten, was jedenfalls prinzipiell einen Anspruch auf Zugang zu Massenmedien einschließt;
- das Recht auf grundsätzliche Beteiligung am politischen Entscheidungsprozess über die Minderheiten besonders betreffende Fragen, wobei sich hinsichtlich Art und Umfang der Verwirklichung dieses Rechtes (noch) kein Mindeststandard ermitteln lässt.[238]

Dieser Mindeststandard geht insbesondere im Bereich des Sprachenrechtes und des Erziehungs- und Bildungswesens über die Gewährungen des universellen Völkervertragsrechts hinaus. Andererseits bietet sich hinsichtlich der Ausgestaltung der zumeist auf einfachgesetzlicher Ebene gewährten Rechte, die über diesen Mindeststandard hinausgehen, kein so einheitliches Bild, das es erlaubt, von einem klaren minderheitenrechtlichen Trend in Europa zu sprechen. Dies ist allerdings im Hinblick auf die grundlegende Heterogenität der Minderheitensituation in den europäischen Staaten auch nicht überraschend.[239]

Trotz allem gereichen diese Verträge bzw. Regelungen dem von vielen geforderten Minderheitenschutz noch nicht zur Genüge, da bisher immer noch keine offizielle einheitliche Definition des Begriffs der Minderheit existiert und die Frage nach dem individuellen oder kollektiven Charakter der Rechte von nationalen Minderheiten auch immer noch ungeklärt ist. Zudem sind die in diesen Abkommen verankerten Verpflichtungen der Staaten zum Schutz der in ihrem Gebiet lebenden Minderheiten häufig sehr vage formuliert, so dass den Staaten meistens ein kaum überprüfbares Ermessen bei der Umsetzung der von ihnen zu erbringenden Förderungsmaßnahmen zusteht.

Im Allgemeinen lässt sich außerdem erkennen, dass viele Staaten trotz dieser zahlreichen völkerrechtlichen Übereinkünfte in Sachen Minderheitenschutz nach wie vor zurückhaltend sind. Sie befürchten bei einem progressiven Minderheitenschutz Sezessionsbestrebungen der Völker.[240] Diese Überlegungen berücksichtigen allerdings nicht, dass Minderheiten gerade dann am wenigsten sezessionsbestrebt sind, wenn ihnen adäquate Rechte und Förderungsmaßnahmen eingeräumt werden, die ihnen die Bewahrung ihrer Identität im Staat ermöglichen. Gerade eine solche Politik fördert die Loyalität der Minderheiten und ermöglicht eine Vertrauensbildung zwischen Mehrheit und Minderheit, die optimalerweise zu einer gegenseitigen Bereicherung in kultureller, religiöser, sprachlicher und nicht zuletzt menschlicher Hinsicht führt.[241]

---

237) Vgl. **T. Marauhn**, "Der Status von Minderheiten im Erziehungswesen und Medienrecht", in: J. A. Frowein / R. Hofmann / St. Oeter (Hrsg.), "Das Minderheitenrecht europäischer Staaten. Teil 2", 1994, S. 410 – 450 (439 ff).

238) Vgl. **D. Richter**, "Vereinigungsfreiheit und Parteienrecht", in: J. A. Frowein / R. Hofmann / St. Oeter (Hrsg.), "Das Minderheitenrecht europäischer Staaten. Teil 2", 1994, S. 451 – 490 (463 ff).

239) Vgl. **R. Hofmann**, "Der Schutz von Minderheiten in Europa", in: W. Weidenfeld (Hrsg.), "Europa-Handbuch", (Bundeszentrale für politische Bildung) 2002, S. 555 – 568 (563).

240) Vgl. **F. Rauert**, "Das Kosovo: eine völkerrechtliche Studie", 1999, Abschnitt III, V., S. 118 f.

241) Vgl. **R. L. Barsh**, "Minorities: The Struggle for a Universal Approach", in: G. Alfredsson / P. Macalister-Smith (Hrsg.), "The Living Law of Nations", 1996, S. 143 – 156 (148 f); mit dem Hinweis, dass die Einheit im Staat auf lange Sicht nur dann erreicht werden kann, wenn jede Gruppe im Staat überzeugt ist, dass es ihr eindeutige Vorteile bietet, in diesem Staat zu bleiben.

Insofern ist eine ähnliche progressive und mutige Weiterentwicklung des Minderheitenschutzes und seiner Implementierung – wie sie bisher im Rahmen der OSZE und auch des Europarates stattgefunden hat – auch in Zukunft wünschenswert.

III. Bilateraler Minderheitenschutz

Der Schutz von Minderheiten durch bilaterale Abkommen stellt kein neues Phänomen im internationalen Recht dar, denn auch in den vergangenen Jahrhunderten wurde schon auf dieses Instrument zurückgegriffen.

Gerade durch die immer wechselnde Grenzziehung im Anschluss an die beiden Weltkriege im 20. Jahrhundert rückte der Schutz von nationalen Minderheiten durch bilaterale Abkommen sehr in den Vordergrund.[242] Der Zusammenbruch der kommunistischen Regime in Mittel- und Osteuropa Ende der 80er Jahre führte dazu, dass viele dieser Länder bilaterale Abkommen über gute nachbarschaftliche Beziehungen geschlossen haben. Diese Abkommen zielen einerseits darauf ab, Stabilität in den neu gebildeten Demokratien zu schaffen, indem sie – unter anderem – versuchen, den Respekt in Bezug auf die existierenden Grenzen zu fördern und lange andauernde Konflikte beizulegen. Andererseits sollen diese Abkommen zur Gründung von Komitees beitragen, deren Aufgabe es ist, sich um den Schutz nationaler Minderheiten, die auf ihrem Staatsgebiet wohnen, zu kümmern.[243]

Bilaterale Abkommen dienen der Konfliktregulierung in solchen Minderheitensituationen, in denen nationale Minderheiten über einen Ursprungsstaat verfügen, dessen Regierung sich auf internationaler oder zwischenstaatlicher Ebene als Anwältin der Interessen der Minderheit versteht und entsprechend agiert. Um von einer bilateralen Lösung zu sprechen, ist das alleinige Kriterium, ob Aufenthaltsstaat und Ursprungsstaat als Vertragsparteien an der Vereinbarung über den Schutz von Minderheiten beteiligt sind.[244] Eine derartige Konfliktregulierung sieht im Idealfall so aus, dass der Ursprungsstaat den territorialen Status quo anerkennt und im Gegenzug das Recht erhält, sich bei Fragen des Minderheitenschutzes nach bestimmten festgelegten Regeln in die Innenpolitik des Aufenthaltsstaates einzumischen. Das Instrument des bilateralen Minderheitenschutzes bedeutet damit eine Abkehr von der strikten Lesart des Prinzips der Nicht-Einmischung. Der Minderheitenschutz und seine Ausgestaltung wird zum legitimen zwischenstaatlichen Thema. Dies hat zur Folge, dass einerseits die betroffenen Minderheiten nicht länger als "fünfte Kolonne" eines benachbarten Staates diffamiert werden können und andererseits ihren separatistischen Absichten, sofern sie welche hegen, enge Grenzen gesetzt werden können, da sie für dieses Ziel nicht mehr mit der Unterstützung des Ursprungsstaates rechnen können. Die typische Eskalationsleiter bilateraler Minderheitensitu-

---

242) **E. Lantschner / R. Medda**, "Bilateral Approach to the Protection of Kin-Minorities", in: European Commission for Democracy Through Law (Venice Commission), "The protection of national minorities by their kin-state", Science and technique of democracy, No.32, 2002, S. 107 – 133 (107).

243) **E. Lantschner / R. Medda**, "Protection of National Minorities through Bilateral Agreements in South-Eastern Europe", Draft report prepared by the European Academy of Bozen/Bolzano (prepared under the supervision of Prof. Joseph Marko for the 8th Meeting of Government Offices for National Minorities), Strasbourg, 21-22 May 2001, S. 6.

244) **U. Schneckener**, "Thesenpapier: Bi- und multilaterale Regime zum Minderheitenschutz in Südosteuropa", in: BALKAN FORUM, "Regionale Kooperation und europäische Integration des Westbalkans", 3. Sitzung, 13. Mai 2002, Stiftung Wissenschaft und Politik, Berlin, Punkt 3., S. 2.

ationen wird damit unterbrochen und die Rolle der Ursprungsstaaten im Idealfall ins Konstruktive gewendet.[245]

1. Elemente bilateraler Abkommen

Um eine bilaterale zwischenstaatliche Konfliktregulierung zu erreichen, schließen der Ursprungs- und der Aufenthaltsstaat einen Vertrag oder treffen Vereinbarungen anderer Art (etwa in Form von Regierungserklärungen), in denen der Schutz von Minderheiten geregelt wird. Die konkrete Umsetzung dieser Rechte bleibt dabei allerdings primär Sache des Aufenthaltsstaates, kann aber von beiden Staaten, etwa durch eine permanente bilaterale Kommission, vorbereitet und überwacht werden.[246]

Bilaterale Abkommen umfassen typischerweise folgende Elemente:

- Art und Status der Vereinbarung: Das Abkommen kann durch einen völkerrechtlich bindenden Vertrag, durch gemeinsame oder auch getrennte Erklärungen, durch informelle Absprachen oder auch durch den Austausch von diplomatischen Noten besiegelt werden. Je nachdem welche Variante der Kodifizierung gewählt wird, variiert der rechtsverbindliche Charakter der Regelung und damit die Möglichkeit des Ursprungsstaates auf dem Wege des internationalen Rechts, den Aufenthaltsstaat zur Einhaltung seiner Zusagen zu bewegen. Ein entscheidender Punkt ist dabei aus Sicht der Minderheiten, ob und inwieweit Rechte, die in bilateralen Abkommen garantiert sind, innerstaatlich einklagbar sind.
- Umfang des Minderheitenschutzes: Im Rahmen von bilateralen Abkommen einigen sich die Regierungen auf die Anerkennung und den Schutz bestimmter Gruppen. Dies kann allerdings unterschiedliche Ausmaße annehmen: Entweder verabreden die Vertragsparteien lediglich allgemeine Mindeststandards, deren konkrete Ausgestaltung in der Domäne des Aufenthaltsstaates liegt, oder sie bilden gemeinsame Institutionen oder Gremien, um die Vereinbarungen umzusetzen, oder der Ursprungsstaat erhält die Möglichkeit, "seine" nationalen Minderheiten in dem jeweils anderen Land materiell zu unterstützen und ihre sozioökonomische Lage im Aufenthaltsstaat zu verbessern. Umgekehrt dürfen die Minderheiten ohne Einschränkungen Beziehungen zum Ursprungsstaat unterhalten.
- Wechselseitige Verpflichtungen: Die Vereinbarungen umfassen in der Regel Verpflichtungen für alle Seiten. Diese können symmetrischer oder asymmetrischer Natur sein. Bei Ersterem handelt es sich um reziproke Regelungen, d.h., die Abkommen werden in einer Weise formuliert, so dass alle Bestimmungen wechselseitig gelten. Jede Seite geht dann nur jene Verpflichtungen ein, zu der auch der Gegenüber bereit ist.
- Grenz-, Status- und Sicherheitsfragen: Ein Kernpunkt bei bilateralen Abkommen ist die Klärung offener Grenz-, Status- und Sicherheitsfragen, die oftmals mit den Minderheitenproblemen verbunden sind. Daran ist vor allem der Aufenthaltsstaat interessiert, um damit irredentistischen Bewegungen innerhalb des Ursprungsstaates oder separatistischen Zielen von Seiten der Minderheit nach Möglichkeit die Grundlage zu entziehen.

---

[245]) **Ders.**, Punkt 4., S. 2 f.
[246]) **Ders.**, Punkt 5., S. 3.

- Grenzüberschreitende Institutionen: Bilaterale Abkommen können die Bildung von grenzüberschreitenden Institutionen beinhalten oder aber diese zumindest ermöglichen.
- Sonstige bilaterale Kooperation: Die Minderheitenproblematik wird oftmals in eine breitere bilaterale Zusammenarbeit eingebettet, d.h., die Vertragsparteien vereinbaren in Verträgen oder Abkommen weitere Formen der Kooperation, die nicht notwendigerweise allein den Minderheiten zugute kommen (z.B. verstärkter zwischenstaatlicher Handel und Warenverkehr, Kulturaustausch, Erleichterungen im Grenzverkehr, regelmäßige Konsultationen auf Regierungs- und Beamtenebene).[247]

2. Aufbau bilateraler Verträge

Die bislang in Mittel- und Osteuropa geschlossenen bilateralen Verträge weisen alle eine gemeinsame Struktur und einen ähnlichen Wortlaut auf: In der ersten Hälfte der Verträge wird auf die gegenseitige Anerkennung der Grenzen, auf das gemeinsame Interesse in Bezug auf die Integration in die NATO und in die EU sowie auf die Verstärkung der gegenseitigen Bindung an die internationalen Standards hingewiesen. Danach folgen Maßnahmen bezüglich der Kooperation und der gegenseitigen Verständigung. Den zweiten Teil dieser Verträge stellen die Bestimmungen zum Schutz nationaler Minderheiten dar, gefolgt von den Umsetzungsbestimmungen.[248]

Für die Bestimmungen, die sich in diesen Abkommen auf den Schutz nationaler Minderheiten beziehen, sind vor allem die Standardbestimmungen der internationalen Organisationen (Vereinte Nationen, OSZE und Europarat) als Grundlage und Ausgangspunkt herangezogen worden.[249] In keinem der Verträge ist allerdings – ebenso wie in den Vorbildbestimmungen der internationalen Organisationen – eine ausdrückliche Definition des Begriffs der "Minderheit" zu finden. Jedoch kommt in allen Verträgen relativ deutlich zum Ausdruck, dass mit "nationaler Minderheit" die Personen gemeint sind, die dieselbe ethnische Abstammung haben wie die Mehrheit im Nachbar- bzw. Ursprungsstaat, der Vertragspartner dieses Abkommens ist. Dies hat zur Folge, dass sich die Minderheitenbestimmungen der bilateralen Verträge nicht auf alle in einem Land ansässige Minderheiten beziehen, sondern lediglich auf die Minderheiten Anwendung finden, die einen Ursprungsstaat vorweisen können.[250]

3. Kernrechte der bilateralen Verträge

Die meisten der bisher in Mittel- und Osteuropa abgeschlossenen bilateralen Verträge beinhalten folgende Kernrechte:

- Identitätsrechte: Das Recht zur Wahrung einer eigenständigen Identität ist eines der grundlegenden Rechte, die den Minderheiten zugesichert werden. Durch dieses Recht soll die Kultur der Minderheit geschützt werden.

---

[247]) **Ders.**, Punkt 6., S. 3 f.

[248]) **K. Gál**, "Bilateral Agreements in Central and Eastern Europe: A New Inter-State Framework for Minority Protection?", ECMI Working Paper No. 4, May 1999, II., 1., S. 7.

[249]) **E. Lantschner / R. Medda**, (s. Fn. 242), S. 110.

[250]) **K. Gál**, (s. Fn. 248), II., 1., S. 8.

- Sprachliche Rechte: Das Ausmaß der sprachlichen Rechte reicht von dem Recht, seine Muttersprache sowohl im privaten als auch im öffentlichen Bereich benutzen zu dürfen, bis zu dem Recht, vor öffentlichen Behörden und vor Gericht seine Vor- und Nachnamen registrieren zu lassen, topographische Abkürzungen vorzuweisen und die Minderheitensprache zu gebrauchen. Vor allem die zuletzt aufgeführten Rechte hängen allerdings sehr stark von der jeweiligen Größe der Minderheit in der betroffenen Region ab.
- Ausbildungsrechte: Auch wenn die Ausbildungsrechte nicht notwendigerweise mit der Frage nach der jeweiligen Sprache verbunden sind, so sollte zusätzlich zu dem Recht, die Minderheitensprache zu lernen oder in ihr unterrichtet zu werden, ein generell obligatorischer Lehrplan entwickelt werden, der den Unterricht in der Geschichte, der Kultur und der Tradition der nationalen Minderheit umfasst und in Zusammenarbeit mit den Verantwortlichen dieser Gruppen ausgearbeitet wird.
- Medienrechte: Bestimmungen bezüglich der Medien können Folgendes umfassen: Zugang zu öffentlichen Medien und zu den eigenen Medien der Minderheiten, um Informationen in ihrer Muttersprache zu verbreiten und auszutauschen; Zugang und Möglichkeit, gedruckte Materialien sowie das Radio und die Television zu verwenden; Kooperation zwischen den Massenmedien; konkrete Maßnahmen und Unterstützung für Initiativen in Bezug auf den vereinfachten Zugang zur Kultur.
- Recht, Organisationen zu gründen: Dieses Recht ermöglicht es den Minderheiten, ihre eigenen Organisationen, Verbände und bildungsbezogene, kulturelle und religiöse Institutionen zu gründen und zu führen, was vor allem in Bezug auf die Repräsentation und die effektive Partizipation der Minderheiten am öffentlichen Leben von großer Bedeutung ist. Allerdings gestehen nur ein paar bilaterale Abkommen den Minderheiten das Recht zu, ihre eigenen politischen Parteien zu gründen.
- Teilnahme am politischen Leben: Eine effektive Teilnahme am politischen Leben und somit am Fassen von Beschlüssen kann auf vielen Ebenen stattfinden, angefangen von informellen oder formellen Konsultationen bis zum Recht, sich im Parlament repräsentieren zu dürfen. Derartige Rechte sind aber immer abhängig von der Größe der jeweiligen Minderheit.

Die soeben dargelegten Rechte stellen die Rechte der Minderheiten dar, die in fast allen bilateralen Verträgen gefunden werden können und die – sofern sie umgesetzt und durchgeführt werden – einen ausreichenden Schutz der Minderheiten garantieren. Daneben existieren noch einige andere Rechte, die in bilateralen Verträgen zwar nicht so häufig zu finden sind, die aber – wenn sie vereinbart werden – eine bedeutende Auswirkung auf die Situation der Minderheiten haben können. Zu diesen Rechten zählen: das Recht, ungestörte grenzüberschreitende Kontakte mit den Bürgern anderer Staaten, mit denen die Angehörigen einer Minderheit eine gemeinsame ethnische Identität teilen, herzustellen und zu unterhalten; das Recht ihr materielles und architektonisches Erbe zu erhalten; kollektive Rechte oder eine Form von Autonomie; der Schutz von Minderheiten, die keinen Ursprungsstaat haben (z.B. die Sinti und Roma).[251]

[251]) **E. Lantschner / R. Medda**, (s. Fn. 243), S. 13 ff.

4. Umsetzungsmechanismen

Die Umsetzung dieser bilateralen Verträge kann sowohl aus der politischen als auch aus der rechtlichen Perspektive betrachtet werden. Da das Fehlen eines effektiven rechtlichen Schutzmechanismus für die bilateralen Verträge charakteristisch ist und diese Verträge auf politischer Ebene hoch motiviert sind, haben die politischen Aspekte der Umsetzungsmechanismen die Oberhand über die rechtlichen Möglichkeiten gewonnen.[252]

Betrachtet man die politische Perspektive der Umsetzung der bilateralen Verträge, so bieten sich folgende Möglichkeiten:

- Die Staaten können sich um Konsultationen bemühen, wenn sie es als notwendig erachten.
- Da die meisten der mittel- und osteuropäischen Staaten in den Stabilitätspakt[253] integriert sind, können auch die Umsetzungsbestimmungen des Paktes in Bezug auf bilaterale Abkommen (Art. 13, 15 und 16 des Stabilitätspaktes) relevant sein.
- Auch der Gebrauch von inländischen Rechtsmitteln in Form von Gerichtsverhandlungen ist möglich; dafür müssen allerdings zwei Voraussetzungen erfüllt sein: Einerseits müssen die betroffenen Länder ein konstitutionelles System vorweisen, das es ihnen erlaubt, die Regeln der bilateralen Verträge direkt im inländischen Recht anzuwenden, und andererseits müssen die Bestimmungen Rechte mit "self-executing"-Charakter beinhalten, d.h. konkrete Rechte, die vor einem nationalen Gericht eingefordert werden können, und nicht nur "soft law"-Bestimmungen, die keine rechtliche Kraft haben.
- Als effektivster Umsetzungsmechanismus für die Bestimmungen der bilateralen Verträge erscheint jedoch die in den meisten Verträgen verankerte "Joint Intergovernmental Commission".[254] Allerdings ist dabei zu beachten, dass diese Kommission nur Empfehlungen an die Regierungen weiterleiten kann. Das weitere Vorgehen hängt dann von Wohlwollen der jeweiligen Regierung ab.[255]

Das soeben Dargelegte zeigt, dass die bestehenden bilateralen Abkommen über keine starken Umsetzungsmechanismen verfügen, und für den Fall der Nichterfüllung der Verträge sind auch keine Sanktionen vorgesehen. Dies bedeutet, dass die effektive Durchsetzung somit von dem Wohlwollen der Vertragsparteien und – bis zu einem gewissen Maße – auch von dem internationalen Druck abhängig ist.[256]

---

252) **K. Gál**, (s. Fn. 248), II., 3., S. 13.

253) Der Stabilitätspakt ("Pact on Stability"), eine Initiative, die auf einem Vorschlag des französischen Premierministers Edouard Balladur von 1993 beruht – daher auch bekannt als "Balladur-Plan" -, wurde auf der Konferenz von Paris am 20. – 21. März 1995 von den Vertretern der 52 Mitgliedsstaaten der OSZE angenommen. Der Pakt betraf hauptsächlich die sechs mittel- und osteuropäischen Saaten (Bulgarien, die Tschechische Republik, Ungarn, Polen, Rumänien und die Slowakei) und die drei Baltischen Staaten (Estland, Lettland und Litauen). Er besteht aus einer Deklaration und einer Liste von Abkommen und Vereinbarungen, die nach Ansicht der teilnehmenden Staaten dazugehören (z.B. Abkommen, die zwischen den Mitgliedsstaaten der EU und den neun Kandidaten geschlossen wurden, sowie Abkommen, die von diesen Staaten mit anderen eingeladenen Staaten geschlossen wurden).

254) **K. Gál**, (s. Fn. 248), II., 3., S. 13 f.

255) **E. Lantschner / R. Medda**, (s. Fn. 242), S. 120 f.

256) **Dies.**, S. 121.

5. Positive und negative Effekte bilateraler Verträge

Basierend auf den Erfahrungen der bisherigen bilateralen Konfliktregelungen sind über die Zeit folgende positive Effekte zu erwarten:

- Verzicht auf irredentistische Ambitionen und Rückgang separatistischer Forderungen: Im Rahmen der Vertragssysteme muss der Ursprungsstaat allen irredentistischen Ambitionen abschwören und entsprechenden revanchistischen Bestrebungen im eigenen Land entgegentreten. Gleichzeitig verlieren separatistische Forderungen von Minderheiten an Mobilisierungskraft, wenn durch Regelungen der Kontakt zum "Mutterland" erleichtert wird.
- Relativierung des Prinzips der Nicht-Einmischung: Dies führt dazu, dass der Aufenthaltsstaat nicht jede Aktivität eines Ursprungsstaates mit Blick auf "seine nationalen Minderheiten" als illegitime Einmischung betrachten darf.
- Mäßigende Wirkung des Ursprungsstaates: In dem Maße, wie der Ursprungsstaat ein primäres Interesse an gutnachbarschaftlichen Beziehungen gewinnt, nimmt die Unterstützung von radikalen Gruppierungen im Nachbarland ab. Ursprungsstaaten wirken dann im Gegenteil eher moderierend auf die Forderungen von Minderheiten ein, um die bilateralen Beziehungen nicht zu gefährden.
- Verbesserung der zwischen-gesellschaftlichen Beziehungen und Abbau von Feindbildern: Insgesamt können solche Abkommen als vertrauensbildende Maßnahmen verstanden werden, deren Effekt über die reine Regierungskooperation hinausgeht, indem Teile der Gesellschaften erfasst werden, in denen kollektive Feindbilder abgebaut werden.[257]

Trotz dieser positiven Effekte sind mit dem Konzept auch einige typische Probleme verbunden, die im Extremfall den Erfolg einer solchen Konfliktregulierung gefährden:

- Rolle von Drittparteien oder internationalen Garanten: Gerade in besonders schwierigen Fällen sind Drittparteien unentbehrlich, um überhaupt zu einer solchen Konfliktregulierung zu gelangen (Geburtshelfer-Funktion). Die entscheidende Frage ist jedoch, ob diese Drittparteien bereit und in der Lage sind, die getroffenen Vereinbarungen zu überwachen und Verstöße von Vertragsparteien gegen das Abkommen wirkungsvoll zu ahnden (Supervisor-Funktion).
- Gefahr des kleinsten gemeinsamen Nenners: Es besteht die Gefahr, dass sich Regierungen beim Minderheitenschutz auf den kleinsten gemeinsamen Nenner verständigen und nicht nach sachbezogenen Lösungen suchen. Die Regelung kann damit weit hinter den Erwartungen der Minderheiten zurückbleiben und ist somit in ihrer Wirkung eher begrenzt. Dieses Problem tritt vor allem dann auf, wenn nur eine Seite Interesse am Minderheitenschutz hat und auf Kooperation drängt, während die andere Seite nur zu minimalen Zugeständnissen bereit ist.
- Mangelhafte Beteiligung der betroffenen Gruppen / Minderheiten: Ein grundlegendes Dilemma besteht darin, dass es sich bei den Verträgen und Vereinbarungen um mühsame Kompromisse von Regierungsvertretern handelt, die über die Köpfe der Minderheiten hinweg erfolgen. Sie sind an solchen Verträgen bestenfalls indirekt beteiligt (durch vorhergehende Konsultationen), was zu erheblichen Folgeproblemen bei der Umsetzung der Regelungen führt. Zum einen bleibt es oftmals den Minderheiten selbst überlassen, die Beachtung der bilateral vereinbarten Regelungen gegenüber dem Aufenthaltsstaat einzufordern. Zum anderen werden auf der intergouvernementalen

[257]) U. Schneckener, (s. Fn. 244), Punkt 9., S. 5 f.

Ebene Forderungen ausgeklammert oder Zugeständnisse gemacht, die auf heftigen Widerstand militanter Gruppen stoßen, wobei der Ursprungsstaat dabei nicht unerheblich an Einfluss auf diese Gruppierungen einbüßt.[258] Darüber hinaus widerspricht die Nicht-Beteiligung der Minderheiten bei der Vorbereitung und dem Abschluss von bilateralen Abkommen den grundlegenden Prinzipien des Rechts auf gleichen Genuss aller Menschenrechte und der Nicht-Diskriminierung.[259]

6. Bilaterale Abkommen in Südosteuropa

Gerade aufgrund der multiethnischen Struktur in Südosteuropa leben in allen Staaten dieser Region Gruppen, für die ein benachbarter Staat eine Patronagerolle übernimmt. Umgekehrt sind wiederum Angehörige der eigenen Titularnation Minderheiten in einem Nachbarstaat, so dass im Prinzip alle Länder der Region nicht nur Aufenthaltsstaaten mehrerer Minderheiten, sondern auch potentielle Ursprungsstaaten sind. Es gibt in Südosteuropa keinen Staat, der nicht mit mindestens zwei Staaten ein bilaterales Minderheitenproblem hat.[260]
Dieses sich häufig daraus ergebende zwischenstaatliche Konfliktpotential sorgt sehr oft dafür, dass Minderheiten zwischen die Fronten zweier Nachbarstaaten geraten und dabei unter Umständen in eine Reihe anderer, vom Minderheitenproblem unabhängiger Konfliktfelder (z.B. Streit um Grenzziehungen, Altschulden, Visaregime etc.) hineingezogen werden, was die Lösung der Minderheitenfrage zusätzlich erschwert. Auf der anderen Seite kann aber auch die mangelhafte Bearbeitung der bilateralen Minderheitenprobleme die Lösung anderer Streitfragen blockieren – ganz zu schweigen von der Normalisierung bilateraler Beziehungen.[261]

Die Bedeutung der bilateralen Abkommen für den Minderheitenschutz hat sich im Laufe der Jahre gewandelt. Die nach dem Ersten und nach dem Zweiten Weltkrieg abgeschlossenen Verträge über Minderheiten beziehen sich auf die Minderheiten als solche und beinhalten unterschiedliche Konzepte und Bestimmungen in Bezug auf Autonomie. Die in den 90er Jahren zwischen den Staaten in Mittel- und Osteuropa geschlossenen bilateralen Verträge sind hauptsächlich auf individuelle Rechte ausgerichtet und sollen die Individuen, die zu nationalen Minderheiten gehören, mit bestimmten Rechten versorgen.[262]

Bei dem Abschluss von bilateralen Abkommen in Südosteuropa lässt sich auf eine Reihe von jüngeren Erfahrungen und bereits bestehenden Regelungen aufbauen. Zum einen können die ungarischen und polnischen Nachbarschaftsverträge der 90er Jahre durchaus als Modell genutzt werden. Zum anderen gibt es innerstaatliche Minderheitengesetze, die den Abschluss bilateraler Verträge erleichtern sollten, und schließlich haben sich die meisten Staaten der Region auch dazu verpflichtet, internationale Standards zum Minderheitenschutz, wie sie vom Europarat und der OSZE formuliert wurden, zu beachten. Der Rückgriff auf internationale Dokumente kann damit als gemeinsamer Ausgangspunkt für die Formulierung von bilateralen Verträgen dienen.[263]

---

258) **Ders.**, Punkt 10., S. 6.
259) **G. Alfredsson**, "Identifying Possible Disadvantages of Bilateral Agreements and Advancing the ‚Most-Favoured-Minority-Clause'", in: A. Bloed / P. van Dijk (Hrsg.), "Protection of Minority Rights Through Bilateral Treaties", 1999, S. 165 – 175 (171).
260) **U. Schneckener**, (s. Fn. 244), Punkt 1., S. 2.
261) **Ders.**, Punkt 2., S. 2.
262) **E. Lantschner / R. Medda**, (s. Fn. 242), S. 108.
263) **U. Schneckener**, (s. Fn. 244), Punkt 7., S. 4.

Im Rahmen des Schutzes nationaler ungarischer Minderheiten durch ihren Ursprungsstaat aufgrund des ungarischen Statusgesetzes sind für die weitere Arbeit vor allem die von Ungarn mit seinen Nachbarländern geschlossenen bilateralen Abkommen von Bedeutung. Dies sind folgende Abkommen, geschlossen von Ungarn mit:

- Rumänien: Treaty between the Republic of Hungary and Romania on Understanding, Cooperation and Good Neighbourhood (16.09.1996)

- Slowakei: Treaty on Good-neighbourly Relations and Friendly Co-operation between the Republic of Hungary and the Slovak Republic (19.03.1995)

- Kroatien: Treaty between the Republic of Hungary and the Republic of Croatia on Friendly Relations and Co-operation (16.12.1992)
  und
  Convention between the Republic of Croatia and the Republic of Hungary on the protection of the Hungarian minority in the Republic of Croatia and the Croatian minority in the Republic of Hungary (05.04.1995)

- Slowenien: Convention on providing special rights for the Slovenian minority living in the Republic of Hungary and the Hungarian minority living in the Republic of Slovenia (06.11.1992)

- Ukraine: Declaration on the principles of co-operation between the Republic of Hungary and the Ukrainian Soviet Socialist Republic in guaranteeing the rights of national minorities (31.05.1991)
  und
  Treaty on the Foundations of Good-Neighbourliness and Co-operation between the Republic of Hungary and Ukraine (06.12.1991)

Am 4. Februar 2003 hat das jugoslawische Parlament mit der Zustimmung zu einer neuen Verfassung die Bundesrepublik Jugoslawien aufgelöst und den Staat Serbien-Montenegro proklamiert. Der an Ungarn angrenzende Nachbarstaat wird in dem ungarischen Statusgesetz noch unter dem Titel "Bundesrepublik Jugoslawien" aufgeführt und ist daher auch durch dieses Gesetz betroffen. Auch wenn es sich bei Serbien-Montenegro um den Rechtsnachfolger der Bundesrepublik Jugoslawien handelt und es somit zum Teil in die bestehenden Verträge der Bundesrepublik Jugoslawien eintritt[264], ist dies in Bezug auf einen bilateralen Vertrag zwischen der Bundesrepublik Jugoslawien mit der Republik Ungarn nicht möglich, da ein solcher nicht existierte.
Um diese Lücke zu schließen, haben der neu proklamierte Staat Serbien-Montenegro und die Republik Ungarn am 21. Oktober 2003 ein Übereinkommen bezüglich des Schutzes ihrer nationalen Minderheiten in dem jeweils anderen Staat unterzeichnet:

- Serbien-Montenegro:
  Agreement between the Republic of Hungary and Serbia and Montenegro, on the protection of Rights of the Hungarian

---

[264]) **Politikforum-Text-Archive**: Balkan Forum mit dem Thema "Jugoslawien aufgelöst" (aufzurufen unter: http://politikforum.de/forum/archive/22/2003/02/2/25876, besucht am 29.01.2004); **K. Hailbronner**, (s. Fn. 70), 3. Abschnitt, II., 6., Rn. 181 ff, S. 221 f.

Minority living in Serbia and Montenegro, and the Serbian Minority living in the Republic of Hungary (21.10.2003)

7. Zusammenfassung

Zusammenfassend lässt sich sagen, dass bilaterale Abkommen – sofern eine effektive Durchsetzung möglich ist – eine nützliche und sehr brauchbare Ergänzung zu den internationalen Abkommen zum Schutz von Personen, die nationalen Minderheiten angehören, darstellen. Auch wenn diese bilateralen Abkommen bislang das in ihnen steckende Potential in Bezug auf den Minderheitenschutz noch lange nicht ausgeschöpft haben, so kann man dennoch feststellen, dass sie beachtliche Möglichkeiten zur Entwicklung eines zufriedenstellenden Minderheitenschutzes beinhalten.[265] Bis zum heutigen Zeitpunkt können bilaterale Abkommen allerdings einen umfangreichen innerstaatlichen Minderheitenschutz nicht ersetzen. Sie können lediglich einen Rahmen bilden, um weitergehende Schritte zu ermöglichen, da sie zumindest das Verhältnis zwischen Ursprungs- und Aufenthaltsstaat verbessern.[266]

Da jede Minderheitensituation ihre eigenen Charakteristika aufweist, kann es keine Standardlösung für die konkreten Probleme geben, die mit dem Schutz nationaler Minderheiten verbunden sind. Der Inhalt der einzelnen bilateralen Abkommen kann lediglich als Inspirationsquelle für andere Staaten bei der Ausarbeitung eines effektiven Schutzsystems dienen.[267]

Betrachtet man die Realisierung und die Umsetzung der bilateralen Verträge bis zu diesem Zeitpunkt, so sieht die Bilanz nicht positiv aus. Seitdem sie existieren, haben sie das bestehende System und die Praxis des Minderheitenschutzes noch nicht bemerkenswert geändert. Dennoch sollte die Bedeutung dieser Verträge nicht unterbewertet werden: Sie tragen zur Errichtung eines neuen zwischenstaatlichen Rahmens des Minderheitenschutzes bei, der aus einer relativ flexiblen Annäherung des nationalen und internationalen Rechts resultiert und aus einer gewachsenen Mobilität dieser beiden Ebenen.

Trotz allem muss für einen effektiven bilateralen Schutz von Minderheiten noch viel getan werden:

- "Bilateralismus" kann nur dann zu einer effektiven Form des Minderheitenschutzes werden, wenn beide Seiten davon Abstand nehmen, die Realisierung der festgelegten Prinzipien zu blockieren und wenn sie bereit dafür sind, die Umsetzungsmechanismen zu installieren.
- Von größter Wichtigkeit ist es auch, die betroffenen Minderheiten nicht erst bei der Umsetzung der Verträge zu beteiligen, sondern sie auch schon bei den vorhergehenden und darauf folgenden Debatten mit einzubeziehen.
- Die teilweise sehr vagen Bestimmungen müssen mit Hilfe der "Joint Intergovernmental Commission" oder mit Hilfe der internationalen Organisationen (OSZE und Europarat) klarer und verständlicher gestaltet werden, was auch die Umsetzung der Verträge erleichtern würde.[268]

---

265) Vgl. **E. Lantschner / R. Medda**, (s. Fn. 243), S. 39.
266) Vgl. **U. Schneckener**, (s. Fn. 244), Punkt 11., S. 6.
267) Vgl. **K. Gál**, (s. Fn. 248), III., S. 19.
268) **Dies.**, III., S. 20.

Eines der größten Probleme des bilateralen Minderheitenschutzes betrifft die Minderheiten in einem Staat, die keinen Ursprungsstaat vorweisen können (wie z.B. die Sinti und Roma). Da sich die von den Staaten geschlossenen bilateralen Abkommen ausschließlich auf "ihre" nationalen Minderheiten beziehen, bleiben diese Minderheiten weitgehend schutzlos. Dies birgt die Gefahr in sich, dass diese Minderheiten an den Rand gedrängt bzw. ignoriert werden. Dabei bedürfen gerade sie mehr Schutz als die Minderheiten mit einem Ursprungsstaat.[269]
Da im weiteren Verlauf dieser Arbeit allerdings der Schutz nationaler ungarischer Minderheiten durch ihren Ursprungsstaat aufgrund des ungarischen Statusgesetzes und dessen Vereinbarkeit mit dem Völkerrecht untersucht werden soll, ist das soeben dargestellte Problem hier nicht von Relevanz.

B. Genaue Betrachtung jedes einzelnen Kritikpunktes

Um festzustellen, ob das ungarische Statusgesetz gegen das Völkerrecht verstößt oder ob die Kritik unbegründet ist, wird im Folgenden jeder einzelne der bereits kurz umrissenen Kritikpunkte der Venedig-Kommission auf seine Vereinbarkeit sowohl mit dem universellen als auch mit dem regionalen völkerrechtlichen Minderheitenschutz und den von Ungarn mit den betreffenden Staaten geschlossenen bilateralen Abkommen hin überprüft.

I. Prinzip der territorialen Staatensouveränität

Die Souveränität der Staaten stellt das Fundament und ein grundlegendes Prinzip des internationalen Rechts dar.[270] Auch wenn es dem Begriff der Souveränität bislang an eindeutigen, allgemein anerkannten Konturen mangelt, so ist die Souveränität nach heutiger Auffassung eine wichtige, wenn auch nicht wesensnotwendige Eigenschaft der Staatsgewalt.[271] Umschrieben wird die Souveränität ganz überwiegend als höchste Gewalt nach innen und Unabhängigkeit nach außen, d.h. Unabhängigkeit von anderen Staaten. Da die Staaten aufgrund all ihrer rechtsgrundsätzlichen und völkerrechtlichen Bindungen sowie ihrer zahlreichen vertraglichen Verpflichtungen grundsätzlich nie unabhängig im eigentlichen Wortsinn sind, ist unter der Unabhängigkeit auch nicht die Vorstellung einer schrankenlosen höchsten Gewalt zu verstehen, sondern nach heutigem Verständnis bedeutet Souveränität die höchste Gewalt von Rechts wegen.[272]

Charakteristisch für die Souveränität sind drei Merkmale: Selbstregierung, Unabhängigkeit von anderen Staaten und Völkerrechtsunmittelbarkeit.[273] Dabei lässt sich das Merkmal der

---

[269]) Vgl. **G. Alfredsson**, (s. Fn. 259), S. 172.

[270]) **R. P. Anand**, "Sovereign Equality of States in International Law", in: Recueil des Cours de l'Académie de Droit International (RdC) 197 (1986, II), 1987, S. 9 – 228 (49).

[271]) **A. Randelzhofer**, "Staatsgewalt und Souveränität", in: J. Isensee / P. Kirchhof (Hrsg.), "Handbuch des Staatsrechts, Band I (Grundlagen von Staat und Verfassung)", Zweite Auflage, 1995, Erster Teil: III, § 15, S. 691 – 708 (692 f), Rn. 1; 3.

[272]) **B. Kempen**, "Einige Bemerkungen zum völkerrechtlichen Begriff der Souveränität", in: D. Dörr / U. Fink / C. Hillgruber / B. Kempen / D. Murswiek (Hrsg.), "Die Macht des Geistes", FS für H. Schiedermair, 2001, S. 783 – 801 (790).

[273]) **E. Vattel**, "Le droit des gens, ou principes de la loi naturelle, appliqués à la conduite et aux affaires des Nations et Souverains", 1758, I., Chapter I, § 4 .

Selbstregierung der inneren Souveränität zuordnen und die beiden anderen Merkmale – die Unabhängigkeit von anderen Staaten und die Völkerrechtsunmittelbarkeit – konstituieren die äußere Souveränität.[274] Auch wenn die Unterscheidung zwischen innerer und äußerer Souveränität zwar begrifflich möglich und angezeigt ist, so ist dennoch zu bedenken, dass damit nur zwei Aspekte einer Sache angesprochen sind, die unlöslich miteinander verknüpft sind. Die innere Souveränität ist nämlich nur gegeben, wenn auch die äußere Souveränität besteht, d.h. der Staat nach innen unabhängig von Weisungen eines oder mehrerer anderer Staaten Recht setzen und vollziehen kann. Umgekehrt gilt aber auch, dass der Staat sich nach außen als Wirkungseinheit präsentieren muss, um im Verkehr mit anderen Staaten ohne weiteres als Träger von Rechte und Pflichten auftreten zu können. Die Einheit der Wirkung nach außen setzt die Einheit der Entscheidung im Inneren, d.h. die innere Souveränität, voraus.[275] In dem Wimbledon-Fall hat der Ständige Internationale Gerichtshof zudem festgestellt, dass die äußere Souveränität nicht durch vertraglich übernommene Selbstbindungen beeinträchtigt wird.[276] Die Staaten verlieren ihre Souveränität daher grundsätzlich auch nicht durch die Mitgliedschaft in internationalen Organisationen, da die damit verbundenen Verpflichtungen durch freiwillig abgeschlossene Verträge übernommen sind. Durch solche Verträge wird zwar die Freiheit der Staaten, nicht aber ihre Souveränität eingeschränkt.[277]

Ausfluss der äußeren Souveränität ist es auch, dass, soweit nichts anderes vereinbart ist, zwischen den Staaten das Prinzip der Einstimmigkeit gilt. Weiter wirkt sie sich in der Territorialhoheit aus, wonach der Staat unter Ausschluss anderer Staaten grundsätzlich allein berechtigt ist, auf seinem Gebiet Hoheitsakte zu setzen. Dem entspricht das Verbot der Einmischung in die inneren Angelegenheiten eines anderen Staates.[278] Die territoriale Souveränität umfasst demnach vor allem das Recht auf Ausübung der Gebietshoheit, was auch schon in dem Schiedsspruch des Richters Max Huber in dem Island-of-Palmas-Fall[279] und auch in dem North-Atlantic-Coast-Fisheries-Fall[280] zum Ausdruck kommt. Diese räumliche Zuständigkeit erschöpft aber die territoriale Souveränität nicht, da Letztere außerdem die sachliche Zuständigkeit umfasst, über das Gebiet durch Zessionsverträge, "Verwaltungszessionen" oder durch die Einräumung von aktiven Staatsservituten gegenüber anderen Staaten zu verfügen.[281] Da-

---

274) **A. Randelzhofer**, (s. Fn. 271), S. 701, Rn. 25.

275) **R. L. Bindschedler**, "Betrachtungen über die Souveränität", in: Recueil d'études de droit international en hommage à Paul Guggenheim, 1968, S. 167 – 183 (167 f).

276) **PCIJ**, Urteil vom 17. August 1923 (**"The S.S. "Wimbledon"-Case"**), Series A, No. 1, S. 25. Darin heißt es: "The Court declines to see in the conclusion of any Treaty by which a State undertakes to perform or refrain from performing a particular act an abandonment of its sovereignty. No doubt any convention creating an obligation of this kind places a restriction upon the exercise of the sovereign rights of the State, in the sense that it requires them to be exercised in a certain way. But the right of entering into international engagements is an attribute of State sovereignty."

277) **A. Verdross**, "Die völkerrechtliche und politische Souveränität der Staaten", in: H. Kipp / F. Mayer / A. Steinkamm (Hrsg.), "Um Recht und Freiheit", FS für F.A. v.d. Heydte, 1977, S. 703 – 710 (706).

278) **A. Randelzhofer**, (s. Fn. 271), S. 702, Rn. 28.

279) **Reports of International Arbitral Awards (RIAA)** Vol. II, 829 – 871 (838), (**"Island-of-Palma-Case"**). Dort wird Folgendes festgestellt: "Sovereignty in the relations between states signifies independence. Independence in regard to a portion of the globe is the right to exercise therein, to the exclusion of any other State, the functions of a State".

280) **Reports of International Arbitral Awards (RIAA)** Vol. XI, 173 – 226 (180), (**"Great Britain v. United States"**). In diesem Fall heißt es : "One of the essential elements of sovereignty is that it is to be exercised within territorial limits, and that, failing proof to the contrary, the territory is coterminous with the sovereignty".

281) **A. Verdross / B. Simma / R. Geiger**, "Territoriale Souveränität und Gebietshoheit: Zur völkerrechtlichen Lage der Oder-Neiße-Grenze", 1980, B., IV., b), S. 37.

bei liegt es allerdings auf der Hand, dass die territoriale Souveränität jedes einzelnen Staates entsprechende Verpflichtungen der Enthaltung und der Nicht-Einmischung in die Angelegenheiten anderer Subjekte des internationalen Rechts mit sich bringt.[282] Neben dieser territorialen Hoheitsgewalt besitzt jeder Staat auch noch eine personelle Hoheitsgewalt über bestimmte Menschen, die zu ihm in engeren Beziehungen stehen. Letztere tritt im Kollisionsfall (d.h., wenn die territoriale und die personelle Herrschaftsgewalt in Widerstreit zueinander geraten) allerdings im Allgemeinen hinter der territorialen Suprematie zurück.[283]

In Bezug auf das Prinzip der territorialen Staatensouveränität stellt sich daher die Frage, ob der bloße Erlass eines Gesetzes, das sich außerhalb des eigenen Staatsgebietes auswirkt, per se als ein Eingriff in die internen Angelegenheiten des anderen Staates bzw. der betroffenen Staaten angesehen werden kann und somit eine Verletzung dieses Prinzips darstellen kann.

Um diese Frage vollständig zu beantworten, ist es notwendig, einige generelle Aspekt vorweg zu klären. Grundsätzlich ist zwischen den Auswirkungen eines Gesetzes auf ausländische Bürger und der Ausübung von Staatsgewalt außerhalb der eigenen Grenzen zu unterscheiden.

Nach Ansicht der Venedig-Kommission stellt die bloße Tatsache, dass die Adressaten eines Gesetzes ausländische Staatsbürger sind, keine Verletzung des Prinzips der territorialen Staatensouveränität dar. Es lassen sich vielmehr eine Reihe von Beispielen heranziehen, die auf eine ausländische Staatsangehörigkeit Bezug nehmen (z.B. IPBPR etc.) und mit dem internationalen Recht vereinbar sind. Insofern kann ein Staat vollkommen legitim Gesetze oder Verordnungen, die ausländische Bürger betreffen, erlassen, ohne vorher die Staaten, deren Staatsangehörigkeit die jeweils betroffenen Bürger besitzen, um ihr Einverständnis bitten zu müssen, solange die Auswirkungen dieser Gesetze oder Verordnungen nur innerhalb der eigenen Staatsgrenzen zum Tragen kommen.
Nicht so einfach gestaltet sich hingegen die Situation, in der sich ein Gesetz auf ausländische Bürger in einem anderen Land bezieht. In diesem Fall ist es undenkbar, dass der Aufenthaltsstaat der betroffenen Personen zu diesem Thema nichts zu sagen hätte. In den Augen der Venedig-Kommission besteht die Möglichkeit, auf den Gebieten, auf denen es internationaler Brauch ist (z.B. Bildung und Kultur), das Einverständnis des Aufenthaltsstaates zu vermuten, so dass der Ursprungsstaat einseitige administrative oder legislative Maßnahmen treffen kann. Auf den anderen Gebieten, die nicht durch Verträge oder internationaler Brauch abgedeckt sind, ist das Einverständnis des Aufenthaltsstaates, der durch die Maßnahmen des Ursprungsstaates betroffen wird, ausdrücklich zu erteilen.[284]

In Bezug auf die Auswirkungen der Ausübung von Staatsgewalt außerhalb der eigenen Grenzen kommt die Venedig-Kommission zu der Überzeugung, dass kein Staat seine Staatsgewalt ohne eine explizite Erlaubnis – entweder in Form einer internationalen Gewohnheit oder in Form eines Vertrags – in dem Territorium eines anderen Staates ausüben darf. Für den Fall, dass eine solche Erlaubnis vorliegt, sind nach internationalem Recht die Konsulate handlungsberechtigt.[285]

---

[282]) **R. P. Anand**, (s. Fn. 270), S. 28.

[283]) **G. Dahm / J. Delbrück / R. Wolfrum**, "Völkerrecht", 2. Auflage, Band I/1 (Die Grundlagen. Die Völkerrechtssubjekte), 1989, 2. Teil, 1. Abschnitt, 4. Kapitel, § 23, II., 2., S. 216 f.

[284]) **Venedig-Kommission**, (s. Fn. 28), Punkt D., a., i., S. 12.

[285]) **Dies.**, Punkt D., a., ii., S. 12 f.

Auch wenn die Ausstellung des sogenannten Ungarnausweises letztlich eine Entscheidung des in Ungarn ansässigen ungarischen Außenministeriums ist, so stellt sich in Bezug auf eine Verletzung der territorialen Staatensouveränität dennoch die Frage, ob es grundsätzlich auf dem Gebiet der Nachbarstaaten ungarische Organisationen geben darf, die einen Teil der für die Ausstellung solcher Ausweise erforderlichen Aufgaben übernehmen.

Unter Beachtung dieser grundsätzlichen Aspekte ist im Folgenden die Vereinbarkeit des ungarischen Statusgesetzes mit den speziellen Vorschriften des universellen, regionalen und bilateralen völkerrechtlichen Minderheitenschutzes in Bezug auf die territoriale Staatensouveränität zu untersuchen.

1. Universelles Völkerrecht

Im Rahmen des universellen Völkerrechts sind in Bezug auf die Prüfung der Vereinbarkeit des ungarischen Statusgesetzes mit dem Prinzip der territorialen Staatensouveränität vor allem der Art. 2 I der UN-Charta, der Art. 8 IV der Minderheitendeklaration der UN sowie die Wiener Konsularrechtskonvention (WKRK) von Bedeutung.

a. Art. 2 I der UN-Charta

Art. 2 I der UN-Charta sagt aus, dass die Organisation (die Vereinten Nationen) auf dem Grundsatz der souveränen Gleichheit aller ihrer Mitglieder beruht.

(1) "Souveräne Gleichheit"

Der Begriff der "souveränen Gleichheit" wurde durch die Charta der Vereinten Nationen neu in das internationale Recht eingeführt. Betrachtet man diesen Terminus gesondert, so kann man sich unter der Aneinanderreihung von "souverän" und "Gleichheit" nicht viel vorstellen. Der Ausdruck "souverän" kann nämlich nur sehr schwer sinnvoll mit dem Begriff der "Gleichheit" zusammengefügt werden. Für das Verständnis dieses Ausdrucks muss auf seine Entstehung zurückgeblickt werden. Ursprünglich wurde der Begriff der "souveränen Gleichheit" in Bezug auf Nationen und nicht auf Staaten verwendet, und anfangs war auch nur von dem "Prinzip der Gleichheit der Nationen" die Rede. Als dann der Ausdruck auf Staaten bezogen wurde, die die Träger der Souveränität sind und waren, wurde an der Betonung der Gleichheit nichts geändert, sondern es wurde lediglich ein Adjektiv, das den traditionellen Status der Staaten charakterisiert, hinzugefügt. Auf diese Weise entstand der Begriff der "souveränen Gleichheit".[286]

Was konkret durch den Grundsatz der souveränen Gleichheit zum Ausdruck gebracht werden soll, hat die Generalversammlung der Vereinten Nationen in ihrer 'Friendly Relations Declaration' von 1970 zu erklären versucht. In dem sechsten von sieben Grundsätzen der 'Friendly Relations Declaration' heißt es:

---

[286]) **B. Fassbender / A. Bleckmann**, in: B. Simma (Hrsg.), "The Charter of the UNITED NATIONS – A Commentary", Vol. I, Zweite Auflage, 2002, Article 2 (1), Rn. 45 f.

"Alle Staaten genießen souveräne Gleichheit. Sie haben gleiche Rechte und Pflichten und sind ungeachtet wirtschaftlicher, sozialer, politischer und anderer Unterschiede gleichberechtigte Mitglieder der internationalen Gemeinschaft. Die souveräne Gleichheit umfasst insbesondere folgende Bestandteile:

a) die Staaten sind juristisch gleich;
b) jeder Staat genießt die der vollen Souveränität innewohnenden Rechte;
c) jeder Staat hat die Pflicht, die Rechtspersönlichkeit der anderen Staaten zu achten;
d) die territoriale Unversehrtheit und die politische Unabhängigkeit des Staates sind unverletzlich;
e) jeder Staat hat das Recht, sein politisches, soziales, wirtschaftliches und kulturelles System frei zu wählen und zu entwickeln;
f) jeder Staat hat die Pflicht, seine internationalen Verpflichtungen voll und nach Treu und Glauben zu erfüllen und mit den anderen Staaten in Frieden zu leben."

Unter der Gleichheit der Mitgliedsstaaten ist somit die gleiche Rechtspersönlichkeit jedes einzelnen Staates vor dem Recht zu verstehen, unabhängig von seiner geographischen Größe, seiner Bevölkerungsstruktur, seiner militärischen Macht, seiner wirtschaftlichen Stärke usw., nicht jedoch die Gleichberechtigung im Recht. Faktische Ungleichheiten widersprechen ihr ebenso wenig wie durch Völkerrecht (in der Regel durch Verträge), bewirkte Unterschiede in Rechte und Pflichten.[287] Aufgrund dieser Gleichheit der Staaten wird von ihnen auch erwartet, dass sie sich in ihren gegenseitigen Beziehungen ebenfalls als gleichberechtigt ansehen und dementsprechend handeln.[288]
Auf das Adjektiv "souverän" treffen der 'Friendly Relations Declaration' zufolge die bereits gemachten Ausführungen zur Souveränität zu, was bedeutet, dass kein Staat von Rechts wegen über einem anderen Staat steht.
Zusammenfassend lässt sich feststellen, dass das Gleichheitsprinzip nur ein anderer Ausdruck für den Grundsatz der Souveränität ist. Souveränität und Gleichheit gehören nicht nur zusammen, sondern sie sind geradezu dasselbe, von verschiedenen Seiten betrachtet. Wie gezeigt wurde, bedeutet Souveränität Unabhängigkeit, d.h., kein Staat ist der Hoheitsgewalt eines anderen Staates unterworfen. Souveränität erträgt keine Hegemonie. Da es nur eine andere Formulierung dieses Gedankens darstellt, wenn man sagt, dass jeder Staat dem anderen gleich sei, lassen sich die Rechtsnormen, die sich als ein Ausdruck der Souveränitätsidee aussprechen lassen, auch als Äußerungen des Gleichheitsprinzips formulieren. Insoweit besteht allerdings im Verhältnis der Staaten untereinander eine wirkliche Gleichheit im Sinne des Rechts.[289]

Für die völkerrechtliche Zuständigkeitsordnung lässt sich aus dem Grundsatz der souveränen Gleichheit ableiten, dass es nur eine territoriale, nicht aber eine funktionale Zuständigkeitsverteilung geben darf, d.h., keine staatliche Tätigkeit darf irgendeinem Staat verschlossen sein. Der territoriale Bezug wird durch den Ort der Vornahme der Handlung, durch den Ort der Wirkungen und indirekt durch die Staatsangehörigkeit festgestellt. Wie im Lotus-Urteil des Ständigen Internationalen Gerichtshofes anerkannt wurde, unterliegt nur der Ort der Vornahme von Hoheitsakten dem strikten Territorialitätsprinzip, d.h., kein Staat darf im Gebiet eines

---

[287]) **A. Randelzhofer**, (s. Fn. 271), S. 701, Rn. 25.
[288]) **B. Fassbender / A. Bleckmann**, (s. Fn. 286), Rn. 62 f.
[289]) **G. Dahm / J. Delbrück / R. Wolfrum**, (s. Fn. 283), 2. Teil, 1. Abschnitt, 4. Kapitel, § 26, I., 6., S. 236.

anderen Staates hoheitlich tätig werden.[290] Auch wenn sich der Anwendungsbereich derartiger Hoheitsakte nicht auf rein inlandsbezogene Sachverhalte beschränken lässt und staatliche Regelungen bei transnationalen Sachverhalten nur sinnvoll sind, wenn sie auch den auslandsbezogenen Teil miterfassen, so darf dennoch bei konkurrierenden Sachverhalten durch mehrere Staaten, bei denen es zu einer völkerrechtlichen Interessenabwägung kommt, der Kernbestand der Souveränität anderer Staaten nicht gefährdet werden.[291]

Durch die Erläuterungen der 'Friendly Relations Declaration' in Bezug auf den Grundsatz der souveränen Gleichheit und durch die eben erfolgten Erörterungen wird deutlich, dass dieser Grundsatz unter das Prinzip der territorialen Staatensouveränität fällt. Insofern ist nach der begrifflichen Klärung nun die Vereinbarkeit des ungarischen Statusgesetzes mit diesem Grundsatz zu untersuchen.

(2) Anwendung auf das ungarische Statusgesetz

Wie bereits dargestellt wurde, sind einerseits die Adressaten des ungarischen Statusgesetzes Personen nicht-ungarischer Staatsangehörigkeit mit Wohnsitz in der ehemaligen Bundesrepublik Jugoslawien (jetzt Serbien-Montenegro), der Republik Kroatien, der Republik Slowenien, Rumänien, der Slowakischen Republik und der Ukraine, die sich als ethnische Ungarn bzw. zum "Ungarntum" bekennen. Andererseits sehen die Regelungsinhalte dieses Gesetzes sowohl Vergünstigungen in Ungarn als auch von Ungarn gewährte Unterstützungen in den jeweiligen Aufenthaltsstaaten der betroffenen Personen vor.[292] Insofern handelt es sich hier nicht um ein Gesetz, das – wie von der Venedig-Kommission angedeutet – mit dem internationalen Recht unproblematisch vereinbar ist, da es zwar ausländische Bürger betrifft, seine Auswirkungen aber nicht nur innerhalb der eigenen Staatsgrenzen zum Tragen kommen.
Es stellt sich somit die Frage, ob es sich bei dem ungarischen Statusgesetz um ein Gesetz handelt, das sich hauptsächlich mit Problemen aus den Gebieten der Bildung und Kultur beschäftigt, so dass nach Ansicht der Venedig-Kommission das Einverständnis des Aufenthaltsstaates zu den vom Ursprungsstaat einseitig vorgenommenen Maßnahmen unterstellt werden könnte. Die bereits aufgeführten Regelungsinhalte des Gesetzes (u.a. Reisevergünstigungen, finanzielle Unterstützungen, Zugang zum Sozialversicherungs- und Gesundheitswesen sowie zum Arbeitsmarkt) machen deutlich, dass sich sein Inhalt grundsätzlich nicht auf die bloßen Gebiete der Bildung und Kultur beschränken lässt. Zudem kommt auch in der Präambel des Gesetzes zum Ausdruck, dass die ungarische Regierung mit dem Gesetz die Absicht verfolgt, die Zugehörigkeit der in den Nachbarstaaten lebenden Ungarn zu der einheitlichen ungarischen Nation, ihr Gedeihen in ihrer Heimat sowie ihr nationales Identitätsbewusstsein sicherzustellen.[293] Dass sich dieses Ziel nicht allein durch zu ergreifende Maßnahmen in den Bereichen der Bildung und Kultur verwirklichen lässt, zeigt sich an den von Ungarn in dem Gesetz festgelegten Unterstützungen bzw. Vergünstigungen.

---

[290]) **PCIJ**, Urteil vom 07. September 1927 ("**Lotus**"), Series A, No. 10 (1927), S. 18 f. Darin heißt es: "(A State) may not exercise its power in any form in the territory of another State. In this sense jurisdiction is certainly territorial; it cannot be exercised by a State outside its territory except by virtue of a permissive rule derived from international custom or from a convention."

[291]) **K. M. Meessen**, "Souveränität", in: R. Wolfrum (Hrsg.), "Handbuch Vereinte Nationen", Zweite Auflage, 1991, S. 788 – 792 (791), Rn. 8.

[292]) S.o. Kapitel II, A. und B., S 36 und 36.

[293]) S.o. Kapitel II, Einleitung und B., S. 35 und 36.

Dennoch lässt sich bei genauer Betrachtung der in den Nachbarstaaten Ungarns den Angehörigen der nationalen ungarischen Minderheit gewährten Vergünstigungen feststellen, dass sich diese Vergünstigungen in den Aufenthaltsstaaten der Minderheitenangehörigen ausschließlich auf die Gebiete der (finanziellen) Bildungsunterstützung und der (materiellen und immateriellen) Förderung von kulturellen Einrichtungen Ungarns in den Nachbarstaaten beziehen. Für die nach Ansicht der Venedig-Kommission mögliche Unterstellung des Einverständnisses des Aufenthaltsstaates sind letztendlich nur die Vergünstigungen von Bedeutung, die auf dem Gebiet des Aufenthaltsstaates vorgenommen werden, da alle anderen Vergünstigungen (die in Ungarn selbst gewährt werden) den Aufenthaltsstaat nicht direkt betreffen. Insofern kann man trotz der weitreichenden Vergünstigungen, die den Angehörigen der nationalen ungarischen Minderheit in Ungarn selbst gewährt werden, davon ausgehen, dass die den Minderheitenangehörigen in ihren Aufenthaltsstaaten zugestandenen Unterstützungen sich nur auf die Gebiete der Bildung und der Kultur beschränken. Da dies Gebiete sind, die zu den Gebieten zählen, auf denen es internationaler Brauch ist, das Einverständnis des Aufenthaltsstaates zu vermuten, kann man schlussfolgern, dass die von Ungarn im Rahmen des Statusgesetzes einseitig erlassenen Maßnahmen, die sich auf die Gewährung der Vergünstigungen auf den Territorien der Nachbarstaaten beziehen, nach Ansicht der Venedig-Kommission gerechtfertigt sind. Demnach könnte es sich bei dem ungarischen Statusgesetz möglicherweise um ein Gesetz handeln, das nach Ansicht der Venedig-Kommission unproblematisch mit den Regelungen des internationalen Rechts, hier insbesondere mit dem Prinzip der territorialen Staatensouveränität, vereinbar ist.

Dem ist allerdings entgegenzuhalten, dass Ungarn auf den Territorien der Nachbarstaaten durch das Statusgesetz nicht nur den Angehörigen der nationalen ungarischen Minderheiten Vergünstigungen gewährt, sondern darüber hinaus auch noch die Entscheidungsbehörden, die sog. "Urkundenbüros", die gemeinnützigen Organisationen und die ausländischen gemeinnützigen Organisationen errichtet. Da Ungarn möglicherweise durch diese Institutionen seine Staatsgewalt in den Nachbarstaaten ausübt, könnte die Errichtung der eben aufgezählten Institutionen zur Folge haben, dass sie nicht mit dem Grundsatz der souveränen Gleichheit und demnach nicht mit diesem Prinzip in Einklang zu bringen ist.

Eine genaue Erörterung der Vereinbarkeit des ungarischen Statusgesetzes mit dem Grundsatz der souveränen Gleichheit, der unter das Prinzip der territorialen Staatensouveränität fällt, ist daher erforderlich. Dafür muss zunächst zwischen dem Erlass und der Umsetzung des Gesetzes unterschieden werden. Besteht bei einem der beiden Teile oder bei beiden die Möglichkeit eines Verstoßes gegen das Territorialitätsprinzip, und dabei gegen den Grundsatz der souveränen Gleichheit, so ist dies durch eine genaue Prüfung der Vereinbarkeit dieses Punktes bzw. dieser Punkte sowohl mit dem Begriff der "Souveränität" als auch mit dem Begriff der "Gleichheit" zu untersuchen.

(a) Unterscheidung zwischen dem Erlass und der Umsetzung des Statusgesetzes

Das ungarische Statusgesetz ist durch das ungarische Parlament auf dem Staatsgebiet Ungarns erlassen worden. Betrachtet man lediglich den Erlass des Gesetzes – und nicht auch schon seine Umsetzung –, so stellt man fest, dass dieser für sich genommen keine Auswirkungen auf die Territorien der Nachbarstaaten hat. Da dies für einen Verstoß gegen das Territorialitätsprinzip aber erforderlich wäre, steht der Erlass des ungarischen Statusgesetzes im Einklang mit dem Grundsatz der souveränen Gleichheit.

Auf der anderen Seite könnte aber die Umsetzung des Gesetzes, die zunächst aus der Errichtung der Entscheidungsbehörden, der sog. "Urkundenbüros", der in Ungarn ansässigen gemeinnützigen Organisationen sowie der in den Nachbarstaaten beheimateten ausländischen gemeinnützigen Organisationen und aus der anschließenden Realisierung der in dem Statusgesetz vorgesehenen Bestimmungen besteht, gegen das Territorialitätsprinzip verstoßen.

Unter einer Entscheidungsbehörde im Sinne dieses Gesetzes sind gem. Art. 19 II von der Republik Ungarn zu diesem Zweck bezeichnete zentrale Verwaltungsbehörden gemeint, die ihren Sitz in Ungarn haben und für die Ausstellung der sog. Ungarnausweise verantwortlich sind. Nach dem deutschen Verwaltungsrecht (nach § 1 IV des Verwaltungsverfahrensgesetzes (VwVfG)) sind Behörden innerstaatliche Stellen, die Aufgaben der öffentlichen Verwaltung wahrnehmen, d.h., sie sind Organe des Staates, die mit Zuständigkeiten zur Erfüllung von Verwaltungsaufgaben gegenüber dem Bürger ausgestattet sind.[294] Legt man für Ungarn eine dementsprechende Definition des Behördenbegriffs zugrunde, dann kommt man zu dem Schluss, dass es sich bei den Entscheidungsbehörden nicht nur ihrem Namen nach sondern auch ihrem Aufgabenprofil und ihrer Zusammensetzung nach um von der ungarischen Regierung eingesetzte Verwaltungsbehörden handelt. Die ungarischen Entscheidungsbehörden sind nämlich nicht nur in Ungarn ansässig, sondern sie nehmen darüber hinaus durch die Ausstellung der Ausweise auch Aufgaben der öffentlichen Verwaltung wahr. Sie stellen daher Organe des Staates Ungarn dar, die gem. Art. 37 II der ungarischen Verfassung von dem zuständigen Minister errichtet und überwacht werden und als Akte der Exekutive für die Umsetzung des Gesetzes sorgen.[295] Diese Entscheidungsbehörden haben somit weder ihren Sitz noch ihren Tätigkeitsbereich in den Nachbarstaaten, so dass Ungarn durch ihre Errichtung auch nicht gegen die territoriale Souveränität dieser Staaten verstößt.

Mit derselben Begründung lässt sich auch der Verstoß der in Ungarn ansässigen gemeinnützigen Organisationen gegen die territoriale Staatensouveränität verneinen. Die gemäß Art. 24 des Statusgesetzes von der ungarischen Regierung gegründeten Organisationen, deren Aufgabe die Entscheidung über und die Leistung von in Ungarn in Anspruch zu nehmenden Unterstützungen an die in den Geltungsbereich des Gesetzes fallenden Personen ist, sind somit ebenfalls weder in einem der Nachbarstaaten niedergelassen noch werden sie dort tätig.

Unter den in Art. 20 des Statusgesetzes erwähnten sog. "Urkundenbüros" sind Organisationen zu verstehen, die in Vertretung der in den Nachbarstaaten lebenden nationalen ungarischen Gemeinschaften in dem entsprechenden Staat tätig sind und von der Regierung der Republik Ungarn als empfehlende Organisationen anerkannt werden. Diese "Urkundenbüros" sind auf dem Territorium der Nachbarstaaten ansässig und sollen die in Art. 20 III des Statusgesetzes vorgeschriebenen Aufgaben erfüllen. Das bedeutet, dass sie in der Lage sein müssen, die Gesamtheit der in dem gegebenen Staat lebenden ungarischen nationalen Gemeinschaft zu vertreten und für die organisatorischen und personellen Voraussetzungen der Annahme und Beurteilung der Anträge auf Empfehlung zu sorgen.

---

[294]) **D. Schmalz**, "Allgemeines Verwaltungsrecht und Grundlagen des Verwaltungsrechtsschutzes", 3. Auflage, 1998, 9. Teil, 1.2, Rn. 686, S. 278.

[295]) Art. 37 II der ungarischen Verfassung lautet: "The Ministers shall head the branches of public administration falling within their respective portfolios and direct the public authorities they are responsible for in accordance with the law and Government resolutions. Ministers without Portfolio shall attend to the responsibilities determined by the Government."

Die in Art. 25 des Statusgesetzes erwähnten ausländischen gemeinnützigen Organisationen sind in den Nachbarstaaten Ungarns niedergelassen, zum Zweck der Unterstützung der in den Geltungsbereich des ungarischen Statusgesetz fallenden Personen gegründet, rechtmäßig tätig und gewinnorientiert. Für die Entscheidung über und für die Auszahlung der Unterstützungen wird zwischen der in Ungarn gegründeten gemeinnützigen Organisation und der ausländischen gemeinnützigen Organisation ein privatrechtlicher Vertrag geschlossen. Ein ebensolcher Vertrag wird zwischen der ungarischen gemeinnützigen Organisation und dem Antragssteller über die zugesprochene Unterstützung unterzeichnet.

Ob Ungarn durch die Errichtung der "Urkundenbüros" und der ausländischen gemeinnützigen Organisationen auf dem Gebiet der Nachbarstaaten möglicherweise gegen das Prinzip der territorialen Staatensouveränität verstößt, ist zunächst davon abhängig, ob Ungarn durch diese "Urkundenbüros" und dieser ausländischen gemeinnützigen Organisationen hoheitlich tätig wird oder nicht.[296] Dies wäre der Fall, wenn die "Urkundenbüros" und die ausländischen gemeinnützigen Organisationen als Akte der ungarischen Exekutive zu qualifizieren wären.

Im Gegensatz zu den Entscheidungsbehörden haben die "Urkundenbüros" ihren Sitz in den Nachbarstaaten. Als bereits bestehende Büros werden sie von der ungarischen Regierung lediglich als empfehlende Organisationen anerkannt, nicht aber als Organe des Staates, die sie zu Behörden und somit zu Akten der Exekutive machen würden.
Im Rahmen der Definition der Behörde im Sinne des deutschen Verwaltungsrechts als jede Stelle, die Aufgaben der öffentlichen Verwaltung wahrnimmt, muss allerdings in Bezug auf alle dazugehörenden Personen des öffentlichen Rechts auch noch zwischen der unmittelbaren und der mittelbaren Staatsverwaltung unterschieden werden. Unmittelbare Staatsverwaltung des Bundes bzw. der Länder findet durch eigene, nicht rechtsfähige Behörden dieser Körperschaften statt. Mittelbare Staatsverwaltung liegt vor, wenn sich der Staat (Bund oder Länder) für den Gesetzesvollzug ausgegliederter Verwaltungsträger mit eigener Rechtspersönlichkeit bedient. Zu diesen ausgegliederten Verwaltungsträgern gehören zum einen die juristischen Personen des öffentlichen Rechts (Körperschaften, rechtsfähige Anstalten und Stiftungen des öffentlichen Rechts) und zum anderen die Beliehenen.[297] Überträgt man diese Art der Verwaltungsorganisation auf Ungarn, so könnte es sich bei den in den Nachbarstaaten ansässigen "Urkundenbüros" möglicherweise um Beliehene im weiteren Sinne handeln. Unter einem Beliehenen ist eine natürliche Person oder eine juristische Person des Privatrechts zu verstehen, die durch Gesetz oder aufgrund eines Gesetzes einzelne hoheitliche Aufgaben im eigenen Namen wahrnimmt. Auch bei der Ausübung von hoheitlichen Kompetenzen sind die Beliehenen aber statusrechtlich Privatrechtssubjekte, d.h., sie werden nur funktionell als Behörde i.S.d. mittelbaren Staatsverwaltung tätig.[298] Da die Beliehenen normalerweise jedoch im betroffenen Staat selbst ansässig und tätig sind, könnten die "Urkundenbüros" in diesem Fall nur Beliehene im weiteren Sinne darstellen.
Über die Art der Gründung der "Urkundenbüros" und die dafür erforderlichen rechtlichen Grundlagen werden keine Aussagen gemacht. Da sie sich in der Regel aus Persönlichkeiten des magyarischen öffentlichen Lebens oder aus Repräsentanten der Minderheitenverbände und der ungarischen Kirche zusammensetzen[299], kann man aber davon ausgehen, dass es sich bei ihnen um juristische Personen des Privatrechts handelt. Ob die "Urkundenbüros" somit als

---

[296]) S.o. Kapitel III, B., I., 1., a., (1), S. 91.
[297]) **R. Schmidt**, "Allgemeines Verwaltungsrecht", 7. Auflage, 2003, 2. Kapitel, S. 3.
[298]) **Ders**. 2. Kapitel, IV., 1., S. 22.
[299]) S.o. Kapitel II, A., S. 36.

Beliehene im weiteren Sinne zu qualifizieren sind oder nicht, ist demnach davon abhängig, ob die ihnen durch das ungarische Statusgesetz zugewiesenen Tätigkeiten hoheitliche Aufgaben darstellen, die sie im eigenen Namen wahrnehmen.
Die Tätigkeiten der "Urkundenbüros", nämlich die Vertretung der Gesamtheit der in dem gegebenen Staat lebenden ungarischen nationalen Gemeinschaft und die Schaffung der organisatorischen und personellen Voraussetzungen der Annahme und Beurteilung der Anträge auf Empfehlung, könnten möglicherweise als quasi-behördliche Verwaltungsaufgaben und demzufolge als hoheitliche Aufgaben zu qualifizieren sein.
Ungarn weist diese Behauptung mit der Begründung zurück, dass es selbst die "Urkundenbüros" nicht als seine Geschäftsstellen betrachte, da sie im Einklang mit den Gesetzen des jeweiligen Landes gegründet worden seien und da sie vollständige Autonomie bezüglich ihrer Handlungen besäßen. Zudem hätten die abgegebenen Empfehlungen auch keine Bindungswirkung. Die Errichtung solcher Organisationen sei einfach nur eine unvermeidbare Folge davon, dass ein Ursprungsstaat sich um "seine" nationalen Minderheiten kümmern will, und daher solle sie von den betroffenen Staaten auch als eine solche geduldet werden.[300] Dass die ungarische Regierung die "Urkundenbüros" nicht als seine Geschäftsstellen betrachtet, ist kein Argument dafür, dass sie nicht mit hoheitlichen Aufgaben beschäftigt sein können. Letztendlich ist nämlich nicht der Name bzw. die Bezeichnung dieser Institutionen ausschlaggebend, sondern der Inhalt ihrer Tätigkeiten. Es lässt sich auch nicht feststellen, dass die "Urkundenbüros" im Einklang mit den Gesetzen des jeweiligen Landes gegründet worden sind. Wäre dies der Fall, dann hätte es beispielsweise der Punkte I. 4. und I. 5. in dem "Memorandum of Understanding between the Government of the Republic of Hungary and the Government of Romania concerning the Law on Hungarians Living in Neighbouring Countries and Issues of Bilateral Co-operation" vom 22. Dezember 2001 nicht bedurft. In Punkt I. 4. des Memorandums wird klargestellt, dass das gesamte Verfahren der Ausstellung der Ausweise (die Annahme der Anträge, die Fragen und die Weiterleitung) in erster Linie auf dem ungarischen Territorium stattfinden soll, d.h. einerseits in den von den ungarischen Behörden aufgestellten öffentlichen Verwaltungsbezirken und im Innenministerium und andererseits in den diplomatischen Missionen Ungarns.[301] Punkt I. 5. des Memorandums weist darauf hin, dass die ungarischen repräsentativen Organisationen oder andere Einrichtungen auf dem rumänischen Staatsgebiet keine Empfehlungen bezüglich der ethnischen Herkunft oder anderen Kriterien abgeben sollen. Diese Organisationen oder Einrichtungen können lediglich rechtlich nicht bindende Informationen bereitstellen, sofern es an unterstützenden formalen Dokumenten mangelt.[302] Die Notwendigkeit der Aufnahme dieser Punkte in das Memorandum deutet darauf hin, dass die Errichtung der "Urkundenbüros" bis zu diesem Zeitpunkt nicht im Einklang mit den Gesetzen Rumäniens stand und auch nicht mit Zustimmung der rumänischen Regierung erfolgte. Zumindest für Rumänien kann man deshalb davon ausgehen, dass die Errichtung der "Urkundenbüros" nicht erwünscht war, sondern dass diese vielmehr als ein einseitiger Akt der ungarischen Regierung auszulegen ist. Da das ungarische Statusgesetz im Hinblick auf die Organisationsstruktur der "Urkundenbüros" keine Aussagen macht, sondern

[300]) S.o. Kapitel II, C., S. 41.

[301]) Punkt I. 4. des Memorandums lautet: "The entire procedure of granting the certificate (receiving of applications, issue, forwarding) shall primarily take place on the territory of the Republic of Hungary in the county public administration established by the Hungarian authorities and respectively at the Office of the Ministry of Interior, and at the Hungarian diplomatic missions."

[302]) Punkt I. 5. des Memorandums lautet: "The Hungarian representative organisations or other entity on the territory of Romania shall not issue any recommendations concerning the ethnic origin or other criteria. The organisations or other entities on the territory of Romania can provide with information with a legally non-binding character in the absence of formal supporting documents."

nur ihre Aufgaben darlegt, kann die Aussage, dass die "Urkundenbüros" vollständige Autonomie besitzen weder bestätigt noch widerlegt werden. Dass die abgegebenen Empfehlungen keinen bindenden Charakter besitzen, kommt schon durch ihre Bezeichnung als "Empfehlung" zum Ausdruck. Dies steht aber der Tatsache, dass die "Urkundenbüros" durch die Vertretung der Gesamtheit der in dem gegebenen Staat lebenden nationalen ungarischen Gemeinschaft und durch die Schaffung der organisatorischen und personellen Voraussetzungen der Annahme und Beurteilung der Anträge auf Empfehlung dennoch quasi-behördliche Verwaltungsaufgaben vornehmen könnten, nicht entgegen. Denn schließlich beruht die ganze Umsetzung des Gesetzes darauf, dass die "Urkundenbüros" für die organisatorischen und personellen Voraussetzungen der Annahme und Beurteilung der Anträge auf Empfehlung sorgen. Gerade durch die von ihnen vorzunehmenden Beglaubigungen der Erklärungen der Antragssteller (Art. 20 I a. des ungarischen Statusgesetzes) und der Beglaubigungen der Unterschriften (Art. 20 I b. des ungarischen Statusgesetzes) handeln die "Urkundenbüros" sozusagen als Notar für Ungarn und damit hoheitlich. Ohne diese Empfehlung der "Urkundenbüros" wäre es zudem nicht möglich, die Ausweise auszustellen und den Ausweisinhabern dann die im Gesetz vorgesehenen Vergünstigungen zu gewähren. Die gesamte weitere Umsetzung des Gesetzes ist letztendlich von den Empfehlungen der "Urkundenbüros" abhängig. Da die Tätigkeit der "Urkundenbüros" demnach mit der Tätigkeit eines Organs des Staates, das Aufgaben der öffentlichen Verwaltung vornimmt, vergleichbar ist und da ihrem Handeln auch ein großes Maß an Bedeutung zukommt, sollte man die Tätigkeiten der "Urkundenbüros" als quasi-behördliche Verwaltungsaufgaben und demnach als hoheitliche Aufgaben ansehen. Die Beglaubigungen der Erklärungen der Antragssteller und der Unterschriften werden von den "Urkundenbüros" auch in eigenem Namen vorgenommen, so dass alle Kriterien dafür erfüllt sind, dass ihnen der Status von Beliehenen beigemessen werden kann. Diese Einschätzung wird auch noch durch das von Ungarn mit dem Statusgesetz verfolgte Ziel bestärkt: Es würde nämlich einen Widerspruch darstellen, wenn Ungarn es auf der einen Seite für notwendig erachtet, neben dem in jedem Staat existierenden innerstaatlichen Minderheitenschutz "seine" nationalen Minderheiten durch ein zusätzliches Gesetz noch extra zu schützen, auf der anderen Seite aber der Umsetzung dieses Extra-Schutzes – vor allem der Errichtung der für die Umsetzung besonders wichtigen "Urkundenbüros" – relativ gleichgültig gegenübersteht, indem es sie nur als empfehlende Organisationen ansieht anstatt als Beliehene, die hoheitliche Aufgaben Ungarns im eigenen Namen wahrnehmen.

Aufgrund der eben dargelegten Argumente lässt sich feststellen, dass die Gegenargumente Ungarns entweder widerlegt werden können oder als solche nicht nachprüfbar sind. Vieles spricht hingegen dafür, dass die "Urkundenbüros" als Beliehene zu qualifizieren sind. Als solche nehmen sie hoheitliche Aufgaben in eigenem Namen wahr. Bei den "Urkundenbüros" handelt es sich demnach um einen Teil der mittelbaren Staatsverwaltung Ungarns, die trotz ihrer Rechtsform unter starkem Einfluss der ungarischen Regierung steht. Dies führt dazu, dass sie möglicherweise gegen das Territorialitätsprinzip verstoßen.

Ähnlich wie bei den "Urkundenbüros" ist in Bezug auf die ausländischen gemeinnützigen Organisationen festzustellen, dass auch sie von der ungarischen Regierung lediglich als Organisationen anerkannt werden, nicht aber als Organe des Staates, die sie zu Behörden und somit zu Akten der Exekutive machen würden. Vielmehr kommt auch den ausländischen gemeinnützigen Organisationen mit der Entgegennahme der Anträge gemäß Art. 25 I des Statusgesetzes eine Aufgabe zu, die möglicherweise als hoheitlich qualifiziert werden könnte. Dies könnte dazu führen, dass neben den "Urkundenbüros" auch die ausländischen gemeinnützigen Organisationen Beliehene und somit ein Teil der mittelbaren Staatsverwaltung Ungarns sind. Zwar treffen die ausländischen gemeinnützigen Organisationen weder die endgültige Vergabeentscheidung noch schließen sie die Auszahlungsvereinbarung mit dem Empfänger ab (Art. 25 III – IV des ungarischen Statusgesetzes), aber dennoch stellt die Entgegennahme der Anträge einen wichtigen Schritt im ganzen Prozess der Ausweisausstellung dar. Die weitere Umsetzung des Gesetzes ist nämlich von dieser Entgegennahme durch die ausländischen gemeinnützigen Organisationen abhängig. Ebenso wie den Tätigkeiten der "Urkundenbüros" kommt daher auch der Entgegennahme der Anträge ein großes Maß an Bedeutung zu, so dass auch die Aufgaben der ausländischen gemeinnützigen Organisationen als quasi-behördliche Verwaltungsaufgaben und somit ebenfalls als hoheitliche Aufgaben angesehen werden können. Da die ausländischen gemeinnützigen Organisationen diese hoheitliche Aufgabe auch in eigenem Namen wahrnehmen, handelt es sich bei ihnen demnach auch um Beliehene. Die Tatsache, dass sie als Teil der mittelbaren Staatsverwaltung Ungarns unter der Aufsicht des Staates Ungarn stehen, wird auch durch die finanzielle Abhängigkeit der ausländischen gemeinnützigen Organisationen vom ungarischen Staat unterstrichen. Die auf diese Weise verhinderte faktische Unabhängigkeit hat zur Konsequenz, dass die ausländischen gemeinnützigen Organisationen aus der Sicht ihres Aufenthaltsstaates mit dem Makel eines "Handlangers ungarischer Politik" behaftet sind. Genauso wie bei den "Urkundenbüros" führt dies dazu, dass die ausländischen gemeinnützigen Organisationen möglicherweise gegen das Territorialitätsprinzip verstoßen.

Die Umsetzung des ungarischen Statusgesetzes macht es somit erforderlich, dass auf den Territorien der Nachbarstaaten sowohl die "Urkundenbüros" als auch die ausländischen gemeinnützigen Organisationen im Rahmen der mittelbaren Staatsverwaltung Ungarns in Form von Beliehenen in Erscheinung treten.
Da allerdings weder Verträge von Ungarn mit seinen Nachbarstaaten vorliegen, durch die ein dementsprechendes Verhalten gebilligt werden könnte, noch ein derart einseitiges Handeln der internationalen Gewohnheit entspricht, ist nicht davon auszugehen, dass die Umsetzung des ungarischen Statusgesetzes durch eine explizite Erlaubnis gedeckt ist.

(b) Subsumierung der Umsetzung des ungarischen Statusgesetzes unter die Begriffe der Souveränität und der Gleichheit des Art. 2 I der UN-Charta

Aufgrund des eben dargelegten möglichen Verstoßes der Umsetzung des ungarischen Statusgesetzes gegen das Prinzip der territorialen Staatensouveränität muss untersucht werden, ob diese Umsetzung mit dem in Art. 2 I der UN-Charta festgelegtem Grundsatz der souveränen Gleichheit in Einklang zu bringen ist. Dabei soll – wie bereits angedeutet – für eine eingehendere Betrachtung zwischen den beiden Teilaspekten des Grundsatzes unterschieden werden.
Die Souveränität lässt sich begrifflich in die innere und die äußere Souveränität aufspalten. Die innere Souveränität kann man durch das Merkmal der Selbstregierung beschreiben.[303] Zu dieser Selbstregierung gehören die inneren Angelegenheiten eines Staates. Der innerstaatliche Minderheitenschutz jedes einzelnen Landes zählt zu den inneren Angelegenheiten und ist somit Teil der staatlichen Selbstregierung.[304] Regelungen von Ursprungsstaaten, die "ihre" Minderheiten in den Aufenthaltsstaaten unterstützen wollen und deshalb auf den Territorien anderer Staaten in der Form tätig werden, dass sie zur Erfüllung dieser Aufgaben Beliehene

303) S.o. Kapitel III, B., I., S. 87.
304) Vgl. **G. Brunner**, "Minderheitenrechtliche Regelungskonzepte in Osteuropa", in: G. Brunner / B. Meissner (Hrsg.), "Das Recht der nationalen Minderheiten in Osteuropa", 1999, S. 39 – 73 (43).

einsetzen, die “ihren“ Minderheiten bei der Erlangung der Vergünstigungen sowohl in Ungarn als auch in den Nachbarstaaten helfen sollen, greifen durch dieses Tätigwerden in den innerstaatlichen Minderheitenschutz der Aufenthaltsstaaten und somit in deren innere Souveränität ein. Denn trotz der Tatsache, dass Ungarn durch das ungarische Statusgesetz den betroffenen Nachbarstaaten nicht direkt Weisungen in Bezug auf den von ihnen zu praktizierenden Minderheitenschutz erteilt, sondern sich ausschließlich um “seine“ nationalen Minderheiten kümmert, sind die Nachbarstaaten in der Umsetzung ihres eigenen innerstaatlichen Minderheitenschutzes nicht frei. Sie werden nämlich durch die Errichtung von “Urkundenbüros“ und ausländischen gemeinnützigen Organisationen, d.h. durch die Einsetzung von Beliehenen, an der Errichtung eines einheitlichen innerstaatlichen Minderheitenschutzes gehindert. Auch die Erklärung Ungarns, dass diese grenzübergreifenden Akte sich als eine unvermeidbare Folge davon darstellen, dass sich Ursprungsstaaten um “ihre“ Minderheiten kümmern wollen[305], mag einen derartigen Eingriff in die innere Souveränität der betroffenen Staaten möglicherweise nur dann rechtfertigen, wenn die zu ergreifenden Handlungen in ihrer Gesamtheit vorher mit dem jeweils betroffenen Staat detailgenau abgesprochen worden sind. Ungarn hat weder den Erlass noch die darauf beruhende Umsetzung des Statusgesetzes mit den Nachbarstaaten besprochen. Normalerweise, d.h. bei Gesetzen, bei denen sowohl der Erlass als auch die Umsetzung nur innerstaatliche Konsequenzen haben, hat es kein souveräner Staat nötig, den Erlass oder die Umsetzung dieses Gesetzes mit seinen Nachbarstaaten abzuklären. In diesem Fall hat allerdings der souveräne Staat Ungarn – durch die sich teilweise auf den Territorien der Nachbarstaaten auswirkende Umsetzung des Statusgesetzes – die sich aus der Territorialhoheit für alle Staaten ergebende Verpflichtung, sich als souveränes Subjekt des internationalen Rechts aus den Angelegenheiten anderer Staaten herauszuhalten und sich nicht in diese einzumischen, nicht beachtet. Aus diesem Grund greift Ungarn durch die Errichtung der “Urkundenbüros“ sowie der ausländischen gemeinnützigen Organisationen im Rahmen der Umsetzung des Statusgesetzes in die innere Souveränität all dieser Länder ein.

Wie bereits dargestellt, ist die innere Souveränität sehr eng mit der äußeren Souveränität verbunden. Die eine kann nicht ohne die andere existieren und umgekehrt.[306] Deshalb hat der Verstoß gegen die innere Souveränität auch einen Verstoß gegen die äußere Souveränität zur Folge. Die Tatsache, dass die betroffenen Nachbarstaaten durch die Umsetzung des ungarischen Statusgesetzes bei der Ausübung ihres eigenen innerstaatlichen Minderheitenschutzes nicht frei sind, drückt implizit auch aus, dass diese Länder nicht von anderen Staaten unabhängig sind. Gerade die Unabhängigkeit von anderen Staaten ist aber eines der wesentlichen Merkmale der äußeren Souveränität eines Landes.[307] Eine Einschränkung dieser Unabhängigkeit ließe sich höchstens dadurch rechtfertigen, dass es sich bei den zu regelnden Bereichen um Sachverhalte handelt, bei denen ein transnationaler Bezug erforderlich ist (wie z.B. Tätigkeiten wirtschaftlicher Natur) und die daher auch gebilligt werden können. Aber auch in diesen Fällen darf der Kernbestand der Souveränität nicht verletzt werden.[308] Die durch das ungarische Statusgesetz geregelten Bereiche stellen keine derartigen Sachverhalte dar, so dass der Verstoß gegen die äußere Souveränität der betroffenen Staaten auch nicht auf diese Weise gebilligt werden könnte. Die von ungarischer Seite gegen diese Vorwürfe vorgebrachten Gegenargumente weisen darauf hin, dass Ungarn grundsätzlich die Souveränität der Nachbarstaaten anerkennt, indem es hervorhebt, dass der Schutz nationaler Minderheiten primär den

---

305) S.o. Kapitel II, C., S. 41.
306) S.o. Kapitel III, B., I., S. 87.
307) S.o. Kapitel III, B., I., S. 87.
308) S.o. Kapitel III, B., I., 1., a., (1), S. 91.

Aufenthaltsstaaten und der internationalen Gemeinschaft zukommt, so wie es auch in § 56 des ungarischen Gesetzes LXXVII von 1993 zum Ausdruck kommt.[309] Die ungarische Regierung ist auch davon überzeugt, dass das Gesetz die territoriale Integrität der Nachbarstaaten respektiert, da es keine Erwägungen einer Grenzveränderung oder einer doppelten Staatsangehörigkeit beinhaltet.[310] Richtig ist, dass Ungarn sich trotz Erlass des Statusgesetzes strikt gegen eine Einbürgerung bzw. eine doppelte Staatsangehörigkeit der Personen, die sich zur ungarischen Nationalität bekennen, ausgesprochen hat.[311] Vielmehr betrachtet die Regierung die Existenz eines solchen Gesetzes und die angebotenen Möglichkeiten als Ermutigung an diese Personen, die Emigration zu unterlassen.[312] Ob Ungarn sich allerdings indirekt – auf lange Sicht gesehen – eine Hinwendung der mit Personen ungarischer Nationalität bevölkerten Gebiete zu Ungarn aufgrund der durch das Statusgesetz gewährten Privilegien erhofft, mag dahingestellt sein, da es nie direkt oder öffentlich eine Grenzveränderung in Betracht gezogen hat. Insoweit kann man den Argumenten Ungarns zustimmen, da die territoriale Integrität der Nachbarstaaten und damit auch ihre Souveränität in Bezug auf die Aspekte der Grenzveränderung und der doppelten Staatsangehörigkeit nicht berührt werden. Allerdings ist das Prinzip der territorialen Staatensouveränität, unter das auch der Grundsatz der souveränen Gleichheit fällt, nicht erst dann verletzt, wenn ein souveräner Staat beabsichtigt, die Grenzen zu einem anderen souveränen Staat zu verändern oder dessen Bürgern eine doppelte Staatsangehörigkeit zu verleihen. Wie sich auch aus der 'Friendly Relations Declaration' ergibt, wird von dem Prinzip der territorialen Souveränität der Staaten nämlich weitaus mehr umfasst. Eine Grenzveränderung oder auch eine doppelte Staatsangehörigkeit der Bürger eines Staates würde einen der schwerstmöglichen Eingriffe in dieses Prinzip bedeuten. Folglich ist demnach festzuhalten, dass Ungarn durch die Umsetzung des ungarischen Statusgesetzes zwar nicht in Bezug auf eine Grenzveränderung oder eine doppelte Staatsangehörigkeit der betroffenen Personen gegen die äußere Souveränität der Nachbarstaaten verstößt. Ein Verstoß ist aber in Bezug auf die anderen aufgeführten Aspekte der äußeren Souveränität der Staaten mit den dargelegten Begründungen zu bejahen.

In Bezug auf den ersten Teilaspekt des Grundsatzes der souveränen Gleichheit, nämlich in Bezug auf die Souveränität, lässt sich daher feststellen, dass die sich aus der Territorialhoheit ergebenden Verpflichtungen, sich als souveränes Subjekt des internationalen Rechts aus den Angelegenheiten anderer Staaten herauszuhalten und sich nicht in diese einzumischen, von dem souveränen Staat Ungarn durch die Umsetzung des Statusgesetzes nicht erfüllt werden. Die zur Umsetzung des ungarischen Statusgesetzes erforderlichen Maßnahmen verletzen folglich sowohl die innere als auch die äußere Souveränität der betroffenen Nachbarstaaten.

Trotz der von Ungarn vorgebrachten Argumente ist in Bezug auf den Aspekt der Gleichheit nicht zu erkennen, dass die Rechtspersönlichkeit der an den Staat Ungarn angrenzenden Staaten von diesem geachtet und akzeptiert wird. Die mit diesem Aspekt verbundene Erwartung, dass die einzelnen Staaten sich in ihren gegenseitigen Beziehungen als gleichberechtigt ansehen und auch dementsprechend handeln, wird von Ungarn nicht befolgt. Denn gerade durch die Umsetzung des ungarischen Statusgesetzes mit ihren bereits beschriebenen Auswirkungen sowohl in Ungarn als auch in den Nachbarstaaten macht Ungarn deutlich, dass Ungarn es

---

309) Bzgl. des § 56 des ungarischen Gesetzes LXXVII von 1993: s.o. Fn. 46.

310) S.o. Kapitel II, C., S. 39.

311) Vgl. **H. Küpper**, (s. Fn. 37), S. 419.

312) Vgl. **Z. Kántor**, "Nationalizing Minorities and Homeland politics", Paper prepared for the conference: "Voice or Exit: Comparative Perspectives on Ethnic Minorities in 20th Century Europe", Humboldt-Universität Berlin, June 14-16, 2001, S. 12.

nicht für möglich hält, dass diese Staaten es schaffen, mit ihrem innerstaatlichen Minderheitenschutz einen angemessenen Schutz auch für die ungarischen Minderheiten zu gewährleisten.
Auch wenn von dem Grundsatz der souveränen Gleichheit der Aspekt der Gleichheit durch das ungarische Statusgesetz weniger tangiert wird als der Aspekt der Souveränität, so kann man dennoch einen Verstoß auch gegen die Gleichheit der Staaten durch das ungarische Statusgesetz bejahen.

Da der Grundsatz der souveränen Gleichheit, der sich zwar begrifflich und zu Definitionszwecken in die Aspekte der Souveränität und der Gleichheit unterteilen lässt, dennoch als ein Grundsatz anzusehen ist, liegt ein Verstoß gegen diesen Grundsatz nicht erst dann vor, wenn gegen beide Aspekte einzeln verstoßen wird. Für einen Verstoß gegen den Grundsatz als Ganzen genügt bereits ein Verstoß gegen einen der beiden Aspekte. Aus diesem Grund wäre der Verstoß gegen die Souveränität für einen Verstoß gegen den Grundsatz als Ganzen bereits ausreichend. Der Verstoß gegen die Gleichheit, der im Vergleich zu dem Verstoß gegen die Souveränität geringer ausfällt, wirkt sich daher nicht negativ auf das Gesamtergebnis aus, sondern kommt vielmehr noch unterstützend dazu.

Aufgrund all der soeben dargelegten Gründe ist die Umsetzung des ungarischen Statusgesetzes mit dem in Art. 2 I der UN-Charta niedergelegten Grundsatz der souveränen Gleichheit nicht vereinbar.

(3) Zusammenfassung

Zusammenfassend kommt man somit in Bezug auf die Prüfung der Vereinbarkeit des ungarischen Statusgesetzes mit dem in Art. 2 I der UN-Charta niedergelegten Grundsatz der souveränen Gleichheit (und demnach mit dem Prinzip der territorialen Staatensouveränität) zu dem Ergebnis, dass die Umsetzung des Statusgesetzes mit diesem nicht in Einklang zu bringen ist. Für den Erlass des Statusgesetzes gilt dieses allerdings nicht, sofern man ihn losgelöst von dessen Umsetzung betrachtet.
Da aber die Umsetzung des Statusgesetzes nie ohne den vorhergehenden Erlass desselben erfolgt wäre, ist eine derartig separate Betrachtung des Erlasses und der Umsetzung nicht realitätsgetreu. Diese Annahme wird auch noch dadurch bestärkt, dass der Erlass eines Gesetzes ohne seine darauffolgende Umsetzung keinen Sinn hätte. Aus diesem Grund ist es zur Verdeutlichung des Zusammengehörens der beiden naheliegender zu sagen, dass die "auf dem Erlass des ungarischen Statusgesetzes beruhende Umsetzung desselben" mit dem in Art. 2 I der UN-Charta niedergelegten Grundsatz der souveränen Gleichheit nicht vereinbar ist.

b. Art. 8 IV der UN-Minderheitendeklaration

Im Gegensatz zu der soeben untersuchten Bestimmung der UN-Charta, die eine rechtlich verbindliche Norm darstellt, handelt es sich bei der UN-Minderheitendeklaration – wie bereits erörtert – um eine Resolution der UN-Generalversammlung, die einen rechtlich nicht verbindlichen Charakter hat.[313] Mit Art. 8 der UN-Minderheitendeklaration von 1992 wird der generelle Versuch unternommen, einige Elemente der Beziehung der Artikel dieser Deklaration zu

[313]) S.o. Kapitel III, A., I., 3., d., S. 57.

den anderen Prinzipien des internationalen Rechts zu definieren.[314] Aus diesem Grund wird in Art. 8 IV der Deklaration betont, dass der Inhalt der Deklaration nicht so verstanden werden dürfe, als ob Tätigkeiten erlaubt seien, die sich gegen die Ziele und Grundsätze der Vereinten Nationen richten, wozu ausdrücklich die souveräne Gleichheit, die territoriale Integrität der Staaten und die Unabhängigkeit der Staaten gezählt werden.[315]

Um beurteilen zu können, ob das ungarische Statusgesetz in Einklang mit Art. 8 IV der UN-Minderheitendeklaration steht, ist es erforderlich, dass es unter einen der Art. 1 – 7 dieser Deklaration zu fassen ist. Daher sind zunächst die weiteren Vorschriften zu betrachten.
Grundsätzlich enthält die Deklaration in ihren neun Artikeln Bestimmungen bezüglich der Rechte der Personen, die zu Minderheiten gehören, sowie bezüglich der von Staaten (nicht) zu ergreifenden Maßnahmen. Wie aus den Artikeln 1 I und 4 der Deklaration hervorgeht, handelt es sich bei den von den Staaten zu ergreifenden Maßnahmen zum Schutz von Angehörigen von Minderheiten um solche Maßnahmen, die die Staaten auf ihrem eigenen Territorium ergreifen sollen.[316] In den Art. 5 II, 6 und 7 der Deklaration werden die Staaten zu gegenseitiger Kooperation zum Schutz der Angehörigen von Minderheiten aufgefordert. Diese Zusammenarbeit soll auch dazu beitragen, das Verständnis und das Vertrauen der Staaten untereinander zu fördern.[317]
Wie bereits dargestellt, beschränkt sich die Umsetzung des ungarischen Statusgesetzes nicht allein auf das ungarische Staatsgebiet.[318] Dies hat zur Folge, dass es nicht von den Art. 1 I und 4 der Deklaration erfasst wird, so dass auch Art. 8 IV der Deklaration in Bezug auf diese Artikel nicht zur Anwendung kommt.

---

314) **P. Thornberry**, (s. Fn. 154), S. 50.

315) Art. 8 IV der UN-Minderheitendeklaration lautet: "Nothing in this Declaration may be construed as permitting any activity contrary to the purposes and principles of the United Nations, including sovereign equality, territorial integrity and political independence of States."

316) Art. 1 I der UN-Minderheitendeklaration lautet: "States shall protect the existence and the national or ethnic, cultural, religious and linguistic identity of minorities within their respective territories, and shall encourage conditions for the promotion of that identity."
Art. 4 der UN-Minderheitendeklaration lautet: "1. States shall take measures where required to ensure that persons belonging to minorities may exercise fully and effectively all their human rights and fundamental freedoms without any discrimination and in full equality before the law.
2. States shall take measures to create favourable conditions to enable persons belonging to minorities to express their characteristics and to develop their culture, language, religion, traditions and customs, except where specific practices are in violation of national law and contrary to international standards.
3. States should take appropriate measures so that, wherever possible, persons belonging to minorities have adequate opportunities to learn their mother tongue or to have instruction in their mother tongue.
4. States should, where appropriate, take measures in the field of education, in order to encourage knowledge of the history, traditions, language and culture of the minorities existing within their territory. Persons belonging to minorities should have adequate opportunities to gain knowledge of the society as a whole.
5. States should consider appropriate measures so that persons belonging to minorities may participate fully in the economic progress and development in their country."

317) Art. 5 II der UN-Minderheitendeklaration lautet: "Programmes of cooperation and assistance among States should be planned and implemented with due regard for the legitimate interests of persons belonging to minorities."
Art. 6 der UN-Minderheitendeklaration lautet: "States should cooperate on questions relating to persons belonging to minorities, including exchange of information and experiences, in order to promote mutual understanding and confidence."
Art. 7 der UN-Minderheitendeklaration lautet: "States should cooperate in order to promote respect for the rights set forth in this Declaration."

318) S.o. Kapitel II, B., S. 36.

Für den Fall, dass das ungarische Statusgesetz unter einen der drei die gegenseitige Kooperation der Staaten betreffenden Artikel der Deklaration (Art. 5 II, Art. 6 oder Art. 7) fiele, wäre Art. 8 IV der Deklaration einschlägig. Dies würde bedeuten, dass das ungarische Statusgesetz trotz der Tatsache, dass es unter einen der Artikel der Deklaration fällt, auch noch den Anforderungen des Art. 8 IV der Deklaration genügen müsste, d.h., die durch das Gesetz erlaubten Tätigkeiten müssten mit den Zielen und Grundsätzen der Vereinten Nationen vereinbar sein, wozu neben der souveränen Gleichheit ausdrücklich auch die territoriale Integrität und die politische Unabhängigkeit der Staaten gezählt wird. Die Diskussion der Frage, ob das ungarische Statusgesetz letztendlich unter einen der eben aufgezählten Artikel der Deklaration fällt oder nicht, kann zunächst dahingestellt bleiben, da hier die Vereinbarkeit des Prinzips der territorialen Staatensouveränität mit dem universellen Völkerrecht, und da insbesondere mit Art. 8 IV der UN-Minderheitendeklaration, überprüft werden soll. Nur bei einer bewiesenen Vereinbarkeit des ungarischen Statusgesetzes mit Art. 8 IV der Deklaration müsste geklärt werden, ob überhaupt und wenn ja unter welchen der drei genannten Artikel das Gesetz fällt. Für den Fall, dass das Gesetz unter keinen der drei Artikel subsumiert werden könnte, würde die gesamte UN-Minderheitendeklaration auf das ungarische Statusgesetz – trotz seiner Vereinbarkeit mit Art. 8 IV der Deklaration – nicht anwendbar sein. Ist das Gesetz allerdings mit Art. 8 IV der Deklaration unvereinbar, ist eine langwierige Erörterung der Frage, unter welchen der drei Artikel das Gesetz möglicherweise zu subsumieren ist, überflüssig.

Dass das ungarische Statusgesetz mit dem Grundsatz der souveränen Gleichheit aus Art. 2 I der UN-Charta unvereinbar ist, ist bereits erörtert worden.[319] Mit den dort aufgeführten Begründungen ist auch in Bezug auf Art. 8 IV der UN-Minderheitendeklaration ein Verstoß gegen den Grundsatz der souveränen Gleichheit, der zu den Grundsätzen der Vereinten Nationen gehört, gegeben. In den Ausführungen der 'Friendly Relations Declaration' zur souveränen Gleichheit wird zudem festgestellt, dass zu ihren Bestandteilen auch die Aspekte der territorialen Unversehrtheit und die politische Unabhängigkeit der Staaten gehören. Wie bereits beschrieben, stellen sowohl das strikte Territorialitätsprinzip als auch die politische Unabhängigkeit der Staaten Teilaspekte der äußeren Souveränität dar.[320] Insofern sind die beiden Begriffe zwar als eigenständige Termini in der UN-Minderheitendeklaration aufgeführt, letztlich kann man sie aber als Teilaspekte des Grundsatzes der souveränen Gleichheit ansehen. Da ein Verstoß des ungarischen Statusgesetzes gegen den Grundsatz der souveränen Gleichheit bereits bejaht wurde, liegt demnach also auch ein Verstoß gegen die Aspekte der territorialen Integrität und der politischen Unabhängigkeit der Staaten vor.

Das ungarische Statusgesetz ist somit aufgrund des Verstoßes gegen den Grundsatz der souveränen Gleichheit (und den davon mitumfassten Begriffen der territorialen Integrität und der politischen Unabhängigkeit der Staaten) nicht mit Art. 8 IV der UN-Minderheitendeklaration vereinbar. Ein weitere Zuordnung des Gesetzes unter einen der drei möglichen Artikel (Art. 5 II, Art. 6 oder Art. 7) der Deklaration ist daher überflüssig.

c. Wiener Konsularrechtskonvention

Das Wiener Übereinkommen über konsularische Beziehungen (Wiener Konsularrechtskonvention (WKRK)) vom 24. April 1963, das am 19. März 1967 in Kraft getreten ist – in

[319]) S.o. Kapitel III, B., I., 1., a., (3), S. 100.
[320]) S.o. Kapitel III, B., I., 1., (a.), S. 87.

Deutschland erst am 7. Oktober 1971 –, regelt die konsularischen Beziehungen der Staaten untereinander und stellt mittlerweile kodifiziertes Gewohnheitsrecht dar.[321]

Gemäß Art. 3 der WKRK werden die konsularischen Aufgaben von den konsularischen Vertretungen wahrgenommen. Die konsularischen Aufgaben bestehen nach Art. 5 der WKRK hauptsächlich im Schutz der Angehörigen des Entsendestaates und in der Aufrechterhaltung wirtschaftlicher und kultureller Beziehungen.

Ob es sich bei den aufgrund des ungarischen Statusgesetzes auf dem Gebiet der Aufenthaltsstaaten durchgeführten Aktivitäten um konsularische Aufgaben handelt, mag dahingestellt bleiben. Selbst wenn dies der Fall wäre, könnten sie nicht einfach durch den Ursprungsstaat vorgenommen werden, sondern sie müssten vielmehr durch die gemäß Art. 3 der WKRK zuständigen Konsulate umgesetzt werden. Zudem beruft sich die Wiener Konsularrechtskonvention in ihrer Präambel auf die in der Charta der Vereinten Nationen verkündeten Ziele und Grundsätze in Bezug auf die souveräne Gleichheit der Staaten, die Wahrung des Weltfriedens und der internationalen Sicherheit sowie auf die Förderung freundschaftlicher Beziehungen zwischen den Nationen. Der bereits begründete Verstoß des ungarischen Statusgesetzes gegen den Grundsatz der souveränen Gleichheit[322] würde folglich der Anwendbarkeit der Wiener Konsularrechtskonvention auf das ungarische Statusgesetz entgegenstehen. Sollten die von Ungarn auf den Territorien der Nachbarstaaten vorgenommenen Tätigkeiten allerdings keine konsularischen Aufgaben darstellen, dann würde das ungarische Statusgesetz gar nicht in den Anwendungsbereich der Wiener Konsularrechtskonvention fallen. Dies hätte zur Folge, dass das Handeln der ungarischen Exekutive möglicherweise auch nicht durch die Wiener Konsularrechtskonvention legitimiert werden könnte.

Es lässt sich demnach feststellen, dass die Wiener Konsularrechtskonvention für eine Rechtfertigung des ungarischen Statusgesetzes in Bezug auf die Vereinbarkeit mit dem Prinzip der territorialen Staatensouveränität entweder überhaupt nicht einschlägig ist oder dass – für den Fall, dass sie zum Tragen kommt – durch die ungarischen Tätigkeiten nicht auf die durch sie vorgeschriebene Weise gehandelt wurde und somit gegen sie verstoßen wurde.

d. Zwischenergebnis

Die Vorschriften des universellen Völkerrechts in Bezug auf das Prinzip der territorialen Souveränität der Staaten (Art. 2 I der UN-Charta, Art. 8 IV der Minderheitendeklaration der UN sowie die Artikel der Wiener Konsularrechtskonvention), die soeben daraufhin untersucht wurden, ob das ungarische Statusgesetz mit ihnen in Einklang zu bringen ist, lassen alle nur einen Schluss zu: Das Prinzip der territorialen Staatensouveränität, dem der Grundsatz der souveränen Gleichheit unterzuordnen ist, beinhaltet, dass Staaten grundsätzlich nicht verpflichtet sind, die Umsetzung eines Gesetzes, das durch eine andere Autorität erlassen wurde, auf ihrem Territorium zu dulden. Dies bedeutet, dass das ungarische Statusgesetz gegen die souveräne Gleichheit und damit auch gegen die territoriale Staatensouveränität all der Länder, in denen es zur Anwendung kommt, verstößt. Es lässt sich folglich keine Vorschrift aus dem

---

321) **K. Herndl**, "Die Wiener Konsularische Konferenz 1963", in: H.-J. Schlochauer (Hrsg.), "Archiv des Völkerrechts", 11. Band, 1963/1964, S. 417 – 458 (420, 429); **K. Hailbronner**, (s. Fn. 70), 3. Abschnitt, I., 2., c), Rn. 69 ff, S. 188 f.

322) S.o. Kapitel III, B., I., 1., a., (3), S. 100.

universellen Völkerrecht finden, die die von dem ungarische Statusgesetz angeordneten Handlungen auf dem Gebiet der betroffenen Nachbarstaaten legitimieren könnte.

Zusammenfassend kann man aus all dem folgern, dass der Erlass und die darauf beruhende Umsetzung des ungarischen Statusgesetzes gegen das Prinzip der territorialen Staatensouveränität verstoßen und dass dieser Verstoß durch keine Vorschrift des universellen Völkerrechts gerechtfertigt werden kann. In Bezug auf die hier unter dem Gesichtspunkt des Prinzips der territorialen Staatensouveränität untersuchten Vorschriften des universellen Völkerrechts und deren Vereinbarkeit mit dem ungarischen Statusgesetz kann man der Kritik der Venedig-Kommission daher nur zustimmen.

2. Regionales Völkerrecht

In Bezug auf das regionale Völkerrecht ist für die Prüfung der Vereinbarkeit des ungarischen Statusgesetzes mit dem Prinzip der territorialen Staatensouveränität zwischen den relevanten Bestimmungen des Europarates und denen der OSZE / KSZE zu unterscheiden.

a. Europarat

Von den Bestimmungen der durch den Europarat erlassenen Konventionen sind Art. 21 des Rahmenübereinkommens und Art. 5 der Europäischen Charta der Regional- und Minderheitensprachen von Bedeutung.

(1) Art. 21 des Rahmenübereinkommens zum Schutz nationaler Minderheiten

Art. 21 des Rahmenübereinkommens zum Schutz nationaler Minderheiten sagt aus, dass die Bestimmungen des Rahmenübereinkommens nicht so auszulegen sind, als gewährten sie das Recht, irgendeine Tätigkeit auszuüben oder irgendeine Handlung vorzunehmen, die den wesentlichen Grundsätzen des Völkerrechts, insbesondere der souveränen Gleichheit, der territorialen Unversehrtheit und der politischen Unabhängigkeit der Staaten, zuwiderläuft. Durch diese Bestimmung wird die Wichtigkeit der fundamentalen Prinzipien des internationalen Rechts hervorgehoben, und sie macht noch einmal deutlich, dass der Schutz der Angehörigen nationaler Minderheiten mit diesen Prinzipien im Einklang stehen muss.[323] Artikel 21 des Rahmenübereinkommens spiegelt mit seiner Aussage den vorletzten Absatz der Präambel des Rahmenübereinkommens wieder, der das Hauptziel des Übereinkommens zum Ausdruck bringt: Der effektive Schutz der nationalen Minderheiten und die Rechte der Personen, die diesen Minderheiten angehören, soll sichergestellt werden. Darüber hinaus wird in diesem Absatz klargestellt, dass diese Sicherstellung des effektiven Schutzes der Minderheiten unter Achtung der Rechtsstaatlichkeit, der territorialen Unversehrtheit und der nationalen Souveränität der Staaten zu geschehen habe.

Dass der Schutz der nationalen ungarischen Minderheiten in den Nachbarländern Ungarns, der durch das ungarische Statusgesetz gewährleistet werden soll, nicht mit dem völkerrechtli-

---

[323]) **Explanatory Report on the Framework Convention for the Protection of National Minorities**, (s. Fn. 192), Ziffer 90, S. 107.

chen Grundsatz der souveränen Gleichheit und den – laut der 'Friendly Relations Declaration' davon miterfassten – Aspekten der territorialen Unversehrtheit und der politischen Unabhängigkeit der Staaten vereinbar ist, ist bei der Prüfung der Vereinbarkeit des ungarischen Statusgesetzes sowohl mit Art. 2 I der UN-Charta als auch mit Art. 8 IV der UN-Minderheitendeklaration ausgiebig erörtert worden.[324] Da Art. 21 des Rahmenübereinkommens die Vereinbarkeit mit wortwörtlich genau denselben Prinzipien des Völkerrechts erfordert, kann auf die dort bereits erzielten Ergebnisse einschließlich der Begründungen verwiesen werden. Dies hat zur Folge, dass das ungarische Statusgesetz somit aufgrund des Verstoßes gegen den Grundsatz der souveränen Gleichheit (und den davon mitumfassten Begriffen der territorialen Integrität und der politischen Unabhängigkeit der Staaten) auch nicht mit Art. 21 des Rahmenübereinkommens zum Schutz nationaler Minderheiten vereinbar ist.

(2) Art. 5 der Europäischen Charta der Regional- und Minderheitensprachen

In Art. 5 der Europäischen Charta der Regional- oder Minderheitensprachen wird klargestellt, dass diese Charta nicht so auszulegen ist, als gewähre sie das Recht, eine Tätigkeit auszuüben oder eine Handlung vorzunehmen, die gegen die Ziele der Charta der Vereinten Nationen oder sonstige völkerrechtliche Verpflichtungen einschließlich des Grundsatzes der Souveränität und territorialen Unversehrtheit der Staaten verstößt. Auf der einen Seite lässt sich dazu sagen, dass bereits der Verstoß gegen den Grundsatz der souveränen Gleichheit, der die territoriale Unversehrtheit der Staaten umfasst, bejaht worden ist[325] und dass dieser Verstoß demnach auch in diesem Fall anzunehmen ist, so dass eine Vereinbarkeit des ungarischen Statusgesetzes mit Art. 5 der Europäischen Charta der Regional- oder Minderheitensprachen nicht gegeben ist. Auf der anderen Seite muss in Bezug auf die Europäischen Charta der Regional- oder Minderheitensprachen zusätzlich bedacht werden, dass diese nur sprachenrechtliche Regelungen trifft. Zwar wird der Schutz der ungarischen Muttersprache bzw. die Unterstützung aller die ungarische Sprache fördernden oder wahrenden Tätigkeiten an mehreren Stellen des ungarischen Statusgesetzes hervorgehoben (Art. 13, 14 (1) – (3), 17 (1) c), 18 (2) b) des ungarischen Statusgesetzes), doch stellt dieser Schutz bzw. diese Unterstützung der ungarischen Sprache nur einen relativ kleinen Punkt dar, der durch das Gesetz geregelt werden soll. Da das Gesetz als Ganzes einen weit über bloß sprachenrechtliche Regelungen hinausgehenden Anwendungsbereich hat, kann es daher, selbst wenn kein Verstoß des Gesetzes gegen den Grundsatz der souveränen Gleichheit vorläge, nicht durch die rein sprachenrechtliche Bestimmungen enthaltende Europäische Charta der Regional- oder Minderheitensprachen gerechtfertigt werden.

(3) Zusammenfassung

Zusammenfassend lässt sich somit feststellen, dass das ungarische Statusgesetz nicht mit den Regelungen des Europarates in Bezug auf das Prinzip der territorialen Staatensouveränität (weder mit Art. 21 des Rahmenübereinkommens zum Schutz nationaler Minderheiten noch mit Art. 5 der Europäischen Charta der Regional- und Minderheitensprachen) in Einklang zu bringen ist.

---

[324]) Bzgl. des Art. 2 I der UN-Charta: s.o. Kapitel III, B., I., 1., a., (3), S. 100 ff.
Bzgl. des Art. 8 IV der UN-Minderheitendeklaration: s.o. Kapitel III, B., I., 1., b., S. 102 ff.

[325]) S.o. Kapitel III, B., I., 1., a., (3), S. 100.

b. OSZE / KSZE

Von den von der OSZE / KSZE erarbeiteten Dokumenten beziehen sich der Punkt 37 des Kopenhagener Abschlussdokuments über die menschliche Dimension der KSZE und die Errungenschaften des Hohen Kommissars für nationale Minderheiten auf diesem Gebiet auf das Prinzip der territorialen Souveränität der Staaten.

(1) Punkt 37 des Kopenhagener Abschlussdokuments über die menschliche Dimension der KSZE

In Punkt 37 des Kopenhagener Abschlussdokuments über die menschliche Dimension der KSZE wird zum Ausdruck gebracht, dass keine der Verpflichtungen dieses Dokuments so ausgelegt werden darf, dass sie das Recht begründet, eine Tätigkeit auszuüben oder eine Handlung zu begehen, die in Widerspruch zu den Zielen und Prinzipien der Charta der Vereinten Nationen, anderen völkerrechtlichen Verpflichtungen oder den Bestimmungen der Schlussakte einschließlich des Prinzips der territorialen Integrität der Staaten steht.
Die Vorschrift unterstreicht den Vorrang der dort genannten internationalen Bestimmungen gegenüber denjenigen der KSZE, indem sie ausdrücklich hervorhebt, dass keine Handlung vorgenommen werden darf, die gegen das in der KSZE-Schlussakte enthaltene Prinzip der territorialen Integrität der Staaten verstößt. Damit wird nicht zuletzt die Sorge zahlreicher Staaten erkennbar, dass mit der Anerkennung von speziellen Minderheitenschutzbestimmungen, insbesondere in der Form von kollektiven Rechten, Sezessionsbestrebungen gefördert werden könnten.[326] Fast allgegenwärtig ist die Befürchtung der Staaten, Autonomie sei der erste Schritt zur Sezession.[327] Mit dem Thema der Autonomie ist tatsächlich das Spannungsverhältnis zwischen den fundamentalen Völkerrechtsprinzipien des Selbstbestimmungsrechts und der territorialen Unversehrtheit der Staaten angesprochen. Die KSZE-Schlussakte von Helsinki aus dem Jahre 1975 versuchte durch den dem Selbstbestimmungsrecht angefügten Zusatz "unter Wahrung der territorialen Integrität der Staaten" eine Regelung für dieses Problem zu finden.[328] Die territoriale Integrität bildet auch nach Punkt 37 des Kopenhagener Abschlussdokuments die Grenze des den nationalen Minderheiten zugestandenen Handlungsspielraums.[329]

In Bezug auf die Prüfung der Vereinbarkeit des ungarischen Statusgesetzes mit dem Punkt 37 des Kopenhagener Abschlussdokuments lässt sich zunächst feststellen, dass in Punkt 37 des Abschlussdokuments das Verbot des Widerspruchs zu den Zielen und Prinzipien der Charta der Vereinten Nationen erwähnt wird. Zu diesen Prinzipien gehört u.a. auch der Grundsatz der

---

326) **C. Riepe**, "Der Minderheitenschutzstandard in der KSZE/OSZE", 1997, II. Kapitel, 3., S. 103 f.

327) **Ch. Pan**, "Die Autonomierechte der Volksgruppen in Europa – Aufgabe und Inhalt europarechtlicher Regelungen", in: D. Blumenwitz / G. Gornig (Hrsg.), "Rechtliche und politische Perspektiven deutscher Minderheiten und Volksgruppen", 1995, S. 49 – 61 (53); **R. Zaagmann / A. Bloed**, (s. Fn. 221), S. 235.

328) Das Prinzip VIII der Helsinki-Schlußakte lautet: "Die Teilnehmerstaaten werden die Gleichberechtigung der Völker und ihr Selbstbestimmungsrecht achten, indem sie jederzeit in Übereinstimmung mit den Zielen und Grundsätzen der Charta der Vereinten Nationen und den einschlägigen Normen des Völkerrechts handeln, einschließlich jener, die sich auf die territoriale Integrität der Staaten beziehen." (Abgedruckt in: "20 Jahre KSZE, 1973 – 1993"; Eine Dokumentation des Auswärtigen Amtes, 1993, S. 24).

329) **K. Hailbronner**, "Der völkerrechtliche Schutz der Minderheiten", in: J. Delbrück / D. Rauschning / W. Rudolf / Th. Schweisfurth (Hrsg.), "Neuntes Deutsch-Polnisches Juristen-Kolloquium: der internationale und nationale Schutz der Menschenrechte", Band 9, 1992, S. 47 – 66 (60).

souveränen Gleichheit aus Art. 2 I der UN-Charta. Insofern wirkt sich der erörterte und bewiesene Verstoß gegen diesen Grundsatz[330] auch auf die Vereinbarkeit des Statusgesetzes mit dem Kopenhagener Abschlussdokument in der Form aus, dass eine solche nicht zu bejahen ist. Das in Punkt 37 des Abschlussdokuments extra hervorgehobene Prinzip der territorialen Integrität wird – wie bereits dargelegt – durch den Grundsatz der souveränen Gleichheit mitumfasst.[331] Bei einem Verstoß gegen diesen Grundsatz hat dies daher auch einen Verstoß gegen dieses Prinzip zur Folge. Das ungarische Statusgesetz ist somit nicht mit dem Punkt 37 des Kopenhagener Abschlussdokuments vereinbar.

(2) OSZE-Hochkommissar für nationale Minderheiten

Der damalige OSZE-Hochkommissar Max van der Stoel stellte fest, dass auf der einen Seite das Interesse eines Ursprungsstaates für "seine" Minderheiten in anderen Ländern logisch und verständlich ist. Auf der anderen Seite ist der Ursprungsstaat aber verpflichtet, darauf zu achten, dass sich seine Besorgnis für "seine" Minderheiten nicht zu einer Einmischung in die Angelegenheiten der anderen Staaten entwickelt. Zwischen diesen beiden Aspekten besteht nur eine ganz feine Trennlinie, die nicht genau zu definieren ist.[332]

In diesem Sinne äußerte sich auch der derzeitige OSZE-Hochkommissar Rolf Ekeus in einer Pressemitteilung zu dem Thema "Souveränität, Verantwortlichkeit und nationale Minderheiten". Darin stellt dieser klar, dass sich seit dem Zweiten Weltkrieg ein gesetzliches System entwickelt hat, das auf dem Prinzip beruht, dass der Schutz der Menschenrechte und der Grundfreiheiten, einschließlich der Rechte der Angehörigen von nationalen Minderheiten, in den Verantwortungsbereich des Staates fällt, in dessen Jurisdiktion sich die betroffenen Personen befinden. Dieses Prinzip stellt nicht nur einen Meilenstein des internationalen Rechts dar und ist ein Erfordernis des Friedens, sondern es ist – besonders in multi-ethnischen Staaten – notwendig für eine gute Regierung. Da nationale Grenzen selten mit den jeweiligen Staatsgrenzen übereinstimmen, existieren wenig reine "Nationalstaaten". Nationale Gruppen sind vielmehr häufig durch Staatsgrenzen getrennt. Das grundlegende Prinzip des internationalen Rechts, dass nämlich ein Staat nur innerhalb seiner Gerichtsbarkeit, die sich über sein Staatsgebiet und sein Staatsvolk erstreckt, handeln darf, ermächtigt diesen Staat auch dann nicht zu Handlungen auf dem Gebiet eines anderen Staates, wenn in diesem anderen Staat Angehörige seiner Nation leben und seine Handlungen diese Personen betreffen.
Der Schutz von Minderheitenrechten ist somit die Pflicht des Staates, in dem die jeweilige Minderheit ansässig ist. Die geschichtliche Entwicklung hat gezeigt, dass einseitige Maßnahmen von Staaten, die auf der Basis einer nationalen Verbundenheit von den Staaten zum Schutz "ihrer" nationalen Minderheiten, die außerhalb ihres eigenen Staatsgebietes leben, unternommen werden, manchmal zu Spannungen und Reibungen, sogar zu gewalttätigen Konflikten führen können.
Aus diesem Grund sieht es Rolf Ekeus auch als seine Pflicht im Rahmen seines Amtes als OSZE-Hochkommissars an, ein besonderes Augenmerk auf solche Situationen zu legen, in

---

[330]) S.o. Kapitel III, B., I., 1., a., (3), S. 100.
[331]) S.o. Kapitel III, B., I., 1., a., (1), S. 90.
[332]) **M. van der Stoel**, "Rede vom 13. Mai 1994", S. 2 f. (zu finden auf der **Website der OSZE**: "13may94: Speech by Max van der Stoel (unidentified occassion)" (aufzurufen unter: http://www.osce.org/hcnm/documents/speeches/1994/13may94.html, besucht am 04.03.2004).

denen ähnliche Schritte von Seiten eines Ursprungsstaates ohne vorhergehende Absprachen mit dem betroffenen Aufenthaltsstaat unternommen werden.[333]

Diese grundlegende Einstellung der beiden OSZE-Hochkommissare in Bezug auf den Schutz nationaler Minderheiten durch ihren Ursprungsstaat stimmt mit dem Inhalt des Prinzips der territorialen Staatensouveränität überein. Die Vereinbarkeit des ungarischen Statusgesetzes mit diesem Prinzip ist sowohl in Bezug auf die diesbezüglichen Regelungen des universellen Völkerrechts als auch in Bezug auf die diesbezüglichen Regelungen des Europarates bereits aufgrund der Tatsache verneint worden, dass der Schutz der nationalen ungarischen Minderheiten in den Nachbarländern Ungarns, der durch das ungarische Statusgesetz gewährleistet werden soll, nicht mit dem völkerrechtlichen Grundsatz der souveränen Gleichheit und den – laut der 'Friendly Relations Declaration' davon miterfassten – Aspekten der territorialen Unversehrtheit und der politischen Unabhängigkeit der Staaten vereinbar ist.[334] Insofern kann die Umsetzung des ungarischen Statusgesetzes auch nicht durch die Empfehlungen des OSZE-Hochkommissars für nationale Minderheiten zu dem Thema des Schutzes nationaler Minderheiten gerechtfertigt werden.

Es ist anzufügen, dass sich Rolf Ekeus als OSZE-Hochkommissar mit Ungarn und den weiteren durch das ungarische Statusgesetz betroffenen Ländern in Verbindung gesetzt hat, da er den sich möglicherweise aus diesem Gesetz ergebenden Konflikten präventiv entgegenwirken wollte.[335] In einer nach der Modifizierung des ungarischen Statusgesetzes (s.u.) veröffentlichten Pressemitteilung hebt er auf der einen Seite lobend die Bemühungen Ungarns hervor, die sich darauf richten, den Empfehlungen, das Gesetz mit dem Minimum an grundlegenden internationalen Standards in Einklang zu bringen, Folge zu leisten. Auf der anderen Seite betont der OSZE-Hochkommissar aber noch einmal, dass das Prinzip der territorialen Staatensouveränität als eines der wichtigsten Prinzipien des internationalen Rechts von allen Staaten bei ihren Handlungen zu beachten und einzuhalten ist.[336]

Diese sich aus dieser Pressemitteilung zu erkennende Einmischung des OSZE-Hochkommissars in die Umsetzung des ungarischen Statusgesetzes bestätigt die bereits getätigte Annahme, dass sich das Gesetz nicht durch die Einstellung des OSZE-Hochkommissars zu dem Thema des Schutzes der nationalen Minderheiten rechtfertigen lässt. Denn wenn dies der Fall wäre, bedürfte es einer solchen Pressemitteilung nicht, in der auf die im letzten Jahr von Seiten des OSZE-Hochkommissars abgegebenen Empfehlungen bezüglich der Umsetzung des ungarischen Statusgesetzes Bezug genommen wird.

Selbst wenn jetzt allerdings festzustellen wäre, dass das ungarische Statusgesetz nach der Umsetzung der Empfehlungen des OSZE-Hochkommissars mit diesen übereinstimmte, so ist

---

333) **Website der OSZE**: "Sovereignty, responsibility, and national minorities: statement by OSCE minorities commissioner (Press Statement, 26 October 2001)" (aufzurufen unter: http://www.osce.org/news/generate.pf.php3?news_id=209, besucht am 11.02.2003).

334) S.o. Kapitel III, B., I., 1. und 2., a., S. 89 ff und 104 ff.

335) Dies lässt sich z.B. aus dem Absatz 4 der Präambel des zwischen Ungarn und Rumänien abgeschlossenen Memorandums (s.o. Kapitel III, B., I., 1., a., (2), (a), S. 95) ableiten, in dem auf die Aktivitäten des OSZE-Hochkommissars in Bezug auf das ungarische Statusgesetz hingewiesen wird (der Absatz 4 der Präambel des zwischen Ungarn und Rumänien geschlossenen Memorandums lautet: "The Government of the Republic of Hungary and the Government of Romania, hereinafter referred to as "the Parties", ..., taking into account the Statement of the High Commissioner on National Minorities of the OSCE and, also, the position of the European Commission concerning the Law on Hungarians Living in Neighbouring Countries, who invited the States concerned to reach a bilateral understanding respectful of the current European standards.").

336) **Website der OSZE**: "High Commissioner warns of Hungarian 'Status Law' precedent (Press Statement, 24 June 2003)" (aufzurufen unter: http://www.osce.org/news/generate.pf.ph.3?news_id3372, besucht am 03.03.2004).

dennoch zu beachten, dass den Empfehlungen des OSZE-Hochkommissars kein rechtsverbindlicher Charakter zukommt.[337] Dies bedeutet, dass das ungarische Statusgesetz auch bei Vereinbarkeit mit den Empfehlungen des OSZE-Hochkommissars nicht durch diese gerechtfertigt werden könnte.

(3) Zusammenfassung

Zusammenfassend lässt sich somit feststellen, dass sich die im Rahmen der Umsetzung des ungarischen Statusgesetzes den Angehörigen der nationalen ungarischen Minderheiten in den an Ungarn angrenzenden Ländern zu gewährenden Vergünstigungen weder mit dem Punkt 37 des Kopenhagener Abschlussdokuments über die menschliche Dimension der KSZE noch mit von dem OSZE-Hochkommissar für nationale Minderheiten zu dem Thema des Schutzes nationaler Minderheiten abgegebenen Einstellungen vereinbaren lassen.
Das ungarische Statusgesetz ist demnach mit den Regelungen der OSZE /KSZE im Hinblick auf das Prinzip der territorialen Staatensouveränität nicht in Einklang zu bringen.

c. Zwischenergebnis

Auch die Vorschriften des regionalen Völkerrechts in Bezug auf das Prinzip der territorialen Souveränität der Staaten (sowohl die vom Europarat erlassenen Bestimmungen des Art. 21 des Rahmenübereinkommens und des Art. 5 der Europäischen Charta der Regional- oder Minderheitensprachen als auch der Punkt 37 des Kopenhagener Abschlussdokuments über die menschliche Dimension der KSZE und die Einstellungen des OSZE-Hochkommissars für nationale Minderheiten zu diesem Thema), die soeben daraufhin untersucht wurden, ob das ungarische Statusgesetz mit ihnen in Einklang zu bringen ist, führen also zu dem Ergebnis, dass es dem ungarischen Statusgesetz an einer Vereinbarkeit mit dem Prinzip der territorialen Staatensouveränität, dem der Grundsatz der souveränen Gleichheit unterzuordnen ist, auch auf regionaler Ebene mangelt. Es lässt sich folglich keine Vorschrift aus dem regionalen Völkerrecht finden, die die von dem ungarischen Statusgesetz angeordneten Handlungen auf dem Gebiet der betroffenen Nachbarstaaten legitimieren könnte. Da allerdings die Bestimmungen des regionalen Minderheitenschutzes aufgrund der völkerrechtskonformen Auslegung möglichst aller Verträge und des in Art. 103 der UN-Charta festgelegten Vorrangs der Bestimmungen der UN-Charta gegenüber widersprüchlichen Regelungen früherer oder späterer Verträge meistens in Einklang mit den Bestimmungen der UN-Charta formuliert werden[338], ist es auch nicht verwunderlich, dass das ungarische Statusgesetz, nachdem bereits ein Verstoß gegen das universelle Völkerrecht bejaht wurde, auch nicht mit dem regionalen Minderheitenschutz vereinbar ist.

Zusammenfassend kann man aus all dem folgern, dass der Erlass und die darauf beruhende Umsetzung des ungarischen Statusgesetzes gegen das Prinzip der territorialen Staatensouveränität verstoßen und dass dieser Verstoß auch durch keine Vorschrift des regionalen Völkerrechts gerechtfertigt werden kann. Man kann der Kritik der Venedig-Kommission daher auch in Bezug auf die hier ebenfalls unter dem Gesichtspunkt des Prinzips der territorialen Staaten-

[337]) Vgl. **F. Lange**, (s. Fn. 229), S. 127.
[338]) **I. Seidl-Hohenveldern**, "Völkerrecht", 10. Auflage, 2000, Zweiter Abschnitt, Zweites Kapitel, § 26, S. 95, Rn. 440.

souveränität untersuchten Vorschriften des regionalen Völkerrechts und deren Vereinbarkeit mit dem ungarischen Statusgesetz nur zustimmen.

3. Bilateraler Minderheitenschutz

Im Rahmen des bilateralen Minderheitenschutzes sind in Bezug auf die Prüfung der Vereinbarkeit des ungarischen Statusgesetzes mit dem Prinzip der territorialen Staatensouveränität die bereits aufgelisteten, von Ungarn mit all den an sein Staatsgebiet angrenzenden Staaten – mit Ausnahme von Österreich – geschlossenen bilateralen Verträge bzw. Konventionen bzw. Deklarationen von Bedeutung. Bei der genaueren Betrachtung dieser Regelungen kann man feststellen, dass sich sowohl die von Ungarn mit Rumänien, der Slowakei, Kroatien und der Ukraine unterzeichneten Verträge als auch die von Ungarn mit Kroatien, Slowenien und Serbien-Montenegro geschlossenen Abkommen in ihrem Aufbau und ihrem Inhalt sehr ähneln. Trotz dieser Tatsache wird aber jede Regelung einzeln untersucht.

Die in Österreich lebenden ethnischen Ungarn werden von vornherein nicht als eine der durch das ungarische Statusgesetz zu privilegierenden Gruppen angesehen. Dies wird vor allem mit der Mitgliedschaft Österreichs in der Europäischen Union begründet, durch die dieser Minderheit bereits genügend Vorteile und Unterstützungen zukommen.[339] Da auch ein entsprechender bilateraler Vertrag zwischen Ungarn und Österreich gar nicht existiert, kann ein solcher auch nicht auf seine Vereinbarkeit mit dem ungarischen Statusgesetz hin überprüft werden.

a. Vertrag zwischen Ungarn und Rumänien (einschließlich des nachträglichen Memorandums sowie des das Memorandum ersetzenden Übereinkommens)

Der zwischen Ungarn und Rumänien am 16. September 1996 unterzeichnete Vertrag über gegenseitiges Verständnis, Kooperation und gute Nachbarschaft ("Treaty between the Republic of Hungary and Romania on Understanding, Cooperation and Good Neighbourhood") nimmt in dem Absatz 5 seiner Präambel, dem Art. 1 (2), dem Art. 2 (1), dem Art. 3 (1) Satz 1 und dem Art. 4 Satz 1 Bezug auf das Prinzip der territorialen Staatensouveränität.
In Absatz 5 der Präambel des ungarisch-rumänischen Vertrags wird darauf hingewiesen, dass die beiden Vertragsparteien ihre bisher abgegebenen Erklärungen bestätigen, wonach sie sich dazu verpflichten, mit dem Ziel zu handeln, die in der Charta der Vereinten Nationen festgelegten Absichten und Prinzipien zu verwirklichen.[340]
Art. 1 (2) des ungarisch-rumänischen Vertrags besagt, dass die Vertragsparteien sowohl in ihren gegenseitigen Beziehungen als auch in ihren Beziehungen mit anderen Staaten die Prinzipien respektieren sollen, die in der Charta der Vereinten Nationen, der Helsinki-Schlussakte, der Pariser Charta für ein Neues Europa und weiteren Dokumenten der OSZE festgelegt sind, sowie andere anerkannte Prinzipien und Normen des internationalen Rechts.[341]

339) Vgl. **A. Schmidt-Schweizer**, (s. Fn. 18), S. 25, Fn. 2.

340) Der Absatz 5 der Präambel des Vertrags lautet: "The Republic of Hungary and Romania, ..., reaffirming their commitment to act in order to implement the purposes and principles contained in the Charter of the United Nations, the Helsinki Final Act, the Paris Charter for a New Europe and other documents of the Organisation on Security and Cooperation in Europe; ...."

341) Art. 1 (2) des Vertrags lautet: "The Contracting Parties shall, both in their mutual relations and in relations with other states, respect the principles enshrined in the Charter of the United Nations, the Helsinki

Nach Art. 2 (1) des ungarisch-rumänischen Vertrags sollen die Vertragsparteien in dem Sinne handeln, dass sich Europa als Ganzes zu einer friedlichen und demokratischen Staatengemeinschaft entwickelt, die auf Rechtsstaatlichkeit beruht und zum Erhalt und zur Stärkung der Sicherheit in dieser Region beiträgt, und dass sie Frieden und Sicherheit, die auf Zusammenarbeit basieren, garantieren können in Übereinstimmung mit ihren im Rahmen der Organisation für Sicherheit und Zusammenarbeit in Europa übernommenen Verpflichtungen.[342]
In Art. 3 (1) Satz 1 des ungarisch-rumänischen Vertrags bestätigen die Vertragsparteien, dass sie in ihren gegenseitigen Beziehungen Abstand nehmen von dem Gebrauch oder der Drohung des Gebrauchs von Gewalt gegen die territoriale Integrität oder die politische Unabhängigkeit der anderen Vertragspartei sowie von jeglichen Handlungen, die mit den Zielen der Vereinten Nationen und der Helsinki-Schlussakte im Widerspruch stehen.[343]
Art. 4 Satz 1 des ungarisch-rumänischen Vertrags verlangt den Vertragsparteien das Versprechen ab, dass sie im Einklang mit den Prinzipien und den Normen des internationalen Rechts und den Prinzipien der Helsinki-Schlussakte die Unverletzbarkeit ihrer gemeinsamen Grenzen und die territoriale Integrität der anderen Vertragspartei respektieren.[344]

Sowohl in dem Absatz 5 der Präambel als auch in Art. 1 (2) des ungarisch-rumänischen Vertrags findet sich ein deutlicher Hinweis darauf, dass die Vertragsstaaten gemäß den Zielen und Prinzipien der Charta der Vereinten Nationen handeln sollen bzw. dass sie diese bei ihren Handlungen respektieren sollen. Wie zuvor bereits mehrfach erwähnt, gehört zu diesen Prinzipien auch der Grundsatz der souveränen Gleichheit aus Art. 2 I der UN-Charta, der dem Prinzip der territorialen Staatensouveränität unterzuordnen ist.[345] Da ein Verstoß des ungarischen Statusgesetzes gegen diesen Grundsatz als gegeben anzusehen ist[346], ist das ungarische Statusgesetz zumindest mit dem Absatz 5 der Präambel und dem Art. 1 (2) des ungarisch-rumänischen Vertrags, die beide ein dem Grundsatz entsprechendes Handeln der Vertragsparteien erwarten, nicht vereinbar.
In Bezug auf den Art. 2 (1) des ungarisch-rumänischen Vertrags lässt sich anführen, dass bereits ein Verstoß des ungarischen Statusgesetzes gegen den Punkt 37 des Kopenhagener Abschlussdokuments über die menschliche Dimension der KSZE bejaht worden ist.[347] Durch diesen Verstoß kommt Ungarn seinen im Rahmen der KSZE / OSZE übernommenen Verpflichtungen nicht nach. Dies bedeutet, dass das ungarische Statusgesetz dem von Art. 2 (1) des ungarisch-rumänischen Vertrags geforderten Verhalten nicht nachkommt und somit mit diesem unvereinbar ist.

Final Act, the Paris Charter for a New Europe and other documents of the Organisation on Security and Cooperation in Europe, as well as other accepted principles and norms of international law."

[342]) Art. 2 (1) des Vertrags lautet: "The Contracting Parties shall act in order that Europe as a whole becomes a peaceful and democratic community of states based on the rule of law and will contribute to the safeguarding and strengthening of security of this region, and to the guaranteeing of peace and security based on cooperation, in accordance with their obligations undertaken within the framework of the Organization on Security and Cooperation in Europe."

[343]) Art. 3 (1) Satz 1 des Vertrags lautet: "The Contracting Parties confirm that they shall, in their mutual relations, refrain from the use, or the threat of use, of force against the territorial integrity or political independence of the other Contracting Party, as well as from any actions which are inconsistent with the purposes of the United Nations and the Helsinki Final Act."

[344]) Art. 4 Satz 1 des Vertrags lautet: "The Contracting Parties confirm that, in accordance with the principles and norms of international law and the principles of the Helsinki Final Act, they shall respect the inviolability of their common border and the territorial integrity of the other Party."

[345]) S.o. Kapitel III, B., I., 1., a., (1), S. 91.

[346]) S.o. Kapitel III, B., I., 1., a., (3), S. 100.

[347]) S.o. Kapitel III, B., I., 2., b., (1), S. 107.

Mit dem Erlass und der darauf beruhenden Umsetzung des Gesetzes wendet Ungarn weder Gewalt gegen die territoriale Integrität oder die politische Unabhängigkeit Rumäniens an noch droht es damit. Allerdings erfordert Art. 3 (1) Satz 1 des ungarisch-rumänischen Vertrags auch die Unterlassung von Handlungen, die mit den Zielen der Vereinten Nationen unvereinbar sind. Der Verstoß gegen den Grundsatz der souveränen Gleichheit ist ein Verstoß gegen einen der in Art. 2 der UN-Charta aufgezählten Grundsätze und nicht ein Verstoß gegen eines der in Art. 1 der UN-Charta genannten Ziele. Ein Verstoß gegen eines der Ziele der Charta der Vereinten Nationen hätte bereits bei der Prüfung der Vereinbarkeit des ungarischen Statusgesetzes mit dem Prinzip der territorialen Staatensouveränität im Rahmen des universellen völkerrechtlichen Minderheitenschutzes erörtert werden müssen. Dies ist allerdings nicht geschehen, da in Bezug auf das Prinzip der territorialen Staatensouveränität keine der Regelungen des Art. 1 der UN-Charta einschlägig ist. Daher ist davon auszugehen, dass kein Verstoß gegen eines der Ziele der Charta der Vereinten Nationen gegeben ist. Insofern liegt weder ein Verstoß gegen eines der Ziele der UN-Charta vor noch lässt sich der Verstoß gegen den Grundsatz der souveränen Gleichheit aus Art. 2 I der UN-Charta auf die Vorschrift des Art. 3 (1) Satz 1 des ungarisch-rumänischen Vertrags übertragen. Das ungarische Statusgesetz ist demnach mit Art. 3 (1) Satz 1 des ungarisch-rumänischen Vertrags vereinbar.
Zu den in Art. 4 Satz 1 des ungarisch-rumänischen Vertrags erwähnten Prinzipien und Normen des internationalen Rechts zählt u.a. auch der Grundsatz der souveränen Gleichheit aus Art. 2 I der UN-Charta, gegen den das ungarische Statusgesetz verstößt. Es ist bereits erläutert worden, dass der Grundsatz der souveränen Gleichheit den Begriff der territorialen Integrität umfasst[348], so dass der Verstoß gegen diesen Grundsatz den Verstoß gegen die territoriale Integrität impliziert. Aufgrund dieses Verstoßes ist die in Art. 4 Satz 1 des ungarisch-rumänischen Vertrags noch einmal separat geforderte Respektierung der territorialen Integrität des Vertragspartners nicht möglich. Das hat zur Folge, dass das ungarische Statusgesetz auch mit Art. 4 Satz 1 des ungarisch-rumänischen Vertrags nicht vereinbar ist.

Die auf seinem Erlass beruhende Umsetzung des ungarischen Statusgesetzes auf dem rumänischen Staatsgebiet lässt sich auch nicht durch Vorschriften rechtfertigen, die Ungarn und Rumänien gemeinsam im Rahmen des von ihnen geschlossenen Vertrags über gegenseitiges Verständnis, Kooperation und gute Nachbarschaft erarbeitet haben. Es ist vielmehr festzustellen, dass die Umsetzung des ungarischen Statusgesetzes dem Absatz 5 der Präambel und den Bestimmungen aus Art. 1 (2), Art. 2 (1) und Art. 4 Satz 1 dieses Vertrags zuwiderläuft.

Möglicherweise könnte sich aber durch das "Memorandum of Understanding between the Government of the Republic of Hungary and the Government of Romania concerning the Law on Hungarians Living in Neighbouring Countries and Issues of Bilateral Co-operation", das am 22. Dezember 2001 von Ungarn und Rumänien als Zusatz zu dem ungarischen Statusgesetz unterzeichnet worden ist, eine Vereinbarkeit zwischen dem ungarischen Statusgesetz und dem Prinzip der territorialen Staatensouveränität herstellen lassen. Die bereits dargestellten Punkte I. 4. und I. 5. dieses Memorandums stellen nämlich klar, dass sich die gesamte Prozedur der Ausstellung der Ausweise möglichst ausschließlich auf dem ungarischen Territorium abspielen soll und dass die ungarischen Organisationen oder Einrichtungen auf dem rumänischen Staatsgebiet keine Empfehlungen bezüglich der ethnischen Herkunft oder anderer Kriterien abgeben sollen bzw. dass sie nur rechtlich nicht bindende Informationen bereitstellen dürfen, wenn formal unterstützende Dokumente nicht erhältlich sind.[349] Durch dieses

[348]) S.o. Kapitel III, B., I., 1., a., (1), S. 90.
[349]) S.o. Kapitel III, B., I., 1., a., (2), (a), S. 95.

Memorandum werden somit Teile der bisher bemängelten Umsetzung des ungarischen Statusgesetzes modifiziert.
Wie zuvor erörtert, wurde im Rahmen der Umsetzung des Gesetzes die Errichtung der "Urkundenbüros" und der ausländischen gemeinnützigen Organisationen als ein Verstoß gegen die souveräne Gleichheit der Staaten angesehen.[350] Die Tatsache, dass sich die Ausstellung der Ausweise hauptsächlich in Ungarn abspielen soll und dass es den ungarischen Organisationen durch das Memorandum untersagt wird, Empfehlungen bezüglich der ethnischen Herkunft oder anderer Kriterien abzugeben bzw. dass sie – wenn überhaupt – nur rechtlich nicht bindende Informationen bereitstellen dürfen, sorgt dafür, dass die Tätigkeiten der "Urkundenbüros" und der ausländischen gemeinnützigen Organisationen durch das Memorandum sehr eingeschränkt werden. Dies führt dazu, dass diese auch nicht mehr als Geschäftsstellen der ungarischen Regierung anzusehen sind, denen die Zuständigkeit zur Erfüllung von Verwaltungsaufgaben im weiteren Sinne aufgetragen worden ist. Sie stellen daher auch nicht mehr indirekt Akte der ungarischen Exekutive dar, was bedeutet, dass ihre Errichtung auch nicht indirekt als hoheitliches Handeln Ungarns auf dem Territorium Rumäniens ausgelegt werden kann. Trotz allem bleiben allerdings die in dem Memorandum als repräsentative Organisationen Ungarns bezeichnete Stellen oder andere Einrichtungen auf dem rumänischen Staatsgebiet mit den ihnen durch das Memorandum zugeteilten Aufgaben auf dem Territorium Rumäniens bestehen. Da dies aber durch das von Ungarn und Rumänien gemeinsam erarbeitete und beschlossene Memorandum festgelegt wird, stehen weder diese Stellen noch deren Aufgaben im Widerspruch zu dem Prinzip der territorialen Staatensouveränität. Insofern haben die durch das Memorandum eingetretenen Änderungen dafür gesorgt, dass der Verstoß der Umsetzung des ungarischen Statusgesetzes gegen den Grundsatz der souveränen Gleichheit und somit gegen das Prinzip der territorialen Staatensouveränität, der auf der Errichtung der "Urkundenbüros" und der ausländischen gemeinnützigen Organisationen auf dem rumänischen Staatsgebiet beruhte, nicht mehr existent ist.

Zu dem gleichen Ergebnis führt auch das am 23. September 2003 von Ungarn und Rumänien als Nachfolger des Memorandums unterzeichnete "Agreement between the Government of Romania and the Government of the Republic of Hungary". Dieses Übereinkommen ist bisher allerdings nur beschlossen. Der endgültige Termin für sein Inkrafttreten, durch das das Memorandum seine Gültigkeit verliert, steht bislang noch nicht fest. Durch das Übereinkommen sollen die Bedingungen in Bezug auf die Umsetzung des ungarischen Statusgesetzes, die die rumänischen Bürger betreffen, geklärt werden. Dabei geht es in seinen Artikeln noch über die Regelungen des Memorandums hinaus. In Art. 2 dieses Übereinkommens wird klargestellt, dass das gesamte Verfahren der Ausstellung der Ausweise (die Annahme der Anträge, die Fragen und die Verteilung) ausschließlich auf dem ungarischen Territorium stattfindet, einschließlich der ungarischen diplomatischen und konsularischen Missionen, die für die Annahme der Anträge zuständig sind.[351] Gemäß Art. 3 des Übereinkommens müssen die Vertragsparteien anerkennen, dass Nichtregierungs-Organisationen (NGOs), die von den ethnischen Ungarn auf dem Staatsgebiet Rumäniens errichtet worden sind, keine Empfehlungen bezüglich der ethnischen Herkunft oder anderer Kriterien abgeben sollen, sofern es sich dabei

[350]) S.o. Kapitel III, B., I., 1., a., (2), S. 100.
[351]) Art. 2 des Übereinkommens lautet: "The Parties note that the entire procedure of granting the certificate (receiving of applications, issue, distribution) takes place on the territory of the Republic of Hungary, including the Hungarian diplomatic and consular missions as to the receiving of applications."

um eine Empfehlung in Bezug auf die Ausstellung der Ausweise handelt.[352] Durch das Übereinkommen werden die Änderungen, die bereits in Bezug auf das Memorandum erläutert wurden, nur noch verschärft, allerdings ohne dass es dadurch zu einer grundlegenden Abweichung des schon bei der Betrachtung des Memorandums erzielten Ergebnisses kommt. Auch das Übereinkommen hebt demnach den Verstoß des ungarischen Statusgesetzes gegen den Absatz 5 der Präambel und die Bestimmungen aus Art. 1 (2), Art. 2 (1) und Art. 4 Satz 1 des Vertrags über gegenseitiges Verständnis, Kooperation und gute Nachbarschaft und den daraus resultierenden Verstoß gegen den Grundsatz der souveränen Gleichheit auf.
Nur durch die Modifizierungen, die sowohl das Memorandum als auch – nach seinem Inkrafttreten – das Übereinkommen in Bezug auf das ungarische Statusgesetz vornehmen, steht dieses nun im Einklang mit dem ungarisch-rumänischen Vertrag. Dies hat zur Folge, dass das ungarische Statusgesetz auch mit dem Grundsatz der souveränen Gleichheit und folglich auch mit dem Prinzip der territorialen Staatensouveränität vereinbar ist, allerdings nur mit dem Memorandum bzw. dem Übereinkommen als untrennbarem Zusatz. Für sich allein gesehen ist und bleibt das ungarische Statusgesetz mit dem ungarisch-rumänischen Vertrag und somit mit dem eben genannten Prinzip unvereinbar.

b. Vertrag zwischen Ungarn und der Slowakei

Der zwischen Ungarn und der Slowakei am 19. März 1995 geschlossene Vertrag über gutnachbarschaftliche Beziehungen und freundschaftliche Kooperation ("Treaty on Good-neighbourly Relations and Friendly Co-operation between the Republic of Hungary and the Slovak Republic") bezieht sich in dem Absatz 5 seiner Präambel, dem Art. 2 und dem Art. 3 (1) Satz 1 und (2) Satz 1 Abschnitt 1 auf das Prinzip der territorialen Staatensouveränität.
In dem Absatz 5 der Präambel des ungarisch-slowakischen Vertrags bringen Ungarn und die Slowakei zum Ausdruck, dass sie sich bei dem Erlass dieses Vertrags von den Prinzipien, die in der Charta der Vereinten Nationen, der Helsinki-Schlussakte, der Pariser Charta für ein Neues Europa und weiteren Dokumenten der OSZE festgelegt sind, haben leiten lassen.[353]
Art. 2 des ungarisch-slowakischen Vertrags verlangt von den Vertragsparteien, dass sie sowohl in ihren gegenseitigen Beziehungen als auch in ihren Beziehungen mit anderen Staaten die generell anerkannten Prinzipien und Normen des internationalen Rechts, genauer gesagt die Prinzipien, die in der Charta der Vereinten Nationen, der Helsinki-Schlussakte, der Pariser Charta für ein Neues Europa und weiteren Dokumenten der OSZE festgelegt sind, respektieren.[354]

---

352) Art. 3 des Übereinkommens lautet: "The Parties acknowledge that non-governmental organisations established by the ethnic Hungarians on the territory of Romania shall not issue any recommendations concerning the ethnic origin or other criteria, as far as the procedure of granting the Certificate is concerned."

353) Der Absatz 5 der Präambel des Vertrags lautet: "The Republic of Hungary and the Slovak Republic, ..., Confirming they are guided by the principles laid down in the Charter of the United Nations, the Final Act of the Helsinki Conference on Security and Co-operation on Europe, the Paris Charter for a New Europe of the Conference on Security and Co-operation on Europe and other documents adopted by the Organisation for Security and Co-operation in Europe; ...."

354) Art. 2 des Vertrags lautet: "The Contracting Parties, in their mutual relations as well as in their relations with other States, shall respect the generally accepted principles and norms of international law, in particular the principles laid down in the Charter of the United Nations, the Helsinki Final Act, the Paris Charter for a New Europe and other documents adopt within the framework of the Organisation for Security and Co-operation in Europe."

Gemäß dem Art. 3 (1) Satz 1 des ungarisch-slowakischen Vertrags bestätigen die Vertragsparteien im Einklang mit den Prinzipien und Normen des internationalen Rechts, dass sie die Unverletzbarkeit ihrer gemeinsamen Grenzen und die territoriale Integrität der anderen Vertragspartei respektieren.[355]
Art. 3 (2) Satz 1 Abschnitt 1 des ungarisch-slowakischen Vertrags verlangt den Vertragsparteien die Erklärung ab, dass sie in ihren gegenseitigen Beziehungen Abstand nehmen von dem Gebrauch von Gewalt oder der Drohung des Gebrauchs von Gewalt gegen die territoriale Integrität oder die politische Unabhängigkeit oder von anderen Handlungen oder von der Unterstützung von irgendwelchen gegen den Vertragspartner gerichteten Aktionen, die im Gegensatz zu der Charta der Vereinten Nationen oder zum internationalen Recht stehen.[356]

Ebenso wie in dem ungarisch-rumänischen Vertrag wird auch in dem ungarisch-slowakischen Vertrag sowohl in dem Absatz 5 der Präambel als auch in Art. 2 des ungarisch-slowakischen Vertrags deutlich betont, dass die Prinzipien der Charta der Vereinten Nationen von den Vertragsstaaten bei ihren Handlungen zu berücksichtigen und zu respektieren sind. Insofern lässt sich – mit der gleichen Begründung wie bei dem ungarisch-rumänischen Vertrag auch – die Vereinbarkeit des ungarischen Statusgesetzes mit dem Absatz 5 der Präambel und dem Art. 2 des ungarisch-slowakischen Vertrags verneinen. Denn wie bereits erwähnt, gehört zu den Prinzipien der Charta der Vereinten Nationen auch der Grundsatz der souveränen Gleichheit aus Art. 2 I der UN-Charta, der dem Prinzip der territorialen Staatensouveränität unterzuordnen ist. Da ein Verstoß des ungarischen Statusgesetzes gegen diesen Grundsatz als gegeben anzusehen ist[357], ist das ungarische Statusgesetz folglich auch nicht mit dem Absatz 5 der Präambel und dem Art. 2 des ungarisch-slowakischen Vertrags, die beide ein dem Grundsatz entsprechendes Handeln der Vertragsparteien erwarten, vereinbar.
Da der Art. 3 (1) Satz 1 des ungarisch-slowakischen Vertrags dem Art. 4 Satz 1 des ungarisch-rumänischen Vertrags fast wortwörtlich entspricht, kann die zu Art. 4 Satz 1 des ungarisch-rumänischen Vertrags erbrachte Argumentation auf Art. 3 (1) Satz 1 des ungarisch-slowakischen Vertrags übertragen werden. Dieser ist daher aus dem gleichen Grund wie der Art. 4 Satz 1 des ungarisch-rumänischen Vertrags mit dem ungarischen Statusgesetz nicht vereinbar.[358]
Art. 3 (2) Satz 1 Abschnitt 1 des ungarisch-slowakischen Vertrags ist hingegen mit dem ungarischen Statusgesetz vereinbar. Er stellt nämlich sowohl seinem Wortlaut als auch seinem Inhalt nach beinahe eine Kopie des Art. 3 (1) Satz 1 des ungarisch-rumänischen Vertrags dar, so dass auf ihn dieselben Ausführungen zutreffen.[359] Dies bedeutet, dass auch in Bezug auf Art. 3 (2) Satz 1 Abschnitt 1 des ungarisch-slowakischen Vertrags weder ein Verstoß gegen eines der Ziele der UN-Charta vorliegt noch sich der Verstoß gegen den Grundsatz der souveränen Gleichheit aus Art. 2 I der UN-Charta auf die Vorschrift des Art. 3 (2) Satz 1 Abschnitt 1 des ungarisch-slowakischen Vertrags übertragen lässt.

---

[355]) Art. 3 (1) Satz 1 des Vertrags lautet: "The Contracting Parties, in accordance with the principles and norms of international law, confirm, that they shall respect the inviolability of their common state border and each other's territorial integrity."
[356]) Art. 3 (2) Satz 1 Abschnitt 1 des Vertrags lautet: "The Contracting Parties declare that, in their mutual relations, they shall refrain from the use of force or the threat of use of force against the territorial integrity or political independence, or from other acts or support for any such actions against the other Party that would be contrary to the Charter of the United Nations or to the international law, …."
[357]) S.o. Kapitel III, B., I., 1., a., (3), S. 100.
[358]) S.o. Kapitel III, B., I., 3., a., S. 112.
[359]) S.o. Kapitel III, B., I., 3., a., S. 112.

Festzustellen ist somit, dass auch der von Ungarn und der Slowakei erarbeitete und unterzeichnete Vertrag über gut-nachbarschaftliche Beziehungen und freundschaftliche Kooperation die auf dem Erlass des ungarischen Statusgesetzes beruhende Umsetzung desselben auf dem slowakischen Staatsgebiet nicht rechtfertigen kann. Genau wie im Fall des ungarisch-rumänischen Vertrags läuft das ungarische Statusgesetz – im Rahmen der Prüfung seiner Vereinbarkeit mit dem Prinzip der territorialen Staatensouveränität – auch dem ungarisch-slowakischen Vertrag, insbesondere dem Absatz 5 der Präambel, dem Art. 2 und dem Art. 3 (1) Satz 1, zuwider.
Im Gegensatz zu dem zwischen Ungarn und Rumänien geschlossenen Vertrag, der später durch das Memorandum (und daran anschließend durch das Übereinkommen) ergänzt worden ist, wodurch eine Vereinbarkeit des ungarischen Statusgesetzes mit diesem erweiterten Vertrag erzielt worden ist, kann der ungarisch-slowakische Vertrag den Abschluss eines derartigen Zusatzes (noch) nicht vorweisen. Insofern besteht bei dem ungarisch-slowakische Vertrag, der für sich allein gesehen ebenso unvereinbar mit dem ungarischen Statusgesetz ist wie der ungarisch-rumänische Vertrag, (noch) nicht die Möglichkeit, diesen Verstoß durch eine bereits bestehende zusätzliche zwischenstaatliche Vereinbarung aufzuheben.

c. Verträge zwischen Ungarn und Kroatien

Mit Kroatien hat Ungarn mittlerweile zwei Verträge geschlossen: Am 16. Dezember 1992 unterzeichneten die Republik Ungarn und die Republik Kroatien den Vertrag über freundschaftliche Beziehungen und Kooperation ("Treaty between the Republic of Hungary and the Republic of Croatia on Friendly Relations and Co-operation") und am 05. April 1995 haben Ungarn und Kroatien das Übereinkommen über den Schutz der ungarischen Minderheit in der Republik Kroatien und der kroatischen Minderheit in der Republik Ungarn ("Convention between the Republic of Hungary and the Republic of Croatia on the protection of the Hungarian minority in the Republic of Croatia and the Croatian minority in the Republic of Hungary") geschlossen.

(1) Vertrag zwischen Ungarn und Kroatien

Auf das Prinzip der territorialen Staatensouveränität bezieht sich vor allem der Art. 2 Absatz 1 – 3 dieses ungarisch-kroatischen Vertrags.
Dieser Art. 2 des ungarisch-kroatischen Vertrags erwartet von den Vertragsparteien in seinen ersten drei Abschnitten, dass sie sich bei der Entwicklung ihrer Beziehungen und bei Fragen in Bezug auf Frieden, Sicherheit und europäische Kooperation an die folgenden Prinzipien halten:

- Das oberste Ziel ihrer Politik soll der Erhalt von Frieden, die Stärkung der Stabilität und die effektive Vermeidung jeglicher Kriege oder bewaffneter Konflikte sein.
- Sie sollen im Einklang mit dem internationalen Recht, insbesondere im Einklang mit der UN-Charta, der Helsinki-Schlussakte, der Pariser Charta für ein Neues Europa und den anderen Dokumenten der KSZE, handeln.
- Sie sollen die anderen Prinzipien, das Verbot der Drohung mit oder des Gebrauch von Gewalt, die territoriale Integrität und die politische Unabhängigkeit respektieren, und

sie sollen keine Handlungen vornehmen, die nicht mit den Zielen und Prinzipien der UN-Charta oder der Helsinki-Schlussakte vereinbar sind.[360]

Ebenso wie in den beiden zuvor betrachteten Verträgen Ungarns mit Rumänien und der Slowakei wird auch in Art. 2 des ungarisch-kroatischen Vertrags deutlich betont, dass die Prinzipien der Charta der Vereinten Nationen von den Vertragsstaaten bei ihren Handlungen zu berücksichtigen und zu respektieren sind. Insofern lässt sich mit der gleichen Begründung wie bei dem Absatz 5 der Präambel und dem Art. 1 (2) des ungarisch-rumänischen Vertrag auch die Vereinbarkeit des ungarischen Statusgesetzes mit dem Art. 2 des ungarisch-kroatischen Vertrags verneinen.[361] Denn wie bereits erwähnt, gehört zu den Prinzipien der Charta der Vereinten Nationen auch der Grundsatz der souveränen Gleichheit aus Art. 2 I der UN-Charta, der dem Prinzip der territorialen Staatensouveränität unterzuordnen ist. Da ein Verstoß des ungarischen Statusgesetzes gegen diesen Grundsatz als gegeben anzusehen ist[362], ist das ungarische Statusgesetz folglich auch nicht mit dem Art. 2 des ungarisch-kroatischen Vertrags, die beide ein dem Grundsatz entsprechendes Handeln der Vertragsparteien erwarten, vereinbar.

Auch der von Ungarn und Kroatien erarbeitete und unterzeichnete Vertrag über freundschaftliche Beziehungen und Kooperation kann die auf dem Erlass des ungarischen Statusgesetzes beruhende Umsetzung desselben auf dem kroatischen Staatsgebiet nicht rechtfertigen. Genau wie im Fall des ungarisch-rumänischen Vertrags läuft das ungarische Statusgesetz – im Rahmen der Prüfung seiner Vereinbarkeit mit dem Prinzip der territorialen Staatensouveränität – auch dem ungarisch-kroatischen Vertrag, insbesondere dem Art. 2, zuwider.

Allerdings kann auch der ungarisch-kroatische Vertrag im Gegensatz zu dem zwischen Ungarn und Rumänien geschlossenen Vertrag den Abschluss eines Zusatzes in Form eines Memorandums o.ä. (noch) nicht vorweisen. Insofern besteht bei dem ungarisch-kroatischen Vertrag, der für sich allein gesehen ebenso unvereinbar mit dem ungarischen Statusgesetz ist wie der ungarisch-rumänische Vertrag, auch (noch) nicht die Möglichkeit, diesen Verstoß durch eine bereits bestehende zusätzliche zwischenstaatliche Vereinbarung aufzuheben.

(2) Übereinkommen zwischen Ungarn und Kroatien

Wie sich anhand des Namens bereits erkennen lässt, handelt es sich bei dem Übereinkommen – im Gegensatz zu den bisher untersuchten Verträgen über zwischen Ungarn und Rumänien, der Slowakei und auch Kroatien – um ein Abkommen, das sich ausschließlich dem Schutz der jeweils betroffenen Minderheiten widmet und nicht allgemein auf die Verbesserung der freundschaftlichen Beziehungen gerichtet ist.

Sowohl in dem Absatz 4 der Präambel dieses ungarisch kroatischen Übereinkommens als auch in seinem Art. 15 wird auf das Prinzip der territorialen Staatensouveränität – wenn auch bloß indirekt – Bezug genommen.

---

[360]) Art. 2 (in den ersten drei Abschnitten) des Vertrags lautet: "The Contracting Parties shall adhere to the following principles in developing their relations and issues of peace, security and European co-operation: The supreme goal of their policy shall safeguard peace, strengthen stability and to effectively prevent any kind of war or armed conflict.

They shall act in conformity with international law, especially the UN Charter, the Helsinki Final Act of 1 August 1975, the Paris Charter for a New Europe of 21 November 1990 and other CSCE documents.

They shall observe with respect to one another the principle forbidding the threat or use of violence, territorial integrity and political independence and they shall not act in any way that is incompatible with the objectives and principles of the UN Charter or the Helsinki Final Act.

[361]) S.o. Kapitel III, B., I., 3., a., S. 111.

[362]) S.o. Kapitel III, B., I., 1., a., (3), S. 100.

In dem Absatz 4 der Präambel des ungarisch-kroatischen Übereinkommens bringen die Republik Ungarn und die Republik Kroatien als Vertragsparteien zum Ausdruck, dass sie ihren Handlungen die Prinzipien zugrunde legen, die in internationalen Dokumenten zu den Menschenrechten und den Grundfreiheiten sowie zum Minderheitenschutz niedergeschrieben sind. Dabei wird innerhalb der Aufzählung dieser Dokumente die Charta der Vereinten Nationen, die UN-Minderheitendeklaration, das Kopenhagener Abschlussdokument, das Rahmenübereinkommen zum Schutz nationaler Minderheiten und die Europäische Charta der Regional- und Minderheitensprachen ausdrücklich genannt.[363]
In Art. 15 des ungarisch-kroatischen Übereinkommens wird klargestellt, dass keine Bestimmung dieses Abkommens in der Weise interpretiert oder durchgeführt werden soll, dass die territoriale Integrität einer Vertragspartei bedroht oder verletzt wird.[364]

Dadurch, dass der Absatz 4 der Präambel des ungarisch-kroatischen Übereinkommens auf die Prinzipien der Charta der Vereinten Nationen verweist, mit der die in dem weiteren Übereinkommen niedergelegten Artikel vereinbar sein müssen, wird von dem ungarischen Statusgesetz wiederum erwartet, dass es u.a. mit dem Grundsatz der souveränen Gleichheit vereinbar sein muss. Dass dies nicht der Fall ist, ist bereits erörtert worden.[365] Mit gleicher Begründung kann man auch den Verstoß des ungarischen Statusgesetzes gegen die entsprechenden Bestimmungen der UN-Minderheitendeklaration, des Rahmenübereinkommens zum Schutz nationaler Minderheiten, der europäischen Minderheitensprachencharta und des Kopenhagener Abschlussdokuments bejahen[366], was zur Folge hat, dass das Statusgesetz aufgrund dieses Verstoßes nicht mit dem Absatz 4 der Präambel des ungarisch-kroatischen Übereinkommens vereinbar ist.

Wie schon gesagt, widmet sich die gesamte Konvention dem Schutz der ungarischen Minderheit in Kroatien bzw. der kroatischen Minderheit in Ungarn. Um für diesen Schutz zu sorgen, enthält sie Bestimmungen, die darauf gerichtet sind, die Kultur, Sprache, Religion und Identität zu bewahren, Organisationen zu unterstützen, die bereits bestehende Bildungseinrichtungen fördern bzw. neue errichten, kulturelle und bildungsbezogene Zentren zu gründen, den freien Gebrauch der Muttersprache zu ermöglichen, den Empfang von muttersprachlichen Informationen durch die Massenmedien zu garantieren, Unterstützung in Bezug auf die Errichtung von Kirchen und in Bezug auf wissenschaftliche Nachforschungen zu gewähren,

---

[363]) Der entsprechende Part des Absatzes 4 der Präambel des Übereinkommens lautet: "The Republic of Hungary and the Republic of Croatia, ..., starting from the principles laid down in international documents on human rights and fundamental freedoms as well as on the protection of minorities, with special regard to the following:
- the UN Charter, ..., the Declaration of the Rights of Persons Belonging to National or Ethnic, Religious and Linguistic Minorities,
- the relevant documents adopted within the CSCE process, particularly the Document of the Copenhagen Meeting of the Conference of the Human Dimension of the CSCE in 1990, ...,
- ..., the European Charter for Regional or Minority Languages, the Framework Convention for the Protection of National Minorities, ..."

[364]) Art. 15 des Übereinkommens lautet: "No provision of the present Convention shall be interpreted or implemented in a way which would threat or violate the territorial integrity of each Contracting Party."

[365]) S.o. Kapitel III, B., I., 1., a., (3), S. 100.

[366]) Bzgl. der UN-Minderheitendeklaration: s.o. Kapitel III, B., I., 1., b., S. 102.
Bzgl. des Rahmenübereinkommens zum Schutz nationaler Minderheiten: s.o. Kapitel III, B., I., 2., a., (1), S. 105.
Bzgl. der Europäischen Charta der Regional- und Minderheitensprachen: s.o. Kapitel III, B., I., 2., a., (2), S. 105.
Bzgl. des Kopenhagener Abschlussdokuments: s.o. Kapitel III, B., I., 2., b., (1), S. 107.

grenzübergreifende Kooperationen mit dem jeweils betroffenen Nachbarstaat herzustellen, die Minderheiten durch eine angemessene Beteiligung in ihre innerstaatliche Gesetzgebung einzubauen und den Minderheiten den freien Kontakt mit den Mitgliedern "ihrer" Nation zu ermöglichen (was womöglich den Abschluss neuer Verträge erfordert). Im Rahmen all dieser Aktionen soll durch Art. 15 des ungarisch-kroatischen Übereinkommens dem Prinzip der territorialen Staatensouveränität Genüge geleistet werden.
Die Frage nach der hier zu erörternden Vereinbarkeit des ungarischen Statusgesetzes mit dem Prinzip der territorialen Staatensouveränität stellt sich nur deshalb, weil Ungarn durch die Umsetzung des Statusgesetzes auf dem Territorium der angrenzenden Staaten tätig wird. Ob ein solches Verhalten mit dem bilateralen völkerrechtlichen Minderheitenschutz vereinbar ist oder nicht, kann allerdings nur dann geklärt werden, wenn zwischen zwei (benachbarten) Staaten eine Regelung besteht, die sich mit den aus der Nachbarschaft ergebenden Rechte und Pflichten, dem gegenseitigen Respekt und dem Verhalten dem Vertragspartner gegenüber befassen. Bei all den in dem ungarisch-kroatischen Übereinkommen ausgearbeiteten Bestimmungen handelt es sich aber um solche, in denen Ungarn und Kroatien den Minderheiten des jeweils anderen Staates auf ihrem eigene Staatsgebiet (teilweise auch grenzüberschreitend) bestimmte Unterstützungen und Rechte zusichern. Das Übereinkommen ist gegenüber den zuvor betrachteten Verträgen Ungarns mit Rumänien, der Slowakei und Kroatien, die sich um die gut-nachbarschaftlichen Beziehungen und die gegenseitige Kooperation drehen, sehr viel spezieller, da es sich hauptsächlich mit der Verwirklichung des gegenseitig anerkannten, innerstaatlichen Minderheitenschutzes beschäftigt. Zwar bildet auch bei dem ungarischen Statusgesetz der Schutz von Minderheiten den Schwerpunkt, doch kann es gerade in Bezug auf die Prüfung seiner Vereinbarkeit mit dem Prinzip der territorialen Staatensouveränität nicht durch ein derart spezielles Abkommen des bilateralen völkerrechtlichen Minderheitenschutzes gerechtfertigt werden. Dafür bedürfte es vielmehr der schon beschriebenen allgemeineren Regelungen über die sich aus der Nachbarschaft ergebenden Rechte und Pflichten, dem gegenseitigen Respekt und dem Verhalten dem Vertragspartner gegenüber. Aus diesem Grund erübrigt sich auch die Frage der Vereinbarkeit des ungarischen Statusgesetzes mit Art. 15 des ungarisch-kroatischen Übereinkommens.

Auch wenn festgestellt worden ist, dass das ungarische Statusgesetz mit dem Absatz 4 der Präambel des ungarisch-kroatischen Übereinkommens nicht vereinbar ist und es daher gegen das Prinzip der territoriales Staatensouveränität verstößt, ist diese Feststellung im Hinblick darauf, dass das gesamte Statusgesetz durch dieses Übereinkommen aufgrund seiner Spezialisierung auf die Verwirklichung des gegenseitig anerkannten, innerstaatlichen Minderheitenschutzes nicht gerechtfertigt werden kann, irrelevant. Für eine Prüfung der Vereinbarkeit des ungarischen Statusgesetzes mit dem Prinzip der territorialen Staatensouveränität im Rahmen des bilateralen völkerrechtlichen Minderheitenschutzes ist das vorliegende Übereinkommen zwischen Ungarn und Kroatien somit ungeeignet.

(3) Zusammenfassung

Zusammenfassend kommt man daher zu dem Ergebnis, dass das ungarische Statusgesetz mit den Bestimmungen von beiden von Ungarn mit Kroatien geschlossenen Verträgen, die sich auf das Prinzip der territorialen Staatensouveränität beziehen, nicht in Einklang zu bringen ist. In Bezug auf den Vertrag zwischen Ungarn und Kroatien ist ein Verstoß des Statusgesetzes gegen den Art. 2 dieses Vertrags festgestellt worden. In Bezug auf das ungarisch-kroatische Übereinkommen musste man erkennen, dass das gesamte Statusgesetz durch dieses Übereinkommen aufgrund seiner Spezialisierung auf die Verwirklichung des gegenseitig anerkannten, innerstaatlichen Minderheitenschutzes nicht gerechtfertigt werden kann.

d. Übereinkommen zwischen Ungarn und Slowenien

Die Republik Ungarn und die Republik Slowenien haben am 06. November 1992 das Übereinkommen über die Zuerkennung von speziellen Rechten für die slowenische Minderheit, die in Ungarn lebt, und für die ungarische Minderheit, die in Slowenien ansässig ist ("Convention on providing special rights for the Slovenian minority living in the Republic of Hungary and for the Hungarian minority living in the Republic of Slovenia"), unterzeichnet. Ähnlich wie bei dem Übereinkommen zwischen Ungarn und Kroatien handelt es sich auch bei diesem Übereinkommen um ein Abkommen, das ausschließlich den jeweils betroffenen Minderheiten spezielle Rechte zugesteht und nicht allgemein auf die Verbesserung der freundschaftlichen Beziehungen gerichtet ist.

In diesem ungarisch-slowenischen Übereinkommen wird – ebenfalls indirekt – in dem Absatz 3 der Präambel und in dem Art. 14 auf das Prinzip der territorialen Staatensouveränität hingewiesen.

Ungarn und Slowenien bringen in dem Absatz 3 der Präambel dieses Übereinkommens zum Ausdruck, dass sie die Prinzipien der internationalen Dokumente, die die Rechte nationaler Minderheiten schützen, berücksichtigen. Dazu gehören nach ihrer Ansicht die Allgemeine Erklärung der Menschenrechte, der Internationale Pakt über bürgerliche und politische Rechte, der Internationale Pakt über wirtschaftliche, soziale und kulturelle Rechte, das Internationale Übereinkommen zur Beseitigung aller Formen der Rassendiskriminierung, das Übereinkommen über die Rechte des Kindes, die Helsinki-Schlussakte, die Pariser Charta für ein Neues Europa, die Dokumente der Treffen der Konferenz für eine menschliche Dimension der KSZE in Paris, Kopenhagen und Moskau, die Europäische Konvention zum Schutze der Menschenrechte und Grundfreiheiten sowie das Konzept der Europäischen Charta der Regional- und Minderheitensprachen.[367]
In Art. 14 des ungarisch-slowenischen Übereinkommens wird klargestellt, dass keine Bestimmung dieser Konvention in der Weise ausgelegt werden soll, dass durch sie die territoriale Integrität der anderen Vertragspartei verletzt wird.[368]

Im Gegensatz zu dem Absatz 4 der Präambel des ungarisch-kroatischen Übereinkommens ist in dem Absatz 3 der Präambel dieses ungarisch-slowenischen Übereinkommens nicht die Rede von den Prinzipien, die in internationalen Dokumenten zu den Menschenrechten und den Grundfreiheiten sowie zum Minderheitenschutz niedergeschrieben sind, sondern nur von den

---

[367]) Der Absatz 3 der Präambel des Übereinkommens lautet: "The Republic of Hungary and the Republic of Slovenia, ..., having in mind the principles of the international documents safeguarding the rights of national minorities, namely: the Universal Declaration of Human Rights, the International Covenant on Civil and Political Rights, the International Covenant on Economic, Social and Cultural Rights, the International Convention on the Elimination of all Forms of Racial Discrimination, the Convention on the Rights of the Child, the Helsinki Final Act, the Paris Charter for New Europe, the meetings of the Conference on Human Dimension of the CSCE in Paris, Copenhagen and in Moscow, the European Convention for the Protection of Human Rights and Fundamental Freedoms, the concept of the European Charter for Regional or Minority Languages; ...."

[368]) Art. 14 des Übereinkommens lautet: "No provision of the present Convention shall be interpreted in a way that it harms the territorial integrity of each Contracting Party."

Prinzipien der internationalen Dokumente, die die nationalen Minderheiten schützen. Auch wird in diesem ungarisch-slowenischen Übereinkommen bei der Aufzählung der betroffenen Dokumente die Charta der Vereinten Nationen nicht erwähnt, woraus sich bei der Erörterung des ungarisch-kroatischen Vertrags u.a. der Verstoß des ungarischen Statusgesetzes gegen die Präambel ergeben hat. Da aber trotz allem gemäß dem Absatz 3 dieser Präambel des ungarisch-slowenischen Übereinkommens die Vereinbarkeit mit den Prinzipien des Kopenhagener Abschlussdokuments zu berücksichtigen ist, ändert sich das Ergebnis durch die Nicht-Nennung der Charta der Vereinten Nationen nicht. Denn der Verstoß des ungarischen Statusgesetzes gegen den dem Prinzip der territorialen Staatensouveränität unterzuordnendem Punkt 37 des Kopenhagener Abschlussdokuments ist bereits bejaht worden.[369] Dies führt dazu, dass – auch ohne die Nennung der Charta der Vereinten Nationen – das Statusgesetz auch mit dem Absatz 3 der Präambel des ungarisch-slowenischen Übereinkommens unvereinbar ist.
In Bezug auf die Vereinbarkeit des ungarischen Statusgesetzes mit Art. 14 dieses ungarisch-slowenischen Übereinkommens kann man auf die bereits gemachten Ausführungen zu der Vereinbarkeit des Gesetzes mit Art. 15 des ungarisch-kroatischen Übereinkommens verweisen. Genau wie das ungarisch-kroatische Übereinkommen stellt das ungarisch-slowenische Übereinkommen – schon seinem Titel nach – nämlich auch ein auf die den jeweils anderen Minderheiten zu gewährenden speziellen Rechten spezialisiertes Abkommen dar, durch das das ungarische Statusgesetz nicht gerechtfertigt werden kann.[370] Dies führt dazu, dass sich auch die Frage der Vereinbarkeit des ungarischen Statusgesetzes mit Art. 14 des ungarisch-slowenischen Übereinkommens erübrigt.
Insofern lässt sich einerseits feststellen, dass das ungarische Statusgesetz mit dem Absatz 3 der Präambel des ungarisch-slowenischen Übereinkommens nicht vereinbar ist und es daher gegen das Prinzip der territorialen Staatensouveränität verstößt. Auf der anderen Seite ist dies aber nicht ausschlaggebend, da das vorliegende Übereinkommen zwischen Ungarn und Slowenien für eine Prüfung der Vereinbarkeit des ungarischen Statusgesetzes mit dem Prinzip der territorialen Staatensouveränität im Rahmen des bilateralen völkerrechtlichen Minderheitenschutzes aus den eben genannten Gründen nicht geeignet ist.

e. Verträge zwischen Ungarn und der Ukraine

Mit der Ukraine hat Ungarn mittlerweile zwei Verträge geschlossen: Am 31. Mai 1991 unterzeichneten Ungarn und die Ukraine die Deklaration über die Grundsätze der Kooperation in Bezug auf die Zusicherung der Rechte von nationalen Minderheiten ("Declaration on the Principles of Cooperation between the Republic of Hungary and the Ukrainian Soviet Socialist Republic in Guaranteeing the Rights of National Minorities") und am 06. Dezember 1991 haben Ungarn und die Ukraine den Vertrag über die Grundlagen einer guten Nachbarschaft und einer Kooperation zwischen Ungarn und der Ukraine ("Treaty on the Foundations of Good-Neighborliness and Co-operation between the Republic of Hungary and Ukraine") geschlossen.
Bei der Deklaration kann man feststellen, dass sie schon ihrem Titel nach nicht allgemein auf die Verbesserung der freundschaftlichen Beziehungen gerichtet ist, sondern dass bei ihr vielmehr das Wohlergehen der nationalen Minderheiten im Vordergrund steht. Der Vertrag stellt hingegen allgemeine Grundsätze auf und nimmt u.a. auch auf die ein halbes Jahr zuvor unterzeichnete Deklaration Bezug.

---

[369]) S.o. Kapitel III, B., I., 2., b., (1), S. 107.
[370]) S.o. Kapitel III, B., I., 3., c., (2), S. 119.

(1) Deklaration zwischen Ungarn und der Ukraine

Die ungarisch-ukrainische Deklaration nimmt in dem Absatz 1 ihrer Präambel und in dem Punkt 18 – wenn auch indirekt – auf das Prinzip der territorialen Staatensouveränität Bezug.
In dem Absatz 1 der Präambel der ungarisch-ukrainischen Deklaration bestärken Ungarn und die Ukraine als Vertragsparteien ihre Verpflichtung, die Bestimmungen der Charta der Vereinten Nationen, der Menschenrechtsdokumente der UNO, der Helsinki-Schlussakte und anderen Dokumenten der KSZE zu erfüllen.[371]
Der Punkt 18 der ungarisch-ukrainischen Deklaration stellt klar, dass keine der Bestimmungen dieser Deklaration in der Art und Weise interpretiert werden darf, als dass sie das Recht gewähren, Handlungen vorzunehmen, die den Zielen und Prinzipien der UN-Charta, anderen internationalen rechtlichen Verpflichtungen oder den Vorschriften der Helsinki-Schlussakte, einschließlich des Prinzips der territorialen Unverletzbarkeit der Staaten, widersprechen.[372]
Da das ungarische Statusgesetz wegen des Verstoßes gegen den Grundsatz der souveränen Gleichheit weder mit den Bestimmungen (Art. 2 I) der Charta der Vereinten Nationen noch mit den entsprechenden Vorschriften aus der UN-Minderheitendeklaration und aus dem Kopenhagener Abschlussdokument, auf die in der Präambel verwiesen wird, in Einklang zu bringen ist, ist es auch nicht mit der Präambel der ungarisch-ukrainischen Deklaration zu vereinbaren.
Bei der Betrachtung dieser Deklaration lässt sich erkennen, dass sie – ihrem Titel entsprechend – ausschließlich auf den Schutz und die Respektierung der Rechte der nationalen Minderheiten und auf die Verbesserung ihrer Situation in den betroffenen Staaten ausgerichtet ist. Insofern ist die Lage in Bezug auf die ungarisch-ukrainische Deklaration sowohl mit der Lage in Bezug auf das ungarisch-kroatische Übereinkommen[373] als auch mit der Lage in Bezug auf das ungarisch-slowenische Übereinkommen[374] vergleichbar: Eine Prüfung der Vereinbarkeit des ungarischen Statusgesetzes mit dem das Prinzip der territorialen Staatensouveränität indirekt enthaltenden Punkt 18 der ungarisch-ukrainischen Deklaration erübrigt sich, da nämlich auch die Deklaration auf die den jeweils anderen Minderheiten zu gewährenden besonderen Rechte spezialisiert ist und keine allgemeinen Regelungen über die sich aus der Nachbarschaft ergebenden Rechte und Pflichten, dem gegenseitigen Respekt und dem Verhalten dem Vertragspartner gegenüber enthält. Dies hat zur Folge, dass das ungarische Statusgesetz auch durch die ungarisch-ukrainische Deklaration nicht gerechtfertigt werden kann.
Wie auch bei den beiden zuvor untersuchten Übereinkommen Ungarns mit seinen Nachbarstaaten lässt sich auch in Bezug auf diese Deklaration feststellen, dass das ungarische Statusgesetz mit ihrer Präambel nicht vereinbar ist und es daher gegen das Prinzip der territorialen Staatensouveränität verstößt. Dies ist allerdings nicht ausschlaggebend, da die vorliegende Deklaration zwischen Ungarn und der Ukraine für eine Prüfung der Vereinbarkeit des ungarischen Statusgesetzes mit dem Prinzip der territorialen Staatensouveränität im Rahmen des

---

[371]) Der Absatz 1 der Präambel der Deklaration lautet: "The Republic of Hungary and the Ukrainian Soviet Socialist Republic, ..., confirming their commitment to carry out the provisions of the United Nations Charter, the human rights documents of the UNO, the Helsinki Final Act and other documents from the Conference on Security and Cooperation in Europe; ...."

[372]) Punkt 18 der Deklaration lautet: "None of the provisions of this Declaration is to be interpreted as authorization for activities or actions which run counter to the purposes and principles of the UN Charter, other international legal obligations or the provisions of the Helsinki Final Act, including the principle of the territorial inviolability of states."

[373]) S.o. Kapitel III, B., I., 3., c., (2), S. 119.

[374]) S.o. Kapitel III, B., I., 3., d., S. 120 ff.

bilateralen völkerrechtlichen Minderheitenschutzes aus den eben genannten Gründen nicht geeignet ist.

(2) Vertrag zwischen Ungarn und der Ukraine

Der Vertrag zwischen Ungarn und der Ukraine bezieht sich in dem Absatz 4 seiner Präambel und in seinem Art. 1 Satz 2 sowie in seinem Art. 2 Satz 3 auf das Prinzip der territorialen Staatensouveränität.
Der Absatz 4 der Präambel des ungarisch-ukrainischen Vertrags stellt klar, dass die Vertragsparteien (Ungarn und die Ukraine) von den Zielen und den Prinzipien der UN-Charta geleitet werden, und dass sie die Vormachtsstellung der universell anerkannten Normen des internationalen Rechts, die der gesamten Menschheit gemein sind, als Ausgangspunkt nehmen.[375]
In Art. 1 Satz 2 des ungarisch-ukrainischen Vertrags stellen die Vertragsparteien klar, dass sie bei ihren Handlungen immer folgende Prinzipien berücksichtigen: die souveräne Gleichheit, den Nicht-Gebrauch von Drohungen mit oder die Anwendung von Gewalt, die Unverletzlichkeit der Grenzen, die territoriale Integrität, die friedliche Streitbeilegung, das Nicht-Eingreifen in interne Angelegenheiten, den Respekt vor den Menschenrechten und den Grundfreiheiten, die Gleichheit der Völker und die treue Erfüllung ihrer internationalen gesetzlichen Verpflichtungen der guten Nachbarschaft, der Partnerschaft und der Zusammenarbeit.[376]
Nach Art. 2 Satz 3 des ungarisch-ukrainischen Vertrags respektieren die Vertragsparteien die territoriale Integrität des jeweils anderen und sie erklären, dass sie keine territorialen Ansprüche gegen den jeweils anderen haben oder haben werden.[377]

Ebenso wie in den zuvor betrachteten Verträgen Ungarns mit Rumänien, der Slowakei und Kroatien wird auch in dem Absatz 4 der Präambel des ungarisch-ukrainischen Vertrags deutlich betont, dass die Prinzipien der Charta der Vereinten Nationen von den Vertragsstaaten bei ihren Handlungen zu berücksichtigen und zu respektieren sind. Insofern lässt sich mit der gleichen Begründung wie bei dem Absatz 5 der Präambel und dem Art. 1 (2) des ungarisch-rumänischen Vertrag auch die Vereinbarkeit des ungarischen Statusgesetzes mit dem Absatz 4 der Präambel des ungarisch-kroatischen Vertrags verneinen.[378] Denn wie bereits erwähnt, gehört zu den Prinzipien der Charta der Vereinten Nationen auch der Grundsatz der souveränen Gleichheit aus Art. 2 I der UN-Charta, der dem Prinzip der territorialen Staatensouveränität unterzuordnen ist. Da ein Verstoß des ungarischen Statusgesetzes gegen diesen Grundsatz als gegeben anzusehen ist[379], ist das ungarische Statusgesetz folglich auch nicht mit dem Art. 2 des ungarisch-kroatischen Vertrags, die beide ein dem Grundsatz entsprechendes Handeln der Vertragsparteien erwarten, vereinbar. Gleiches gilt auch für den Art. 1 Satz 2 des unga-

---

[375]) Der Absatz 4 der Präambel des Vertrags lautet: "The Republic of Hungary and Ukraine (hereafter Contracting Parties), (...), guided by the objectives and principles in the UN Charter, and taking as a point of departure the supremacy of universally recognised norms of international law that are common to all mankind, (...)."

[376]) Art. 1 Satz 2 des Vertrags lautet: "They will perform activities consistently guided by the principles of sovereign equality, non-use of threats or use of force, inviolability of borders, territorial integrity, peaceful settlement of disputes, non-interference in internal affairs, respect for human rights and fundamental freedoms, equality of peoples, and the good faith fulfilment of international legal obligations of good-neighbourliness, partnership and co-operation."

[377]) Art. 2 Satz 3 des Vertrags lautet: "The Parties respect each other's territorial integrity and have no, nor will they have, territorial demands on each other."

[378]) S.o. Kapitel III, B., I., 3., a., S. 111.

[379]) S.o. Kapitel III, B., I., 1., a., (3), S. 100.

risch-ukrainischen Vertrags, der zwar nicht auf die Prinzipien der Charta der Vereinten Nationen Bezug nimmt, den Grundsatz der souveränen Gleichheit aber explizit hervorhebt.
Da die territoriale Integrität der Staaten von dem Grundsatz der souveränen Gleichheit umfasst wird[380], gegen den – wie bereits bewiesen das ungarische Statusgesetz verstößt[381] – kann das Statusgesetz folglich auch mit dem Art. 2 Satz 3 des ungarisch-ukrainischen Vertrags in Einklang gebracht werden.

Auch der von Ungarn und der Ukraine erarbeitete und unterzeichnete Vertrag über die Grundlagen einer guten Nachbarschaft und einer Kooperation kann die auf dem Erlass des ungarischen Statusgesetzes beruhende Umsetzung desselben auf dem ukrainischen Staatsgebiet nicht rechtfertigen. Genau wie im Fall des ungarisch-rumänischen Vertrags läuft das ungarische Statusgesetz – im Rahmen der Prüfung seiner Vereinbarkeit mit dem Prinzip der territorialen Staatensouveränität – auch dem ungarisch-ukrainischen Vertrag, insbesondere dem Absatz 4 der Präambel, dem Art. 1 Satz 2 und dem Art. 2 Satz 3, zuwider.
Allerdings kann der ungarisch-ukrainische Vertrag im Gegensatz zu dem zwischen Ungarn und Rumänien geschlossenen Vertrag den Abschluss eines Zusatzes in Form eines Memorandums o.ä. (noch) nicht vorweisen. Insofern besteht bei dem ungarisch-ukrainischen Vertrag, der für sich allein gesehen ebenso unvereinbar mit dem ungarischen Statusgesetz ist wie der ungarisch-rumänische Vertrag, auch (noch) nicht die Möglichkeit, diesen Verstoß durch eine bereits bestehende zusätzliche zwischenstaatliche Vereinbarung aufzuheben.

(3) Zusammenfassung

Zusammenfassend kommt man daher zu dem Ergebnis, dass das ungarische Statusgesetz mit beiden von Ungarn mit der Ukraine geschlossenen Verträge nicht in Einklang zu bringen ist. In Bezug auf die Deklaration zwischen Ungarn und der Ukraine musste man erkennen, dass das gesamte Statusgesetz durch diese Deklaration aufgrund ihrer Spezialisierung auf die Verwirklichung des gegenseitig anerkannten, innerstaatlichen Minderheitenschutzes nicht gerechtfertigt werden kann. In Bezug auf den ungarisch-ukrainischen Vertrag ist ein Verstoß des Statusgesetzes gegen den Absatz 4 der Präambel, den Art. 1 Satz 2 und den Art. 2 Satz 3 dieses Vertrags festgestellt worden.

f. Abkommen zwischen Ungarn und Serbien-Montenegro

Die Republik Ungarn und Serbien-Montenegro haben am 21. Oktober 2003 das Abkommen über den Schutz der Rechte der ungarischen Minderheit, die in Serbien-Montenegro lebt, und der serbischen Minderheit, die in Ungarn ansässig ist ("Agreement between the Republic of Hungary and Serbia and Montenegro, on the protection of Rights of the Hungarian Minority living in Serbia and Montenegro, and the Serbian Minority living in the Republic of Hungary"), unterzeichnet.
Ähnlich wie bei den Übereinkommen zwischen Ungarn und Kroatien bzw. Slowenien sowie bei der Deklaration zwischen Ungarn und der Ukraine handelt es sich auch bei diesem Abkommen um ein Übereinkommen, das zum größten Teil den jeweils betroffenen Minderheiten spezielle Rechte zugesteht. Darüber hinaus nimmt es andererseits in einigen Bestimmungen

---

380) S.o. Kapitel III, B., I., 1., a., (1), S. 89.
381) S.o. Kapitel III, B., I., 1., a., (3), S. 100.

aber auch noch – ähnlich wie die bilateralen Verträge Ungarns mit Rumänien, der Slowakei, Kroatien und der Ukraine – auf die Verbesserung der freundschaftlichen Beziehungen Bezug.

In diesem Abkommen zwischen Ungarn und Serbien-Montenegro wird – ebenfalls indirekt – in dem Absatz 6 der Präambel, in Art. 1 und in dem Art. 15 Absatz 2 auf das Prinzip der territorialen Staatensouveränität hingewiesen.
Ungarn und Serbien-Montenegro bringen in dem Absatz 6 der Präambel des Abkommens zum Ausdruck, dass sie die Prinzipien und Bestimmungen der internationalen Dokumente, die sich auf die Menschenrechte und den Schutz von Minderheiten beziehen, respektieren. Dazu gehören nach ihrer Ansicht:

- die Charta der Vereinten Nationen,
- die Allgemeine Erklärung der Menschenrechte,
- die UNESCO-Konvention gegen Diskriminierung in der Erziehung,
- das Internationale Übereinkommen zur Beseitigung aller Formen der Rassendiskriminierung,
- der Internationale Pakt über bürgerliche und politische Rechte,
- der Internationale Pakt über wirtschaftliche, soziale und kulturelle Rechte,
- das Übereinkommen über die Rechte des Kindes,
- die Deklaration der UN-Generalversammlung bezüglich der Elimination aller Formen von Intoleranz und Diskriminierung, die auf der Religion und dem Glauben beruhen,
- die Deklaration der UN-Generalversammlung bezüglich der Rechte von Angehörigen einer nationalen oder ethnischen, religiösen und sprachlichen Minderheit,
- die Deklarationen, Stellungnahmen und Empfehlungen, die im Rahmen des KSZE-Prozesses und im Rahmen der OSZE zustande gekommen sind (einschließlich des Dokuments des Kopenhagener Treffens der Konferenz für eine menschliche Dimension der KSZE (1992), des Helsinki-Dokuments der KSZE (1992) und der OSZE Charta für europäische Sicherheit (Istanbul 1999)),
- die Europäische Konvention zum Schutz der Menschenrechte und Grundfreiheiten,
- die Europäische Charta der Regional- und Minderheitensprachen des Europarates sowie die
- Rahmenkonvention zum Schutz nationaler Minderheiten des Europarates.[382]

---

[382]) Der Absatz 6 der Präambel des Abkommens lautet: "The Republic of Hungary and Serbia and Montenegro, ..., respecting the principles and provisions of international instruments on human rights and on the protection of minorities, with special reference to the following:

- Charter of the United Nations;
- Universal Declaration of Human Rights;
- UNESCO Convention against Discrimination in Education;
- International Convention on the Elimination of all Forms of Racial Discrimination;
- International Covenant on Civil and Political Rights;
- International Covenant on Economic, Social and Cultural Rights;
- United Nations Convention on the Rights of the Child;
- UN General Assembly Declaration on the Elimination of all Forms of Intolerance and of Discrimination based on Religion and Belief;
- UN General Assembly Declaration on the Rights of Persons belonging to National or Ethnic, Religious and Linguistic Minorities;
- Declarations, positions and recommendations adopted within the framework of the CSCE process and the OSCE, including the Document of the Copenhagen Meeting of the Conference on Human Dimension of the CSCE (1992), the Helsinki Document of the CSCE (1992) and the OSCE Charter for European Security (Istanbul 1999);
- European Convention for the Protection of Human Rights and Fundamental Freedoms (European Convention on Human Rights);

Nach Art. 1 des Abkommens zwischen Ungarn und Serbien-Montenegro vereinbaren die Vertragsparteien, der nationalen ungarischen Minderheit in Serbien-Montenegro und der nationalen serbischen Minderheit in Ungarn (im Folgenden: den nationalen Minderheiten) den Erhalt und die Entwicklung ihrer nationalen, sprachlichen, kulturellen und religiösen Identität entsprechend den Prinzipien und Bestimmungen, die in den Instrumenten der Vereinten Nationen, der KSZE / OSZE und des Europarates niedergelegt sind, zuzusichern.[383]
In Art. 15 Absatz 2 des Abkommens zwischen Ungarn und Serbien-Montenegro wird klargestellt, dass keine Bestimmung dieses Abkommens in einer Weise ausgelegt oder durchgeführt werden soll, die gegen die internationalen legalen Verpflichtungen und die generell anerkannten internationalen Prinzipien, insbesondere dem Respekt für die nationale Souveränität und die territoriale Integrität, verstößt.[384]

Dadurch, dass der Absatz 6 der Präambel und der Art. 1 des Abkommens zwischen Ungarn und Serbien-Montenegro ähnlich wie der Absatz 4 des ungarisch-kroatischen Übereinkommens auf die Prinzipien der Charta der Vereinten Nationen verweist, mit der die in dem weiteren Abkommen niedergelegten Artikel vereinbar sein müssen, wird von dem ungarischen Statusgesetz wiederum erwartet, dass es u.a. mit dem Grundsatz der souveränen Gleichheit vereinbar sein muss. Dass dies nicht der Fall ist, ist bereits erörtert worden.[385] Mit gleicher Begründung kann man wiederum auch den Verstoß des ungarischen Statusgesetzes gegen die entsprechenden Bestimmungen der UN-Minderheitendeklaration, des Rahmenübereinkommens zum Schutz nationaler Minderheiten, der europäischen Minderheitensprachencharta und des Kopenhagener Abschlussdokuments bejahen[386], was zur Folge hat, dass das Statusgesetz aufgrund dieses Verstoßes nicht mit dem Absatz 6 der Präambel sowie mit dem Art. 1 des Abkommens zwischen Ungarn und Serbien-Montenegro vereinbar ist.
Aufgrund des Verweises in Art. 15 Absatz 2 des Abkommens zwischen Ungarn und Serbien-Montenegro auf die Tatsache, dass keine Bestimmung dieses Abkommens in einer Weise ausgelegt oder durchgeführt werden soll, die gegen die internationalen legalen Verpflichtungen und die generell anerkannten internationalen Prinzipien, insbesondere dem Respekt für die nationale Souveränität und die territoriale Integrität, verstößt, kann man die eben bei dem Absatz 6 der Präambel sowie bei dem Art. 1 des Abkommens dargebrachte Argumentation auch auf den Art. 15 Absatz 2 des Abkommens übertragen. Zu den generell anerkannten internationalen Prinzipien zählen nämlich u.a. die in der Charta der Vereinten Nationen niedergelegten Prinzipien. Außerdem werden der Respekt für die nationale Souveränität und die

---

- European Charter for Regional or Minority Languages of the Council of Europe;
- Framework Convention for the Protection of National Minorities of the Council of Europe; ...."

383) Art. 1 des Abkommens lautet: "The Contracting Parties agree to ensure for the Hungarian national minority living in Serbia and Montenegro and for the Serbian national minority living in the Republic of Hungary (hereinafter: the national minorities) the preservation and development of their national, linguistic, cultural and religious identity pursuant to the principles and provisions enshrined in the cited OUN, CSCE/OSCE and Council of Europe instruments."

384) Art. 15 Absatz 2 des Abkommens lautet: "No provision of this Agreement shall be interpreted or implemented in the manner, which would be in contravention of international legal obligations and generally recognised international principles with regard to the respect for national sovereignty and territorial integrity."

385) S.o. Kapitel III, B., I., 1., a., (3), S. 100.

386) Bzgl. der UN-Minderheitendeklaration: s.o. Kapitel III, B., I., 1., b., S. 102.
Bzgl. des Rahmenübereinkommens zum Schutz nationaler Minderheiten: s.o. Kapitel III, B., I., 2., a., (1), S. 105.
Bzgl. der Europäischen Charta der Regional- und Minderheitensprachen: s.o. Kapitel III, B., I., 2., a., (2), S. 105.
Bzgl. des Kopenhagener Abschlussdokuments: s.o. Kapitel III, B., I., 2., b., (1), S. 107.

territoriale Integrität in Art. 15 Absatz 2 des Abkommens noch extra hervorgehoben. Aus diesem Grund kann man auf die obigen Erörterungen verweisen, in denen bereits der Verstoß des ungarischen Statusgesetzes gegen den Grundsatz der souveränen Gleichheit, der zu den Prinzipien der UN-Charta zu rechnen ist, bejaht worden ist.[387] Das ungarische Statusgesetz ist somit auch nicht mit dem Art. 15 Absatz 2 des Abkommens zwischen Ungarn und Serbien-Montenegro in Einklang zu bringen.

Anders als das ungarisch-kroatische und das ungarisch-slowenische Übereinkommen sowie die ungarisch-ukrainische Deklaration enthält das Abkommen zwischen Ungarn und Serbien-Montenegro neben den, den jeweils anderen Minderheiten zu gewährenden speziellen Rechten, auch allgemeinere Regelungen über die sich aus der Nachbarschaft ergebenden Rechte und Pflichten, dem gegenseitigen Respekt und dem Verhalten dem Vertragspartner gegenüber. Daher besteht im Gegensatz zu den eben genannten Übereinkommen bzw. Deklarationen im Rahmen des Abkommens zwischen Ungarn und Serbien-Montenegro – ähnlich wie bei den bilateralen Verträgen zwischen Ungarn und Rumänien, der Slowakei, Kroatien und der Ukraine – die Möglichkeit, die Vereinbarkeit des ungarischen Statusgesetzes mit dem Prinzip der territorialen Staatensouveränität zu überprüfen. Diese Prüfung ergibt allerdings, dass das ungarische Statusgesetz weder mit dem Absatz 6 der Präambel noch mit dem Art. 1 und dem Art. 15 Absatz 2 des Abkommens zwischen Ungarn und Serbien-Montenegro zu vereinbaren ist.
Auch das von Ungarn und Serbien-Montenegro erarbeitete und unterzeichnete Abkommen über den Schutz der Rechte der ungarischen Minderheit, die in Serbien-Montenegro lebt, und der serbischen Minderheit, die in Ungarn ansässig ist, kann die auf dem Erlass des ungarischen Statusgesetzes beruhende Umsetzung desselben auf dem Staatsgebiet von Serbien-Montenegro nicht rechtfertigen. Genau wie im Fall des ungarisch-rumänischen Vertrags läuft das ungarische Statusgesetz – im Rahmen der Prüfung seiner Vereinbarkeit mit dem Prinzip der territorialen Staatensouveränität – auch dem Abkommen zwischen Ungarn und Serbien-Montenegro zuwider.
Allerdings kann das Abkommen zwischen Ungarn und Serbien-Montenegro im Gegensatz zu dem zwischen Ungarn und Rumänien geschlossenen Vertrag den Abschluss eines Zusatzes in Form eines Memorandums o.ä. (noch) nicht vorweisen. Insofern besteht bei Abkommen zwischen Ungarn und Serbien-Montenegro, das für sich allein gesehen ebenso unvereinbar mit dem ungarischen Statusgesetz ist wie der ungarisch-rumänische Vertrag, auch (noch) nicht die Möglichkeit, diesen Verstoß durch eine bereits bestehende zusätzliche zwischenstaatliche Vereinbarung aufzuheben.

g. Zwischenergebnis

Auch im Rahmen des bilateralen Minderheitenschutzes führen in Bezug auf die Prüfung der Vereinbarkeit des ungarischen Statusgesetzes mit dem Prinzip der territorialen Staatensouveränität die Verträge, Übereinkommen oder Deklarationen, die soeben daraufhin untersucht wurden, ob das Statusgesetz mit ihnen in Einklang zu bringen ist, nur zu dem Ergebnis, dass es dem ungarischen Statusgesetz an einer Vereinbarkeit mit dem Prinzip der territorialen Staatensouveränität, dem der Grundsatz der souveränen Gleichheit unterzuordnen ist, auch auf bilateraler Ebene mangelt. Es lässt sich folglich kein einziger völkerrechtlicher Vertrag finden, durch den die von dem ungarischen Statusgesetz angeordneten Handlungen auf dem Ge-

---

387) S.o. Kapitel III, B., I., 1., a., (3), S. 100.

biet der betroffenen Nachbarstaaten legitimiert werden könnten. Wie sich gezeigt hat, sind von den von Ungarn mit seinen Nachbarstaaten abgeschlossenen völkerrechtlichen Verträgen überhaupt nur die Verträge mit Rumänien, der Slowakei, Kroatien und der Ukraine dazu geeignet, auf ihre Vereinbarkeit mit dem ungarischen Statusgesetz hin überprüft zu werden. Die Übereinkommen mit Kroatien, Slowenien und Serbien-Montenegro sowie die Deklaration mit der Ukraine sind wegen ihrer Spezialisierung auf den Schutz der nationalen Minderheiten und auf die Verbesserung ihrer Lage in den betroffenen Ländern für eine Vereinbarkeitsprüfung im Rahmen des Prinzips der territorialen Staatensouveränität nicht heranzuziehen. Aber auch die überprüfbaren Verträge mit Rumänien, der Slowakei, Kroatien und der Ukraine sind nur aufgrund einer später hinzugefügten Erklärung mit dem ungarischen Statusgesetz vereinbar, einzeln betrachtet verstößt das Statusgesetz gegen sie. Dieses Ergebnis ist allerdings nach den obigen Ausführungen auch nicht weiter erstaunlich. Denn aufgrund der schon erwähnten völkerrechtskonformen Auslegung möglichst aller Verträge und des in Art. 103 der UN-Charta festgelegten Vorrangs der Bestimmungen der UN-Charta gegenüber widersprüchlichen Regelungen früherer oder späterer Verträge[388], werden auch die meisten bilateralen völkerrechtlichen Verträge in Einklang mit den Bestimmungen der UN-Charta formuliert. Daraus folgt, dass das ungarische Statusgesetz, nachdem bereits ein Verstoß gegen das universelle Völkerrecht bejaht wurde, auch nicht mit dem bilateralen völkerrechtlichen Minderheitenschutz vereinbar ist.

Zusammenfassend kann man aus all dem folgern, dass der Erlass und die darauf beruhende Umsetzung des ungarischen Statusgesetzes gegen das Prinzip der territorialen Staatensouveränität verstoßen und dass dieser Verstoß durch keinen völkerrechtlichen Vertrag, der auf bilateraler Ebene geschlossen worden ist, gerechtfertigt werden kann. Der Kritik der Venedig-Kommission kann man daher auch in Bezug auf die hier ebenfalls unter dem Gesichtspunkt des Prinzips der territorialen Staatensouveränität untersuchten völkerrechtlichen Verträge des bilateralen völkerrechtlichen Minderheitenschutzes und deren Vereinbarkeit mit dem ungarischen Statusgesetz nur zustimmen.

4. Ergebnis

Nach all diesen Ausführungen kommt man zu dem Ergebnis, dass das ungarische Statusgesetz mit dem Prinzip der territorialen Staatensouveränität weder auf universeller noch auf regionaler oder bilateraler Ebene in Einklang zu bringen ist. Der anfangs bei der Prüfung der Vereinbarkeit des Gesetzes mit Art. 2 I der UN-Charta festgestellte Verstoß gegen den Grundsatz der souveränen Gleichheit, der dem Prinzip der territorialen Staatensouveränität unterzuordnen ist, wirkt sich auf die Prüfung aller weiteren diesem Prinzip entsprechenden Bestimmungen aus, was wegen der völkerrechtskonformen Auslegung und des Art. 103 der UN-Charta auch nicht erstaunlich ist. Da das Prinzip der territorialen Souveränität der Staaten eines der wichtigsten Prinzipien des Völkerrechts darstellt, verstößt Ungarn somit durch den Erlass und der darauf beruhenden Umsetzung des ungarischen Statusgesetzes, die mit diesem Prinzip nicht vereinbar ist, gegen das Völkerrecht. Die von der Venedig-Kommission vorgebrachten Bedenken gegen die Vereinbarkeit des Statusgesetzes mit dem Völkerrecht sind daher als bewiesen anzusehen.

---

[388]) S.o. Kapitel III, B., I., 2., c., S. 109.

II. Respektierung des Diskriminierungsverbots

Das Diskriminierungsverbot ist einer der wichtigsten Aspekte der Menschenrechte und der Grundfreiheiten. Durch den Abschluss von internationalen Abkommen, die sich auf die Menschenrechte und Grundfreiheiten beziehen, werden die Staaten dazu verpflichtet, eben diese auch anzuerkennen. Dies hat zur Folge, dass auch das Diskriminierungsverbot von den Staaten zu respektieren ist.[389] Trotz der Unterordnung des Diskriminierungsverbots unter die Oberbegriffe Menschenrechte und Grundfreiheiten soll im Folgenden das Diskriminierungsverbot selbst und seine Vereinbarkeit mit dem ungarischen Statusgesetz – losgelöst von diesen Oberbegriffen – betrachtet werden.

1. Das Verbot der Diskriminierung

Um die Maßstäbe zu überschauen, an denen das ungarische Statusgesetz letztendlich unter diesem Punkt gemessen werden soll, soll zunächst das Verbot der Diskriminierung näher erläutert werden.

a. Diskriminierungsverbot und das Prinzip der Gleichheit

In Bezug auf das Diskriminierungsverbot ist festzustellen, dass eine Beziehung zwischen ihm und dem Prinzip der Gleichheit besteht.[390] Auch wenn die beiden Begriffe nicht als Synonyme zu verstehen sind[391], so kann doch das Diskriminierungsverbot als der negative Gegenpart zu dem positiv zu bewertenden Prinzip der Gleichheit angesehen werden.[392] Das Gegenteil der Diskriminierung ist daher die Gleichheit und das Ziel des Prinzips der Nichtdiskriminierung ist die Herstellung von Gleichheit.[393] Dieses Verhältnis wird auch in dem Urteil des Ständigen Internationalen Gerichtshofes in dem Fall der "Minderheitenschulen in Albanien" deutlich, in dem ausgedrückt wird, dass eine Gleichheit im Recht jede Art von Diskriminierung ausschließt.[394] Zudem lässt sich in den vier Menschenrechtsverträgen, in denen eine Definition des Begriffs der "Diskriminierung" zu finden ist, erkennen, dass in allen Definitionen der Ausdruck der Nichtdiskriminierung gegen die Begriffe "Gleichheit" bzw. "Gleichbehand-

---

389) **Venedig-Kommission**, (s. Fn. 28), Punkt D., d. S. 14.

390) **K. J. Partsch**, "Discrimination against Individuals and Groups", in: R. Bernhardt (Hrsg.), "Encyclopedia of Public International Law" (EPIL), Vol. I, 1992, S. 1079 – 1083 (1079).

391) **A. Eide / T. Opsahl**, "General report on "Equality and non-discrimination"", in: Council of Europe (Hrsg.), "Rights of Persons Deprived of Their Liberty – Equality and Non-Discrimination, Proceedings of the 7th International Colloquy on the European Convention on Human Rights organised by the Secretariat General of the Council of Europe in collaboration with the Danish, Finnish, Norwegian, and Swedish Institutes of Human Rights, Copenhagen, Oslo, Lund (30 May – 2 June 1990)", Strasbourg 1994, S. 97 – 132 (99).

392) **B. G. Ramcharan**, "Equality and Nondiscrimination", in: L. Henkin (Hrsg.), "The International Bill of Rights – The Covenant on Civil and Political Rights", 1981, S. 246 – 269 (252); **M. Mohr**, "Aktuelle Konturen des völkerrechtlichen Diskriminierungsverbots", in: J. C. Joerden (Hrsg.), "Diskriminierung – Antidiskriminierung", 1996, S. 265 – 285 (267).

393) **Y. Dinstein**, "Discrimination and International Human Rights", in: Israel Yearbook on Human Rights (IsraelYHR), Vol. 15, 1985, S. 11 – 27 (11).

394) **PCIJ**, Series A/B, No. 64, 6 . April 1935, S. 19 ("**Minority Schools in Albania**"). Darin heißt es: "Equality in law precludes discrimination of any kind."

lung“ ausgetauscht wird.[395] Darüber hinaus lässt sich feststellen, dass sowohl der Begriff der “Diskriminierung“ als auch der Begriff der “Gleichheit“ auf der Annahme einer Relativität basieren: Die diskriminierende oder die gleiche Behandlung einer Person muss relativ zur Behandlung einer anderen Person gemessen werden.[396] Dabei bezieht sich aber, im Gegensatz zur Gleichheit, die neben Individuen auch an der Art einer Behandlung, an Zielen oder an Ergebnissen gemessen werden kann, die Relativität der Diskriminierung fast immer auf die Art einer Behandlung.[397] Durch diese enge Verbindung des Diskriminierungsverbots mit dem Prinzip der Gleichheit wird auch die besondere Bedeutung des Diskriminierungsverbots deutlich: Wie nämlich bereits Cicero erkannt hatte, ist das Prinzip der Gleichheit neben dem Prinzip der Freiheit das wichtigste menschenrechtliche Prinzip.[398] Denn wirkliche Freiheit kann nur dann bestehen, wenn sie für alle gleich ist.[399] Aus dem soeben Dargelegten lässt sich somit folgern, dass, sobald das Verbot der Diskriminierung ausgesprochen wird, dies regelmäßig nur als ein negativ ausgedrücktes Gleichbehandlungsgebot aufzufassen ist.[400]

b. Entstehung, begrifflicher Inhalt und Geltung des Verbots der Diskriminierung

Die Entstehung des Verbots der Diskriminierung bzw. des Gebots der Gleichbehandlung reicht demnach weit in die Vergangenheit zurück. In jüngerer Zeit lassen sich die in den einzelnen Jahrhunderten entstandenen Ideen zu diesem Thema folgenderweise beschreiben: Das 18. Jahrhundert wurde von der Forderung nach einer “Gleichheit vor dem Recht“ geprägt. Die Idee des 19. Jahrhunderts basiert auf der Forderung nach einem “gleichen Schutz durch das Recht“, und im 20. Jahrhundert kam der Anspruch auf einen “Schutz gegen Diskriminierung“ auf.[401] Betrachtet man das 20. Jahrhundert genauer, so lässt sich feststellen, dass man erstmals nach dem Ersten Weltkrieg im Versailler Friedensvertrag von 1919 ausdrückliche Diskriminierungsverbote finden kann.[402] In der Zeit zwischen den beiden Weltkriegen ging die völkerrechtliche Praxis allmählich dazu über, Verletzungen der Gleichbehandlungspflichten im Minderheitenrecht, im Mandatsrecht und im Fremdenrecht (Verweigerung des inländergleichen Rechts- und Eigentumsschutzes) generell als “Diskriminierungen“ zu bezeichnen. Nach dem Zweiten Weltkrieg hat sich das Diskriminierungsverbot dann vor allem im Hinblick auf die Menschenrechte, auf den internationalen Handel und auf die Europäische Integration zu einem rechtstechnischen Begriff entwickelt.[403]

---

395) **A. F. Bayefsky**, “The Principle of Equality or Non-Discrimination in International Law”, in: Human Rights Law Journal (HRLJ), Vol. 11, No. 1-2, 1989, S. 1 – 34 (2).

396) **J. E. S. Fawcett**, “The Application of the European Convention on Human Rights“, 2. Auflage, 1987, S. 239.

397) **A. Eide / T. Opsahl**, (s. Fn. 391), S. 99.

398) **M. T. Cicero**, “M. Tullii Ciceronis Opera quae supersunt Omnia ac deperditorium Fragmenta”, Vol. 1, Nachdruck, Turici 1826, S. 47.

399) **M. T. Cicero**, “De re publica”, Rom 129 v. Chr., auszugsweiser Nachdruck, Paderborn 1971, S. 30.

400) **G. Jaenicke**, “Der Begriff der Diskriminierung im modernen Völkerrecht“, 1940, I. Teil, B., III., 4., S. 37.

401) **T. Opsahl**, “Equality in Human Rights Law – With Particular Reference to Article 26 of the International Covenant on Civil and Political Rights“, in: M. Nowak / D. Steurer / H. Tretter (Hrsg.), “Fortschritt im Bewusstsein der Grund- und Menschenrechte”, FS für F. Ermacora, 1988, S. 51 – 65 (51 f).

402) Gemäß Art. 104 Ziffer 5 war nämlich jegliche ’discrimination’ gegen die polnische Minderheit in Danzig verboten.

403) **G. Jaenicke**, “Diskriminierung“, in: K. Strupp / H.-J. Schlochauer (Hrsg.), “Wörterbuch des Völkerrechts“, 1. Band, 1961, S. 387 – 392 (388 f).

Bezüglich der inhaltlichen Bedeutung des Verbots der Diskriminierung ist zunächst der Begriff der Diskriminierung als solcher zu betrachten. Dieser leitet sich von dem lateinischen Wort "discriminare" ab. Das englische Verb "to discriminate" hat zwei unterschiedliche Bedeutungen. Einerseits wird es in einem neutralen oder teilweise sogar in einem positiven Sinne verwendet, indem es mit den englischen Begriffen "to distinguish between" bzw. "to differentiate between", also unterscheiden bzw. differenzieren zwischen Personen, Dingen o.ä., gleichgesetzt wird. Auf der anderen Seite kann es auch in dem abwertenden Sinne des "to discriminate against" gebraucht werden, was dem deutschen Verb "diskriminieren" entspricht. Dies wird immer dann benutzt, wenn eine nachteilige Unterscheidung getroffen wird bzw. wenn jemand im Vergleich zu anderen unterschiedlich behandelt wird.[404] Im Deutschen wird – genau wie auch im Französischen, Russischen und Holländischen – der lateinische Ursprungsbegriff nur in der letztgenannten Form verstanden, d.h., eine Diskriminierung stellt immer eine herabsetzende, unsachliche, sozial inadäquate und willkürliche Unterscheidung dar.[405] Gegenüber dem Begriff der Diskriminierung bildet der Begriff der Differenzierung im Deutschen den Oberbegriff zur Diskriminierung.[406]
Um eine klare Definition für den Begriff der Diskriminierung zu erlangen, muss dieser daher zuvor eindeutig von dem Oberbegriff der legitimen Differenzierung abgetrennt werden. Dies hat der Europäische Gerichthof für Menschenrechte in seinem Urteil zu dem "Belgischen Sprachenfall" versucht.[407] Im Ergebnis wurden vier Punkte herausgearbeitet: (1) eine Diskriminierung besteht aus einer willkürlichen Ungleichbehandlung; (2) eine Differenzierung zielt darauf ab, Gleichheit wiederherzustellen anstatt sie zu zerstören, und sofern sie auf berechtigten Gründen beruht, ist sie auch legitim; (3) eine legitime Differenzierung kann sich in eine nicht erlaubte Diskriminierung verwandeln, wenn sie ihr ursprüngliches Ziel bereits erreicht hat; und (4) einige Diskriminierungen, die bewusst von der Regierung vorgenommen werden, sind ernst zu nehmender als andere, die ihren Ursprung in der wirtschaftlichen, sozialen oder politischen Natur oder in historischen Umständen haben.[408]

Die Schwierigkeit der Inhaltsbestimmung des Diskriminierungsverbots beruht nicht auf einer Unschärfe des Diskriminierungsbegriffs, dessen rechtlicher Inhalt durch das Kriterium der Verletzung einer Gleichbehandlungspflicht hinreichend bestimmt ist, sondern hat seine Ursache in der Unschärfe (Relativität, Abstraktheit) der dem jeweiligen Diskriminierungsverbot

---

404) **W. A. McKean**, "The Meaning of Discrimination in International and Municipal Law", in: The British Year Book of International Law (BritishYBIL), Vol. 44, 1970, S. 177 – 192 (177 f); **E. W. Vierdag**, "The Concept of Discrimination in International Law – With Special Reference to Human Rights", 1973, IV., 24., S. 48.

405) **W. Kewenig**, "Der Grundsatz der Nichtdiskriminierung im Völkerrecht der internationalen Handelsbeziehungen, Band 1: Der Begriff der Diskriminierung", 1972, S. 25.

406) **H. Kipp**, "Das Verbot der Diskriminierung im modernen Friedensvölkerrecht", in: H.-J. Schlochauer / H. Wehberg / W. Schätzel (Hrsg.), "Archiv des Völkerrechts", 9. Band, 1961/1962, S. 137 – 161 (142).

407) **EuGMR**, Urteil vom 23. Juli 1968 (**"Belgian Linguistic Case"**), Series A, Vol. 6, I. A. Ziffer 4, S. 25. Darin heißt es: "(...). Moreover they admitted that Article 14, despite the categorical words of the French version („sans distinction aucune"), only forbids distinctions of a "discriminatory" character, a discrimination consisting "of an act or omission attributable to the public authorities" and introducing an inequality of treatment of an arbitrary nature. A distinction designed "to re-established rather than to destroy equality" or based on "valid reasons" is therefore completely "legitimate". However a "legitimate distinction" sometimes turns in the long run into a "wrongful discrimination" having survived the achievements of its initial aim. Certain discriminations, the gravest ones, derive from the "deliberate will of governments" ("active" discriminations); others have their "origin in factors of an economic, social or political nature" or in "historical circumstances" ("static" discriminations)."

408) **W. A. McKean**, "Equality and Discrimination under International Law", 1983, XII., 2., S. 220.

zugrunde liegenden Gleichheitsvorstellung. Die übliche Definition, ein Gleichbehandlungsgrundsatz erfordere, dass Gleiches gleich und Ungleiches unterschiedlich behandelt werden müsse, und er sei nur dann verletzt, wenn die beanstandete Maßnahme gleichgelagerte Tatbestände unterschiedlich treffe, ist keine Inhaltsbestimmung, sondern nur eine Verschiebung der Fragestellung. Durch sie wird nämlich offengelassen, nach welchen Maßstäben und Kriterien die Gleich- oder Ungleichartigkeit der untereinander zu vergleichenden Tatbestände zu messen ist.[409]

Das Verbot der Diskriminierung war auch von Anfang an ein Thema der Vereinten Nationen. Trotz der Tatsache, dass es an mehreren Stellen in der UN-Charta auftaucht, existiert in der UN-Charta keine Definition des Begriffs der Diskriminierung. Um diesem Gebiet mehr Aufmerksamkeit zuzuwenden, wurde eine Unter-Kommission zur Verhütung von Diskriminierung und zum Schutz von Minderheiten[410] ins Leben gerufen. Nach Ansicht dieser Unter-Kommission ist unter der Verhütung der Diskriminierung die Verhinderung jeglicher Handlungen zu verstehen, die Individuen oder Gruppen die von ihnen gewünschte Gleichbehandlung vorenthalten könnten. Unter dem Schutz von Minderheiten wird der Schutz nicht-dominanter Gruppen verstanden, deren Wunsch es neben dem Streben nach Gleichbehandlung mit der Mehrheit ist, dass Maßnahmen in Form einer unterschiedlichen Behandlung vorgenommen werden, damit sie ihre grundlegenden Charakteristika, die sie besitzen und die sie von der Mehrheit der Bevölkerung unterscheiden, bewahren können. Dieser Schutz bezieht sich genauso auch auf Individuen, die solchen Gruppen angehören und einen derartigen Schutz wünschen. Daraus folgt, dass eine unterschiedliche Behandlung solcher Gruppen oder Individuen, die solchen Gruppen angehören, dann gerechtfertigt ist, wenn sie im Sinne ihrer Zufriedenheit und dem Wohlergehen der gesamten Gemeinschaft erfolgt.[411] Diese Formel der Unter-Kommission wurde durch den Generalsekretär der Vereinten Nationen 1949 in einem Memorandum[412] kommentiert. Dem Memorandum zufolge ist unter einer Diskriminierung jede Handlung oder jedes Verhalten zu verstehen, das bestimmten Individuen die Gleichbehandlung mit anderen Individuen vorenthält, weil sie zu einer bestimmten sozialen Gruppe gehören. Demnach bedeutet die Verhütung von Diskriminierungen die Unterdrückung oder Vermeidung jeglichen Verhaltens, das das Recht einer Person auf Gleichheit beschränkt. Auf der anderen Seite wird festgestellt, dass der Schutz von Minderheiten, obwohl er in ähnlicher Weise auf dem Prinzip der Gleichbehandlung aller Personen beruht, die Vornahme von positiven bzw. konstruktiven Handlungen erfordert. Dabei müssen aber auch solche Handlungen von dem Prinzip der Gleichheit getragen werden. Die entscheidenden Schlussfolgerungen, die aus dem Memorandum des Generalsekretärs gezogen werden können, sind, dass ein Unter-

---

409) **G. Jaenicke**, (s. Fn. 400), S. 390 f.

410) "United Nations Sub-Commission on Prevention of Discrimination and Protection of Minorities", s. United Nations Yearbook (1946), S. 528.

411) UN Doc E/CN.4/52, Section V (Sub-Commission, 1st Session, 1947). Darin heißt es:

1. Prevention of discrimination is the prevention of any action which denies to individuals or groups of people equality of treatment which they may wish.
2. Protection of minorities is the protection of non-dominant groups which, while wishing in general for equality of treatment with the majority, wish for a measure of differential treatment in order to preserve basic characteristics which they possess and which distinguish them from the majority of the population. The protection belongs equally to individuals belonging to such groups and wishing the same protection. It follows that differential treatment of such groups or individuals belonging to such groups is justified when it is exercised in the interest of their contentment and the welfare of the community as a whole…

412) "The main Types and Causes of Discrimination", United Nations, Sales No. 1949 XIV 3 [UN Doc. E/CN.4/Sub.2/40/Rev. 1 (June 1947)].

schied zwischen der Verhütung von Diskriminierung und dem Schutz von Minderheiten besteht und dass diese beiden Bereiche auch unterschiedlich behandelt werden müssen.[413] Während die Verhütung der Diskriminierung die Unterdrückung oder Vermeidung jeden Verhaltens erfordert, das einer Person das Recht auf Gleichheit vorenthält, verlangt der Schutz von Minderheiten positive bzw. konstruktive Handlungen.[414] Diese 1949 getätigte Unterscheidung führt allerdings bei der genaueren Betrachtung einiger Bestimmungen in später erschienen Menschenrechtsinstrumenten zur Vermeidung von Diskriminierung zu Problemen, da diese die Vornahme von speziellen Maßnahmen zur Abschaffung der unterschiedlichen Formen der Diskriminierung zulassen oder sogar erfordern (s.u.).

Für eine angemessene Bestimmung des Inhalts des Begriffs der Diskriminierung wird in heutiger Zeit u.a. auf Art. 1 I der "International Convention on the Elimination of All Forms of Racial Discrimination" (Anti-Rassendiskriminierungskonvention (ARDK)) vom 21. Dezember 1965 zurückgegriffen.[415] Darin wird die Diskriminierung als jede auf bestimmten Kriterien beruhende, nicht gerechtfertigte Unterscheidung, Ausschließung, Beschränkung oder Bevorzugung verstanden, die zum Ziel oder zur Folge hat, dass dadurch ein gleichberechtigtes Anerkennen, Genießen oder Ausüben von Menschenrechten und Grundfreiheiten im politischen, wirtschaftlichen, sozialen, kulturellen oder in jedem sonstigen Bereich des öffentlichen Lebens vereitelt oder beeinträchtigt wird.[416] Unter Zugrundelegung dieser in Art. 1 I der ARDK dargelegten Aspekte lässt sich die Diskriminierung als eine willkürliche Ungleichbehandlung von Rechtsgenossen (Einzelpersonen, Staaten) unter Anknüpfung an Unterscheidungsmerkmale beschreiben, die entweder – so im Falle von Individuen und Gruppen – von diesen nicht beeinflussbar sind wie Rasse, Volkszugehörigkeit oder Geschlecht oder unter keinem rationalen Gesichtspunkt als Unterscheidungskriterien von Individuen, Gruppen und Staaten sachlich gerechtfertigt werden können. Jedoch nicht nur die willkürliche Ungleichbehandlung fällt unter den Diskriminierungsbegriff, sondern unter bestimmten Umständen auch die willkürliche, benachteiligende Gleichbehandlung, so etwa im Falle von nationalen oder rassischen, aber auch religiösen Minderheiten, wenn sie entweder mittels der Gleichbehandlung zwangsweise der dominierenden Gesellschaft assimiliert oder zumindest in der Entfaltung ihrer Besonderheit gehindert werden.[417]

Aufgrund der im Laufe der Geschichte gemachten Erfahrungen verbindet man mit dem Begriff der Diskriminierung zunächst einmal eine Ungleichbehandlung der Angehörigen einer Minderheit in einem Staat gegenüber der übrigen, der Mehrheit zugehörigen Bevölkerung.[418]

---

413) **W. A. McKean**, (s. Fn. 408), S. 86 f.

414) **K. Myntti**, (s. Fn. 142), S. 205.

415) Die "International Convention on the Elimination of All Forms of Racial Discrimination" ist abgedruckt in: International and Comparative Law Quarterly (ICLQ), Vol. 15, Oct. 1966, S. 1059 ff.

416) Art. 1 I der ARDK lautet: "In this Convention, the term "racial discrimination" shall mean any distinction, exclusion, restriction or preference based on race, colour, descent, or national or ethnic origin which has the purpose or effect of nullifying or impairing the recognition, enjoyment or exercise, on an equal footing, of human rights and fundamental freedoms in the political, economic, social, cultural or any other field of public life."

417) **J. Delbrück**, "Diskriminierung", in: R. Wolfrum (Hrsg.), "Handbuch Vereinte Nationen", Zweite Auflage, 1991, S. 85 – 89 (85 f), Rn. 1.

418) Vgl. vor allem die zur Zeit des Faschismus und in der südafrikanischen Apartheidpolitik aufgetretenen Diskriminierungen von Rassen, sowie die ansonsten aufgetretenen Diskriminierungen von Frauen und Kindern und die anderen Diskriminierungen, die aufgrund der weiteren oben genannten Kriterien (Hautfarbe, Sprache, Religion, politische oder sonstige Anschauung, nationale oder soziale Herkunft, Vermögen, Geburt oder sonstiger Status) erfolgten.

Diese grundsätzlich in Bezug auf Minderheiten ausgelegte Bedeutung der Diskriminierung ist allerdings nicht die einzig mögliche Interpretation des Begriffs. Betrachtet man nämlich nicht die geschichtlichen Ereignisse, sondern lediglich die eben erörterte Definition des Begriffs der Diskriminierung, so lässt sich feststellen, dass diese keinen Bezug zu einer Minderheit bzw. einer Mehrheit aufweist. In ihr ist fast ausschließlich von Individuen, Gruppen oder Staaten die Rede. Der einmal erwähnte Begriff der Minderheit ist nur erläuternder bzw. beispielhafter Natur und stellt daher kein Definitionsmerkmal dar. Dies führt dazu, dass unter den Begriff der Diskriminierung auch die Ungleichbehandlung der Angehörigen einer Mehrheit zu fassen ist. Da eine solche Art der Diskriminierung nicht ihrer ursprünglichen Verwendung (nämlich der Ungleichbehandlung einer Minderheit) entspricht, sondern ihr vielmehr widerspricht, wird sie als "umgekehrte" Diskriminierung ("reverse discrimination") angesehen.[419] Trotz der Tatsache, dass die beiden Begriffe "Diskriminierung" und "Mehrheit" vom Wortgefühl her eigentlich nicht zusammenpassen, wird eine umgekehrte Diskriminierung dennoch immer dann angenommen, wenn eine sachlich begründete, verhältnismäßige Benachteiligung der Mehrheitsbevölkerung gegenüber den bevorzugt behandelten Angehörigen einer Minderheit vorliegt.[420]

Die Geltung des auf diese Weise zu verstehenden Prinzips der Nichtdiskriminierung war lange Zeit nicht geklärt. Während früher vorgebracht wurde, dass zwar die Gleichheit der Staaten als eines der fundamentalen Rechtsprinzipien des Völkerrechts anzusehen ist, so ist es dennoch immer verneint worden, dass das Verbot der Diskriminierung de lege lata schon eine Norm des allgemeinen völkerrechtlichen Gewohnheitsrechts sei.[421] In jüngerer Zeit hat sich allerdings die Auffassung durchgesetzt, dass die Rechte aller nicht nur durch einzelne, privat geschlossene Verträge mit entsprechenden Klauseln gegen eine Diskriminierung gesichert sein sollen, sondern dass es ein grundsätzliches, zu jeder Zeit und in jeder Situation geltendes Diskriminierungsverbot geben soll.[422] Als weiteres Argument für diese Ansicht wird auch das Vorhandensein des völkerrechtlichen Diskriminierungsverbots im humanitären Völkerrecht vorgebracht. Dort (z.B. in dem gemeinsamen Art. 3 der Genfer Abkommen von 1949) werden nämlich Mindestnormen für den nicht-internationalen bewaffneten Konflikt aufgestellt, die Gewohnheitsrechtscharakter besitzen. Zudem hat das Gleichheits- und Nichtdiskriminierungsgebot in der üblichen, breiten Form Aufnahme in KSZE-Dokumente gefunden.[423] Aus diesem Grund ist jetzt von einem völkergewohnheitsrechtlich geltenden Diskriminierungsverbot auszugehen, das zwingend auch dort Anwendung findet, wo es nicht durch völkerrechtliche Verträge vereinbart worden ist.[424]

---

[419]) **A. Epiney**, "Umgekehrte Diskriminierungen – Zulässigkeit und Grenzen der discrimination à rebours nach europäischem Gemeinschaftsrecht und nationalem Verfassungsrecht", 1995, Einleitung, S. 1.

[420]) U.S. Supreme Court, "Regents of the University of California v. Bakke" (28.06.1978), 98 S.Ct. 2733 (1978), kommentiert von **U. Beyerlin**, ""Umgekehrte Rassendiskriminierung" und Gleichbehandlungsgebot in der amerikanischen Verfassungsrechtsprechung – Zum Bakke-Urteil des U.S. Supreme Court vom 28. Juni 1978", in: Zeitschrift für ausländische öffentliches Recht und Völkerrecht (ZaöRV), Band 39, 1979, S. 496 – 554 (506); **E. Cannizzaro**, "Producing 'Reverse Discrimination' Through the Exercise of EC Competences", in: A. Barav / D. A. Wyatt (Hrsg.), "Yearbook of European Law", Band 17, 1997, S. 29 – 46 (29).

[421]) **W. Kewenig**, (s. Fn. 405), S. 32.

[422]) **P Thornberry**, (s. Fn. 77), 35., S. 310.

[423]) **M. Mohr**, (s. Fn. 392), S. 282 f.

[424]) **I. Brownlie**, "Principles of Public International Law", 5. Auflage, 1998, Part IX, XXIV., 1., S. 520 f und Part IX, XXV., 6., S. 573 ff bzw. 8., S. 596; **F. Brinkmeier**, "Der allgemeine völkerrechtliche Diskriminierungsschutz, insbesondere nach Art. 26 des Internationalen Paktes über bürgerliche und politische Rechte", in: E. Klein (Hrsg.), "Rassische Diskriminierung – Erscheinungsformen und Bekämp-

c. Positive Diskriminierung

Die durch das Verbot der Diskriminierung zu erzielende Gleichheit hat allerdings einen doppelten Charakter. Wie bereits schon Aristoteles festgestellt hatte, ist das, worum es letzten Endes geht, die Unterscheidung einer Gleichheit in Ansehen oder ohne Ansehen der Person, also symbolisch gesprochen einer iustitia ohne oder mit der Binde vor den Augen. Und das ist der Grund, weshalb sich die Gleichheit aufspaltet, und zwar in einfache Gleichheit – ισοτης – und verhältnismäßige Gleichheit – αναλογια –; Gleichheit bedeutet einmal: jedem das Gleiche, einmal: jedem das Seine.[425]

Um auf der einen Seite jedem das Gleiche und auf der anderen Seite jedem das Seine gewähren zu können, ist das bloße Verbot der Diskriminierung nicht ausreichend. Es ist zum Teil vielmehr eine bevorzugte Behandlung einiger Bevölkerungsgruppen erforderlich, damit diese beiden Aspekte der Gleichheit hergestellt werden können. Diese mögliche Sonderform der Unterscheidung, die eine vom allgemeinen Diskriminierungsverbot abweichende Beurteilung verlangen kann, ist die positive Diskriminierung ("positive" bzw. "affirmative action"), die faktische Nachteile ausgleichen will. Hierzu werden den meistens einer Minderheit angehörenden Personen vorübergehend Rechtspositionen eingeräumt, die über den Rechtskreis des Normalbürgers hinausgehen. Grundlage der positiven Diskriminierung ist die Erkenntnis, dass aus der Minderheitenexistenz bestimmte konkrete Nachteile fließen oder fließen können und dass diese Nachteile auf Dauer oder zumindest bis zum Erreichen einer faktischen Gleichstellung mit den Mehrheitsangehörigen nur durch besondere fördernde Maßnahmen ausgeglichen werden können.[426] Diese dafür zu ergreifenden speziellen Maßnahmen sind allerdings keine Privilegien, sondern es sind Rechte, die genau wie das Verbot der Diskriminierung auf dem Prinzip der Gleichbehandlung basieren.[427] Sie sind nur zeitweiliger Natur und entsprechend zweckorientiert.[428] Zur Festschreibung von Sonderrechten dürfen sie allerdings nicht führen.[429]

Fraglich ist allerdings, ob das völkerrechtliche Diskriminierungsverbot auch die positive Sonderbehandlung von Minderheiten und ihren Angehörigen verbietet. Völkervertragsrechtlich ist ein solches Verbot nicht ersichtlich, einzelne Verträge – wie z.B. Art. 1 IV und 2 II der ARDK[430] – erlauben im Gegenteil die fördernde Sonderbehandlung rassischer, ethnischer

---

fungsmöglichkeiten (Tagung in Potsdam, 29./30. September 2000)", 2002, S. 81 – 115 (93); **B. G. Ramcharan**, (s. Fn. 392), S. 249.

[425]) **M. Salomon**, "Der Begriff der Gerechtigkeit bei Aristoteles", 1937, Zweiter Teil, I., 1., S. 26.

[426]) **H. Küpper**, "Das neue Minderheitenrecht in Ungarn", 1998, I., 2., b), S. 19 f; **G. Malinverni**, "The draft Convention for the Protection of Minorities – The Proposal of the European Commission for Democracy through Law", in: Human Rights Law Journal (HRLJ), 12 (1991), S. 265 – 269 (267).

[427]) **G. Alfredsson**, "Minority Rights: Non-Discrimination, Special Rights and Special Measures", in: F. Ermacora / H. Tretter / A. Pelzl (Hrsg.), "Volksgruppen im Spannungsfeld von Recht und Souveränität in Mittel- und Osteuropa", 1993, S. 149 – 158 (152).

[428]) **A. F. Bayefsky**, (s. Fn. 395), S. 27; **M. Mohr**, (s. Fn. 392), S. 274.

[429]) **M. Mohr**, (s. Fn. 392), S. 274.

[430]) Art. 1 IV der ARDK lautet: "Special measures taken for the sole purpose of securing adequate advancement of certain racial or ethnic groups or individuals requiring such protection as may be necessary in order to ensure such groups or individuals equal enjoyment or exercise of human rights and fundamental freedoms shall not be deemed racial discrimination, provided, however, that such measures do not, as a consequence, lead to the maintenance of separate rights for different racial groups and that they shall not be continued after the objectives for which they were taken have been achieved."
Art. 2 II der ARDK lautet: "States Parties shall, when the circumstances so warrant, take, in the social, economic, cultural and other fields, special and concrete measures to ensure the adequate development

oder ähnlicher Gruppen jedenfalls bis zur Herstellung einer faktischen Gleichheit ausdrücklich. Ein Verbot der positiven Diskriminierung könnte aber aus dem Völkergewohnheitsrecht herzuleiten sein. Solches entsteht durch eine entsprechende Ausübung von einiger Dauer (consuetudo), die von Rechtsüberzeugung (opinio iuris) getragen ist.[431] Da es in der Staatenpraxis des völkerrechtlichen Verkehrs und in der innerstaatlichen Rechtsordnungen ebenso wie in der völkerrechtlichen Literatur zahlreiche Beispiele für positive Diskriminierungen gibt, fehlt es sowohl an einer einheitlichen Ausübung als auch an einer entsprechenden Rechtsüberzeugung. Daher lässt sich kein Satz des völkergewohnheitsrechtlichen ius cogens herleiten, dass das Diskriminierungsverbot auch fördernde Maßnahmen und die dadurch entstehenden vorübergehenden Ungleichheiten verbietet. Folglich untersagt das Völkerrecht zwingend lediglich nachteilige Unterscheidungen, während die Vornahme positiver Diskriminierungen in dem Ermessen des Staates verbleibt.[432]

Das Recht auf Nichtdiskriminierung, d.h., das Recht des einzelnen, vom Staat nicht diskriminiert zu werden, hat eindeutig negatorischen Charakter.[433] Dadurch, dass der Staat aber auch zu Schutzmaßnahmen gegenüber Dritten verpflichtet werden kann bzw. dass bestehende Ungleichheiten durch eine umgekehrte, positive Diskriminierung (Bevorteilung) von Minderheiten ausgeglichen werden, kann das Recht auf Nichtdiskriminierung aber auch Horizontalwirkung entfalten.[434] In diesem Fall ist das Recht auf Nichtdiskriminierung als (eindeutig) positives Recht anzusehen.[435]

d. Ansichten der Venedig-Kommission

Das mittlerweile gewohnheitsrechtlich geltende Verbot der Diskriminierung hat die Herstellung der Gleichheit als Ziel. Um dieses Ziel zu erreichen, ist es im Rahmen des Diskriminierungsverbots gestattet, eine benachteiligte Bevölkerungsgruppe über einen bestimmten Zeitraum hinweg bevorzugt zu behandeln. Diese Ansicht wird auch von der Venedig-Kommission geteilt, wobei sie noch ergänzend hinzufügt, dass eine derartige bevorzugte Behandlung von ethnischen Minderheiten für die Personen, die nicht dieser ethnischen Minderheit angehören, nicht diskriminierend sind.[436]

Die Venedig-Kommission ist darüber hinaus der Auffassung, dass in Bezug auf die Natur der Begünstigungen, die durch das ungarische Statusgesetz gewährt werden, zwischen den Belangen, die die Bildung und Kultur betreffen und den übrigen Belangen zu unterscheiden ist. Soweit es sich nur um die Gebiete der Bildung und Kultur handelt, kann eine unterschiedliche Behandlung dann gerechtfertigt sein, wenn dadurch das legitime Ziel verfolgt wird, die kulturellen Verbindungen der Angehörigen der nationalen Minderheit zum Ursprungsstaat zu

and protection of certain racial groups or individuals belonging to them, for the purpose of guaranteeing them the full and equal enjoyment of human rights and fundamental freedoms. These measures shall in no case entail as a consequence the maintenance of unequal or separate rights for different racial groups after the objectives for which they were taken have been achieved."

431) **G. Dahm / J. Delbrück / R. Wolfrum**, (s. Fn. 283), 1. Teil, 1. Kapitel, § 4, II., 2., a) und b), S. 56 ff.

432) Vgl. **H. Küpper**, (s. Fn. 426), I., 3., a), S. 34 f.

433) **J. Niewerth**, (s. Fn. 1), Kapitel III, I., S. 118.

434) **J. Delbrück**, "Die Rassenfrage als Problem des Völkerrechts und nationaler Rechtsordnungen", 1971, S. 113.

435) **J. Niewerth**, (s. Fn. 1), Kapitel III, I., S. 118.

436) **Venedig-Kommission**, (s. Fn. 28), Punkt D., d., S. 15.

verbessern. In allen anderen Bereichen stimmt die Venedig-Kommission einer unterschiedlichen Behandlung nur ausnahmsweise und nur dann zu, wenn es bewiesen ist, dass das natürliche Ziel des Erhalts der Beziehungen zum Ursprungsstaat verfolgt wird und diese unterschiedliche Behandlung im Verhältnis zum Ziel steht.[437]

Es stellt sich insofern die Frage, ob die für die Personen in den Nachbarstaaten Ungarns – mit Ausnahme Österreichs – (also in der ehemaligen Bundesrepublik Jugoslawien (jetzt Serbien-Montenegro), der Republik Kroatien, der Republik Slowenien, Rumänien, der Slowakischen Republik und der Ukraine), die keine ungarischen Staatsbürger sind, sich aber als ethnische Ungarn bzw. zum "Ungarntum" bekennen, geltenden Regelungen des ungarischen Statusgesetzes – sofern sie nicht die Bildung und Kultur betreffen und demnach gerechtfertigt sind – gegen das Verbot der Diskriminierung verstoßen und nicht durch das Ziel des Erhalts der Beziehungen zum Ursprungsstaat und durch die Verhältnismäßigkeit der Behandlung gerechtfertigt sind.

2. Vereinbarkeit mit dem ungarischen Statusgesetz

Unter Beachtung dieser grundsätzlichen Aspekte ist im Folgenden die Vereinbarkeit des ungarischen Statusgesetzes mit den speziellen Vorschriften des universellen, regionalen und bilateralen völkerrechtlichen Minderheitenschutzes in Bezug auf die Respektierung des Verbots der Diskriminierung zu untersuchen.

Eine mögliche Diskriminierung könnte dabei in dreifacher Hinsicht in Betracht kommen:
- zwischen den Angehörigen der nationalen ungarischen Minderheit und den Bürgern des Aufenthaltsstaates
- zwischen den Angehörigen der nationalen ungarischen Minderheit und den Bürgern des Ursprungsstaates
- zwischen den Angehörigen der nationalen ungarischen Minderheit und den Angehörigen anderer, nicht begünstigter Minderheiten.

a. Universelles Völkerrecht

Im Rahmen des universellen Völkerrechts sind in Bezug auf die Prüfung der Vereinbarkeit des ungarischen Statusgesetzes mit dem Prinzip der Nichtdiskriminierung vor allem die Art. 1 III, 2 I und 55 c) der UN-Charta, die Art. 2 I und 7 der AEMR, die Art. 2 I, 3, 26 und 27 des IPBPR und die UN-Minderheitendeklaration von Bedeutung.

(1) Art. 1 III und Art. 55 c) der UN-Charta

Bevor die Vereinbarkeit des ungarischen Statusgesetzes mit den Art. 1 III und 55 c) der UN-Charta überprüft werden kann, sollen zunächst einmal diese beiden Artikel und ihre Beziehung untereinander dargestellt werden. Zuvor ist allerdings noch hervorzuheben, dass die Charta der Vereinten Nationen dem Thema der Vermeidung von Diskriminierungen mehr

---

[437]) **Dies.**, Punkt D., d., S. 15.

Beachtung schenkt als allen anderen Kategorien der Menschenrechte.[438] Die Aufnahme eines Diskriminierungsverbots neben einem Gleichbehandlungsgebot in der Charta der Vereinten Nationen belegt, welche negative Bedeutung den durch das Diskriminierungsverbot inkriminierten Unterscheidungsgründen bzw. -kriterien beigemessen wird.[439]

(a) Darstellung des Art. 1 III und des Art. 55 c) der UN-Charta und deren Verhältnis untereinander

Die UN-Charta symbolisiert den ersten Schritt in Richtung der Schaffung eines Rahmens, in dem festgeschrieben wird, wie mit Fragen zu den Menschenrechten zu verfahren ist, und sie legt Verpflichtungen sowohl für die Weltorganisation als auch für die Mitgliedsstaaten nieder, denen zufolge Menschenrechtsprogramme zu entwickeln und zu formulieren sind.[440]

Art. 1 III der UN-Charta stellt klar, dass zu den Zielen der Vereinten Nationen die Herbeiführung einer internationalen Zusammenarbeit gehört, um internationale Probleme wirtschaftlicher, sozialer, kultureller und humanitärer Art zu lösen und die Achtung vor den Menschenrechten und Grundfreiheiten für alle ohne Unterschied der Rasse, des Geschlechts, der Sprache oder der Religion zu fördern oder zu festigen. Durch diesen Artikel soll zum Ausdruck gebracht werden, dass die Aufgaben der Vereinten Nationen in der Stabilisierung der internationalen Beziehungen liegen, wodurch die Wahrscheinlichkeit eines Krieges verringert werden soll.[441] Wie in einer Resolution der Generalversammlung zum Ausdruck gebracht wird, verpflichtet Art. 1 III der UN-Charta alle Mitgliedsstaaten, den Respekt vor den Menschenrechten und den Grundfreiheiten für alle ohne Unterschied der Rasse, des Geschlechts, der Sprache oder der Religion zu unterstützen.[442] Es liegt daher nahe, dem Art. 1 III der UN-Charta den Stellenwert eines allgemeinen Diskriminierungsverbots beizumessen.[443] Es wurde allerdings schon erwähnt, dass in Art. 1 der UN-Charta die Ziele der Vereinten Nationen festgelegt werden.[444] Der operative Teil der UN-Charta, auf den Art. 1 III der UN-Charta zur Umsetzung der in ihm genannten Ziele verweist – und in dem dann auch der in diesem Fall einschlägige Artikel zu suchen ist –, sind die Kapitel IX und X der UN-Charta.[445]
Der das Kapitel IX der UN-Charta einleitende Art. 55 bezieht sich auf Art. 1 III der UN-Charta, indem er in seinem Punkt c) den Wortlaut dieses Artikels wiederholt.[446] Das in

---

438) **J. Greenberg**, "Race, Sex and Religious Discrimination", in: T. Meron (Hrsg.), "Human Rights in International Law: Legal and Policy Issues", 1984, S. 307 – 343 (309).

439) **R. Wolfrum**, "Das Verbot der Diskriminierung aufgrund von Rasse, Herkunft, Sprache oder Hautfarbe im Völkerrecht", in: R. Wolfrum (Hrsg.), "Gleichheit und Nichtdiskriminierung im nationalen und internationalen Menschenrechtsschutz", 2003, S. 215 – 231 (216).

440) **E. Riedel**, in: B. Simma (Hrsg.), "The Charter of the UNITED NATIONS – A Commentary", Vol. II, Zweite Auflage, 2002, Article 55 c), Rn. 24.

441) **R. Wolfrum**, in: B. Simma (Hrsg.), "The Charter of the UNITED NATIONS – A Commentary", Vol. I, Zweite Auflage, 2002, Article 1, Rn. 9.

442) GA Res. 285, UN Doc. A/900, 34 (1949).

443) Vgl. **M. Mohr**, "Die Vereinten Nationen und der Minderheitenschutz. Versuch einer Bestandsaufnahme", in: M. Mohr (Hrsg.), "Friedenssichernde Aspekte des Minderheitenschutzes in der Ära des Völkerbundes und der Vereinten Nationen in Europa", 1996, S. 85 – 106 (85).

444) S.o. Kapitel III, A., I., 3., a., S. 51.

445) Vgl. **R. Wolfrum**, (s. Fn. 441), Article 1, Rn. 23.

446) Art. 55 c) der UN-Charta lautet: "Um jenen Zustand der Stabilität und Wohlfahrt herbeizuführen, der erforderlich ist, damit zwischen den Nationen friedliche und freundschaftliche, auf der Achtung vor dem Grundsatz der Gleichberechtigung und Selbstbestimmung der Völker beruhende Beziehungen herrschen,

Art. 1 III der UN-Charta niedergelegte allgemeine Diskriminierungsverbot wird somit durch Art. 55 c) der UN-Charta in die Tat umgesetzt, wobei der Stellung dieses Artikels in der UN-Charta (nämlich relativ weit hinten im Vergleich zur Wichtigkeit seines Inhalts) nicht zuviel Bedeutung beigemessen werden darf.[447] Insofern ist für die Prüfung der Vereinbarkeit des ungarischen Statusgesetzes mit dem universellen Völkerrecht die Kombination aus den Art. 1 III und Art. 55 c) der UN-Charta zu betrachten.

Art. 55 c) der UN-Charta erfüllt ein doppeltes Ziel. Auf der einen Seite beinhaltet er das Programm, das durch die UN-Organe erfüllt werden soll, indem er in seiner Präambel und in dem Absatz c) die Zielsetzungen aufzählt. Auf der anderen Seite ist es weitgehend anerkannt, dass dieser Artikel nicht nur die Weltorganisation, sondern auch die Mitgliedsstaaten zur Achtung und zum Schutz der Menschenrechte rechtlich verpflichtet.[448] Die Nichtdiskriminierungsklausel am Ende des Absatzes c) stellt zweifellos eine klare rechtliche Verpflichtung dar, die ohne eine zusätzliche Umsetzungsbestimmung direkt anwendbar ist. Sie wird sogar häufig als Teil des ius cogens angesehen.[449] Ihr Inhalt, d.h. das in ihr enthaltene Verbot der Diskriminierung, entspricht den zu diesem Begriff gemachten Ausführungen und ist im Sinne der obigen Definition zu verstehen.[450] Die vier in Art. 55 c) der UN-Charta für illegitim erklärten Kriterien (Rasse, Geschlecht, Sprache und Religion) sind den in anderen völkerrechtlichen Instrumenten aufgelisteten Diskriminierungsmaßstäben zahlenmäßig weit unterlegen (s.u.). Von diesen in anderen völkerrechtlichen Instrumenten aufgelisteten Diskriminierungsmaßstäben lassen sich allerdings einige der zusätzlich aufgeführten Kriterien unter einen der vier in Art. 55 c) der UN-Charta genannten Begriffe fassen.[451] Insofern lässt sich feststellen, dass Art. 55 c) der UN-Charta, der selbst das Verbot der Diskriminierung in sich vereint, einen groben Rahmen für alle in den folgenden Jahren niedergelegten Vorschriften zur Vermeidung von Diskriminierungen darstellt.

(b) Anwendung auf das ungarische Statusgesetz

Im Gegensatz zu dem Prinzip der territorialen Staatensouveränität sind in Bezug auf das Prinzip der Nichtdiskriminierung nicht nur die Regelungen des ungarischen Statusgesetzes relevant, die sich auf den Territorien der Nachbarstaaten Ungarns realisieren, sondern es ist vielmehr die Gesamtheit aller Regelungen von Bedeutung, da sowohl die Staatsangehörigen der Nachbarstaaten als auch die ungarischen Staatsangehörigen und die Angehörigen weiterer in den ungarischen Nachbarländern beheimateter Minderheiten möglicherweise durch das ungarische Statusgesetz diskriminiert werden. Insofern kann man sich – trotz der Beschränkung des Statusgesetzes auf die Gebiete der Bildung und der Kultur in Bezug auf die Regelungen, die sich in den Nachbarstaaten realisieren,[452] – nicht einfach der Ansicht der Venedig-Kommission anschließen, wonach eine unterschiedliche Behandlung durch das Gesetz allein

---

fördern die Vereinten Nationen .... die allgemeine Achtung und Verwirklichung der Menschenrechte und Grundfreiheiten für alle ohne Unterschied der Rasse, des Geschlechts, der Sprache oder der Religion."

447) **E. Riedel**, (s. Fn. 440), Rn. 9.

448) **Ders.**, Rn. 8 und 15.

449) **Ders.**, Rn. 17.

450) S.o. Kapitel III, B., II., 1., b., S. 132 ff.

451) **K. J. Partsch**, "Fundamental Principles of Human Rights: Self-Determination, Equality and Non-Discrimination", in: K. Vasak / P. Alston (Hrsg.), "The International Dimensions of Human Rights", Volume 1, 1982, S. 61 – 86 (72 f); **E. Riedel**, (s. Fn. 440), Rn. 19.

452) S.o. Kapitel III, B., I., 1., a., (2), S. 92.

dadurch gerechtfertigt werden kann, dass mit dem Gesetz das legitime Ziel verfolgt wird, die kulturellen Verbindungen der Angehörigen der nationalen Minderheit des Ursprungsstaates zu verbessern. Im Falle des ungarischen Statusgesetzes stellt sich somit die Frage, ob es zu beweisen ist, dass mit dem Gesetz das natürliche Ziel des Erhalts der Beziehungen zum Ursprungsstaat verfolgt wird, und diese unterschiedliche Behandlung im Verhältnis zum Ziel steht.

Grundsätzlich ist auch in Bezug auf das Prinzip der Nichtdiskriminierung eine Unterscheidung zwischen dem Erlass und der Umsetzung des ungarischen Statusgesetzes angebracht. Es liegt zwar die Feststellung nahe, dass sich eine mögliche Diskriminierung nur durch die Umsetzung eines Gesetzes ergeben kann, da sich erst aufgrund dieser Umsetzung und der sich daraus ergebenden, wie auch immer gearteten, Ungleichbehandlung einiger Personengruppen konkrete Nachteile für diese auftun können. Der bloße Erlass eines möglicherweise diskriminierenden Gesetzes führt hingegen, solange dieses Gesetz noch nicht in die Tat umgesetzt worden ist, nicht zu einer tatsächlichen Ungleichbehandlung bestimmter Personengruppen. Ist allerdings das Recht auf Schutz durch das Gesetz betroffen, ist es die Aufgabe des Gesetzgebers, das Recht auf Gleichheit ohne Diskriminierung zu schützen.[453] Dafür ist es einerseits erforderlich, dass der Gesetzgeber nicht erst die Umsetzung eines Gesetzes abwartet, um festzustellen, ob eine Personengruppe durch dieses Gesetz ungleich behandelt wird oder nicht; ein diskriminierungsfreier Schutz durch das Gesetz ist nur dann möglich, wenn bereits bei seinem Erlass jede Art von Diskriminierung unterlassen worden ist. Andererseits liegt das Ziel des Gesetzgebers in dem Verbot jeglicher Diskriminierung. Insofern ist es naheliegend, dass sich der Gesetzgeber nicht nur mit der Ahndung und Bestrafung von bereits stattgefundenen Diskriminierungen beschäftigt, die sich aufgrund der Umsetzung einiger Gesetze ergeben haben, sondern dass er sich auch darum bemüht, Gesetze zu erlassen, die eine solche Diskriminierung von vorn herein verbieten sollen bzw. gegen solche Diskriminierung wirksamen Schutz gewähren.
Da die Nichtdiskriminierungsklausel des Art. 55 c) der UN-Charta zweifellos eine klare rechtliche Verpflichtung beinhaltet, die nur noch auf die Umsetzung wartet, handelt es sich bei ihr nicht um eine Gleichheit, die ohne Diskriminierung durch das Gesetz hergestellt werden soll, sondern um eine Gleichheit, die vor dem Gesetz geschaffen werden soll, indem bestehende Gesetze auf alle Rechtsunterworfenen in gleicher Weise angewendet werden. Diese Gleichheit vor dem Gesetz richtet sich an die Vollziehung und betrifft daher die Umsetzung des ungarischen Statusgesetzes.

Damit das ungarische Statusgesetz mit Art. 1 III und Art. 55 c) der UN-Charta vereinbar ist, müsste es die allgemeine Achtung und Verwirklichung der Menschenrechte und Grundfreiheiten für alle ohne Unterschied der Rasse, des Geschlechts, der Sprache oder der Religion gewährleisten. Dies bedeutet, dass das Gesetz primär auf keinen Fall eine diskriminierende Wirkung aufweisen darf und dass – für den Fall, dass dies der Fall ist – durch dieses Gesetz zudem die allgemeine Achtung und Verwirklichung der Menschenrechte und Grundfreiheiten sichergestellt werden soll.

---

453) **M. Nowak**, "U.N. Covenant on Civil and Political Rights – CCPR Commentary", 1993, Art. 26, Rn. 17.

((1)) Vorliegen einer Diskriminierung

Zur Feststellung des Vorliegens einer Diskriminierung soll in einem ersten Schritt im Folgenden geklärt werden, wer, d.h. welche der genannten drei Personengruppen, durch eine möglicherweise vorliegende Diskriminierung konkret betroffen wäre, und in einem zweiten Schritt ist dann zu erörtern, ob die Umsetzung des ungarischen Statusgesetzes überhaupt in irgendeiner Weise diskriminierend wirkt.

((a)) Möglicherweise diskriminierte Personengruppen

Fraglich ist, gegenüber welcher der drei genannten Personengruppen (Staatsangehörige der Aufenthaltsstaaten, ungarische Staatsangehörige und Angehörige der anderen in den Aufenthaltsstaaten ansässigen Minderheiten) eine Diskriminierung möglicherweise vorliegen könnte.

((i)) Staatsangehörige der Aufenthaltsstaaten

Bei den durch das ungarische Statusgesetz betroffenen Personen handelt es sich um Staatsangehörige der jeweiligen ungarischen Nachbarländer.
Diese Angehörigen der nationalen ungarischen Minderheit bilden zusammen mit den Staatsangehörigen der jeweiligen Aufenthaltsstaaten und den Angehörigen anderen Minderheiten das Staatsvolk dieser Länder.
Als solches werden sie trotz ihrer Zugehörigkeit zu unterschiedlichen Nationen durch eine gemeinsame Staatsangehörigkeit und eine über ihnen allen stehende und für alle geltende Staatsgewalt verbunden.
Aus diesem Grund besteht eine vergleichbare Ausgangslage zwischen den Angehörigen der nationalen ungarischen Minderheit und den übrigen Staatsangehörigen der jeweiligen ungarischen Nachbarländer.

Grundsätzlich gelten für die Staatsbürger eines Landes dieselben Rechte und Pflichten.[454] Da es sich bei den Angehörigen der ungarischen Nation allerdings um Angehörige einer Minder-

---

[454]) Vgl. die verfassungsrechtlichen Regelungen in den an Ungarn angrenzenden Ländern (mit Ausnahme Österreichs):
Art. 4 der rumänischen Verfassung (vom 08. Dezember 1991) lautet: "Das Fundament des Staates bildet die Einheit des rumänischen Volkes. Rumänien ist das gemeinsame und unteilbare Vaterland aller seiner Bürger, ohne Unterschied der Rasse, der Nationalität, der ethnischen Herkunft, der Sprache, der Religion, des Geschlechts, der Meinung, der politischen Zugehörigkeit, des Vermögens oder der sozialen Herkunft." (Die Verfassung Rumäniens ist zu finden unter: http://www.verfassungen.de).
Art. 12 der slowakischen Verfassung (vom 01. September 1992) lautet: "Alle Menschen sind frei und gleich in ihrer Würde und in ihren Rechten. Die Grundrechte und –freiheiten sind nicht entziehbar, unveräußerlich, unverjährbar und unaufhebbar. Die Grundrechte und –freiheiten werden im Gebiet der Slowakischen Republik allen ohne Unterschied des Geschlechts, der Rasse, der Hautfarbe, der Sprache, der Religion und des Glaubens, der politischen oder sonstigen Anschauungen, der nationalen oder sozialen Herkunft, der Zugehörigkeit zu einer nationalen oder ethnischen Gruppe, des Vermögens, der Geburt oder des sonstigen Status gewährleistet. Niemand darf aus diesen Gründen geschädigt, bevorzugt oder benachteiligt werden." (Die Verfassung der Slowakei ist zu finden unter: http://www.verfassungen.de).
Art. 14 der kroatischen Verfassung (vom Dezember 1990) lautet: "Jeder Mensch und Bürger der Republik Kroatien hat alle Rechte und Freiheiten, unabhängig von ihrer Rasse, Hautfarbe, Geschlecht, Sprache, Glaube, politischer oder sonstiger Überzeugung, nationaler oder sozialer Herkunft, Vermögen, Geburt,

heit handelt, ist davon auszugehen, dass ihnen im Vergleich zu den übrigen, nicht einer Minderheit zugehörigen Staatsbürgern von der Regierung des jeweiligen Landes gewisse Zusatzrechte eingeräumt werden.[455] Diese sollen aber weder die eine noch die andere Seite diskriminieren, sondern sie sollen lediglich dafür sorgen, dass die Minderheitenangehörigen vor einer Assimilierung geschützt werden, indem ihnen die Möglichkeit zur Pflege ihrer Traditionen und Bräuche gegeben wird.[456] Das ungarische Statusgesetz ist allerdings in keinerlei Weise mit dieser, sowohl von staatlicher und internationaler Seite anerkannten als auch von der Mehrheitsbevölkerung gebilligten, bevorzugten Behandlung von Minderheitenangehörigen vergleichbar. Die durch dieses Gesetz den Angehörigen der nationalen ungarischen Minderheit in den Aufenthaltsstaaten gewährten Vergünstigungen basieren nämlich nicht auf einem Beschluss der Regierungen der einzelnen Aufenthaltsstaaten, sondern sie wurden ohne vorhergehende Konsultationen durch das Nachbarland Ungarn festgesetzt. Dies bedeutet, dass es nicht mit dem Einverständnis der einzelnen Regierungen der ungarischen Nachbarstaaten zustande gekommen ist. Deswegen besteht auch keine Verpflichtung der Mehrheitsangehörigen, die Konsequenzen der Umsetzung des ungarischen Statusgesetzes zu billigen bzw. zu akzeptieren. Aus der Sicht der Mehrheitsangehörigen werden die sowieso schon durch den Aufenthaltsstaat bevorzugt behandelten Angehörigen der nationalen ungarischen Minderheit durch das ungarische Statusgesetz noch mit weiteren, zusätzlichen Vergünstigungen überschüttet. Trotz der Tatsache, dass Angehörige der ungarischen Nation in den Nachbarländern Ungarns leben, sind und bleiben sie dennoch Staatsbürger dieser Länder. Als solche sind sie gleichzusetzen mit der restlichen Mehrheitsbevölkerung. Werden nun aus dieser Gruppe des Staatsvolks der Nachbarstaaten einige Personen (hier die Angehörigen der nationalen ungarischen Minderheit) herausgegriffen und mit Vorteilen bedacht, so könnte die übrige Bevölkerungsgruppe – auch wenn es sich dabei um die Mehrheitsbevölkerung handelt – dadurch mögli-

---

Ausbildung, gesellschaftlicher Stellung oder von anderen Eigenschaften. Alle sind vor dem Gesetz gleich." (Die Verfassung Kroatiens ist zu finden unter: http://www.verfassungen.de).

Art. 14 der slowenischen Verfassung (vom 23. September 1991) lautet: "Allen werden in Slowenien die gleichen Menschenrechte und Grundfreiheiten gewährleistet, ungeachtet der Nationalität, der Rasse, des Geschlechts, der Sprache, des Glaubens, der politischen oder sonstigen Anschauung, der Vermögensverhältnisse, der Geburt, der Bildung, der gesellschaftlichen Stellung oder irgendeines sonstigen personenbezogenen Umstandes. Alle sind vor dem Gesetz gleich." (Die Verfassung Sloweniens ist zu finden unter: http://www.verfassungen.de).

Art. 13 der serbischen Verfassung (vom 28. September 1990) lautet: "Die Bürger sind in ihren Rechten und Pflichten gleich und genießen den gleichen Rechtsschutz vor den staatlichen und anderen Organen, ungeachtet ihrer Rasse, ihres Geschlechts, ihrer Abstammung, Sprache, nationalen Zugehörigkeit, ihres Glaubens, ihrer politischen oder anderen Anschauung, ihrer Bildung, sozialen Herkunft, ihres Besitzes oder ihrer persönlichen Stellung." (Die Verfassung von Serbien ist u.a. herausgegeben worden von dem "Informationssekretariat der Republik Serbien").

Art. 24 der ukrainischen Verfassung (vom 28 Juni 1998) lautet: "Citizens have equal constitutional rights and freedoms and are equal before the law. There shall be no privileges or restrictions based on race, colour of skin, political, religious and other beliefs, sex, ethnic and social origin, property status, place of residence, linguistic or other characteristics. Equality of the rights of women and men is ensured: by providing women with opportunities equal to those of men, in public and political, and cultural activity, in obtaining education and in professional training, in work and its remuneration; by special measures for the protection of work and health of women; by establishing pension privileges, by creating conditions that allow women to combine work and motherhood; by legal protection, material and moral support of motherhood and childhood, including the provision of paid leaves and other privileges to pregnant women and mothers." (Die Verfassung der Ukraine ist zu finden unter: http://www.infoukes.com/history/constitution/index-en.html).

[455]) Jedes Land verfügt über einen eigenen, innerstaatlichen Schutz der in ihm ansässigen Minderheitenangehörigen, der von internationaler Seite akzeptiert wird; vgl. **M. Herdegen**, (s. Fn. 76), 7. Kapitel, § 36, Rn. 5, S. 239.

[456]) Vgl. **K. Hailbronner**, (s. Fn. 70), 3. Abschnitt, III., 6., a., Rn. 334, S. 261 f.

cherweise diskriminiert werden. Um seine eigenen Staatsangehörigen vor einer derartigen möglichen Diskriminierung zu schützen, hat Rumänien in Punkt I. 2. des bereits erwähnten "Memorandum of Understanding between the Government of the Republic of Hungary and the Government of Romania concerning the Law on Hungarians Living in Neighbouring Countries and issues of bilateral co-operation" festgelegt, dass seine Staatsangehörigen sowohl im wirtschaftlichen als auch im sozialen Bereich fast dieselben Vergünstigungen erhalten sollen wie die Angehörigen der ungarischen Nation.[457] Alle anderen Nachbarstaaten Ungarns haben keine diesbezüglichen bilateralen Zusätze zu dem ungarischen Statusgesetz verabschiedet. Dies führt dazu, dass zwischen ihren Staatsangehörigen und den Angehörigen der ungarischen Nation wegen der Zugeständnisse des ungarischen Statusgesetzes kein "gleichberechtigtes Anerkennen, Genießen oder Ausüben von Menschenrechten oder Grundfreiheiten" möglich ist.
Mit Ausnahme von Rumänien, wo eine mögliche Diskriminierung aufgrund der Regelungen des Memorandums weitestgehend ausgeschlossen werden kann, könnten die durch das ungarische Statusgesetz gewährten Vergünstigungen in den anderen ungarischen Nachbarstaaten zu einer Diskriminierung der Mehrheitsbevölkerung in den Bereichen Wirtschaft, Soziales und Kultur führen.

((ii)) Ungarische Staatsangehörige

Aufgrund des Vertrags von Trianon, durch den Ungarn einen Großteil seines Staatsgebietes und seines Staatsvolkes verloren hat[458], leben in heutiger Zeit viele ehemalige Ungarn in den Nachbarstaaten Ungarns. Auch wenn es sich bei diesen "ehemaligen Ungarn" mittlerweile um Staatsangehörige der anderen Länder handelt, so haben sie dennoch – wie auch die in Ungarn ansässigen ungarischen Staatsbürger – eine über Jahrhunderte gewachsene Beziehung zur ungarischen Nation. Aufgrund dieses gemeinsamen Zugehörigkeitsgefühls zur ungarischen Nation kann man die in den an Ungarn angrenzenden Nachbarstaaten lebenden Angehörigen der ungarischen Minderheit auch mit den ungarischen Staatsbürgern vergleichen. Werden nun aus dieser großen Gruppe der Angehörigen der ungarischen Nation aufgrund der durch das ungarische Statusgesetz zugebilligten Vergünstigungen einige Personen dieser Gruppe (nämlich die Angehörigen der ungarischen Minderheit in den Nachbarstaaten Ungarns) bevorzugt behandelt, so könnte dies möglicherweise eine Diskriminierung der restlichen, nicht bevorzugten Gruppe – die in diesem Fall aus den, im Vergleich zu den Angehörigen der ungarischen Minderheit die Mehrheit darstellenden, ungarischen Staatsbürgern besteht – bedeuten.

---

457) Punkt I. 2. des Memorandums lautet: "All Romanian citizens, notwithstanding their ethnic origin, will enjoy the same conditions and treatment in the field of employment on the basis of a work permit on the territory of the Republic of Hungary. Work permits shall be issued under the general provisions on the authorisation of employment of foreign citizens in Hungary. When work permits are issued for a maximum of three months per calendar year, there is the possibility of their prolongation and the Romanian citizens enjoy some facilities on the territory of the Republic of Hungary, which are the following:
Romanian citizens working on the territory of the Republic of Hungary on the basis of any type of contract of employment shall have the right to apply to the public benefit organisation established for this purpose for the reimbursement of the costs of self-pay health care services in advance.
By exchange of letters in the first week of January 2002, the Parties shall include amendments also in the Agreement on seasonal workers. These amendments shall concern supplementary advantages reciprocally granted in case the work permit is issued only for three months (and not for six months as provided in the Agreement on seasonal workers). A mutual obligation of non-discrimination on ethnic criteria during the implementation of the Agreement shall also be included."

458) S.o. Kapitel III, A., I., 2., S. 48.

Auch eine Diskriminierung der ungarischen Staatsangehörigen durch das ungarische Statusgesetz erscheint somit möglich.

((iii)) Angehörige der weiteren, in den Nachbarländern ansässigen Minderheiten

Schließlich könnte eine Diskriminierung auch zwischen den Angehörigen der nationalen ungarischen Minderheit und allen weiteren in den einzelnen Nachbarländern Ungarns lebenden Minderheiten in Betracht kommen. Alle in einem Land ansässigen unterschiedlichen Minderheiten lassen sich nämlich unter den Oberbegriff der "Minderheit" zusammenfassen. Obwohl sie wahrscheinlich alle aus anderen Gründen nicht der Mehrheitsbevölkerung angehören, so ist ihnen trotz allem gemein, dass sie in den betreffenden Staaten als Minderheit akzeptiert werden. Wie in Bezug auf die Staatsangehörigen der Aufenthaltsstaaten soeben erläutert wurde[459], werden sämtlichen Angehörigen von Minderheiten von innerstaatlicher Seite aus bereits gewisse Zusatzrechte eingeräumt, um sie somit besser in den (ihnen fremden) Staat zu integrieren und sie vor einer Assimilierung mit der Mehrheitsbevölkerung zu schützen. Erhalten jetzt einige Personen dieser Gruppe aller in einem Staat lebenden Angehörigen von Minderheiten wiederum eine zusätzliche Behandlung durch ihren Ursprungsstaat, so könnte dies eine Ungleichbehandlung gegenüber den anderen Minderheitenangehörigen in dem jeweiligen Aufenthaltsstaat bedeuten. Es bestünde zwar die Möglichkeit, dass alle weiteren Personen der Minderheitengruppe eines Landes ebenfalls durch ihre Ursprungsstaaten unterstützt werden. Um auf diese Art und Weise allerdings wirklich allen Angehörigen der Minderheitengruppe eines Staates gerecht werden zu können, müssten alle Angehörigen dieser Gruppe sich zu einem Ursprungsstaat hingezogen fühlen. Da dies aber lange nicht bei allen Minderheitenangehörigen der Fall ist (vergleiche z.B. die Situation der Sinti und Roma), würde auch bei möglicherweise mit den aufgrund des ungarischen Statusgesetzes gewährten Vergünstigungen vergleichbaren Regelungen anderer Ursprungsstaaten immer ein Teil der Gruppe der Minderheitenangehörigen nicht bevorzugt werden. Insofern kann man feststellen, dass unabhängig davon, ob vergleichbare Regelungen anderer Ursprungsstaaten in Bezug auf die Angehörigen ihrer Nation in ihren Nachbarländern existieren oder nicht, immer eine Diskriminierung der restlichen bzw. eines Teils der restlichen Angehörigen aller in einem Staat ansässigen Mitglieder von Minderheiten möglich ist.

((iv)) Zusammenfassung

Zusammenfassend lässt sich sagen, dass eine Diskriminierung in Bezug auf alle drei Personengruppen in Betracht kommen könnte. Die Angehörigen der ungarischen Minderheit in den an Ungarn angrenzenden Ländern sind nämlich sowohl aufgrund von objektiven Kriterien (gleiche Staatsangehörigkeit sowie die Zugehörigkeit zu der Gruppe der Minderheit in einem Staat) als auch aufgrund von subjektiven Kriterien (Zugehörigkeit zur ungarischen Nation) mit den Staatsangehörigen der Aufenthaltsstaaten, mit den ungarischen Staatsangehörigen und mit den Angehörigen der anderen in den Aufenthaltsstaaten ansässigen Minderheiten vergleichbar. Diese Vergleichbarkeit führt dazu, dass eine unterschiedliche Behandlung der einzelnen vergleichbaren Personengruppen eine diskriminierend wirkende Ungleichbehandlung darstellen könnte.

---

[459]) S.o. Kapitel III, B., II., 2., a., (1), (b), ((1)), ((a)), ((i)), S. 142.

((b)) Diskriminierung aufgrund des ungarischen Statusgesetzes

Wie bereits genauer aufgeführt, umfassen die den betroffenen Personen von Ungarn in Aussicht gestellten Zugeständnisse u.a. Reisevergünstigungen, Vergünstigungen im kulturellen Bereich, finanzielle Unterstützungen, gleichberechtigten Zugang zu Studienplätzen und Stipendien und Zugang zum Sozialversicherungs- und Gesundheitswesen sowie zum Arbeitsmarkt.[460] Damit es sich bei diesen Zugeständnissen um eine Diskriminierung handelt, müssten sie eine willkürliche Ungleichbehandlung von Rechtsgenossen unter Anknüpfung an Unterscheidungsmerkmale, die von diesen nicht beeinflussbar sind oder unter keinem rationalen Gesichtspunkt als Unterscheidungskriterien von Individuen, Gruppen oder Staaten sachlich gerechtfertigt sind, darstellen, und sie müssten zur Folge haben, dass dadurch ein gleichberechtigtes Anerkennen, Genießen oder Ausüben von Menschenrechten oder Grundfreiheiten im politischen, wirtschaftlichen, sozialen, kulturellen oder jedem sonstigen Bereich des öffentlichen Lebens vereitelt oder beeinträchtigt wird.[461]

((i)) Vergleichbare Ausgangslage

Dass zwischen den drei Personengruppen und den Angehörigen der ungarischen Minderheit in den Nachbarstaaten Ungarns eine vergleichbare Ausgangslage gegeben ist, ist unter dem soeben erörterten Punkt ausführlich dargelegt worden.[462] Daher ist im Folgenden von einer solchen auszugehen.

((ii)) Sachliche Begründbarkeit einer möglichen Ungleichbehandlung

Nachdem die grundsätzliche Vergleichbarkeit der Ausgangslage bejaht worden ist, würde eine Diskriminierung bereits dann als gegeben angesehen werden können, wenn es für eine mögliche Ungleichbehandlung keine sachliche Begründung gibt. Dies wäre der Fall, wenn die Ungleichbehandlung nicht auf berechtigten und objektiven Kriterien beruht.[463]

Durch das ungarische Statusgesetz werden den Angehörigen der nationalen ungarischen Minderheit in den Nachbarstaaten Ungarns Vergünstigungen gewährt, die weder der übrigen Bevölkerung in diesen Ländern (inkl. der anderen Minderheiten) noch der in Ungarn wohnenden ungarischen Bevölkerung zuteil werden. Da die Angehörigen der nationalen ungarischen Minderheit in den Nachbarstaaten Ungarns aber mit diesen drei Personengruppen zu vergleichen sind, stellen die lediglich den Angehörigen der nationalen ungarischen Minderheit in den Nachbarstaaten Ungarns gewährten Zugeständnisse eine Ungleichbehandlung dieser Personen im Vergleich zu den Angehörigen der drei anderen Personengruppen dar.

Die in dem ungarischen Statusgesetz vorgesehenen Vergünstigungen werden zudem nur denjenigen Personen gewährt, die in den Nachbarstaaten Ungarns – mit Ausnahme Österreichs – (also in der ehemaligen Bundesrepublik Jugoslawien (jetzt Serbien-Montenegro), der Republik Kroatien, der Republik Slowenien, Rumänien, der Slowakischen Republik und der Uk-

---

460) S.o. Kapitel II, B., S. 36.
461) S.o. Kapitel III, B., II., 1., b., S. 132 ff.
462) S.o. Kapitel III, B., II., 2., a., (1), (b), ((1)), ((a)), S 141.
463) Vgl. **M. Mohr**, (s. Fn. 392), S. 272; **M. Nowak**, (s. Fn. 453), Art. 2, Rn. 33.

raine) ansässig und keine ungarischen Staatsbürger sind, sich aber als ethnische Ungarn bzw. zum "Ungarntum" bekennen und dies entweder durch die Kenntnis der ungarischen Sprache oder durch die Mitgliedschaft in Organisationen der Ungarn in den Nachbarstaaten oder einer der historischen ungarischen Kirchen bestärken. Diese Hinwendung zur ungarischen Nation, die von den betroffenen Personen durch Sprachkenntnisse oder durch Mitgliedschaften in ungarischen Organisationen deutlich zum Ausdruck gebracht werden muss, stellt ein Kriterium dar, das diese Personen von dem Rest der Bevölkerung unterscheidet. Fraglich ist aber, ob es sich bei diesem Unterscheidungskriterium um ein berechtigtes und objektives, d.h. von den betroffenen Personen nicht beeinflussbares Kriterium, handelt. Zu den Unterscheidungskriterien, auf die in der Definition der Diskriminierung Bezug genommen wird und die von den betroffenen Personen grundsätzlich nicht beeinflussbar sind, zählen v.a. Merkmale wie Rasse, Geschlecht und Volkszugehörigkeit. Das Merkmal der "Nation" lässt sich eigentlich in die Reihe der eben genannten Unterscheidungskriterien problemlos einfügen, da man es mit den Begriffen "Rasse" und "Volkszugehörigkeit" vergleichen kann[464] und man auch seine Zugehörigkeit zu einer Nation grundsätzlich nicht ohne weiteres beeinflussen kann. Allerdings werden als Nachweis für die Zugehörigkeit zur ungarischen Nation lediglich Sprachkenntnisse oder Mitgliedschaften in ungarischen Organisationen gefordert. In Anbetracht der Vergünstigungen, die man als Angehöriger der ungarischen Nation aufgrund des ungarischen Statusgesetzes erhält bzw. erhalten kann, könnte es sich möglicherweise anbieten, ungarisch zu lernen oder einer ungarischen Organisation beizutreten, ohne allerdings seine Zugehörigkeit zu einer anderen Nation dadurch aufzugeben. Seit Inkrafttreten des ungarischen Statusgesetzes ist dies zwar vorgekommen, doch sind die Angaben dazu relativ vage, so dass man daher keine konkreten Aussagen diesbezüglich treffen kann und sich nicht in Spekulationen verlieren sollte.[465] Die in den "Urkundenbüros" arbeitenden Persönlichkeiten des magyarischen öffentlichen Lebens und die Repräsentanten der Minderheitenverbände und der ungarischen Kirchen, die die "Empfehlungen" über die Ausstellung der Ungarnausweise abgeben und nach Ungarn weiterleiten, geben zwar eine subjektive Einschätzung der Beziehung der betroffenen Personen zum "Ungarntum" ab, letzten Endes ist aber davon auszugehen, dass auch für die Abgabe einer positiven Empfehlung in Bezug auf das Vorliegen einer Beziehung zur ungarischen Nation (d.h. in Bezug auf das Vorhandensein von Sprachkenntnissen oder Mitgliedschaften in ungarischen Organisationen) objektive Kriterien existieren, die von den Antragstellern erfüllt werden müssen. Aus diesen Gründen handelt es sich bei dem Merkmal der Nation um ein von den betroffenen Personen nicht beeinflussbares Unterscheidungskriterium, das auch objektiv ist.
Die als Unterscheidungskriterium dienende und von den betroffenen Personen durch Sprachkenntnisse oder durch Mitgliedschaften in ungarischen Organisationen deutlich zu machende Hinwendung zur ungarischen Nation soll dafür sorgen, dass Ungarn als Ursprungsstaat durch das Statusgesetz lediglich die Angehörigen seiner Nation in den Nachbarstaaten unterstützt und nicht die gesamte Bevölkerung dieser Länder. Da anhand der von Ungarn gewählten Kriterien eine solche Unterscheidung – mehr oder weniger genau – gewährleistet wird, sind diese Kriterien demnach nicht nur objektiv, sondern auch berechtigt.

Diese Annahme von berechtigten und objektiven Kriterien, auf denen die Ungleichbehandlung beruht, stellt somit klar, dass es sich nicht um eine willkürliche Ungleichbehandlung handelt, sondern dass diese vielmehr sachlich gerechtfertigt ist.

---

[464]) **P. Pernthaler**, "Volksgruppe und Minderheit als Rechtsbegriffe", in: F. Wittmann / St. Graf Bethlen (Hrsg.), "Volksgruppenrecht: Ein Beitrag zur Friedenssicherung", 1980, S. 9 – 14 (10).
[465]) Vgl. **M. Stewart**, (s. Fn. 41), S. 17 und 22.

Die soeben überprüften, für das Vorliegen einer Diskriminierung erforderlichen Voraussetzungen sind folglich nicht gegeben, so dass deshalb an dieser Stelle das Vorliegen einer Diskriminierung zu verneinen ist.

((iii)) Verhältnismäßigkeit der Ungleichbehandlung

Damit es sich allerdings dennoch bei der aufgrund des ungarischen Stausgesetzes erfolgten Ungleichbehandlung um eine Diskriminierung handelt, müsste die Ungleichbehandlung im Hinblick auf den mit dem Gesetz verfolgten "legitimen Zweck" unverhältnismäßig sein.

Im deutschen Verfassungsrecht erfordert eine Verhältnismäßigkeitsprüfung die Feststellung eines "legitimen Zwecks" sowie eine anschließende Überprüfung der Zweck/Mittel – Relation.[466] Legt man dieses Prüfungsschema auch in Bezug auf die hier in Frage stehende Ungleichbehandlung durch das ungarische Statusgesetz zugrunde, müssen unter dem Gesichtspunkt des "legitimen Zwecks" zunächst sowohl der Gesetzeszweck als auch die Mittel, die der Zweckerreichung dienen sollen, definiert werden. In Bezug auf den Gesetzeszweck überschreitet der Gesetzgeber grundsätzlich erst dann seinen Prognosespielraum, wenn seine Erwägungen evident unvernünftig sind.[467] Das ungarische Statusgesetz zielt darauf ab, die materielle Situation der ethnischen Ungarn in den Nachbarstaaten zu verbessern bzw. zu stabilisieren, ihre nationale Identitätswahrung zu unterstützen bzw. dem Assimilierungsdruck durch den Aufenthaltsstaat entgegenzuwirken, ihre Bindungen zum Mutterland zu stärken und damit gleichzeitig den Abwanderungsprozess der Personen ungarischer Nationalität abzubremsen sowie der Stabilität des Donau-Karpaten-Raumes zu dienen.[468] Wie in der Präambel des Gesetzes hervorgehoben wird, beruht das ungarische Statusgesetz auf Art. 6 III der ungarischen Verfassung, wonach die Republik Ungarn sich für die Magyaren jenseits der Grenzen verantwortlich fühlt und die Pflege ihrer Beziehungen zu Ungarn fördert.[469] Der in Art. 6 III der ungarischen Verfassung verankerte Schutz der "eigenen", in den Nachbarstaaten lebenden Minderheiten soll durch das ungarische Statusgesetz in die Tat umgesetzt werden. Diese Absicht stellt im Grunde genommen keine evident unvernünftige Erwägung dar, so dass der mit dem Gesetz verfolgte Zweck als legitim einzustufen ist. Das ungarische Statusgesetz, das der Realisation dieses Zwecks dient, ist demnach das zur Zweckerreichung erforderlich Mittel.

Nach der Feststellung des "legitimen Zwecks" ist im Folgenden die Zweck/Mittel–Relation zu überprüfen. Diese wäre gegeben, wenn das eingesetzte Mittel zur Zweckerreichung sowohl geeignet als auch erforderlich ist und es darüber hinaus auch noch angemessen, d.h. im engeren Sinne verhältnismäßig, ist.[470]

Ein Mittel ist dann zur Zweckerreichung geeignet, wenn der Zustand, den der Staat durch den Eingriff schafft, und der Zustand, in dem der verfolgte Zweck als verwirklicht zu betrachten ist, in einem durch bewährte Hypothesen über die Wirklichkeit vermittelten Zusammenhang

---

[466]) **J. Ipsen**, "Staatsrecht II", 3. Auflage, 2000, A., § 3, III., 2., Rn. 171, S. 53.
[467]) **Ders.**, A., § 3, III., 2., a., Rn. 172 ff, S. 53.
[468]) S.o. Kapitel II, S. 35.
[469]) Bzgl. Art. 6 III der ungarischen Verfassung: s.o. Fn. 39.
[470]) **K. Stern**, "Das Staatsrecht der Bundesrepublik Deutschland", Band III (Allgemeine Lehren der Grundrechte), Halbband 2 (Grundrechtstatbestand, Grundrechtsbeeinträchtigungen und Grundrechtsbegrenzungen, Grundrechtsverluste und Grundpflichten, Schutz der Grundrechte, Grundrechtskonkurrenzen, Grundrechtssystem), 1994, 4. Abschnitt, § 84, II., 1., S. 775 f.

stehen. Dies bedeutet, dass eine Eignung des Mittels nur dann entfällt, wenn der geplante Zweck nicht erreicht oder wenigstens gefördert werden kann. Nur objektiv untaugliche Mittel sind demnach ungeeignet.[471] Durch die vom ungarischen Statusgesetz umfassten Regelungsinhalte[472] werden den in den Nachbarstaaten Ungarns ansässigen nationalen ungarischen Minderheiten Zugeständnisse gemacht, durch die versucht wird, ihre Beziehungen zu Ungarn zu pflegen bzw. zu intensivieren, und durch die Ungarn versucht, seiner Verantwortung für diese Personen gerecht zu werden. Abgesehen von den anderen mit ihm zusammenhängenden Wirkungen fördert das ungarische Statusgesetz somit das in Art. 6 III der ungarischen Verfassung festgelegte Ziel.[473] Folglich ist das ungarische Statusgesetz ein geeignetes Mittel zur Erreichung des verstärkten Schutzes der nationalen ungarischen Minderheiten in den Nachbarstaaten Ungarns.

Unter der Erforderlichkeit eines Mittels ist zu verstehen, dass es keinen anderen Zustand gibt, den der Staat ohne großen Aufwand ebenfalls herbeiführen kann, der für den Bürger weniger belastend ist und der mit dem Zustand, in dem der verfolgte Zweck als verwirklicht zu betrachten ist, ebenfalls in einem durch bewährte Hypothesen über die Wirklichkeit vermittelten Zusammenhang steht. Dies bedeutet demnach, dass die Erforderlichkeit eines Mittels nur dann zu verneinen ist, wenn die Auswahl eines anderen Mittels naheliegender gewesen wäre, da dieses andere Mittel evident gleich geeignet gewesen wäre und dabei aber den evident milderen Eingriff bedeutet hätte.[474] Für den Schutz seiner nationalen Minderheiten in den Nachbarstaaten hat Ungarn das Mittel eines Gesetzes gewählt. Diesem von der Legislativen erlassenen Gesetz sind im deutschen Recht untergesetzliche Normen und Rechtsverordnungen untergeordnet, die aufgrund einer Delegation der Gesetzgebungsbefugnis des Gesetzgebers an die Exekutive gemäß Art. 80 I des Grundgesetzes (GG) von dieser erlassen werden. Unabhängig davon, ob es im ungarischen Recht ebenfalls Rechtsverordnungen bzw. untergesetzliche Normen o.ä. gibt, und unabhängig davon, ob diese allein wegen der Tatsache, dass sie Gesetzen untergeordnet sind, auch gleich als mildere Mittel im Vergleich zu Gesetzen einzustufen sind, müssten diese Rechtsverordnungen bzw. untergesetzliche Normen die gleiche Eignung wie das ungarische Statusgesetz aufweisen, damit dieses zur Zweckerreichung nicht erforderlich ist.

Gesetze stehen in der Normenhierarchie direkt hinter der Verfassung, wohingegen Rechtsverordnungen und untergesetzliche Normen – wie auch schon aus ihrem Namen hervorgeht – erst nach den Gesetzen einzustufen sind. Dies hat zur Folge, dass den Gesetzen mehr Bedeutung zukommt als den Rechtsverordnungen bzw. untergesetzliche Normen. In Bezug auf das ungarische Statusgesetz stellt sich somit die Frage, ob bei gleichbleibendem Inhalt der äußere Rahmen einer im Vergleich zu einem Gesetz möglicherweise milderen Rechtsverordnung bzw. untergesetzlichen Norm ausreichend wäre. Wie zuvor dargestellt, wirkt sich das ungarische Statusgesetz sowohl in Ungarn als auch zum Teil in den Territorien der an Ungarn angrenzenden Länder aus.[475] Diese sowieso schon umstrittenen Auswirkungen in den Gebieten der Nachbarstaaten würden – wenn überhaupt – durch die Verwendung von Rechtsverordnungen bzw. untergesetzlichen Normen noch schwerer als bisher gegenüber den Nachbarstaaten zu verteidigen sein. Denn welcher Stellenwert ist Regelungen zum Schutz von nationalen Minderheiten (sowohl in Ungarn selbst als auch in den Nachbarstaaten) beizumessen, die im eigenen Land nicht einmal einer Entscheidung durch die Legislative bedürfen – vorausgesetzt,

---

471) **B. Pieroth / B. Schlink**, "Grundrechte – Staatsrecht II", 17. Auflage, 2003, § 6, IV., 4., b), aa), Rn. 283.

472) S.o. Kapitel II, B., S. 36.

473) Bzgl. des Art. 6 III der ungarischen Verfassung: s.o. Fn. 39.

474) **B. Pieroth / B. Schlink**, (s. Fn. 471), § 6, IV., 4., b), bb), Rn. 285.

475) S.o. Kapitel II, B., S. 36.

dass das ungarische System dem deutschen entspricht –, sondern denen lediglich "untergesetzliche" Bedeutung zukommt? Insofern würden Rechtsverordnungen bzw. untergesetzliche Normen möglicherweise zwar ein milderes Mittel im Vergleich zu einem Gesetz darstellen, letztlich sind sie aber verglichen mit diesem nicht gleich geeignet. Um einem so wichtigen Thema wie dem Schutz von nationalen Minderheiten gerecht zu werden und Nachdruck zu verleihen, ist auch eine entsprechende "Verpackung" (in Form eines Gesetzes) unumgänglich. Festzustellen ist daher, dass die möglicherweise milderen Mittel (Rechtsverordnung bzw. untergesetzliche Norm) im Vergleich zu dem gewählten Mittel (ungarisches Statusgesetz) nicht von gleicher Eignung sind wie dieses. Das ungarische Statusgesetz ist folglich nicht nur geeignet, sondern zur Erreichung des angestrebten Ziels auch erforderlich.

Neben der Eignung und der Erforderlichkeit des ungarischen Statusgesetzes ist schließlich noch seine Angemessenheit zu überprüfen. Unter der Angemessenheit wird auch die Verhältnismäßigkeit im engeren Sinne verstanden. Diese verlangt, dass der Eingriff bzw. die Beeinträchtigung, die der Eingriff für den einzelnen bedeutet, und der mit dem Eingriff verfolgte Zweck in recht gewichtetem und wohl abgewogenem Verhältnis zueinander stehen müssen.[476] Bezogen auf den vorliegenden Fall bedeutet dies, dass die Ungleichbehandlung angemessen ist, sofern die durch sie angerichtete Schwere des Nachteils in einem recht gewichtetem und wohl abgewogenem, d.h. tragbaren Verhältnis, zu dem verfolgten Zweck und dem Grad an Effektivität (Eignung) des Mittels, also dem Umfang des Vorteils für den Staat oder Dritte steht. Der Nachteil, der durch die auf dem ungarischen Statusgesetz beruhende Ungleichbehandlung entsteht, ist in der möglicherweise vorliegenden Diskriminierung zu sehen. Das im Völkerrecht grundsätzlich vorherrschende Prinzip der Nichtdiskriminierung führt dazu, dass der durch die Ungleichbehandlung entstehende Nachteil eine derartige Schwere erhält, dass er eigentlich nie in ein recht gewichtetes und wohl abgewogenes Verhältnis zu dem verfolgten Zweck gestellt werden könnte. Allerdings wäre es möglich, dass es sich bei der Ungleichbehandlung und den daraus erwachsenden Nachteilen um eine positive Diskriminierung handelt, die unter gewissen Bedingungen erlaubt ist. Nur in diesem Fall könnte ein tragbares Verhältnis zum angestrebten Zweck erzielt werden, was bewirken würde, dass die Ungleichbehandlung nicht nur im engeren Sinne, sondern auch insgesamt verhältnismäßig ist. Für den Fall, dass die durch das ungarische Statusgesetz gewährten Vergünstigungen eine völkerrechtlich erlaubte positive Diskriminierung darstellten, würde sich das Problem der Diskriminierung der Mehrheiten sowohl in Ungarn als auch in den Nachbarstaaten Ungarns von selbst erledigen. Eine umgekehrte Diskriminierung der Mehrheit ist logischerweise nämlich nur dann zu bejahen, wenn die bevorzugte Behandlung der Minderheit den Rahmen der völkerrechtlich erlaubten positiven Diskriminierung überschreitet.[477]
Es stellt sich somit im Rahmen der Angemessenheitsprüfung die Frage, ob es sich bei der durch das ungarische Statusgesetz hervorgerufenen Ungleichbehandlung um eine positive Diskriminierung handelt oder nicht. Für eine derartige positive Diskriminierung müsste durch die Ungleichbehandlung eine bestimmte Personengruppe bevorzugt behandelt werden, indem ihr Rechtspositionen eingeräumt werden, die über den Rechtskreis des Normalbürgers hinausgehen, und indem sie durch spezielle Maßnahmen bis zum Erreichen einer faktischen Gleichstellung mit den Mehrheitsangehörigen gefördert wird. Dabei müssten diese speziellen Maßnahmen allerdings auf dem Prinzip der Gleichbehandlung beruhen, d.h., sie dürften keine

[476]) **K. Stern**, (s. Fn. 470), 4. Abschnitt, § 84, II., 4., S. 782 ff.
[477]) Vgl. **Ch. Tomuschat**, "Equality and Non-Discrimination under the International Covenant on Civil and Political Rights", in: I. von Münch (Hrsg.), "Staatsrecht – Völkerrecht – Europarecht", FS für H.-J. Schlochauer, 1981, S. 691 – 716 (715 f).

Privilegien darstellen. Zudem dürften sie nur zeitweiliger Natur sein, müssten einen bestimmten Zweck verfolgen und dürften nicht zur Festschreibung von Sonderrechten führen.[478] Das ungarische Statusgesetz gewährt den Angehörigen der nationalen ungarischen Minderheiten in den Nachbarstaaten Ungarns gewisse Vergünstigungen. Außer den betroffenen Minderheitenangehörigen werden diese Vergünstigungen weder einem anderen Personenkreis zugestanden, noch ist davon auszugehen, dass sie dem Standard an staatlichen Zugeständnissen entsprechen, der normalerweise den ungarischen Staatsbürgern, den Staatsbürgern der ungarischen Nachbarstaaten oder den Angehörigen aller weiteren, in diesen Ländern ansässigen Minderheiten zugebilligt wird. Es handelt sich bei den durch das ungarische Statusgesetz gewährten Unterstützungen demnach um eine bevorzugte Behandlung der nationalen ungarischen Minderheiten in den Nachbarländern Ungarns, durch die den betroffenen Personen Rechtspositionen eingeräumt werden, die über den Rechtskreis der drei vergleichbaren Gruppen von "normalen" Staatsbürgern (ungarische Staatsbürger, Staatsbürger der an Ungarn angrenzenden Länder und alle weiteren Minderheitenangehörigen, die in diesen Ländern leben) hinausgehen. Dass durch das ungarische Statusgesetz die Zugehörigkeit der in den Nachbarstaaten lebenden Angehörigen der nationalen ungarischen Minderheit zu der einheitlichen ungarischen Nation, ihr Gedeihen in ihrer Heimat sowie ihr nationales Identitätsbewusstsein sichergestellt und gefördert werden sollen, wird schon in der Präambel des Gesetzes zum Ausdruck gebracht. Erst wenn die Angehörigen der nationalen ungarischen Minderheit in den an Ungarn angrenzenden Ländern sich als den ungarischen Staatsbürgern ebenbürtige und gleichberechtigte Mitglieder der ungarischen Nation fühlen, ist dieses in der Präambel verankerte Ziel des ungarischen Statusgesetzes erreicht. Da somit schon in der Präambel des Gesetzes das Erreichen einer faktischen Gleichheit mit den ungarischen Staatsbürgern betont wird, können die in dem Gesetz getroffenen Regelungen nur als Maßnahmen angesehen werden, die dazu dienen sollen, dieses Ziel zu erreichen. Insofern handelt es sich bei der auf dem ungarischen Statusgesetz beruhenden bevorzugten Behandlung der nationalen ungarischen Minderheiten in den Nachbarländern Ungarns um eine spezielle Maßnahme, durch die die faktische Gleichstellung mit den Mehrheitsangehörigen gefördert werden soll. Die Tatsache, dass das gesamte Gesetz, d.h. die gesamte Grundlage, auf der die Ungleichbehandlung basiert, darauf ausgerichtet ist, die Situation der in den Nachbarstaaten lebenden Ungarn zu verbessern, zeigt deutlich, dass mit dem Gesetz ein bestimmter Zweck verfolgt wird. Das für eine positive Diskriminierung erforderliche Kriterium der Zweckorientiertheit ist folglich auch gegeben.

Fraglich ist hingegen, ob die durch das ungarische Statusgesetz gewährten Vergünstigungen trotz allem Rechte darstellen, die auf dem Prinzip der Gleichbehandlung beruhen, oder ob sie doch zur Festschreibung von Sonderrechten führen und demnach als Privilegien zu charakterisieren sind. Auf der einen Seite lässt sich anführen, dass – wie eben bereits dargelegt – das ungarische Statusgesetz und die daraus resultierende Ungleichbehandlung als spezielle Maßnahmen zur Erreichung einer faktischen Gleichstellung mit den jeweiligen Mehrheitsangehörigen angesehen werden können. Dies kommt vor allem dadurch zum Ausdruck, dass den Angehörigen der nationalen ungarischen Minderheit in den Nachbarstaaten Ungarns durch die im ungarischen Statusgesetz vorgesehenen Vergünstigungen, zu denen u.a. Reisevergünstigungen, finanzielle Unterstützungen, Zugang zum Sozialversicherungs- und Gesundheitswesen sowie zum Arbeitsmarkt zählen, Möglichkeiten sowohl auf dem ungarischen als auch auf ihrem eigenen Staatsgebiet eröffnet werden, durch die sie die aus ihrer Minderheitenstellung fließenden konkreten faktischen Nachteile abschaffen und dem Lebensstandard der ungarischen Staatsbürger angenähert werden sollen. Gerade durch den Zugang zum Arbeitsmarkt

[478]) S.o. Kapitel III, B., II., 1., c., S. 135.

werden die Angehörigen der nationalen ungarischen Minderheit in das in Ungarn stattfindende alltägliche Leben eingebaut, wodurch sie automatisch mit ungarischen Staatsbürgern in Kontakt kommen und gleichberechtigt neben diesen ihrer Arbeit nachgehen. Da sie durch den Zugang zum Sozialversicherungs- und Gesundheitswesen auch weder auf gesundheitlicher Ebene noch in Bezug auf die Sozialleistungen den ungarischen Staatsbürgern in irgendetwas nachstehen, wird das Dazugehörigkeitsgefühl zur ungarischen Nation noch verstärkt. Dies alles würde dafür sprechen, die Maßnahmen nicht als Sonderrechte bzw. als Privilegien einzustufen, sondern sie vielmehr als notwendige, auf dem Prinzip der Gleichbehandlung beruhende Rechte auf dem Weg zur Erreichung einer faktischen Gleichstellung mit den jeweiligen Mehrheitsangehörigen anzusehen. Auf der anderen Seite ist allerdings zu bedenken, dass eine solche bevorzugte Behandlung grundsätzlich nur dann statthaft ist, wenn allein durch sie die beiden erwähnten Aspekte der Gleichheit ("jedem das Gleiche" und "jedem das Seine") hergestellt werden können. Zu beachten ist ferner, dass eine derartige bevorzugte Behandlung den Sinn und Zweck hat, konkrete faktische Nachteile einer Minderheit, die sich aus ihrer Existenz als Minderheit ergeben, durch vorübergehende unterstützende Maßnahmen auszugleichen.[479] Man kann zwar sagen, dass die im ungarischen Statusgesetz vorgesehenen Vergünstigungen auf jeden Fall dazu geeignet sind, das Ausmaß an Nachteilen zu reduzieren bzw. sogar ganz zurückzuschrauben, das den Angehörigen der nationalen ungarischen Minderheit in den an Ungarn angrenzenden Ländern dadurch entsteht, dass sie als Angehörige der ungarischen Nation weder in Ungarn ansässig sind noch die ungarische Staatsbürgerschaft besitzen und ihnen daher auch nicht die gleichen Rechte zugebilligt werden können wie den – aus Sicht der ungarischen Regierung als vergleichbar angesehenen – ungarischen Staatsangehörigen. Allerdings wären für den Ausgleich der konkreten faktischen Nachteile, die den Angehörigen der nationalen ungarischen Minderheit aufgrund ihrer Minderheitenzugehörigkeit entstehen, auch weniger umfassende Maßnahmen ausreichend. Denn auch wenn es sich bei den betroffenen Personen um Angehörige der ungarischen Nation handelt und sie deshalb durch das ungarische Statusgesetz unterstützt werden sollen, so fallen sie in ihrem Aufenthaltsstaat auch unter den Sammelbegriff der "Minderheit", unter dem sich alle in einem Land befindlichen Minderheiten treffen. Dies bedeutet, dass ihnen als eine dieser in ihrem Aufenthaltsstaat ansässigen Minderheiten auch durch den Aufenthaltsstaat selbst Zugeständnisse gemacht werden, um die auf ihrer Minderheitenstellung beruhenden Nachteile gegenüber den Bürgern der jeweiligen Aufenthaltsstaaten zu minimieren.[480] Zusammen mit dem ungarischen Statusgesetz wird die Korrektur der entstehenden Nachteile in Bezug auf die Angehörigen der ungarischen Nation demnach von zwei Seiten vorgenommen. Diese doppelte Begünstigung der Angehörigen der ungarischen Nation ist für diese zwar sehr vorteilhaft, doch ist dabei immer noch zu bedenken, dass sie trotz ihrer Zugehörigkeit zur ungarischen Nation Staatsbürger eines der an Ungarn angrenzenden Länder und keine ungarischen Staatsangehörigen sind. Daher würde auch eine "Beinahe-Gleichstellung" der Angehörigen der nationalen ungarischen Minderheit mit den ungarischen Staatsbürgern durch den Zugang zum Arbeitsmarkt und zum Sozialversicherungs- und Gesundheitswesen und den weiteren durch das ungarische Statusgesetz gewährleisteten Vergünstigungen im Vergleich zu den mit den Angehörigen der nationalen ungarischen Minderheit auf einer Ebene stehenden Staatsangehörigen der ungarischen Nachbarländer und den Angehörigen der weiteren Minderheiten in diesen Ländern den Rahmen einer völkerrechtlich gestatteten bevorzugten Behandlung sprengen. Aber auch im Vergleich zu den ungarischen Staatsbürgern, deren ärmerer Teil möglicherweise neben den ihnen von Ungarn zur Verfügung gestellten Sozialleistungen auch gern zusätzlich noch ähnli-

479) S.o. Kapitel III, B., II., 1., c., S. 135.
480) S.o. Kapitel III, B., II., 2., a., (1), (b), ((1)), ((a)), S. 142.

che Unterstützungen erhalten würde, wie die, die durch das ungarische Statusgesetz den Angehörigen der nationalen ungarischen Minderheit in den ungarischen Nachbarländern gewährt werden, können diese Maßnahmen nicht als Rechte angesehen werden, die auf dem Prinzip der Gleichbehandlung beruhen. Insofern könnte man andererseits, v.a. aus Sicht der ungarischen Staatsbürger, der Staatsbürger der an Ungarn angrenzenden Staaten und der Angehörigen der weiteren in diesen Ländern lebenden Minderheiten, denen die Zugeständnisse, die aufgrund des ungarischen Statusgesetzes gemacht werden, nicht zuteil werden, auch zu dem Schluss kommen, dass den Angehörigen der nationalen ungarischen Minderheit in den Nachbarstaaten Ungarns durch die zu gewährenden Vergünstigungen Rechte eingeräumt werden, die über eine bloß bevorzugte Behandlung wegen ihrer Zugehörigkeit zur nationalen ungarischen Minderheit weit hinausgehen. Dies hätte zur Folge, dass die aufgrund des ungarischen Statusgesetzes zu ergreifenden Maßnahmen Sonderrechte festschreiben bzw. Privilegien darstellen. Die Antwort auf die Frage, ob die durch das ungarische Statusgesetz gewährten Vergünstigungen trotz allem Rechte darstellen, die auf dem Prinzip der Gleichbehandlung beruhen, oder ob sie doch zur Festschreibung von Sonderrechten führen und demnach als Privilegien zu charakterisieren sind, kann allerdings offen gelassen werden. Das letzte Kriterium für das Vorliegen einer positiven Diskriminierung erfordert nämlich, dass die in Frage stehende Maßnahme nur zeitweiliger Natur ist. Das ungarische Statusgesetz selbst enthält in seinem Art. 27 I nur eine Bestimmung hinsichtlich des Datums seines Inkrafttretens (1. Januar 2002). In Art. 27 II des Statusgesetzes wird darüber hinaus festgelegt, dass ab dem Zeitpunkt des Beitritts der Republik Ungarn zur Europäischen Union die Bestimmungen dieses Gesetzes in Übereinstimmung mit dem Beitrittsvertrag und dem Recht der Europäischen Gemeinschaften anzuwenden sind. Ansonsten findet sich in dem ganzen ungarischen Statusgesetz keine Begrenzung seiner Geltungsdauer. Zwar ist die Dauer der den Angehörigen der nationalen ungarischen Minderheiten in den ungarischen Nachbarstaaten zu erteilenden Arbeitsgenehmigung gemäß Art. 15 Satz 2 des Statusgesetzes auf drei Monate im Kalenderjahr beschränkt, doch kann diese entweder durch besondere Rechtsvorschriften nach Art. 15 Satz 3 des Statusgesetzes verlängert werden oder sie kann im nächsten Kalenderjahr erneut ausgestellt werden. Eine absehbare Dauer des Gesetzes ist daher nicht ersichtlich. Vielmehr wird durch die Bezugnahme auf den Beitritt zur Europäischen Union, der zum 1. Mai 2004 erfolgen soll[481], zum Ausdruck gebracht, dass das ungarische Statusgesetz auf jeden Fall mehrere Jahre anwendbar sein soll. Eine konkrete Aussage über die Gültigkeit des ungarischen Statusgesetzes und damit über seine Anwendbarkeit ist somit nicht zu treffen, so dass man auch nicht von einer nur zeitweiligen Natur des ungarischen Statusgesetz und der durch dies gewährten Vergünstigungen sprechen kann.

Trotz der Tatsache, dass die durch das ungarische Statusgesetz gewährten Vergünstigungen möglicherweise Rechte darstellen, die auf dem Prinzip der Gleichbehandlung beruhen und demnach nicht zur Festschreibung von Sonderrechten führen bzw. als Privilegien zu charakterisieren sind, ist das ungarische Statusgesetz nicht angemessen, d.h. nicht im engeren Sinne verhältnismäßig. Dafür dürften die durch dies gewährten Vergünstigungen nämlich nur zeitweiliger Natur sein. Da ein Ende der Gültigkeit des ungarischen Statusgesetz aber nicht absehbar ist, ist das Merkmal der zeitweiligen Natur nicht erfüllt. Dies führt dazu, dass ein für das Vorliegen einer positiven Diskriminierung notwendiges Kriterium nicht gegeben ist, so dass von einer solchen in Bezug auf das ungarische Statusgesetz nicht auszugehen ist. Allein das Vorliegen einer positiven Diskriminierung hätte aber dafür gesorgt, dass die aufgrund des ungarischen Statusgesetzes gewährten Vergünstigungen als angemessen bzw. als im engeren

---

[481]) **Website der Europäischen Kommission**: "Erweiterung der EU" (aufzurufen unter: http://www.europa.eu.int/comm/enlargement/enlargement_de.htm, besucht am 28.01.2004).

Sinne verhältnismäßig einzustufen sind. Durch das Verneinen einer positiven Diskriminierung besteht keine Möglichkeit, die gewährten Vergünstigungen in ein tragbares Verhältnis zum angestrebten Zweck zu bringen.

Gegen diese Argumentation bringt die ungarische Regierung allerdings vor, dass das ungarische Statusgesetz auf internationaler Ebene in den Aufgabenbereich der allgemeinen Standards des internationalen Rechts in Bezug auf den Minderheitenschutz fällt. In Art. 7 Absatz 1 seiner Verfassung stellt Ungarn darüber hinaus klar, dass die generell anerkannten Prinzipien des internationalen Rechts von ihm anerkannt werden und dass es sein innerstaatliches Recht mit den sich ergebenden internationalen Verpflichtungen in Einklang bringt.[482] Daraus lässt sich schließen, dass Ungarn u.a. auch um die Bedeutung des völkerrechtlichen Prinzips der Nichtdiskriminierung weiß und dass es dieses auch bei seinen Handlungen respektiert. Da die Vergünstigungen, die durch das Gesetz gewährt werden, allerdings ausschließlich auf den Schutz, die Entwicklung und die Übertragung der Identität der betroffenen Personen auf ihre Nachkommen abzielen und keine Auswirkungen auf ihre Staatsangehörigkeit oder auf ihre Zugehörigkeit zu einer Minderheit haben, hat das ungarische Statusgesetz in den Augen Ungarns keine gesetzlichen Auswirkungen auf ihre bestehenden Rechte und Pflichten als Mitglieder von Minderheiten und als Bürger ihrer Aufenthaltsstaaten. Daher können die positiven Maßnahmen, die durch das ungarische Statusgesetz gewährt werden, nicht als Diskriminierung gegen ungarische Bürger oder gegen Bürger des / der Aufenthaltsstaaten angesehen werden.[483] Wie soeben erörtert, ist es richtig, dass die Vergünstigungen keine Auswirkungen auf die Staatsangehörigkeit der Angehörigen der nationalen ungarischen Minderheit in den an Ungarn angrenzenden Ländern oder auf ihre Zugehörigkeit zu einer Minderheit haben, so dass sich das ungarische Statusgesetz auch nicht auf ihre bestehenden Rechte und Pflichten als Mitglieder von Minderheiten und als Bürger ihrer Aufenthaltsstaaten auswirkt. Dass dies allerdings zu der Schlussfolgerung führt, dass die positiven Maßnahmen, die durch das ungarische Statusgesetz gewährt werden, nicht als Diskriminierung gegen ungarische Bürger oder gegen nicht ungarische Bürger des / der Aufenthaltsstaaten angesehen werden können, kann nicht ohne weiteres gefolgt werden. Letztendlich umfassen diese Maßnahmen nämlich nicht ausschließlich – wie von der ungarischen Regierung dargestellt – den Schutz, die Entwicklung und die Übertragung der Identität der betroffenen Personen auf ihre Nachkommen. Von den durch das ungarische Statusgesetz zugebilligten Vergünstigungen (Reisevergünstigungen, finanzielle Unterstützungen, Zugang zum Sozialversicherungs- und Gesundheitswesen sowie zum Arbeitsmarkt u.a.) können lediglich die finanziellen Unterstützungen die Identität der betroffenen Personen schützen, entwickeln oder auf ihre Nachkommen übertragen. Weder Reisevergünstigungen noch der Zugang zum Sozialversicherungs- und Gesundheitswesen sowie zum Arbeitsmarkt sorgen für den Schutz der Identität oder für ihre Übertragung auf die Abkömmlinge. Sie stellen vielmehr zusätzliche bevorzugte Behandlungen der Angehörigen der nationalen ungarischen Minderheit in den an Ungarn angrenzenden Ländern dar, die sich nicht den drei von der ungarischen Regierung genannten Ziele unterordnen lassen. Allerhöchstens wäre in Bezug auf diese Vergünstigungen an eine Entwicklung der ungarischen Identität der betroffenen Personen aufgrund der Zusammenarbeit mit ungarischen Staatsbürgern bei einer dreimonatigen Anstellung in Ungarn bzw. bei einer aufgrund der Vergünstigungen verbilligten Reise nach Ungarn zu denken. Es erscheint aber nicht gerechtfertigt, al-

---

[482]) Art. 7 Absatz 1 der ungarischen Verfassung lautet: "The legal system of the Republic of Hungary accepts the generally recognized principles of international law, and shall harmonize the country's domestic law with the obligations assumed under international law." (Die ungarische Verfassung ist zu finden unter: http://www.oefre.unibe.ch/law/icl/hu00000_.html).

[483]) S.o. Kapitel II, C., S. 39.

lein wegen dieser eben genannten möglichen Unterstützung der Entwicklung der Identität der betroffenen Personen eine Diskriminierung gegen ungarische Bürger oder gegen Bürger des / der Aufenthaltsstaaten zu verneinen, wenn auf der anderen Seite der Großteil der Maßnahmen des ungarischen Statusgesetzes nicht mit den von der ungarischen Regierung genannten Zielen vereinbar ist, sie folglich eine zusätzliche bevorzugte Behandlung darstellen und demnach eine Diskriminierung vorliegt.
Die ungarische Regierung beruft sich zur Untermalung ihrer Ansicht auch auf einige Entscheidungen sowohl des Europäischen Gerichtshofes (EuGH)[484] als auch des Europäischen Gerichtshofs für Menschenrechte (EuGMR)[485], wonach in einer demokratischen Gesellschaft ein Ausgleich zwischen der Mehrheit und der Minderheit erzielt werden muss. Um dies zu erreichen, ist neben einer fairen und angemessenen Behandlung der Minderheit auch eine positive Diskriminierung der Minderheit möglich, die als einzige akzeptable Diskriminierung nach Art. 14 der EMRK angesehen werden kann. Dass dies möglich und völkerrechtskonform ist, ist bereits erörtert worden.[486] Trotzdem ist mit obiger Begründung das Vorliegen einer positiven Diskriminierung zu verneinen.
Schließlich ist es nach Ansicht der ungarischen Regierung zudem ein allgemein anerkanntes Prinzip in modernen Ländern, dass das allgemeine gesetzliche System als solches die richtige Balance zwischen den verschiedenen Verpflichtungen des Staates einhalten soll – und nicht ein individuelles Gesetz. Deshalb kann man auch nicht einfach das ungarische Statusgesetz aus der ganzen Menge an innerstaatlicher Gesetzgebung und anderen gesetzlichen Bestimmungen herausgreifen.[487] Grundsätzlich mag dieses allgemein anerkannte Prinzip seine Berechtigung haben, und es sollte auch befolgt werden, aber dennoch ist das Prinzip der Nichtdiskriminierung einer der wichtigsten Aspekte der Menschenrechte und der Grundfreiheiten. Als ein solcher muss sich nicht nur die Gesamtheit der innerstaatlichen Gesetzgebung und der anderen gesetzlichen Bestimmungen nach ihm richten, sondern es werden auch alle einzelnen Akte an ihm gemessen. Zudem genießt das Prinzip der Nichtdiskriminierung aufgrund der Tatsache, dass es eine grundlegende Ordnungsvorschrift darstellt, universelle Anerkennung, was dazu führt, dass es wegen dieser immensen Bedeutung Vorrang vor anderen Prinzipien des Völkerrechts hat.[488] Insofern muss auch das ungarische Statusgesetz den Vorgaben, die durch das Verbot der Diskriminierung aufgestellt werden, entsprechen.
All diese von der ungarischen Regierung vorgebrachten Einwände sind somit nicht haltbar bzw. können widerlegt werden. Demnach ergeben sich durch die Ansichten und Argumente der ungarischen Regierung keinerlei Änderungen zu dem bereits Gesagten.

Festzustellen ist damit, dass durch das ungarische Statusgesetz zwar ein "legitimer Zweck" angestrebt wird, dass allerdings die Zweck/Mittel–Relation trotz ihrer Geeignetheit und Erforderlichkeit nicht angemessen bzw. im engeren Sinne verhältnismäßig ist. Es fehlt somit an einem für das Vorliegen einer Verhältnismäßigkeit im weiteren Sinne entscheidenden Merkmal. Folglich sind die durch das ungarische Statusgesetz gewährten Vergünstigungen und demnach auch die darauf beruhende Ungleichbehandlung unverhältnismäßig.

---

[484]) **EuGH**, Urteil vom 24. November 1998 (**"Bickel / Franz"**), Rechtssache C-274/96 (s.o. Fn. 55).
[485]) **EuGMR**, Urteil vom 25. September 1996 (**"Buckley v. United Kingdom"**) sowie **EuGMR**, Urteil vom 29. April 1999 (**"Chassagnou and others v. France"**) (s.o. Fn. 56).
[486]) S.o. Kapitel III, B., II., 1., c., S. 136.
[487]) S.o. Kapitel II, C., S. 39.
[488]) **G. Dahm / J. Delbrück / R. Wolfrum**, (s. Fn. 283), Band I, Teilband 1, 1. Teil, 1. Kapitel, § 1, II., 3., S. 20 f.

((iv)) Zusammenfassung

Für das Vorliegen einer Diskriminierung müsste zwischen den betroffenen Personengruppen zunächst eine vergleichbare Ausgangslage gegeben sein, was in diesem Fall zu bejahen ist. Eine Diskriminierung läge dann bereits vor, wenn die hier gegebene Ungleichbehandlung nicht sachlich gerechtfertigt wäre, d.h. wenn sie nicht auf berechtigten und objektiven Kriterien beruhen würde. Da in Bezug auf die auf dem ungarischen Statusgesetz basierende Ungleichbehandlung allerdings von einer sachlich gerechtfertigten Ungleichbehandlung auszugehen ist, käme eine Diskriminierung nur noch aus dem Grunde in Betracht, dass die Ungleichbehandlung in keinem Verhältnis zu dem mit dem Gesetz verfolgten "legitimen Zweck" steht. Um im weiteren Sinne als verhältnismäßig zu gelten, hätten neben den hier vorliegenden Merkmalen der Geeignetheit und der Erforderlichkeit im Rahmen der Prüfung der Angemessenheit die durch das ungarische Statusgesetz gewährten Vergünstigungen als positive Diskriminierungen zu charakterisieren sein müssen. Dieses scheitert aber an der nicht bloß zeitweiligen Natur des ungarischen Statusgesetzes, so dass die Ungleichbehandlung nicht als angemessen und demnach auch nicht als im weiteren Sinne verhältnismäßig einzustufen ist. Es handelt sich daher um eine unverhältnismäßige Ungleichbehandlung, was dazu führt, dass in Bezug auf die durch das ungarische Statusgesetz gewährten Vergünstigungen und der darauf basierenden Ungleichbehandlung das Vorliegen einer Diskriminierung zu bejahen ist. Bei dieser Diskriminierung handelt es sich in Bezug auf die in ihrem jeweiligen Staat die Mehrheit der Bevölkerung darstellenden Staatsangehörigen der Nachbarstaaten sowie in Bezug auf die ungarischen Staatsangehörigen um eine völkerrechtlich anerkannt "umgekehrte" Diskriminierung. In Bezug auf die Angehörigen weiterer, in den ungarischen Nachbarstaaten lebenden Minderheiten ist die Diskriminierung in zweierlei Weise zu charakterisieren: Betrachtet man die Angehörigen dieser Personengruppe als Minderheitenangehörige, so handelt es sich ihnen gegenüber um eine "normale" Diskriminierung; betrachtet man sie als Staatsangehörige der ungarischen Nachbarstaaten, so handelt es sich auch ihnen gegenüber um eine "umgekehrte" Diskriminierung. Diese Differenzierung ist aber für irgendwelche Schlussfolgerungen nicht von Bedeutung. Letztendlich stellen nämlich beide Arten der Diskriminierung eine unverhältnismäßige Ungleichbehandlung dar, die unterschiedliche Bezeichnung ist lediglich abhängig von der jeweils diskriminierten Personengruppe. Im Folgenden wird aber – der Einfachheit halber – in allen drei Fällen nur noch von einer "Diskriminierung" gesprochen werden.

((2)) Zwischenergebnis

Als Zwischenergebnis zu der unter der Überschrift des universellen Völkerrechts erörterten Vereinbarkeit des ungarischen Statusgesetzes mit Art. 1 III und Art. 55 c) der UN-Charta kann man festhalten, dass die durch das ungarische Statusgesetz den Angehörigen der ungarischen Minderheit in den an Ungarn angrenzenden Staaten gewährten Vergünstigungen sowohl gegenüber den ungarischen Staatsbürgern als auch gegenüber den übrigen Staatsangehörigen der Nachbarländer sowie den weiteren in diesen Ländern lebenden Minderheiten als eine Diskriminierung anzusehen sind. Dies hat zur Folge, dass durch dieses Gesetz die allgemeine Achtung und Verwirklichung der Menschenrechte und Grundfreiheiten nicht für alle ohne Unterschied der Rasse, des Geschlechts, der Sprache oder der Religion gewährleistet werden kann. Die Voraussetzungen des Art. 1 III und Art. 55 c) der UN-Charta werden somit von dem ungarischen Statusgesetz nicht erfüllt. Demnach lässt sich dieses Gesetz auch nicht mit den genannten Vorschriften der UN-Charta vereinbaren.

(2) Art. 2 I der UN-Charta

Nachdem bereits ein Verstoß des ungarischen Statusgesetzes gegen Art. 2 I der UN-Charta in Bezug auf das Prinzip der territorialen Staatensouveränität bejaht worden ist[489], stellt sich an dieser Stelle die Frage nach der Vereinbarkeit des ungarischen Statusgesetzes mit Art. 2 I der UN-Charta in Bezug auf das Verbot der Diskriminierung.

Gemäß Art. 2 I der UN-Charta beruht die Organisation (die Vereinten Nationen) auf dem Grundsatz der souveränen Gleichheit aller ihrer Mitglieder. Er ist dabei sowohl auf die Vereinten Nationen in ihrer Form als Organisation als auch auf die einzelnen Mitgliedsstaaten und deren Beziehung untereinander anwendbar.[490] Auch in der die UN-Charta erläuternden 'Friendly Relations Declaration'[491] wird ausschließlich auf Staaten Bezug genommen, die einzelnen Personen, die in diesen Staaten leben, bleiben hingegen unberücksichtigt. Bezüglich des Prinzips der territorialen Staatensouveränität ist diese alleinige Anwendbarkeit auf Staaten vollkommen ausreichend. Im vorliegenden Fall handelt es sich allerdings um die Vereinbarkeit des ungarischen Statusgesetzes mit dem Prinzip der Nichtdiskriminierung. Wie soeben dargestellt, werden die ungarischen Staatsbürger, die übrigen Staatsangehörigen der Nachbarländer sowie die weiteren in diesen Ländern lebenden Minderheiten gegenüber den Angehörigen der ungarischen Minderheit in den an Ungarn angrenzenden Ländern diskriminiert. Die Diskriminierung bezieht sich demnach ausschließlich auf Personengruppen, die in Ungarn bzw. einem seiner Nachbarländer ansässig sind, und nicht auf die Staaten als solche. Die in Art. 2 I der UN-Charta zugesicherte Gleichheit der Staaten verbietet eine vertraglich nicht abgesicherte, schlechtere Behandlung einzelner Staaten. Da seine Regelungen aber nicht auf Einzelpersonen zugeschnitten sind, was allerdings bei der Betrachtung des ungarischen Statusgesetzes unter dem Gesichtspunkt des Vorliegens einer Diskriminierung erforderlich ist, ist Art. 2 I der UN-Charta in Bezug auf die Vereinbarkeit des ungarischen Statusgesetzes mit dem Verbot der Diskriminierung nicht anwendbar.

(3) Art. 2 I der AEMR

Anders als die soeben untersuchten rechtlich verbindlichen Bestimmungen der UN-Charta stellen die im Folgenden zu überprüfenden Regelungen der AEMR (Art. 2 I und Art. 7 der AEMR) Bestimmungen einer rechtlich unverbindlichen Erklärung dar, denen lediglich ein empfehlender Charakter beizumessen ist.[492] Nach Art. 2 I der AEMR hat jeder Mensch Anspruch auf die in der AEMR verkündeten Rechte und Freiheiten, ohne irgendeine Unterscheidung, wie etwa nach Rasse, Farbe, Geschlecht, Sprache, Religion, politischer oder sonstiger Überzeugung, nationaler oder sozialer Herkunft, nach Eigentum, Geburt oder sonstigen Umständen. Im Gegensatz zu anderen Bestimmungen der AEMR, die in speziellen Situationen eine Diskriminierung verhindern sollen, umfasst Art. 2 I der AEMR den generellen Schutz

---

[489]) S.o. Kapitel III, B., I., 1., a., (3), S. 100.
[490]) **B. Fassbender / A. Bleckmann**, (s. Fn. 286), Rn. 47.
[491]) S.o. Kapitel III, B., I., 1., a., (1), S. 89.
[492]) S.o. Kapitel III, A., I., 3., b., S. 54.

gegen Diskriminierungen.[493] Als ein Teil der generellen Prinzipien der Menschenrechte und als Basis der AEMR hat diese Nicht-Diskriminierungsklausel an einer sehr zentralen Stelle Eingang in die Erklärung gefunden.[494] Die in ihr enthaltene Aufzählung der Gründe für eine Diskriminierung ist nicht abschließend.[495] Zudem wird die Nicht-Diskriminierungsklausel als solche nicht nur auf Minderheiten bezogen, sondern sie ist vielmehr auf jedes Individuum anwendbar.[496] Als problematisch in Bezug auf Art. 2 I der AEMR könnte sich allerdings erweisen, dass er ein akzessorisches Recht darstellt, d.h., das Prinzip der Nichtdiskriminierung wird nur auf die in der AEMR zugesicherten Rechte bezogen.[497]

Bezogen auf die Prüfung der Vereinbarkeit des ungarischen Statusgesetzes mit dem Art. 2 I der AEMR bedeutet die Akzessorietät des Letzteren, dass durch die aufgrund des ungarischen Statusgesetz gewährten Vergünstigungen ein anderes Recht der AEMR betroffen sein muss, damit Art. 2 I der AEMR überhaupt zur Anwendung kommen kann. Insofern stellt sich an dieser Stelle die Frage, welches andere Recht der AEMR möglicherweise durch die aufgrund des ungarischen Statusgesetz gewährten Vergünstigungen betroffen sein könnte.
Gemäß Art. 12 Satz 1 der AEMR darf niemand willkürlichen Eingriffen in sein Privatleben, seine Familie, sein Heim oder seinen Briefwechsel noch Angriffen auf seine Ehre und seinen Beruf ausgesetzt werden. Art. 12 Satz 2 der AEMR gewährt jedem Menschen den Anspruch auf rechtlichen Schutz gegen derartige Eingriffe. Da die durch das ungarische Statusgesetz gewährten Vergünstigungen auf einem sachlichen Rechtfertigungsgrund beruhen[498], ist ein möglicher Eingriff in das Privatleben, die Familie, das Heim oder den Briefwechsel bzw. ein möglicher Angriff auf die Ehre oder den Beruf auf keinen Fall willkürlich. Demnach ist Art. 12 der AEMR durch die aufgrund des ungarischen Statusgesetz gewährten Vergünstigungen nicht betroffen.
Gemäß Art. 16 Punkt 3 der AEMR ist die Familie die natürliche und grundlegende Einheit der Gesellschaft und hat Anspruch auf Schutz durch Gesellschaft und Staat. Ungarn bezweckt mit dem Statusgesetz die Störungsfreiheit der familiären Kontakte (Art. 3 c) des Statusgesetzes) und dehnt aus diesem Grund den Anwendungsbereich des Statusgesetzes gemäß Art. 1 (2) des Statusgesetzes auch aus auf "die mit in Absatz 1 bestimmten Personen zusammenlebenden Ehegatten und die in ihrem gemeinsamen Haushalt lebenden minderjährigen Kinder, wenn diese nicht ungarischer Nationalität sind". Es lässt sich daher feststellen, dass Familienangehörige durch das ungarische Statusgesetz miterfasst werden, so dass die Lage der gesamten Familie durch die bevorzugte Behandlung aufgrund des ungarischen Statusgesetzes verbessert wird. Der Anspruch der betroffenen Familien auf Schutz durch Gesellschaft und Staat wird durch die Regelungen des ungarischen Statusgesetzes nicht beeinträchtigt, sondern es wird vielmehr ein zusätzlicher "Schutz" aufgestellt. Auch Art. 16 Punkt 3 der AEMR ist daher durch die aufgrund des ungarischen Statusgesetz gewährten Vergünstigungen nicht betroffen.
Da weitere Rechte der AEMR, die durch das ungarische Statusgesetz betroffen sein könnten, nicht ersichtlich sind, hat dies für das akzessorische Prinzip der Nichtdiskriminierung in Art. 2 I der AEMR zur Folge, dass es in diesem Fall keine Anwendung findet. Die Prüfung der Vereinbarkeit des ungarischen Statusgesetzes mit dem Art. 2 I der AEMR erübrigt sich

---

[493]) **S. Skogly**, "Article 2", in: G. Alfredsson / A. Eide (Hrsg.), "The Universal Declaration of Human Rights: A common standard of achievement", 1999, S. 75 – 87 (75).

[494]) **A. Verdoodt**, "Naissance et Signification de la Déclaration Universelle des Droits de l'Homme", Société d'Etudes Morales, Sociales et Juridiques, 1964, S. 94.

[495]) **S. Skogly**, (s. Fn. 493), S. 79.

[496]) **Dies.**, S. 76 f.

[497]) **Dies.**, S. 87.

[498]) S.o. Kapitel III, B., II., 2., a., (1), (b), ((1)), ((b)), ((iii)), S. 146.

daher aufgrund der Tatsache, dass Letztere in Bezug auf die Regelungen des Statusgesetzes nicht anwendbar ist.

(4) Art. 7 der AEMR

Nach dem ebenfalls rechtlich unverbindlichem Art. 7 Satz 1 der AEMR sind alle Menschen vor dem Gesetz gleich, und sie haben alle ohne Unterschied Anspruch auf gleichen Schutz durch das Gesetz. Art. 7 Satz 2 der AEMR sichert allen den Anspruch auf den gleichen Schutz gegen jede unterschiedliche Behandlung, welche die vorliegende Erklärung verletzen würde, und gegen jede Anstiftung zu einer derartigen unterschiedlichen Behandlung zu. Bei Art. 7 der AEMR handelt es sich um eine Bestimmung, die eine spezielle Situation vor einer Diskriminierung bewahren will. Auch wenn diese speziellen Situationen sich grundsätzlich auch durch das generelle Diskriminierungsverbot regeln ließen und Art. 7 der AEMR deshalb durch Art. 2 I der AEMR ersetzt werden könnte, stellen die generelle Nicht-Diskriminierungsklausel in Art. 2 I der AEMR und die Gleichheit vor dem Gesetz in Art. 7 der AEMR dennoch zwei eigenständige Artikel dar. Art. 2 der AEMR zielt nämlich darauf ab, dass jeder, ohne irgendeinen Unterschied, alle in dieser Erklärung zugesicherten Rechte und Freiheiten genießen kann. Im Gegensatz dazu wird durch Art. 7 der AEMR versucht, dieses Prinzip in die praktische Realität umzusetzen, indem jedem der Schutz durch das Gesetz offen steht, falls es zu einer gegen diese Erklärung verstoßenden Diskriminierung kommt. Die auf diese Weise interpretierten Art. 2 I und Art. 7 der AEMR basieren zwar auf ähnlichen Ideen, aber sie sind dennoch nicht absolut identisch.[499] Insofern kommt dem Art. 7 der AEMR auch eine eigenständige Bedeutung zu.

Genau wie Art. 2 I der AEMR handelt es sich auch bei Art. 7 der AEMR um ein akzessorisches Recht, da ein Anspruch auf den gleichen Schutz gegen jede unterschiedliche Behandlung nur dann gewährt wird, wenn durch sie die vorliegende Erklärung verletzt werden würde. Wie soeben bereits erörtert, ist allerdings kein anderes Recht der AEMR durch die aufgrund des ungarischen Statusgesetz gewährten Vergünstigungen betroffen, so dass neben Art. 2 I der AEMR auch Art. 7 der AEMR nicht zur Anwendung kommt. Aus diesem Grund erübrigt sich auch die Prüfung der Vereinbarkeit des ungarischen Statusgesetzes mit dem Art. 7 der AEMR.

(5) Art. 2 I des IPBPR

Bevor auf die konkrete Prüfung der Vereinbarkeit von Art. 2 I des IPBPR mit dem ungarischen Statusgesetz eingegangen wird, soll zunächst der Inhalt von Art. 2 I des IPBPR näher erläutert werden.

(a) Darstellung des Art. 2 I des IPBPR

Gemäß Art. 2 I des IPBPR verpflichtet sich jeder Vertragsstaat, die in diesem Pakt anerkannten Rechte zu achten und sie allen in seinem Gebiet befindlichen und seiner Herrschaftsgewalt

---

[499]) Summary Records of Third Committee Meeting, UN General Assembly, 21 September – 8 December 1948, S. 130.

unterstehenden Personen ohne Unterschied wie insbesondere der Rasse, der Hautfarbe, des Geschlechts, der Sprache, der Religion, der politischen oder sonstigen Anschauung, der nationalen oder sozialen Herkunft, des Vermögens, der Geburt oder des sonstigen Status zu gewährleisten.
Der gesamte Art. 2 des IPBPR enthält eine Reihe unterschiedlicher Bestimmungen, die in anderen Konventionen in verschiedenen Artikeln geregelt sind: den personellen und territorialen Geltungsbereich der Rechte des Paktes; die Verpflichtung zur (negatorischen) Achtung wie zur (positiven) Gewährleistung dieser Rechte; das Diskriminierungsverbot; die Verpflichtung zu legislativen und sonstigen Maßnahmen innerstaatlicher Durchsetzung; das Recht auf einen wirksamen, wenn möglich gerichtlichen, Rechtsschutz gegen Verletzungen des Paktes sowie die Pflicht der Vertragsstaaten, im Falle einer Verletzung tatsächlich Abhilfe zu schaffen. Als für alle Rechte des Paktes gleichermaßen anwendbare "Schirmklausel" kommt dem Art. 2 des IPBPR eine wichtige Funktion im Rahmen der systematischen Interpretation des Paktes zu.
Aus dem Wortlaut von Art. 2 des IPBPR und seiner Stellung im II. Teil des Paktes ergibt sich mit aller Deutlichkeit, dass durch ihn keine unabhängigen subjektiven Rechte normiert werden, sondern Pflichten der Vertragsstaaten, die sich auf "die in diesem Pakt anerkannten Rechte" beziehen. Dieser akzessorische Charakter des Art. 2 des IPBPR bedeutet, dass er nur in Verbindung mit einer anderen (materiellen) Bestimmung des Paktes (Art. 6 – 27 IPBPR) verletzt werden kann. Diese andere Vorschrift des Paktes muss aber nicht unbedingt verletzt sein, vielmehr ist ihr Eingreifen als solches auch schon ausreichend.[500]

Die Verpflichtung zur Achtung der in dem Pakt anerkannten Rechte deutet auf den primär negatorischen Charakter bürgerlicher und politischer Rechte hin und bedeutet, dass die Vertragsstaaten Eingriffe in die Ausübung dieser Rechte, sofern solche nicht ausdrücklich erlaubt sind, unterlassen müssen. Der konkrete Inhalt dieser Unterlassungspflicht ergibt sich dabei aus der Formulierung des jeweiligen Rechts.
Die Verpflichtung zur Gewährleistung der in diesem Pakt anerkannten Rechte deutet demgegenüber auf den positiven Charakter hin, der nicht nur wirtschaftlichen, sozialen und kulturellen Rechten, sondern auch politischen und vielen bürgerlichen Rechten innewohnt. Sie bedeutet, dass die Vertragsstaaten auch zu positiven Leistungen verpflichtet sind, um den im Pakt anerkannten Rechten Wirksamkeit zu verleihen. Wie beim negatorischen Charakter hängt der konkrete Inhalt dieser Leistungspflicht von der Formulierung des jeweiligen Rechts ab, doch weist Art. 2 I des IPBPR auf eine grundsätzliche Anwendung auf alle Rechte des Paktes hin.
Diese staatlichen Leistungspflichten bestehen zum einen aus der Schaffung der notwendigen Voraussetzungen für den Genuss bestimmter bürgerlicher und politischer Rechte, zum anderen können sie sich allerdings auch im Zusammenhang mit der Horizontalwirkung bestimmter Rechte ergeben. Der Begriff der "Horizontalwirkung" wird dabei weitgehend im Sinne von Wirkungen verstanden, die Rechte auf der horizontalen Ebene, d.h. nicht auf der vertikalen Ebene zwischen Individuum und Staat, entfalten. Er beschränkt sich folglich nicht wie der in der traditionellen westlichen Grundrechtstheorie häufig verwendete Begriff der "Drittwirkung" auf die Auswirkungen von Grundrechten auf die Gestaltung von Privatrechtsverhältnissen, sondern beinhaltet auch die Verpflichtung der Vertragsstaaten zur Ergreifung anderer, einschließlich – falls andere Maßnahmen nicht ausreichen – strafrechtlicher Schutzmaßnahmen.[501]

---

[500]) **M. Nowak**, (s. Fn. 2), Art. 2, Rn. 2 f, 13 ff.
[501]) **Ders.**, Art. 2, Rn. 18 ff.

Das Diskriminierungsverbot in Art. 2 I des IPBPR beruht wörtlich auf dem Diskriminierungsverbot in Art. 2 I der AEMR. Dadurch, dass der Art. 2 I des IPBPR jede Unterscheidung aufgrund der genannten Kriterien verbietet, kann er als allgemeine Nicht-Diskriminierungsklausel angesehen werden.[502] Als solche beinhaltet er, dass die Staaten in der Gewährleistung der Rechte des Paktes nicht aufgrund bestimmter Persönlichkeitsmerkmale ihrer Rechtsunterworfenen differenzieren dürfen.[503] Dieses Verbot richtet sich gleichermaßen an den Gesetzgeber und die Vollziehung.[504] Die Aufzählung der unzulässigen Unterscheidungskriterien hat allerdings nur demonstrativen Charakter, wie sich aus den Formulierungen "wie insbesondere" sowie "oder des sonstigen Status" eindeutig ergibt.[505] Letztlich ist jede denkbare Unterscheidung, die sich nicht objektiv rechtfertigen lässt, eine unzulässige Diskriminierung. Die Beurteilung kann dabei nur im konkreten Einzelfall erfolgen und beruht letzten Endes auf subjektiven Wertvorstellungen und historischen Erfahrungen.[506]

(b) Anwendung auf das ungarische Statusgesetz

Damit die aufgrund des ungarischen Statusgesetzes zu treffenden Regelungen mit dem Art. 2 I des IPBPR vereinbar sind, müssten andere in dem Pakt anerkannten Rechte durch das Gesetz betroffen sein, das Gesetz müsste weiter sowohl in den personellen als auch in den territorialen Geltungsbereich des Paktes fallen, und es dürfte schließlich keine Diskriminierung vorliegen.
Ebenso wie Art. 55 c) der UN-Charta beinhaltet auch Art. 2 I des IPBPR eine klare rechtliche Verpflichtung, die nur noch auf die Umsetzung wartet. Es handelt sich demnach wiederum um eine Gleichheit vor dem Gesetz, die durch die gleiche Anwendung der bestehenden Gesetze auf alle Rechtsunterworfenen geschaffen werden soll. Da sich diese Gleichheit vor dem Gesetz an die Vollziehung richtet, wird auch in diesem Fall die Umsetzung des ungarischen Statusgesetzes betroffen.
Durch das ungarische Statusgesetz könnten möglicherweise die Artikel 17, 23 I, 26 und 27 des IPBPR betroffen sein.

((1)) Betroffenheit von Art. 17 des IPBPR

Gemäß Art. 17 I des IPBPR darf niemand willkürlichen oder rechtswidrigen Eingriffen in sein Privatleben, seine Familie, seine Wohnung und seinen Schriftverkehr oder rechtswidrigen Beeinträchtigungen seiner Ehre und seines Rufes ausgesetzt werden. Der Absatz 2 von Art. 17 des IPBPR gewährt jedermann den Anspruch auf rechtlichen Schutz gegen solche Eingriffe oder Beeinträchtigungen. Wie bereits erörtert, beruhen die durch das ungarische Statusgesetz gewährten Vergünstigungen auf einem sachlichen Rechtfertigungsgrund[507], so dass ein möglicher Eingriff in das Privatleben, die Familie, die Wohnung oder den Schriftverkehr bzw. eine mögliche Beeinträchtigung der Ehre oder des Rufes auf keinen Fall willkürlich oder rechtswidrig ist.

---

502) **Ch. Tomuschat**, (s. Fn. 477), FS Schlochauer, S. 696.
503) **M. Nowak**, (s. Fn. 2), Art. 2, Rn. 33.
504) **Ch. Tomuschat**, (s. Fn. 477), FS Schlochauer, S. 698 und 716.
505) Vgl. **M. J. Bossuyt**, "Guide to the "Travaux Préparatoires" of the International Covenant on Civil and Political Rights", 1987, Article 26, A/2929, Chapter VI, § 181, S. 486 f.
506) **M. Nowak**, (s. Fn. 2), Art. 2, Rn. 34.
507) S.o. Kapitel III, B., II., 2., a., (1), (b), ((1)), ((b)), ((iii)), S. 146.

Trotzdem wird für die von Art. 2 I des IPBPR geforderte Betroffenheit eines weiteren in dem Pakt verankerten Rechtes nicht die Verletzung eines solchen erwartet, es ist vielmehr ihr Eingreifen als solches auch schon ausreichend.[508] Insofern stellt sich an dieser Stelle die Frage, ob das ungarische Statusgesetz das Privatleben, die Familie, die Wohnung, den Schriftverkehr oder die Ehre bzw. den Ruf der durch dieses Gesetz betroffenen Personen tangiert. Um dies beurteilen zu können, sollen diese Begriffe zunächst genauer betrachtet werden. Da die aufgrund des ungarischen Statusgesetzes den Angehörigen der nationalen ungarischen Minderheit in den an Ungarn angrenzenden Ländern gewährten Vergünstigungen – wie ausführlich erörtert[509] – vor allem auf das Privat- und Familienleben abzielen, sollen hauptsächlich diese Begriffe dargestellt werden.

((a)) Darstellung des Art. 17 des IPBPR

Bevor im Einzelnen auf die Begriffe des "Privatlebens" und der "Familie" eingegangen wird, soll vorweggeschickt werden, dass die Rechtssprechung des UN-Menschenrechtsausschusses bisher noch keinen Aufschluss über die genaue Bedeutung dieser Begriffe gibt. Trotz des Unterschiedes in den englischen Originaltexten kann man aber davon ausgehen, dass "Privatleben" nach Art. 8 der EMRK ("private life", s.u.) und Art. 17 IPBPR ("privacy") bzw. das "Familienleben" / die "Familie" nach Art. 8 der EMRK ("family life", s.u.) und Art. 17 des IPBPR ("Familie") grundsätzlich das gleiche bedeuten, so dass im Rahmen der Analyse des Art. 17 des IPBPR hilfsweise auch auf die Judikatur der Straßburger Instanzen zurückgegriffen werden kann.

Das Recht auf Privatheit im Sinne des Art. 17 des IPBPR schützt jenen Bereich der individuellen Existenz und Autonomie, der die Freiheits- und Privatsphäre anderer nicht berührt. Unter Privatleben im engeren Sinn fallen alle Erscheinungsformen der Privatheit, die nicht einer der besonderen, meist institutionellen Ausprägungen (Heim, Korrespondenz etc.) zuzuordnen sind.[510]
Im Bereich der individuellen Existenz ist der Schutz des Privatlebens durch eine Reihe anderer Existenzrechte bedingt bzw. eng mit diesen verknüpft.[511] Der Schutz der individuellen Existenz setzt den Schutz des Lebens, der körperlichen und geistig-seelischen Integrität, der Gedanken- und Gewissensfreiheit und im Rechtsstaat auch der Anerkennung der Rechtsfähigkeit voraus. Die Privatheit schützt darüber hinaus die besonderen individuellen Eigenschaften menschlichen Seins, die Erscheinungsweise einer Person, ihre Identität. Zur Identität gehören neben dem Namen auch ihr Aussehen, ihre Kleidung, Haar- und Barttracht, ihr Geschlecht, Gefühle und Gedanken, ihre spezifische Vergangenheit sowie das Bekenntnis zu einem Glauben oder einer sonstigen Überzeugung, d.h. die passive Religions- und Weltanschauungsfreiheit.[512]

Im Gegensatz zu Art. 23 I des IPBPR, der die Familie als "natürliche Keimzelle der Gesellschaft" und als privatrechtliche Einrichtung versteht und ihr einen institutionellen Bestandschutz zuteil werden lässt (s.u.), beschränkt sich Art. 17 des IPBPR auf den Schutz der im

---

508) S.o. Kapitel III, B., II., 2., a., (5), (a), S. 159.
509) S.o. Kapitel II, B., S. 36.
510) **M. Nowak**, (s. Fn. 2), Art. 17, Rn. 16.
511) **F. Volio**, "Legal Personality, Privacy, and the Family", in: L. Henkin (Hrsg.), "The International Bill of Rights", 1981, S. 185 – 208 (193).
512) **M. Nowak**, (s. Fn. 2), Art. 17, Rn. 17.

Familienleben zum Ausdruck kommenden Privatheit der individuellen Familienmitglieder vor rechtswidrigen und willkürlichen Eingriffen. Der Begriff der "Familie" ist allerdings in beiden Bestimmungen in demselben Sinne zu verstehen.[513] Die Ziele des Paktes erfordern dabei eine extensive Interpretation der Familie im Sinne des jeweiligen kulturellen Verständnisses der verschiedenen Vertragsstaaten.[514] Welche zwischenmenschlichen Beziehungen vom Schutz des Familienlebens in Art. 17 des IPBPR umfasst sind, hängt folglich primär vom nationalen Recht und den jeweiligen Traditionen des betreffenden Staates ab. Auch wenn die Familie in (West-)Europa in einem engeren Sinn zu verstehen ist als die "extended family" traditioneller afrikanischer Gesellschaften, so darf der Schutz von Art. 17 des IPBPR dennoch auch im Norden nicht ausschließlich auf die Kleinfamilie von verheirateten Eltern und ihren Kindern beschränkt werden.[515] Nach der Rechtsprechung der Straßburger Organe zählen auch Beziehungen zwischen "nahen Verwandten" (z.B. Großeltern und Enkeln), zwischen nicht verheirateten Lebensgefährten, zu nichtehelichen und Adoptivkindern etc. zum "Familienleben" im Sinne von Art. 8 der EMRK.[516] Neben der Blutsverwandtschaft und rechtlichen Formen der Begründung von Verwandtschaft (Ehe, Adoption) sind allerdings noch weitere Kriterien für die Existenz eines Familienlebens wesentlich. Zu denken ist dabei in erster Linie an das Zusammenleben bzw. an sonstige Formen einer intensiven und regulären Beziehung, aber auch z.B. an ökonomische Bindungen wie die Gewährung gegenseitigen Unterhalts.[517]

((b)) Betroffenheit durch das ungarische Statusgesetz

Der Schutz nationaler Minderheiten ist vor allem seit den letzten Jahren immer weiter ausgebaut worden und er hat mittlerweile ein extrem hohes Maß an Akzeptanz erreicht. Daraus lässt sich schlussfolgern, dass zu der im Rahmen des Privatlebens geschützten individuellen Existenz, die die eben dargelegten Aspekte umfasst, unter den Begriff der "Identität" auch das Bekenntnis zu einer bestimmten Nationalität zu zählen ist (auch wenn es – wahrscheinlich aufgrund des Alters der Kommentierung (1989) – noch nicht explizit aufgezählt wird). Sowohl in der Präambel des Statusgesetzes (in der Formulierung der "Bewahrung und Stärkung des nationalen Identitätsbewusstseins") als auch in dem Art. 1 I des Statusgesetzes (in der Formulierung der "Bekennung zur ungarischen Nationalität") wird das Bekenntnis zu der ungarischen Nationalität als Voraussetzung für den Erhalt der aus dem Statusgesetz resultierenden Vergünstigungen genannt. Da ein derartiges Bekenntnis zur ungarischen Nationalität den Betroffenen gegenüber der restlichen Bevölkerung viele Vorteile gewährt, wird somit – wenn auch indirekt – auf das Privatleben der Angehörigen der nationalen ungarischen Minderheiten Einfluss genommen.

Für den Fall, dass eine möglicherweise durch das ungarische Statusgesetz betroffene Person nicht bereit ist, sich durch das Bekenntnis zur ungarischen Nationalität in ihr Privatleben eingreifen zu lassen, besteht allerdings gemäß des Art. 1 II des ungarischen Statusgesetzes auch die Möglichkeit, dass sie als Ehegattin / Ehegatte, die / der mit ihrem Partner / seiner Partne-

---

513) **Ders.**, Art. 17, Rn. 26 f.

514) Vgl. **K. Vasak**, "Analytical Examination of Civil and Political Rights", in: F. C. Newman / K. Vasak, "Civil and Political Rights", in: K. Vasak / P. Alston (Hrsg.), "The International Dimensions of Human Rights", Volume 1, 1982, S. 135 – 173 (142 – 160 (153)).

515) **M. Nowak**, (s. Fn. 2), Art. 17, Rn. 27.

516) Vgl. **J. A. Frowein**, in: Frowein, J. A. / Peukert, W. (Hrsg.), "Europäische Menschenrechtskonvention – EMRK-Kommentar", 2. Auflage, 1996, Art. 8 (Privat- und Familienleben), Rn. 16.

517) **M. Nowak**, (s. Fn. 2), Art. 17, Rn. 28.

rin, der / die sich bereits zur ungarischen Nationalität bekannt hat, zusammenlebt oder als noch minderjähriges Kind, das in einem derartigen Haushalt lebt, ebenfalls in den Anwendungsbereich des Statusgesetzes fallen. Durch den Erhalt eines ungarischen Angehörigenausweises umgehen die betroffenen Personen auf der einen Seite zwar den Eingriff in ihr Privatleben. Auf der anderen Seite wird dieser "Ungarische Angehörigenausweis" aber nur dem jeweiligen, mit der Person ungarischer Nationalität zusammenlebenden Ehepartner und den ebenfalls in dem Haushalt lebenden minderjährigen Kindern gewährt. Dies bedeutet, dass auf diese Weise die bestehenden Familien – zwar nur im engeren Sinn – und demnach das Familienleben als Ganzes durch das ungarische Statusgesetz tangiert werden.

Festzustellen ist somit, dass das ungarische Statusgesetz sich sowohl auf das Privat- als auch auf das Familienleben der Angehörigen der nationalen ungarischen Minderheit in den Nachbarländern Ungarns auswirkt. Da den betroffenen Personen durch diese "Beziehung" Vergünstigungen in vielen Bereichen gewährt werden, handelt es sich bei dem Eingriff in ihr Privat- und Familienleben aufgrund des ungarischen Statusgesetzes nicht um einen negativ zu bewertenden Eingriff des Staates (so wie es Art. 17 des IPBPR eigentlich vorsieht), sondern um einen positiv zu bewertenden Eingriff. Insofern stellt sich die Frage, ob ein derartiger Eingriff für eine Betroffenheit im Sinne des Art. 2 I des IPBPR ausreicht. Da die Prüfung der Betroffenheit des Art. 17 des IPBPR allerdings im Rahmen der Prüfung des Art. 2 I des IPBPR erfolgt, dürfen die bereits zu Art. 2 I des IPBPR gemachten und in diesem Moment relevanten Erörterungen nicht in Vergessenheit geraten. Dargestellt worden ist bereits, dass die Anwendung des Art. 2 I des IPBPR nicht von der Verletzung einer entsprechenden Konventionsgarantie abhängig ist. Es ist vielmehr ausreichend, dass sie eingreift.[518] Integriert man diese Erkenntnisse in die Prüfung der Betroffenheit des Art. 17 des IPBPR, so lässt sich feststellen, dass es für die Bejahung der Betroffenheit des Art. 17 des IPBPR im Rahmen der Prüfung der Vereinbarkeit des ungarischen Statusgesetzes mit dem Diskriminierungsverbot in Art. 2 I des IPBPR ausreichend ist, dass das ungarische Statusgesetz die in Art. 17 des IPBPR verbürgten Rechte des Privatlebens und der Familie der Angehörigen der nationalen ungarischen Minderheit in den Nachbarländern Ungarns tangiert. Dass dies der Fall ist, ist soeben bewiesen worden.

Demnach ist Art. 17 des IPBPR durch die aufgrund des ungarischen Statusgesetz gewährten Vergünstigungen in Bezug auf die Angehörigen der nationalen ungarischen Minderheit in den Nachbarländern Ungarns betroffen. Eine Voraussetzung für die Vereinbarkeit des ungarischen Statusgesetzes mit Art. 2 I des IPBPR ist daher gegeben.

((2)) Betroffenheit von Art. 23 I des IPBPR

Art. 23 I des IPBPR legt fest, dass die Familie die natürliche Kernzelle der Gesellschaft darstellt und Anspruch auf Schutz durch Gesellschaft und Staat hat.

Art. 23 I des IPBPR enthält als einzige Bestimmung des Paktes eine Institutsgarantie, d.h. die menschenrechtlich Absicherung privatrechtlicher Institute. Mit Art. 23 I des IPBPR wird demnach der Anspruch der Institution "Familie" auf Schutz durch die Gesellschaft und den Staat garantiert. Die Vertragsstaaten sind daher verpflichtet, Ehe und Familie als besondere Einrichtungen ihrer Privatrechtsordnungen vorzusehen und in ihrem Bestand gegen Eingriffe

---

[518]) S.o. Kapitel III, B., II., 2., a., (5), (a), S. 159.

staatlicher Organe wie Privater zu schützen. Institutgarantien beinhalten folglich positive staatliche Gewährleistungspflichten und wirken auf der vertikalen und horizontalen Ebene gleichermaßen.[519]
Der Begriff der "Familie" ist extensiv im Sinne des jeweiligen kulturellen Verständnisses der Vertragsstaaten zu interpretieren und stimmt mit jenem in Art. 17 des IPBPR überein.[520] Im Gegensatz zu Art. 17 des IPBPR liegt die primäre Bedeutung von Art. 23 I des IPBPR – wie schon gesagt – im Bestandschutz des Instituts "Familie", während das Recht auf Unterlassung von Eingriffen in das Familienleben vor allem in Art. 17 des IPBPR gewährleistet ist.[521]

Die mit dem Art. 3 c) des Statusgesetzes verfolgte Gewährleistung störungsfreier familiärer Kontakte sowie die Ausdehnung des Anwendungsbereiches des ungarischen Statusgesetzes gemäß Art. 1 (2) des Statusgesetzes führen dazu, dass Familienangehörige durch das ungarische Statusgesetz mitumfasst werden. Es wird somit die Lage der gesamten Familie durch die bevorzugte Behandlung aufgrund des ungarischen Statusgesetzes verbessert und es soll sichergestellt werden, dass sie in dieser Konstellation auch trotz des Ungarnausweises erhalten bleibt. Der Anspruch der betroffenen Familien auf Schutz durch Gesellschaft und Staat wird durch die Regelungen des ungarischen Statusgesetzes nicht beeinträchtigt, sondern es wird vielmehr ein zusätzlicher "Schutz" aufgestellt.
Da eine Verletzung eines weiteren Paktrechtes für die für das Eingreifen des allgemeinen Diskriminierungsverbots nach Art. 2 I des IPBPR geforderte Betroffenheit nicht erforderlich ist, sondern vielmehr auch die bloße Betroffenheit einer weiteren Vorschrift des Paktes als ausreichend erachtet wird[522], werden auch nach Art. 23 I des IPBPR durch das ungarische Statusgesetz die Familienangehörigen der durch das Gesetz betroffenen Personen einbezogen und die damit verbundenen Rechte für diese Personen ebenfalls durch das Statusgesetz tangiert.

Auch Art. 23 I des IPBPR ist daher durch die aufgrund des ungarischen Statusgesetz den Angehörigen der nationalen ungarischen Minderheit in den Nachbarländern Ungarns gewährten Vergünstigungen betroffen und erfüllt somit neben bzw. zusammen mit Art. 17 des IPBPR (auch) eine Voraussetzung für die Vereinbarkeit des ungarischen Statusgesetzes mit Art. 2 I des IPBPR.

((3)) Betroffenheit von Art. 26 des IPBPR

Gemäß Art. 26 des IPBPR sind alle Menschen vor dem Gesetz gleich und haben ohne Diskriminierung Anspruch auf gleichen Schutz durch das Gesetz. In dieser Hinsicht hat das Gesetz jede Diskriminierung zu verbieten und allen Menschen gegen jede Diskriminierung, wie insbesondere wegen der Rasse, der Hautfarbe, des Geschlechts, der Sprache, der Religion, der politischen oder sonstigen Anschauung, der nationalen oder sozialen Herkunft, des Vermögens, der Geburt oder des sonstigen Status, gleichen und wirksamen Schutz zu gewährleisten. Art. 26 des IPBPR stellt im Gegensatz zu Art. 2 I des Paktes ein unabhängiges Recht auf Gleichheit dar.[523]

---

519) **M. Nowak**, (s. Fn. 2), Art. 23, Rn. 1 f.
520) S.o. Kapitel III, B., II., 2., a., (5), (b), ((1)), ((a)), S. 161.
521) **M. Nowak**, (s. Fn. 2), Art. 23, Rn. 9.
522) S.o. Kapitel III, B., II., 2., a., (5), (a), S. 159.
523) **M. Nowak**, (s. Fn. 453), Art. 26, Rn. 12.

Da sowohl Art. 2 I des IPBPR als auch Art. 26 des IPBPR das Verbot einer Diskriminierung beinhalten, besteht die Möglichkeit, dass im Falle einer Diskriminierung neben Art. 2 I des IPBPR auch Art. 26 des IPBPR verletzt ist. In diesem Fall könnte dem akzessorischen Charakter von Art. 2 I des IPBPR, der noch die zusätzliche Betroffenheit einer anderen Bestimmung des Paktes erfordert, durch die Verletzung von Art. 26 des IPBPR entsprochen werden. Analog zu der Entscheidung des UN-Menschenrechtsausschusses bezüglich des Verhältnisses von Art. 2 III des IPBPR und Art. 14 V des IPBPR, in der Art. 14 V des IPBPR als eine Art lex specialis zu Art. 2 III des IPBPR angesehen wurde, ist in Bezug auf das Verhältnis von Art. 2 I und 26 des IPBPR ebenfalls festzustellen, dass Art. 26 des IPBPR eine Art lex spezialis zu Art. 2 I des IPBPR bildet, so dass eine Verletzung des Diskriminierungsverbots in Art. 2 I i.V.m. Art. 26 des IPBPR als ausgeschlossen erscheint.[524] Eine Verletzung des Art. 2 I des IPBPR kann daher nur bei einer zusätzlichen Betroffenheit der Art. 6 bis 25 und 27 des IPBPR gegeben sein.
Aufgrund des besonderen Verhältnisses zwischen dem Art. 2 I des IPBPR und dem Art. 26 des IPBPR ist es für das Eingreifen von Art. 2 I des IPBPR nicht von Relevanz, ob Art. 26 des IPBPR durch die aufgrund des ungarischen Statusgesetzes gewährten Vergünstigungen betroffen wird oder nicht.

((4)) Betroffenheit von Art. 27 des IPBPR

Art. 27 des IPBPR stellt fest, dass in Staaten mit ethnischen, religiösen oder sprachlichen Minderheiten den Angehörigen solcher Minderheiten nicht das Recht vorenthalten werden darf, gemeinsam mit anderen Angehörigen ihrer Gruppe ihr eigenes kulturelles Leben zu pflegen, sich zu ihrer eigene Religion zu bekennen und diese auszuüben oder sich ihrer eigen Sprache zu bedienen.

Die Vertragsstaaten verpflichten sich demnach, die Angehörigen von Minderheiten nicht an der gemeinsamen Pflege ihres kulturellen Lebens, der gemeinsamen Ausübung ihrer Religion und dem gemeinsamen Gebrauch ihrer Sprache zu hindern. Diese Verpflichtung geht über das bloße Diskriminierungsverbot in Art. 26 des IPBPR hinaus und enthält Elemente eines Rechts auf faktische Gleichheit bzw. eines positiven Diskriminierungsschutzes.[525] Aus dem Bericht zur Entstehungsgeschichte von Art. 27 des IPBPR ergibt sich auch, dass die Menschenrechtskommission ausdrücklich eine privilegierte Behandlung von Minderheiten zur Erreichung realer Gleichheit verankern wollte.[526] Daraus folgt, dass den Angehörigen von Minderheiten mehr Rechte eingeräumt sind als dem Rest der Bevölkerung.[527] Als negatorisches Recht verpflichtet Art. 27 des IPBPR die Vertragsstaaten zu einem Unterlassen von Eingriffen und zu Toleranz. Insbesondere sind jeder Integrations- und Assimilationsdruck sowie natürlich alle darüber hinausgehenden Maßnahmen verboten, die gegen den Bestand ethnischer, sprachli-

---

[524]) **M. Nowak**, (s. Fn. 453), Art. 2, Rn. 16; Eine derartige Verletzung des Diskriminierungsverbots in Art. 2 I i.V.m. Art. 26 IPBPR wurde von Ludwig Gustaaf Danning in seiner Beschwerde vor dem UN-Menschenrechtsausschuss ("L.G. Danning vs. The Netherlands", Communication No. 180/1984, Ziffer 2.1) zwar behauptet, durch die Entscheidung des **UN-Menschenrechtsausschusses** vom 09. April 1987 in der 29. Sitzung allerdings zurückgewiesen (**"L.G. Danning vs. Niederlande"**, Communication No. 180/1984, Ziffer 15).

[525]) **L. B. Sohn**, (s. Fn. 145), S. 282 ff; **Ch. Tomuschat**, (s. Fn. 11), FS-Mosler, S. 966 ff.

[526]) Vgl. A/2929, 63 (§ 183).

[527]) **M. Nowak**, (s. Fn. 2), Art. 27, Rn. 39.

cher und religiöser Minderheiten gerichtet sind.[528] Auch wenn sich aus Art. 27 des IPBPR ohne eine konkrete Bedrohung auf der horizontalen Ebene keine unmittelbaren positiven Gewährleistungspflichten ableiten lassen[529], sind die Vertragsstaaten gemäß Art. 2 I des IPBPR i.V.m. Art. 27 des IPBPR dennoch verpflichtet, die Rechte von Minderheitenangehörigen auf Pflege und Bewahrung ihrer Kultur, Sprache und Religion auch gegen – zumindest größere – Bedrohungen durch andere Bevölkerungsgruppen zu schützen.[530]

Aus Art. 3 c) des ungarischen Statusgesetzes geht hervor, dass die Störungsfreiheit der kulturellen, wirtschaftlichen und familiären Kontakte im Interesse der Republik Ungarn steht. Die aufgrund des ungarischen Statusgesetz gewährten Vergünstigungen sollen in diesem Sinne dazu beitragen, derartige Kontakte zu gewährleisten. In der Präambel des Statusgesetzes wird zudem die Bewahrung und Stärkung des nationalen Identitätsbewusstseins als Ziel des Gesetzes proklamiert. Dies alles spricht dafür, eine Betroffenheit des Art. 27 des IPBPR durch das ungarische Statusgesetz anzunehmen, die nicht auf einer Verletzung des Art. 27 des IPBPR beruht, sondern auf der Tatsache basiert, dass das ungarische Statusgesetz im Einklang mit Art. 27 des IPBPR steht. Gegen diese Annahme lässt sich aber anführen, dass Art. 27 des IPBPR in seiner Formulierung "in Staaten mit ethnischen, religiösen oder sprachlichen Minderheiten darf den Angehörigen solcher Minderheiten nicht das Recht vorenthalten werden..." klarstellt, dass die von den Vertragsstaaten zu gewährenden Zugeständnisse in Bezug auf die Pflege und Ausübung der Kultur, Religion und Sprache, die den Angehörigen von Minderheiten zugebilligt werden, nur auf dem Staatsgebiet des jeweiligen Vertragsstaates erfolgen dürfen. Dieser Formulierung zufolge ist es nämlich unerheblich, ob sich Personen, die der Nationalität des Vertragsstaates angehören, in einem anderen Staat befinden, und der Vertragsstaat eigentlich diese unterstützen will. Art. 27 des IPBPR schützt lediglich die Angehörigen von Minderheiten, die sich in den einzelnen Vertragsstaaten selbst aufhalten und dementsprechend nicht der Nationalität des Vertragsstaates angehören. Das ungarische Statusgesetz bezieht sich aber gemäß seiner Präambel und seinen Vorschriften, in denen immer wieder betont wird, dass dieses Gesetz nur auf die Angehörigen der nationalen ungarischen Minderheit in den an Ungarn angrenzenden Ländern angewendet werden soll, gerade nicht auf die in Ungarn ansässigen Minderheiten. Diesen Ausführungen gemäß handelt es sich nicht – wie zunächst angenommen – um eine Betroffenheit des Art. 27 des IPBPR aufgrund der Tatsache, dass das ungarische Statusgesetz mit diesem Art. 27 des IPBPR in Einklang zu bringen ist. Es hat sich vielmehr herausgestellt, dass die Regelungen des ungarischen Statusgesetzes gegen die Vorschrift des Art. 27 des IPBPR verstoßen. Da aber für das Eingreifen des Art. 2 I des IPBPR lediglich die Betroffenheit eines weiteren Rechtes des Paktes – auch in Form dessen Verletzung – erforderlich ist, ist auch im hier vorliegenden Fall des Art. 27 des IPBPR den Anforderungen Genüge geleistet.
Auch Art. 27 des IPBPR ist somit durch das ungarische Statusgesetz betroffen und erfüllt damit neben Art. 17 des IPBPR und Art. 23 I des IPBPR ebenfalls eine Voraussetzung für die Vereinbarkeit des ungarischen Statusgesetzes mit Art. 2 I des IPBPR.

---

528) **F. Ermacora**, (s. Fn. 7), RdC 1983, S. 309; **Y. Dinstein**, (s. Fn. 174), ICLQ 1976, S. 118.
529) **M. Nowak**, (s. Fn. 2), Art. 27, Rn. 46.
530) Vgl. **Ch. Tomuschat**, (s. Fn. 11), FS-Mosler, S. 974

((5)) Weitere Voraussetzungen für die Vereinbarkeit des ungarischen Statusgesetzes mit Art. 2 I des IPBPR

Neben der Betroffenheit der Art. 17, 23 I und 27 des IPBPR durch das ungarische Statusgesetz erfordert die Vereinbarkeit des ungarischen Statusgesetzes mit Art. 2 I des IPBPR weiter, dass das Gesetz sowohl in den personellen als auch in den territorialen Geltungsbereich des Art. 2 I des Paktes fällt und dass es schließlich keine Diskriminierung beinhaltet.

((a)) Personeller und territorialer Geltungsbereich

Im Rahmen der Darstellung des Art. 2 I des IPBPR ist darauf hingewiesen worden, dass Art. 2 I des IPBPR eine auf alle anderen Vorschriften des Paktes anwendbare "Schirmklausel" darstellt, durch die sowohl der personelle als auch der territoriale Geltungsbereich aller in dem Pakt enthaltenen Rechte bestimmt wird.[531]
Der personelle Geltungsbereich des Paktes bezieht sich gemäß Art. 2 I des IPBPR auf alle sich in seinem Gebiet befindlichen und seiner Herrschaftsgewalt unterstehenden Individuen. Durch die Wahl des Begriffs "Individuum" soll unterstrichen werden, dass der Pakt die Rechte von Individuen und nicht die von Korporationen und juristischen Personen gewährleistet. Zudem soll vermieden werden, dass Staaten einzelnen Menschen die Rechte des Paktes durch die Aberkennung ihrer Rechtspersönlichkeit vorenthalten können. Rechtlich gesprochen würde das Wort "Person" nämlich die ausdrückliche Anerkennung der Rechtsfähigkeit im Sinne von Art. 16 des IPBPR voraussetzen. Da mit Ausnahme von Art. 1 des IPBPR in den übrigen Rechten des Paktes mit einem kollektiven Aspekt (insb. Art. 18, 21, 22, 23, 25 und 27 des IPBPR) neben den jeweiligen Organisationen oder Personengruppen immer auch Individuen in ihren Rechten verletzt sind, ist die Frage, ob durch die Wortwahl "Individuen" ausnahmslos nur einzelne Menschen in den Genuss der Rechte des Paktes kommen sollen oder in bestimmten Fällen auch Personengruppen oder selbst juristische Personen, von geringer praktischer Relevanz.[532]
Da das ungarische Statusgesetz für die einzelnen Angehörigen der nationalen ungarischen Minderheit in den an Ungarn angrenzenden Staaten bestimmt ist, fällt es unter dem Aspekt, dass es sich an Individuen richtet, in den personellen Geltungsbereich des Paktes.

Der territoriale Geltungsbereich des Paktes umfasst die Gewährleistung der Rechte des Paktes für alle sich in seinem Gebiet befindlichen und seiner Herrschaftsgewalt unterstehenden Individuen. Zur Interpretation dieser Formulierung ist auf die völkerrechtliche Verantwortlichkeit von Staaten abzustellen. Grundsätzlich sind Staaten nämlich nur für die Rechtssicherheit von Personen verantwortlich, die sich auf ihrem Territorium befinden und ihrer Herrschaftsgewalt unterstehen. Daraus folgt einerseits, dass Vertragsstaaten für Verletzungen des Paktes durch Personen, die sich auf ihrem Territorium befinden, aber nicht ihrer Herrschaftsgewalt unterstehen (z.B. bei Handlungen internationaler Organisationen gegenüber deren Beamten oder bei Handlungen von Besatzungstruppen), nicht verantwortlich sind. Andererseits folgt daraus, dass Staaten für Verletzungen gegenüber Personen, die zwar nach dem Personalitätsprinzip unter ihre Jurisdiktionsgewalt fallen (z.B. eigene Staatsangehörige), aber auf einem fremden Territorium stattfinden und einem anderen Souverän zugerechnet werden, nicht verantwortlich sind. Ein Schutz dieser Personen wäre nur im Wege diplomatischer Verhandlungen vor-

---

[531]) S.o. Kapitel III, B., II., 2., a., (5), S. 159.
[532]) **M. Nowak**, (s. Fn. 2), Art. 2, Rn. 22 ff.

stellbar.[533] Falls Vertragsstaaten jedoch selbst Handlungen auf einem fremden Territorium vornehmen, wodurch Personen unter ihrer Herrschaftsgewalt in Rechten des Paktes verletzt werden, würde es dem Zweck des Paktes widersprechen, wenn sie dafür nicht zur Verantwortung gezogen werden könnten. Es spielt dabei keine Rolle, ob diese Handlungen nach allgemeinem Völkerrecht zulässig sind (z.B. Hoheitsakte durch diplomatische oder konsularische Vertreter oder im grenzüberschreitenden Verkehrs- und Polizeiwesen, in einem Zollausschlussgebiet; Handlungen von Besatzungstruppen in Übereinstimmung mit den Normen des Kriegsrechts) oder illegale Übergriffe (z.B. die Entführung von Personen durch Geheimdienstagenten) darstellen.[534]
Dadurch, dass das ungarische Statusgesetz Regelungen trifft, aufgrund derer den Angehörigen der nationalen ungarischen Minderheit in den Nachbarstaaten Ungarns Vergünstigungen zugestanden werden, kümmert sich Ungarn um Individuen, die sich weder auf seinem Territorium befinden noch seiner Herrschaftsgewalt unterstehen. Dieses Verhalten ist in keiner Weise dem territorialen Geltungsbereich des Paktes unterzuordnen.

Festzustellen ist insofern, dass das ungarische Statusgesetz zwar mit dem durch Art. 2 I des Paktes vorgeschriebenen und von allen Vorschriften des Paktes einzuhaltenden personellen Geltungsbereich des Paktes vereinbar ist, dass es aber im Widerspruch zu dem auf dieselbe Weise wie der personelle Geltungsbereich zu definierenden territorialen Geltungsbereich des Paktes steht.

Eine weitere Voraussetzung für die Vereinbarkeit des ungarischen Statusgesetzes mit dem Art. 2 I des IPBPR liegt demnach nicht vor.

((b)) Zusammenfassung

Zusammenfassend lässt sich feststellen, dass von den Vorschriften (Art. 17, 23 I, 26 und 27 des IPBPR), die für die Vereinbarkeit von dem ungarischen Stausgesetz mit Art. 2 I des IPBPR möglicherweise tangiert werden könnten, durch das ungarische Statusgesetz sowohl Art. 17 und 23 I des Paktes als auch Art. 27 des IPBPR betroffen werden. In Bezug auf Art. 26 des IPBPR hat sich herausgestellt, dass dieser eine Art lex spezialis zu Art. 2 I des IPBPR bildet, so dass eine Verletzung des Diskriminierungsverbots in Art. 2 I i.V.m. Art. 26 des IPBPR als ausgeschlossen erscheint. Neben der Erfüllung dieser ersten Voraussetzung fällt das ungarische Statusgesetz auch in den personellen Geltungsbereich des Art. 2 I des IPBPR. Da das ungarische Statusgesetz aber ausschließlich Regelungen trifft, aufgrund derer den Angehörigen der nationalen ungarischen Minderheit in den Nachbarstaaten Ungarns Vergünstigungen zugestanden werden, die Angehörigen in Ungarn ansässiger Minderheiten aber leer ausgehen, kümmert sich Ungarn lediglich um Individuen, die sich weder auf seinem Territorium befinden noch seiner Herrschaftsgewalt unterstehen. Dies führt zur Unvereinbarkeit mit dem territorialen Geltungsbereich des Paktes. Aufgrund dieser Unvereinbarkeit kann auch bei Bejahung aller weiterer Voraussetzungen das ungarische Statusgesetz nicht mehr mit dem

---

533) **Th. Buergenthal**, "To Respect and to Ensure: State Obligations and Permissible Derogations", in: L. Henkin (Hrsg.), "The International Bill of Rights – The Covenant on Civil and Political Rights", 1981, S. 72 – 91 (74 f); **Ch. Tomuschat**, "Sondervotum" (zu der Entscheidung des UN-Ausschusses für Menschenrechte vom 29. Juli 1981), in: Europäische Grundrechte Zeitschrift (EuGRZ), 1981, S. 521 f (522).

534) **M. Nowak**, (s. Fn. 2), Art. 2, Rn. 28.

Art. 2 I des IPBPR in Einklang gebracht werden. Insofern erübrigt sich eine Prüfung des Vorliegens einer Diskriminierung.
Die Vereinbarkeit des ungarischen Statusgesetzes mit dem Art. 2 I des IPBPR ist somit aufgrund der Tatsache, dass das Gesetz nicht in den territorialen Anwendungsbereich des Paktes fällt, nicht zu bejahen.

(6) Art. 3 des IPBPR

Nach Art. 3 des IPBPR verpflichten sich die Vertragsstaaten, die Gleichberechtigung von Mann und Frau bei der Ausübung aller in diesem Pakt festgelegten bürgerlichen und politischen Rechte sicherzustellen.
Der Kampf gegen die Diskriminierung der Frau in rechtlicher und faktischer Sicht stellt einen der Schwerpunkte der menschenrechtlichen Arbeit der Vereinten Nationen dar.[535] Durch Art. 3 des IPBPR soll dieser fundamentale Grundsatz der Gleichberechtigung von Mann und Frau bekräftigt werden, da seine Verwirklichung in allen Staaten der Welt noch viel zu wünschen übrig lässt.[536]
Da durch das ungarische Statusgesetz allerdings nicht die Frauen in ihrer Eigenschaft als weibliche Personen betroffen werden, sondern vielmehr die ungarischen Staatsbürger, die übrigen Staatsangehörigen der Nachbarländer sowie die weiteren in diesen Ländern lebenden Minderheiten diskriminiert werden, ist der Art. 3 des IPBPR auf das ungarische Statusgesetz nicht anwendbar. Das Gesetz ist somit mit diesem auch nicht vereinbar.

(7) Art. 26 des IPBPR

Bevor auf die konkrete Prüfung der Vereinbarkeit des ungarischen Statusgesetzes mit dem Art. 26 des IPBPR eingegangen wird, soll dessen Inhalt zunächst kurz dargestellt werden.

(a) Darstellung des Art. 26 des IPBPR

Nach Art. 26 des IPBPR sind alle Menschen vor dem Gesetz gleich und haben ohne Diskriminierung Anspruch auf gleichen Schutz durch das Gesetz. In dieser Hinsicht hat das Gesetz jede Diskriminierung zu verbieten und allen Menschen gegen jede Diskriminierung, wie insbesondere wegen der Rasse, der Hautfarbe, des Geschlechts, der Sprache, der Religion, der politischen oder sonstigen Anschauung, der nationalen oder sozialen Herkunft, des Vermögens, der Geburt oder des sonstigen Status, gleichen und wirksamen Schutz zu gewährleisten.

Das im ersten Teil des Satzes 1 von Art. 26 des IPBPR festgelegte Recht auf Gleichheit vor dem Gesetz umfasst den formalen Anspruch, dass bestehende Gesetze auf alle Rechtsunterworfenen in gleicher Weise angewendet werden müssen. Dieses Recht richtet sich daher nicht an die Gesetzgebung, sondern ausschließlich an die Vollziehung.[537] Es bedeutet im Wesentlichen, dass sich Richter und Verwaltungsbeamte bei der Vollziehung der Gesetze nicht von Willkür leiten lassen dürfen. Gleiche Behandlung bedeutet in diesem Zusammenhang nicht

---

535) **K. J. Partsch**, (s. Fn. 451), S. 73 ff.
536) **M. Nowak**, (s. Fn. 453), Art. 3, Rn. 2.
537) Vgl. **T. Opsahl**, (s. Fn. 401), S. 53; **Ch. Tomuschat**, (s. Fn. 477), FS Schlochauer, S. 710.

identische Behandlung, so dass individuelle Eigenschaften, durch die sich Menschen voneinander unterscheiden, wie z.B. Befähigungen, Charaktereigenschaften etc., natürlich bei der konkreten Vollzugsentscheidung eine Rolle spielen können.[538] Der Gleichheitsgrundsatz erfordert lediglich, dass sachlich Gleiches gleich behandelt wird, aber auch, dass sachlich Ungleiches ungleich behandelt wird. Das Gleichbehandlungsgebot wird allerdings erst dann verletzt, wenn eine Gerichts- oder Verwaltungsentscheidung auf offensichtlich willkürlichen, d.h. jeder sachlichen Rechtfertigung entbehrenden, Erwägungen beruht. Willkürlich ist eine Entscheidung vor allem – allerdings nicht ausschließlich – dann, wenn Personen lediglich aufgrund eines oder mehrerer der in Art. 26 Satz 2 des IPBPR genannten Unterscheidungsmerkmale diskriminiert werden.[539]
Die sich aus dem zweiten Teil des 1. Satzes von Art. 26 des IPBPR ergebende Verpflichtung zum Schutz durch das Gesetz richtet sich an den nationalen Gesetzgeber. Dieser ist gebunden, das Recht auf Gleichheit ohne Diskriminierung zu schützen. Diese Verpflichtung hat sowohl negatorische als auch positive Aspekte. Der Gesetzgeber hat einerseits bei dem Erlass von Gesetzen jede Diskriminierung zu unterlassen; er ist aber auf der anderen Seite auch verpflichtet, durch den Erlass besonderer Gesetze Diskriminierungen zu verbieten und gegen Diskriminierungen wirksamen Schutz zu gewährleisten. Diese Konkretisierung ergibt sich aus dem 2. Satz von Art. 26 des IPBPR, der durch die Worte "in dieser Hinsicht" mit dem 1. Satz von Art. 26 des IPBPR verbunden wurde.
Aus diesen Überlegungen ergibt sich, dass das Recht auf gleichen Schutz durch das Gesetz, das Diskriminierungsverbot und das Recht auf Diskriminierungsschutz in Art. 26 des IPBPR eine Einheit bilden. Es handelt sich dabei um eine Verpflichtung der Vertragsstaaten zur Gewährleistung materieller Gleichheit im Wege der Gesetzgebung.[540]

Im Verbot gesetzlicher Diskriminierung im zweiten Satz von Art. 26 des IPBPR manifestiert sich der negatorische Aspekt des Rechts auf gleichen Schutz durch das Gesetz. Die Vertragsstaaten sind verpflichtet, in ihren Gesetzen unabhängig davon, ob es sich um die Regelung von Rechten des Paktes oder von anderen Menschenrechten, sonstigen subjektiven Rechten oder Pflichten handelt, nicht zu diskriminieren.

In früheren Entscheidungen hat der UN-Ausschuss für Menschenrechte Art. 26 des IPBPR ähnlich wie den Art. 2 I des IPBPR immer nur in Verbindung mit anderen Rechten des Paktes behandelt. Erst durch die Fälle "S.W.M. Broeks"[541] und "F.H. Zwaan-de Vries"[542], die sich beide gegen die Niederlande richteten, stellte der Ausschuss fest, dass Art. 26 des IPBPR die bereits in Art. 2 des IPBPR niedergelegten Garantien nicht lediglich wiederholt, sondern dass sich seine Grundlage vielmehr von dem Grundsatz des gleichen Schutzes durch das Gesetz

---

538) Vgl. A/2929, 61 (§ 179): "The provision was intended to ensure equality, not identity, of treatment, and would not preclude reasonable differentiations between individuals or groups of individuals." Zu den zulässigen Unterscheidungsmerkmalen siehe **B. G. Ramcharan**, (s. Fn. 392), S. 253.

539) **M. Nowak**, (s. Fn. 453), Art. 26, Rn. 14 f.

540) **B. G. Ramcharan**, (s. Fn. 392), S. 255 und 259 ff; **E. W. Vierdag**, (s. Fn. 404), S. 120 ff; **T. Opsahl**, (s. Fn. 401), S. 53/61; andere Ansicht (a.A.): **Ch. Tomuschat** (s. Fn. 477), FS Schlochauer, S. 716; **E. Schwelb**, "Some aspects of the International Covenants on Human Rights of December 1966", in: A. Eide / A. Schou (Hrsg.), "International Protection of Human Rights (Proceedings of the Seventh Nobel Symposium, Oslo, September 25-27, 1967)", S. 103 – 129 (121); **A. H. Robertson**, "Human Rights in the World", 1972, Chapter 4, III., S. 99.

541) Entscheidung "**S. W. M. Broeks vs. The Netherlands**" des **UN-Menschenrechtsausschusses** vom 09. April 1987 (29. Sitzung), Communication No. 172/1984.

542) Entscheidung "**F. H. Zwaan-de Vries vs. The Netherlands**" des **UN-Menschenrechtsausschusses** vom 09. April 1987 (29. Sitzung), Communication No. 182/1984.

ohne Diskriminierung ableitet, wie er in Art. 7 der AEMR niedergelegt ist. Dieser verbietet rechtliche und faktische Diskriminierungen in jedem Bereich, der von staatlichen Behörden geregelt und geschützt wird. Art. 26 des IPBPR betrifft daher die den Staaten im Hinblick auf ihre Gesetzgebung und deren Anwendung obliegenden Verpflichtungen.[543] Zudem wird festgestellt, dass das Recht auf Gleichheit vor dem Gesetz und gleichen Schutz durch das Gesetz ohne Diskriminierung nicht jede unterschiedliche Behandlung rechtswidrig macht. Eine Differenzierung, die sich auf sachgerechte und objektive Kriterien stützt, bedeute keine verbotene Diskriminierung im Sinne von Art. 26 des IPBPR.[544]
Durch diese Entscheidungen stellt der Menschenrechtsausschuss klar, dass sich der sachliche Bezugsbereich des Art. 26 des IPBPR nicht auf den Kreis der im Pakt sonst niedergelegten bürgerlichen und politischen Rechte beschränkt. Art. 26 des IPBPR wird nicht lediglich als eine akzessorische Garantie angesehen, die verbotene Diskriminierungen innerhalb des Koordinatensystems des Paktes selbst verhindern soll. Vielmehr wird ihm eine selbständige Bedeutung zugemessen, die sich ähnlich wie Art. 3 I des GG auf alle staatlichen Tätigkeitsfelder erstreckt.[545] Dies ist im Sinne einer systematischen Interpretation die einzig schlüssige Erklärung, da Art. 26 des IPBPR eine Vorschrift darstellt, die während der Entstehungsarbeiten des Paktes eine wichtige Rolle gespielt hat und dabei außerordentlich umkämpft gewesen ist. Dieser großen Bedeutung des Art. 26 des IPBPR würde nämlich widersprochen werden, wenn er als bloß redundante Norm ohne eigentlichen eigenständigen Sinngehalt abqualifiziert werden würde, da er als akzessorische Vorschrift nur das enthalten würde, was ohnehin schon in Art. 2 I und Art. 3 des IPBPR niedergelegt ist.[546]
Art. 26 des IPBPR stellt somit einen der seltenen Fälle dar, in denen der Schutzbereich einer internationalen Rechtsgewährleistung über denjenigen der EMRK, insbesondere Art. 14 der EMRK (s.u.), hinausgeht. Dies führt dazu, dass Art. 26 des IPBPR vor allem in den Staaten des Europarates, die an die EMRK gebunden sind, von besonderer Bedeutung ist.[547]
Die in Satz 2 des Art. 26 des IPBPR aufgeführten verbotenen Differenzierungskriterien sind bloß beispielhafter Natur[548] und sollen besonders verpönte persönliche Unterscheidungs-

---

[543]) Sowohl in der Entscheidung "**S. W. M. Broeks vs. The Netherlands**" des **UN-Menschenrechtsausschusses** (Communication No. 172/1984) als auch in der Entscheidung "**F. H. Zwaan-de Vries vs. The Netherlands**" des **UN-Menschenrechtsausschusses** (Communication No. 182/1984) heißt es in Ziffer 12.3: "(...). The Committee begins by noting that article 26 does not merely duplicate the guarantees already provided for in article 2. It derives from the principle of equal protection of the law without discrimination, as contained in article 7 of the Universal Declaration of Human Rights, which prohibits discrimination in law or in practice in any field regulated and protected by public authorities. Article 26 is thus concerned with the obligations imposed on States in regard to their legislation and the application thereof."

[544]) Sowohl in der Entscheidung "**S. W. M. Broeks vs. The Netherlands**" des **UN-Menschenrechtsausschusses** (Communication No. 172/1984) als auch in der Entscheidung "**F. H. Zwaan-de Vries vs. The Netherlands**" des **UN-Menschenrechtsausschusses** (Communication No. 182/1984) heißt es in Ziffer 13: "The right to equality before the law and to equal protection of the law without any discrimination does not make all differences of treatment discriminatory. A differentiation based on reasonable and objective criteria does not amount to prohibit discrimination within the meaning of article 26."

[545]) UNITED NATIONS, Human Rights Committee, General Comment No.23 (Article 26), 1989, U.N. Doc. HRI/GEN/1/Rev.1 at 26 (1994); **P.-M. Dupuy**, "Equality under the 1966 Covenants and in the 1948 Declaration", in: R. Wolfrum (Hrsg.), "Gleichheit und Nichtdiskriminierung im nationalen und internationalen Menschenrechtsschutz", 2003, S. 149 – 160 (152 f).

[546]) **Ch. Tomuschat**, "Der Gleichheitssatz nach dem Internationalen Pakt über bürgerliche und politische Rechte" (Anmerkungen des Bearbeiters), in: Europäische Grundrechte Zeitschrift (EuGRZ), 1989, S. 37 f (37).

[547]) **F. Brinkmeier**, (s. Fn. 424), S. 102.

[548]) Dies ergibt sich aus der Formulierung "wie insbesondere" in Satz 2 des Art. 26 des IPBPR.

merkmale nennen, die ein erhöhtes Risiko einer Verletzung des Diskriminierungsverbots in sich bergen. Dies bedeutet, dass nach Art. 26 des IPBPR jedwede Diskriminierung verboten ist.[549]

Neben dem Diskriminierungsverbot als negatorischem Aspekt des Rechts auf gleichen Schutz durch das Gesetz enthält Art. 26 des IPBPR auch eine positive Verpflichtung der Vertragsstaaten zu Maßnahmen des Schutzes gegen Diskriminierungen (Diskriminierungsschutz). Der Satz 2 des Art. 26 des IPBPR verpflichtet die Vertragsstaaten "in Hinsicht" auf das Recht auf gleichen Schutz durch das Gesetz, allen Menschen gleichen und effektiven Schutz gegen Diskriminierung zu gewähren. Wie das Diskriminierungsverbot bezieht sich auch die Verpflichtung zum Diskriminierungsschutz nicht nur auf die Rechte des Paktes, sondern auf jede Form der Diskriminierung. Dass der Diskriminierungsschutz positive staatliche Gewährleistungsmaßnahmen erfordert, ergibt sich aus dem Wortlaut dieser Bestimmung und aus dem logischen Unterschied zum bloßen Diskriminierungsverbot. Derartige positive Maßnahmen des Diskriminierungsschutzes sind insbesondere dann erforderlich, wenn bestimmte Personengruppen in der Praxis der Vertragsstaaten traditionell besonders stark diskriminiert wurden oder wenn sie spezifischen Diskriminierungen von privater Seite ausgesetzt sind. Wie alle positiven Gewährleistungsmaßnahmen sind auch diese relativer Natur, d.h., es obliegt den Vertragsstaaten zu entscheiden, in welcher Art und in welcher Intensität sie konkreten Diskriminierungen entgegenwirken. Art. 26 des IPBPR verlangt allerdings einen "wirksamen Schutz", so dass das Fehlen ausreichender Maßnahmen bei Vorliegen konkreter Diskriminierungen zu einer Verletzung dieser Bestimmung führen kann. Im Fall traditioneller und struktureller Diskriminierungen schließt der positive Diskriminierungsschutz auch vorübergehende Sondermaßnahmen zur beschleunigten Herbeiführung einer de-facto-Gleichberechtigung ein.[550]
Grundsätzlich liegt die primäre Bedeutung des Diskriminierungsschutzes in der Verpflichtung der Vertragsstaaten, ihre Rechtsunterworfenen gegen Diskriminierungen durch Private wirksam zu schützen. Um diesem Zweck zu dienen, enthält der Pakt einzelne Spezialnormen, wie z.B. Art. 3, Art. 20 II, Art. 23 IV und Art. 24 I des IPBPR. Neben diesen Fällen gibt es im täglichen Leben allerdings noch eine Unzahl von Diskriminierungen zwischen Privaten, die unter den generellen Diskriminierungsschutz des Art. 26 des IPBPR fallen. Den Staat trifft zwar nicht die Pflicht, alle Ungleichbehandlungen zwischen Privaten zu verbieten, selbst wenn sie aufgrund der in Art. 26 des IPBPR verpönten persönlichen Unterscheidungsmerkmale erfolgen. Es wurde aber während der Ausarbeitung des Art. 26 des IPBPR mehrfach hervorgehoben, dass Diskriminierungen in privaten Beziehungen eine Angelegenheit legitimer persönlicher Entscheidungen seien, die vom Recht auf Privatheit gegen staatliche Eingriffe geschützt sind.[551] Dabei muss allerdings betont werden, dass in einem quasi-öffentlichen Bereich, der nicht mehr vom Schutz der Privatheit umfasst ist, nicht jede Form der Diskriminierung erlaubt ist[552], sondern dass Art. 26 des IPBPR die Vertragsstaaten vielmehr dazu verpflichtet, diskriminierende Praktiken zwischen Privaten im quasi-öffentlichen Bereich von Arbeitsverhältnissen, Schulen, Verkehrsmitteln, Hotels, Restaurants, Theater, Parks, Stränden

---

549) **M. Nowak**, (s. Fn. 453), Art. 26, Rn. 25.

550) **Ders.**, Art. 26, Rn. 27 ff.

551) Vgl. z.B. die Ausführungen der Delegierten Griechenlands, Saudi-Arabiens, Dänemarks, Kanadas, Jugoslawiens und Pakistans im 3. Ausschuss der GV: A/C.3/SR.1098, § 33; SR.1099, §§ 18, 19, 26; SR.1100, § 10; SR.1102, § 4.

552) Vgl. **Ch. Tomuschat**, (s. Fn. 477), FS-Schlochauer, S. 711.

etc. zu unterbinden.[553] Die Praxis des Ausschusses im Berichtsprüfungsverfahren zeigt, dass Art. 26 des IPBPR eine solche Horizontalwirkung, z.B. im Arbeitsleben oder im Hinblick auf traditionelle Kulturen, zuerkannt wird.[554]

(b) Anwendung auf das ungarische Statusgesetz

Damit das ungarische Statusgesetz mit Art. 26 des IPBPR vereinbar ist, müsste es gewährleisten, dass einerseits alle Menschen vor dem Gesetz gleich sind und dass sie andererseits ohne Diskriminierung Anspruch auf gleichen Schutz durch das Gesetz haben.

((1)) Recht auf Gleichheit vor dem Gesetz

Um dem im ersten Teil des 1. Satzes von Art. 26 des IPBPR verankerten Recht auf Gleichheit vor dem Gesetz zu entsprechen, müsste das ungarische Statusgesetz auf alle Rechtsunterworfenen in gleicher Weise angewendet werden. Da sich dieses Recht nicht an die Gesetzgebung richtet, sondern ausschließlich die Vollziehung anspricht, ist wiederum nur die Umsetzung des Gesetzes betroffen. Die im Rahmen dieser Umsetzung getroffenen Entscheidungen dürften nicht offensichtlich willkürlich sein, d.h., sie dürfen nicht jeder sachlichen Rechtfertigung entbehren. Wie bereits dargelegt, wäre eine Entscheidung vor allem – allerdings nicht ausschließlich – dann willkürlich, wenn Personen lediglich aufgrund eines oder mehrerer der in Art. 26 Satz 2 des IPBPR genannten Unterscheidungsmerkmale diskriminiert werden.[555] Durch Art. 1 des ungarischen Statusgesetzes kommt zum Ausdruck, dass die durch dieses Gesetz gewährten Vergünstigungen nur den in den Nachbarstaaten Ungarns lebenden Angehörigen der ungarischen Nation und ihren Ehegatten sowie den gemeinsamen minderjährigen Kindern zugute kommen. Dies bedeutet, dass durch das ungarische Statusgesetz eine Unterscheidung all der in Ungarn und seinen Nachbarstaaten lebenden Personen aufgrund ihrer nationalen Herkunft vorgenommen wird. Da es sich bei dem Merkmal der nationalen Herkunft um eines der in Art. 26 Satz 2 des IPBPR genannten Unterscheidungskriterien handelt, könnte für den Fall des Vorliegens einer Diskriminierung auch die Willkür zu bejahen sein. Zuvor ist eine Diskriminierung aufgrund der durch das ungarische Statusgesetz gewährten Vergünstigungen bereits angenommen worden.[556] Allerdings ist dabei zu beachten, dass die Diskriminierung sich erst aus der Unverhältnismäßigkeit der auf dem ungarischen Statusgesetz basierenden Ungleichbehandlung ergibt. Das zuvor im Rahmen der sachlichen Begründbarkeit geprüfte Vorliegen von Willkür ist aus dem Grund, dass die Ungleichbehandlung auf objektiven und berechtigten Kriterien beruht und somit als sachlich gerechtfertigt anzusehen ist, zurückgewiesen worden.[557] Es ist daher davon auszugehen, dass das ungarische Statusgesetz nicht auf offensichtlich willkürlichen Erwägungen beruht. Demnach könnte das ungarische Statusgesetz mit dem von Art. 26 des IPBPR geforderten Recht auf Gleichheit vor dem Gesetz in Einklang stehen.

---

[553]) Vgl. z.B. die Ausführungen der Delegierten der Sowjetunion, der Philippinen, der USA, Polens oder Ecuadors im 3. Ausschuss der GV: A/C.3/SR.1098, §§ 6, 25; SR.1099, § 2; Sr.1101, §§ 18, 52.
[554]) Vgl. die Hinweise bei **B. G. Ramcharan**, (s. Fn. 392), S. 262 und 266 ff.
[555]) S.o. Kapitel III, B., II., 2., a., (7), (a), S. 170.
[556]) S.o. Kapitel III, B., II., 2., a., (1), (b), ((1)), ((b)), ((iv)), S. 155.
[557]) S.o. Kapitel III, B., II., 2., a., (1), (b), ((1)), ((b)), ((ii)), S. 146.

Auch wenn festgestellt wurde, dass Art. 26 des IPBPR eine Art lex spezialis zu Art. 2 I des IPBPR bildet[558], so bezieht sich diese Sonderstellung des Art. 26 des IPBPR nur auf das Verbot der Diskriminierung und die sich aus der Akzessorietät des Art. 2 I des IPBPR ergebenden Konstellationen. Die grundsätzliche Funktion des Art. 2 I des IPBPR, der als für alle Rechte des Paktes gleichermaßen anwendbare "Schirmklausel" eine wichtige Rolle im Rahmen der systematischen Interpretation des Paktes spielt[559], wird durch diese Sonderstellung nicht berührt. Dies führt dazu, dass das ungarische Statusgesetz neben der Vereinbarkeit mit den speziellen Regelungen der einzelnen Bestimmungen des Paktes immer auch noch mit den grundlegenden Regelungen des Art. 2 I des IPBPR zu vereinbaren sein muss. Im Falle des ungarischen Statusgesetz stellt sich vor allem die Frage nach der Vereinbarkeit mit dem personellen und territorialen Geltungsbereich des Paktes. Wie bereits erörtert, fällt das ungarische Statusgesetz in den personellen Geltungsbereich des Paktes, da es für die einzelnen Angehörigen der nationalen ungarischen Minderheit in den an Ungarn angrenzenden Staaten bestimmt ist und sich somit an Individuen richtet. Allerdings kümmert sich Ungarn – indem das ungarische Statusgesetz Regelungen trifft, aufgrund derer den Angehörigen der nationalen ungarischen Minderheit in den Nachbarstaaten Ungarns Vergünstigungen zugestanden werden – ausschließlich um Individuen, die sich weder auf seinem Territorium befinden noch seiner Herrschaftsgewalt unterstehen. Da sich das Gesetz somit nicht auf die sich in seinem Gebiet befindlichen und seiner Herrschaftsgewalt unterstehenden Personen bezieht, sind die durch das Statusgesetz getroffenen Regelungen in keiner Weise dem territorialen Geltungsbereich des Paktes unterzuordnen.[560]
Trotz der Tatsache, dass die Vereinbarkeit des ungarischen Statusgesetzes mit dem von Art. 26 des IPBPR geforderten Recht auf Gleichheit vor dem Gesetz als möglich erscheint, so kann sie dennoch nicht bejaht werden, da das Statusgesetz mit dem durch Art. 2 I des IPBPR vorgegebenen und sich auch auf Art. 26 des IPBPR erstreckenden territorialen Geltungsbereich des Paktes nicht in Einklang zu bringen ist.

((2)) Recht auf gleichen Schutz durch das Gesetz

Da die Unvereinbarkeit des ungarischen Statusgesetzes mit dem im ersten Teil des Satzes 1 von Art. 26 des IPBPR geforderten Recht auf Gleichheit vor dem Gesetz bereits die Unvereinbarkeit des Gesetzes auch mit dem im zweiten Teil des 1. Satzes von Art. 26 des IPBPR verankerten Recht auf gleichen Schutz durch das Gesetz wegen der Zugehörigkeit beider Rechte zu ein und demselben Artikel nach sich zieht, bräuchte der zweite Teil des Satzes 1 von Art. 26 des IPBPR eigentlich gar nicht mehr genauer betrachtet werden. Der Vollständigkeit halber soll dies aber dennoch geschehen.

Da das Recht auf gleichen Schutz durch das Gesetz, das Diskriminierungsverbot und das Recht auf Diskriminierungsschutz in dem zweiten Teil des 1. Satzes von Art. 26 des IPBPR eine Einheit bilden[561], besteht nicht die Möglichkeit, dass das ungarische Statusgesetz nur mit einem oder zweien dieser eben aufgezählten Begriffe vereinbar ist und mit dem Rest nicht. Für die Vereinbarkeit des ungarischen Statusgesetzes mit dem zweiten Teil des 1. Satzes von

---

[558]) S.o. Kapitel III, B., II., 2., a., (5), (b), ((3)), S. 165.
[559]) S.o. Kapitel III, B., II., 2., a., (5), (a), S. 159.
[560]) S.o. Kapitel III, B., II., 2., a., (5), (b), ((5)), ((b)), S. 167.
[561]) S.o. Kapitel III, B., II., 2., a., (7), (a), S. 170.

Art. 26 des IPBPR ist es vielmehr erforderlich, dass das Gesetz gegen keinen dieser drei Einheitsteile verstößt.

Im Gegensatz zu den vorhergehenden Vorschriften, die auf ihre Vereinbarkeit mit dem ungarischen Statusgesetz hin überprüft wurden, richten sich die sich aus dem zweiten Teil des 1. Satzes von Art. 26 des IPBPR ergebenden Verpflichtungen an den nationalen Gesetzgeber. Dies bedeutet für diesen, dass er einerseits bei dem Erlass von Gesetzen jede Diskriminierung zu unterlassen hat, auf der anderen Seite aber auch verpflichtet ist, durch den Erlass besonderer Gesetze Diskriminierungen zu verbieten und gegen Diskriminierungen wirksamen Schutz zu gewährleisten.[562] Sowohl in Bezug auf das Recht auf gleichen Schutz durch das Gesetz als auch in Bezug auf das Diskriminierungsverbot und das Recht auf Diskriminierungsschutz ist anders als bei allen anderen bisher betrachteten Vorschriften nicht die Umsetzung des ungarischen Statusgesetzes maßgeblich, sondern dessen Erlass.

In der Präambel des ungarischen Statusgesetzes wird betont, dass das folgende Gesetz die Zugehörigkeit der in den Nachbarstaaten lebenden Ungarn zu der einheitlichen ungarischen Nation sicherstellen soll und dass durch das Gesetz das nationale Identitätsbewusstsein der in den Nachbarstaaten lebenden ungarischen Gemeinschaften bewahrt und gestärkt werden soll. Im Sinne der Verwirklichung dieser Ziele erstreckt sich der Geltungsbereich des Gesetzes gemäß Art. 1 auf die Personen nicht ungarischer Staatsangehörigkeit (einschließlich der mit ihnen zusammenlebenden Ehegatten und der minderjährigen Kinder), die ihren Wohnsitz in den an Ungarn angrenzenden Ländern haben und sich zur ungarischen Nationalität bekennen. Diesen Personen werden die dargestellten Vergünstigungen (u.a. Reisevergünstigungen, finanzielle Unterstützungen, Zugang zum Sozialversicherungs- und Gesundheitswesen sowie zum Arbeitsmarkt) gewährt.[563] Dass diese durch das ungarische Statusgesetz den Angehörigen der ungarischen Minderheit in den an Ungarn angrenzenden Staaten gewährten Vergünstigungen sowohl gegenüber den ungarischen Staatsbürgern als auch gegenüber den übrigen Staatsangehörigen der Nachbarländer sowie den weiteren in diesen Ländern lebenden Minderheiten als eine Diskriminierung anzusehen sind, ist bereits ausführlich erörtert worden.[564] Da es sich bei dieser Diskriminierung um eine Diskriminierung handelt, die sich nicht erst im Laufe der Umsetzung des Gesetzes ergeben hat, sondern die beim Erlass des Gesetzes schon deutlich erkennbar war und durch die Umsetzung des Gesetzes lediglich verwirklicht worden ist, ist der ungarische Gesetzgeber bei dem Erlass des Statusgesetzes seiner sich aus dem zweiten Teil des 1. Satzes von Art. 26 des IPBPR ergebenden Verpflichtung zum gleichen Schutz durch das Gesetz nicht nachgekommen. Denn durch den Erlass des ungarischen Statusgesetzes hat er nicht jede Diskriminierung unterlassen.
Dadurch, dass das ungarische Statusgesetz selbst eine diskriminierende Wirkung entfaltet und sich demnach nicht als ein besonderes Gesetz darstellt, das Diskriminierungen verbietet, kommt der ungarische Gesetzgeber durch den Erlass des Statusgesetzes auch dem in dem zweiten Satz von Art. 26 des IPBPR verankerten Verbot der Diskriminierung nicht nach.
Im Rahmen des von dem zweiten Teil des 1. Satzes von Art. 26 des IPBPR auch umfassten Rechts auf Diskriminierungsschutz könnten die durch das ungarische Statusgesetz den Angehörigen der ungarischen Minderheit in den an Ungarn angrenzenden Staaten gewährten Vergünstigungen als positive staatliche Gewährleistungsmaßnahmen aufzufassen sein. Dagegen sprechen aber vor allem zwei Faktoren: Zum einen sind derartige positive Maßnahmen des

[562]) S.o. Kapitel III, B., II., 2., a., (7), (a), S. 170.
[563]) S.o. Kapitel II, B., S. 36.
[564]) S.o. Kapitel III, B., II., 2., a., (1), (b), ((1)), ((iv)), S. 155.

Diskriminierungsschutzes insbesondere dann erforderlich, wenn bestimmte Personengruppen in der Praxis der Vertragsstaaten traditionell besonders stark diskriminiert wurden oder wenn sie spezifischen Diskriminierungen von privater Seite ausgesetzt sind. Die aufgrund des ungarischen Statusgesetzes bevorzugten Personengruppen gehören zwar Minderheiten an, es ist allerdings nicht ersichtlich, dass diese im Vergleich zu Angehörigen anderer Minderheiten besonders schlecht behandelt und demnach besonders stark diskriminiert werden. Zum anderen ist bereits schon untersucht worden, ob es sich bei den durch das ungarische Statusgesetz gewährten Vergünstigungen um positive Gewährleistungsmaßnahmen im Sinne einer positiven Diskriminierung handelt. Dies ist aber verneint worden, da ein Ende der Gültigkeit des ungarischen Statusgesetz nicht absehbar ist und daher das Merkmal der zeitweiligen Natur der Maßnahme nicht erfüllt ist.[565] Insofern steht das ungarische Statusgesetz auch nicht in Einklang mit dem im zweiten Teil des 1. Satzes von Art. 26 des IPBPR vom ungarischen Gesetzgeber geforderten Schutz gegen Diskriminierungen.
Es lässt sich folglich feststellen, dass das vom ungarischen Gesetzgeber erlassene Statusgesetz aufgrund seines Verstoßes gegen das im zweiten Teil des 1. Satzes von Art. 26 des IPBPR vorgeschriebene Recht auf gleichen Schutz durch das Gesetz, das Diskriminierungsverbot und das Recht auf Diskriminierungsschutz nicht mit diesem vereinbar ist. Ungarn kommt demnach mit dem Statusgesetz seiner sich aus dieser Bestimmung des Paktes ergebenden Verpflichtung zur Gewährleistung materieller Gleichheit im Wege der Gesetzgebung nicht nach. Selbst wenn allerdings eine Vereinbarkeit mit allen drei die Einheit des zweiten Teils des 1. Satzes von Art. 26 des IPBPR bildenden Teilen zu bejahen wäre, so würde die darüber stehende Vereinbarkeit des ungarischen Statusgesetzes mit Art. 26 des IPBPR ebenso wie die Prüfung der Vereinbarkeit des ungarischen Statusgesetzes mit dem im ersten Teil des 1. Satzes von Art. 26 des IPBPR verankerten Recht auf Gleichheit vor dem Gesetz an der Tatsache scheitern, dass das Statusgesetz mit dem durch Art. 2 I des IPBPR vorgegebenen und sich auch auf Art. 26 des IPBPR erstreckenden territorialen Geltungsbereich des Paktes nicht in Einklang zu bringen ist.

((3)) Zusammenfassung

Das ungarische Statusgesetz ist weder mit dem im ersten Teil des 1. Satzes von Art. 26 des IPBPR verankerten Recht auf Gleichheit vor dem Gesetz noch mit dem sich aus dem zweiten Teil des 1. Satzes von Art. 26 des IPBPR ergebenden Recht auf gleichen Schutz durch das Gesetz, dem Diskriminierungsverbot und dem Recht auf Diskriminierungsschutz in Einklang zu bringen. Auch wenn eine Vereinbarkeit des Statusgesetzes mit dem ersten Teil des 1. Satzes von Art. 26 des IPBPR als möglich erscheint, so wird von dem Statusgesetz dennoch der durch Art. 2 I des IPBPR festgelegte und auch auf alle anderen Vorschriften des Paktes anwendbare territoriale Geltungsbereich des Paktes nicht eingehalten. Auch im Falle seiner Vereinbarkeit mit den Rechten aus dem zweiten Teil des 1. Satzes von Art. 26 des IPBPR würde die Vereinbarkeit des Statusgesetzes ebenfalls an der durch Art. 2 I des IPBPR geforderten Einhaltung des territorialen Geltungsbereichs des Paktes scheitern. Das ungarische Statusgesetz ist daher mit Art. 26 des IPBPR nicht zu vereinbaren.

[565]) S.o. Kapitel III, B., II., 2., a., (1), (b), ((1)), ((b)), ((iii)), S. 152.

(8) Art. 27 des IPBPR

Wie bereits festgestellt[566], darf gemäß Art. 27 des IPBPR in Staaten mit ethnischen, religiösen oder sprachlichen Minderheiten den Angehörigen solcher Minderheiten nicht das Recht vorenthalten werden, gemeinsam mit anderen Angehörigen ihrer Gruppe ihr eigenes kulturelles Leben zu pflegen, sich zu ihrer eigenen Religion zu bekennen und diese auszuüben oder sich ihrer eigenen Sprache zu bedienen.

In Bezug auf die Vereinbarkeit des ungarischen Statusgesetzes mit Art. 27 des IPBPR ist zuvor ausführlich dargestellt worden, dass diese an der Tatsache scheitert, dass Ungarn durch das ungarische Statusgesetz lediglich die Angehörigen der nationalen ungarischen Minderheit in den ungarischen Nachbarstaaten begünstigt und die in Ungarn selbst lebenden Angehörigen anderer Minderheiten vollkommen unbeachtet lässt. Dies führt nämlich dazu, dass das ungarische Statusgesetz weder mit den (bereits näher erläuterten) Regelungen des Art. 27 des IPBPR noch mit dem territorialen Geltungsbereich des Paktes, der sich gemäß Art. 2 I des IPBPR – in seiner Funktion als "Schirmklausel" – auch auf Art. 27 des IPBPR erstreckt, vereinbar ist.[567]

(9) UN-Minderheitendeklaration

Für die Prüfung der Vereinbarkeit des ungarischen Statusgesetzes mit der rechtlich nicht verbindlichen UN-Minderheitendeklaration[568] sollen zunächst einmal die Bestimmungen der Deklaration betrachtet werden, die sich mit der Respektierung des Diskriminierungsverbots oder anderen, auf das ungarische Statusgesetz möglicherweise zutreffenden Regelungen beschäftigen.

(a) Darstellung der UN-Minderheitendeklaration

Aus der Präambel der UN-Minderheitendeklaration lässt sich ableiten, dass sich die gesamte Deklaration dem Schutz der Angehörigen von nationalen oder ethnischen, religiösen und sprachlichen Minderheiten, insbesondere dem Schutz vor Diskriminierungen dieser Personen, widmet. Im ersten Absatz der Präambel werden die Hauptziele der Vereinten Nationen, nämlich die Herbeiführung einer internationalen Zusammenarbeit zur Förderung und Festigung der Achtung vor den Menschenrechten und Grundfreiheiten für alle ohne Unterschied der Rasse, des Geschlechts, der Sprache oder der Religion, erneut bestätigt.[569] Im dritten Absatz der Präambel der UN-Minderheitendeklaration wird deutlich, dass die Förderung der Verwirklichung der Prinzipien als äußerst erstrebenswert erscheint, die in der Charta der Vereinten Nationen, in der Allgemeinen Erklärung der Menschenrechte, in der Konvention über die Verhütung und Bestrafung des Völkermordes, in der Anti-Rassendiskriminierungskonvention, in dem Internationalen Pakt über bürgerliche und politische Rechte, in dem Internationalen

---

566) S.o. Kapitel III, B., II., 2., a., (5), (b), ((4)), S. 165.
567) S.o. Kapitel III, B., II., 2., a., (5), (b), ((5)), ((a)), S. 167.
568) S.o. Kapitel III, A., I., 3., d., S. 57.
569) Der erste Absatz der Präambel der UN-Minderheitendeklaration lautet: "Reaffirming that one of the basic aims of the United Nations, as proclaimed in its Charter, is to promote and encourage respect for human rights and for fundamental freedoms for all, without distinction as to race, sex, language or religion."

Pakt über wirtschaftliche, soziale und kulturelle Rechte, in der Deklaration über die Abschaffung aller Formen von Intoleranz und religiösen und glaubensabhängigen Diskriminierungen und in der Konvention über die Rechte des Kindes sowie in anderen relevanten internationalen Instrumenten niedergelegt worden sind, die auf universeller oder regionaler Ebene oder auf bilateraler Ebene zwischen einzelnen Mitgliedsstaaten der Vereinten Nationen geschlossen worden sind.[570] Der vierte Absatz der Präambel der UN-Minderheitendeklaration bringt zum Ausdruck, dass die Deklaration von der Bestimmung des Art. 27 des IPBPR bezüglich der Rechte der Personen, die zu ethnischen, religiösen oder sprachlichen Minderheiten gehören, inspiriert wurde.[571] Im fünften Absatz der Präambel der UN-Minderheitendeklaration wird in Erwägung gezogen, dass die Förderung und der Schutz der Rechte der Personen, die zu ethnischen, religiösen oder sprachlichen Minderheiten zählen, zur politischen und sozialen Stabilität der Staaten beiträgt, in denen sie wohnen.[572] Im sechsten Absatz der Präambel der UN-Minderheitendeklaration wird weiter betont, dass die ständige Förderung und Verwirklichung der Rechte der Personen, die zu ethnischen, religiösen oder sprachlichen Minderheiten gehören, indem sie als ein wesentlicher Teil der Entwicklung der Gesellschaft als Ganzes betrachtet werden und innerhalb eines demokratischen Rahmens, der auf Rechtsstaatlichkeit beruht, stattfinden, zur Stärkung der Freundschaft und Kooperation der Völker und Staaten beitragen können.[573]

Durch Art. 1 I der Deklaration wird festgelegt, dass die Staaten die Existenz und die nationale oder ethnische, kulturelle, religiöse und sprachliche Identität der Minderheiten in ihren jeweiligen Territorien schützen sollen und dass sie die Voraussetzungen für die Förderung dieser Identität schaffen sollen.[574] Absatz 2 des Art. 1 der Deklaration sieht vor, dass die Staaten angemessene legislative und andere Maßnahmen treffen sollen, um diese Ziele zu erreichen.[575]

Art. 2 I der Deklaration billigt den Angehörigen von nationalen oder ethnischen, religiösen und sprachlichen Minderheiten das Recht zu, im privaten und im öffentlichen Bereich frei und ohne Störung oder irgendeiner Form von Diskriminierung ihre eigene Kultur auszuüben, sich

---

570) Der dritte Absatz der Präambel der UN-Minderheitendeklaration lautet: "Desiring to promote the realization of the principles contained in the Charter of the United Nations, the Universal Declaration of Human Rights, the Convention on the Prevention and Punishment of the Crime of Genocide, the International Convention on the Elimination of All Forms of Racial Discrimination, the International Covenant on Civil and Political Rights, the International Covenant on Economic, Social and Cultural Rights, the Declaration on the Elimination of All Forms of Intolerance and of Discrimination Based on Religion or Belief, and the Convention on the Rights of the Child, as well as other relevant international instruments that have been adopted at the universal or regional level and those concluded between individual States Members of the United Nations."

571) Der vierte Absatz der Präambel der UN-Minderheitendeklaration lautet: "Inspired by the provisions of article 27 of the International Covenant on Civil and Political Rights concerning the rights of persons belonging to ethnic, religious or linguistic minorities."

572) Der fünfte Absatz der Präambel der UN-Minderheitendeklaration lautet: "Considering that the promotion and protection of the rights of persons belonging to ethnic, religious or linguistic minorities contribute to the political and social stability of States in which they live."

573) Der sechste Absatz der Präambel der UN-Minderheitendeklaration lautet: "Emphasizing that the constant promotion and realization of the rights of persons belonging to ethnic, religious or linguistic minorities, as an integral part of the development of society as a whole and within a democratic framework based on the rule of law, would contribute to the strengthening of friendship and cooperation among peoples and States."

574) Art. 1 I der UN-Minderheitendeklaration lautet: "States shall protect the existence and the national or ethnic, cultural, religious and linguistic identity of minorities within their respective territories, and shall encourage conditions for the promotion of that identity."

575) Art. 1 II der UN-Minderheitendeklaration lautet: "States shall adopt appropriate legislative and other measures to achieve those ends."

zu ihrer eigenen Religion zu bekennen und diese zu praktizieren und ihre eigene Sprache zu benutzen.[576] Gemäß Art. 2 V der Deklaration haben die Angehörigen von Minderheiten das Recht, ohne Diskriminierung frei und friedlich Kontakte mit anderen Mitgliedern ihrer Gruppe und mit Angehörigen anderer Minderheiten sowie auch grenzüberschreitende Kontakte mit Bürgern anderer Staaten, mit denen sie durch nationale oder ethnische, religiöse oder sprachliche Gemeinsamkeiten verbunden sind, herzustellen und zu unterhalten.[577]
Art. 3 der Deklaration enthält ein spezielles Diskriminierungsverbot: Minderheitenangehörige dürfen ihre Rechte individuell oder in Gemeinschaft mit anderen ohne Diskriminierung ausüben; daraus dürfen ihnen keine Nachteile entstehen.[578]
Art. 4 I der Deklaration verlangt von den Staaten, dass sie – wo es erforderlich ist – Maßnahmen ergreifen sollen, um abzusichern, dass die Angehörigen von Minderheiten uneingeschränkt und effektiv alle ihre Menschenrechte und fundamentalen Freiheiten ohne Diskriminierung und in völliger Gleichheit vor dem Gesetz ausüben können.[579] Gemäß dem Absatz 2 des Art. 4 der Deklaration sollen die Staaten Maßnahmen ergreifen, um günstige Bedingungen zu schaffen, die es den Angehörigen von Minderheiten ermöglichen, ihre Eigenarten darzustellen und ihre Kultur, Sprache, Religion, Traditionen und Gebräuche zu entwickeln, ausgenommen in den Fällen, in denen spezifische Praktiken gegen nationales Recht verstoßen oder im Gegensatz zu internationalen Standards stehen.[580] In dem dritten Absatz des Art. 4 der Deklaration werden die Staaten verpflichtet, angemessene Maßnahmen zu ergreifen, damit – wenn möglich – die Angehörigen von Minderheiten adäquate Gelegenheiten haben, ihre Muttersprache zu lernen oder Unterricht in ihrer Muttersprache zu haben.[581] Gemäß Art. 4 IV der Deklaration sollen die Staaten dort, wo es angemessen ist, Maßnahmen auf dem Gebiet der Erziehung ergreifen, um das Wissen über die Geschichte, die Traditionen, die Sprache und die Kultur der Minderheiten, die auf ihrem Territorium ansässig sind, zu fördern. Die Angehörigen von Minderheiten sollen ausreichend Gelegenheit haben, Kenntnisse über die Gesellschaft als Ganzes zu erwerben.[582] Der Absatz 5 des Art. 4 der Deklaration zieht schließ-

---

576) Art. 2 I der UN-Minderheitendeklaration lautet: "Persons belonging to national or ethnic, religious and linguistic minorities (hereinafter referred to as persons belonging to minorities) have the right to enjoy their own culture, to profess and practise their own religion, and to use their own language, in private and in public, freely and without interference or any form of discrimination."

577) Art. 2 V der UN-Minderheitendeklaration lautet: "Persons belonging to minorities have the right to establish and maintain, without any discrimination, free and peaceful contacts with other members of their group and with persons belonging to other minorities, as well as contacts across frontiers with citizens of other States to whom they are related by national or ethnic, religious or linguistic ties."

578) Art. 3 I der UN-Minderheitendeklaration lautet: "Persons belonging to minorities may exercise their rights, including those set forth in this Declaration, individually as well as in community with their members of their group, without any discrimination."
Art. 3 II der UN-Minderheitendeklaration lautet: "No disadvantage shall result for any person belonging to a minority as the consequence of the exercise or non-exercise of the rights set forth in this Declaration."

579) Art. 4 I der UN-Minderheitendeklaration lautet: "States shall take measures where required to ensure that persons belonging to minorities may exercise fully and effectively all their human rights and fundamental freedoms without any discrimination and in full equality before the law."

580) Art. 4 II der UN-Minderheitendeklaration lautet: "States shall take measures to create favourable conditions to enable persons belonging to minorities to express their characteristics and to develop their culture, language, religion, traditions and customs, except where specific practices are in violation of national law and contrary to international standards."

581) Art. 4 III der UN-Minderheitendeklaration lautet: "States should take appropriate measures so that, wherever possible, persons belonging to minorities have adequate opportunities to learn their mother tongue or to have instructions in their mother tongue."

582) Art. 4 IV der UN-Minderheitendeklaration lautet: "States should, where appropriate, take measures in the field of education, in order to encourage knowledge of the history, traditions, language and culture of the

lich angemessene Maßnahmen in Betracht, durch die die Angehörigen von Minderheiten vollständig in den wirtschaftlichen Fortschritt und die Entwicklung in ihrem Land eingebunden werden können.[583]

(b) Anwendung auf das ungarische Statusgesetz

Aufgrund der Tatsache, dass die UN-Minderheitendeklaration sich dem Schutz von Minderheiten widmet, die Prinzipien der UN-Charta, der AEMR und des IPBPR in sich aufgenommen hat und von Art. 27 des IPBPR inspiriert worden ist, orientiert sich die Prüfung der Anwendung der Deklaration auf das ungarische Statusgesetz an den zu diesen Themen bereits gemachten Ausführungen.

Auch wenn durch die Präambel der Deklaration lediglich ihr Ursprung und ihre grundsätzlichen Ziele zum Ausdruck gebracht werden sollen und die Frage der Vereinbarkeit des ungarischen Statusgesetzes mit der UN-Minderheitendeklaration anhand des Inhalts der einzelnen Artikel der Deklaration und nicht anhand ihrer Präambel geklärt werden soll, so lassen sich durch die Betrachtung der Präambel der Deklaration schon Rückschlüsse auf eine mögliche Vereinbarkeit ziehen. Denn im Völkerrecht bilden Präambeln einen integrierenden Bestandteil von Kodifikationen, die Ziele und Absichten der Völkergemeinschaft schärfer erkennen lassen und im Zweifelsfalle auch als Interpretationshilfe dienen.[584]

Der erste Absatz der Präambel der UN-Minderheitendeklaration kommt durch seine Wiederbestätigung der Ziele der UN-Charta der bereits auf ihre Vereinbarkeit mit dem ungarischen Statusgesetz hin überprüften Kombination aus Art. 1 III und Art. 55 c) der UN-Charta sehr nahe. Mit dieser ist das ungarische Statusgesetz allerdings als nicht vereinbar erklärt worden.[585]

Mit dem Wunsch der Förderung der Verwirklichung der Prinzipien, die u.a. in der UN-Charta, der AEMR und dem IPBPR niedergelegt sind, nimmt auch der dritte Absatz der Präambel der UN-Minderheitendeklaration Bezug auf Regelungen, deren Unvereinbarkeit mit dem ungarischen Statusgesetz bereits bewiesen worden ist. Denn sowohl mit dem Prinzip, das durch Art. 1 III der UN-Charta festgelegt worden ist und durch Art. 55 c) der UN-Charta in die Tat umgesetzt werden soll, als auch mit den Prinzipien der AEMR und des IPBPR, die durch Art. 2 I und Art. 7 der AEMR sowie durch Art. 2 I und Art. 26 des IPBPR verwirklicht werden sollen, sind die Bestimmungen des ungarischen Statusgesetzes nicht in Einklang zu bringen.[586]

Dass die Deklaration, wie in dem vierten Absatz der Präambel der Deklaration verdeutlicht wird, von dem Art. 27 des IPBPR inspiriert worden ist, lässt darauf schließen, dass sich auch in Bezug auf die Vereinbarkeit des ungarischen Statusgesetzes mit der UN-Minderheitendeklaration einige Probleme auftun könnten. Wie nämlich bereits erörtert, lässt sich das ungarische Statusgesetz nicht mit dem Art. 27 des IPBPR vereinbaren.[587]

---

minorities existing within their territory. Persons belonging to minorities should have adequate opportunities to gain knowledge of the society as a whole."

583) Art. 4 V der UN-Minderheitendeklaration lautet: "States should consider appropriate measures so that persons belonging to minorities may participate fully in the economic progress and development in their country."

584) **F. Ermacora**, (s. Fn. 156), S. 151.

585) S.o. Kapitel III, B., II., 2., a., (1), S. 155.

586) S.o. Kapitel III, B., II., 2., a., (1) / (3) / (4) / (5) / (7), S. 155, 156 ff, 158 ff, 158 ff, 169 ff.

587) S.o. Kapitel III, B., II., 2., a., (8), S. 177.

Da sämtliche Bestimmungen des ungarischen Statusgesetzes nur den Angehörigen der ungarischen Nation in den an Ungarn angrenzenden Länder vorbehalten sind und viele dieser Bestimmungen auch auf den Territorien dieser Nachbarstaaten zu realisieren sind, ist es – abgesehen von dem noch hinzu kommenden diskriminierenden Charakter des Statusgesetzes – nur sehr schwer zu erreichen, dass das ungarische Statusgesetz im Sinne des fünften Absatzes der Präambel der Deklaration zur politischen und sozialen Stabilität des Staates, in dem die zu begünstigenden Minderheiten leben, beiträgt. Denn welches Interesse sollte Ungarn haben, in den Nachbarstaaten für politische und soziale Stabilität zu sorgen? Eher trägt das Statusgesetz zum Gegenteil bei.
In der Präambel und in einigen Anfangsvorschriften des ungarischen Statusgesetzes macht Ungarn deutlich, dass durch dieses Gesetz lediglich die Angehörigen der nationalen ungarischen Minderheit in den Nachbarstaaten Ungarns eine auf dem Gesetz basierende bevorzugte Behandlung erfahren sollen. Da der Erlass dieses Gesetz relativ eigenmächtig, d.h. ohne vorhergehende Absprache Ungarns mit seinen Nachbarstaaten, erfolgte und ein Verstoß dieses Gesetzes gegen das Prinzip der territorialen Staatensouveränität bereits bejaht worden ist[588], ist nicht davon auszugehen, dass der im sechsten Absatz der Deklaration geforderten und anzustrebenden Freundschaft und Kooperation zwischen den Staaten und Völkern durch das ungarische Statusgesetz nachgekommen wird.

Wie aus der Präambel sowie aus dem Art. 1 und dem Art. 2 des ungarischen Statusgesetzes hervorgeht, ist dieses ausschließlich auf die jenseits der ungarischen Grenzen lebenden Angehörigen der nationalen ungarischen Minderheit zugeschnitten. Die in Ungarn selbst lebenden Minderheiten werden von Ungarn zwar in dem vorgeschriebenen Maße unterstützt, sie erhalten aber keine zusätzliche bevorzugte Behandlung durch das Statusgesetz. Gemäß dem Art. 1 I der UN-Minderheitendeklaration sollen die Staaten aber gerade die Existenz und Identität dieser Minderheiten durch Gesetzgebung und andere Maßnahmen sichern und günstige Entwicklungsmöglichkeiten schaffen. Insofern lässt sich feststellen, dass sich der Anwendungsbereich der UN-Minderheitendeklaration und der des ungarischen Statusgesetzes widersprechen. Eine Vereinbarkeit des ungarischen Statusgesetzes mit dem Art. 1 I der Deklaration ist demnach nicht gegeben.
Auch wenn man zu dem Ergebnis käme, dass es sich bei dem ungarischen Statusgesetz im Sinne des Absatz 2 von Art. 1 der Deklaration um eine angemessene legislative Maßnahme in Bezug auf den Schutz von Minderheiten und die Förderung ihrer Identität handelte, so dient das Statusgesetz trotz allem nicht der Verwirklichung der in Art. 1 I der Deklaration dargelegten Ziele. Aus diesem Grund ist auch die Vereinbarkeit des Statusgesetzes mit dem Art. 1 II der Deklaration zu verneinen.
Das ungarische Statusgesetz ist somit weder mit dem ersten noch mit dem zweiten Absatz von Art. 1 der UN-Minderheitendeklaration in Einklang zu bringen.

Aus Art. 1 I der Deklaration geht hervor, dass die Staaten die Existenz und die Identität der in ihren Territorien lebenden Minderheiten schützen sollen. Art. 2 der Deklaration legt Rechte von Personen fest, die Minderheiten angehören. Damit die beiden Artikel allerdings nicht zusammenhangslos nebeneinander stehen, muss es sich bei den in Art. 2 der Deklaration angesprochenen Minderheiten ebenfalls um die in dem jeweiligen Staat ansässigen Minderheiten handeln. Mit den Minderheiten, denen gemäß Art. 2 I der Deklaration (u.a. auch von Ungarn) das Recht zugestanden wird, im privaten und im öffentlichen Bereich frei und ohne Störung oder irgendeiner Form von Diskriminierung ihre eigene Kultur auszuüben, sich zu ihrer

[588]) S.o. Kapitel III, B., I., 4, S. 128.

eigenen Religion zu bekennen und diese zu praktizieren und ihre eigene Sprache zu benutzen, sind somit die in Ungarn lebenden Minderheiten gemeint. Das ungarischen Statusgesetz bezieht sich aber lediglich auf die nicht in Ungarn lebenden Angehörigen der nationalen ungarischen Minderheit in den an Ungarn angrenzenden Staaten. Insofern kann man feststellen, dass das ungarische Statusgesetz zum einen in Bezug auf die zu begünstigende Minderheit nicht mit dem Art. 2 I der Deklaration in Einklang zu bringen ist und dass es zum anderen auch kein diskriminierungsfreies Leben ermöglicht. Wie nämlich bereits erörtert, führt das Statusgesetz zu einer Diskriminierung sowohl gegenüber den ungarischen Staatsbürgern als auch gegenüber den übrigen Staatsangehörigen der Nachbarländer sowie den weiteren in diesen Ländern lebenden Minderheiten.[589] Zwar betrifft das ungarische Statusgesetz nicht die durch Art. 2 I der Deklaration geschützten Minderheiten, da die in Ungarn lebenden Minderheiten aber höchstwahrscheinlich zum Großteil die ungarische Staatsbürgerschaft besitzen und damit zu den ungarischen Staatsbürgern zählen, werden sie durch das ungarische Statusgesetz diskriminiert. Dies zeigt, dass das ungarische Statusgesetz im doppelten Sinne gegen die Bestimmung des Art. 2 I der UN-Minderheitendeklaration verstößt.
In Art. 2 V der Deklaration wird den Angehörigen von Minderheiten das Recht zugestanden, grenzüberschreitende Kontakte zu Personen gleicher Nationalität in den Nachbarstaaten zu unterhalten und zu pflegen. Die Angehörigen der nationalen ungarischen Minderheit in den Nachbarstaaten Ungarns haben demnach das Recht, Kontakte zu Ungarn herzustellen. Mit dem ungarischen Statusgesetz verhält es sich aber genau umgekehrt. Durch das Gesetz versucht nämlich Ungarn, Kontakte zu den Angehörigen seiner nationalen Minderheit aufzunehmen. Diese Konstellation wird allerdings von dem Art. 2 V der Deklaration nicht vorgesehen, so dass sie deshalb auch nicht mit dem Art. 2 V der Deklaration vereinbar ist. Das ungarische Statusgesetz ist daher auch nicht mit dem Art. 2 V der Deklaration in Einklang zu bringen.
Das ungarische Statusgesetz ist somit ebenfalls weder mit dem ersten noch mit dem fünften Absatz von Art. 2 der UN-Minderheitendeklaration in Einklang zu bringen.

Unabhängig davon, ob die durch das ungarische Statusgesetz verkörperten Rechte Individual- oder Gruppenrechte darstellen, ist das Statusgesetz aufgrund der Tatsache, dass es nicht die von der UN-Minderheitendeklaration geforderten Minderheiten betrifft, auch mit der Bestimmung des Art. 3 der Deklaration nicht vereinbar.

Die in Art. 4 I – III der Deklaration enthaltenen Staatenverpflichtungen richten sich nicht explizit an die Minderheitenangehörigen, die sich in dem jeweiligen Staat selbst befinden, sondern es ist nur – wie auch in Art. 2 und Art. 3 der Deklaration – allgemein von "Personen, die Minderheiten angehören", die Rede. Damit aber auch Art. 4 der Deklaration in einen Zusammenhang mit Art. 1 der Deklaration gebracht werden kann, ist auch in Bezug auf Art. 4 davon auszugehen, dass es sich bei den in ihm angesprochenen Minderheiten ebenfalls um die in dem jeweiligen Staat ansässigen Minderheiten handelt. Dies führt dazu, dass das ungarische Statusgesetz aufgrund seines personellen Anwendungsbereiches auch nicht mit dem Art. 4 I – III der Deklaration in Einklang zu bringen ist. Diese Einschätzung wird auch noch dadurch unterstützt, dass der erste Absatz von Art. 4 der Deklaration verlangt, dass die von den Staaten zu ergreifenden Maßnahmen einerseits die Ausübung der Menschenrechte und Grundfreiheiten gewährleisten sollen und zum anderen diskriminierungsfrei sein sollen. Ob es sich bei den durch das ungarische Statusgesetz den Angehörigen der nationalen ungarischen Minderheit in den an Ungarn angrenzenden Ländern zugebilligten Privilegien (u.a. Reisevergünsti-

[589]) S.o. Kapitel III, B., II., 2., a., (1), (b), ((1)), S. 155.

gungen, finanzielle Unterstützungen, Zugang zum Sozialversicherungs- und Gesundheitswesen sowie zum Arbeitsmarkt) um Menschenrechte bzw. Grundfreiheiten handelt, kann dahingestellt bleiben, da das von Art. 4 I der Deklaration geforderte Verbot der Diskriminierung durch das ungarische Statusgesetz nicht erfüllt wird. Zudem wird in dem zweiten Absatz von Art. 4 der Deklaration von den Staaten erwartet, dass sie günstige Bedingungen schaffen, damit Minderheiten ihre Eigenarten in Kultur, Sprache, Religion und Tradition entfalten können. Wie bereits dargestellt wurde, sind die Regelungen des ungarischen Statusgesetzes gerade darauf ausgerichtet, die Minderheiten außer in den eben genannten Gebieten auch in den Bereichen Bildung, Kultur, Sprache und Wissenschaft zu unterstützen.[590] Insoweit stimmen die Anforderungen der Deklaration mit den Bestimmungen des Statusgesetzes überein. Allerdings wird die in Art. 4 II der Deklaration geforderte Entfaltung der Eigenarten der Minderheiten dadurch relativiert, dass die von einem Staat zu ergreifenden Maßnahmen nicht gegen nationales Recht oder internationale Standards verstoßen dürfen. Da das Statusgesetz gegen das international anerkannte Prinzip der territorialen Staatensouveränität verstößt[591], wird es dieser in Art. 4 II der Deklaration festgesetzten Einschränkung nicht gerecht. Aus diesem Grund ist doch keine Übereinstimmung des ungarischen Statusgesetzes mit Art. 4 II der Deklaration gegeben.
Im Gegensatz zu den vorhergehenden drei Absätzen wird in dem vierten Absatz des Art. 4 der Deklaration deutlich hervorgehoben, dass die Staaten Maßnahmen bezüglich der Bildung treffen sollen, um das Wissen der auf ihrem Territorium ansässigen Angehörigen von Minderheiten in Bezug auf die Geschichte, die Traditionen, der Sprache und der Kultur zu fördern. Ähnlich wie Art. 1 I der Deklaration bringt daher auch Art. 4 IV der Deklaration zum Ausdruck, dass sich die Staaten nur um die in ihrem eigenen Land lebenden Minderheitenangehörigen kümmern sollen. Insofern widersprechen sich der Anwendungsbereich des ungarischen Statusgesetzes und der des Art. 4 IV der UN-Minderheitendeklaration, auch wenn die Bestimmungen des Statusgesetzes auf das von diesem Artikel geforderte Ziel gerichtet sind.
Auch in dem fünften Absatz des Art. 4 der Deklaration wird durch die Formulierung "...in their territory..." explizit dargelegt, dass von den Staaten die Bemühung um die im eigenen Land lebenden Minderheiten verlangt wird und nicht das Engagement für Angehörige nationaler Minderheiten in anderen Ländern. Demnach ist auch eine Vereinbarkeit des ungarischen Statusgesetzes mit diesem Absatz des Art. 4 der Deklaration zu verneinen.
Aus dem eben Dargelegten lässt sich schließen, dass das ungarische Statusgesetz mit keinem Absatz des Art. 4 der Deklaration in Einklang zu bringen ist.

Aufgrund des Verstoßes gegen den Grundsatz der souveränen Gleichheit (und den davon mitumfassten Begriffen der territorialen Integrität und der politischen Unabhängigkeit der Staaten) ist das ungarische Statusgesetz – wie zuvor erörtert – ferner auch nicht mit Art. 8 IV der UN-Minderheitendeklaration vereinbar.[592]

(c) Zusammenfassung

Zusammenfassend lässt sich feststellen, dass das ungarische Statusgesetz mit keiner der Bestimmungen der UN-Minderheitendeklaration, die sich mit der Respektierung des Diskriminierungsverbots oder anderen, auf das Statusgesetz möglicherweise zutreffenden Regelungen

---

[590]) S.o. Kapitel II, B., S. 36.
[591]) S.o. Kapitel III, B., I., 4, S. 128.
[592]) S.o. Kapitel III, B., I., 1., b., S. 102.

beschäftigen, vereinbar ist. Neben einigen anderen Unvereinbarkeiten liegt dieser Verstoß gegen die Deklaration hauptsächlich in dem unterschiedlichen Anwendungsbereich des ungarischen Statusgesetzes und der UN-Minderheitendeklaration begründet. Der länderübergreifende Anwendungsbereich des Statusgesetzes, der schon zum Verstoß gegen das Prinzip der territorialen Staatensouveränität führte[593], sorgt somit auch für die Unvereinbarkeit des ungarischen Statusgesetzes mit der UN-Minderheitendeklaration unter dem Gesichtspunkt der Respektierung des Diskriminierungsverbots.

(10) Zwischenergebnis

Die Prüfung der Vorschriften des universellen Völkerrechts (Art. 1 III und Art. 55 c) der UN-Charta, Art. 2 I der UN-Charta, Art. 2 I der AEMR, Art. 7 der AEMR, Art. 2 I des IPBPR, Art. 3 des IPBPR, Art. 26 des IPBPR, Art. 27 des IPBPR und die entsprechenden Bestimmungen der UN-Minderheitendeklaration), die soeben daraufhin untersucht wurden, ob das ungarische Statusgesetz mit ihnen in Einklang zu bringen ist, kommt zu dem Ergebnis, dass eine Vereinbarkeit zwischen ihnen und dem Statusgesetz nicht gegeben ist. Neben der Tatsache, dass das Statusgesetz aufgrund des Verstoßes gegen das Prinzip der territorialen Staatensouveränität gar nicht in den (personellen oder territorialen) Anwendungsbereich einiger, sich auf die Respektierung des Diskriminierungsverbots beziehender Vorschriften des universellen Völkerrechts fällt, sorgt vor allem die durch das Statusgesetz hervorgerufene Diskriminierung sowohl gegenüber den ungarischen Staatsbürgern als auch gegenüber den übrigen Staatsangehörigen der Nachbarländer sowie den weiteren in diesen Ländern lebenden Minderheiten für die Unvereinbarkeit des Gesetzes mit den anwendbaren Vorschriften des universellen Völkerrechts. Es existiert demnach keine Vorschrift des universellen Völkerrechts, nach der die durch das ungarische Statusgesetz den Angehörigen nationaler ungarischer Minderheiten in den an Ungarn angrenzenden Ländern gewährten Vergünstigungen nicht als Diskriminierung aufzufassen sind.

Zusammenfassend kann man aus all dem folgern, dass das ungarische Statusgesetz gegen das Verbot der Diskriminierung verstößt und dass dieser Verstoß durch keine Vorschrift des universellen Völkerrechts gerechtfertigt werden kann. Auch wenn die Venedig-Kommission deutlich zum Ausdruck bringt, dass eine zeitweilige bevorzugte Behandlung von ethnischen Minderheiten für die Personen, die nicht dieser ethnischen Minderheit angehören, nicht diskriminierend ist, so kann man aufgrund der hier gemachten Überlegungen in Bezug auf die unter dem Gesichtspunkt des Verbots der Diskriminierung untersuchten Vorschriften des universellen Völkerrechts und deren Vereinbarkeit mit dem ungarischen Statusgesetz der Kritik der Venedig-Kommission nur zustimmen.

b. Regionales Völkerrecht

In Bezug auf das regionale Völkerrecht ist für die Prüfung der Vereinbarkeit des ungarischen Statusgesetzes mit dem Prinzip der Nichtdiskriminierung ebenfalls wieder zwischen den relevanten Bestimmungen des Europarates und denen der OSZE / KSZE zu unterscheiden.

---

[593]) S.o. Kapitel III, B., I., 4, S. 128.

(1) Europarat

Neben dem Art. 14 der EMKR und dem Art. 1 des 12. ZP zur EMRK sind von den Bestimmungen der durch den Europarat erlassenen Konventionen in Bezug auf das Diskriminierungsverbot außerdem Art. 4 des Rahmenübereinkommens und die gesamte Minderheitensprachencharta von Bedeutung.

(a) Art. 14 der EMRK

In Bezug auf das Prinzip der Nichtdiskriminierung ist aus der EMRK der Art. 14 von Bedeutung. Bevor allerdings die Vereinbarkeit des ungarischen Statusgesetzes mit den Regelungen des Art. 14 der EMRK überprüft werden kann, soll dieser zunächst einmal kurz dargestellt werden.

((1)) Darstellung des Art. 14 der EMRK

Nach Art. 14 der EMRK ist der Genuss der in der vorliegenden Konvention festgelegten Rechte und Freiheiten ohne Benachteiligung zu gewährleisten, die insbesondere im Geschlecht, in der Rasse, Hautfarbe, Sprache, Religion, in den politischen oder sonstigen Anschauungen, in nationaler oder sozialer Herkunft, in der Zugehörigkeit zu einer nationalen Minderheit, im Vermögen, in der Geburt oder im sonstigen Status begründet ist.

Art. 14 der EMRK geht zurück auf Art. 2 I der AEMR[594], demgemäss die in der AEMR proklamierten Rechte und Freiheiten ohne Unterscheidung jedermann zustehen. Während die AEMR aber außerdem in ihrem Art. 7 Gleichheit vor dem Gesetz und gleichen Schutz durch das Gesetz vorsieht[595], ergibt sich aus dem Wortlaut und der Entstehungsgeschichte des Art. 14 der EMRK, dass diese Vorschrift nicht im Sinne eines allgemeinen Gleichheitsgebotes zu verstehen ist. In Übereinstimmung mit den meisten übrigen Instrumenten des internationalen Menschenrechtsschutzes, die die Vertragsstaaten nur verpflichten, die jeweils statuierten Rechte ohne Ansehen der Person zu respektieren bzw. zu gewährleisten[596], verbietet Art. 14 der EMRK Diskriminierungen nämlich nur hinsichtlich der in den übrigen normativen Vorschriften der Konvention und natürlich auch der in ihren Zusatzprotokollen enthaltenen Rechte und Freiheiten.[597]
Im Gegensatz zu Art. 26 des IPBPR, der ein unabhängiges Recht auf Gleichheit vor dem Gesetz und auf gleichen Schutz durch das Gesetz vorsieht[598], und genauso wie bei Art. 2 I des

[594]) S.o. Kapitel III, B., II., 2., a., (3), S. 156.
[595]) S.o. Kapitel III, B., II., 2., a., (4), S. 158.
[596]) Siehe Art. 2 II des IPBPR sowie Art. 2 II des IPWSKR und Art. 1 I der Amerikanischen Menschenrechtskonvention.
[597]) **K. J. Partsch**, "Discrimination", in: R. St. J. Macdonald / F. Matscher / H. Petzold (Hrsg.), "The European System for the Protection of Human Rights", 1993, S. 571 – 592 (576 f); **P. Thornberry / M. A. Martín Estébanez**, "Minority rights in Europe – A review of the work and standards of the Council of Europe", 2004, Chapter 1 (The European Convention on Human Rights (ECHR) and "ethnic" questions, S. 39 – 88), S. 47.
[598]) S.o. Kapitel III, B., II., 2., a., (5), (b), ((3)), S. 164.

IPBPR handelt es sich bei Art. 14 der EMRK demnach um ein akzessorisches Recht.[599] Diese akzessorische Natur des Art. 14 der EMRK verleiht dem Artikel zwar einen autonomen, aber keinen selbständigen Charakter[600], was auch durch die Auslegung des Art. 14 der EMRK von dem Europäischen Gerichtshof für Menschenrechte in der Entscheidung zum "Belgischen Sprachenfall" und in der Entscheidung zu dem Fall "Rasmussen vs. Dänemark" bestätigt wurde.[601] Akzessorisch ist die in Art. 14 der EMRK verbürgte Garantie insofern, als sie eben nur im materiellen Anwendungsbereich der EMRK gilt, nicht aber generell. Autonom ist diese Garantie insofern, als – im Gegensatz zu der früheren Praxis der Kommission[602] – eine Verletzung des Art. 14 der EMRK auch dann möglich ist, wenn die Konventionsgarantie selber nicht verletzt ist.[603] Dies kommt zudem in der Entscheidung des Europäischen Gerichtshofes für Menschenrechte zu den "Nationalen Belgischen Polizeigewerkschaften" zum Ausdruck, in der trotz der unselbständigen Bedeutung des Art. 14 der EMRK seine Anwendung nicht von der Verletzung einer entsprechenden Konventionsgarantie abhängig ist. Vielmehr kann eine Maßnahme, die für sich betrachtet den Erfordernissen einer bestimmten Konventionsnorm entspricht, dennoch gegen jene Norm i.V.m. Art. 14 der EMRK verstoßen, weil sie im Ganzen gesehen diskriminierend ist. Art. 14 der EMRK ist in der Praxis als integraler Bestandteil aller anderen in der Konvention niedergelegten Rechte und Freiheiten zu verstehen, ungeachtet der Natur derselben, d.h. gleichgültig, ob deren Respektierung auf Seiten der Vertragsstaaten ein positives Tun erfordert oder nur die Unterlassung von Eingriffen gebietet.[604] Diese Entscheidung sorgt dafür, dass dem Verbot der Diskriminierung in Art. 14 der EMRK

---

599) **M. Nowak**, "The Interrelationship between the Covenant on Civil and Political Rights and the European Convention on Human Rights", in: S. Vassilouni (Hrsg.), "Aspects of the Protection of Individual and Social Rights", 1995, S. 131 – 164 (144); **E. Klein / F. Brinkmeier**, "Internationaler Pakt und EMRK", in: Vereinte Nationen 3/2002, 50. Jahrgang, S. 99 – 103 (102).

600) **T. Opsahl**, "Equality Before the Law: the European Convention and the International Covenant", in: A. D. Byre / B. Y. Byfield (Hrsg.), "International Human Rights Law in the Commonwealth Caribbean", 1991, S. 244 – 256 (246); **P. van Dijk / G. J. H. van Hoof**, "Theory and Practice of the European Convention on Human Rights", 3. Auflage, 1998, Chapter VIII, § 3 (Article 14), 3.1, S. 711 ff.

601) **EuGMR**, Urteil vom 23. Juli 1968 (**"Belgian Linguistic Case"**), Series A, Vol. 6, I. B. Ziffer 9, S. 33. Darin heißt es: "While it is true that this guarantee has no independent existence in the sense that under the terms of Article 14 it relates solely to „rights and freedoms set forth in the Convention", a measure which in itself is in conformity with the requirements of the Article enshrining the right or freedom in question may however infringe this Article when read in conjunction with Article 14 for the reason that it is of a discriminatory nature." sowie
EuGMR, Urteil vom 28. November 1984 (**"Rasmussen vs. Denmark"**), Series A, Vol. 87, Ziffer 29, S. 12. Darin heißt es: "Article 14 complements the other substantive provisions of the Convention and the Protocols. It has no independent existence since it has effect solely in relation to "the enjoyment of the rights and freedoms" safeguarded by those provisions. Although the application of Article 14 does not necessarily presuppose a breach of those provisions – and to this extent it has an autonomous meaning –, there can be no room for its application unless the facts at issue fall within the ambit of one or more of the latter."

602) Nachweise bei **W. Peukert**, in: J. A. Frowein / W. Peukert (Hrsg.), "Europäische Menschenrechtskonvention – EMRK-Kommentar", 2. Auflage, 1996, Art. 14 (Diskriminierungsverbot), Rn. 2.

603) **St. Trechsel**, "Überlegungen zum Verhältnis zwischen Art. 14 EMRK und dem 12. Zusatzprotokoll", in: R. Wolfrum (Hrsg.), "Gleichheit und Nichtdiskriminierung im nationalen und internationalen Menschenrechtsschutz", 2003, S. 119 – 134 (120).

604) **EuGMR**, Urteil vom 27. Oktober 1975 (**"National Union of Belgian Police Case"**), Series A, Vol. 19, Ziffer 44, S. 19. Darin heißt es: "Although the Court has found no violation of Article 11 (1), it has to be ascertained whether the difference in treatment complained of by the applicant union contravene Articles 11 and 14 taken together (…). A measure which in itself is in conformity with the requirements of the Article enshrining the right or freedom in question may therefore infringe this Article when read in conjunction with Article 14 for the reason that it is of a discriminatory nature."

eine "selbständigere" Bedeutung zukommt als lediglich die eines lästigen Zusatzes zu einer Verletzung einer anderen Konventionsgarantie.[605]

Aus Art. 14 der EMRK ergibt sich insofern, dass nicht nur die in den Konventionsgarantien verliehenen Berechtigungen für alle gleich sind – was bereits aus Art. 1 der EMRK folgt –, sondern dass auch vorgenommene Einschränkungen dieser Rechte und Freiheiten (grundsätzlich) für alle gelten müssen.[606] In einer weiteren Entscheidung des Gerichtshofes ("Abdulaziz, Cabales and Balkandali vs. Vereinigtes Königreich") hat dieser den Anwendungsbereich des Art. 14 der EMRK noch erheblich ausgedehnt: Dieser Entscheidung zufolge greift das Diskriminierungsverbot schon dann ein, wenn nur die in Frage stehende Konventionsgarantie thematisch einschlägig ist, wenn also die Streitfrage in den Regelungsbereich einer oder mehrerer anderer Vorschriften der Konvention fällt, ohne dass die angegriffene Maßnahme vom Gewährleistungsbereich dieser Vorschrift erfasst sein muss.[607]

Auch wenn der französische Text des Art. 14 der EMRK ("sans distinction aucune") darauf hindeuten könnte, dass durch Art. 14 der EMRK jede Ungleichbehandlung ausgeschlossen wird, so stellt – wie bereits dargelegt – eine unterschiedliche Behandlung von Personen in vergleichbarer Lage nur dann eine Diskriminierung dar, wenn ihr eine sachliche und vernünftige Rechtfertigung fehlt. Das bedeutet, dass sie ein berechtigtes Ziel verfolgen muss und dass ein angemessenes Verhältnis zwischen den angewandten Mitteln und dem verfolgten berechtigten Ziel bestehen muss.[608]

Die in Art. 14 der EMRK aufgezählten Diskriminierungsmerkmale sind nur beispielhafter und nicht abschließender Natur. Wie Art. 14 der EMRK selber bestimmt, muss die Diskriminierung letztlich im Status begründet, also personenbezogen sein.[609] Rein sachbezogene Abgrenzungskriterien fallen nicht unter Art. 14 der EMRK, auch nicht unter die Generalklausel des "sonstigen Status".[610] Für eine unterschiedliche Behandlung nur wegen der Nationalität werden vom Europäischen Gerichtshof für Menschenrechte – wie sich aus dem Urteil in dem Fall "Gaygusuz vs. Österreich" ergibt – besonders gewichtige Rechtfertigungsgründe verlangt.[611]

---

605) **A. Eide / T. Opsahl**, (s. Fn. 391), S. 113.

606) **Ch. Hillgruber / M. Jestaedt**, "Die Europäische Menschenrechtskonvention und der Schutz nationaler Minderheiten", 1993, 2. Teil, II., 1., S. 34.

607) **EuGMR**, Urteil vom 28. Mai 1985 (**"Abdulaziz, Cabales and Balkandali vs. United Kingdom"**), Series A, Vol. 94, Ziffer 71, S. 35. Darin heißt es: "According to the Court's established case-law, Article 14 complements the other substantive provisions of the Convention and the Protocols. It has no independent existence since it has effect solely in relation to "the enjoyment of the rights and freedoms" safeguarded by those provisions. Although the application of Article 14 does not necessarily presuppose a breach of those provisions – and to this extend it is autonomous –, there can be no room for its application unless the facts at issue fall within the ambit of one or more of the latter."

608) S.o. Kapitel II, C., S. 40 (mit der Fußnote: **EuGMR**, Urteil vom 23. Juli 1968 (**"Belgian Linguistic Case"**), Series A, Vol. 6, I. B. Ziffer 10, S. 34); s.o. Kapitel III, B., II., 2., a., (1), (b), ((1)), S. 145.

609) **M. E. Villiger**, (s. Fn. 178), § 32 (Verbot der Diskriminierung – Art. 14 EMRK), A., Rn. 633, S. 378.

610) **W. Peukert**, (s. Fn. 602), Art. 14 (Diskriminierungsverbot), Rn. 51.

611) **EuGMR**, Urteil vom 16. September 1996 (**"Gaygusuz vs. Austria"**), Reports of Judgements and Decisions 1996-IV, Ziffer 42, Seite 1142. Darin heißt es: "(...). However, very weighty reasons would have to be put forward before the Court could regard a difference of treatment based exclusively on the ground of nationality as compatible with the Convention."

((2)) Anwendung auf das ungarische Statusgesetz

Damit die aufgrund des ungarischen Statusgesetzes zu treffenden Regelungen mit dem Art. 14 der EMRK vereinbar sind, müssten andere in der EMRK anerkannten Rechte durch das Gesetz betroffen werden, das Gesetz müsste weiter sowohl in den personellen als auch in den territorialen Geltungsbereich des Art. 14 der EMRK fallen, und es dürfte schließlich keine Diskriminierung vorliegen.
Ebenso wie Art. 55 c) der UN-Charta und Art. 2 I des IPBPR beinhaltet auch Art. 14 der EMRK eine klare rechtliche Verpflichtung, die nur noch auf die Umsetzung wartet. Auch wenn die Begriffe "Gleichheit vor dem Gesetz" und "gleicher Schutz durch das Gesetz" explizit nicht in Art. 14 der EMRK erwähnt werden, so handelt es sich dennoch auch bei der Regelung des Art. 14 der EMRK um eine Gleichheit vor dem Gesetz, die durch die gleiche Anwendung der bestehenden Gesetze auf alle Rechtsunterworfenen geschaffen werden soll. Da sich diese Gleichheit vor dem Gesetz an die Vollziehung richtet, wird auch in diesem Fall die Umsetzung des ungarischen Statusgesetzes betroffen.
Durch das ungarische Statusgesetz könnten möglicherweise die Artikel 8 und 9 der EMRK betroffen sein.

((a)) Betroffenheit von Art. 8 der EMRK

Um beurteilen zu können, ob Art. 8 der EMRK durch das ungarische Statusgesetz betroffen ist oder nicht, soll im Folgenden zunächst Art. 8 der EMRK kurz dargestellt werden und im Anschluss daran seine Betroffenheit durch das Statusgesetz erörtert werden.

((i)) Darstellung des Art. 8 der EMRK

In Absatz 1 des Art 8 der EMRK wird festgelegt, dass jede Person das Recht auf Achtung ihres Privat- und Familienlebens, ihrer Wohnung und ihrer Korrespondenz hat. Gemäß Art 8 II der EMRK darf eine Behörde in die Ausübung dieses Rechts nur eingreifen, soweit der Eingriff gesetzlich vorgesehen und in einer demokratischen Gesellschaft notwendig ist für die nationale oder öffentliche Sicherheit, für das wirtschaftliche Wohl des Landes, zur Aufrechterhaltung der Ordnung, zur Verhütung von Straftaten, zum Schutz der Gesundheit oder der Moral oder zum Schutz der Rechte und Freiheiten anderer.

Der Anspruch des Einzelnen auf Achtung seines Privat- und Familienlebens ist zwar ein klassisches Individualrecht, hat aber – vermittelt durch den individuellen Schutz, den er den Angehörigen nationaler Minderheiten zuteil werden lässt – eine nicht zu unterschätzende Bedeutung für die Rechtsstellung von Volksgruppen nach der EMRK; denn nationale Minderheiten unterscheiden sich von der Mehrheitsbevölkerung in einem Staat nicht zuletzt häufig durch besondere, traditionelle Lebensformen, die vor allem in der Familie gepflegt werden.[612]

Im Gegensatz zu den übrigen in Abschnitt I der EMRK verankerten Vorschriften enthält Art. 8 I der EMRK weder ein Verbot (wie Art. 2 – 4 der EMRK) noch die ausdrückliche Gewährleistung einer Freiheit (wie Art. 5 und 9 – 11 der EMRK). Vielmehr sichert er dem einzelnen einen "Anspruch auf Achtung" von Privat- und Familienleben, Wohnung und Brief-

---

[612]) **Ch. Hillgruber / M. Jestedt**, (s. Fn. 606), 2. Teil, III., S. 42.

verkehr zu. Das Leitmotiv dieser vier Begriffe ist stets die Privatsphäre. Da sich die Begriffe – trotz der Tatsache, dass sie verschieden sind – in vielen Punkten überlagern, sind bisher auch durch die Praxis des Straßburger Gerichtshofes noch keine genauen Abgrenzungen der einzelnen Begriffe untereinander getroffen worden.[613] Dennoch soll der Inhalt dieser vier Begriffe so gut wie möglich dargestellt werden, um eine mögliche Betroffenheit leichter feststellen zu können.

Unter dem gemäß Art. 8 I der EMRK zu achtenden Privatleben ist eine geschützte Sphäre zu verstehen, in der eine Person ihr Leben nach ihrer Wahl führen und ihre Persönlichkeit entwickeln kann, aber auch Beziehungen zu anderen Menschen – auch sexueller Art – aufnehmen kann. Dabei werden auch geschäftliche und berufliche Aktivitäten erfasst.[614] Wesentliche Elemente sind vor allem Name, geschlechtliche Ausrichtung, Sexualleben, Identifizierung mit dem Geschlecht sowie die körperliche Integrität und die geistige Gesundheit. Die Verletzung einer geschützten Sphäre ist allerdings dann schwer zu bestimmen, wenn es sich um Maßnahmen außerhalb des häuslichen Bereiches handelt. Von Bedeutung ist in diesem Fall, ob der Betroffene die Achtung seiner Privatsphäre erwarten kann oder nicht.[615]

Im Rahmen des gemäß Art. 8 I der EMRK zu achtenden Familienlebens werden nur bereits bestehende Familien geschützt; ein Recht auf Gründung einer Familie wird nicht gewährt.[616] Das Familienleben ist dabei im weiten Sinne zu verstehen: Von dem Begriff werden die Beziehungen zwischen den Ehepartnern und zwischen den Elternteilen und ihren Kindern umfasst.[617] Nicht von Bedeutung ist es ferner, ob es sich um legitime oder nicht legitime Familien handelt, d.h., es werden auch Beziehungen zwischen Personen erfasst, die eine de-facto-Familie bilden, bei denen also eine enge persönliche Beziehung besteht. Derartige Familienbeziehungen existieren zu allen nahen Verwandten, also auch zu Geschwistern und zwischen Großeltern und Enkeln.[618] Dieses Recht auf Zusammenleben oder auf persönliche Kontakte unter den Familienmitgliedern, zwischen dem Kind und den Elternteilen bleibt auch dann bestehen, wenn die Beziehung zwischen den Eltern beendet ist, die Eltern nicht mehr zusammenleben oder geschieden sind.[619]

Mit dem in Art. 8 I der EMRK festegelegten Recht auf Achtung der Wohnung sollen sowohl Miet- und Eigentumswohnungen als auch Büros und gewerbliche Räume geschützt werden.[620] Durch das ebenfalls in Art. 8 I der EMRK verankerte Recht auf Achtung der Korrespondenz werden nicht nur Schriftwechsel erfasst, sondern auch Telefongespräche.[621]

Nach der Rechtsprechung der Konventionsorgane entfaltet Art. 8 I der EMRK allerdings nicht nur Wirkung im Sinne einer Abwehr staatlicher Eingriffe.

---

613) **L. Wildhaber / St. Breitenmoser**, in: H. Golsong / W. Karl / H. Miehsler / H. Petzold / E. Riedel / K. Rogge / R. J. Schweizer / Th. Vogler / L. Wildhaber / St. Breitenmoser (Hrsg.), "Internationaler Kommentar zur Europäischen Menschenrechtskonvention", Art. 8 (2. Lieferung – April 1992), A., I., 1., Rn. 1, S. 9.

614) **J. A. Frowein**, (s. Fn. 516), Art. 8 (Privat- und Familienleben), Rn. 3.

615) **J. Meyer-Ladewig**, (s. Fn. 170), Art. 8, Rn. 3.

616) **Ders.**, Art. 8, Rn. 18.

617) **H. Guradze**, "Die Europäische Menschenrechtskonvention – Konvention zum Schutze der Menschenrechte und Grundfreiheiten nebst Zusatzprotokollen", 1968, Art. 8, 8., S. 119.

618) **J. A. Frowein**, (s. Fn. 516), Art. 8 (Privat- und Familienleben), Rn. 16.

619) **J. Meyer-Ladewig**, (s. Fn. 170), Art. 8, Rn. 19.

620) **J. A. Frowein**, (s. Fn. 516), Art. 8 (Privat- und Familienleben), Rn. 28.

621) **J. Meyer-Ladewig**, (s. Fn. 170), Art. 8, Rn. 35.

Der wesentliche Zweck von Art. 8 der EMRK besteht zwar darin, den einzelnen gegen willkürliche Eingriffe der öffentlichen Gewalt in sein Privat- und Familienleben zu schützen.[622] Er beschränkt sich aber nicht darauf, dem Staat die Vornahme derartiger Handlungen zu verbieten; zu dieser vorwiegend negativen Verpflichtung können nämlich auch noch positive, der tatsächlichen "Achtung" des Familienlebens immanente Pflichten hinzutreten.[623] Der Achtungsanspruch aus Art. 8 der EMRK kann somit auch durch Nichterfüllung positiver Schutzpflichten verletzt werden.
Aus dieser positiven Gewährleistungspflicht lassen sich allerdings, auch in Verbindung mit dem Diskriminierungsverbot des Art. 14 der EMRK, keine konkreten staatlichen Förderungs- und Leistungspflichten zugunsten des Privat- und Familienlebens von Angehörigen nationaler Minderheiten ableiten. Denn soweit es sich um die positiven Verpflichtungen handelt, ist der Begriff "Achtung" nicht klar umrissen: Berücksichtigt man die unterschiedliche Praxis und die unterschiedlichen Situationen in den Vertragsstaaten, so unterscheiden sich die Elemente dieses Begriffs beträchtlich von Fall zu Fall. Dementsprechend handelt es sich hier um ein Gebiet, in dem die Vertragsstaaten bei der Bestimmung der zur Erfüllung notwendigen Schritte mit Rücksicht auf die Bedürfnisse und Mittel der Gemeinschaft und der Individuen einen weiten Ermessensspielraum haben.[624]
Immerhin verhindert Art. 8 i.V.m. Art. 14 der EMRK aber, dass Angehörige nationaler Minderheiten von staatlichen Fördermaßnahmen und Leistungen für die Familien (willkürlich) ausgeschlossen werden.

Da im Rahmen der Prüfung der Vereinbarkeit des ungarischen Statusgesetzes mit dem Art. 14 der EMRK nur die Betroffenheit einer anderen Vorschrift der EMRK (in diesem Fall des Art. 8 der EMRK) erforderlich ist, sind die in Art. 8 II der EMRK genannten, auf einer gesetzlichen Basis beruhenden Einschränkungsmöglichkeiten des Art. 8 I der EMRK für die hier vorliegende Prüfung nicht von Bedeutung. Insofern erübrigt sich eine genauere Darstellung des Art. 8 II der EMRK.

((ii)) Betroffenheit durch das ungarische Statusgesetz

Da die Vergünstigungen, die den Angehörigen der nationalen ungarischen Minderheit in den an Ungarn angrenzenden Ländern aufgrund des ungarischen Statusgesetzes gewährt werden, vor allem auf das Privat- und Familienleben abzielen, sind auch – ähnlich wie bei der Prüfung der Betroffenheit des Art. 17 des IPBPR im Rahmen der Prüfung der Vereinbarkeit des unga-

---

622) **EuGMR**, Urteil vom 23. Juli 1968 (**"Belgian Linguistic Case"**), Series A, Vol. 6, I. B. Ziffer 7, S. 33. Darin heißt es: "(...) its object is essentially that of protecting the individual against arbitrary interference by the public authorities in his private or family life."

623) **EuGMR**, Urteil vom 13. Juni 1979 (**"Marckxs vs. Belgium"**), Series A, Vol. 31, Ziffer 31, S. 15. Darin heißt es: "(...). Nevertheless, it does not merely compel the State to abstain from such interference: in addition to this primarily negative undertaking, there may be positive obligations inherent in an effective „respect" for family life."

624) **EuGMR**, Urteil vom 28. Mai 1985 (**"Abdulaziz, Cabales and Balkandali vs. United Kingdom"**), Series A, Vol. 94, Ziffer 67, S. 33 f. Darin heißt es: "(...). However, especially as far as those positive obligations are concerned, the notion of "respect" is not clear-cut: having regard to the diversity of the practices followed and the situations obtaining in the Contracting States, the notion's requirements will vary considerably from case to case. Accordingly, this is an area in which the Contracting Parties enjoy a wide margin of appreciation in determining the steps to be taken to ensure compliance with the Convention with due regard to the needs and resources of the community and of individuals."

rischen Statusgesetzes mit dem Diskriminierungsverbot des Art. 2 I des IPBPR[625] – nur diese beiden Bereiche von Interesse.

Wie bereits angeführt[626], ist der Schutz nationaler Minderheiten vor allem seit den letzten Jahren immer weiter ausgebaut worden und hat mittlerweile ein extrem hohes Maß an Akzeptanz erreicht, so dass zu der im Rahmen des Privatlebens geschützten Sphäre, in der eine Person ihr Leben nach ihrer Wahl leben und ihre Persönlichkeit entwickeln kann, auch das Bekenntnis zu einer bestimmten Nationalität zählt. Das Statusgesetz nennt sowohl in seiner Präambel (in der Formulierung der "Bewahrung und Stärkung des nationalen Identitätsbewusstseins") als auch in seinem Art. 1 I (in der Formulierung der "Bekennung zur ungarischen Nationalität") das Bekenntnis zu der ungarischen Nationalität als Voraussetzung für den Genuss der aus dem Statusgesetz resultierenden Vergünstigungen. Da ein derartiges Bekenntnis zur ungarischen Nationalität den Betroffenen gegenüber der restlichen Bevölkerung viele Vorteile gewährt, wird somit – wenn auch indirekt – auf das Privatleben der Angehörigen der nationalen ungarischen Minderheiten Einfluss genommen.

Auch in Bezug auf das Familienleben lässt sich auf die im Rahmen der Prüfung der Betroffenheit von Art. 17 des IPBPR gemachten Ausführungen zurückgreifen.[627] Denn für den Fall, dass die möglicherweise durch das ungarische Statusgesetz betroffenen Personen nicht bereit sind, sich durch das Bekenntnis zur ungarischen Nationalität Eingriffen in ihr Privatleben auszusetzen, besteht gemäß des Art. 1 II des ungarischen Statusgesetzes auch die Möglichkeit, dass sie als Ehegattin / Ehegatte, die / der mit ihrem Partner / seiner Partnerin, der / die sich bereits zur ungarischen Nationalität bekannt hat, zusammenlebt oder als noch minderjähriges Kind in einem derartigen Haushalt lebt, ebenfalls in den Anwendungsbereich des Statusgesetzes fallen. Durch den Erhalt eines ungarischen Angehörigenausweises umgehen die betroffenen Personen auf der einen Seite zwar den Eingriff in ihr Privatleben. Auf der anderen Seite wird dieser "Ungarische Angehörigenausweis" aber nur dem jeweiligen, mit der Person ungarischer Nationalität zusammenlebenden Ehepartner und den ebenfalls in dem Haushalt lebenden minderjährigen Kindern gewährt. Dies bedeutet, dass auf diese Weise die bestehenden Familien und demnach das Familienleben als Ganzes durch das ungarische Statusgesetz tangiert werden.

Festzustellen ist somit, dass das ungarische Statusgesetz sich sowohl auf das Privat- als auch auf das Familienleben der Angehörigen der nationalen ungarischen Minderheit in den Nachbarländern Ungarns bezieht.
Wie soeben dargestellt, soll Art. 8 der EMRK einerseits den Einzelnen vor willkürlichen Eingriffen der öffentlichen Gewalt in sein Privat- und Familienleben schützen und andererseits auch positive Unterstützungen gewährleisten.
Da das ungarische Statusgesetz nur eine zusätzliche Unterstützung für die bereits schon durch ihren jeweiligen Aufenthaltsstaat im Rahmen des nationalen Minderheitenschutzes geförderten Angehörigen der nationalen ungarischen Minderheit in den an Ungarn angrenzenden Ländern darstellt und da die Angehörigen der nationalen ungarischen Minderheit in den Nachbarländern Ungarns nicht gezwungen werden, die Voraussetzungen zur Erlangung der Vergünstigungen aufgrund des Statusgesetzes (in Form von Eingriffen in ihr Privat- und Familienleben) zu erfüllen, weil es sich um zusätzliche Vorteile handelt, die freiwillig in Anspruch ge-

[625]) S.o. Kapitel III, B., II., 2., a., (5), (b), ((1)), S. 160.
[626]) S.o. Kapitel III, B., II., 2., a., (5), (b), ((1)), ((b)), S. 162.
[627]) S.o. Kapitel III, B., II., 2., a., (5), (b), ((1)), ((b)), S. 162.

nommen werden können, verstößt das ungarische Statusgesetz nicht gegen die Regelung des Art. 8 der EMRK. Es ist vielmehr festzustellen, dass das Statusgesetz im Einklang mit Art. 8 der EMRK steht, da die öffentliche Gewalt nicht willkürlich in das Privat- und Familienleben der betroffenen Personen eingreift, sondern diese Personen den Eingriff in ihr Privat- und Familienleben freiwillig erdulden, um in den Genuss der durch das Statusgesetz zusätzlich gewährten Vergünstigungen zu gelangen.

Da die Prüfung der Betroffenheit des Art. 8 der EMRK allerdings im Rahmen der Prüfung des Art. 14 der EMRK erfolgt, dürfen die bereits zu Art. 14 der EMRK gemachten und in diesem Moment relevanten Erörterungen nicht in Vergessenheit geraten. Wie bereits dargestellt, ist die Anwendung des Art. 14 der EMRK nicht von der Verletzung einer entsprechenden Konventionsgarantie abhängig. Vielmehr kann eine Maßnahme, die für sich betrachtet den Erfordernissen einer bestimmten Konventionsnorm entspricht, dennoch gegen jene Norm i.V.m. Art. 14 der EMRK verstoßen, weil sie im Ganzen gesehen diskriminierend ist. Art. 14 der EMRK ist in der Praxis als integraler Bestandteil aller anderen in der Konvention niedergelegten Rechte und Freiheiten zu verstehen.[628] Darüber hinaus besitzt Art. 14 der EMRK einen erheblich ausgedehnten Anwendungsbereich: Das Diskriminierungsverbot greift nämlich schon dann ein, wenn nur die in Frage stehende Konventionsgarantie thematisch einschlägig ist, wenn also die Streitfrage in den Regelungsbereich einer oder mehrerer anderer Vorschriften der Konvention fällt, ohne dass die angegriffene Maßnahme vom Gewährleistungsbereich dieser Vorschrift erfasst sein muss.[629]
Integriert man diese Erkenntnisse in die Prüfung der Betroffenheit des Art. 8 der EMRK, so lässt sich feststellen, dass es für die Bejahung der Betroffenheit des Art. 8 der EMRK im Rahmen der Prüfung der Vereinbarkeit des ungarischen Statusgesetzes mit dem Diskriminierungsverbot in Art. 14 der EMRK ausreichend ist, dass Art. 8 der EMRK thematisch einschlägig ist bzw. dass das ungarische Statusgesetz mit Art. 8 der EMRK in Einklang steht. Dass dies der Fall ist, ist soeben bewiesen worden.

Auf der anderen Seite besteht aber auch die Möglichkeit, dass das ungarische Statusgesetz den Art. 8 der EMRK aufgrund der Tatsache tangiert, dass es die Vergünstigungen nur den Angehörigen der nationalen ungarischen Minderheit in den an Ungarn angrenzenden Ländern gewährt und die übrigen Staatsbürger dieser Länder sowie die übrigen Angehörigen anderer Minderheiten in diesen Ländern und auch die ungarischen Staatsbürger in Ungarn selbst unberücksichtigt lässt. Dadurch, dass das Statusgesetz nämlich nur den Angehörigen der nationalen ungarischen Minderheit die Möglichkeit eröffnet, durch einen mit ihrem Einverständnis erfolgten Eingriff in ihr Privat- und Familienleben die im Statusgesetz enthaltenen Vergünstigungen in Anspruch zu nehmen, wird dem Rest der Bevölkerung dieser Staaten und in Ungarn die Chance genommen, in den Genuss dieser Vergünstigungen aufgrund des ungarischen Statusgesetzes zu kommen. Auch wenn sich aus der in Art. 8 der EMRK verankerten positiven Gewährleistungspflicht – auch in Verbindung mit dem Diskriminierungsverbot des Art. 14 der EMRK – keine konkreten staatlichen Förderungs- und Leistungspflichten ableiten lassen, so ist Art. 8 der EMRK dennoch auch in Bezug auf die übrigen Staatsbürger dieser Länder sowie die übrigen Angehörigen anderer Minderheiten in diesen Ländern und den ungari-

628) S.o. Kapitel III, B., II., 2., b., (1), (a), ((1)), S. 186.
629) S.o. Kapitel III, B., II., 2., b., (1), (a), ((1)), S. 187 (mit der Fußnote: **EuGMR**, Urteil vom 28. Mai 1985 ("**Abdulaziz, Cabales and Balkandali vs. United Kingdom**"), Series A, Vol. 94, Ziffer 71, S. 35).

schen Staatsbürgern thematisch einschlägig. Insofern ist seine Betroffenheit auch bezüglich dieser Personengruppen zu bejahen.

Festzustellen ist somit, dass eine Betroffenheit des Art. 8 der EMRK durch das ungarische Statusgesetz sowohl in Bezug auf die Angehörigen der nationalen ungarischen Minderheit in den an Ungarn angrenzenden Ländern als auch in Bezug auf die übrigen Staatsbürger dieser Länder sowie die übrigen Angehörigen anderer Minderheiten in diesen Ländern und in Bezug auf die in Ungarn lebenden ungarischen Staatsbürger gegeben ist. Eine Voraussetzung für die Vereinbarkeit des ungarischen Statusgesetzes mit Art. 14 der EMRK liegt demnach vor.

((b)) Betroffenheit von Art. 9 der EMRK

Um beurteilen zu können, ob Art. 9 der EMRK durch das ungarische Statusgesetz betroffen wird oder nicht, soll dieser im Folgenden zunächst kurz dargestellt werden und im Anschluss daran seine Betroffenheit durch das Statusgesetz erörtert werden. Dabei ist allerdings zu beachten, dass von den durch Art. 9 der EMRK zugesicherten Rechten (Gedanken-, Gewissens- und Religionsfreiheit) in diesem Fall lediglich die Religionsfreiheit von Interesse ist, so dass auch diese nur dargestellt und erörtert wird.

((i)) Darstellung des Art. 9 der EMRK

Der Art. 9 I der EMRK besagt, dass jede Person das Recht auf Gedanken-, Gewissens- und Religionsfreiheit hat; dieses Recht umfasst die Freiheit, seine Religion oder Weltanschauung zu wechseln, und die Freiheit, seine Religion oder Weltanschauung einzeln oder gemeinsam mit anderen öffentlich oder privat durch Gottesdienst, Unterricht oder Praktizieren von Bräuchen und Riten zu bekennen. Gemäß Art. 9 II der EMRK darf die Freiheit, seine Religion oder Weltanschauung zu bekennen nur Einschränkungen unterworfen werden, die gesetzlich vorgesehen und in einer demokratischen Gesellschaft notwendig sind für die öffentliche Sicherheit, zum Schutz der öffentlichen Ordnung, Gesundheit oder Moral oder zum Schutz der Rechte und Freiheiten anderer.

Das in Art. 9 der EMRK verankerte Recht auf Religionsfreiheit umfasst die Freiheit des Glaubens, des Bekennens und der Religionsausübung.[630] Es ist einer der Grundpfeiler der demokratischen Gesellschaft. In ihrer religiösen Dimension ist diese Freiheit eines der wichtigsten Elemente, das die Identität der Gläubigen und ihre Auffassung vom Leben bestimmt.[631] In Bezug auf die Religionsfreiheit folgt aus dieser Vorschrift, dass jeder das Recht hat, einer Religionsgemeinschaft anzugehören oder nicht, sie zu wechseln und sich zu ihr bekennen, insbesondere in Gottesdiensten oder sonst in Worten und Taten, oder dies zu unterlassen.[632] Die Glaubensfreiheit richtet sich somit als Abwehrrecht gegen staatliche Einflussnahmen und Bevormundung in Glaubensangelegenheiten. Der Staat muss sich in dieser Be-

---

[630]) **N. Blum**, "Die Gedanken- Gewissens- und Religionsfreiheit nach Art. 9 der Europäischen Menschenrechtskonvention", 1990, B., I., 2., S. 53 ff (55 ff, 59 ff, 62 ff).
[631]) **J. Meyer-Ladewig**, (s. Fn. 170), Art. 9, Rn. 1.
[632]) **Ders.**, Art. 9, Rn. 4.

ziehung neutral verhalten und darf an die Zugehörigkeit zu einem Glauben weder Vor- noch Nachteile knüpfen.[633]

Aus Art. 14 der EMRK ergibt sich das Verbot, Einzelne beim Genuss der allgemeinen und staatsbürgerlichen Rechte wegen ihrer Glaubenszugehörigkeit zu benachteiligen. Erst das Diskriminierungsverbot führt zu einer effektiven Gewährleistung der Religionsfreiheit, weil danach weder die Zugehörigkeit zu einer bestimmten Religion noch ihre Ausübung staatlicherseits mit Sanktionen irgendwelcher Art, auch nicht mit der Vorenthaltung anderer gewährter Leistungen belegt werden darf.[634] Das Gleichbehandlungsgebot nach Art. 14 der EMRK i.V.m. Art. 9 der EMRK – die sogenannte individualrechtliche Parität – erfüllt damit eine wichtige Komplementärfunktion. Soweit – wie häufig – die Zugehörigkeit zu einer nationalen Minderheit mit einer von der Mehrheitsbevölkerung abweichenden religiösen Überzeugung verbunden ist, wirken beide Umstände – Zugehörigkeit zu einer Religionsgemeinschaft und zu einer nationalen Minderheit – im Diskriminierungsverbot des Art. 14 der EMRK zusammen.[635]

Die umfassende Gewährleistung der Religionsfreiheit nach Art. 9 der EMRK sichert in Verbindung mit dem Benachteiligungsverbot nach Art. 14 der EMRK nationalen Minderheiten somit die Pflege eines wichtigen Teils ihrer Kultur und trägt mit dem Schutz der religiösen Überzeugung ihrer Angehörigen zur Wahrung ihrer (nationalen) Identität bei.

Ebenso wie bei Art. 8 der EMRK ist im Rahmen der Prüfung der Vereinbarkeit des ungarischen Statusgesetzes mit dem Art. 14 der EMRK nur die Betroffenheit einer anderen Vorschrift der EMRK (in diesem Fall des Art. 9 der EMRK) erforderlich, so dass die in Art. 9 II der EMRK genannten, auf einer gesetzlichen Basis beruhenden Einschränkungsmöglichkeiten des Art. 9 I der EMRK für die hier vorliegende Prüfung nicht von Bedeutung sind. Insofern erübrigt sich eine genauere Darstellung des Art. 9 II der EMRK.

((ii)) Betroffenheit durch das ungarische Statusgesetz

Das ungarische Statusgesetz nimmt direkt keinen Bezug auf das in Art. 9 der EMRK verankerte Recht der Religionsfreiheit, d.h., in keiner Vorschrift des Gesetzes wird von den betroffenen Personen das Bekenntnis zu einer bestimmten Religion oder die Ausübung einer bestimmten Religion verlangt. Insofern lässt sich keine Beziehung des ungarischen Statusgesetzes zu dem Recht aus Art. 9 der EMRK herstellen.

Allerdings müssen sich die betroffenen Personen für den Erhalt eines Ungarnausweises, durch den ihnen Zugang zu sämtlichen im ungarischen Statusgesetz vorgesehenen Vergünstigungen gewährt wird, als ethnische Ungarn ausweisen bzw. zum "Ungarntum" bekennen. Diese Zugehörigkeit können sie entweder durch die Kenntnis der ungarischen Sprache, durch die Mitgliedschaft in Organisationen der Ungarn in den Nachbarstaaten Ungarns oder durch die Mitgliedschaft in einer der historischen ungarischen Kirchen in den ungarischen Nachbarstaaten bekräftigen.[636] Im Gegensatz zu Art. 8 der EMRK wird Art. 9 der EMRK bei der freiwilligen

[633]) **N. Blum**, (s. Fn. 630), B., I., 2., a), S. 56.
[634]) **Ders.**, B., IV., S. 147.
[635]) Vgl. **Ch. Hillgruber / M. Jestedt**, (s. Fn. 606), 2. Teil, IV., S. 48.
[636]) S.o. Kapitel II, A., S. 36.

Entscheidung der Angehörigen der nationalen ungarischen Minderheiten, die Vergünstigungen des ungarischen Statusgesetzes einschließlich des damit einhergehenden Eingriffs in ihr Privat- und Familienleben in Kauf zu nehmen, nicht auf jeden Fall betroffen. Denn anders als bei Art. 8 der EMRK, in den ein Eingriff für den Erhalt der Vergünstigungen unumgänglich ist, besteht in Bezug auf Art. 9 der EMRK ein Wahlrecht. Art. 9 der EMRK wird nämlich nur dann durch das ungarische Statusgesetz betroffen, wenn sich die Person, die sich zum "Ungarntum" bekennen will, dies durch ihre Mitgliedschaft in einer historischen ungarischen Kirche in den Nachbarstaaten Ungarn tun will.

Da aber auch die Prüfung der Betroffenheit des Art. 9 der EMRK im Rahmen der Prüfung des Art. 14 der EMRK erfolgt, dürfen auch hier die bereits zu Art. 14 der EMRK gemachten und in diesem Moment relevanten Erörterungen nicht in Vergessenheit geraten. Wie bereits dargestellt, ist der Anwendungsbereich des Art. 14 der EMRK durch den Europäischen Gerichtshof noch erheblich ausgedehnt worden: Das Diskriminierungsverbot greift schon dann ein, wenn nur die in Frage stehende Konventionsgarantie thematisch einschlägig ist, wenn also die Streitfrage in den Regelungsbereich einer oder mehrerer anderer Vorschriften der Konvention fällt, ohne dass die angegriffene Maßnahme vom Gewährleistungsbereich dieser Vorschrift erfasst sein muss.[637]
Bezieht man diese Erkenntnisse in die Prüfung der Betroffenheit des Art. 9 der EMRK ein, so lässt sich feststellen, dass es für die Bejahung der Betroffenheit des Art. 9 der EMRK im Rahmen der Prüfung der Vereinbarkeit des ungarischen Statusgesetzes mit dem Diskriminierungsverbot in Art. 14 der EMRK ausreichend ist, dass Art. 9 der EMRK – wenn auch nur teilweise – thematisch einschlägig ist. Dass dies der Fall ist, ist soeben bewiesen worden.

Da es für die Beantragung des Ungarnausweises lediglich des Nachweises der Zugehörigkeit zu der Nation der ethnischen Ungarn bzw. des Bekenntnisses zum "Ungarntum" bedarf, was entweder durch die Kenntnis der ungarischen Sprache, durch die Mitgliedschaft in Organisationen der Ungarn in den Nachbarstaaten Ungarns oder durch die Mitgliedschaft in einer der historischen ungarischen Kirchen in den ungarischen Nachbarstaaten geschehen kann, besteht die Möglichkeit, dass auch die Religionsfreiheit der übrigen Staatsbürger dieser Länder sowie der übrigen Angehörigen anderer Minderheiten in diesen Ländern betroffen ist. Denn die aufgrund des ungarischen Statusgesetzes zu erlangenden Vergünstigungen bilden auch für die übrigen Staatsangehörigen der Nachbarländer Ungarns, die nicht ungarischer Abstammung sind, und für die Angehörigen anderer Minderheiten in diesen Ländern einen gewissen Anreiz. Insofern ist es denkbar, dass diese Personen nur im Hinblick auf die in Aussicht stehenden Vergünstigungen (und möglicherweise ohne von dem dahinterstehenden Inhalt überzeugt zu sein) einer der historischen ungarischen Kirchen in ihrem Staat beitreten. Sobald dies der Fall ist, ist auch die Religionsfreiheit dieser Personen nach Art. 9 der EMRK durch das ungarische Statusgesetz betroffen.

Auch in Bezug auf Art. 9 der EMRK ist somit festzustellen, dass eine – zumindest teilweise – Betroffenheit durch das ungarische Statusgesetz sowohl in Bezug auf die Angehörigen der nationalen ungarischen Minderheit in den an Ungarn angrenzenden Ländern als auch in Bezug auf die übrigen Staatsbürger dieser Länder sowie die übrigen Angehörigen anderer Min-

---

637) S.o. Kapitel III, B., II., 2., b., (1), (a), ((1)), S. 187 (mit der Fußnote: **EuGMR**, Urteil vom 28. Mai 1985 (**"Abdulaziz, Cabales and Balkandali vs. United Kingdom"**), Series A, Vol. 94, Ziffer 71, S. 35).

derheiten in diesen Ländern gegeben ist. Es liegt demnach ebenfalls eine Voraussetzung für die Vereinbarkeit des ungarischen Statusgesetzes mit Art. 14 der EMRK vor.

((c)) Weitere Voraussetzungen für die Vereinbarkeit des ungarischen Statusgesetzes mit Art. 14 der EMRK

Neben der aufgrund des akzessorischen Charakters von Art. 14 der EMRK erforderlichen Betroffenheit anderer Vorschriften aus der EMRK, die mit der thematischen Einschlägigkeit von Art. 8 und Art. 9 der EMRK als gegeben anzusehen ist, müsste das ungarische Statusgesetz darüber hinaus in den (personellen und territorialen) Geltungsbereich des Art. 14 der EMRK fallen, und es dürfte schließlich keine Diskriminierung vorliegen.

((i)) Personeller und territorialer Geltungsbereich

Der Geltungsbereich des Art. 14 der EMRK richtet sich – ebenso wie der der übrigen Rechte und Freiheiten, die in Abschnitt I der EMRK (Art. 2 – Art. 18 der EMRK) niedergelegt sind – nach Art. 1 der EMRK. Dieser sichert nämlich allen der Hoheitsgewalt der EMRK unterstehenden Personen die in Abschnitt I der EMRK bestimmten Rechte und Freiheiten zu.

Der sich damit aus Art. 1 der EMRK ergebende personelle Geltungsbereich bezüglich der in Abschnitt I der EMRK bestimmten Rechte und Freiheiten bezieht sich auf alle Personen, die der Hoheitsgewalt eines Staates unterworfen sind, unabhängig davon, ob sie Staatsangehöriger eines Staates sind oder nicht.[638] Mit dem Begriff "Staat" sind dabei allerdings nur die Mitgliedsstaaten des Europarates gemeint, die alle die EMRK ratifiziert haben und somit deren Vertragsstaaten sind.[639] Wie zuvor dargestellt, gehören sowohl Ungarn als auch alle seine durch das ungarische Statusgesetz betroffenen Nachbarstaaten zu den Vertragsstaaten der EMRK.[640] Dies bedeutet, dass allen Personen, die in einem der an Ungarn angrenzenden Staaten ansässig sind, von dem personellen Geltungsbereich des Art. 14 der EMRK erfasst werden.

In Bezug auf den territorialen Geltungsbereich ergibt sich aus Art. 1 der EMRK (i.V.m. Art. 56 der EMRK), dass ein Staat in der Pflicht steht, soweit seine Hoheitsgewalt reicht, d.h. soweit Handlungen oder Unterlassungen von Organen dieses Staates angegriffen werden. Das Wort "Hoheitsgewalt" beschränkt die Verantwortung des Konventionsstaates demnach nicht auf sein Staatsgebiet, sondern eine solche Verantwortung kann auch durch Akte begründet sein, die außerhalb des Staatesgebietes vorgenommen worden sind (z.B. durch Angehörige diplomatischer oder konsularischer Vertretungen oder durch Streitkräfte), bzw. durch Akte, die zwar innerhalb des Staatsgebietes vorgenommen werden, ihre Wirkungen aber außerhalb des Staatsgebietes entfalten.[641] Wie bereits erörtert, handelt es sich bei dem ungarischen Statusgesetz um ein in Ungarn erlassenes Gesetz, dessen Umsetzung aber zum Teil auf den Territorien der an Ungarn angrenzenden Nachbarstaaten stattfindet.[642] Dies bedeutet, dass man es

---

638) **J. Meyer-Ladewig,** (s. Fn. 170), Art. 1, Rn. 10.
639) **J. A. Frowein,** (s. Fn. 516), Art. 1 (Geltungsbereich), Rn. 2.
640) S.o. Kapitel III, A., II., 1., a., (1), S. 62.
641) **J. Meyer-Ladewig,** (s. Fn. 170), Art. 1, Rn. 4 f.
642) S.o. Kapitel III, B., I., 1., a., (2), (a), S. 97.

als einen Akt auffassen kann, der zwar innerhalb des eigenen Staatsgebietes vorgenommen worden ist, seine Wirkungen aber außerhalb des Staatsgebietes entfaltet, und für den Ungarn verantwortlich ist. Demzufolge fällt das ungarische Statusgesetz auch in den territorialen Geltungsbereich des Art. 14 der EMRK.

Das ungarische Statusgesetz steht somit im Einklang mit dem personellen und dem territorialen Geltungsbereich des Art. 14 der EMRK.

((ii)) Vorliegen einer Diskriminierung

Es ist bereits geprüft worden, welche Personengruppen möglicherweise durch das ungarische Statusgesetz diskriminiert werden und ob eine Diskriminierung auch tatsächlich gegeben ist.[643]

In Bezug auf die Prüfung der Vereinbarkeit des ungarischen Statusgesetzes mit dem Diskriminierungsverbot des Art. 14 der EMRK haben sich weder die betroffenen Personengruppen noch die Gründe für das Vorliegen einer Diskriminierung aufgrund des ungarischen Statusgesetzes geändert:
Bei der Prüfung der Betroffenheit des Art. 8 der EMRK durch das ungarische Statusgesetz, was eine Voraussetzung des Art. 14 der EMRK darstellte, ist dargelegt worden, dass Art. 8 der EMRK unter anderem sowohl wegen der thematischen Einschlägigkeit in Bezug auf die übrigen Staatsbürger der Nachbarstaaten Ungarns sowie auf die Angehörigen anderer Minderheiten in diesen Ländern und in Bezug auf die in Ungarn lebenden ungarischen Staatsbürger betroffen ist. Auch bei der Prüfung der Betroffenheit des Art. 9 der EMRK wurden wiederum die übrigen Staatsbürger der an Ungarn angrenzenden Länder sowie die Angehörigen anderer Minderheiten in diesen Ländern als betroffen angesehen. Es lässt sich somit feststellen, dass die Personengruppen, gegenüber denen bereits eine Diskriminierung bejaht worden ist, durch das ungarische Statusgesetz auch in ihrem Privat- und Familienleben gemäß Art. 8 der EMRK (nämlich die übrigen Staatsbürger der Nachbarstaaten Ungarns, die Angehörigen anderer Minderheiten in diesen Ländern und die in Ungarn lebenden ungarischen Staatsbürger) und – ihrer eigenen Entscheidung zufolge – zusätzlich in ihrer Religionsfreiheit nach Art. 9 der EMRK (nämlich die übrigen Staatsbürger der Nachbarstaaten Ungarns sowie die Angehörigen anderer Minderheiten in diesen Ländern) betroffen werden.
Da die Prüfung des Vorliegens einer Diskriminierung zwischen den Angehörigen der nationalen ungarischen Minderheit in den an Ungarn angrenzenden Staaten und den eben genannten drei Personengruppen unabhängig von Vorschriften bestimmter internationaler oder nationaler Konventionen erfolgt ist und da sich an den Grundvoraussetzungen dieser Prüfung nichts geändert hat (gleiches Gesetz, gleiche Personengruppen...), kann in Bezug auf die an dieser Stelle erforderliche Prüfung des Vorliegens einer Diskriminierung aufgrund des ungarischen Statusgesetzes auf die gemachten Ausführungen verwiesen werden. Es ist demnach eine vergleichbare Ausgangslage der drei möglicherweise diskriminierten Personengruppen und der Angehörigen der nationalen ungarischen Minderheit in den an Ungarn angrenzenden Staaten gegeben. Es liegt ferner auch eine Ungleichbehandlung der vergleichbaren Personengruppen aufgrund des ungarischen Statusgesetzes vor, die allerdings nicht willkürlich ist, sondern vielmehr auf berechtigten und objektiven Kriterien beruht und somit sachlich gerechtfertigt ist. Diese Ungleichbehandlung ist aber schließlich wegen der vorgebrachten Begründung un-

---

643) S.o. Kapitel III, B., II., 2., a., (1), (b), ((1)), S. 141.

verhältnismäßig. Aus diesem Grund ist in Bezug auf die durch das ungarische Statusgesetz gewährten Vergünstigungen und der darauf beruhenden Ungleichbehandlung von einer Diskriminierung auszugehen.[644]

Insofern ist auch an dieser Stelle das Vorliegen einer Diskriminierung zu bejahen. Die letzte Voraussetzung für die Vereinbarkeit des ungarischen Statusgesetzes mit Art. 14 der EMRK ist somit nicht gegeben.

((d)) Zusammenfassung

Wegen der Akzessorietät von Art. 14 der EMRK muss das ungarische Statusgesetz für die Vereinbarkeit mit diesem mindestens ein anderes in Abschnitt I der EMRK verankertes Recht betreffen. Dass das Statusgesetz mit Art. 8 der EMRK in Einklang steht, widerspricht der Anforderung an die Betroffenheit nicht. Neben Art. 8 der EMRK wird durch das Statusgesetz zum Teil auch noch Art. 9 der EMRK tangiert. Darüber hinaus fällt das Statusgesetz auch in den personellen und territorialen Geltungsbereich des Art. 14 der EMRK. Ebenso wie sämtliche zuvor geprüften Regelungen des universellen Völkerrechts, die mit dem ungarischen Statusgesetz in Einklang gebracht werden sollten, scheitert die Vereinbarkeit des ungarischen Statusgesetzes mit dem Diskriminierungsverbot des Art. 14 der EMRK letztlich aber an dem Vorliegen einer Diskriminierung.
Das ungarische Statusgesetz ist daher auch mit Art. 14 der EMRK nicht zu vereinbaren.

(b) Art. 1 des 12. Zusatzprotokolls zur EMRK

Auch wenn das 12. ZP zur EMRK bei Abschluss dieser Arbeit immer noch nicht in Kraft getreten ist[645], so ist es dennoch – in der Hoffnung auf sein baldiges Inkrafttreten – auf seine Vereinbarkeit mit dem ungarischen Statusgesetz hin zu überprüfen. Neben Art. 14 der EMRK ist daher in Bezug auf das Prinzip der Nichtdiskriminierung auch Art. 1 des 12. ZP zur EMRK bedeutsam. Um einen besseren Überblick über die Regelung des Art. 1 des 12. ZP zu bekommen, soll dieser, bevor auf die Prüfung seiner Vereinbarkeit mit dem ungarischen Statusgesetz eingegangen wird, kurz dargestellt werden.

((1)) Darstellung des Art. 1 des 12. Zusatzprotokolls zur EMRK

Der Art. 1 I des 12. ZP zur EMRK bestimmt, dass der Genuss eines jeden auf Gesetz beruhenden Rechts ohne Diskriminierung insbesondere wegen des Geschlechts, der Rasse, der Hautfarbe, der Sprache, der Religion, der politischen oder sonstigen Anschauung, der nationalen oder sozialen Herkunft, der Zugehörigkeit zu einer nationalen Minderheit, des Vermögens, der Geburt oder eines sonstigen Status zu gewährleisten ist. Nach Absatz 2 des Art. 1 des Protokolls Nr. 12 zur EMRK darf niemand, insbesondere aus einem der in Absatz 1 genannten Gründe, von einer Behörde diskriminiert werden.

---

644) S.o. Kapitel III, B., II., 2., a., (1), (b), ((1)), ((b)), ((iv)), S. 155.
645) S.o. Kapitel III, A., II., 1., a., (2), S. 64.

Art. 1 des 12. ZP stellt im Rahmen dieses Protokolls den einzigen Artikel mit Substanz dar. Der einzige Unterschied zwischen Art. 1 des 12. ZP und dem Art. 14 der EMRK besteht in der Formulierung "eines jeden auf Gesetz beruhenden Rechts" bzw. "der in dieser Konvention anerkannten Rechte und Freiheiten".[646] Sowohl der Begriff der "Diskriminierung" in Art. 1 des Protokolls Nr. 12 ist in seiner Auslegung identisch mit dem in Art. 14 der EMRK als auch die verschiedenen Merkmale, die beispielhaft die Kriterien umschreiben, die grundsätzlich per se eine unterschiedliche Behandlung nicht rechtfertigen können, sind in Art. 1 des Protokolls Nr. 12 und in Art. 14 der EMRK identisch.[647] Letzteres liegt vor allem daran, dass einerseits die Liste der Diskriminierungsmerkmale sowieso nicht abschließend ist und dass andererseits die Aufnahme von neuen und partikulären Diskriminierungsmerkmalen mit der Argumentation "e contrario" zum ungewollten Ausschluss oder der Einschränkung anderer Merkmale führen könnte.[648] Dadurch, dass der Begriff der "Diskriminierung" in Art. 1 des 12. ZP und in Art. 14 der EMRK identisch ist, müssen auch die Interpretationen des Art. 14 der EMRK, die sich aus der Rechtsprechung des Gerichtshofes zu Art. 14 der EMRK ergeben haben, in Bezug auf den Art. 1 des Protokolls Nr. 12 Anwendung finden. Folglich liegt eine Diskriminierung im Sinne des Art. 1 des 12. ZP zur EMRK nicht vor, wenn eine objektive und vernünftige Rechtfertigung für eine unterschiedliche Behandlung besteht.[649] Dies kommt auch in Absatz 2 und Absatz 3 der Präambel des 12. ZP zum Ausdruck.[650]
Ähnlich wie in Art. 14 der EMRK wird auch in Art. 1 des Protokolls Nr. 12 explizit kein Recht auf "Gleichheit vor dem Gesetz" und auch kein Recht auf "gleichen Schutz durch das Gesetz" verankert. Dennoch verweist die Präambel des 12. ZP, die als eine Interpretationshilfe anzusehen ist[651], in ihrem ersten Absatz auf die Tatsache, dass alle Personen vor dem Gesetz gleich sind und dass sie ein Recht auf gleichen Schutz durch das Gesetz haben.[652] Diese aus Art. 26 des IPBPR in die Präambel des ZP übernommenen Begriffe tragen der Tatsache Rechnung, dass Art. 26 des IPBPR nachweislich einen wesentlichen Einfluss auf die Ausarbeitung dieses Protokolls gehabt hat.[653]

Der im Vergleich zu Art. 14 der EMRK erweiterte Anwendungsbereich des Art. 1 des 12. ZP zur EMRK umfasst Fälle, in denen eine Person diskriminiert wird (1) im Zusammenhang mit Rechten, die das nationale Recht zuerkennt; (2) im Zusammenhang mit Rechten, die sich aus einer deutlichen Verpflichtung einer Behörde ableiten lassen, wenn also das nationale Recht von einer Behörde verlangt, dass sie in einer gewissen Weise tätig wird; (3) im Zusammen-

---

646) Vgl. **St. Trechsel**, (s. Fn. 603), S. 122.

647) Explanatory Report on Protocol No. 12 to the Convention for the Protection of Human Rights and Fundamental Freedoms (ETS no. 177), Ziffer 18 und 20 , (aufzurufen unter der **Website des Europarates**: http://conventions.coe.int/treaty/en/Reports/Html/177.htm, besucht am 03.12.2003).

648) Vgl. **J. Schokkenbroek**, (s. Fn. 182), S. 186.

649) Explanatory Report on Protocol No. 12 to the Convention for the Protection of Human Rights and Fundamental Freedoms (ETS no. 177), (s. Fn. 647), Ziffer 16 und 18; **K. Myntti**, (s. Fn. 142), S. 216; **O. M. Arnardóttir**, (s. Fn. 182), Chapter 3, 3.2.1., S. 34.

650) Der Absatz 2 der Präambel des 12. ZP zur EMRK lautet: "Being resolved to take further steps to promote the equality of all persons through the collective enforcement of a general prohibition of discrimination by means of the Convention for the Protection of Human Rights and Fundamental Freedoms signed at Rome on 4 November 1950."
Der Absatz 3 der Präambel des 12. ZP zur EMRK lautet: "Reaffirming that the principle of non-discrimination does not prevent States Parties from taking measures in order to promote full and effective equality, provided that there is an objective and reasonable justification for those measures."

651) Vgl. **F. Buonomo**, (s. Fn. 183), S. 427.

652) Der Absatz 1 der Präambel des 12. ZP zur EMRK lautet: "Having regard to the fundamental principle according to which all persons are equal before the law and are entitled to the equal protection of the law."

653) Vgl. **E. Klein / F. Brinkmeier**, (s. Fn. 599), S. 102.

hang mit der Ermessensausübung einer Behörde, z.B. bei Zusprechung einer Unterstützung; und (4) im Zusammenhang mit irgendeinem anderen Tun oder Unterlassen einer Behörde.[654] Dabei wird es als unnötig befunden, genauer zu spezifizieren, welches dieser vier Elemente von Absatz 1 des Art. 1 und welches von Absatz 2 des Art. 1 des 12. ZP erfasst wird. Beide Absätze ergänzen sich nämlich.[655]

Festzustellen ist somit, dass Art. 1 des 12. ZP nur den Anwendungsbereich des Diskriminierungsverbots des Art. 14 der EMRK ausweitet, sonst aber keine grundlegenden Neuerungen bringt.

((2)) Anwendung auf das ungarische Statusgesetz

Das generelle und unabhängige Diskriminierungsverbot in Art. 1 des 12. ZP zur EMRK erweitert den Anwendungsbereich des Art. 14 der EMRK um die eben dargelegten vier Aspekte. Nachdem bereits ein Verstoß gegen Art. 14 der EMRK aufgrund des Vorliegens einer Diskriminierung bejaht wurde, stellt sich an dieser Stelle die Frage, ob das ungarische Statusgesetz mit dem Art. 1 des 12. ZP zur EMRK vereinbar sein kann, wenn schon ein Verstoß gegen Art. 14 der EMRK bewiesen worden ist, bzw. ob es einer Prüfung des Art. 1 des Protokolls Nr. 12 nach einem bereits bejahten Verstoß gegen Art. 14 der EMRK noch bedarf. Um diese Frage zu beantworten, muss zunächst das Verhältnis des Art. 1 des Protokolls Nr. 12 zu dem Art. 14 der EMRK und die allgemeine Bedeutung des Art. 1 des Protokolls Nr. 12 geklärt werden.

In Art. 3 des 12. ZP wird das Verhältnis zwischen dem Protokoll und der Konvention geregelt. Art. 3 des 12. ZP besagt nämlich, dass von den Vertragsstaaten die Bestimmungen der Art. 1 und 2 dieses 12. ZP als zusätzliche Artikel zur Konvention betrachtet werden sollen und dass alle Bestimmungen der Konvention entsprechend angewendet werden sollen.[656] Im Rahmen dieser Regelung des Art. 3 des 12. ZP ist allerdings Art. 53 der EMRK zu beachten, demzufolge die Konvention nicht so auszulegen ist, als beschränke oder beeinträchtige sie Menschenrechte und Grundfreiheiten, die in den Gesetzen einer Hohen Vertragspartei oder in einer anderen Übereinkunft, deren Vertragspartei sie ist, anerkannt werden. Es liegt auf der Hand, dass dieser Artikel Anwendung findet in Bezug auf die Beziehung zwischen dem 12. ZP und der Konvention.[657]
Für das Verhältnis von Art. 14 der EMRK und Art. 1 des Protokolls Nr. 12 gilt, dass Letzterer einen umfassenderen Anwendungsbereich hat als Art. 14 der EMRK. Als ein Artikel eines ZP ändert er aber weder Art. 14 der EMRK ab, noch setzt er ihn außer Kraft. Überwiegend wird daher angenommen, dass Art. 14 der EMRK vielmehr – trotz des Respekts der Vertragsstaa-

[654]) Explanatory Report on Protocol No. 12 to the Convention for the Protection of Human Rights and Fundamental Freedoms (ETS no. 177), (s. Fn. 647), Ziffer 22.

[655]) Explanatory Report on Protocol No. 12 to the Convention for the Protection of Human Rights and Fundamental Freedoms (ETS no. 177), (s. Fn. 647), Ziffer 23; **St. Trechsel**, (s. Fn. 603), S. 123.

[656]) Der Art. 3 des 12. ZP zur EMRK lautet: "As between the States Parties, the provisions of Articles 1 and 2 of this Protocol shall be regarded as additional articles to the Convention, and all the provisions of the Convention shall apply accordingly."

[657]) Vgl. Explanatory Report on Protocol No. 12 to the Convention for the Protection of Human Rights and Fundamental Freedoms (ETS no. 177), (s. Fn. 647), Ziffer 32.

ten vor diesem Protokoll – anwendbar bleibt.[658] Weitere Fragen, die die Überschneidung des Anwendungsbereiches des Art. 14 der EMRK mit dem des Art. 1 des 12. ZP betreffen, sollen gemäß Art. 32 der EMRK von dem Gerichtshof entschieden werden.[659]

Insgesamt stellt sich somit die Frage nach der Bedeutsamkeit des 12. ZP in Bezug auf das akzessorische Diskriminierungsverbot in Art. 14 der EMRK.
Auf der einen Seite ist der Anwendungsbereich des Art. 14 der EMRK bereits durch das Urteil des Gerichtshofes im "Belgischen Sprachenfall" erheblich ausgeweitet worden: Art. 14 der EMRK kann seitdem nicht nur dann verletzt sein, wenn keine Verletzung einer substantiellen Garantie, in deren Zusammenhang die Frage der Diskriminierung geprüft wird, vorliegt, sondern er gilt darüber hinaus auch dann, wenn es nicht mehr um ein von der Konvention gewährleistetes Recht geht, sondern um ein Recht im Umfeld dieser Garantie.[660] Aus diesem Urteil lässt sich schlussfolgern, dass die Verbindung des Art. 14 der EMRK zu den substantiellen Garantien der Konvention gar nicht so eng ist, wie man vermuten könnte. Dass dieses Urteil zu einer erheblichen Ausdehnung des Anwendungsbereiches des Art. 14 der EMRK geführt hat, wird auch durch das Urteil in dem Fall "Gaygusuz vs. Österreich" illustriert.[661] Dieses Urteil ist aus dem Grund von besonderem Interesse, da es eine Konstellation betrifft, die schon Jahre zuvor im Zusammenhang mit der Praxis des UN-Menschenrechtsausschusses diskutiert worden war. In den Entscheidungen vom 09. April 1987 ("S. W. M. Broeks vs. Niederlande" und "F. H. Zwaan-de Vries vs. Niederlande") hat der UN-Menschenrechtsausschuss nämlich eine weite Auslegung von Art. 26 des IPBPR getroffen, wonach der Gleichheitssatz auch auf Rechte anwendbar sei, die im Pakt nicht gewährleistet werden.[662] Diese Auslegung liegt in Bezug auf den unabhängigen (nicht akzessorischen) Art. 26 des IPBPR, der insoweit dem 12. ZP zur EMRK entspricht, nach dem Wortlaut auch nahe.[663] Mit dem Urteil in dem Fall "Gaygusuz vs. Österreich" hat der EuGMR somit schon lange vor dem Inkrafttreten des 12. ZP den Anwendungsbereich des Art. 14 der EMRK dem des Art. 26 des IPBPR angenähert, so dass die Bedeutung des generellen und unabhängi-

---

[658]) Vgl. Explanatory Report on Protocol No. 12 to the Convention for the Protection of Human Rights and Fundamental Freedoms (ETS no. 177), (s. Fn. 647), Ziffer 33; MM.: vgl. **St. Trechsel**, (s. Fn. 603), S. 124.

[659]) Vgl. Explanatory Report on Protocol No. 12 to the Convention for the Protection of Human Rights and Fundamental Freedoms (ETS no. 177), (s. Fn. 647), Ziffer 33.

[660]) Vgl. **EuGMR**, Urteil vom 23. Juli 1968 (**"Belgian Linguistic Case"**), Series A, Vol. 6, I. B. Ziffer 9 S. 34. Darin heißt es: "In such cases there would be a violation of a guaranteed right or freedom as it is proclaimed by the relevant Article read in conjunction with Article 14. It is as though the latter formed an integral part of each of the Articles laying down rights and freedoms. No distinction should be made in this respect according to the nature of these rights and freedoms and of their correlative obligations, and for instance as to whether the respect due to the right concerned implies positive action or mere abstention. This is, moreover, clearly shown by the very general nature of the terms employed in Article 14 "the enjoyment of the rights and freedoms set forth in this Convention shall be secured"."

[661]) Vgl. **EuGMR**, Urteil vom 16. September 1996 (**"Gaygusuz vs. Austria"**), Reports of Judgements and Decisions 1996-IV: In diesem Fall wird eine Verletzung von Art. 14 EMRK i.V.m. Art. 1 des 1. Zusatzprotokolls festgestellt, weil dem Beschwerdeführer als Ausländer eine Notstandshilfe aus dem Arbeitslosenversicherungsgesetz verweigert worden war, obgleich die Konvention darauf keinen Anspruch gibt.

[662]) Vgl. sowohl die Entscheidung **"S. W. M. Broeks vs. The Netherlands"** des **UN-Menschenrechtsausschusses** (Communication No. 172/1984) als auch die Entscheidung "F. H. Zwaan-de Vries vs. The Netherlands" des UN-Menschenrechtsausschusses (Communication No. 182/1984), in denen es beide Male in Ziffer 12.1 heißt: "(...). The Committee is of the view that the International Covenant on Civil and Political Rights would still apply even if a particular subject-matter is referred to or covered in other international instruments (...)."

[663]) Vgl. **St. Trechsel**, (s. Fn. 603), S. 126 f.

gen Diskriminierungsverbots in Art. 1 des 12. ZP demnach nicht zu hoch eingeschätzt werden sollte.
Demgegenüber bringt das Protokoll Nr. 12 zur EMRK zweifellos eine enorme Steigerung der Bedeutung des Gleichheitssatzes und damit der Kompetenz des Gerichtshofes. Es ist wohl kaum übertrieben zu behaupten, dass mit Inkrafttreten des 12. ZP dem Straßburger Gerichtshof tatsächlich die Funktion einer 4. Instanz übertragen wird, die aufgerufen ist, generell Ungerechtigkeiten nationaler Instanzen festzustellen. Jede unsachliche Entscheidung ist letztlich willkürlich und verletzt somit den Gleichheitssatz.
Da der Anwendungsbereich des allgemeinen Gleichheitssatzes nahezu uferlos ist und zudem in Bereiche führt, in denen Entscheidungen enorme politische Bedeutung haben können, stellt sich allerdings die Frage, ob der Straßburger Gerichtshof die politische Legitimation zu solchen Entscheidungen hat. Der Gerichtshof selbst weist außerdem darauf hin, dass er so schon kaum in Lage ist, mit der Beschwerdeflut zu Rande zu kommen. Es ist zwar schwer abzusehen, wie viel Mehrarbeit das 12. ZP mit sich bringen würde, vorausgesetzt es würde von einigen größeren Mitgliedsstaaten ratifiziert. Allein das Potential ist aber beeindruckend, so dass es sich eigentlich kaum verantworten ließe, den EuGMR in dieser Weise zu belasten.[664]
Zusammenfassend lässt sich somit feststellen, dass das 12. ZP, trotz der extremen Ausweitung des Anwendungsbereiches des Art. 14 der EMRK aufgrund der genannten Entscheidungen des Gerichtshofes, vor allem wegen der durch das 12. ZP hervorgerufenen Steigerung der Bedeutung des Gleichheitssatzes nicht unerheblich ist.
Da auf der einen Seite Art. 14 der EMRK neben dem Art. 1 des 12. ZP anwendbar bleibt und da auf der anderen Seite dieser Art. 1 des 12. ZP einen umfassenderen Anwendungsbereich als Art. 14 der EMRK besitzt, könnte man – solange das Verhältnis beider Artikel zueinander durch den Gerichtshof noch nicht abschließend geklärt ist – davon ausgehen, dass Art. 14 der EMRK eine Art "lex specialis" gegenüber dem Art. 1 des 12. ZP darstellt. Beide Artikel stellen nämlich ein Diskriminierungsverbot auf. Allerdings bezieht sich das akzessorische Diskriminierungsverbot des Art. 14 der EMRK "nur" auf die in der Konvention zugesicherten Rechte, das generelle Verbot des Art. 1 des 12. ZP verbietet Diskriminierungen im Allgemeinen. Unter die Diskriminierungen im Allgemeinen fallen demnach auch die bereits von Art. 14 der EMRK erfassten Diskriminierungen in Bezug auf die in der Konvention garantierten Rechte. Insofern ist es naheliegend, bei einem Verdacht auf das Vorliegen einer Diskriminierung zunächst einen Verstoß gegen Art. 14 der EMRK zu prüfen und nur in dem Fall, dass ein solcher nicht gegeben ist, einen Verstoß gegen Art. 1 des 12. ZP zu untersuchen. Ansonsten, d.h., wenn man bei einem Verdacht auf das Vorliegen einer Diskriminierung sofort einen Verstoß gegen Art. 1 des 12. ZP prüfen würde, würde Art. 14 der EMRK vollkommen überflüssig werden und für die Frage, ob in einem bestimmten Fall eine Diskriminierung vorliegt oder nicht, nicht mehr von Bedeutung sein. Gerade das soll aber den Ausführungen des "Explanatory Report" zufolge vermieden werden. Aus diesem Grund (und zum Erhalt der eigenständigen Bedeutung des Art. 14 der EMRK) erscheint es sinnvoll, bei einem Verdacht auf das Vorliegen einer Diskriminierung zunächst einen Verstoß gegen Art. 14 der EMRK zu untersuchen und nur in dem Fall, dass Art. 14 der EMRK aufgrund seines akzessorischen Charakters nicht einschlägig ist, auf den Art. 1 des Protokolls Nr. 12 zurückzugreifen. Auf diese Art wird man auch am ehesten der Stellung des generellen Diskriminierungsverbots – nämlich in dem 12. "Zusatzprotokoll" zur EMRK – gerecht.

Überträgt man diese Erkenntnisse auf den hier relevanten Fall der Vereinbarkeit des ungarischen Statusgesetzes mit dem Diskriminierungsverbot in Art. 1 des 12. ZP, so lässt sich an-

---

664) Vgl. **ders.**, S. 133 f.

führen, dass bereits ein Verstoß gegen Art. 14 der EMRK aufgrund des Vorliegens einer Diskriminierung bejaht worden ist. Damit man zu diesem Ergebnis kam, ist es als gegeben angesehen worden, dass von dem ungarischen Statusgesetz sowohl Art. 8 der EMRK als auch – zumindest teilweise – Art. 9 der EMRK betroffen werden.[665] Der von Art. 14 der EMRK geforderten Akzessorietät wurde demnach Genüge geleistet, so dass es einer zusätzlichen Prüfung der Vereinbarkeit des ungarischen Statusgesetzes mit dem Art. 1 des 12. ZP zur EMRK nicht mehr bedarf.

Da sowohl Art. 14 der EMRK als auch Art. 1 des 12. ZP ein Diskriminierungsverbot aufstellen, besteht nicht die Möglichkeit, dass ein Gesetz, dessen Verstoß gegen das bloß akzessorische und somit speziellere Diskriminierungsverbot in Art. 14 der EMRK bereits bejaht worden ist, mit dem allgemeinen Diskriminierungsverbot in Art. 1 des 12. ZP vereinbar ist.
Insofern führt der bereits bewiesene Verstoß des ungarischen Statusgesetzes gegen das in Art. 14 der EMRK verankerte Verbot der Diskriminierung nicht nur zu einer Unvereinbarkeit des Gesetzes mit diesem Artikel, sondern er zieht auch die Unvereinbarkeit des ungarischen Statusgesetzes mit dem Art. 1 des 12. ZP zur EMRK, der gegenüber dem Art. 14 der EMRK ein generelles Diskriminierungsverbot aufstellt und den Anwendungsbereich des Art. 14 der EMRK nicht nur umfasst, sondern ihn auch noch ausweitet, nach sich.

Das ungarische Statusgesetz ist folglich auch nicht mit dem allgemeinen, in Art. 1 des 12. ZP niedergelegten Verbot der Diskriminierung in Einklang zu bringen.

(c) Art. 4 des Rahmenübereinkommens zum Schutz nationaler Minderheiten

Bevor die Vereinbarkeit des ungarischen Statusgesetzes mit dem Art. 4 des Rahmenübereinkommens zum Schutz nationaler Minderheiten erörtert wird, sollen zunächst der Inhalt und die Bedeutung des betroffenen Artikels genauer dargestellt werden.

((1)) Darstellung des Art. 4 des Rahmenübereinkommens zum Schutz nationaler Minderheiten

Nach Absatz 1 des Art. 4 des Rahmenübereinkommens zum Schutz nationaler Minderheiten verpflichten sich die Vertragsparteien, jeder Person, die einer nationalen Minderheit angehört, das Recht auf Gleichheit vor dem Gesetz und auf gleichen Schutz durch das Gesetz zu gewährleisten. In dieser Hinsicht ist jede Diskriminierung aus Gründen der Zugehörigkeit zu einer nationalen Minderheit verboten. Nach Absatz 2 des Art. 4 der Rahmenkonvention verpflichten sich die Vertragsstaaten, erforderlichenfalls angemessene Maßnahmen zu ergreifen, um in allen Bereichen des wirtschaftlichen, sozialen, politischen und kulturellen Lebens die vollständige und tatsächliche Gleichheit zwischen den Angehörigen einer nationalen Minderheit und den Angehörigen der Mehrheit zu fördern. In dieser Hinsicht berücksichtigen sie in gebührender Weise die besonderen Bedingungen der Angehörigen nationalen Minderheiten. Absatz 3 des Art. 4 der Rahmenkonvention stellt klar, dass die in Übereinstimmung mit Absatz 2 ergriffenen Maßnahmen nicht als Diskriminierung angesehen werden.

---

[665]) S.o. Kapitel III, B., II., 2., b., (1), (a), ((2)), ((a)) und ((b)), S. 193 und 195.

In Art. 4 der Rahmenkonvention, der sich grundsätzlich an entsprechenden Bestimmungen früherer Dokumente orientiert[666], sind somit die für nationale Minderheiten so essentiellen Rechte des Gleichheitssatzes und des Diskriminierungsverbots normiert. Da sich die Vertragsparteien allerdings nur verpflichten, falls notwendig, gemäß dem Absatz 2 des Art. 4 der Rahmenkonvention angemessene Maßnahmen zu ergreifen, steht ihnen ein praktisch kaum überprüfbares Ermessen zu, ob und gegebenenfalls welche Förderungsmaßnahmen sie ergreifen möchten.[667]
Im Gegensatz zu anderen generellen Anti-Diskriminierungsvorschriften im internationalen Recht sind die aufgrund des Art. 4 II der Rahmenkonvention zu ergreifenden Maßnahmen weder in Bezug auf ihre Dauer noch in Bezug auf ihren Umfang durch einen speziellen Zusatz in diesem Artikel begrenzt.[668] Dies könnte zu der Schlussfolgerung führen, dass es nicht ausgeschlossen ist, dass die aus diesen Maßnahmen resultierenden Rechte permanent gelten.[669] Dagegen ist allerdings vorzubringen, dass durch das Erfordernis der Angemessenheit derartiger Maßnahmen auf das Verhältnismäßigkeitsprinzip Bezug genommen wird. Dadurch soll auf der einen Seite vermieden werden, dass diese Maßnahmen die Rechte anderer verletzen oder zu einer Diskriminierung anderer führen. Auf der anderen Seite dient das Verhältnismäßigkeitsprinzip der Kontrolle darüber, dass diese Maßnahmen weder von der Zeit, die sie andauern, noch von ihrem Umfang über das Maß hinausgehen, das notwendig ist, um das Ziel der vollständigen und tatsächlichen Gleichheit zwischen den Angehörigen der nationalen Minderheit und den Angehörigen der Mehrheit zu erreichen.[670] Daraus lässt sich schließen, dass Maßnahmen echter "positiver" Diskriminierung zugunsten von Angehörigen nationaler Minderheiten von der Rahmenkonvention nicht gedeckt sind, weil dadurch in Rechte anderer, d.h. der Angehörigen der Mehrheit, eingegriffen wird. Als zulässig könnte hingegen aber eine zumindest vorübergehende Bevorzugung der Angehörigen nationaler Minderheiten erachtet werden.[671]

((2)) Anwendung auf das ungarische Statusgesetz

Nach der Ansicht Ungarns bieten der Wortlaut der Rahmenkonvention und deren Ziele ausreichende Möglichkeiten, es den Ursprungsstaaten zu erlauben, eine derartige Gesetzgebung wie das ungarische Statusgesetz zu erlassen. Ungarn erklärt, dass gemäß dem Art. 4 des Übereinkommens und der Rechtsprechung des EuGMR das ungarische Statusgesetz lediglich drei Bedingungen erfüllen muss (Bestehen eines legitimen Ziels, eine objektive und mit einer Begründung zu rechtfertigende Maßnahme und die Verhältnismäßigkeit zwischen dem Ziel und der Maßnahme), damit die in ihm niedergelegten Maßnahmen im Einklang mit dem Rahmenübereinkommen stehen: Ein legitimes Ziel wird darin gesehen, dass das Gesetz dafür

---

666) Indem der Artikel die Ausdrücke "Gleichheit vor dem Gesetz" und "gleichen Schutz durch das Gesetz" verwendet, nimmt er auf das allgemeine und unabhängig Diskriminierungsverbot in Art. 26 IPBPR und die darauf basierende Rechtsprechung des UN-Menschenrechtsausschusses Bezug; vgl. **P. Thornberry**, (s. Fn. 185), S. 140.

667) **R. Hofmann**, (s. Fn. 167), S. 136.

668) Zum Vergleich ist auf Art. 1 IV und Art. 2 II der Anti-Rassendiskriminierungskonvention hinzuweisen, in der die den Minderheitenangehörigen zusätzlich zu gewährenden Maßnahmen nur bis zu dem Zeitpunkt aufrecht erhalten werden sollen, bis das Ziel, das mit ihnen angestrebt wurde, erreicht worden ist ("...these rights shall not be continued after the objectives for which they were taken have been achieved.").

669) Vgl. **P. Thornberry**, (s. Fn. 185), S. 140 f.

670) **Explanatory Report on the Framework Convention for the Protection of National Minorities**, (s. Fn. 192), Ziffer 39 und 41, S. 103 f.

671) Vgl. **R. Hofmann**, (s. Fn. 167), S. 136 (Fn. 46).

sorgen soll, angemessene Bedingungen für jede Person einer nationalen Minderheit zu schaffen, die dieser – inter alia – helfen sollen, ihre kulturelle und sprachliche Identität auszudrücken, zu bewahren und zu entwickeln. Als Maßnahme, die objektiv und mit einer Begründung zu rechtfertigen ist, wird die unterschiedliche Behandlung angesehen, die in dem Gesetz vorgesehen ist. Diese lässt sich damit begründen, dass sie dazu dient, das Ziel des Erhaltens der kulturellen und sprachlichen Identität der ungarischen Minderheit in den Nachbarstaaten Ungarns zu fördern. Die Verhältnismäßigkeit zwischen dem Ziel und der Maßnahme wird dadurch begründet, dass das ungarische Statusgesetz nicht die Mehrheit der Bevölkerung in den Aufenthaltsstaaten diskriminiert, da es die Möglichkeiten dieser zum Erhalt ihrer linguistisch-kulturellen Identität weder für nichtig erklärt noch beeinträchtigt.[672]

Dem ist allerdings entgegenzuhalten, dass die Regelungen des ungarischen Statusgesetzes, damit dieses Gesetz mit dem Art. 4 der Rahmenkonvention in Einklang zu bringen ist, überhaupt in den personellen und territorialen Anwendungsbereich des Übereinkommens fallen und darüber hinaus mit dem von Art. 4 der Konvention aufgestellten Gleichheitssatz und dem Grundsatz der Nichtdiskriminierung konform sein müssen.

Es ist bereits festgestellt worden, dass die Rahmenkonvention dem Schutz nationaler Minderheiten gewidmet ist, was darauf schließen lässt, dass sich ihr personeller Anwendungsbereich auf nationale Minderheiten bezieht. Was jedoch genau unter den Begriff der "nationalen Minderheit" zu fassen ist, lässt sich aus dem Übereinkommen nicht ermitteln, da es keine Definition einer "nationalen Minderheit" enthält. Die notwendige inhaltliche Bestimmung dieses Begriffs wird vielmehr der Praxis, vor allem dem Beratenden Ausschuss, überlassen.[673] Dieser Ausschuss zählt auf jeden Fall die sogenannten "alten Minderheiten" zu den durch die Rahmenkonvention zu schützenden Minderheiten. Dies lässt sich darauf zurückführen, dass sich in einigen Bestimmungen des Übereinkommens die Formulierung "in Gebieten, die von Angehörigen nationaler Minderheiten traditionell oder in beträchtlicher Zahl bewohnt werden" findet, die auf eine "alte Minderheit" schließen lässt. Bezüglich der sogenannten "neuen Minderheiten" ist noch keine verallgemeinerbare Regelung getroffen worden, sondern es wird von Fall zu Fall entschieden.[674]

Im Rahmen der Begriffsbestimmungen am Anfang dieser Arbeit ist sowohl in Bezug auf den Begriff der "Minderheit" als auch in Bezug auf den Begriff "national" versucht worden, deren Inhalt einigermaßen zu skizzieren. Dabei ist bereits festgestellt worden, dass es sich bei den durch das ungarische Statusgesetz betroffenen Minderheiten um sogenannte „alte Minderheiten" handelt.[675] Dadurch, dass es sich bei den Angehörigen der durch das ungarische Statusgesetz betroffenen Minderheiten um Staatsbürger der Nachbarländer Ungarns handelt, die dort ansässig sind, die mittlerweile, d.h. seit den politischen Veränderungen Anfang des 20. Jahrhunderts, auch langwährende, feste und dauerhafte Bindungen zu ihrem jeweiligen ungarischen Nachbarstaat unterhalten, die aufgrund ihrer Abstammung besondere ethnische, kulturelle, religiöse und sprachliche Merkmale aufweisen, die – wie die dargelegten Zahlen belegen[676] – auch ausreichend in diesen Ländern repräsentiert sind und die auch, vor allem in

672) S.o. Kapitel II, C., S. 40.
673) S.o. Kapitel III, A., II., 1., b., S. 66.
674) Vgl. **H. Klebes**, Einführung zu der Dokumentation "Rahmenübereinkommen des Europarates zum Schutz nationaler Minderheiten", in: Europäische Grundrechte Zeitschrift (EuGRZ), 1995, S. 262 – 285 (263); **R. Hofmann**, (s. Fn. 186), S. 254.
675) S.o. Kapitel I, A., I., S. 30.
676) S.o. Fußnote 17.

Hinblick auf den Erhalt eines Ungarnausweises und dem baldigen EU-Beitritt Ungarns – motiviert sind, gemeinschaftlich ihre gemeinsame Identität einschließlich ihrer Kultur, ihrer Tradition, ihrer Religion und ihrer Sprache zu erhalten, erfüllen sie die vom Europarat aufgestellten Kriterien einer "nationalen Minderheit".[677] Insofern kann man sagen, dass die Angehörigen der durch das ungarische Statusgesetz betroffenen Minderheiten als Angehörige einer nationalen Minderheit zu charakterisieren sind. Demnach fallen sie in den personellen Anwendungsbereich der Rahmenkonvention.

Der territoriale Anwendungsbereich der Rahmenkonvention bezieht sich gemäß des 11. Absatzes der Präambel und der Regelung des Art. 28 der Rahmenkonvention auf die Territorien der Mitgliedsstaaten des Europarates, die das Übereinkommen ratifiziert haben, und auf die Territorien der Länder, die zwar dem Europarat nicht angehören, trotzdem aber gemäß Art. 29 dem Rahmenübereinkommen beigetreten sind. Es ist bereits dargelegt worden, dass alle in diesem Fall betroffenen Nachbarstaaten Ungarns sowie Ungarn selbst die Rahmenkonvention ratifiziert haben.[678] Ihr territorialer Anwendungsbereich erstreckt sich somit auf die durch das ungarische Statusgesetz betroffenen Länder.

Allerdings ergibt sich sowohl aus dem Absatz 8 der Präambel der Rahmenkonvention (aus der Formulierung "...grenzüberschreitender Zusammenarbeit zwischen lokalen und regionalen Gebietskörperschaften unter Achtung der Verfassung und der territorialen Unversehrtheit eines jeden Staates...") als auch aus Art. 21 des Übereinkommens, dass die Staaten ihrer Verpflichtung zum Schutz nationaler Minderheiten, die sie als Vertragsstaaten der Rahmenkonvention eingehen, nur im Rahmen des Prinzips der territorialen Staatensouveränität, d.h. unter Einhaltung der Grundsätze der souveränen Gleichheit, der territorialen Unversehrtheit und der politischen Unabhängigkeit der Staaten nachgehen sollen. Wegen der Einflussnahme der Bestimmungen der Präambel auf die Auslegung der Vorschriften eines Gesetzes[679] als auch wegen der Bezugnahme des Art. 21 des Übereinkommens auf alle Vorschriften der Rahmenkonvention[680] bedeutet dies, dass sich im Rahmen dieses Übereinkommens die Einhaltung des Prinzips der territorialen Staatensouveränität auch auf das in Art. 4 des Übereinkommens verankerte Diskriminierungsverbot auswirkt. Demnach bezieht sich die Verpflichtung der Vertragsstaaten, jeder Person, die einer nationalen Minderheit angehört, das Recht auf Gleichheit vor dem Gesetz und auf gleichen Schutz durch das Gesetz zu gewährleisten, nur auf die Angehörigen einer nationalen Minderheit, die in dem betroffenen Staat selbst leben. Davon ausgenommen sind allerdings Handlungen im Rahmen einer erlaubten positiven Diskriminierung[681] oder – wie von der Venedig-Kommission gebilligt[682] – Handlungen, die nur die Bereiche der Bildung und Kultur betreffen. Derartige Handlungen dürften auch in Bezug auf Minderheiten vorgenommen werden, die in einem anderen Staat ansässig sind.

Aus diesen Erörterungen ist zu schlussfolgern, dass das ungarische Statusgesetz nicht lediglich – wie Ungarn behauptet – die drei bereits aufgeführten Kriterien erfüllen muss, um mit dem Art. 4 der Rahmenkonvention vereinbar zu sein. Bevor genauer auf die von Ungarn erwähnten Kriterien eingegangen werden kann, müssen zunächst die eben dargelegten zusätzli-

---

677) S.o. Kapitel I, A., II., S. 30.
678) S.o. Kapitel III, A., II., 1., b., S. 65.
679) S.o. Kapitel III, B., II., 2., a., (9), (b), S. 180.
680) Für den Wortlaut des Art. 21 des Rahmenübereinkommens: s.o. Kapitel III, B., I., 2., a., (1), S. 104.
681) S.o. Kapitel III, B., II., 1., c., S. 135.
682) S.o. Kapitel III, B., II., 1., d., S. 136.

chen Erfordernisse in Bezug auf den territorialen Anwendungsbereich der Rahmenkonvention vom ungarischen Statusgesetz eingehalten werden.

Wie bereits ausführlich dargestellt, beziehen sich die Vergünstigungen, die den nationalen Minderheiten aufgrund des ungarischen Statusgesetzes gewährt werden und dem Schutz ihrer Identität dienen sollen, lediglich auf die nationalen ungarischen Minderheiten in den an Ungarn angrenzenden Staaten und nicht auf die in Ungarn selbst lebenden nationalen Minderheiten anderer Staaten.[683] Da sich diese Vergünstigungen aber – trotz der Tatsache, dass sie nur die Bildung und die Kultur betreffen[684] – nicht als erlaubte positive Diskriminierungen charakterisieren lassen[685], lässt sich die auf dem ungarischen Statusgesetz basierende Gewährung der Vergünstigungen auf dem Staatsgebiet der an Ungarn angrenzenden Länder aufgrund des Einflusses des Absatzes 8 der Präambel und des Art. 21 des Übereinkommens auf den Art. 4 des Rahmenübereinkommens durch diesen nicht rechtfertigen. Zudem ist bereits die Unvereinbarkeit des ungarischen Statusgesetzes mit dem Art. 21 des Übereinkommens im Rahmen der Prüfung der Vereinbarkeit mit dem Prinzip der territorialen Staatensouveränität verneint worden.[686] Insofern bewirkt der Verstoß des ungarischen Statusgesetzes gegen das Prinzip der territorialen Staatensouveränität und somit gegen die Grundsätze der souveränen Gleichheit, der territorialen Unversehrtheit und der politischen Unabhängigkeit der Staaten in Bezug auf die Prüfung seiner Vereinbarkeit mit dem dem Prinzip der Nichtdiskriminierung zuzuordnendem Art. 4 des Rahmenübereinkommens, dass sich die auf Ungarn und seine Nachbarstaaten beziehenden Bestimmungen des Statusgesetzes zwar in den territorialen Anwendungsbereich des Rahmenübereinkommens fallen, allerdings mit dem sich auch auf den Art. 4 des Übereinkommens beziehenden Absatz 8 der Präambel und Art. 21 des Übereinkommens nicht zu vereinbaren sind.

Aus diesem Grund scheitert die Prüfung der Vereinbarkeit des ungarischen Statusgesetzes mit dem Art. 4 des Übereinkommens im Rahmen des Prinzips der Nichtdiskriminierung an dem zuvor bereits festgestellten Verstoß des Statusgesetzes gegen das Prinzip der territorialen Staatensouveränität. Demzufolge erübrigt sich im Weiteren auch die Prüfung, ob die aufgrund des ungarischen Statusgesetzes gewährten Vergünstigungen eine Diskriminierung einer nationalen Minderheit im Sinne des Art. 4 des Rahmenübereinkommens darstellen bzw. ob die von Ungarn angeführten drei Kriterien vom ungarischen Statusgesetz erfüllt werden.

Das ungarische Statusgesetz ist daher auch mit dem in Art. 4 der Rahmenkonvention zum Schutz nationaler Minderheit niedergelegten Verbot der Diskriminierung nationaler Minderheiten nicht zu vereinbaren.

(d) Europäische Charta der Regional- und Minderheitensprachen

Im Gegensatz zu allen bisher im Rahmen des Prinzips der Nichtsdiskriminierung untersuchten Bestimmungen beinhaltet die Europäische Charta der Regional- und Minderheitensprachen keine separate Regelung, die ein Verbot der Diskriminierung aufstellt. Dieses ist vielmehr in Absatz 2 des Art. 7 der Charta enthalten, der die Ziele und Grundsätze der Charta festlegt.

---

683) S.o. Kapitel II, A. S. 36.
684) S.o. Kapitel III, B., I., 1., a., (2), S. 92.
685) S.o. Kapitel III, B., II., 2., a., (1), (b), ((1)), ((b)), ((iii)), S. 152.
686) S.o. Kapitel III, B., I., 2., a., (1), S. 105.

In Art. 7 Absatz 2 der Charta heißt es, dass die Vertragsparteien sich verpflichten, sofern dies noch nicht geschehen ist, jede ungerechtfertigte Unterscheidung, Ausschließung, Einschränkung oder Bevorzugung zu beseitigen, welche die Benutzung einer Regional- oder Minderheitensprache betrifft und darauf gerichtet ist, die Beibehaltung oder Entwicklung einer Regional- oder Minderheitensprache zu unterdrücken oder zu gefährden. Die Annahme besonderer Maßnahmen zugunsten der Regional- oder Minderheitensprachen, welche die Gleichberechtigung zwischen den Benutzern dieser Sprachen und der übrigen Bevölkerung fördern sollen oder welche ihre besondere Lage gebührend berücksichtigen, gilt nicht als diskriminierende Handlung gegenüber den Benutzern weiter verbreiteter Sprachen.

Einerseits ist festzustellen, dass diese Bestimmung der Ziele und Grundsätze nur eine sehr vage Formulierung des Verbots der Diskriminierung enthält. Als den Zielen und Grundsätzen zugehörige Bestimmung hat das Diskriminierungsverbot trotz seiner relativen Unbestimmtheit aber dennoch Auswirkungen auf alle weiteren Vorschriften der Charta. Die Ziel- bzw. Grundsatzbestimmungen müssen nämlich bei der Umsetzung aller anderen Vorschriften der Charta beachtet werden. Dies bedeutet, dass das Diskriminierungsverbot bei allen Maßnahmen, die die Vertragsstaaten zur Förderung der Benutzung von Regional- oder Minderheitensprachen im öffentlichen Leben im Einklang mit den nach Art. 2 II der Charta eingegangenen Verpflichtungen gemäß der Art. 8 – 14 der Charta treffen, zu beachten ist.
Auf der anderen Seite ist das in Art. 7 II der Charta enthaltene Verbot der Diskriminierung – wie auch die ganze Charta – nur auf die Benutzung von durch die Vertragsstaaten anerkannten Regional- und Minderheitensprachen begrenzt.

In Bezug auf die Vereinbarkeit des ungarischen Statusgesetzes mit der Europäischen Charta der Regional- und Minderheitensprachen im Hinblick auf das Prinzip der Nichtdiskriminierung führt die Einbindung des Diskriminierungsverbots in den die Ziele und Grundsätze der Charta enthaltenden Art. 7 zu folgenden Erkenntnissen: Auch wenn sämtliche Regelungen der Charta mit dem vagen Diskriminierungsverbot des Art. 7 II der Charta vereinbar sein müssen, handelt es sich bei diesen Regelungen nur um sprachenrechtliche Bestimmungen. Zwar wird der Schutz der ungarischen Muttersprache bzw. die Unterstützung aller die ungarische Sprache fördernden oder wahrenden Tätigkeiten an mehreren Stellen des ungarischen Statusgesetzes hervorgehoben (Art. 13, 14 (1) – (3), 17 (1) c), 18 (2) b) des ungarischen Statusgesetzes), doch stellt dieser Schutz bzw. diese Unterstützung der ungarischen Sprache nur einen relativ kleinen Punkt dar, der durch dieses Gesetz geregelt werden soll. Da das Gesetz als Ganzes einen weit über bloß sprachenrechtliche Regelungen hinausgehenden Anwendungsbereich hat, kann es daher nicht durch die rein sprachenrechtliche Bestimmungen enthaltende Minderheitensprachencharta und dem nur auf diese Bestimmungen bezogenen Diskriminierungsverbot des Art. 7 II der Charta gerechtfertigt werden.

(e) Zusammenfassung

Zusammenfassend lässt sich in Bezug auf die Vereinbarkeit des ungarischen Statusgesetzes mit den Regelungen des Europarates, die sich mit dem Verbot der Diskriminierung beschäftigen (Art. 14 der EMRK, Art. 1 des 12. ZP zur EMRK, Art. 4 des Rahmenübereinkommens zum Schutz nationaler Minderheiten und der Europäischen Charta der Regional- und Minderheitensprachen), feststellen, dass eine solche in allen aufgezählten Fällen nicht als gegeben angesehen werden kann.

(2) OSZE / KSZE

Von den von der OSZE / KSZE erlassenen Dokumenten sind neben den Punkten 5.7, 5.9, 25.4, 31, 32.4, 33, 36, 40.1 und 40.2 des Kopenhagener Abschlussdokuments über die menschliche Dimension der KSZE in Bezug auf die Vereinbarkeit des ungarischen Statusgesetzes mit dem Prinzip der Nichtdiskriminierung auch die Errungenschaften des OSZE – Hochkommissars für nationale Minderheiten von Bedeutung.

(a) Regelungen des Kopenhagener Abschlussdokuments über die menschliche Dimension der KSZE

Die in Bezug auf das Diskriminierungsverbot relevanten Vorschriften des Kopenhagener Abschlussdokuments (die Punkte 5.7, 5.9, 25.4, und die dem Kapitel IV über nationale Minderheiten angehörigen Punkte 31, 32.4, 33, 36, 40.1 und 40.2) sollen im Folgenden einzeln auf ihre Vereinbarkeit mit den Regelungen des ungarischen Statusgesetzes hin überprüft werden.

((1)) Punkte 5.7 und 5.9 des Kopenhagener Abschlussdokuments

In Punkt 5 des Abschlussdokuments erklären die Teilnehmerstaaten feierlich, dass unter den Elementen, die die Gerechtigkeit ausmachen, die folgenden wesentlich für den umfassenden Ausdruck der dem Menschen innewohnenden Würde und der für alle Menschen gleichen und unveräußerlichen Rechte sind: Gemäß dem Unterpunkt 5.7 des Abschlussdokuments sind die Menschenrechte und Grundfreiheiten durch Gesetz und in Einklang mit den völkerrechtlichen Verpflichtungen der Teilnehmerstaaten zu gewährleisten. Gemäß dem Unterpunkt 5.9 des Abschlussdokuments sind alle Menschen vor dem Gesetz gleich und haben ohne Diskriminierung Anspruch auf gleichen Schutz durch das Gesetz. In diesem Zusammenhang wird das Gesetz jede Diskriminierung untersagen und jedermann gleichen und wirkungsvollen Schutz gegen Diskriminierung gleich welcher Art angedeihen lassen.

Der Punkt 5 des Abschlussdokuments befindet sich im Kapitel I des Abschlussdokuments, das eine Ansammlung von äußerst detaillierten Bestimmungen in Bezug auf die Rechtsstaatlichkeit und dem ihr innewohnenden Element der Demokratie enthält. Diese Bestimmungen beinhalten die Elemente, die für demokratische Gesellschaften, die auf der Rechtsstaatlichkeit basieren, als grundlegend anerkannt werden.[687]

Den nationalen Minderheiten ist – wie bereits dargestellt[688] – mit dem Kapitel IV ein eigenes Kapitel in dem Abschlussdokument gewidmet worden, in dem auch ausführlich auf das Diskriminierungsverbot in Bezug auf die nationalen Minderheiten eingegangen wird. Im Gegensatz zu den in Kapitel IV enthaltenen Bestimmungen (s.u.) sind die in Punkt 5 des Dokuments niedergelegten Regelungen eher allgemein gehalten. Punkt 5 des Dokuments stellt demnach generelle Grundsätze auf, die für die Gerechtigkeit in einem Staat maßgeblich sind.

---

[687]) **A. Bloed**, (s. Fn. 216), S. 60.
[688]) S.o. Kapitel III, A., II., 2., a., S. 72.

Das ungarische Statusgesetz bezieht sich auf die nationalen ungarischen Minderheiten in den an Ungarn angrenzenden Ländern.[689] Insofern sind die Regelungen aus Kapitel IV des Abschlussdokumentes, die die nationalen Minderheiten betreffen, in Bezug auf das ungarische Statusgesetz vom Thema her einschlägig. Da es sich bei diesen Regelungen u.a. auch um das Verbot der Diskriminierung nationaler Minderheiten handelt, stellen die Vorschriften aus Kapitel IV des Abschlussdokuments im Vergleich zu den des Kapitels I dieses Dokuments die spezielleren Bestimmungen bezogen auf nationale Minderheiten dar. Da – ebenso wie im deutschen Recht[690] – die spezielleren Bestimmungen vor den allgemeineren zu prüfen sind, sind in Bezug auf die Vereinbarkeit des ungarischen Statusgesetzes mit dem Kopenhagener Abschlussdokument über die Menschliche Dimension der KSZE im Hinblick auf das Verbot der Diskriminierung die Regelungen des Kapitels IV dieses Dokuments vorrangig zu prüfen.

Eine genaue Erörterung der Vereinbarkeit des ungarischen Statusgesetzes mit den Punkten 5.7 und 5.9 des Kopenhagener Abschlussdokuments muss daher zunächst aufgrund der Tatsache, dass es sich bei diesen Bestimmungen um allgemeine Grundsätze handelt, im Vergleich zu denen die in Bezug auf die nationalen Minderheiten spezielleren Vorschriften in Kapitel IV des Abschlussdokuments vorrangig zu prüfen sind, zurückgestellt werden. Nur im Falle der Unvereinbarkeit des ungarischen Statusgesetzes mit den in Bezug auf nationale Minderheiten spezielleren Vorschriften des Kapitels IV wäre die Prüfung der Vereinbarkeit des Statusgesetzes mit den allgemeineren Punkten 5.7 und 5.9 des Abschlussdokuments von Bedeutung.

((2)) **Punkt 25.4 des Kopenhagener Abschlussdokuments**

In Punkt 25 des Kopenhagener Abschlussdokuments bestätigen die Teilnehmerstaaten, dass jede Außerkraftsetzung von Verpflichtungen, die die Menschenrechte und Grundfreiheiten betreffen, während eines öffentlichen Notstandes streng im Rahmen der vom Völkerrecht, vor allem in den einschlägigen internationalen Dokumenten, an die sie gebunden sind, vorgesehenen Grenzen bleiben muss, insbesondere im Hinblick auf Rechte, die nicht außer Kraft gesetzt werden können. In dem Unterpunkt 25.4 dieses Dokuments bekräftigen sie ferner, dass solche Maßnahmen eine Diskriminierung allein aufgrund der Rasse, der Hautfarbe, des Geschlechts, der Sprache, der Religion, der sozialen Herkunft oder der Zugehörigkeit zu einer Minderheit ausschließen werden.

Der Unterpunkt 25.4 des Abschlussdokuments geht in seiner Formulierung auf die mit ihm übereinstimmende Klausel des Art. 4 I des IPBPR zurück, wobei in Punkt 25.4 des Abschlussdokuments allerdings noch das Kriterium der "Zugehörigkeit zu einer Minderheit" hinzugefügt wurde. Diese Ergänzung wurde wegen der Probleme in Bezug auf die Behandlung von Minderheiten in zahlreichen KSZE-Staaten von Europa begrüßt.[691]
Inhaltlich betrifft der Punkt 25.4 des Abschlussdokuments zwar das Verbot der Diskriminierung, jedoch ist der Punkt 25.4 dieses Dokuments auf die Situation eines öffentlichen Notstandes bezogen.

Festzustellen ist, dass durch das ungarische Statusgesetz keine Situation eines öffentlichen Notstandes erfasst wird. Somit wurde es auch bei der Prüfung der Vereinbarkeit des ungari-

---

689) S.o. Kapitel II, A., S. 36.
690) **B. Pieroth / B. Schlink**, (s. Fn. 471), § 6, V., 2., a), Rn. 339.
691) **A. Bloed**, (s. Fn. 216), S. 65.

schen Statusgesetzes mit den Vorschriften des IPBPR im Hinblick auf das Prinzip der Nichtdiskriminierung nicht für notwendig erachtet, auf die mit dem Punkt 25.4 des Abschlussdokument vergleichbare Regelung des Art. 4 I des IPBPR einzugehen. Aus diesem Grund erübrigt sich auch eine nähere Betrachtung des Punktes 25.4 des Abschlussdokuments. Denn auch dieser ist für die hier relevante Prüfung der Vereinbarkeit des ungarischen Statusgesetzes mit den Bestimmungen des Kopenhagener Abschlussdokuments im Hinblick auf das Diskriminierungsverbot thematisch nicht einschlägig.

((3)) Kapitel IV des Kopenhagener Abschlussdokuments

Das den nationalen Minderheiten gewidmete Kapitel IV des Kopenhagener Abschlussdokuments erstreckt sich über elf Punkte (von Punkt 30 bis einschließlich Punkt 40 des Abschlussdokuments), die sich in unterschiedlichem Ausmaß mit Fragen nationaler Minderheiten beschäftigen. Punkt 30 des Abschlussdokuments gleicht dabei dem Stil einer Präambel, da er keine Verpflichtungs- oder Gewährleistungserklärung der Teilnehmerstaaten, sondern vielmehr deren gemeinsame Anerkennung zum Bereich des Minderheitenschutzes enthält.[692] Dadurch, dass die Teilnehmerstaaten in dem ersten Absatz von Punkt 30 des Abschlussdokuments den Beitrag, den Demokratie und Rechtsstaatlichkeit zur Minderheitenproblematik leisten, unterstreichen, stellen sie eine Verbindung zwischen der Staatsform und der Minderheitenproblematik her. Sie geben zu verstehen, dass sowohl die demokratische Staatsform als auch die Ausgestaltung eines Staates als Rechtsstaat einen entscheidenden Beitrag zur Lösung der Minderheitenproblematik leisten können.[693] Denn die demokratische Staatsform allein bietet noch keine Gewähr für einen wirksamen Minderheitenschutz. Zwar lässt auch eine dem Pluralismus verpflichtete Demokratie den Minderheiten Entfaltungsräume.[694] Dennoch bietet die demokratische Staatsform nicht zugleich auch die Sicherheit dafür, dass nicht mittels Mehrheitsentscheidung nach wie vor legitime Bedürfnisse von Minderheiten ignoriert werden.[695] Von weitaus größerer Bedeutung ist daher die Ausrichtung als Rechtsstaat. Nur in einem rechtsstaatlichen Rahmen und bei voller Achtung der Menschenrechte und Grundfreiheiten besteht nämlich die Aussicht, dass die mit der nationalen, ethnischen, religiösen oder

---

[692]) Punkt 30 des Kopenhagener Abschlussdokuments lautet: "Die Teilnehmerstaaten erkennen an, dass die Fragen der nationalen Minderheiten nur in einem demokratischen politischen Rahmen, der auf Rechtsstaatlichkeit beruht, und bei einem funktionierenden unabhängigen Gerichtswesen zufriedenstellend gelöst werden können. Dieser Rahmen gewährleistet die volle Achtung der Menschenrechte und Grundfreiheiten, die Gleichberechtigung und Gleichstellung aller Bürger, den freien Ausdruck all ihrer legitimen Interessen und Bestrebungen, den politischen Pluralismus, soziale Toleranz und die Verwirklichung der gesetzlichen Regeln, die wirksame Mittel gegen den Missbrauch der Regierungsgewalt bieten.
Sie erkennen ebenso die bedeutende Rolle nichtstaatlicher Organisationen an, und zwar einschließlich politischer Parteien, Gewerkschaften, Menschenrechtsorganisationen und religiöser Gruppen, bei der Förderung von Toleranz, kultureller Vielfalt und der Lösung von Fragen betreffend nationale Minderheiten.
Sie bekräftigen ferner, dass die Achtung der Rechte von Angehörigen nationaler Minderheiten als Teil der international anerkannten Menschenrechte ein wesentlicher Faktor für Friede, Gerechtigkeit, Stabilität und Demokratie in den Teilnehmerstaaten ist."

[693]) Vgl. **C. Riepe**, (s. Fn. 326), II. Kapitel, 3., S. 83.

[694]) Vgl. **K. Hailbronner**, (s. Fn. 329), S. 48.

[695]) Vgl. **Th. Veiter**, "Nationalitätenkonflikt und Volksgruppenrecht im ausgehenden 20. Jahrhundert – Die Entwicklung des ethnischen Konflikts / Rechtsprobleme im ausgehenden zwanzigsten Jahrhundert / Schlußfolgerungen", 2. Auflage, 1984, Zweiter Teil, VI., 2., c), S. 229 ff; **K. Hailbronner**, (s. Fn. 329), S. 48;

sprachlichen Andersartigkeit verbundene Gruppenabgrenzung nicht in Intoleranz und Unterdrückung ausartet.[696]

Unter Berücksichtigung dieser grundlegenden Erwägungen sollen im Folgenden die in Bezug auf die Vereinbarkeit des ungarischen Statusgesetzes mit den Bestimmungen des Kapitels IV des Kopenhagener Abschlussdokuments im Hinblick auf die für das Verbot der Diskriminierung relevanten Bestimmungen (Punkte 31, 32.4, 33, 36, 40.1 und 40.2 des Abschlussdokuments) näher untersucht werden.

((a)) Punkt 31 des Kopenhagener Abschlussdokuments

In Punkt 31 des Kopenhagener Abschlussdokuments wird festgelegt, dass Angehörige nationaler Minderheiten das Recht haben, ihre Menschenrechte und Grundfreiheiten ohne jegliche Diskriminierung und in voller Gleichheit vor dem Gesetz voll und wirksam auszuüben. Die Teilnehmerstaaten werden, wo dies erforderlich ist, besondere Maßnahmen ergreifen, um die volle Gleichheit von Angehörigen nationaler Minderheiten mit anderen Bürgern bei der Ausübung und dem Genuss der Menschenrechte und Grundfreiheiten zu gewährleisten.
Der erste Satz des Punktes 31 des Abschlussdokuments befasst sich mit dem Aspekt der Nichtdiskriminierung. Bereits in früheren KSZE-Dokumenten wurde den Minderheitenangehörigen die Möglichkeit gewährt, ihre Menschenrechte und Grundfreiheiten ohne jegliche Diskriminierung auszuüben.[697] Im Vergleich zu diesen Dokumenten geht der Punkt 31 des Kopenhagener Abschlussdokuments aber noch einen Schritt weiter. Was zuvor als Unterlassungsverpflichtung der Teilnehmerstaaten ausgestaltet war, wird nunmehr als "Recht" der Minderheitenangehörigen formuliert.[698]
Im Gegensatz zu Punkt 19 Satz 2 des Wiener KSZE-Dokuments[699], an den der zweite Satz des Punktes 31 des Kopenhagener Abschlussdokuments anknüpft, erklären die Teilnehmerstaaten in Letzterem, dass sie zur Gewährleistung der völligen Gleichheit "besondere Maßnahmen" ergreifen werden. Hierdurch verpflichten sie sich zu sogenannten "Maßnahmen positiver Diskriminierung".[700] Als Grundlage dieser Regelung dienten die Art. 2 II und Art. 1 I

---

696) Vgl. **C. Riepe**, (s. Fn. 326), II. Kapitel, 3., S. 88.

697) Vgl. Punkt 18 (Satz 3) des Wiener KSZE-Dokuments, der lautet: "Die Teilnehmerstaaten werden sich unablässig darum bemühen, die Bestimmungen der Schlussakte und des Abschließenden Dokuments von Madrid im Hinblick auf nationale Minderheiten durchzuführen. Sie werden alle notwendigen gesetzlichen, administrativen, gerichtlichen und sonstigen Maßnahmen ergreifen und die einschlägigen internationalen Dokumente, durch die sie gebunden sind, anwenden, um den Schutz der Menschenrechte und Grundfreiheiten von Angehörigen nationaler Minderheiten auf ihrem Territorium zu gewährleisten. Sie werden sich jeglicher Diskriminierung dieser Personen enthalten und zur Verwirklichung ihrer legitimen Interessen und Bestrebungen im Bereich der Menschenrechte und Grundfreiheiten beitragen."

698) **Ch. Sticher**, "Europa als Rechts- und Friedensverbund – Sicherung der Grund- und Menschenrechte – ein Weg europäischer Einigung", in: Humanitäres Völkerrecht, Heft 3 / 4, Juli / Dezember 1990, S. 159 – 167 (165).

699) Punkt 19 (Satz 2) des Wiener KSZE-Dokuments lautet: "Sie werden die ethnische, kulturelle, sprachliche und religiöse Identität nationaler Minderheiten auf ihrem Territorium schützen und Bedingungen für die Förderung dieser Identität schaffen. Sie werden die freie Ausübung der Rechte durch Angehörige solcher Minderheiten achten und ihre völlige Gleichstellung mit anderen gewährleisten."

700) **J. Helgesen**, "Protecting Minorities in the Conference on Security and Co-operation (CSCE) Process", in: A. Rosas / J. Helgesen (Hrsg.), "The strength of Diversity – Human Rights and Pluralist Democracy", 1992, S. 159 – 186 (173).

der Anti-Rassendiskriminierungskonvention.[701] Im Unterschied zum Kopenhagener Dokument sehen die entsprechenden Vorschriften der Anti-Rassendiskriminierungskonvention jedoch vor, dass Maßnahmen der positiven Diskriminierung beendet werden müssen, wenn die angestrebten Ziele erreicht sind, mithin dann, wenn die Minderheitenangehörigen den Angehörigen der Mehrheit gleichgestellt sind. Die Anti-Rassendiskriminierungskonvention beruht somit auf dem Gedanken, dass Angehörige nationaler Minderheiten nicht besser, aber auch nicht schlechter gestellt werden sollen als die jeweiligen Mehrheitsangehörigen. Eine solche Beschränkung sieht der zweite Satz des Punktes 31 des Kopenhagener Abschlussdokuments nicht vor. Es liegt vielmehr im Ermessen der Teilnehmerstaaten, den Minderheitenangehörigen auch über die Grenzen der völligen Gleichstellung hinaus "zusätzliche Maßnahmen" zu gewähren, etwa deshalb, weil ihnen eine solche Sonderbehandlung politisch günstig erscheint. Beschränkt werden diese aufgrund des zweiten Satzes des Punktes 31 des Abschlussdokuments zu gewährenden "Maßnahmen positiver Diskriminierung" durch die Tatsache, dass sie nur dort gewährt werden, "wo dies erforderlich" ist. Die Entscheidung hierüber liegt wiederum im Ermessen der Teilnehmerstaaten.[702]

Bezogen auf die Vereinbarkeit des ungarischen Statusgesetzes mit dem Punkt 31 des Kopenhagener Abschlussdokuments im Hinblick auf das Prinzip der Nichtdiskriminierung lassen sich folgende Schlussfolgerungen ziehen:
Durch den Begriff der "Gleichheit vor dem Gesetz" wird – wie auch schon bei Art. 55 c) der UN-Charta, Art. 2 I des IPBPR und Art. 14 der EMRK – eine klare rechtliche Verpflichtung begründet, die nur noch auf die Umsetzung wartet. Diese soll durch die gleiche Anwendung der bestehenden Gesetze auf alle Rechtsunterworfenen geschaffen werden. Da sich diese Gleichheit vor dem Gesetz an die Vollziehung richtet, wird auch in diesem Fall die Umsetzung des ungarischen Statusgesetzes betroffen.
Bei der Prüfung des Vorliegens einer Diskriminierung ist eine solche als gegeben angesehen worden, da es sich bei der Ungleichbehandlung aufgrund des ungarischen Statusgesetzes nicht um eine positive Diskriminierung handelte. Dies basierte vor allem auf dem Fehlen einer zeitlichen Begrenzung der Geltungsdauer des ungarischen Statusgesetzes, wodurch das für das Vorliegen einer positiven Diskriminierung erforderliche Kriterium der bloß zeitweiligen Natur der Maßnahmen nicht erfüllt war.[703] Da dieses Kriterium im Rahmen des Punktes 31 des Kopenhagener Abschlussdokuments aber keine Rolle spielt, könnten die den Angehörigen der nationalen ungarischen Minderheit in den an Ungarn angrenzenden Ländern aufgrund des ungarischen Statusgesetz gewährten Vergünstigungen möglicherweise als positive Diskriminierung einzustufen sein. Dafür müsste allerdings noch die zuvor offen gelassene Frage geklärt werden, ob die durch das ungarische Statusgesetz gewährten Vergünstigungen trotz allem Rechte darstellen, die auf dem Prinzip der Gleichbehandlung beruhen, oder ob sie doch zur Festschreibung von Sonderrechten führen und demnach als Privilegien zu charakterisieren sind, was zur Folge hätte, dass sie nicht als positive Diskriminierung einzustufen wären. Diese Frage braucht aber auch an dieser Stelle nicht näher erörtert zu werden. Die dem Kopenhage-

---

701) In Bezug auf Art. 1 I der ARDK: s.o. Kapitel III, B., II., 1., c., S. 135; Art 2 II der ARDK lautet: "States Parties shall, when the circumstances so warrant, take, in the social, economic, cultural and other fields, special and concrete measures to ensure the adequate development and protection of certain racial groups or individuals belonging to them, for the purpose of guaranteeing them the full and equal enjoyment of human rights and fundamental freedoms. These measures shall in no case entail as a consequence the maintenance of unequal or separate rights for different racial groups after the objectives for which they were taken have been achieved."

702) **C. Riepe**, (s. Fn. 326), II. Kapitel, 3., S. 92 f.

703) S.o. Kapitel III, B., II., 2., a., (1), (b), ((1)), ((b)), ((iii)), S. 152.

ner Dokument als Ausgangsvoraussetzung dienenden und von ihm erweiterten Vorschriften des Wiener KSZE-Dokuments (Punkt 18 und Punkt 19) enthalten beide noch den expliziten Hinweis, dass es sich bei den Begünstigten dieses Dokuments um die Angehörigen der nationalen Minderheiten "auf ihrem Territorium" handelt. Auf diesen Zusatz wird in dem Punkt 31 des Kopenhagener Abschlussdokuments – anders als bei den Punkten 33 und 36 des Abschlussdokuments – allerdings verzichtet. Dies könnte bedeuten, dass auf das Kriterium des territorialen Anwendungsbereiches der Vorschriften des Kopenhagener Dokuments in Bezug auf Punkt 31 des Abschlussdokuments verzichtet wird. Da aber auch das Kopenhagener Dokument dem Prinzip der territorialen Integrität der Staaten – wie aus dem bereits erörterten Punkt 37 des Abschlussdokuments hervorgeht[704] – eine erhebliche Bedeutung zumisst, ist davon auszugehen, dass sich dieses Prinzip auch auf den Punkt 31 des Abschlussdokuments auswirkt. Dies hat zur Folge, dass sich die Teilnehmerstaaten nur dann auch um nationale Minderheiten außerhalb ihres Territoriums kümmern dürfen, wenn sie bei ihren Handlungen das Prinzip der territorialen Staatensouveränität respektieren. Aus diesem Grund kann man feststellen, dass sich dieses Prinzip auch trotz der Tatsache, dass es nicht als gesonderter Zusatz in dem Punkt 31 des Abschlussdokuments seinen Niederschlag gefunden hat, auf die Regelung des Punktes 31 des Abschlussdokuments bezieht.
Trotz der Tatsache, dass nach Punkt 31 des Abschlussdokuments Maßnahmen positiver Diskriminierung auch über eine zeitlich unbegrenzte Dauer hinweg gestattet werden, ist das ungarische Statusgesetz mit diesem nicht vereinbar, da im Rahmen des Punktes 31 des Abschlussdokuments auch das Prinzip der territorialen Staatensouveränität zu beachten ist, mit dem das ungarische Statusgesetz – wie bewiesen[705] – nicht in Einklang zu bringen ist.

((b)) Punkt 32.4 des Kopenhagener Abschlussdokuments

In Punkt 32 des Kopenhagener Abschlussdokuments wird festgehalten, dass die Zugehörigkeit zu einer nationalen Minderheit eine Angelegenheit der persönlichen Entscheidung eines Menschen ist, die als solche für ihn keinen Nachteil mit sich bringen darf. Angehörige nationaler Minderheiten haben das Recht, ihre ethnische, kulturelle, sprachliche und religiöse Identität frei zum Ausdruck bringen, zu bewahren und weiterzuentwickeln und ihre Kultur in all ihren Aspekten zu erhalten und zu entwickeln, frei von jeglichen Versuchen, gegen ihren Willen assimiliert zu werden. Nach Unterpunkt 32.4 des Abschlussdokuments haben die Angehörigen nationaler Minderheiten das Recht, untereinander ungehindert Kontakte innerhalb ihres Landes sowie Kontakte über Grenzen hinweg mit Bürgern anderer Staaten herzustellen und zu pflegen, mit denen sie eine gemeinsame ethnische oder nationale Herkunft, ein gemeinsames kulturelles Erbe oder ein religiöses Bekenntnis teilen. Am Ende des Punktes 32 des Abschlussdokuments wird klargestellt, dass Angehörige nationaler Minderheiten ihre Rechte einzeln oder in Gemeinschaft mit anderen Mitgliedern ihrer Gruppe ausüben und genießen können. Aus der Ausübung oder Nichtausübung eines dieser Rechte darf kein Nachteil für Angehörige einer nationalen Minderheit erwachsen.

Der Unterpunkt 32.4 des Kopenhagener Abschlussdokuments gleicht dem Punkt 31 des Wiener KSZE-Dokuments.[706] Der Anwendungsbereich des Kopenhagener KSZE-Dokuments ist

---

[704]) S.o. Kapitel III, B., I., 2., b., (1), S. 106.
[705]) S.o. Kapitel III, B., I., S. 128.
[706]) Der Punkt 31 des Wiener KSZE-Dokuments lautet: "Sie werden gewährleisten, dass auf ihren Territorien Angehörige nationaler Minderheiten oder regionaler Kulturen hinsichtlich menschlicher Kontakte gemäß der Schlussakte und den anderen oben genannten KSZE-Dokumenten denselben Status genießen wie an-

jedoch insofern weiter gefasst, als der Personenkreis von Bürgern anderer Staaten, mit denen Minderheitenangehörige Kontakte aufnehmen und unterhalten dürfen, auf solche Menschen ausgedehnt wurde, mit denen sie ein religiöses Bekenntnis teilen. Insgesamt gesehen setzt der Punkt 32.4 des Kopenhagener Abschlussdokuments das übliche Verbot des Ostens, Kontakte über die Grenzen hinweg knüpfen zu dürfen, außer Kraft.[707] Die besondere Bedeutung der Ausgestaltung und Anerkennung des Rechts auf freien Kontakt besteht darin, dass dieses nicht nur die Handlungs- und Bewegungsfreiheit des Einzelnen gewährleistet, sondern darüber hinaus wesentlich dazu beiträgt, die gemeinsame Eigenart der Gruppe im Austausch mit den Menschen des Heimatstaates zu erhalten und zu fördern.[708]
Durch den letzten Absatz des Punktes 32 des Kopenhagener Abschlussdokuments weist dieser zwar einen kollektiven Bezug auf, Gruppenschutz wird allerdings nicht gewährt. Geschützt wird lediglich der einzelne Minderheitenangehörige, dem es gestattet ist, seine Rechte zusammen mit anderen auszuüben. Insofern wird gemäß Punkt 32 des Abschlussdokuments fast ausschließlich Individualschutz gewährt. Die Minderheitengruppe als solche wird durch diese Bestimmung lediglich durch eine Reflexwirkung geschützt. Die Formulierung "einzeln oder in Gemeinschaft mit anderen Mitgliedern ihrer Gruppe" ähnelt der Formulierung des Art. 27 des IPBPR, die der hier zur Diskussion stehenden Bestimmung als Grundlage diente.[709] Im Gegensatz zu Art. 27 des IPBPR betont der Punkt 32 des Abschlussdokuments neben dem kollektiven auch den individuellen Aspekt.
Dadurch, dass der Punkt 32 des Abschlussdokuments am Ende bestimmt, dass den Minderheitenangehörigen "aus der Ausübung oder Nichtausübung eines dieser Rechte kein Nachteil erwachsen darf", erhalten die zuvor genannten "Rechte" zusätzlich den Charakter von speziellen Diskriminierungsverboten. Zudem betont diese Bestimmung, dass die Ausübung oder Nichtausübung von Minderheitenrechten im Ermessen eines jeden Minderheitenangehörigen liegt.[710]

Bezogen auf die Vereinbarkeit des ungarischen Statusgesetzes mit dem Punkt 32 (speziell mit dem Unterpunkt 32.4) des Kopenhagener Abschlussdokuments im Hinblick auf das Prinzip der Nichtdiskriminierung lassen sich folgende Schlussfolgerungen ziehen:
Die aufgrund des ungarischen Statusgesetzes den Angehörigen der nationalen ungarischen Minderheit in den an Ungarn angrenzenden Staaten zu gewährenden Vergünstigungen stimmen von ihrer Zielsetzung her mit den den Angehörigen nationaler Minderheiten in dem Punkt 32 des Abschlussdokuments gemachten Zusicherungen (das Recht, die ethnische, kulturelle, sprachliche und religiöse Identität frei zum Ausdruck zu bringen, zu bewahren und weiterzuentwickeln sowie die Kultur in allen Aspekten zu erhalten und zu entwickeln, frei von jeglichen Versuchen, gegen ihren Willen assimiliert zu werden) überein. Denn durch das ungarische Statusgesetz wird das über den einzelnen speziellen Regelungen des Gesetzes stehende Ziel, die materielle Situation der ethnischen Ungarn in den Nachbarstaaten zu verbes-

dere Bürger, und dass diese Personen solche Kontakte durch Reisen und andere Kommunikationsmittel aufnehmen und pflegen können, auch mit Bürgern anderer Staaten, mit denen sie eine gemeinsame Herkunft oder ein gemeinsames kulturelle Erbe teilen."

707) Beispielsweise waren Kontakte zwischen der ungarischen Minderheit in Rumänien und der ungarischen Bevölkerung in Ungarn vor der politischen Wende im Jahre 1989 verboten; vgl. hierzu: **A. Bloed**, (s. Fn. 216); S. 67.

708) Dieser in Punkt 32.4 des Kopenhagener Abschlussdokuments niedergelegte Grundsatz wurde auch von der Venedig-Kommission aufgenommen und findet seine Entsprechung in Art. 5 des Rahmenübereinkommens zum Schutz nationaler Minderheiten.

709) Bezüglich der entsprechenden Formulierung in Art. 27 IPBPR: s.o. Kapitel III, B., II., 2., a., (5), (b), ((4)), S. 165.

710) **C. Riepe**, (s. Fn. 326), II. Kapitel, 3., S. 97.

sern bzw. zu stabilisieren, ihre nationale Identitätswahrung zu unterstützen bzw. dem Assimilierungsdruck durch den Aufenthaltsstaat entgegenzuwirken, ihre Bindungen zum Mutterland zu stärken und damit gleichzeitig den Abwanderungsprozess der Personen ungarischer Nationalität abzubremsen sowie der Stabilität des Donau-Karpaten-Raumes zu dienen[711], verfolgt. Allerdings treffen die bereits zu Punkt 31 des Abschlussdokuments in Bezug auf den territorialen Anwendungsbereich gemachten Ausführungen auch auf den Punkt 32 des Abschlussdokuments zu, d.h., dass sich die Teilnehmerstaaten nur dann auch um nationale Minderheiten außerhalb ihres Territoriums kümmern dürfen, wenn sie bei ihren Handlungen das Prinzip der territorialen Staatensouveränität respektieren. Aus diesem Grund kann man feststellen, dass sich dieses Prinzip trotz der Tatsache, dass es auch nicht als gesonderter Zusatz in dem Punkt 32 des Abschlussdokuments seinen Niederschlag gefunden hat, dennoch auch auf die Regelung des Punktes 32 des Abschlussdokuments bezieht.[712] Wegen des bereits bejahten Verstoßes des ungarischen Statusgesetzes gegen das Prinzip der territorialen Staatensouveränität[713] fallen die aufgrund des ungarischen Statusgesetzes den Angehörigen der nationalen ungarischen Minderheit in den an Ungarn angrenzenden Ländern zu gewährenden Vergünstigungen somit auch nicht in den territorialen Anwendungsbereich des Punktes 32 des Abschlussdokuments.

Die aufgrund des ungarischen Statusgesetzes den Angehörigen der nationalen ungarischen Minderheit in den an Ungarn angrenzenden Staaten zu gewährenden Vergünstigungen lassen sich auch nicht durch den Unterpunkt 32.4 des Kopenhagener Abschlussdokuments rechtfertigen. Letzterer billigt nämlich nur den Angehörigen der nationalen Minderheiten selbst die grenzüberschreitenden Kontakte zu ihrem Ursprungsstaat zu, nicht aber ihrem jeweiligen Ursprungsstaat. Die aufgrund des ungarischen Statusgesetzes erfolgenden grenzüberschreitenden Kontakte gehen zwar von den durch das Statusgesetz begünstigten Angehörigen der nationalen ungarischen Minderheit aus. Da diese Kontakte aber auf den Regelungen des Statusgesetzes beruhen und der erste Schritt somit von der ungarischen Regierung und nicht von den Angehörigen der nationalen ungarischen Minderheit ausging, stehen die aufgrund des ungarischen Statusgesetzes erfolgenden grenzüberschreitenden Kontakte nicht im Einklang mit den Erfordernissen des Unterpunktes 32.4 des Abschlussdokuments.

Da die Vergünstigungen des ungarischen Statusgesetzes – wie eben dargelegt – nicht mit den durch den Punkt 32 des Abschlussdokuments gewährten Rechten in Einklang zu bringen sind, kommt auch der Charakter des speziellen Diskriminierungsverbots, der diesen Rechten aufgrund des letzten Absatzes von Punkt 32 des Abschlussdokuments zukommt, in Bezug auf das ungarischen Statusgesetz nicht zum Tragen.

Da das ungarische Statusgesetz nicht in den territorialen Anwendungsbereich des Punktes 32 des Abschlussdokuments fällt und da das ungarische Statusgesetz mit dem Punkt 32.4 des Abschlussdokuments trotz der Tatsache, dass nach Punkt 32.4 des Abschlussdokuments grenzüberschreitende Kontakte gestattet werden, mit diesem nicht vereinbar ist, weil nach Punkt 32.4 des Abschlussdokuments lediglich grenzüberschreitende Kontakte der Angehörigen nationaler Minderheiten und nicht solche der Ursprungsstaaten dieser Minderheitenangehörigen erlaubt sind, ist das ungarische Statusgesetz mit den Bestimmungen des Punktes 32 und des Unterpunktes 32.4 des Kopenhagener Abschlussdokuments nicht in Einklang zu bringen.

---

711) S.o. Kapitel II, S. 35.
712) S.o. Kapitel III, B., II., 2., b., (2), (a), ((3)), ((a)), S. 214.
713) S.o. Kapitel III., B., I., S. 128.

((c)) Punkt 33 des Kopenhagener Abschlussdokuments

Nach Punkt 33 des Kopenhagener Abschlussdokuments verpflichten sich die Teilnehmerstaaten, die ethnische, kulturelle, sprachliche und religiöse Identität nationaler Minderheiten auf ihrem Territorium zu schützen und Bedingungen für die Förderung dieser Identität zu schaffen. Sie werden diesbezüglich die notwendigen Maßnahmen ergreifen, und zwar nach entsprechenden Konsultationen in Einklang mit den Entscheidungsverfahren des jeweiligen Staates, wobei diese Konsultationen Kontakte mit Organisationen oder Vereinigungen solcher Minderheiten einschließen; jede dieser Maßnahmen wird mit den Prinzipien der Gleichheit und Nicht-Diskriminierung in Bezug auf die anderen Bürger des betreffenden Teilnehmerstaates in Einklang stehen.

In dem ersten Satz des Punktes 33 des Abschlussdokuments wird die bereits in Punkt 19 Satz 2 des Wiener KSZE-Dokuments enthaltene Förderungsverpflichtung der Teilnehmerstaaten zugunsten nationaler Minderheiten wörtlich wiederholt.[714] Der Punkt 33 des Kopenhagener Abschlussdokuments konkretisiert diese Verpflichtung allerdings noch dahingehend, dass sich die Teilnehmerstaaten dazu bereit erklären, nach entsprechenden Konsultationen in Einklang mit den Entscheidungsverfahren des jeweiligen Staates die notwendigen Maßnahmen zu ergreifen, um die Bedingungen für die Förderung dieser Identität zu schaffen. Damit aber in dem empfindlichen Bereich der Förderungsgewährung keine Unruhen innerhalb der Bevölkerung eines Teilnehmerstaates entstehen, weil beispielsweise die Minderheitenangehörigen bevorzugt behandelt werden, wird die Förderungsverpflichtung in dem letzten Satz von Punkt 33 des Abschlussdokuments dadurch beschränkt, dass "jede Maßnahme mit den Prinzipien der Gleichheit und Nichtdiskriminierung in Bezug auf die anderen Bürger des betreffenden Teilnehmerstaates in Einklang stehen muss". Erstmals in den KSZE-Dokumenten wird damit der Aspekt der Nichtdiskriminierung auch auf die Angehörigen der Mehrheitsbevölkerung bezogen.[715]

In Bezug auf die Vereinbarkeit des ungarischen Statusgesetzes mit dem Punkt 33 des Kopenhagener Abschlussdokuments im Hinblick auf das Prinzip der Nichtdiskriminierung lassen sich folgende Schlussfolgerungen ziehen:
In Satz 1 des Punktes 33 des Abschlussdokuments wird – im Gegensatz zu den bisher betrachteten Punkten 31 und 32 des Abschlussdokuments – ausdrücklich erwähnt, dass der Schutz der nationalen Minderheiten durch die Teilnehmerstaaten und die diesbezüglich zu ergreifenden Förderungsmaßnahmen sich auf ihr jeweiliges Staatsgebiet beschränken. Im Sinne der obigen Erörterungen lässt sich daher auch in Bezug auf den Punkt 33 Satz 1 des Abschlussdokuments feststellen, dass die aufgrund des ungarischen Statusgesetzes den Angehörigen der nationalen ungarischen Minderheit in den an Ungarn angrenzenden Ländern zu gewährenden Vergünstigungen nicht in den territorialen Anwendungsbereich des Punktes 33 des Abschlussdokuments fallen.[716]
Dass Ungarn es vor dem Erlass des Statusgesetzes versäumt hat, die durch dieses Gesetz betroffenen ungarischen Nachbarstaaten über den Erlass eines derartigen Gesetzes in Kenntnis

---

714) Punkt 19 Satz 2 des Wiener KSZE-Dokuments lautet: "Sie werden die ethnische, kulturelle, sprachliche und religiöse Identität nationaler Minderheiten auf ihrem Territorium schützen und Bedingungen für die Förderung dieser Identität schaffen."

715) **C. Riepe**, (s. Fn. 326), II. Kapitel, 3., S. 97 f.

716) S.o. Kapitel III, B., II., 2., b., (2), (a), ((3)), ((a)), S. 214.

zu setzen[717], ist aufgrund der bereits bejahten Unvereinbarkeit des Gesetzes mit dem Satz 1 des Punktes 33 des Abschlussdokuments, auf dem der zweite Satz dieses Punktes aufbaut[718], nicht mehr von ausschlaggebender Relevanz.
In Bezug auf den dritten Satz von Punkt 33 des Abschlussdokuments ist auf das bereits Erörterte zu verweisen. Dort ist eine Diskriminierung der übrigen Bürger der betroffenen Nachbarstaaten Ungarns (einschließlich der Bürger, die einer anderen als der nationalen ungarischen Minderheit angehören) bereits bewiesen worden.[719] Auch eine Vereinbarkeit des ungarischen Statusgesetzes mit dem dritten Satz des Punktes 33 des Abschlussdokuments ist demnach zu verneinen.

Da das ungarische Statusgesetz nicht in den territorialen Anwendungsbereich des Punktes 33 des Abschlussdokuments fällt und da zudem eine Diskriminierung der übrigen Bürger der durch das Statusgesetz betroffenen Nachbarstaaten Ungarns bereits bejaht worden ist, lassen sich die auf dem Statusgesetz beruhenden Vergünstigungen auch nicht mit dem Punkt 33 des Kopenhagener Abschlussdokuments vereinbaren.

((d)) Punkt 36 Absatz 2 des Kopenhagener Abschlussdokuments

Gemäß dem Punkt 36 Absatz 2 des Kopenhagener Abschlussdokuments wird jeder Teilnehmerstaat ein Klima der gegenseitigen Achtung, des Verständnisses, der Zusammenarbeit und Solidarität zwischen allen Bewohnern seines Territoriums fördern, ohne Unterschied der ethnischen oder nationalen Abstammung oder der Religion, und die Lösung von Problemen durch einen auf den Prinzipien der Rechtsstaatlichkeit beruhenden Dialog ermutigen.

Der die nationale Ebene betreffende Absatz 2 des Punktes 36 des Abschlussdokuments soll die Teilnehmerstaaten dazu motivieren, durch die Förderung eines Klimas der gegenseitigen Achtung, des Verständnisses, der Zusammenarbeit und Solidarität zwischen allen Bewohnern ihres Territoriums Spannungen zwischen der Mehrheitsbevölkerung und den Angehörigen nationaler Minderheiten entgegenzutreten und auf eine friedliche Lösung von Streitigkeiten hinzuwirken. Ziel dieser Bestimmung ist es, Unruhen innerhalb eines Teilnehmerstaates, die auf Feindseligkeiten zwischen Mehrheits- und Minderheitenangehörigen beruhen, zu vermeiden und ein friedliches Zusammenleben aller Menschen zu gewährleisten.[720]

In Bezug auf die Vereinbarkeit des ungarischen Statusgesetzes mit dem Absatz 2 des Punktes 36 des Kopenhagener Abschlussdokuments im Hinblick auf das Prinzip der Nichtdiskriminierung lassen sich folgende Schlussfolgerungen ziehen:
Ebenso wie der Punkt 33 des Abschlussdokuments wird auch in Punkt 36 Absatz 2 des Abschlussdokuments ausdrücklich erwähnt, dass jeder Teilnehmerstaat die dort vorgesehenen Regelungen "zwischen allen Bewohnern seines Territoriums" verwirklichen soll. Im Sinne der obigen Erörterungen lässt sich daher auch in Bezug auf den Absatz 2 des Punktes 36 des Abschlussdokuments feststellen, dass die aufgrund des ungarischen Statusgesetzes den Ange-

---

717) **A. Schmidt-Schweizer**, (s. Fn. 18), S. 29; **Radio Slowakei** (Bratislava, 5.3.2003), "Ungarisches Statusgesetz für die Slowakei nach wie vor inakzeptabel", in: Nachrichten aus Tschechien und der Slowakei vom 06.03.2003 (Monitor-Dienst Osteuropa der Deutschen Welle), aufzurufen unter: http://www.dtsg.de/monitor602.html, besucht am 04.08.2003.

718) Vgl. die Formulierung: "Sie werden diesbezüglich die notwendigen Maßnahmen ergreifen, ...".

719) S.o. Kapitel III, B., II., 2., a., (1), (b), ((1)), ((iv)), S. 170.

720) **C. Riepe**, (s. Fn. 326), II. Kapitel, 3., S. 103.

hörigen der nationalen ungarischen Minderheit in den an Ungarn angrenzenden Ländern zu gewährenden Vergünstigungen nicht in den territorialen Anwendungsbereich des Punktes 36 des Abschlussdokuments fallen.[721]
Es kann auch nicht unbedingt behauptet werden, dass das Ziel des Absatz 2 des Punktes 36 des Abschlussdokuments durch das ungarische Statusgesetz gefördert wird. Dadurch, dass nämlich die Mehrheitsbevölkerung der Nachbarstaaten Ungarns und die in diesen Staaten auch noch lebenden Angehörigen anderer als der nationalen ungarischen Minderheit durch das ungarische Statusgesetz diskriminiert werden[722], wird das friedlich Zusammenleben aller Staatsangehörigen der ungarischen Nachbarstaaten durch das ungarische Statusgesetz nicht gewährleistet. Man kann vielmehr behaupten, dass gerade durch das ungarische Statusgesetz, aufgrund dessen der Großteil der Bevölkerung der an Ungarn angrenzenden Länder diskriminiert wird, die Feindseligkeiten zwischen dieser diskriminierten Bevölkerung und den Angehörigen der nationalen ungarischen Minderheit noch geschürt werden.

Eine Vereinbarkeit des ungarischen Statusgesetzes mit dem zweiten Absatz des Punktes 36 des Kopenhagener Abschlussdokuments liegt somit aus den eben aufgeführten Gründen nicht vor.

((e)) Punkte 40.1 und 40.2 des Kopenhagener Abschlussdokuments

In Punkt 40 des Kopenhagener Abschlussdokuments verurteilen die Teilnehmerstaaten klar und unmissverständlich Totalitarismus, Rassenhass und Hass zwischen Volksgruppen, Antisemitismus, Fremdenhass und Diskriminierung irgendeines Menschen sowie die Verfolgung aus religiösen und ideologischen Gründen. In diesem Zusammenhang erkennen sie ebenfalls die besonderen Probleme der Roma (Zigeuner) an. Sie erklären ihre feste Absicht, die Bemühungen zur Bekämpfung dieser Phänomene in all ihren Formen zu intensivieren. Dem Unterpunkt 40.1 des Abschlussdokuments zufolge werden sie daher wirksame Maßnahmen ergreifen, einschließlich der Annahme von mit ihrer Verfassungsordnung und ihren internationalen Verpflichtungen in Einklang stehenden erforderlichen Gesetzen, um vor jeder Handlung zu schützen, die zu Gewalt gegen Personen oder Gruppen aufgrund nationaler, rassischer, ethnischer oder religiöser Diskriminierung, zu Feindseligkeit oder Hass einschließlich Antisemitismus aufhetzt. Dem Unterpunkt 40.2 des Abschlussdokuments zufolge werden sie sich daher dazu verpflichten, geeignete und verhältnismäßige Maßnahmen für den Schutz von Personen oder Gruppen, die Androhungen oder Handlungen von Diskriminierung, Feindseligkeit oder Gewalt aufgrund ihrer rassischen, ethnischen, kulturellen, sprachlichen oder religiösen Identität ausgesetzt sein könnten, und zum Schutz von deren Eigentum zu ergreifen.

Auffällig an der Bestimmung des Punktes 40 des Abschlussdokuments ist, dass erstmals eine Minderheitengruppe, nämlich die Sinti und Roma ("Zigeuner"), beim Namen genannt und auf deren Lage hingewiesen wurde.
Darüber hinaus enthält der Punkt 40 des Abschlussdokuments in seinem ersten Absatz eine Aufzählung der traditionellen Gegner von Menschen- und Minderheitenrechten, nämlich Totalitarismus, Rassen- und ethnischer Hass, Antisemitismus, Xenophobie und Diskriminierung.

---

[721]) S.o. Kapitel III, B., II., 2., b., (2), (a), ((3)), ((c)), S. 217.
[722]) S.o. Kapitel III, B., II., 2., a., (1), (b), ((1)), ((iv)), S. 155.

In sieben Unterpunkten folgt eine Auflistung der Bemühungen, die die Teilnehmerstaaten anstreben bzw. intensivieren wollen, um die genannten Phänomene zu bekämpfen.[723]

Bezogen auf die Vereinbarkeit des ungarischen Statusgesetzes mit dem Punkt 40 (speziell mit den Unterpunkten 40.1 und 40.2) des Kopenhagener Abschlussdokuments im Hinblick auf das Prinzip der Nichtdiskriminierung lassen sich folgende Schlussfolgerungen ziehen:
Dadurch, dass Ungarn, das als Teilnehmerstaat des zweiten KSZE-Treffens über die menschliche Dimension der KSZE dieses Kopenhagener Abschlussdokument unterzeichnet hat, das Statusgesetz erlassen hat, das – wie bereits bewiesen – zu einer Diskriminierung der ungarischen Bevölkerung, der Mehrheitsbevölkerung in den an Ungarn angrenzenden Staaten und den in diesen Ländern ansässigen Angehörigen anderer Minderheiten führt[724], konterkariert es seine im Rahmen des Punktes 40 des Abschlussdokuments abgegebenen Verurteilung von Diskriminierungen.
Die nach Unterpunkt 40.1 des Abschlussdokuments mögliche Ergreifung von Maßnahmen, unter Umständen auch in Form des Erlasses eines Gesetzes, soll "vor Handlungen schützen, die zu Gewalt gegen Personen oder Gruppen aufgrund nationaler, rassischer, ethnischer, oder religiöser Diskriminierung ... aufhetzen". Der Erlass des ungarischen Statusgesetzes wird allerdings aufgrund der in dem Gesetz enthaltenen Diskriminierung diesem Ziel nicht gerecht. Das ungarische Statusgesetz lässt sich daher mit den in Unterpunkt 40.1 des Abschlussdokuments aufgelisteten Bemühungen zur Bekämpfung der in Absatz 1 des Punktes 40 des Abschlussdokuments genannten Begriffe nicht vereinbaren.
Die nach Unterpunkt 40.2 des Abschlussdokuments mögliche Verpflichtung zur Ergreifung von Maßnahmen soll dem Schutz von Personen oder Gruppen dienen, die "Androhungen oder Handlungen von Diskriminierung ... ausgesetzt sein könnten". Da es nicht bekannt ist, dass die nationalen ungarischen Minderheiten in den an Ungarn angrenzenden Ländern einer Diskriminierung ausgesetzt sind, ist ein Schutz dieser Personen durch spezielle Maßnahmen nach dem Unterpunkt 40.2 des Abschlussdokuments nicht erforderlich. Die Regelungen des ungarischen Statusgesetz wirken dem durch den Unterpunkt 40.2 des Abschlussdokuments zu gewährleistenden Schutz vielmehr entgegen, da sie eine Diskriminierung, vor der Unterpunkt 40.2 des Abschlussdokuments schützen soll, erst hervorrufen.[725] Insofern ist das ungarische Statusgesetz auch mit dem Unterpunkt 40.2 des Abschlussdokuments nicht in Einklang zu bringen.

Da die aufgrund des ungarischen Statusgesetzes den Angehörigen der nationalen ungarischen Minderheit in den Nachbarstaaten Ungarns gewährten Vergünstigungen zu einer Diskriminierung führen, konterkariert das ungarische Statusgesetz einerseits die von Ungarn im Rahmen des Punktes 40 des Kopenhagener Abschlussdokuments abgegebene Verurteilung der Diskriminierung. Diese Diskriminierung stellt andererseits auch den Grund dafür dar, dass sich keine Übereinstimmung des ungarischen Statusgesetzes mit den Unterpunkten 40.1 und 40.2 dieses Abschlussdokuments erzielen lässt. Insofern lässt sich eine Vereinbarkeit des ungarischen Statusgesetzes mit dem Punkt 40 und den Unterpunkten 40.1 und 40.2 des Abschlussdokuments nicht bejahen.

---

[723]) **C. Riepe**, (s. Fn. 326), II. Kapitel, 3., S. 106 f.
[724]) S.o. Kapitel III, B., II., 2., a., (1), (b), ((1)), ((iv)), S. 155.
[725]) S.o. Kapitel III, B., II., 2., a., (1), (b), ((1)), S. 141.

((f)) Zusammenfassung

Zusammenfassend lässt sich somit feststellen, dass das ungarische Statusgesetz entweder aufgrund der Tatsache, dass es nicht in den territorialen Anwendungsbereich der betreffenden Punkte des IV. Kapitels des Kopenhagener Abschlussdokuments fällt, oder aufgrund der durch das ungarische Statusgesetz hervorgerufenen Diskriminierung nicht mit den betreffenden Vorschriften des Kapitels IV des Kopenhagener Abschlussdokuments vereinbar ist. Darüber hinaus scheitert die Vereinbarkeit des Statusgesetzes mit dem Unterpunkt 25.4 an der Tatsache, dass dieser Unterpunkt 25.4 des Abschlussdokuments in Bezug auf das Prinzip der Nichtdiskriminierung vom Thema her nicht einschlägig ist.
Da das ungarische Statusgesetz mit den Bestimmungen des Kapitels IV des Abschlussdokuments nicht vereinbar ist, stellt sich somit die Frage nach seiner Vereinbarkeit mit den Punkten 5.7 und 5.9 des Abschlussdokuments. Diese ist allerdings auch zu verneinen. Zu den nach Punkt 5.7 des Abschlussdokuments zu gewährleistenden Menschenrechten und Grundfreiheiten zählt nämlich – wie zuvor dargelegt[726] – auch das Verbot der Diskriminierung. Eine solche ist aber bereits bejaht worden[727], so dass das ungarische Statusgesetz weder mit dem Punkt 5.7 noch mit dem ebenfalls eine Diskriminierung verbietenden Punkt 5.9 des Kopenhagener Abschlussdokuments vereinbar ist.

(b) OSZE-Hochkommissar für nationale Minderheiten

In Bezug auf die Vereinbarkeit des ungarischen Statusgesetzes mit dem Verbot der Diskriminierung aufgrund von Empfehlungen des OSZE-Hochkommissars für nationale Minderheiten lassen sich keine darauf bezogenen Äußerungen des OSZE-Hochkommissars finden.

In einer allgemeinen Rede zu dem Thema "Kampf dem Extremismus: Vorbeugung und Bekämpfung von Rassismus, Fremdenhass und Diskriminierung" vertritt der derzeitige OSZE-Hochkommissar Rolf Ekeus die Meinung, dass die Bekämpfung von Diskriminierung den Erlass und die Umsetzung von Anti-Diskriminierungsbestimmungen erfordert. In diesem Rahmen nimmt er auch auf den Punkt 5.9 des Kopenhagener Abschlussdokuments über menschlichen Dimension der KSZE[728] Bezug. Darüber hinaus ermuntert er alle Mitglieder des Europarates, das 12. ZP zur EMRK zu ratifizieren, das eine derartige Anti-Diskriminierungsbestimmung enthält. Alle weiteren in Zukunft zu erlassenen Bestimmungen, die sich gegen Diskriminierungen richten, müssen schließlich mit dem internationalen Recht in Einklang stehen.[729]
Die bereits erwähnten Pressemitteilungen, von denen zumindest die eine konkret auf das ungarische Statusgesetz Bezug nimmt, setzen sich ausschließlich mit dem Prinzip der territorialen Staatensouveränität und nicht mit dem Prinzip der Nichtdiskriminierung auseinander.[730]

Trotz der Tatsache, dass die eben dargelegte Rede des OSZE-Hochkommissars Rolf Ekeus sehr allgemein gehalten ist, lässt sich aus ihr dennoch ableiten, dass Anti-Diskriminierungsbestimmungen, die mit dem internationalen Recht, zu dem auch das Prinzip

---

[726]) S.o. Kapitel III, B., II., S. 129.
[727]) S.o. Kapitel III, B., II., 2., a., (1), (b), ((1)), ((iv)), S. 155.
[728]) S.o. Kapitel III, B., II., 2., b., (2), (a), ((1)), S. 209.
[729]) **R. Ekeus**, (s. Fn. 227), S. 3.
[730]) S.o. Kapitel III, B., I., 2., b., (2), S. 107.

der Nichtdiskriminierung zählt, nicht vereinbar sind, nicht seinen Einstellungen und Vorstellungen zu dem Thema des Diskriminierungsverbots entsprechen. Bezogen auf das ungarische Statusgesetz bedeutet dies, dass es mit der ihm innewohnenden Diskriminierung[731] nicht den vom OSZE-Hochkommissar zu diesem Thema aufgestellten Vorgaben entspricht und demnach durch diese auch nicht gerechtfertigt werden kann.
Aber selbst wenn der OSZE-Hochkommissar eine diesbezügliche Änderungs-Empfehlung an Ungarn richten würde und Ungarn dieser nachkommen würde, könnte das Statusgesetz dadurch dennoch nicht gerechtfertigt werden. Da diesen Empfehlungen nämlich kein rechtsverbindlicher Charakter zukommt[732], können sie auch nicht als Grundlage für einen Legislativakt herangezogen werden.

(c) Zusammenfassung

Zusammenfassend lässt sich in Bezug auf die Vereinbarkeit des ungarischen Statusgesetzes mit den Regelungen der OSZE / KSZE, die sich mit dem Verbot der Diskriminierung beschäftigen (Punkte 5.7, 5.9, 25.4, 31, 32.4, 33, 36 Absatz 2, 40.1 und 40.2 des Kopenhagener Abschlussdokuments über die menschliche Dimension der KSZE und die Einstellungen des OSZE-Hochkommissars für nationale Minderheiten zu dem Thema der Nichtdiskriminierung), feststellen, dass eine solche in allen aufgezählten Fällen nicht als gegeben angesehen werden kann.

(3) Zwischenergebnis

Auch die Vorschriften des regionalen Völkerrechts in Bezug auf das Prinzip der Nichtdiskriminierung (sowohl die vom Europarat erlassenen Bestimmungen des Art. 14 (i.V.m. Art. 8 und Art. 9) der EMRK, des Art. 1 des 12. ZP zur EMRK, des Art. 4 des Rahmenübereinkommens und der Europäischen Charta der Regional- oder Minderheitensprachen als auch die Punkte 5.7, 5.9, 25.4, 31, 32.4, 33, 36 Absatz 2, 40.1 und 40.2 des Kopenhagener Abschlussdokuments über die menschliche Dimension der KSZE und die Empfehlungen des OSZE-Hochkommissars für nationale Minderheiten zu diesem Thema), die soeben daraufhin untersucht wurden, ob das ungarische Statusgesetz mit ihnen in Einklang zu bringen ist, führen nur zu dem Ergebnis, dass es dem ungarischen Statusgesetz an einer Vereinbarkeit mit dem Prinzip der Nichtdiskriminierung auch auf regionaler Ebene mangelt. Es lässt sich folglich keine Vorschrift aus dem regionalen Völkerrecht finden, die die von dem ungarischen Statusgesetz angeordneten Handlungen legitimieren könnte. Da allerdings die Bestimmungen des regionalen Minderheitenschutzes aufgrund der völkerrechtskonformen Auslegung möglichst aller Verträge und des in Art. 103 der UN-Charta festgelegten Vorrangs der Bestimmungen der UN-Charta gegenüber widersprüchlichen Regelungen früherer oder späterer Verträge meistens in Einklang mit den Bestimmungen der UN-Charta formuliert werden[733], ist es auch nicht verwunderlich, dass das ungarische Statusgesetz, nachdem bereits ein Verstoß gegen das universelle Völkerrecht bejaht wurde, auch nicht mit dem dargelegten regionalen Minderheitenschutz vereinbar ist.

---

731) S.o. Kapitel III, B., II., 2., a., (1), (b), ((1)), S. 155.
732) S.o. Kapitel III, B., I., 2., b., (2), S. 108.
733) S.o. Kapitel III, B., I., 2., c., S. 109.

Zusammenfassend kann man aus all dem folgern, dass die Umsetzung des ungarischen Statusgesetzes gegen das Prinzip der Nichtdiskriminierung verstößt und dass dieser Verstoß auch durch keine Vorschrift des regionalen Völkerrechts gerechtfertigt werden kann. Man kann der Kritik der Venedig-Kommission daher auch in Bezug auf die hier ebenfalls unter dem Gesichtspunkt des Prinzips der Nichtdiskriminierung untersuchten Vorschriften des regionalen Völkerrechts und deren Vereinbarkeit mit dem ungarischen Statusgesetz nur zustimmen.

c. Bilateraler Minderheitenschutz

Im Rahmen des bilateralen Minderheitenschutzes sind in Bezug auf die Prüfung der Vereinbarkeit des ungarischen Statusgesetzes mit dem Prinzip der Nichtdiskriminierung die bereits aufgelisteten, von Ungarn mit allen an sein Staatsgebiet angrenzenden Staaten – mit Ausnahme von Österreich – geschlossenen bilateralen Verträge bzw. Übereinkommen bzw. Deklarationen von Bedeutung. Wie unter dem Prüfungspunkt der Vereinbarkeit des ungarischen Statusgesetzes mit dem Prinzip der territorialen Staatensouveränität wird auch an dieser Stelle trotz der Ähnlichkeit der von Ungarn mit Rumänien, der Slowakei, Kroatien und der Ukraine unterzeichneten Verträge und den von Ungarn mit Kroatien, Slowenien und Serbien-Montenegro geschlossenen Abkommen jede Regelung einzeln untersucht.

In Bezug auf Österreich und seine Vereinbarkeit mit dem ungarischen Statusgesetz auf bilateraler Ebene kann man auf die bereits gemachten Ausführungen verweisen.[734]

(1) Vertrag zwischen Ungarn und Rumänien (einschließlich des nachträglichen Memorandums sowie des das Memorandum ersetzenden Übereinkommens)

Der zwischen Ungarn und Rumänien am 16. September 1996 unterzeichnete Vertrag über gegenseitiges Verständnis, Kooperation und gute Nachbarschaft ("Treaty between the Republic of Hungary and Romania on Understanding, Cooperation and Good Neighbourhood") nimmt in dem Absatz 2 und dem Absatz 5 seiner Präambel, dem Art. 1 (2), dem Art. 2 (1), dem Art. 3 (1) Satz 1, dem Art. 14 und dem Art. 15 (1) b) und (8) Bezug auf das Prinzip der Nichtdiskriminierung.
In dem Absatz 2 der Präambel des ungarisch-rumänischen Vertrags bestätigen die Vertragsparteien Ungarn und Rumänien, dass sie den Menschenrechten und den Grundfreiheiten, der Demokratie, der Menschlichkeit und der Rechtsstaatlichkeit verpflichtet sind, und sie drücken ihre Überzeugung aus, dass deren Umsetzung und deren substantielle Bereicherung die Grundlage für Freiheit, Gerechtigkeit und Frieden bilden.[735]
In Absatz 5 der Präambel des ungarisch-rumänischen Vertrags wird darauf hingewiesen, dass die beiden Vertragsparteien ihre bisher abgegebenen Erklärungen bestätigen, wonach sie sich dazu verpflichten, mit dem Ziel der Verwirklichung der in der Charta der Vereinten Nationen festgelegten Absichten und Prinzipien zu handeln.[736]

---

734) S.o. Kapitel III, B., I., 3., S. 110.

735) Der Absatz 2 der Präambel des Vertrags lautet: "The Republic of Hungary and Romania, ..., reaffirming that they are committed to the human rights and fundamental freedoms, democracy, humanism and the rule of law and expressing the conviction that their enforcement and substantial enrichment constitutes the basis of freedom, justice and peace; ...."

736) Bzgl. des Absatzes 5 der Präambel des Vertrags: s.o. Kapitel III, B., I., 3., a., S. 110.

Wie zuvor dargestellt, besagt der Art. 1 (2) des ungarisch-rumänischen Vertrags, dass die Vertragsparteien sowohl in ihren gegenseitigen Beziehungen als auch in ihren Beziehungen zu anderen Staaten die Prinzipien respektieren sollen, die in der Charta der Vereinten Nationen, der Helsinki-Schlussakte, der Pariser Charta für ein Neues Europa und weiteren Dokumenten der OSZE festgelegt sind, sowie andere anerkannte Prinzipien und Normen des internationalen Rechts.[737]

Nach Art. 2 (1) des ungarisch-rumänischen Vertrags sollen die Vertragsparteien in dem Sinne handeln, dass sich Europa als Ganzes zu einer friedlichen und demokratischen Staatengemeinschaft entwickelt, die auf der Rechtsstaatlichkeit beruht und zum Erhalt und zur Stärkung der Sicherheit in dieser Region beiträgt, und dass sie Frieden und Sicherheit, die auf Zusammenarbeit basieren, garantieren können, in Übereinstimmung mit ihren im Rahmen der Organisation für Sicherheit und Zusammenarbeit in Europa übernommenen Verpflichtungen.[738]

Wie bereits dargestellt, bestätigen die Vertragsparteien in Art. 3 (1) Satz 1 des ungarisch-rumänischen Vertrags, dass sie in ihren gegenseitigen Beziehungen Abstand nehmen von dem Gebrauch oder der Drohung des Gebrauchs von Gewalt gegen die territoriale Integrität oder die politische Unabhängigkeit der jeweils anderen Vertragspartei, sowie von jeglichen Handlungen, die zu den Zielen der Vereinten Nationen und der Helsinki-Schlussakte im Widerspruch stehen.[739]

Nach Art. 14 des ungarisch-rumänischen Vertrags sollen die Vertragsparteien das Klima der Toleranz und des Verständnisses zwischen ihren Staatsangehörigen unterschiedlicher ethnischer, religiöser, kultureller und sprachlicher Herkunft fördern. Sie verurteilen dabei Fremdenfeindlichkeit und alle Arten von Manifestationen, die auf rassischem, ethnischem oder religiösem Hass, Diskriminierung oder Vorurteilen basieren, und sie werden effektive Maßnahmen ergreifen, um solchen Manifestationen vorzubeugen.[740]

Der Art. 15 (1) b) des ungarisch-rumänischen Vertrags besagt, dass für die Vertragsparteien, deren Ziel der Schutz und die Entwicklung der ethnischen, kulturellen, sprachlichen und religiösen Identität der ungarischen Minderheit in Rumänien und der rumänischen Minderheit in Ungarn ist, die in den Dokumenten der Vereinten Nationen, der OSZE und des Europarates enthaltenen Bestimmungen, die die Rechte der Angehörigen von Minderheiten beinhalten, als eine gesetzliche Verpflichtung gelten.[741]

Nach Art. 15 (8) des ungarisch-rumänischen Vertrags stimmen die Vertragsparteien darin überein, dass die Angehörigen von nationalen Minderheiten, in der Ausübung der in diesem Artikel festgelegten Rechte, die nationale Gesetzgebung und die Rechte von anderen respektieren sollen, gleich allen anderen Bürgern des betreffenden Staates. Diese Personen sollen die

---

737) Bzgl. des Art. 1 (2) des Vertrags: s.o. Kapitel III, B., I., 3., a., S. 110.

738) Bzgl. des Art. 2 (1) des Vertrags: s.o. Kapitel III, B., I., 3., a., S. 111.

739) Bzgl. des Art. 3 (1) Satz 1 des Vertrags: s.o. Kapitel III, B., I., 3., a., S. 111.

740) Art. 14 des Vertrags lautet: "The Contracting Parties shall promote the climate of tolerance and understanding among their citizens of different ethnic, religious, cultural and linguistic origin. They condemn xenophobia and all kind of manifestations based on racial, ethnic or religious hatred, discrimination and prejudice and will take effective measures in order to prevent any such manifestation."

741) Art. 15 (1) b) des Vertrags lautet: "Without prejudice to the contents of the preceding paragraph, the Contracting Parties shall, with the aim of protecting and developing the ethnic, cultural, linguistic and religious identity of the Hungarian minority in Romania and the Romanian minority in Hungary, apply as legal obligations the provisions defining the rights of persons belonging to such minorities as contained in the documents of the United Nations, the Organization on Security and Cooperation in Europe and the Council of Europe."

gleichen Rechte genießen, und sie sollen den gleichen staatsbürgerlichen Verpflichtungen nachkommen, wie alle anderen Bürger des Staates, in dem sie leben.[742]

Durch das Vorliegen einer Diskriminierung, die auf dem ungarischen Statusgesetz beruht[743], kommt Ungarn seiner Verpflichtung aus dem Absatz 2 der Präambel des ungarisch-rumänischen Vertrags nicht nach. Denn das Verbot der Diskriminierung ist den Menschenrechten und Grundfreiheiten zuzuordnen[744], denen sich die Vertragsparteien nach diesem Absatz der Präambel verpflichten.
Die bereits bewiesene Unvereinbarkeit des ungarischen Statusgesetzes mit dem Prinzip der territorialen Staatensouveränität in Bezug auf die Vorschriften in dem Absatz 5 der Präambel, dem Art. 1 (2) und dem Art. 2 (1) des ungarisch-rumänischen Vertrags[745] lässt sich mit ähnlicher Begründung auch bei der Prüfung der Vereinbarkeit des ungarischen Statusgesetzes mit dem Prinzip der Nichtdiskriminierung verwenden:
Sowohl in dem Absatz 5 der Präambel als auch in Art. 1 (2) und dem Art 15 (1) b) des ungarisch-rumänischen Vertrags findet sich nämlich ein deutlicher Hinweis darauf, dass die Vertragsstaaten u.a. gemäß den Zielen und Prinzipien der Charta der Vereinten Nationen handeln sollen bzw. dass sie diese bei ihren Handlungen respektieren sollen. Es ist bereits dargelegt worden, dass gemäß dem Art. 1 III der UN-Charta ein allgemeines Diskriminierungsverbot zu den Zielen der Vereinten Nationen gehört.[746] Der Verstoß des ungarischen Statusgesetzes gegen dieses Ziel der UN-Charta[747] führt dazu, dass dieses Gesetz nicht mit dem Absatz 5 der Präambel und auch nicht mit dem Art. 1 (2) und dem Art. 15 (1) b) des ungarisch-rumänischen Vertrags, die alle u.a. ein den Zielen der UN-Charta entsprechendes Verhalten erwarten, zu vereinbaren ist.
In Bezug auf den Art. 2 (1) des ungarisch-rumänischen Vertrags lässt sich anführen, dass bereits ein Verstoß des ungarischen Statusgesetzes gegen die Punkte 5.7, 5.9, 25.4, und die dem Kapitel IV über nationale Minderheiten angehörigen Punkte 31, 32.4, 33, 36, 40.1 und 40.2 des Kopenhagener Abschlussdokuments über die menschliche Dimension der KSZE bejaht worden ist.[748] Durch diesen Verstoß kommt Ungarn seinen im Rahmen der KSZE / OSZE übernommenen Verpflichtungen nicht nach. Dies bedeutet, dass das ungarische Statusgesetz dem von Art. 2 (1) des ungarisch-rumänischen Vertrags geforderten Verhalten nicht nachkommt und somit mit diesem unvereinbar ist.
Neben der Tatsache, dass Ungarn mit dem Erlass und der darauf beruhenden Umsetzung des Gesetzes weder Gewalt gegen die territoriale Integrität oder die politische Unabhängigkeit Rumäniens anwendet noch damit droht, erfordert Art. 3 (1) Satz 1 des ungarisch-rumänischen Vertrags auch von Handlungen Abstand zu nehmen, die mit den Zielen der Vereinten Nationen unvereinbar sind. Dass das ungarische Statusgesetz mit dem als Ziel in Art. 1 III der UN-Charta festgeschriebenen allgemeinen Diskriminierungsverbot nicht in Einklang steht, ist bereits dargestellt worden.[749] Dies bedeutet, dass in Bezug auf die Prüfung der Vereinbarkeit des ungarischen Statusgesetzes mit dem Art. 3 (1) Satz 1 des ungarisch-rumänischen Vertrags im

---

742) Art. 15 (8) des Vertrags lautet: "The Contracting Parties agree that, in the exercise of the rights referred to in this article, persons belonging to national minorities, similarly to any other citizen of the state concerned, shall respect the national legislation and the rights of others. These persons shall enjoy the same rights and have the same duties of citizenship as other citizens of the State in which they live."
743) S.o. Kapitel III, B., II., 2., a., (1), (b), ((1)), ((iv)), S. 155.
744) S.o. Kapitel III, B., II., S. 129.
745) S.o. Kapitel III, B., I., 3., a., S. 112.
746) S.o. Kapitel III, B., II., 2., a., (1), (a), S. 51.
747) S.o. Kapitel III, B., II., 2., a., (1), S. 155.
748) S.o. Kapitel III, B., II., 2., b., (2), (a), S. 221.
749) S.o. Kapitel III, B., II., 2., a., (1), S. 155.

Rahmen des Prinzips der Nichtdiskriminierung – anders als im Rahmen des Prinzips der territorialen Staatensouveränität – eine derartige Vereinbarkeit nicht gegeben ist.
Da der Staat Ungarn sich durch das ungarische Statusgesetz ausschließlich um die in den an Ungarn angrenzenden Ländern lebenden Minderheiten, die die Staatsangehörigkeit dieser Staaten besitzen, kümmert und nur diesen Vergünstigungen gewährt[750], ist es ihm nicht möglich, im Sinne des Satzes 1 des Art. 14 des ungarisch-rumänischen Vertrags das Klima der Toleranz und des Verständnisses zwischen seinen Staatsangehörigen unterschiedlicher ethnischer, religiöser, kultureller und sprachlicher Herkunft zu fördern. Dadurch, dass das ungarische Statusgesetz zudem zu einer Diskriminierung der Staatsangehörigen Ungarns, der übrigen Staatsangehörigen der Nachbarländer Ungarns sowie der Angehörigen der restlichen Minderheiten führt[751], ergreift Ungarn nicht – wie es Art. 14 Satz 2 des ungarisch-rumänischen Vertrags vorsieht – Maßnahmen, um Manifestationen, die auf rassischem, ethnischem oder religiösem Hass, Diskriminierung oder Vorurteilen basieren, vorzubeugen. Durch die auf dem Statusgesetz beruhende Diskriminierung stellt dieses Gesetz vielmehr eine derartige diskriminierende Manifestation dar. Eine Vereinbarkeit des ungarischen Statusgesetzes mit dem Art. 14 des ungarisch-rumänischen Vertrags ist daher ebenfalls nicht gegeben.
Die bereits bewiesene Diskriminierung sorgt allerdings nicht dafür, dass das ungarische Statusgesetz ebenfalls mit dem Art. 15 (8) des ungarisch-rumänischen Vertrags unvereinbar ist. Eine Vereinbarkeit ist allerdings auch nicht gegeben. Trotz der Tatsache, dass sich der Art. 15 (8) des ungarisch-rumänischen Vertrags zwar auf die Gleichbehandlung der Angehörigen der nationalen Minderheiten und der übrigen Staatsbürger bezieht, ist er aber dennoch nur auf die staatsbürgerlichen Rechte und Pflichten gerichtet. Die aufgrund des ungarischen Statusgesetzes stattfindende Diskriminierung betrifft allerdings nicht diese Themen[752], so dass in Bezug auf die Vereinbarkeit des ungarischen Statusgesetzes mit dem Prinzip der Nichtdiskriminierung der Art. 15 (8) des ungarisch-rumänischen Vertrags nicht einschlägig ist.

Die auf seinem Erlass beruhende Umsetzung des ungarischen Statusgesetzes auf dem rumänischen Staatsgebiet lässt sich demnach auch nicht durch Vorschriften rechtfertigen, die Ungarn und Rumänien gemeinsam im Rahmen des von ihnen geschlossenen Vertrags über gegenseitiges Verständnis, Kooperation und gute Nachbarschaft erarbeitet haben. Es ist vielmehr festzustellen, dass die Umsetzung des ungarischen Statusgesetzes dem Absatz 2 und dem Absatz 5 der Präambel und den Bestimmungen aus Art. 1 (2), Art. 2 (1), Art. 3 (1) Satz 1, Art. 14 und dem Art. 15 (1) b) dieses Vertrags zuwiderläuft. Bezüglich des Art. 15 (8) ist festzustellen, dass dieser in Bezug auf das ungarische Statusgesetz gar nicht einschlägig ist.

Möglicherweise könnte sich aber auch an dieser Stelle durch das "Memorandum of Understanding between the Government of the Republic of Hungary and the Government of Romania concerning the Law on Hungarians Living in Neighbouring Countries and Issues of Bilateral Co-operation" eine Vereinbarkeit zwischen dem ungarischen Statusgesetz und dem Prinzip der Nichtdiskriminierung herstellen lassen. In Punkt I. 2. des Memorandums wird klargestellt, dass allen rumänischen Bürgern ohne Rücksicht auf ihre ethnische Herkunft die gleichen Bedingungen und die gleiche Behandlung in Bezug auf eine Beschäftigung auf der Basis einer Arbeitserlaubnis im Staatsgebiet Ungarns zugestanden wird. Die Arbeitserlaubnis soll nach den generellen Bestimmungen für eine Arbeitsautorisation für ausländische Bürger in Ungarn ausgegeben werden. Wird die Arbeitserlaubnis nur für ein Maximum von drei Mo-

750) S.o. Kapitel II, B., S. 36.
751) S.o. Kapitel III, B., II., 2., a., (1), (b), ((1)), ((iv)), S. 155.
752) S.o. Kapitel III, B., II., 2., a., (1), (b), ((1)), S. 141.

naten pro Kalenderjahr ausgestellt, so besteht die Möglichkeit ihrer Verlängerung, und die rumänischen Staatsbürger genießen auf dem ungarischen Territorium folgende Vergünstigungen: Die auf dem ungarischen Staatsgebiet auf der Basis irgendeines ArbeitsVertrags arbeitenden rumänischen Staatsbürger haben das Recht, sich bei öffentlichen unterstützenden Organisationen zu bewerben, die zu dem Zweck errichtet worden sind, die Kosten für die im Voraus selbst bezahlten Dienste der Gesundheitsfürsorge zu ersetzen. In einem Briefwechsel (1. Woche im Januar 2002) werden die beiden Parteien Zusätze zur "Übereinkunft für Saisonarbeiter" einbeziehen. Diese Zusätze sollen sich auf weitere Vorteile beziehen, die man sich gegenseitig für den Fall gewährt, dass die Arbeitserlaubnis nur für drei Monate gilt und nicht für sechs, wie in der "Übereinkunft für Saisonarbeiter" vorgesehen. Eine wechselseitige Verpflichtung zur Nichtdiskriminierung aus ethnischen Gründen während der Durchführung der Übereinkunft soll ebenfalls einbezogen werden.[753] Der Punkt I. 3. des Memorandums stellt fest, dass den rumänischen Staatsbürgern nicht-ungarischer ethnischer Identität kein Zertifikat ausgestellt werden soll und dass ihnen keine Vergünstigungen, die aufgrund des ungarischen Statusgesetzes gewährt werden, zukommen sollen.[754] Aus dem Punkt I. 3. des Memorandums lässt sich schlussfolgern, dass eine Vereinbarkeit des ungarischen Statusgesetzes mit dem Prinzip der Nichtdiskriminierung sich im Rahmen des zwischen Ungarn und Rumänien geschlossenen Memorandums nicht dadurch ergibt, dass die Bestimmungen des Statusgesetzes gemäß dem Memorandum auch auf die übrigen Staatsbürger Rumäniens ausgedehnt werden. Dadurch, dass den rumänischen Staatsbürgern allerdings dem Punkt I. 2. des Memorandums zufolge Vergünstigungen bzw. Unterstützungen in Bezug auf den Zugang zum ungarischen Arbeitsmarkt, in Bezug auf die Gewährung von Sozial- und Gesundheitsleistungen in Ungarn und in Bezug auf finanzielle Unterstützungen (ebenfalls in Ungarn) zugestanden werden, werden den rumänischen Staatsbürgern in Ungarn auch ohne Ungarnausweis Vergünstigungen und Unterstützungen gewährt, die den in dem ungarischen Statusgesetz festgelegten Zugeständnissen an die Angehörigen der nationalen ungarischen Minderheit in Rumänien sehr ähneln. Die in dem ungarischen Statusgesetz festgelegten Zugeständnisse gehen zwar über die den rumänischen Staatsbürgern nach Punkt I. 2. des Memorandums gewährten Vergünstigungen vom Umfang her hinaus (in dem ungarischen Statusgesetz werden den Angehörigen der nationalen ungarischen Minderheit in Rumänien noch weitere Vergünstigungen, v.a. im kulturellen und im Bildungsbereich, gewährt[755]). Da aber durch das Memorandum, das aufgrund von Initiativen der rumänischen Regierung abgeschlossen worden ist, alle diejenigen Punkte des ungarischen Statusgesetzes noch einmal genauestens betrachtet und überarbeitet wurden,

---

753) Punkt I. 2. des Memorandums lautet: "All Romanian citizens, notwithstanding their ethnic origin, will enjoy the same conditions and treatment in the field of employment on the basis of a work permit on the territory of the Republic of Hungary. Work permits shall be issued under the general provisions on the authorisation of employment of foreign citizens in Hungary. When work permits are issued for a maximum of three months per calendar year, there is the possibility of their prolongation and the Romanian citizens enjoy some facilities on the territory of the Republic of Hungary, which are the following:
Romanian citizens working on the territory of the Republic of Hungary on the basis of any type of contract of employment shall have the right to apply to the public benefit organisation established for this purpose for the reimbursement of the costs of self-pay health care services in advance.
By exchange of letters in the first week of January 2002, the Parties shall include amendments also in the Agreement on seasonal workers. These amendments shall concern supplementary advantages reciprocally granted in case the work permit is issued only for three months (and not for six months as provided in the Agreement on seasonal workers). A mutual obligation of non-discrimination on ethnic criteria during the implementation of the Agreement shall be also included."

754) Punkt I. 3. des Memorandums lautet: "The Romanian citizens of non-Hungarian ethnic identity shall not be granted any certificate and shall not be entitled to any benefits set forth by the Law on Hungarians Living in Neighbouring Countries."

755) S.o. Kapitel II, B., S. 36.

von denen sich Rumänien in seiner Souveränität und Unabhängigkeit beeinträchtigt sah[756] bzw. die Rumänien als eine Diskriminierung seiner Staatsbürger gegenüber den Angehörigen der ungarischen Nation empfand, ist davon auszugehen, dass die übrigen Vergünstigungen und Privilegien, die den Personen ungarischer Nationalität sowohl in Ungarn als auch in Rumänien aufgrund des ungarischen Statusgesetzes gewährt werden und die keine Entsprechung in dem Memorandum finden (z.B. Vergünstigungen im kulturellen und im Bildungsbereich), von Rumänien nicht als eine derart schwere Benachteilung seiner Staatsbürger angesehen werden, als dass sie einer Erwähnung in dem Memorandum wert sind. Dies bedeutet, dass die Bestimmungen des ungarischen Statusgesetzes, die von Rumänien als eine Diskriminierung seiner Staatsbürger angesehen wurden, durch das zwischen Ungarn und Rumänien vereinbarte Memorandum zwar nicht aufgehoben wurden, ihnen aber entsprechende, die rumänischen Staatsbürger in Ungarn begünstigende Klauseln in diesem Memorandum entgegengesetzt wurden. Damit ist der Verstoß des ungarischen Statusgesetzes gegen den Absatz 2 und den Absatz 5 der Präambel und die Bestimmungen aus Art. 1 (2), Art. 2 (1), Art. 3 (1) Satz 1, Art. 14 und Art. 15 (1) b) des ungarisch-rumänischen Vertrags über gegenseitiges Verständnis, Kooperation und gute Nachbarschaft – und der daraus resultierende Verstoß gegen das Prinzip der Nichtdiskriminierung – in Bezug auf die rumänischen Staatsbürger als nicht mehr existent zu betrachten.

Zu bedenken ist allerdings, dass das ungarische Statusgesetz nicht nur die rumänischen Staatsangehörigen diskriminiert, sondern auch die in Rumänien ansässigen Angehörigen anderer Minderheiten als der nationalen ungarischen Minderheit und die in Ungarn lebenden ungarischen Staatsangehörigen.[757] Da davon auszugehen ist, dass die Angehörigen anderer (nicht nationaler ungarischer) Minderheiten in Rumänien in der Regel die rumänische Staatsangehörigkeit besitzen (wie auch die Angehörigen der nationalen ungarischen Minderheit), erhalten auch sie – ebenso wie die restlichen rumänischen Staatsbürger – die den rumänischen Staatsbürgern – wie zuvor dargelegt – durch das Memorandum gewährten Vergünstigungen. Die Diskriminierung der in Ungarn lebenden ungarischen Staatsangehörigen aufgrund des ungarischen Statusgesetzes findet allerdings im Rahmen des zwischen Ungarn und Rumänien geschlossenen Memorandums keine Berücksichtigung. Dies liegt zum einen daran, dass Ungarn selbst nicht der Ansicht ist, dass das ungarische Statusgesetz überhaupt zu einer Diskriminierung führt (und erst recht nicht zu einer Diskriminierung der ungarischen Staatsbürger).[758] Zum anderen geht die Verabschiedung des Memorandums auf Initiativen Rumäniens zurück, was zeigt, dass Ungarn keine diesbezüglichen Ambitionen hegte. Es würde aber auch einen Widerspruch darstellen, wenn Ungarn als der Staat, der das Statusgesetz erlassen hat, später im Rahmen einer von Rumänien in Angriff genommenen "Nachbesserung" dieses Gesetzes sich selbst und auch Rumänien eingestehen würde, dass das Gesetz nicht optimal ist, indem es ebenfalls ergänzende Regelungen innerhalb dieses Memorandums träfe. Aus diesem Grund ist von ungarischer Seite aus keine den rumänischen Klauseln vergleichbare Regelung im Memorandum aufgenommen worden. Es ist allerdings auch keine diesbezügliche innerstaatliche Regelung von Ungarn verabschiedet worden. Dies bedeutet, dass das zwischen Ungarn und Rumänien geschlossene Memorandum zwar die auf dem ungarischen Statusgesetz beruhende Diskriminierung gegenüber den Angehörigen der übrigen in Rumänien lebenden Minderheiten durch die entsprechenden Regelungen auszugleichen versucht, die Diskriminierung gegenüber den ungarischen Staatsangehörigen mangels einer (im Memorandum enthaltenen oder innerstaatlich verabschiedeten) Regelung von Seiten Ungarns aber erhalten bleibt.

---

756) S.o. Kapitel III, B., I., 3., a., S. 112.

757) S.o. Kapitel III, B., II., 2., a., (1), (b), ((1)), ((iv)), S. 155.

758) S.o. Kapitel II, C., S. 39.

Im Gegensatz zu dem Prinzip der territorialen Staatensouveränität sorgt das zwischen Ungarn und Rumänien verabschiedete Memorandum in Bezug auf das Prinzip der Nichtdiskriminierung – wie soeben dargelegt – nicht dafür, dass der Verstoß des ungarischen Statusgesetz gegen das letztgenannte Prinzip vollständig aufgehoben wird. Das Memorandum sorgt lediglich dafür, dass die Diskriminierung aufgrund des ungarischen Statusgesetzes gegenüber den rumänischen Staatsbürgern und den Angehörigen der anderen, nicht nationalen ungarischen Minderheiten, die meistens ebenfalls die rumänische Staatsangehörigkeit besitzen, zwar nicht aufgehoben wird, aber durch die Bestimmung in Punkt I. 2. des Memorandums für einen Ausgleich gesorgt wird. In Bezug auf die Diskriminierung der ungarischen Staatsangehörigen durch das ungarische Statusgesetz existiert allerdings weder eine ausgleichende Regelung in dem Memorandum noch eine ausgleichende innerstaatliche Bestimmung. Insofern bleibt die Diskriminierung gegenüber den ungarischen Staatsangehörigen aufgrund des ungarischen Statusgesetzes trotz des Abschlusses des Memorandums erhalten.

Möglicherweise lässt sich aber durch das am 23. September 2003 von Ungarn und Rumänien als Nachfolger des Memorandums unterzeichnete "Agreement between the Government of Romania and the Government of the Republic of Hungary"[759] ein noch über die Regelungen des Memorandums hinausgehendes Ergebnis in Bezug auf die Vereinbarkeit des ungarischen Statusgesetzes mit dem Prinzip der Nichtdiskriminierung im Rahmen des ungarisch-rumänischen Vertrags erzielen. Der Art. 1 des Übereinkommens entspricht fast wortwörtlich der Regelung des Punktes I. 3. des Memorandums, d.h., er legt fest, dass den rumänischen Staatsbürgern nicht-ungarischer ethnischer Identität kein Zertifikat ausgestellt werden soll und dass ihnen – auf dieser Basis – keine Vergünstigungen, die aufgrund des ungarischen Statusgesetzes gewährt werden, zukommen sollen.[760] Nach Art. 4 des Übereinkommens stellt Rumänien klar, dass die rumänischen Bürger, die in einer Grundschule oder einer weiterführenden Schule ungarisch lernen, sowie Studenten, die an höheren Bildungseinrichtungen in ungarischer Sprache studieren oder Kurse aus dem Bereich der ungarischen Kultur belegen, auf dem ungarischen Staatsgebiet Unterstützungen für ihre Studien auf der Grundlage ihres Schüler- bzw. Studentenstatus in Rumänien erhalten.[761] Entsprechend dem Art. 4 des Übereinkommens stellt Rumänien in Art. 5 des Übereinkommens klar, dass die rumänischen Staatsbürger, die in ungarische Sprache oder auf dem Gebiet der ungarischen Kultur in Grundschulen, weiterführenden Schulen und in höheren Bildungseinrichtungen unterrichten, auf dem ungarischen Staatsgebiet als Lehrer oder Professor Unterstützungen für ihre lehrende Tätigkeit auf der Grundlage ihres Lehrer- / Professorstatus in Rumänien erhalten.[762] In Art. 6 des Übereinkommens kommen die Vertragsparteien überein, dass die "Schule"-Stiftung, in Übereinstimmung mit der rumänischen Gesetzgebung im Wettbewerb Mittel auf der Grund-

---

759) S.o. Kapitel III, B., I., 3., a., S. 113.

760) Art. 1 des Übereinkommens lautet: "The Romanian citizens of non-Hungarian ethnic origin shall not be granted any Certificate and, on this basis, shall not be entitled to apply for any benefits set forth by the Law on Hungarians Living in Neighbouring Countries."

761) Art. 4 des Übereinkommens lautet: "The Romanian Party notes that Romanian citizens which are pupils in elementary schools and high-schools and learn in Hungarian language, as well as the students studying in Hungarian language in higher educational institutions or attend classes in the field of Hungarian culture may enjoy, on the territory of the Republic of Hungary, benefits for the support of their studies, on the basis of their pupil/student quality in Romania."

762) Art. 5 des Übereinkommens lautet: "The Romanian Party notes that Romanian citizens teaching in Hungarian language or in the field of Hungarian culture in elementary schools and high-schools or in higher educational institutions may enjoy, on the territory of the Republic of Hungary, benefits for teachers and professors for the support of their teaching activities, on the basis of their teacher/professor quality in Romania."

lage von Projekten und erzieherischem Nutzen zuteilt, und zwar als Stipendien an Bildungseinrichtungen oder an Privatpersonen auf der Grundlage der Nichtdiskriminierung.[763] In Art. 9 des Übereinkommens schließlich stimmt die Regierung der Republik Ungarn zu, dass den ungarischen Bürgern mit rumänischer ethnischer Herkunft, die in der Republik Ungarn leben, in Übereinstimmung mit der relevanten rumänischen Gesetzgebung in Bezug auf die Unterstützung der rumänischen Minderheiten, die außerhalb leben und auf der Grundlage der Gegenseitigkeit, der gleiche Grad an Möglichkeiten gewährt wird wie der Grad, der den rumänischen Bürgern mit ungarischer ethnischer Herkunft, die in Rumänien leben, in Übereinstimmung mit dem gesetzlichen Rahmen, der zwischen Rumänien und der Republik Ungarn diesbezüglich in Kraft ist, gewährt wird.[764] Bezogen auf das Prinzip der Nichtdiskriminierung werden die Regelungen des zwischen Ungarn und Rumänien vereinbarten Memorandums durch dieses Übereinkommen nicht – wie in Bezug auf das Prinzip der territorialen Staatensouveränität festgestellt – nur verschärft, wobei es zu keiner grundlegenden Abweichung des schon bei der Betrachtung des Memorandums erzielten Ergebnisses kommt. Das Übereinkommen stimmt in Bezug auf das Prinzip der Nichtdiskriminierung nur in seinem Art. 1, der dem Punkt I. 3. des Memorandums entspricht, mit dessen Regelungen überein. Im Gegensatz zu dem Memorandum sollen dem Übereinkommen zufolge Tätigkeiten und Engagement im kulturellen und im Bildungsbereich mit Vergünstigungen versehen werden. Zudem sollen den Angehörigen der nationalen rumänischen Minderheit in Ungarn die gleichen Vorteile gewährt werden wie den Angehörigen der nationalen ungarischen Minderheit in Rumänien. Diese Änderungen in dem Übereinkommen führen zu folgenden Konsequenzen: Da das Übereinkommen keine dem Punkt I. 2. des Memorandums vergleichbare Vorschrift enthält, wird einerseits bei Inkrafttreten des Übereinkommens keine Regelung mehr existieren, deren Ziel es ist, die Diskriminierung gegenüber den rumänischen Staatsbürgern und den Angehörigen anderer in Rumänien ansässigen Minderheiten aufgrund des ungarischen Statusgesetzes durch entsprechende Ausgleichsregelungen zu minimieren. Andererseits sorgen die Regelungen des Übereinkommens dafür, dass die Diskriminierung gegenüber einem Teil der ungarischen Staatsbürger, nämlich gegenüber den Angehörigen der nationalen rumänischen Minderheit, die – wie soeben dargelegt – nicht durch die Bestimmungen des Memorandums bedacht wurden, durch dem Statusgesetz ähnliche Regelungen auszugleichen versucht wird.
Bezogen auf das Prinzip der Nichtdiskriminierung führt das Übereinkommen demnach dazu, dass die bewiesene Diskriminierung aufgrund des ungarischen Statusgesetzes gegenüber den rumänischen Staatsbürgern in Rumänien und den ebenfalls in Rumänien lebenden Angehörigen anderer Minderheiten, die nach dem Memorandum durch ähnliche Bestimmungen ausgeglichen werden sollen, im Rahmen des Übereinkommens mangels einer dem Memorandum entsprechenden Bestimmung wieder zum Tragen kommt, dafür aber bei der ebenfalls bewiesenen Diskriminierung aufgrund des ungarischen Statusgesetzes gegenüber den Angehörigen der nationalen rumänischen Minderheit (also einem Teil der ungarischen Bevölkerung) durch eine entsprechende Bestimmung in dem Übereinkommen für einen Ausgleich gesorgt wird. Insofern wird daher auch durch das Übereinkommen der Verstoß des ungarischen Statusge-

[763]) Art. 6 des Übereinkommens lautet: "The Parties convened that the „School" Foundation, in conformity with the Romanian legislation, distributes, by contest, on the basis of projects, educational benefits, for educational institutions or for individuals for the purpose of scholarships, on a non-discriminatory basis."

[764]) Art. 9 des Übereinkommens lautet: "The Government of the Republic of Hungary agrees that the Hungarian citizens of Romanian ethnic origin living in the Republic of Hungary shall be granted, in accordance with the Romanian relevant legislation regarding the support for the Romanian minorities living abroad and on the basis of reciprocity, the same level of facilities as those granted to Romanian citizens of Hungarian ethnic origin living in Romania, in accordance with the legal framework in force between Romania and the Republic of Hungary on this matter."

setz gegen das letztgenannte Prinzip nicht vollständig aufgehoben. Es wird vielmehr wiederum nur ein teilweiser Ausgleich der Diskriminierungen aufgrund des ungarischen Statusgesetzes erreicht.

Insgesamt lässt sich somit feststellen, dass das ungarische Statusgesetz weder mit dem ungarisch-rumänischen Vertrag allein noch mit diesem einschließlich seiner Modifizierungen, d.h. dem Memorandum und dem Übereinkommen, in Einklang zu bringen ist. Anders als bei der Prüfung der Vereinbarkeit des ungarischen Statusgesetzes mit dem Prinzip der territorialen Staatensouveränität bewirken die Modifizierungen des Vertrags in Bezug auf das Prinzip der Nichtdiskriminierung nicht die Vereinbarkeit des ungarischen Statusgesetzes mit diesem Prinzip. Die Vereinbarkeit des ungarischen Statusgesetz mit dem Prinzip der Nichtdiskriminierung lässt sich somit nicht durch den ungarisch-rumänischen Vertrag und dessen Modifizierungen rechtfertigen.

(2) Vertrag zwischen Ungarn und der Slowakei

Der zwischen Ungarn und der Slowakei am 19. März 1995 geschlossene Vertrag über gutnachbarschaftliche Beziehungen und freundschaftliche Kooperation ("Treaty on Good-neighbourly Relations and Friendly Co-operation between the Republic of Hungary and the Slovak Republic") bezieht sich in den Absätzen 3 und 5 seiner Präambel, dem Art. 2, dem Art. 14 und dem Art. 15 (2) (b) und (4) (b) auf das Prinzip der Nichtdiskriminierung.
In dem Absatz 3 der Präambel des ungarisch-slowakischen Vertrags bestätigen die Vertragsparteien, dass der Respekt vor den Menschenrechten und Grundfreiheiten und den demokratischen Prinzipien, der Rechtsstaatlichkeit und der Menschlichkeit sowie deren Implementierung die Grundlage für Freiheit, Gerechtigkeit und Frieden darstellen.[765]
Wie bereits dargelegt, bringen Ungarn und die Slowakei in dem Absatz 5 der Präambel des ungarisch-slowakischen Vertrags zum Ausdruck, dass sie sich bei dem Verfassen dieses Vertrags von den Prinzipien, die in der Charta der Vereinten Nationen, der Helsinki-Schlussakte, der Pariser Charta für ein Neues Europa und weiteren Dokumenten der OSZE festgelegt sind, haben leiten lassen.[766]
Art. 2 des ungarisch-slowakischen Vertrags verlangt von den Vertragsparteien, dass sie sowohl in ihren gegenseitigen Beziehungen als auch in ihren Beziehungen mit anderen Staaten die generell anerkannten Prinzipien und Normen des internationalen Rechts, genauer gesagt die Prinzipien, die in der Charta der Vereinten Nationen, der Helsinki-Schlussakte, der Pariser Charta für ein Neues Europa und weiteren Dokumenten der OSZE festgelegt sind, respektieren.[767]
Nach Art. 14 des ungarisch-slowakischen Vertrags sollen die Vertragsparteien das Klima der Toleranz und des Verständnisses zwischen ihren Staatsangehörigen unterschiedlicher ethnischer, religiöser, kultureller und sprachlicher Herkunft fördern. In Übereinstimmung mit ihren Verpflichtungen nach dem internationalen Recht sollen die Vertragsparteien den gleichen und wirksamen Schutz der Rechte aller in ihrem Territorium ansässigen Personen unabhängig von

[765]) Der Absatz 3 der Präambel des Vertrags lautet: "The Republic of Hungary and the Slovak Republic, .., Confirming that respect for, and implementation of human rights and fundamental freedoms and the principles of democracy, the rule of law and humanism constitute the basis of freedom, justice and peace; …"
[766]) Bzgl. des Absatzes 5 der Präambel des Vertrags: s.o. Kapitel III, B., I., 3., b., S. 114.
[767]) Bzgl. des Art. 2 des Vertrags: s.o. Kapitel III, B., I., 3., b., S. 114.

ihrer Rasse, Hautfarbe, ihres Geschlechts, ihrer Sprache und ihrer religiösen, politischen oder anderen Überzeugung oder ihrer nationalen oder sozialen Herkunft sicherstellen.[768]
In Art. 15 (2) (b) des ungarisch-slowakischen Vertrags bestätigen die Vertragsparteien, dass sie bei dem Schutz der nationalen Minderheiten und den Rechten der Angehörigen dieser Minderheiten u.a. von dem Prinzip geleitet werden, dass alle Angehörigen nationaler Minderheiten vor dem Gesetz gleich sind und gleichen Schutz durch das Gesetz genießen. In dieser Hinsicht ist jede Diskriminierung verboten, die auf der Zugehörigkeit zu einer nationalen Minderheit basiert.[769]
Nach Art. 15 (4) (b) des ungarisch-slowakischen Vertrags erklären die Vertragsparteien, dass, um die Rechte der Angehörigen der ungarischen Minderheit in der Slowakischen Republik und die Rechte der slowakischen Minderheit in Ungarn zu verteidigen, die Normen und politischen Verpflichtungen, die in dem Kopenhagener Abschlussdokument zur menschlichen Dimension der KSZE vom 29. Juni 1990, der UN-Minderheitendeklaration und der Empfehlung 1201 (1993) der Parlamentarischen Versammlung des Europarates, die sich mit der Achtung der individuellen Menschenrechte und der bürgerlichen Rechte, einschließlich der Rechte der Angehörigen nationaler Minderheiten beschäftigt, niedergelegt sind, als gesetzliche Verpflichtungen für sie gelten.[770]
Durch das Vorliegen einer Diskriminierung, die auf dem ungarischen Statusgesetz beruht[771], kommt Ungarn seiner Verpflichtung aus dem Absatz 3 der Präambel des ungarisch-slowakischen Vertrags nicht nach. Denn das Verbot der Diskriminierung ist den Menschenrechten und Grundfreiheiten zuzuordnen[772], denen sich die Vertragsparteien nach diesem Absatz der Präambel des ungarisch-slowakischen Vertrags verpflichten.

Sowohl der Absatz 5 der Präambel als auch der Art. 2 des ungarisch-slowakischen Vertrags nehmen ausdrücklich nur auf die "Prinzipien" der Charta der Vereinten Nationen Bezug. Das Verbot der Diskriminierung zählt allerdings nicht zu den in Art. 2 der UN-Charta aufgelisteten Prinzipien der Vereinten Nationen, sondern es ist den in Art. 1 der UN-Charta aufgezählten Zielen zuzurechnen (genauer gesagt dem Art. 1 III der UN-Charta). Daher kann eine mögliche Vereinbarkeit des ungarischen Statusgesetzes mit diesen Bestimmungen nicht durch seine Vereinbarkeit mit den Prinzipien der Charta der Vereinten Nationen begründet werden.

---

768) Art. 14 des Vertrags lautet: "The Contracting Parties shall strengthen the climate of tolerance and understanding among their citizens of different ethnic, religious, cultural and linguistic origin. The Contracting Parties, in accordance with their obligations under international law, shall ensure equal and effective protection of rights of every person on their territories irrespective of race, skin colour, sex, language and religious, political or other conviction or national or social origin."

769) Art. 15 (2) (b) des Vertrags lautet: "The Contracting Parties, in protecting the national minorities and the rights of persons belonging to those minorities, are guided by the following principles: (...); all persons belonging to a national minority shall be equal before the law and have equal protection of the law. In this respect, any discrimination based on belonging to a national minority shall be prohibited; (...)."

770) Art. 15 (4) (b) des Vertrags lautet: "The Contracting Parties declare (...) that without prejudice to the content of the previous paragraph (a), they shall apply, in defending the rights of persons belonging to the Hungarian minority in the Slovak Republic and the Slovak minority in the Republic of Hungary, the norms and political commitments laid down in the following documents as legal obligations:
- Document of June 29, 1990 of the Copenhagen Meeting of the Conference of Human Dimension of the Conference on Security and Co-operation in Europe;
- Declaration 47/135 of the General Assembly of the United Nations on the Rights of Persons Belonging to National or Ethnic, Religious and Linguistic Minorities;
- Recommendation 1201 (1993) of the Parliamentary Assembly of the Council of Europe, respecting individual human and civil rights, including the rights of persons belonging to national minorities."

771) S.o. Kapitel III, B., II., 2., a., (1), (b), ((1)), ((iv)), S. 155.

772) S.o. Kapitel III, B., II., S. 129.

Sowohl der Absatz 5 der Präambel als auch der Art. 2 des ungarisch-slowakischen Vertrags beziehen sich aber nicht nur auf die Prinzipien der Charta der Vereinten Nationen, sondern auch auf die Prinzipien der Helsinki-Schlussakte, der Pariser Charta für ein Neues Europa und weiteren Dokumenten der OSZE. Wie bereits erwähnt, wird die Achtung der Menschenrechte und Grundfreiheiten, wozu das Verbot der Diskriminierung gehört[773], in dem siebten Prinzip der Helsinki-Schlussakte proklamiert.[774] Zu den weiteren Dokumenten der OSZE zählt u.a. auch das Kopenhagener Abschlussdokument über die menschliche Dimension der KSZE. Dass das ungarische Statusgesetz durch die von ihm hervorgerufene Diskriminierung gegen die Prinzipien der Menschenrechten und Grundfreiheiten verstößt, ist soeben dargelegt worden. Zudem ist die Unvereinbarkeit des ungarischen Statusgesetzes mit den Punkten 5.7, 5.9, 25.4, 31, 32.4, 33, 36 Absatz 2, 40.1 und 40.2 des Kopenhagener Abschlussdokuments über die menschliche Dimension der KSZE bewiesen worden.[775] Dies bedeutet, dass das ungarische Statusgesetz aufgrund dieses Verstoßes bzw. aufgrund dieser Unvereinbarkeit nicht mit dem Absatz 5 der Präambel und auch nicht mit dem Art. 2 des ungarisch-slowakischen Vertrags vereinbar ist. In Bezug auf Art. 2 des ungarisch-slowakischen Vertrags lässt sich diese Unvereinbarkeit auch damit erklären, dass dieser erfordert, dass das ungarische Statusgesetz zudem mit den generell anerkannten Prinzipien und Normen des internationalen Rechts in Einklang zu bringen ist. Wie schon dargelegt wurde, stellt die Respektierung des Verbots der Diskriminierung neben dem Prinzip der Freiheit das wichtigste menschenrechtliche Prinzip dar.[776] Als ein solches fällt das Prinzip der Nichtdiskriminierung insofern unter die in Art. 2 des ungarisch-slowakischen Vertrags erwähnten generell anerkannten Prinzipien und Normen des internationalen Rechts. Die durch das ungarische Statusgesetz hervorgerufene Diskriminierung, die zu einem Verstoß gegen das Prinzip der Nichtdiskriminierung führt, bewirkt daher zusätzlich die Unvereinbarkeit des Statusgesetzes mit Art. 2 des ungarisch-slowakischen Vertrags.

Der Art. 14 des ungarisch-slowakischen Vertrags verlangt von den Vertragsparteien, das Klima der Toleranz und des Verständnisses zwischen "ihren Staatsangehörigen" unterschiedlicher ethnischer, religiöser, kultureller und sprachlicher Herkunft zu fördern und den gleichen und wirksamen Schutz der Rechte aller in "ihrem Territorium ansässigen Personen" unabhängig von ihrer Rasse, Hautfarbe, ihres Geschlechts, ihrer Sprache und ihrer religiösen, politischen oder anderen Überzeugung oder ihrer nationalen oder sozialen Herkunft sicherzustellen. Wie bereits bewiesen, bezieht sich das ungarische Statusgesetz lediglich auf die in den Nachbarstaaten Ungarns lebenden Angehörigen der nationalen ungarischen Minderheit und nicht auf die in Ungarn ansässigen Angehörigen anderer Minderheiten.[777] Aus diesem Grund kommt das ungarische Statusgesetz seiner Verpflichtung aus dem Art. 14 des ungarisch-slowakischen Vertrags nicht nach und ist deshalb mit diesem nicht in Einklang zu bringen.

Der Art. 15 (2) (b) des ungarisch-slowakischen Vertrags ist in seiner Formulierung an den Art. 26 des IPBPR angelehnt. Dabei bezieht sich die nach Art. 15 (2) (b) des ungarisch-slowakischen Vertrags verbotene Diskriminierung im Gegensatz zu der nach Art. 26 IPBPR verbotenen Diskriminierung aber lediglich auf die Zugehörigkeit zu einer nationalen Minderheit und nicht auch auf die anderen in Art. 26 des IPBPR aufgeführten Kriterien. Entspre-

---

773) S.o. Kapitel III, B., II., S. 129.
774) S.o. Kapitel III, A., II., 2., S. 69.
775) S.o. Kapitel III, B., II., 2., b., (2), (a), S. 221.
776) S.o. Kapitel III, B., II., 1., a., S. 130.
777) S.o. Kapitel II, A., S. 36.

chend den obigen Ausführungen zu Art. 26 des IPBPR[778] betrifft das Recht auf Gleichheit vor dem Gesetz die Umsetzung des ungarischen Statusgesetzes, und das Recht auf gleichen Schutz durch das Gesetz betrifft den Erlass des ungarischen Statusgesetzes.
In Bezug auf das Recht auf Gleichheit vor dem Gesetz lässt sich – wie bereits erwähnt – anführen, dass die im Rahmen dieser Umsetzung getroffenen Entscheidungen nicht offensichtlich willkürlich sein dürfen, d.h., sie dürfen nicht jeglicher sachlichen Rechtfertigung entbehren.[779] In Anlehnung an die Ausführungen zu Art. 26 des IPBPR wäre dies in Bezug auf Art. 15 (2) (b) des ungarisch-slowakischen Vertrags vor allem – allerdings nicht ausschließlich – der Fall, wenn die Angehörigen nationaler Minderheiten aufgrund ihrer Zugehörigkeit zu einer nationalen Minderheit diskriminiert werden.[780] Durch Art. 1 des ungarischen Statusgesetzes kommt zum Ausdruck, dass die durch dieses Gesetz gewährten Vergünstigungen nur den in den Nachbarstaaten Ungarns lebenden Angehörigen der ungarischen Nation und ihren Ehegatten sowie den gemeinsamen minderjährigen Kindern zugute kommen. Dies bedeutet, dass durch das ungarische Statusgesetz eine Unterscheidung all der in Ungarn und seinen Nachbarstaaten lebenden Personen aufgrund ihrer Zugehörigkeit zur nationalen ungarischen Minderheit vorgenommen wird. Da es sich bei dieser Unterscheidung auch um eine Diskriminierung handelt[781], könnten die Voraussetzungen für Willkür erfüllt sein. Zu beachten ist aber, dass die Diskriminierung aufgrund des ungarischen Statusgesetzes nicht die Angehörigen der nationalen ungarischen Minderheit betrifft, sondern die ungarischen Staatsbürger, die Staatsbürger der an Ungarn angrenzenden Länder und die Angehörigen anderer in diesen Ländern lebenden Minderheiten. Die Angehörigen der nationalen ungarischen Minderheit werden vielmehr aufgrund ihrer Zugehörigkeit zu dieser nationalen Minderheit bevorzugt behandelt. Es werden somit nicht die Angehörigen der nationalen ungarischen Minderheit aufgrund ihrer Zugehörigkeit zu dieser Minderheit diskriminiert, sondern die eben genannten drei Personengruppen, die sowohl in Ungarn als auch in seinen Nachbarstaaten die Mehrheit der Bevölkerung darstellen, werden wegen ihrer Nicht-Zugehörigkeit zu dieser Minderheit diskriminiert. Es handelt sich demnach um eine sogenannte "umgekehrte Diskriminierung", die aber völkerrechtlich ebenfalls als Diskriminierung angesehen wird.[782] Da diese Diskriminierung – wenn auch nur indirekt – auf der (Nicht-) Zugehörigkeit zu einer nationalen Minderheit basiert, ist sie ebenfalls als eine Diskriminierung im Sinne des Satzes 2 des Art. 15 (2) (b) des ungarisch-slowakischen Vertrags anzusehen. An dem Nicht-Vorliegen dieses Kriteriums soll die Bejahung der Voraussetzungen der Willkür somit nicht scheitern. Auf der anderen Seite ist zu beachten, dass die Diskriminierung sich erst aus der Unverhältnismäßigkeit der auf dem ungarischen Statusgesetz basierenden Ungleichbehandlung ergibt. Das zuvor im Rahmen der sachlichen Begründbarkeit geprüfte Vorliegen von Willkür ist aus dem Grund, dass die Ungleichbehandlung auf objektiven und berechtigten Kriterien beruht und somit als sachlich gerechtfertigt anzusehen ist, zurückgewiesen worden.[783] Es ist daher davon auszugehen, dass das ungarische Statusgesetz aufgrund der Tatsache, dass die Ungleichbehandlung auf objektiven und berechtigten Kriterien basiert, nicht offensichtlich willkürlich ist. Demnach steht das ungarische Statusgesetz mit dem von Art. 15 (2) (b) des ungarisch-slowakischen Vertrags geforderten Recht auf Gleichheit vor dem Gesetz in Einklang.
In Bezug auf das Recht auf gleichen Schutz durch das Gesetz lässt sich zunächst – wie bereits erwähnt – anführen, dass dieses Recht sowohl negatorische als auch positive Aspekte enthält.

---

[778]) S.o. Kapitel III, B., II., 2., a., (7), S. 169.
[779]) S.o. Kapitel III, B., II., 2., a., (7), (b), ((1)), S. 173.
[780]) S.o. Kapitel III, B., II., 2., a., (7), (a), S. 169.
[781]) S.o. Kapitel III, B., II., 2., a., (1), (b), ((1)), ((b)), ((iv)), S. 155.
[782]) S.o. Kapitel III, B., II., 1., b., S. 134.
[783]) S.o. Kapitel III, B., II., 2., a., (1), (b), ((1)), ((b)), ((ii)), S. 146.

Dies kommt dadurch zur Geltung, dass neben diesem Recht auf gleichen Schutz durch das Gesetz auch noch das Diskriminierungsverbot und das Recht auf Diskriminierungsschutz umfasst werden, die aber alle drei eine Einheit bilden.[784] Insofern müsste das ungarische Statusgesetz mit allen drei Teilen vereinbar sein.

Es lässt sich feststellen, dass es sich bei der Diskriminierung aufgrund des ungarischen Statusgesetzes um eine Diskriminierung handelt, die sich nicht erst im Laufe der Umsetzung des Gesetzes ergeben hat, sondern die beim Erlass des Gesetzes schon deutlich erkennbar war und durch die Umsetzung des Gesetzes lediglich in die Tat umgesetzt worden ist.[785] Dies bedeutet, dass der ungarische Gesetzgeber bei dem Erlass des Statusgesetzes seiner sich aus dem Art. 15 (2) (b) des ungarisch-slowakischen Vertrags ergebenden Verpflichtung zum gleichen Schutz durch das Gesetz nicht nachgekommen ist. Denn durch den Erlass des ungarischen Statusgesetzes hat er nicht jede Diskriminierung unterlassen.

Dadurch, dass das ungarische Statusgesetz selbst eine diskriminierende Wirkung entfaltet und sich demnach nicht als ein besonderes Gesetz darstellt, das Diskriminierungen verbietet, kommt der ungarische Gesetzgeber durch den Erlass des Statusgesetzes auch dem in Art. 15 (2) (b) des ungarisch-slowakischen Vertrags verankerten Verbot der Diskriminierung nicht nach. Dass es sich in diesem Fall nicht um die Diskriminierung der Angehörigen einer nationalen Minderheit aufgrund ihrer Zugehörigkeit zu dieser nationalen Minderheit handelt, sondern vielmehr eine Diskriminierung der ungarischen Staatsbürger, der Staatsbürger der an Ungarn angrenzenden Länder und der Angehörigen anderer in diesen Ländern lebenden Minderheiten, und somit der Mehrheitsbevölkerung der betreffenden Länder, aufgrund ihrer Nicht-Zugehörigkeit zu dieser nationalen Minderheit vorliegt, ist nicht weiter von Bedeutung, da auch die "umgekehrte Diskriminierung" als völkerrechtliche Diskriminierung anzusehen ist.

Im Rahmen des von dem Recht auf gleichen Schutz durch das Gesetz nach Art. 15 (2) (b) des ungarisch-slowakischen Vertrags auch umfassten Rechts auf Diskriminierungsschutz können die durch das ungarische Statusgesetz den Angehörigen der ungarischen Minderheit in den an Ungarn angrenzenden Staaten gewährten Vergünstigungen auch nicht als positive staatliche Gewährleistungsmaßnahmen aufgefasst werden. Dies ist ebenfalls mit der zuvor dargelegten Begründung zurückzuweisen. Denn es ist auch an dieser Stelle nicht ersichtlich, dass die aufgrund des ungarischen Statusgesetzes bevorzugten Personengruppen, die zwar Minderheiten angehören, im Vergleich zu Angehörigen anderer Minderheiten besonders schlecht behandelt und demnach besonders stark diskriminiert werden. Zudem ist auch an dieser Stelle zu verneinen, dass es sich bei den durch das ungarische Statusgesetz gewährten Vergünstigungen um positive Gewährleistungsmaßnahmen im Sinne einer positiven Diskriminierung handelt.[786] Insofern steht das ungarische Statusgesetz auch nicht in Einklang mit dem nach Art. 15 (2) (b) des ungarisch-slowakischen Vertrags vom ungarischen Gesetzgeber geforderten Schutz gegen Diskriminierungen.

Es lässt sich folglich feststellen, dass das vom ungarischen Gesetzgeber erlassene Statusgesetz zwar mit dem Recht auf Gleichheit vor dem Gesetz in Einklang zu bringen ist, nicht aber mit dem Recht auf gleichen Schutz durch das Gesetz. Ungarn kommt demnach mit dem Statusgesetz seiner sich aus Art. 15 (2) (b) des ungarisch-slowakischen Vertrags ergebenden Verpflichtung zur Gewährleistung materieller Gleichheit im Wege der Gesetzgebung nicht nach.

---

[784]) S.o. Kapitel III, B., II., 2., a., (7), (a), S. 170.

[785]) S.o. Kapitel III, B., II., 2., a., (7), (b), ((2)), S. 175.

[786]) S.o. Kapitel III, B., II., 2., a., (7), (b), ((2)), S. 175.

Dadurch, dass das ungarische Statusgesetz weder mit den entsprechenden Bestimmungen des Kopenhagener Abschlussdokuments zur menschlichen Dimension der KSZE (nämlich mit den Punkten 5.7, 5.9, 25.4, 31, 32.4, 33, 36, 40.1 und 40.2)[787] noch mit den entsprechenden Bestimmungen der UN-Minderheitendeklaration (nämlich mit den Absätzen 1, 3, 4, 5 und 6 der Präambel, dem Art. 1 I und II, dem Art. 2 I und V, dem Art. 3 I und II, dem Art. 4 I, II, III, IV und V und dem Art. 8 IV)[788] in Bezug auf das Prinzip der Nichtdiskriminierung vereinbar ist, kommt Ungarn seiner nach Art. 15 (4) (b) des ungarisch-slowakischen Vertrags abgegebenen gesetzlichen Verpflichtung nicht nach. Mit der Empfehlung 1201 (1993) hat die Parlamentarische Versammlung des Europarates einen Vorschlag für den Text eines Zusatzprotokolls zur EMRK unterbreitet, der sich auf die Angehörigen der nationalen Minderheiten bezieht. Der Art. 4 dieser Empfehlung 1201 (1993) bestimmt, dass alle Angehörigen nationaler Minderheiten vor dem Gesetz gleich sein sollen und dass jede Diskriminierung, die auf der Zugehörigkeit zu einer nationalen Minderheit basiert, verboten sein soll.[789]
In Bezug auf das in Art. 4 der Empfehlung verankerte Recht auf Gleichheit vor dem Gesetz ist auf die eben gemachten Ausführungen zu Art. 15 (2) (b) des ungarisch-slowakischen Vertrags zu verweisen. Da sich die Grundvoraussetzungen nicht geändert haben, gilt das bereits Gesagte auch an dieser Stelle. Dies bedeutet, dass das ungarische Statusgesetz mit dem von Art. 4 dieser Empfehlung 1201 (1993) geforderten Recht auf Gleichheit vor dem Gesetz in Einklang steht.
Da der Art. 15 (4) (b) des ungarisch-slowakischen Vertrags die Normen und politischen Verpflichtungen des Kopenhagener Abschlussdokuments zur menschlichen Dimension der KSZE, der UN-Minderheitendeklaration und der Empfehlung 1201 (1993) der Parlamentarischen Versammlung des Europarates nicht durch eine alternative, sondern durch eine kumulative Aufzählung verbindet, ist für eine Vereinbarkeit des ungarischen Statusgesetzes mit diesem Artikel erforderlich, dass das Statusgesetz allen aufgezählten Normen und Verpflichtungen entspricht. Die teilweise Vereinbarkeit des Statusgesetzes mit dem Art. 4 der Empfehlung 1201 (1993) sorgt demnach nicht für die Vereinbarkeit des ungarischen Statusgesetzes mit dem Art. 15 (4) (b) des ungarisch-slowakischen Vertrags. Es überwiegt vielmehr die Tatsache, dass das ungarische Statusgesetz weder mit den entsprechenden Bestimmungen des Kopenhagener Abschlussdokuments zur menschlichen Dimension der KSZE noch mit den entsprechenden Bestimmungen der UN-Minderheitendeklaration in Bezug auf das Prinzip der Nichtdiskriminierung vereinbar ist. Eine Vereinbarkeit des ungarischen Statusgesetzes mit dem Art. 15 (4) (b) des ungarisch-slowakischen Vertrags ist somit nicht gegeben.

Festzustellen ist somit, dass auch der von Ungarn und der Slowakei erarbeitete und unterzeichnete Vertrag über gut-nachbarschaftliche Beziehungen und freundschaftliche Kooperation den Erlass sowie die auf dem Erlass des ungarischen Statusgesetzes beruhende Umsetzung desselben auf dem slowakischen Staatsgebiet nicht rechtfertigen kann. Genau wie in dem Fall des ungarisch-rumänischen Vertrags läuft das ungarische Statusgesetz – im Rahmen der Prüfung seiner Vereinbarkeit mit dem Prinzip der Nichtdiskriminierung – auch dem ungarisch-slowakischen Vertrag, insbesondere den Absätzen 3 und 5 seiner Präambel, dem Art. 2, dem Art. 14 und dem Art. 15 (2) (b) und (4) (b), zuwider.
Im Gegensatz zu dem zwischen Ungarn und Rumänien geschlossenen Vertrag, der später durch das Memorandum (und daran anschließend durch das Übereinkommen) ergänzt worden

---

787) S.o. Kapitel III, B., II., 2., b., (2), (a), S. 221.

788) S.o. Kapitel III, B., II., 2., a., (9), S. 183.

789) Art. 4 der Empfehlung 1201 (1993) der Parlamentarischen Versammlung des Europarates lautet: "All persons belonging to a national minority shall be equal before the law. Any discrimination based on membership of a national minority shall be prohibited."

ist, kann der ungarisch-slowakische Vertrag den Abschluss eines derartigen Zusatzes (noch) nicht vorweisen. Da aber dieser Zusatz in Bezug auf das Prinzip der Nichtdiskriminierung auch bei dem ungarisch-rumänischen Vertrag nicht zur Vereinbarkeit mit dem ungarischen Statusgesetz geführt hat, zeigt sich, dass der Verstoß des ungarischen Statusgesetzes gegen diese Bestimmungen des ungarisch-slowakischen Vertrags nicht einfach durch eine derartige zusätzliche zwischenstaatliche Vereinbarung aufgehoben werden kann. Insofern kann man auch nicht sagen, dass es dem ungarisch-slowakischen Vertrags zur Vereinbarkeit mit dem ungarischen Statusgesetz lediglich an dem ungarisch-rumänische Vertrag entsprechenden Modifizierungen mangelt.

(3) Verträge zwischen Ungarn und Kroatien

Mit Kroatien hat Ungarn die bereits erwähnten zwei Verträge geschlossen: Am 16. Dezember 1992 unterzeichneten die Republik Ungarn und die Republik Kroatien den Vertrag über freundschaftliche Beziehungen und Kooperation ("Treaty between the Republic of Hungary and the Republic of Croatia on Friendly Relations and Co-operation") und am 05. April 1995 haben Ungarn und Kroatien das Übereinkommen über den Schutz der ungarischen Minderheit in der Republik Kroatien und der kroatischen Minderheit in der Republik Ungarn ("Convention between the Republic of Hungary and the Republic of Croatia on the protection of the Hungarian minority in the Republic of Croatia and the Croatian minority in the Republic of Hungary") geschlossen.

(a) Vertrag zwischen Ungarn und Kroatien

Der Vertrag zwischen Ungarn und Kroatien nimmt in seinem Art. 1 (2), dem Art. 2 Absatz 2, 3 und 5 und dem Art. 17 (1) und (2) Satz 3 Bezug auf das Prinzip der Nichtdiskriminierung.

Nach Art. 1 (2) des ungarisch-kroatischen Vertrags sollen sich die Vertragsparteien um die Errichtung eines Europas bemühen, in dem die Menschenrechte und die Grundrechte, einschließlich der Rechte der Minderheiten sowie die grundlegenden demokratischen Prinzipien und die Rechtsstaatlichkeit respektiert werden und in dem die Grenzen ihren trennenden Charakter aufgrund des gegenseitigen Verständnisses und des Rückgangs der wirtschaftlichen und sozialen Unterschiede verlieren.[790]

Der Art. 2 des ungarisch-kroatischen Vertrags erwartet von den Vertragsparteien, dass sie sich bei der Entwicklung ihrer Beziehungen und bei Fragen in Bezug auf Frieden, Sicherheit und europäische Kooperation an die folgenden Prinzipien halten:

- Nach Absatz 2 sollen sie im Einklang mit dem internationalen Recht, insbesondere im Einklang mit der UN-Charta, der Helsinki-Schlussakte, der Pariser Charta für ein Neues Europa und den anderen Dokumenten der KSZE, handeln.
- Absatz 3 gebietet, dass sie die anderen Prinzipien, das Verbot der Drohung mit oder des Gebrauch von Gewalt, die territoriale Integrität und die politische Unabhängigkeit respektieren sollen und dass sie keine Handlungen vornehmen sollen, die nicht mit

[790]) Art. 1 (2) des Vertrags lautet: "The Contracting Parties shall strive for the establishment of a Europe in which human rights and fundamental liberty rights, including the rights of minorities, and the basic principles of democracy and the rule of law are respected and in which borders lose their dividing nature due to mutual understanding and the abatement of economic and social differences."

den Zielen und Prinzipien der UN-Charta oder der Helsinki-Schlussakte vereinbar sind.[791]

- Nach Absatz 5 verurteilen sie schließlich, in Übereinstimmung mit ihren internationalen Verpflichtungen, Totalitarismus, Rassenhass und Hass zwischen ethnischen Gruppen, Antisemitismus, Fremdenfeindlichkeit, Diskriminierung gegenüber Minderheiten und die Verfolgung aufgrund von religiösen oder ideologischen Gründen.[792]

Der Absatz 1 des Art. 17 des ungarisch-kroatischen Vertrags besagt, dass die Vertragsparteien die gesetzlichen Verpflichtungen des Kopenhagener Abschlussdokuments zur menschlichen Dimension der KSZE vom 29. Juni 1990 und die Standards, die in anderen KSZE-Dokumenten betreffend des Schutzes nationaler Minderheiten festgelegt sind, annehmen sollen.[793]

Nach dem Absatz 2 Satz 3 des Art. 17 des ungarisch-kroatischen Vertrags haben die Angehörigen der ungarischen Minderheit in der Republik Kroatien und die Angehörigen der kroatischen Minderheit in der Republik Ungarn das Recht, wirksam ihre Menschenrechte und Grundfreiheiten ohne jede Diskriminierung und in vollständiger Gleichheit vor dem Gesetz auszuüben.[794]

Von der von Art. 1 (2) des ungarisch-kroatischen Vertrags geforderten Respektierung der Menschenrechte und Grundfreiheiten wird auch – als eines der wichtigsten menschenrechtlichen Prinzipien[795] – das Prinzip der Nichtdiskriminierung erfasst. Der Verstoß des ungarischen Statusgesetzes gegen dieses Prinzip[796] bewirkt somit, dass das Statusgesetz der Forderung des Art. 1 (2) des ungarisch-kroatischen Vertrags nicht nachkommt und demnach auch nicht im Einklang mit diesem steht.

Sowohl der Absatz 2 als auch der Absatz 3 des Art. 2 des ungarisch-kroatischen Vertrags setzen voraus, dass die Handlungen der Vertragsstaaten mit (den Zielen und Prinzipien) der UN-Charta vereinbar sind. Das Prinzip gehört zu den in Art. 1 (genauer: Art 1 III) der UN-Charta festgelegten Zielen. Eine Vereinbarkeit des ungarischen Statusgesetzes mit dem Art. 1 III und dem Art. 55 c) der UN-Charta ist bereits verneint worden.[797] Daneben beziehen sich diese beiden Absätze des Art. 2 des ungarisch-kroatischen Vertrags auch noch auf die Prinzipien der Helsinki-Schlussakte, auf die Pariser Charta für ein Neues Europa und auf weitere Dokumente der OSZE. Wie bereits erwähnt, wird die Achtung der Menschenrechte und Grundfreiheiten, wozu das Verbot der Diskriminierung gehört[798], in dem siebten Prinzip der Helsinki-Schlussakte proklamiert.[799] Zu den weiteren Dokumenten der OSZE zählt u.a. auch das Ko-

---

791) Bzgl. der Abs. 2 und 3 des Art. 2 des Vertrags: s.o. Kapitel III, B., I., 3., c., (1), S. 116.

792) Art. 2 Absatz 5 des Vertrags lautet: " The Contracting Parties shall adhere to the following principles in developing their relations and issues of peace, security and European co-operation:
- They condemn, in accordance with their international obligations, totalitarianism, racial hatred and hatred between ethnic groups, anti-Semitism, xenophobia, discrimination against minorities and persecution for religious and ideological reasons."

793) Art. 17 Absatz 1 des Vertrags lautet: "The Contracting Parties shall adopt the legal obligations of the Document of the Copenhagen Meeting on the Human Dimension of the CSCE of 29 June 1990 and the standards laid down in other CSCE documents on the protection of national minorities."

794) Art. 17 Absatz 2 Satz 3 des Vertrags lautet: "They have the rights to effectively exercise their human rights and fundamental freedoms without any discrimination and in full equality before the law."

795) S.o. Kapitel III, B., II., 1., a., S. 130.

796) S.o. Kapitel III, B., II., 2., a., (1), (b), ((1)), ((iv)), S. 155.

797) S.o. Kapitel III, B., II., 2., a., (1), S. 155.

798) S.o. Kapitel III, B., II., S. 129.

799) S.o. Kapitel III, A., II., 2., S. 69.

penhagener Abschlussdokument über die menschliche Dimension der KSZE. Dass das ungarische Statusgesetz durch die von ihm hervorgerufene Diskriminierung gegen die Prinzipien der Menschenrechten und Grundfreiheiten verstößt, ist soeben dargelegt worden. Zudem ist die Unvereinbarkeit des ungarischen Statusgesetzes mit den Punkten 5.7, 5.9, 25.4, 31, 32.4, 33, 36 Absatz 2, 40.1 und 40.2 des Kopenhagener Abschlussdokuments über die menschliche Dimension der KSZE nachgewiesen worden.[800] Dies bedeutet, dass das ungarische Statusgesetz aufgrund dieses Verstoßes bzw. aufgrund dieser Unvereinbarkeit nicht mit den Absätzen 2 und 3 des Art. 2 des ungarisch-kroatischen Vertrags vereinbar ist.
Nach Absatz 5 des Art. 2 des ungarisch-kroatischen Vertrags verurteilen die Vertragsparteien u.a. die Diskriminierung von Minderheiten. Die bereits bewiesene Diskriminierung bezieht sich zwar hauptsächlich auf die Staatsangehörigen Ungarns und die Staatsangehörigen der Nachbarländer Ungarns, die beide in ihrem Staat die Mehrheit bilden. Daneben besteht aber auch noch eine Diskriminierung gegenüber den Angehörigen anderer, in den Nachbarstaaten Ungarns lebender Minderheiten.[801] Auch wenn einerseits die Angehörigen anderer, in den an Ungarn angrenzenden Ländern lebenden Minderheiten meist die Staatsbürgerschaft dieses Landes besitzen und somit auch zu den Staatsbürgern dieses Landes zu zählen sind, so bilden sie andererseits dennoch zusätzlich eine Minderheit, die durch das ungarische Statusgesetz diskriminiert wird. Insofern ist das ungarische Statusgesetz auch nicht mit dem Absatz 5 des Art. 2 des ungarisch-kroatischen Vertrags zu vereinbaren, da es eine Diskriminierung einer Minderheit bewirkt.
Da die Unvereinbarkeit des ungarischen Statusgesetzes mit den das Prinzip der Nichtdiskriminierung betreffenden Bestimmungen des Kopenhagener Abschlussdokuments (Punkte 5.7, 5.9, 25.4, 31, 32.4, 33, 36 Absatz 2, 40.1 und 40.2) bereits erörtert worden ist[802], kann auch die nach Art. 17 Absatz 1 des ungarisch-kroatischen Vertrags geforderte Annahme dieser gesetzlichen Verpflichtungen den Erlass und die Umsetzung des ungarischen Statusgesetzes nicht rechtfertigen.

Das Verbot der Diskriminierung in dem Absatz 2 Satz 3 des Art. 17 des ungarisch-kroatischen Vertrags, der sich lediglich auf die Angehörigen der ungarischen Minderheit in der Republik Kroatien und die Angehörigen der kroatischen Minderheit in der Republik Ungarn bezieht und nur darum bemüht ist, diesen Personen das Recht zuzubilligen, wirksam ihre Menschenrechte und Grundfreiheiten ohne jede Diskriminierung und in vollständiger Gleichheit vor dem Gesetz auszuüben, ist ausschließlich auf dieses Recht der Minderheitenangehörigen ausgerichtet und nicht allgemein gehalten. Da das ungarische Statusgesetz lediglich den in den Nachbarländern Ungarns lebenden Angehörigen der nationalen ungarischen Minderheit Vergünstigungen gewährt, die die Nachteile, die ihre Minderheitenstellung mit sich bringt, minimieren sollen[803], bewegt es sich im Rahmen des Absatzes 2 Satz 3 des Art. 17 des ungarisch-kroatischen Vertrags. Die Konzentrierung des Verbots der Diskriminierung durch Absatz 2 Satz 3 des Art. 17 des ungarisch-kroatischen Vertrags auf die Angehörigen der ungarischen Minderheit in der Republik Kroatien und die Angehörigen der kroatischen Minderheit in der Republik Ungarn führt demnach dazu, dass das ungarische Statusgesetz mit dieser Vorschrift in Einklang zu bringen ist. Die auf dem ungarischen Statusgesetz beruhende Diskriminierung der ungarischen Staatsangehörigen, der Staatsangehörigen der an Ungarn angrenzenden Länder und der weiteren, in diesen Ländern ansässigen Minderheiten kommt bei

---

[800]) S.o. Kapitel III, B., II., 2., b., (2), (a), S. 221.
[801]) S.o. Kapitel III, B., II., 2., a., (1), (b), ((1)), ((a)), S. 141.
[802]) S.o. Kapitel III, B., II., 2., b., (2), (a), S. 221.
[803]) S.o. Kapitel II, A., S. 36.

der Prüfung der Vereinbarkeit des ungarischen Statusgesetzes mit dem Prinzip der Nichtdiskriminierung im Rahmen des Absatz 2 Satz 3 des Art. 17 des ungarisch-kroatischen Vertrags nicht zum Tragen.
Festzustellen ist daher, dass das ungarische Statusgesetz zwar mit dem Absatz 2 Satz 3 des Art. 17 des ungarisch-kroatischen Vertrags in Einklang zu bringen ist, allerdings gegen die Bestimmungen aus Art. 1 (2), Art. 2 Absatz 2, 3 und 5 sowie Art. 17 (1) dieses ungarisch-kroatischen Vertrags verstößt. Für eine Vereinbarkeit des ungarischen Statusgesetzes mit dem von Ungarn und Kroatien erarbeiteten und unterzeichneten Vertrag über freundschaftliche Beziehungen und Kooperation ist allerdings die Übereinstimmung des Statusgesetz mit Absatz 2 Satz 3 des Art. 17 nicht ausreichend. Das Statusgesetz müsste vielmehr mit allen Vorschriften des Vertrags in Einklang zu bringen sein. Da dies aber aufgrund des Verstoßes des Statusgesetzes gegen Art. 1 (2), Art. 2 Absatz 2, 3 und 5 sowie Art. 17 (1) dieses ungarisch-kroatischen Vertrags nicht der Fall ist, kann der Erlass sowie die auf dem Erlass des ungarischen Statusgesetzes beruhende Umsetzung desselben auch auf dem kroatischen Staatsgebiet nicht gerechtfertigt werden.

Im Gegensatz zu dem zwischen Ungarn und Rumänien geschlossenen Vertrag, der später durch das Memorandum (und daran anschließend durch das Übereinkommen) ergänzt worden ist, kann ähnlich wie der ungarisch-slowakische Vertrag auch der ungarisch-kroatische Vertrag den Abschluss eines derartigen Zusatzes (noch) nicht vorweisen. Da aber dieser Zusatz in Bezug auf das Prinzip der Nichtdiskriminierung auch bei dem ungarisch-rumänischen Vertrag nicht zur Vereinbarkeit mit dem ungarischen Statusgesetz geführt hat, zeigt sich, dass der Verstoß des ungarischen Statusgesetzes gegen diese Bestimmungen des ungarisch-kroatischen Vertrags nicht einfach durch eine derartige zusätzliche zwischenstaatliche Vereinbarung aufgehoben werden kann. Insofern kann man auch nicht sagen, dass es dem ungarisch-kroatischen Vertrag zur Vereinbarkeit mit dem ungarischen Statusgesetz lediglich an den dem ungarisch-rumänischen Vertrag entsprechenden Modifizierungen mangelt.

(b) Übereinkommen zwischen Ungarn und Kroatien

Das Übereinkommen zwischen Ungarn und Kroatien, das sich – im Gegensatz zu den bisher untersuchten Verträgen zwischen Ungarn und Rumänien, der Slowakei und auch Kroatien – ausschließlich dem Schutz der jeweils betroffenen Minderheiten widmet und nicht allgemein auf die Verbesserung der freundschaftlichen Beziehungen gerichtet ist, nimmt in dem Absatz 4 seiner Präambel – wie schon gezeigt – auf die Prinzipien Bezug, die in internationalen Dokumenten zu den Menschenrechten und den Grundfreiheiten sowie zum Minderheitenschutz niedergelegt sind. Innerhalb der Aufzählung dieser Dokumente werden neben der bereits erwähnten Charta der Vereinten Nationen, der UN-Minderheitendeklaration, dem Kopenhagener Abschlussdokument zur menschlichen Dimension, dem Rahmenübereinkommen zum Schutz nationaler Minderheiten und der Minderheitensprachencharta auch noch die – bereits auf ihre Vereinbarkeit mit dem Prinzip der Nichtdiskriminierung hin überprüfte – Allgemeine Erklärung der Menschenrechte, der Internationale Pakt über bürgerliche und politische Rechte, die Europäische Menschenrechtskonvention und die Empfehlungen der Parlamentarischen Versammlung des Europarates, insbesondere die Empfehlung 1201 (1993), in der Präambel des ungarisch-kroatischen Übereinkommens ausdrücklich genannt.[804]

[804]) S.o. Kapitel III, B., I., 3., c., (2), S. 118; Der entsprechende Part des Absatzes 4 der Präambel des Übereinkommens lautet: "The Republic of Hungary and the Republic of Croatia, ..., starting from the

Darüber hinaus widmet sich die gesamte Konvention dem Schutz der ungarischen Minderheit in Kroatien bzw. der kroatischen Minderheit in Ungarn. Um für diesen Schutz zu sorgen, enthält sie Bestimmungen, die darauf gerichtet sind, die Kultur, Sprache, Religion und Identität zu bewahren, Organisationen zu unterstützen, die bereits bestehende Bildungseinrichtungen fördern bzw. neue errichten, kulturelle und bildungsbezogene Zentren zu gründen, den freien Gebrauch der Muttersprache zu ermöglichen, den Empfang von muttersprachlichen Informationen durch die Massenmedien zu garantieren, Unterstützung in Bezug auf die Errichtung von Kirchen und in Bezug auf wissenschaftliche Nachforschungen zu gewähren, grenzübergreifend mit dem jeweils betroffenen Nachbarstaat zu kooperieren, die Minderheiten durch eine angemessene Beteiligung in ihre innerstaatliche Gesetzgebung einzubauen und den Minderheiten den freien Kontakt mit den Mitgliedern "ihrer" Nation zu ermöglichen (was womöglich den Abschluss neuer Verträge erfordert). Im Rahmen dieser Bestimmungen enthält keiner der Artikel des Übereinkommens einen direkten Bezug zu dem Diskriminierungsverbot.

Dadurch, dass die Präambel des ungarisch-kroatischen Übereinkommens in ihrem vierten Absatz von den Vertragsstaaten Ungarn und Kroatien verlangt, dass sie mit diesem Übereinkommen an die Prinzipien anknüpfen, die in den soeben aufgezählten (u.a.) internationalen Dokumenten zu den Menschenrechten und den Grundfreiheiten sowie zum Minderheitenschutz niedergelegt sind, lässt sich im Rahmen der Prüfung der Vereinbarkeit des ungarischen Statusgesetzes mit der Präambel des ungarisch-kroatischen Übereinkommens nur auf bereits vorgenommene Darlegungen verweisen. In diesen ist nämlich bereits ausgiebig erörtert worden, dass die Respektierung des Verbots der Diskriminierung neben dem Prinzip der Freiheit das wichtigste menschenrechtliche Prinzip darstellt und dass diese Respektierung insofern als ein generell anerkanntes Prinzip des internationalen Rechts zu charakterisieren ist.[805] Als ein solches Prinzip wird das Diskriminierungsverbot auch explizit in der Allgemeinen Erklärung der Menschenrechte (Art. 2 und 7 der AEMR), dem Internationalen Pakt über bürgerliche und politische Rechte (Art. 2 I, 3, 26 und 27 des IPBPR), der UN-Minderheitendeklaration (Absatz 1, 3, 4, 5 und 6 der Präambel, Art. 1 I und II, 2 I und V, 3 I und II, 4 I, II, III, IV und V und 8 IV der Deklaration), der Europäischen Menschenrechtskonvention (Art. 14 der EMRK), dem Rahmenübereinkommen zum Schutz nationaler Minderheiten (Art. 4 der Rahmenkonvention), der Minderheitensprachencharta (Art. 7 II der Charta), dem Kopenhagener Abschlussdokument zur menschlichen Dimension (Punkte 5.7, 5.9, 25.4, 31, 32.4, 33, 36, 40.1 und 40.2 des Abschlussdokuments) und der Empfehlung 1201 (1993) (Art. 4 der Empfehlung) erwähnt. In Bezug auf die Charta der Vereinten Nationen ist bereits festgestellt worden, dass das Diskriminierungsverbot nicht zu den in Art. 2 der UN-Charta aufgelisteten Prinzipien zählt, sondern dass es vielmehr den in Art. 1 der UN-Charta (genauer: in Art. 1 III der UN-

---

principles laid down in international documents on human rights and fundamental freedoms as well as on the protection of minorities, with special regard to the following:

- the UN Charter, the Universal Declaration of Human Rights, ..., the International Covenant on Civil and Political Rights, ..., the Declaration of the Rights of Persons Belonging to National or Ethnic, Religious and Linguistic Minorities,
- the relevant documents adopted within the CSCE process, particularly the Document of the Copenhagen Meeting of the Conference of the Human Dimension of the CSCE in 1990, ...,
- the Council of Europe Convention for the Protection of Human Rights and Fundamental Freedoms, the European Charter for Regional or Minority Languages, the Framework Convention for the Protection of National Minorities as well as the recommendations of the Parliamentary Assembly of the Council of Europe, particularly the recommendation 1201 (1993), ..."

[805]) S.o. Kapitel III, B., II., 1., a., S. 130.

Charta) niedergelegten Zielen der Vereinten Nationen zuzurechnen ist.[806] Da sich das ungarisch-kroatische Übereinkommen in dem Absatz 4 der Präambel allerdings nur auf die "Prinzipien", die in internationalen Dokumenten niedergeschrieben sind, bezieht, kommen die "Prinzipien" der UN-Charta in Bezug auf das Prinzip der Nichtdiskriminierung nicht in Betracht. Alle weiteren eben aufgeführten internationalen Dokumente, die von dem Absatz 4 der Präambel des ungarisch-kroatischen Übereinkommens erwähnt werden, sind bereits negativ auf ihre Vereinbarkeit mit dem ungarischen Statusgesetz im Rahmen des Prinzips der Nichtdiskriminierung überprüft worden.[807] Dies bedeutet, dass das ungarisch-kroatische Übereinkommen, indem es in dem Absatz 4 der Präambel des ungarisch-kroatischen Übereinkommens an die in den internationalen Dokumenten festgelegten Prinzipien, zu denen auch das Prinzip der Nichtdiskriminierung zählt, anknüpft, sich auf Bestimmungen bezieht, die nicht mit dem ungarischen Statusgesetz in Einklang zu bringen sind. Da die Präambel als Auslegungshilfe bei der Inhaltsbestimmung des Übereinkommens heranzuziehen ist[808], ist in Bezug auf das ungarisch-kroatische Übereinkommen davon auszugehen, dass es, trotz der Tatsache, dass weder in der Präambel noch in den Artikeln des Übereinkommens das Diskriminierungsverbot direkt erwähnt wird, auch dem Prinzip der Nichtdiskriminierung verpflichtet ist. Diese Verpflichtung führt dazu, dass das ungarische Statusgesetz mit dem ungarisch-kroatischen Übereinkommen nicht vereinbar ist, da sich die bewiesene Unvereinbarkeit des Statusgesetzes mit den von dem Absatz 4 der Präambel des ungarisch-kroatischen Übereinkommens erwähnten internationalen Dokumenten, die sich mit dem Prinzip der Nichtdiskriminierung beschäftigen, durch die Anknüpfung des Übereinkommens an diese Prinzipien auch auf die Vereinbarkeit des ungarischen Statusgesetzes mit dem ungarisch-kroatischen Übereinkommen überträgt.

Zusätzlich lässt sich anführen, dass sich – ähnlich wie bei der Prüfung der Vereinbarkeit des ungarischen Statusgesetzes mit dem Prinzip der territorialen Staatensouveränität im Rahmen des ungarisch-kroatischen Übereinkommens – die Frage nach der Vereinbarkeit des Statusgesetzes mit dem Prinzip der Nichtdiskriminierung im Rahmen dieses Übereinkommens auch nur stellt, weil sowohl der Erlass als auch die Umsetzung des ungarischen Statusgesetzes zu einer Diskriminierung der ungarischen Staatsbürger, der Staatsbürger der Nachbarstaaten, die nicht die ungarische Nationalität besitzen, und der weiteren in diesen Ländern lebenden Minderheiten führen. Ob eine solche Diskriminierung mit dem bilateralen völkerrechtlichen Minderheitenschutz vereinbar ist oder nicht, kann allerdings nur dann geklärt werden, wenn zwischen zwei (benachbarten) Staaten eine Regelung besteht, die sich mit den aus der Nachbarschaft ergebenden Rechte und Pflichten, dem gegenseitigen Respekt und dem Verhalten dem Vertragspartner gegenüber befasst. Bei all den in dem ungarisch-kroatischen Übereinkommen ausgearbeiteten Bestimmungen handelt es sich aber um solche Bestimmungen, in denen Ungarn und Kroatien den Minderheiten des jeweils anderen Staates auf ihrem eigenen Staatsgebiet (teilweise auch grenzüberschreitend) bestimmte Unterstützungen und Rechte zusichern.

---

806) S.o. Kapitel III, B., II., 2., a., (1), (a), S. 138.

807) Bzgl. der AEMR: s.o. Kapitel III, B., II., 2., a., (3) und (4), S. 156 ff.
Bzgl. des IPBPR: s.o. Kapitel III, B., II., 2., a., (5) – (8), S. 158 ff.
Bzgl. der UN-Minderheitendeklaration: s.o. Kapitel III, B., II., 2., a., (9), S. 183.
Bzgl. der EMRK: s.o. Kapitel III, B., II., 2., b., (1), (a), S. 185 ff.
Bzgl. des Rahmenübereinkommens: s.o. Kapitel III, B., II., 2., b., (1), (c), S. 207.
Bzgl. der Europäischen Charta der Regional- und Minderheitensprachen: s.o. Kapitel III, B., II., 2., b., (1), (d), S. 208.
Bzgl. des Kopenhagener Abschlussdokuments: s.o. Kapitel III, B., II., 2., b., (2), (a), S. 221.
Bzgl. der Empfehlung 1201 (1993): s.o. Kapitel III, B., II., 2., c., (2), S. 236.

808) S.o. Kapitel III, B., II., 2., a., (9), (b), S. 180.

Das Übereinkommen ist gegenüber den bereits betrachteten Verträgen Ungarns mit Rumänien, der Slowakei und Kroatien, die sich mit den gut-nachbarschaftlichen Beziehungen und der gegenseitige Kooperation befassen, sehr viel spezieller, da es sich hauptsächlich mit der Verwirklichung des gegenseitig anerkannten, innerstaatlichen Minderheitenschutzes beschäftigt. Zwar bildet auch bei dem ungarischen Statusgesetz der Schutz von Minderheiten den Schwerpunkt, doch kann dieses gerade in Bezug auf die Prüfung seiner Vereinbarkeit mit dem Prinzip der Nichtdiskriminierung nicht durch ein derart spezielles Abkommen des bilateralen völkerrechtlichen Minderheitenschutzes gerechtfertigt werden. Dafür bedürfte es vielmehr der schon beschriebenen allgemeineren Regelungen über die sich aus der Nachbarschaft ergebenden Rechte und Pflichten, die gegenseitige Achtung und das Verhalten dem Vertragspartner gegenüber. Aus diesem Grund erübrigt sich auch die Frage der Vereinbarkeit des ungarischen Statusgesetzes mit dem ungarisch-kroatischen Übereinkommen.

Auch wenn festgestellt worden ist, dass das ungarische Statusgesetz mit dem Absatz 4 der Präambel des ungarisch-kroatischen Übereinkommens nicht vereinbar ist und es daher gegen das Prinzip der Nichtdiskriminierung verstößt, ist diese Feststellung im Hinblick darauf, dass das gesamte Statusgesetz durch dieses Übereinkommen aufgrund seiner Spezialisierung auf die Verwirklichung des gegenseitig anerkannten, innerstaatlichen Minderheitenschutzes nicht gerechtfertigt werden kann, irrelevant. Für eine Prüfung der Vereinbarkeit des ungarischen Statusgesetzes mit dem Prinzip der Nichtdiskriminierung im Rahmen des bilateralen völkerrechtlichen Minderheitenschutzes ist das vorliegende Übereinkommen zwischen Ungarn und Kroatien somit ungeeignet.

(c) Zusammenfassung

Zusammenfassend kommt man daher zu dem Ergebnis, dass das ungarische Statusgesetz mit den Bestimmungen von beiden von Ungarn mit Kroatien geschlossenen Verträgen, die sich auf das Prinzip der Nichtdiskriminierung beziehen, nicht in Einklang zu bringen ist. In Bezug auf den Vertrag zwischen Ungarn und Kroatien ist ein Verstoß des Statusgesetzes gegen den Art. 1 (2), Art. 2 Absatz 2, 3 und 5 sowie Art. 17 (1) dieses Vertrags festgestellt worden. In Bezug auf das ungarisch-kroatische Übereinkommen musste man erkennen, dass das gesamte Statusgesetz durch dieses Übereinkommen aufgrund seiner Spezialisierung auf die Verwirklichung des gegenseitig anerkannten, innerstaatlichen Minderheitenschutzes nicht gerechtfertigt werden kann.

(4) Übereinkommen zwischen Ungarn und Slowenien

Die Republik Ungarn und die Republik Slowenien haben am 06. November 1992 das Übereinkommen über die Zuerkennung von speziellen Rechten für die slowenische Minderheit, die in Ungarn lebt, und für die ungarische Minderheit, die in Slowenien ansässig ist ("Convention on providing special rights for the Slovenian minority living in the Republic of Hungary and for the Hungarian minority living in the Republic of Slovenia") unterzeichnet. Ähnlich wie bei dem Übereinkommen zwischen Ungarn und Kroatien handelt es sich auch bei diesem Übereinkommen um ein Abkommen, das ausschließlich den jeweils betroffenen Minderheiten spezielle Rechte zugesteht und nicht allgemein auf die Verbesserung der freundschaftlichen Beziehungen gerichtet ist.

In Bezug auf die Vereinbarkeit des ungarischen Statusgesetzes mit dem Prinzip der Nichtdiskriminierung ist vor allem die Präambel des ungarisch-slowenischen Übereinkommens von Bedeutung.
Ungarn und Slowenien bringen in dem Absatz 3 der Präambel des Übereinkommens zum Ausdruck, dass sie die Prinzipien der internationalen Dokumente, die die Rechte nationaler Minderheiten schützen, berücksichtigen. Dazu gehören nach ihrer Ansicht die Allgemeine Erklärung der Menschenrechte, der Internationale Pakt über bürgerliche und politische Rechte, der Internationale Pakt über wirtschaftliche, soziale und kulturelle Rechte, das Internationale Übereinkommen zur Beseitigung aller Formen der Rassendiskriminierung, das Übereinkommen über die Rechte des Kindes, die Helsinki-Schlussakte, die Pariser Charta für ein Neues Europa, die Dokumente der Treffen der Konferenz für eine menschliche Dimension der KSZE in Paris, Kopenhagen und Moskau, die Europäische Konvention zum Schutze der Menschenrechte und Grundfreiheiten sowie das Konzept der Europäischen Charta der Regional- und Minderheitensprachen.[809]
Darüber hinaus bezieht sich – ebenso wie in dem ungarisch-kroatischen Übereinkommen – keiner der Artikel des ungarisch-slowenischen Übereinkommen konkret auf das Verbot der Diskriminierung.

Im Gegensatz zu dem Absatz 4 der Präambel des ungarisch-kroatischen Übereinkommens ist in dem Absatz 3 der Präambel dieses ungarisch-slowenischen Übereinkommens nicht die Rede von den Prinzipien, die in internationalen Dokumenten zu den Menschenrechten und den Grundfreiheiten sowie zum Minderheitenschutz niedergeschrieben sind, sondern nur von den Prinzipien der internationalen Dokumente, die die nationalen Minderheiten schützen. Dadurch, dass die Respektierung des Verbots der Diskriminierung neben dem Prinzip der Freiheit das wichtigste menschenrechtliche Prinzip darstellt und sie insofern als ein generell anerkanntes Prinzip des internationalen Rechts zu charakterisieren ist[810], spielt dieser Unterschied in Bezug auf das Prinzip der Nichtdiskriminierung keine Rolle. Da der Begriff der "Prinzipien der internationalen Dokumente" allgemeiner gefasst ist als der Begriff der "Prinzipien, die in internationalen Dokumenten zu den Menschenrechten und den Grundfreiheiten sowie zum Minderheitenschutz niedergelegt sind", wird das Prinzip der Nichtdiskriminierung aufgrund seiner Unterordnung unter den letztgenannten spezielleren Begriff[811] nicht nur von dem Absatz 4 der Präambel des ungarisch-kroatischen Übereinkommens, sondern auch von dem Absatz 3 der Präambel des ungarisch-slowenischen Übereinkommens erfasst.

Dass in dem ungarisch-slowenischen Übereinkommen im Gegensatz zu dem ungarisch-kroatischen Übereinkommen bei der Aufzählung der betroffenen Dokumente die Charta der Vereinten Nationen nicht erwähnt wird, ist für die Vereinbarkeit des ungarischen Statusgesetzes mit dem Prinzip der Nichtdiskriminierung im Rahmen dieses Übereinkommens ebenfalls nicht relevant. Da nämlich das Diskriminierungsverbot nicht zu den in Art. 2 der UN-Charta aufgelisteten Prinzipien zählt, sondern da es vielmehr den in Art. 1 der UN-Charta (genauer: in Art. 1 III der UN-Charta) niedergelegten Zielen der Vereinten Nationen zuzurechnen ist[812], kommen die "Prinzipien" der UN-Charta in Bezug auf das Prinzip der Nichtdiskriminierung nicht in Betracht. Die von Ungarn und Slowenien durch Absatz 3 der Präambel des ungarisch-slowenischen Übereinkommens geforderte Berücksichtigung der Prinzipien der internationa-

[809]) Bzgl. des Absatzes 3 der Präambel des Übereinkommens: s.o. Kapitel III, B., I., 3., d., S. 120.
[810]) S.o. Kapitel III, B., II., 1., a., S. 130.
[811]) S.o. Kapitel III, B., II., 2., c., (3), (b), S. 241.
[812]) S.o. Kapitel III, B., II., 2., a., (1), (a), S. 138.

len Dokumente bezieht sich vielmehr auf die anderen erwähnten internationalen Dokumente. Von den eben aufgeführten internationalen Dokumenten, die von dem Absatz 3 der Präambel des ungarisch-slowenischen Übereinkommens erwähnt werden, sind die AEMR (Art. 2 und 7 der AEMR), der IPBPR (Art. 2 I, 3, 26 und 27 des IPBPR), die EMRK (Art. 14 der EMRK), die Minderheitensprachencharta (Art. 7 II der Charta) und das Kopenhagener Abschlussdokument zur menschlichen Dimension (Punkte 5.7, 5.9, 25.4, 31, 32.4, 33, 36, 40.1 und 40.2 des Abschlussdokuments) bereits mit negativem Ergebnis auf ihre Vereinbarkeit mit dem ungarischen Statusgesetz im Rahmen des Prinzips der Nichtdiskriminierung überprüft worden.[813] Dies bedeutet, dass das ungarisch-slowenische Übereinkommen, indem es in dem Absatz 3 seiner Präambel an die in den internationalen Dokumenten festgelegten Prinzipien, zu denen auch das Prinzip der Nichtdiskriminierung zählt, anknüpft, sich auf Bestimmungen bezieht, die nicht mit dem ungarischen Statusgesetz in Einklang zu bringen sind. Da die Präambel als Auslegungshilfe bei der Inhaltsbestimmung des Übereinkommens heranzuziehen ist[814], ist in Bezug auf das ungarisch-slowenische Übereinkommen davon auszugehen, dass es, trotz der Tatsache, dass weder in der Präambel noch in den Artikeln des ungarisch-slowenischen Übereinkommens das Diskriminierungsverbot direkt erwähnt wird, auch dem Prinzip der Nichtdiskriminierung verpflichtet ist. Diese Verpflichtung führt dazu, dass das ungarische Statusgesetz mit dem ungarisch-slowenischen Übereinkommen nicht vereinbar ist, da sich die bewiesene Unvereinbarkeit des Statusgesetzes mit den von dem Absatz 3 der Präambel des ungarisch-slowenischen Übereinkommens erwähnten internationalen Dokumenten, die sich mit dem Prinzip der Nichtdiskriminierung beschäftigen, durch die Anknüpfung des Übereinkommens an diese Prinzipien auch auf die Vereinbarkeit des ungarischen Statusgesetzes mit dem ungarisch-slowenischen Übereinkommen auswirkt.

Zusätzlich lässt sich – genau wie in Bezug auf das ungarisch-kroatische Übereinkommen – anführen, dass auch das ungarisch-slowenische Übereinkommen – schon seinem Titel nach – ein auf die den jeweils anderen Minderheiten zu gewährenden besonderen Rechten spezialisiertes Abkommen darstellt. Damit allerdings die Vereinbarkeit des ungarischen Statusgesetzes mit dem Prinzip der Nichtdiskriminierung im Rahmen des ungarisch-slowenischen Übereinkommen beurteilt werden kann, bedarf es allgemeinerer Regelungen über die sich aus der Nachbarschaft ergebenden Rechte und Pflichten, die gegenseitige Achtung und das Verhalten dem Vertragspartner gegenüber.[815] Aus diesem Grund erübrigt sich auch die Frage der Vereinbarkeit des ungarischen Statusgesetzes mit dem ungarisch-slowenischen Übereinkommen.

Auch wenn festgestellt worden ist, dass das ungarische Statusgesetz mit dem Absatz 3 der Präambel des ungarisch-slowenischen Übereinkommens nicht vereinbar ist und es daher gegen das Prinzip der Nichtdiskriminierung verstößt, ist diese Feststellung im Hinblick darauf, dass das gesamte Statusgesetz durch dieses Übereinkommen aufgrund seiner Spezialisierung auf die Verwirklichung des gegenseitig anerkannten, innerstaatlichen Minderheitenschutzes nicht gerechtfertigt werden kann, irrelevant. Für eine Prüfung der Vereinbarkeit des ungarischen Statusgesetzes mit dem Prinzip der Nichtdiskriminierung im Rahmen des bilateralen

---

813) Bzgl. der AEMR: s.o. Kapitel III, B., II., 2., a., (3) und (4), S. 156 ff.
Bzgl. des IPBPR: s.o. Kapitel III, B., II., 2., a., (5) – (8), S. 158 ff.
Bzgl. der EMRK: s.o. Kapitel III, B., II., 2., b., (1), (a), S. 185 ff.
Bzgl. der Europäischen Charta der Regional- und Minderheitensprachen: s.o. Kapitel III, B., II., 2., b., (1), (d), S. 208.
Bzgl. des Kopenhagener Abschlussdokuments: s.o. Kapitel III, B., II., 2., b., (2), (a), S. 221.

814) S.o. Kapitel III, B., II., 2., a., (9), (b), S. 180.

815) S.o. Kapitel III, B., II., 2., c., (3), (b), S. 242.

völkerrechtlichen Minderheitenschutzes ist das vorliegende Übereinkommen zwischen Ungarn und Slowenien somit ungeeignet.

(5) Verträge zwischen Ungarn und der Ukraine

Mit der Ukraine hat Ungarn mittlerweile zwei Verträge geschlossen: Am 31. Mai 1991 unterzeichneten Ungarn und die Ukraine die Deklaration über die Grundsätze der Kooperation in Bezug auf die Zusicherung der Rechte von nationalen Minderheiten ("Declaration on the Principles of Cooperation between the Republic of Hungary and the Ukrainian Soviet Socialist Republic in Guaranteeing the Rights of National Minorities") und am 06. Dezember 1991 haben Ungarn und die Ukraine den Vertrag über die Grundlagen einer guten Nachbarschaft und einer Kooperation zwischen Ungarn und der Ukraine ("Treaty on the Foundations of Good-Neighbourliness and Co-operation between the Republic of Hungary and Ukraine") geschlossen.
Bei der Deklaration kann man feststellen, dass sie schon ihrem Titel nach nicht allgemein auf die Verbesserung der freundschaftlichen Beziehungen gerichtet ist, sondern dass bei ihr vielmehr das Wohlergehen der nationalen Minderheiten im Vordergrund steht. Der Vertrag stellt hingegen allgemeine Grundsätze auf und nimmt u.a. auch auf die ein halbes Jahr zuvor unterzeichnete Deklaration Bezug.

(a) Deklaration zwischen Ungarn und der Ukraine

Die Deklaration nimmt in dem Absatz 1 und 2 ihrer Präambel, dem Punkt 1 Satz 1, dem Punkt 3, dem Punkt 4, dem Punkt 15 und in dem Punkt 18 auf das Prinzip der Nichtdiskriminierung Bezug.
In dem Absatz 1 der Präambel der ungarisch-ukrainischen Deklaration bestärken Ungarn und die Ukraine als Vertragsparteien ihre Verpflichtung, die Bestimmungen der Charta der Vereinten Nationen, der Menschenrechtsdokumente der UNO, der Helsinki-Schlussakte und anderer Dokumenten der KSZE zu erfüllen.[816]
In dem Absatz 2 der Präambel der ungarisch-ukrainischen Deklaration betonen die Vertragsparteien ihr gemeinsames Ziel der Schaffung eines demokratischen Sozialsystems, das – im Rahmen der verfassungsrechtlichen Eigenstaatlichkeit – allen Bürgern das Recht zusichern soll, ihre grundlegenden Rechte und Freiheiten in vollem Umfang zu genießen, ihre rechtmäßigen Interessen und Bestrebungen, das Recht auf politischen Pluralismus, auf soziale Toleranz und auf Gleichheit vor dem Gesetz sowie auf legalen Schutz von Individuen und Gemeinschaften frei auszudrücken.[817]

---

[816]) Der Absatz 1 der Präambel der Deklaration lautet: "The Republic of Hungary and the Ukrainian Soviet Socialist Republic, ..., confirming their commitment to carry out the provisions of the United Nations Charter, the human rights documents of the UNO, the Helsinki Final Act and other documents from the Conference on Security and Cooperation in Europe; ...."

[817]) Der Absatz 2 der Präambel der Deklaration lautet: "The Republic of Hungary and the Ukrainian Soviet Socialist Republic, ..., stressing their common objective of creating a democratic social system which, within the framework of constitutional statehood, ensures to all citizens the rights to enjoy in full their basic rights and liberties, to freely express their lawful interests and endeavours, the rights to political pluralism, social tolerance and equality before the law, as well as to the legal protection of individuals and communities, ..."

Nach Punkt 1 Satz 1 der ungarisch-ukrainischen Deklaration müssen die Vertragsparteien die grundlegenden Rechte und Freiheiten der nationalen Minderheiten, die, sowohl allein als auch zusammen mit anderen Personen innerhalb ihrer Gruppe, einen integralen Teil ihrer Gesellschaft und ihrer Staates bilden, respektieren, einschließlich der Gleichheit vor dem Gesetz und der Nichtdiskriminierung, und sie sollen diese konstant fördern.[818]
Nach Punkt 3 der ungarisch-ukrainischen Deklaration sollen die Vertragsparteien, im Rahmen ihres Strebens nach Demokratie und verfassungsrechtlicher Eigenstaatlichkeit, in ihrer Politik die rechtmäßigen Interessen der nationalen Minderheiten beachten, und sie sollen politische, rechtliche und administrative Schritte unternehmen die darauf abzielen, angemessene Bedingungen für den Erhalt und die Verbesserung ihrer ethnischen, kulturellen, sprachlichen und religiösen Identität zu schaffen. Diese Maßnahmen sollen den Interessen der gesamten Gesellschaft dienen und dürfen nicht gegen die Rechte anderer Bürger verstoßen[819]
In Punkt 4 der ungarisch-ukrainischen Deklaration sichern die Vertragsstaaten den nationalen Minderheiten vor Gericht und vor anderen Formen Schutz gegen alle Aktivitäten, einschließlich Propaganda, zu, die ihre Existenz oder Identität gefährden könnten, und die zu Hass und Diskriminierung auf der Grundlage der Nationalität aufhetzen könnten oder dies fördern oder rechtfertigen könnten.[820]
Nach Punkt 15 der ungarisch-ukrainischen Deklaration sollen die Vertragsparteien jedem Bürger, unter ihnen auch den Angehörigen der nationalen Minderheiten, die Umsetzung von Aktivitäten, einschließlich Propaganda, verbieten, die zu Gewalt, Hass und Streitereien wegen nationaler Gründe aufhetzen.[821]
Der Punkt 18 der ungarisch-ukrainischen Deklaration stellt klar, dass keine der Bestimmungen dieser Deklaration in der Art und Weise interpretiert werden darf, als dass sie das Recht gewährt, Handlungen vorzunehmen, die den Zielen und Prinzipien der UN-Charta, anderen internationalen rechtlichen Verpflichtungen oder den Vorschriften der Helsinki-Schlussakte, einschließlich des Prinzips der territorialen Unverletzbarkeit der Staaten, widersprechen.[822]
Sowohl der Absatz 1 der Präambel als auch der Punkt 18 der ungarisch-ukrainischen Deklaration nehmen Bezug auf die Bestimmungen der Charta der Vereinten Nationen und andere Menschenrechtsdokumente. Anders als die beiden zuvor betrachteten Übereinkommen Ungarns mit Kroatien und Slowenien, zählen zu diesen Bestimmungen im Rahmen dieser Deklaration nicht nur die Prinzipien der UN-Charta, sondern auch deren Ziele. Darüber hinaus werden ebenfalls die in anderen internationalen rechtlichen Verpflichtungen niedergelegten Prinzipien erwähnt. Da das Prinzip der Nichtdiskriminierung zu den Zielen der UN-Charta (Art. 1 III der UN-Charta)[823] und zu den Prinzipien anderer internationaler menschenrechtlicher Ver-

---

[818]) Punkt 1 Satz 1 der Deklaration lautet: "The Parties are to respect the basic rights and liberties of the national minorities who constitute an integral part of their society and state, both individually and together with other persons within their groups, including equality before the law and non-discrimination, and shall consistently provide for the enforcement of these."

[819]) Punkt 3 der Deklaration lautet: "In their pursuit of democracy and constitutional statehood, the Parties shall take into consideration in their policies the lawful interests of the national minorities and take political, legal and administrative steps aimed at creating favourable conditions for the preservation and enhancement of their ethnic, cultural, linguistic and religious identity. These measures should serve the interests of the whole of society and must not infringe the rights of other citizens."

[820]) Punkt 4 der Deklaration lautet: "The Parties shall ensure to the national minorities protection in court and in other forms against all activities, including propaganda, which may jeopardize their existence or identity, and incite, promote or justify the advocacy of hatred and discrimination on grounds of nationality."

[821]) Punkt 15 der Deklaration lautet: "The Parties shall forbid every citizen, among them members of the national minorities, to perform activities, including propaganda, which incite violence, hatred and dissent on nationality grounds."

[822]) Bzgl. des Punktes 18 der Deklaration: s.o. Kapitel III, B., I., 3., e., (1), S. 122.

[823]) S.o. Kapitel III, B., II., 2., a., (1), (a), S. 138.

pflichtungen (der Allgemeinen Erklärung der Menschenrechte (Art. 2 und 7 der AEMR), dem Internationalen Pakt über bürgerliche und politische Rechte (Art. 2 I, 3, 26 und 27 des IPBPR), der UN-Minderheitendeklaration (Absatz 1, 3, 4, 5 und 6 der Präambel, Art. 1 I und II, 2 I und V, 3 I und II, 4 I, II, III, IV und V und 8 IV der Deklaration), der Europäischen Menschenrechtskonvention (Art. 14 der EMRK), dem Rahmenübereinkommen zum Schutz nationaler Minderheiten (Art. 4 des Übereinkommens), der Minderheitensprachencharta (Art. 7 II der Charta), dem Kopenhagener Abschlussdokument zur menschlichen Dimension (Punkte 5.7, 5.9, 25.4, 31, 32.4, 33, 36, 40.1 und 40.2 des Abschlussdokuments))[824] zu rechnen ist, nimmt auch die Deklaration durch den Absatz 1 der Präambel und durch der Punkt 18 der ungarisch-ukrainischen Deklaration indirekt Bezug auf dieses Prinzip.
Direkt beziehen sich der Punkt 1 Satz 1 (durch die Formulierung "einschließlich der Gleichheit vor dem Gesetz und der Nicht-Diskriminierung") und der Punkt 4 (durch die Formulierung "Diskriminierung auf der Grundlage der Nationalität") sowie der Absatz 2 der Präambel (durch die Formulierung "Gleichheit vor dem Gesetz") der ungarisch-ukrainischen Deklaration auf das Prinzip der Nichtdiskriminierung. Zwar ohne die ausdrückliche Erwähnung des Begriffs der "Diskriminierung", aber von der inhaltlichen Seite her betrachtet, nimmt auch der Punkt 15 der ungarisch-ukrainischen Deklaration Bezug auf dieses Prinzip.
Die bereits bejahte, sowohl auf dem Erlass als auch auf der Umsetzung des ungarischen Statusgesetzes beruhende Diskriminierung der ungarischen Staatsbürger, der Staatsbürger der Nachbarstaaten, die nicht die ungarische Nationalität besitzen, und der weiteren in diesen Ländern lebenden Minderheiten[825] führt dazu, dass das ungarische Statusgesetz nicht mit dem Absatz 1 der Präambel, dem Absatz 2 der Präambel, dem Punkt 1 Satz 1, dem Punkt 4, dem Punkt 15 und dem Punkt 18 der ungarisch-ukrainischen Deklaration in Einklang zu bringen ist.

Möglicherweise könnte das ungarische Statusgesetz aber unter die nach Punkt 3 Satz 1 der ungarisch-ukrainischen Deklaration zu ergreifenden politischen, rechtlichen oder administrativen Schritte zu subsumieren sein, die darauf abzielen, angemessene Bedingungen für den Erhalt und die Verbesserung der ethnischen, kulturellen, sprachlichen und religiösen Identität der nationalen Minderheiten zu schaffen. Dagegen sprechen allerdings zwei Argumente: Zum einen wird in Punkt 3 Satz 2 der ungarisch-ukrainischen Deklaration ausdrücklich darauf hingewiesen, dass diese Maßnahmen den Interessen der gesamten Gesellschaft dienen sollen und nicht gegen die Rechte anderer Bürger verstoßen dürfen. Wie bereits erörtert, werden nur die Angehörigen der nationalen ungarischen Minderheit in den an Ungarn angrenzenden Ländern durch das ungarische Statusgesetz begünstigt.[826] Dies bedeutet, dass die Regelungen des Statusgesetzes nicht den Interessen der gesamten Gesellschaft des jeweils betroffenen Nachbarstaates Ungarns dienen. Zudem führt das Statusgesetz zu einer Diskriminierung der ungarischen Staatsbürger, der Staatsbürger der Nachbarstaaten, die nicht die ungarische Nationalität besitzen, und der weiteren in diesen Ländern lebenden Minderheiten.[827] Da das Verbot der

---

[824]) Bzgl. der AEMR: s.o. Kapitel III, B., II., 2., a., (3) und (4), S. 156 ff.
Bzgl. des IPBPR: s.o. Kapitel III, B., II., 2., a., (5) – (8), S. 158 ff.
Bzgl. der UN-Minderheitendeklaration: s.o. Kapitel III, B., II., 2., a., (9), (c), S. 183.
Bzgl. der EMRK: s.o. Kapitel III, B., II., 2., b., (1), (a), S. 185 ff.
Bzgl. des Rahmenübereinkommens: s.o. Kapitel III, B., II., 2., b., (1), (c), S. 207.
Bzgl. der Europäischen Charta der Regional- und Minderheitensprachen: s.o. Kapitel III, B., II., 2., b., (1), (d), S. 208.
Bzgl. des Kopenhagener Abschlussdokuments: s.o. Kapitel III, B., II., 2., b., (2), (a), S. 221.

[825]) S.o. Kapitel III, B., II., 2., a., (1), (b), ((1)), ((iv)), S. 155

[826]) S.o. Kapitel II, A., S. 36.

[827]) S.o. Kapitel III, B., II., 2., a., (1), (b), ((1)), ((iv)), S. 155.

Diskriminierung zu den Rechten der anderen Bürger zählt, verletzt die Diskriminierung aufgrund des Statusgesetzes diese Rechte. Es ist somit festzustellen, dass das ungarische Statusgesetz nicht mit den Anforderungen des Satzes 2 des Punktes 3 der ungarisch-ukrainischen Deklaration zu vereinbaren ist. Zum anderen bekennen sich Ungarn und die Ukraine in dem Absatz 1 der Präambel und dem Punkt 18 der ungarisch-ukrainischen Deklaration zur Einhaltung des Prinzips der territorialen Unverletzlichkeit der Staaten. In diesem Sinne wäre es schwer nachvollziehbar und auch widersprüchlich, wenn einerseits von Punkt 3 Satz 1 der ungarisch-ukrainischen Deklaration länderübergreifende Unterstützungen der nationalen Minderheiten erfasst werden sollen, andererseits aber v.a. in Punkt 18 der ungarisch-ukrainischen Deklaration die Einhaltung des Prinzips der territorialen Unverletzlichkeit der Staaten gefordert wird. Um diesen Widerspruch zu vermeiden, ist davon auszugehen, dass derartige länderübergreifende Unterstützungen einer nationalen Minderheit, wie sie durch das ungarische Statusgesetz vorgenommen werden, nicht den von Punkt 3 der ungarisch-ukrainischen Deklaration erlaubten Maßnahmen zuzurechnen sind.
Diese beiden eben dargelegten Gründe können nur zur Folge haben, dass es trotz allem nicht möglich ist, das ungarische Statusgesetz mit dem Punkt 3 der ungarisch-ukrainischen Deklaration in Einklang zu bringen ist.

Wie auch bei den beiden zuvor untersuchten Übereinkommen Ungarns mit seinen Nachbarstaaten lässt sich auch in Bezug auf diese Deklaration feststellen, dass das ungarische Statusgesetz mit den Bestimmungen in dem Absatz 1 und 2 ihrer Präambel, dem Punkt 1 Satz 1, dem Punkt 3, dem Punkt 4, dem Punkt 15 und in dem Punkt 18 der ungarisch-ukrainischen Deklaration nicht vereinbar ist und es daher gegen das Prinzip der Nichtdiskriminierung verstößt.

Festzustellen ist aber, dass dies nicht allein ausschlaggebend ist. Bei der Betrachtung dieser Deklaration lässt sich nämlich erkennen, dass sie – ihrem Titel entsprechend – ausschließlich auf den Schutz und die Respektierung der Rechte der nationalen Minderheiten und auf die Verbesserung ihrer Situation in den betroffenen Staaten ausgerichtet ist. Insofern ist die Lage in Bezug auf die ungarisch-ukrainische Deklaration sowohl mit der Lage in Bezug auf das ungarisch-kroatische Übereinkommen[828] als auch in Bezug auf das ungarisch-slowenische Übereinkommen[829] vergleichbar: Auch die Deklaration ist auf die den jeweils anderen Minderheiten zu gewährenden speziellen Rechte spezialisiert, und sie enthält keine allgemeinen Regelungen über die sich aus der Nachbarschaft ergebenden Rechte und Pflichten, dem gegenseitigen Respekt und dem Verhalten dem Vertragspartner gegenüber. Die hat zur Folge, dass das ungarische Statusgesetz auch durch die ungarisch-ukrainische Deklaration nicht gerechtfertigt werden kann.
Die vorliegende Deklaration zwischen Ungarn und der Ukraine ist demnach für eine Prüfung der Vereinbarkeit des ungarischen Statusgesetzes mit dem Prinzip der Nichtdiskriminierung im Rahmen des bilateralen völkerrechtlichen Minderheitenschutzes aus den eben genannten Gründen nicht geeignet.

[828]) S.o. Kapitel III, B., II., 2., c., (3), (b), S. 242.
[829]) S.o. Kapitel III, B., II., 2., c., (4), S. 245.

(b) Vertrag zwischen Ungarn und der Ukraine

Der ungarisch-ukrainische Vertrag nimmt nicht direkt Bezug auf das Prinzip der Nichtdiskriminierung. Allerdings wird aber sowohl in den Absätzen 5 und 6 seiner Präambel als auch in seinem Art. 1 Satz 2 und seinem Art. 17 auf die Dokumente der KSZE bzw. auf das Prinzip der Menschenrechte und Grundfreiheiten hingewiesen, mit denen der ungarisch-ukrainische Vertrag zu vereinbaren sein muss.

In dem Absatz 5 der Präambel des ungarisch-ukrainischen Vertrags bestätigen die Vertragsparteien ihr Engagement, die Verpflichtungen, die in der Charta von Paris für ein Neues Europa und anderen KSZE-Dokumenten niedergelegt sind, und die zur Schaffung eines demokratischen, friedlichen und vereinten Europas beitragen, vollständig umzusetzen.[830]

In dem Absatz 6 der Präambel des ungarisch-ukrainischen Vertrags bestätigen die Vertragsparteien, dass die Beachtung der Menschenrechte und Grundfreiheiten eine wesentliche Bedingung für die Festigung von Frieden und Sicherheit ist.[831]

In Art. 1 Satz 2 des ungarisch-ukrainischen Vertrags stellen die Vertragsparteien klar, dass sie bei ihren Handlungen immer folgende Prinzipien berücksichtigen: die souveräne Gleichheit, den Nicht-Gebrauch von Drohungen mit oder die Anwendung von Gewalt, die Unverletzlichkeit der Grenzen, die territoriale Integrität, die friedliche Streitbeilegung, das Nicht-Eingreifen in interne Angelegenheiten, den Respekt vor den Menschenrechten und den Grundfreiheiten, die Gleichheit der Völker und die treue Erfüllung ihrer internationalen gesetzlichen Verpflichtungen der guten Nachbarschaft, der Partnerschaft und der Zusammenarbeit.[832]

Nach Art. 17 des ungarisch-ukrainischen Vertrags erklären die Vertragsparteien, in vollkommener Übereinstimmung mit der Charta von Paris für ein Neues Europa und anderen relevanten KSZE-Dokumenten, dass freundschaftliche Beziehungen zwischen ihren Völkern sowie Frieden, Gerechtigkeit, Stabilität und Demokratie es erfordern, dass den ethnischen, kulturellen, sprachlichen und religiösen Eigenschaften der nationalen Minderheiten gegenseitiger Schutz garantiert wird, und dass alle dafür erforderlichen Bedingungen getroffen werden sollen. Die Vertragsparteien sollen einzeln und zusammen Schritte zur Förderung der Umsetzung solcher Verpflichtungen treffen, die im Einklang stehen mit der Deklaration über die Grundsätze der Kooperation in Bezug auf die Zusicherung der Rechte von nationalen Minderheiten und dem daran angefügten Protokoll, die am 31. Mai 1991 unterzeichnet worden sind. In Bezug auf ihre internationalen Beziehungen sollen die Vertragsparteien sowohl unabhängig als auch gemeinsam Schritte zur Umsetzung der Bestimmungen internationaler Dokumente, die sich auf nationale Minderheiten beziehen, unternehmen.[833]

---

[830]) Der Absatz 5 der Präambel des Vertrags lautet: "The Republic of Hungary and Ukraine (hereafter Contracting Parties), ..., confirming the commitment of both Parties to fully implement the commitments specified in the Charter of Paris for a New Europe and other documents of the CSCE which contribute to the creation of a democratic, peaceful and united Europe, ..."

[831]) Der Absatz 6 der Präambel des Vertrags lautet: "The Republic of Hungary and Ukraine (hereafter Contracting Parties), ..., confirming that the observance of human rights and fundamental freedoms is an integral condition for strengthening peace and security, ..."

[832]) Bzgl. des Art. 1 Satz 2 des Vertrags: s.o. Kapitel III, B., I., 3., e., (2), S. 123.

[833]) Art. 17 des Vertrags lautet: "The Contracting Parties, in full harmony with the Charter of Paris for a New Europe and other relevant documents of the CSCE, express their conviction that friendly contacts between their peoples, as well as peace, fairness, stability and democracy require that the ethnic, cultural, linguistic and religious identities of national minorities are granted mutual protection, and all necessary conditions shall be created to ensure this. The parties shall take unilateral and joint steps to promote the implementation of such commitments in accordance with the document titled "Declaration on the Principles of Cooperation between the Republic of Hungary and the Ukrainian Soviet Socialist Republic in Guaranteeing the Rights of National Minorities" and the attached "Protocol" signed on 31 May 1991. In their international

Der Hinweis in allen eben aufgeführten Absätzen bzw. Artikeln auf die Dokumente der KSZE bzw. auf das Prinzip der Menschenrechte und Grundfreiheiten bedeutet, dass auch die genannten Bestimmungen des ungarisch-ukrainischen Vertrags eine Vereinbarkeit des ungarischen Statusgesetzes mit diesen Dokumenten bzw. Prinzipien verlangen. Dass das ungarische Statusgesetz auf der einen Seite gegen die sich auf das Prinzip der Nichtdiskriminierung beziehenden Vorschriften des Kopenhagener Abschlussdokuments (Punkte 5.7, 5.9, 25.4, 31, 32.4, 33, 36 Absatz 2, 40.1 und 40.2 des Kopenhagener Abschlussdokuments) verstößt, und dass das Prinzip der Nichtdiskriminierung auf der anderen Seite zu den bedeutendsten menschenrechtlichen Prinzipien und somit zu den Prinzipien der Menschenrechte und Grundfreiheiten zu zählen ist, ist bereits dargelegt worden.[834] Dies führt dazu, dass das ungarische Statusgesetz den Anforderungen der Absätze 5 und 6 der Präambel, des Art. 1 Satz 2 und des Art. 17 des ungarisch-ukrainischen Vertrags nicht gerecht wird und demnach gegen diese verstößt. Da auch die nach Art. 17 Satz 2 des ungarisch-ukrainischen Vertrags erlaubte Vornahme einseitiger Maßnahmen zur Umsetzung von Minderheitenschutzbestimmungen allerdings im Einklang mit den Bestimmungen der ungarisch-ukrainischen Deklaration erfolgen muss, kann das ungarische Statusgesetz somit auch nicht nach Art. 17 Satz 2 des ungarisch-ukrainischen Vertrags gerechtfertigt werden. Wie nämlich bereits dargelegt worden ist, verstößt das ungarische Statusgesetz gegen die Absätze 1 und 2 der Präambel, den Punkt 1 Satz 1, den Punkt 3, den Punkt 4, den Punkt 15 und den Punkt 18 der ungarisch-ukrainischen Deklaration.[835] Weder der Erlass noch die auf dem Erlass des ungarischen Statusgesetzes beruhende Umsetzung desselben kann daher auf dem ukrainischen Staatsgebiet durch den ungarisch-ukrainischen Vertrag gerechtfertigt werden.

Im Gegensatz zu dem zwischen Ungarn und Rumänien geschlossenen Vertrag, der später durch das Memorandum (und daran anschließend durch das Übereinkommen) ergänzt worden ist, kann ähnlich wie der ungarisch-slowakische und der ungarisch-kroatische Vertrag auch der ungarisch-ukrainische Vertrag den Abschluss eines derartigen Zusatzes (noch) nicht vorweisen. Da aber dieser Zusatz in Bezug auf das Prinzip der Nichtdiskriminierung auch bei dem ungarisch-rumänischen Vertrag nicht zur Vereinbarkeit mit dem ungarischen Statusgesetz geführt hat, zeigt sich, dass der Verstoß des ungarischen Statusgesetzes gegen diese Bestimmungen des ungarisch-ukrainischen Vertrags nicht einfach durch eine derartige zusätzliche zwischenstaatliche Vereinbarung aufgehoben werden kann. Insofern kann man auch nicht sagen, dass es dem ungarisch-ukrainischen Vertrag zur Vereinbarkeit mit dem ungarischen Statusgesetz lediglich an den dem ungarisch-rumänischen Vertrag entsprechenden Modifizierungen mangelt.

(c) Zusammenfassung

Zusammenfassend kommt man daher zu dem Ergebnis, dass das ungarische Statusgesetz mit den Bestimmungen von beiden von Ungarn mit der Ukraine geschlossenen Verträgen, die sich auf das Prinzip der Nichtdiskriminierung beziehen, nicht in Einklang zu bringen ist. In Bezug auf die Deklaration zwischen Ungarn und der Ukraine musste man erkennen, dass das

---

contacts, the Parties shall independently and jointly take steps in implementing the international documents relevant to national minorities."

[834]) Bzgl. des Verstoßes gegen das Kopenhagener Abschlussdokument: s.o. Kapitel III, B., II., 2., b., (2), (a), S. 209.
Bzgl. der Zuordnung des Prinzips der Nichtdiskriminierung: s.o. Kapitel III, B., II., S. 129 ff.

[835]) S.o. Kapitel III, B., II., 2., c., (5), (a), S. 249.

gesamte Statusgesetz durch dieses Übereinkommen aufgrund seiner Spezialisierung auf die Verwirklichung des gegenseitig anerkannten, innerstaatlichen Minderheitenschutzes nicht gerechtfertigt werden kann. In Bezug auf den ungarisch-ukrainischen Vertrag ist ein Verstoß des Statusgesetzes gegen die Absätze 5 und 6 der Präambel, den Art. 1 Satz 2 und den Art. 17 dieses Vertrags festgestellt worden.

(6) Abkommen zwischen Ungarn und Serbien-Montenegro

Die Republik Ungarn und Serbien-Montenegro haben am 21. Oktober 2003 das Abkommen über den Schutz der Rechte der ungarischen Minderheit, die in Serbien-Montenegro lebt, und der serbischen Minderheit, die in Ungarn ansässig ist ("Agreement between the Republic of Hungary and Serbia and Montenegro, on the protection of Rights of the Hungarian Minority living in Serbia and Montenegro, and the Serbian Minority living in the Republic of Hungary") unterzeichnet.
Ähnlich wie bei den Übereinkommen zwischen Ungarn und Kroatien bzw. Slowenien handelt es sich auch bei diesem Abkommen um ein Übereinkommen, das zum größten Teil den jeweils betroffenen Minderheiten spezielle Rechte zugesteht. Darüber hinaus nimmt es andererseits in einigen Bestimmungen aber auch noch – ähnlich wie die bilateralen Verträge Ungarns mit Rumänien, der Slowakei, Kroatien und der Ukraine – auf die Verbesserung der freundschaftlichen Beziehungen Bezug.

Neben dem sich indirekt auf das Prinzip der Nichtdiskriminierung beziehenden Absatz 6 der Präambel und dem Art. 1 des Abkommens zwischen Ungarn und Serbien-Montenegro nimmt, im Gegensatz zu den Übereinkommen Ungarns mit Kroatien und Slowenien, das Abkommen zwischen Ungarn und Serbien-Montenegro in seinem Art. 2 Absatz 1 bis 3 konkret Bezug auf das Verbot der Diskriminierung.
Wie bereits dargelegt, bringen Ungarn und Serbien-Montenegro in dem Absatz 6 der Präambel in dem Abkommen zum Ausdruck, dass sie die Prinzipien und Bestimmungen der internationalen Dokumente, die sich auf die Menschenrechte und den Schutz von Minderheiten beziehen, respektieren. Dazu gehören nach ihrer Ansicht die Charta der Vereinten Nationen, die Allgemeine Erklärung der Menschenrechte, die UNESCO-Konvention gegen Diskriminierung in der Erziehung, das Internationale Übereinkommen zur Beseitigung aller Formen der Rassendiskriminierung, der Internationale Pakt über bürgerliche und politische Rechte, der Internationale Pakt über wirtschaftliche, soziale und kulturelle Rechte, das Übereinkommen über die Rechte des Kindes, die Deklaration der UN-Generalversammlung bezüglich der Elimination aller Formen von Intoleranz und Diskriminierung, die auf der Religion und dem Glauben beruhen, die Deklaration der UN-Generalversammlung bezüglich der Rechte von Angehörigen einer nationalen oder ethnischen, religiösen und sprachlichen Minderheit, die Deklarationen, Stellungnahmen und Empfehlungen, die im Rahmen des KSZE-Prozesses und im Rahmen der OSZE zustande gekommen sind (einschließlich des Dokuments des Kopenhagener Treffens der Konferenz für eine menschliche Dimension der KSZE (1992), des Helsinki Dokuments der KSZE (1992) und der OSZE Charta für europäische Sicherheit (Istanbul 1999)), die Europäische Konvention zum Schutze der Menschenrechte und Grundfreiheiten, die Europäische Charta der Regional- und Minderheitensprachen des Europarates sowie die Rahmenkonvention zum Schutz nationaler Minderheiten des Europarates.[836]

---

[836]) Bzgl. des Absatzes 6 der Präambel des Abkommens: s.o. Kapitel III, B., I., 3., f., S. 125.

Nach Art. 1 des Abkommens vereinbaren die Vertragsparteien, der nationalen ungarischen Minderheit in Serbien-Montenegro und der nationalen serbischen Minderheit in Ungarn (im Folgenden: den nationalen Minderheiten) den Erhalt und die Entwicklung ihrer nationalen, sprachlichen, kulturellen und religiösen Identität entsprechend den Prinzipien und Bestimmungen, die in den Instrumenten der Vereinten Nationen, der KSZE / OSZE und des Europarates niedergelegt sind, zuzusichern.[837]
Der Art. 2 Absatz 1 des Abkommens zwischen Ungarn und Serbien-Montenegro legt fest, dass die Zugehörigkeit zu einer nationalen Minderheit eine Frage der persönlichen Entscheidung jedes einzelnen ist. Aus dieser Entscheidung bzw. aus der Ausübung der sich aus dieser Entscheidung ergebenden Rechte dürfen sich keine Nachteile entwickeln. Vielmehr sind alle Formen der Diskriminierung, die auf nationalen Motiven beruhen, verboten.[838]
Nach Art. 2 Absatz 2 dieses Abkommens sollen die Vertragsparteien den Angehörigen nationaler Minderheiten die Gleichheit vor dem Gesetz und den gleichen rechtlichen Schutz garantieren.[839]
Um den Angehörigen der nationalen Minderheiten die gleichen Möglichkeiten zu eröffnen, sollen die Vertragsparteien nach Art. 2 Absatz 3 des Abkommens angemessene Maßnahmen in wirtschaftlicher, sozialer, politischer und kultureller Hinsicht ergreifen. Sie sollen dabei den speziellen Bedürfnissen der nationalen Minderheiten besondere Aufmerksamkeit widmen. Derartige Maßnahmen dürfen gegenüber den übrigen Bürgern nicht als diskriminierend angesehen werden.[840]

Dadurch, dass in Absatz 6 der Präambel und in Art. 1 des Abkommens zwischen Ungarn und Serbien-Montenegro von den Vertragsstaaten Ungarn und Serbien-Montenegro verlangt wird, dass sie mit diesem Abkommen an die Prinzipien anknüpfen, die in den soeben aufgezählten (u.a.) internationalen Dokumenten zu den Menschenrechten und zum Minderheitenschutz niedergelegt sind, lässt sich im Rahmen der Prüfung der Vereinbarkeit des ungarischen Statusgesetzes mit dem Absatz 6 der Präambel und dem Art. 1 des Abkommens zwischen Ungarn und Serbien-Montenegro nur auf die bisherigen Ausführungen verweisen. Dort ist nämlich bereits ausgiebig erörtert worden, dass die Respektierung des Verbots der Diskriminierung neben dem Prinzip der Freiheit das wichtigste menschenrechtliche Prinzip darstellt und dass sie insofern als ein generell anerkanntes Prinzip des internationalen Rechts zu charakterisieren ist.[841] Als ein solches Prinzip wird das Diskriminierungsverbot auch explizit in der Allgemeinen Erklärung der Menschenrechte (Art. 2 und 7 der AEMR), dem Internationalen Pakt über bürgerliche und politische Rechte (Art. 2 I, 3, 26 und 27 des IPBPR), der UN-Minderheitendeklaration (Absatz 1, 3, 4, 5 und 6 der Präambel, Art. 1 I und II, 2 I und V, 3 I und II, 4 I, II, III, IV und V und 8 IV der Deklaration), der Europäischen Menschenrechtskonvention (Art. 14 der EMRK), dem Rahmenübereinkommen zum Schutz nationaler Minderheiten (Art. 4 des Übereinkommens), der Minderheitensprachencharta (Art. 7 II der Char-

[837]) Bzgl. des Art 1 des Abkommens: s.o. Kapitel III, B., I., 3., f., S. 126.

[838]) Art. 2 Absatz 1 des Abkommens lautet: "Belonging to a national minority is a matter of free personal choice. No one may suffer negative consequences of this choice or of his/her exercise of the rights pertaining to him/her on that basis. All forms of discrimination based on national grounds shall be prohibited."

[839]) Art. 2 Absatz 2 des Abkommens lautet: "The Contracting Parties shall guarantee to persons belonging to the national minorities equality before the law and the equal legal protection."

[840]) Art. 2 Absatz 3 des Abkommens lautet: "The Contracting Parties shall take appropriate measures in the field of economic, social, political and cultural life, in order to ensure equal opportunities to persons belonging to the national minorities. They shall pay special attention in doing so to specific needs of the national minorities. Such measures may not be considered to be discriminatory against other citizens."

[841]) S.o. Kapitel III, B., II., 1., a., S. 130.

ta) und dem Kopenhagener Abschlussdokument zur menschlichen Dimension (Punkte 5.7, 5.9, 25.4, 31, 32.4, 33, 36, 40.1 und 40.2 des Abschlussdokuments) erwähnt. In Bezug auf die Charta der Vereinten Nationen ist bereits festgestellt worden, dass das Diskriminierungsverbot nicht zu den in Art. 2 der UN-Charta aufgelisteten Prinzipien zählt, sondern dass es vielmehr den in Art. 1 der UN-Charta (genauer: in Art. 1 III der UN-Charta) niedergelegten Zielen der Vereinten Nationen zuzurechnen ist.[842] Da sich das Abkommen zwischen Ungarn und Serbien-Montenegro in seinem Absatz 6 der Präambel und in Art. 1 allerdings nur auf die "Prinzipien" und die "Bestimmungen", die in internationalen Dokumenten niedergeschrieben sind, bezieht, müssten die "Ziele" der Vereinten Nationen unter den Begriff der "Bestimmungen" zu subsumieren sein, damit die UN-Charta in diesem Fall in Bezug auf das Prinzip der Nichtdiskriminierung in Betracht kommt. Diese Frage erübrigt sich aber, da alle weiteren eben aufgeführten internationalen Dokumente, die von dem Absatz 6 der Präambel (und indirekt auch von Art. 1) des Abkommens erwähnt werden, bereits mit negativem Ergebnis auf ihre Vereinbarkeit mit dem ungarischen Statusgesetz im Rahmen des Prinzips der Nichtdiskriminierung überprüft worden sind.[843] Dies bedeutet, dass das Abkommen zwischen Ungarn und Serbien-Montenegro, indem es in dem Absatz 6 der Präambel und in dem Art 1 an die in den internationalen Dokumenten festgelegten Prinzipien, zu denen auch das Prinzip der Nichtdiskriminierung zählt, anknüpft, sich auf Bestimmungen bezieht, die nicht mit dem ungarischen Statusgesetz in Einklang zu bringen sind. Da die Präambel als Auslegungshilfe bei der Inhaltsbestimmung des Übereinkommens heranzuziehen ist[844], ist in Bezug auf das Abkommen zwischen Ungarn und Serbien-Montenegro davon auszugehen, dass es, trotz der Tatsache, dass weder in dem Absatz 6 der Präambel noch in dem Art. 1 des Abkommens das Diskriminierungsverbot direkt erwähnt wird, auch diesen beiden Bestimmungen zufolge dem Prinzip der Nichtdiskriminierung verpflichtet ist. Diese Verpflichtung führt dazu, dass das ungarische Statusgesetz mit dem Abkommen zwischen Ungarn und Serbien-Montenegro nicht vereinbar ist, da sich die bewiesene Unvereinbarkeit des Statusgesetzes mit den von dem Absatz 6 der Präambel und dem Art. 1 des Abkommens zwischen Ungarn und Serbien-Montenegro erwähnten internationalen Dokumenten, die sich mit dem Prinzip der Nichtdiskriminierung beschäftigen, durch die Anknüpfung des Übereinkommens an diese Prinzipien auch auf die Vereinbarkeit des ungarischen Statusgesetzes mit dem Abkommen zwischen Ungarn und Serbien-Montenegro auswirkt.

Anders als der Absatz 6 der Präambel und der Art. 1 des Abkommens zwischen Ungarn und Serbien-Montenegro verbietet der Art. 2 in seinen Absätzen 1 bis 3 dieses Abkommens direkt jede Form der Diskriminierung.
Wie bereits festgestellt worden ist, werden durch die aufgrund des ungarischen Statusgesetzes den Angehörigen der ungarischen Minderheit in den an Ungarn angrenzenden Staaten gewährten Vergünstigungen sowohl die ungarischen Staatsbürger als auch die übrigen Staatsangehörigen der Nachbarländer sowie die weiteren in diesen Ländern lebenden Minderheiten

[842]) S.o. Kapitel III, B., II., 2., a., (1), (a), S. 138.
[843]) Bzgl. der AEMR: s.o. Kapitel III, B., II., 2., a., (3) und (4), S. 156 ff.
Bzgl. des IPBPR: s.o. Kapitel III, B., II., 2., a., (5) – (8), S. 158 ff.
Bzgl. der UN-Minderheitendeklaration: s.o. Kapitel III, B., II., 2., a., (9), (c), S. 183.
Bzgl. der EMRK: s.o. Kapitel III, B., II., 2., b., (1), (a), S. 185 ff.
Bzgl. des Rahmenübereinkommens: s.o. Kapitel III, B., II., 2., b., (1), (c), ((2)), S. 207.
Bzgl. der Europäischen Charta der Regional- und Minderheitensprachen: s.o. Kapitel III, B., II., 2., b., (1), (d), S. 208.
Bzgl. des Kopenhagener Abschlussdokuments: s.o. Kapitel III, B., II., 2., b., (2), (a), S. 221.
Bzgl. der Empfehlung 1201 (1993): s.o. Kapitel III, B., II., 2., c., (2), S. 236.
[844]) S.o. Kapitel III, B., II., 2., a., (9), (b), S. 180.

diskriminiert.[845] Da die Zugehörigkeit zur nationalen ungarischen Minderheit die Voraussetzung für den Erhalt dieser Vergünstigungen darstellt, beruht die sich aus diesen Vergünstigungen ergebende Diskriminierung insofern auf nationalen Motiven. Zudem entsteht für diejenigen Staatsangehörigen von Serbien-Montenegro, die sich gegen ein Bekenntnis zur nationalen ungarischen Minderheit entscheiden bzw. die aufgrund ihrer Abstammung gar keine Möglichkeit haben, dieser Minderheit anzugehören (weil sie keine Verbindung zu Ungarn nachweisen können), im Gegensatz zu den sich zu dieser Minderheit bekennenden Personen ein Nachteil. Denn ihnen entgehen ohne dieses Bekenntnis sämtliche den Angehörigen der nationalen ungarischen Minderheit zuteil werdenden Vergünstigungen. Insofern entwickelt sich aus der Zugehörigkeit zur nationalen ungarischen Minderheit in Serbien-Montenegro durch das ungarische Statusgesetz ein Vorteil für die Angehörigen der nationalen ungarischen Minderheit und dementsprechend ein Nachteil für alle anderen Bürger von Serbien-Montenegro, die sich persönlich gegen die Zugehörigkeit zu dieser Minderheit entschieden haben. Dies bedeutet, dass das ungarische Statusgesetz nicht mit der Regelung des Art. 2 Absatz 1 des Abkommens zwischen Ungarn und Serbien-Montenegro in Einklang zu bringen ist. Diese Unvereinbarkeit mit dieser Bestimmung wird auch noch dadurch unterstützt, dass die sich aus den auf dem ungarischen Statusgesetz basierenden Vergünstigungen ergebende Diskriminierung der ungarischen Staatsbürger, der übrigen Staatsangehörigen von Serbien-Montenegro sowie der weiteren in Serbien-Montenegro lebenden Minderheiten auf nationalen Motiven beruht, was nach Art. 2 (1) Satz 3 des Abkommens zwischen Ungarn und Serbien-Montenegro verboten ist.
Der Art. 2 Absatz 2 des Abkommens zwischen Ungarn und Serbien-Montenegro ist in seiner Formulierung an den Art. 26 des IPBPR angelehnt. Allerdings beinhaltet diese Bestimmung keinen zweiten Satz, der noch einmal das Verbot der Diskriminierung hervorhebt. Trotzdem kann man – entsprechend den obigen Ausführungen zu Art. 26 des IPBPR[846] – sagen, dass das Recht auf Gleichheit vor dem Gesetz die Umsetzung des ungarischen Statusgesetzes und das Recht auf gleichen rechtlichen Schutz den Erlass des ungarischen Statusgesetzes betrifft. Insofern kann man auf die im Rahmen des ungarisch-slowakischen Vertrags gemachten Erörterungen zurückverweisen. Auch der ungarisch-slowakische Vertrag bezieht sich nämlich in seinem Art. 15 (2) (b) auf den Art. 26 des IPBPR.[847] Dementsprechend ist davon auszugehen, dass das ungarische Statusgesetz, aufgrund der Tatsache, dass die Ungleichbehandlung auf objektiven und berechtigten Kriterien basiert, nicht offensichtlich willkürlich ist[848], so dass es mit dem von Art. 2 Absatz 2 des Abkommens zwischen Ungarn und Serbien-Montenegro geforderten Recht auf Gleichheit vor dem Gesetz in Einklang zu bringen ist. In Bezug auf das Recht auf gleichen rechtlichen Schutz lässt sich im Sinne der obigen Ausführungen[849] eine Vereinbarkeit des Art. 2 Absatz 2 des Abkommens zwischen Ungarn und Serbien-Montenegro mit dem ungarischen Statusgesetz nicht bejahen. Es lässt sich folglich feststellen, dass das vom ungarischen Gesetzgeber erlassene Statusgesetz zwar mit dem Recht auf Gleichheit vor dem Gesetz in Einklang zu bringen ist, nicht aber mit dem Recht auf gleichen rechtlichen Schutz. Ungarn kommt demnach mit dem Statusgesetz seiner sich aus Art. 2 Absatz 2 des Abkommens zwischen Ungarn und Serbien-Montenegro ergebenden Verpflichtung zur Gewährleistung materieller Gleichheit im Wege der Gesetzgebung nicht nach.
Durch das ungarische Statusgesetz ergreift Ungarn eine Maßnahme, die den Angehörigen der nationalen ungarischen Minderheit in Serbien-Montenegro sowohl in wirtschaftlicher als auch

---

[845]) S.o. Kapitel III, B., II., 2., a., (1), (b), ((1)), ((iv)), S. 155.
[846]) S.o. Kapitel III, B., II., 2., a., (7), S. 169.
[847]) S.o. Kapitel III, B., II., 2., c., (2), S. 233.
[848]) S.o. Kapitel III, B., II., 2., c., (2), S. 233.
[849]) S.o. Kapitel III, B., II., 2., c., (2), S. 233.

in sozialer, politischer und kultureller Hinsicht zugute kommen soll. Aus diesem Grund könnte das Statusgesetz möglicherweise mit dem Art. 2 Absatz 3 des Abkommens zwischen Ungarn und Serbien-Montenegro vereinbar sein. Ungarn schenkt durch das Statusgesetz zwar den speziellen Bedürfnissen der nationalen ungarischen Minderheit in Serbien-Montenegro besondere Aufmerksamkeit, allerdings ist das Statusgesetz nicht mehr als angemessene Maßnahme zur Gleichstellung der Minderheit mit der Mehrheit anzusehen, da die aufgrund des Statusgesetzes den Angehörigen der nationalen ungarischen Minderheit gewährten Vergünstigungen weit über das Maß der den ungarischen Staatbürgern sowie den Mehrheitsangehörigen von Serbien-Montenegro bzw. den Angehörigen anderer Minderheiten in Serbien-Montenegro zugebilligten Vergünstigungen hinausgehen. Wie bereits dargelegt, gehen diese Vergünstigungen sogar soweit, dass sie als Diskriminierung der eben genannten drei Bevölkerungsgruppen angesehen werden.[850] Dies bedeutet, dass die auf dem ungarischen Statusgesetz basierenden Vergünstigungen insofern dennoch nicht mit dem Art. 2 Absatz 3 des Abkommens zwischen Ungarn und Serbien-Montenegro in Einklang zu bringen sind, da dieser in seinem Satz 3 deutlich macht, dass derartige Maßnahmen nicht zu einer Diskriminierung der übrigen Bürger führen dürfen.
Wie soeben dargelegt ist, das ungarische Statusgesetz somit auch mit dem Art. 2 Absatz 1 bis 3 des Abkommens zwischen Ungarn und Serbien-Montenegro, der direkt jede Form der Diskriminierung verbietet, nicht zu vereinbaren.

Anders als das ungarisch-kroatische und das ungarisch-slowenische Übereinkommen sowie die ungarisch-ukrainische Deklaration enthält das Abkommen zwischen Ungarn und Serbien-Montenegro neben den, den jeweils anderen Minderheiten zu gewährenden speziellen Rechten, auch – wie soeben gesehen – allgemeinere Regelungen über die sich aus der Nachbarschaft ergebenden Rechte und Pflichten, dem gegenseitigen Respekt und dem Verhalten dem Vertragspartner gegenüber. Daher besteht im Gegensatz zu den eben genannten Übereinkommen bzw. Deklarationen im Rahmen des Abkommens zwischen Ungarn und Serbien-Montenegro – ähnlich wie bei den bilateralen Verträgen zwischen Ungarn und Rumänien, der Slowakei, Kroatien und der Ukraine – die Möglichkeit, die Vereinbarkeit des ungarischen Statusgesetzes mit dem Prinzip der Nichtdiskriminierung zu überprüfen. Diese Prüfung ergibt allerdings, dass das ungarische Statusgesetz weder mit dem sich indirekt auf das Prinzip der Nichtdiskriminierung beziehenden Absatz 6 der Präambel und dem Art. 1 des Abkommens zwischen Ungarn und Serbien-Montenegro noch mit dem Art. 2 Absatz 1 bis 3 des Abkommens zwischen Ungarn und Serbien-Montenegro, der direkt jede Form der Diskriminierung verbietet, zu vereinbaren ist.
Festzustellen ist somit, dass auch das Abkommen zwischen Ungarn und Serbien-Montenegro den Erlass sowie die auf dem Erlass des ungarischen Statusgesetzes beruhende Umsetzung desselben auf dem Staatsgebiet von Serbien-Montenegro nicht rechtfertigen kann.

(7) Zwischenergebnis

Auch im Rahmen des bilateralen Minderheitenschutzes führen in Bezug auf die Prüfung der Vereinbarkeit des ungarischen Statusgesetzes mit dem Prinzip der Nichtdiskriminierung die Verträge, Übereinkommen oder Deklarationen, die soeben daraufhin untersucht wurden, ob das Statusgesetz mit ihnen in Einklang zu bringen ist, nur zu dem Ergebnis, dass es dem ungarischen Statusgesetz an einer Vereinbarkeit mit dem Prinzip der Nichtdiskriminierung auch

---

[850]) S.o. Kapitel III, B., II., 2., a., (1), (b), ((1)), ((iv)), S. 155.

auf bilateraler Ebene mangelt. Es lässt sich folglich kein einziger völkerrechtlicher Vertrag finden, durch den die auf dem ungarischen Statusgesetz basierenden Diskriminierungen der ungarischen Staatsbürger, der Staatsbürger der Nachbarstaaten Ungarns, die nicht die ungarische Nationalität besitzen, und der weiteren in diesen Ländern lebenden Minderheiten legitimiert werden könnten. Wie sich gezeigt hat, sind von den von Ungarn mit seinen Nachbarstaaten abgeschlossenen völkerrechtlichen Verträgen überhaupt nur die Verträge mit Rumänien, der Slowakei, Kroatien und der Ukraine sowie das Abkommen zwischen Ungarn und Serbien-Montenegro dazu geeignet, auf ihre Vereinbarkeit mit dem ungarischen Statusgesetz hin überprüft zu werden. Die Übereinkommen mit Kroatien und Slowenien sowie die Deklaration mit der Ukraine sind wegen ihrer Spezialisierung auf den Schutz der nationalen Minderheiten und auf die Verbesserung ihrer Lage in den betroffenen Ländern für eine Vereinbarkeitsprüfung im Rahmen des Prinzips der Nichtdiskriminierung nicht heranzuziehen. Aber auch die überprüfbaren Verträge mit Rumänien, der Slowakei, Kroatien und der Ukraine sowie das Abkommen zwischen Ungarn und Serbien-Montenegro sind – trotz einer später hinzugefügten Erklärung – mit dem ungarischen Statusgesetz unvereinbar. Dieses Ergebnis ist allerdings nach den obigen Ausführungen nicht weiter erstaunlich. Denn aufgrund der schon erwähnten völkerrechtskonformen Auslegung möglichst aller Verträge und des in Art. 103 der UN-Charta festgelegten Vorrangs der Bestimmungen der UN-Charta gegenüber widersprüchlichen Regelungen früherer oder späterer Verträge[851], werden auch die meisten bilateralen völkerrechtlichen Verträge in Einklang mit den Bestimmungen der UN-Charta formuliert. Daraus folgt, dass das ungarische Statusgesetz, nachdem bereits ein Verstoß gegen das universelle Völkerrecht bejaht wurde, auch nicht mit dem bilateralen völkerrechtlichen Minderheitenschutz vereinbar ist.

Zusammenfassend kann man aus all dem folgern, dass der Erlass und die darauf beruhende Umsetzung des ungarischen Statusgesetzes gegen das Prinzip der Nichtdiskriminierung verstoßen und dass dieser Verstoß durch keinen völkerrechtlichen Vertrag, der auf bilateraler Ebene geschlossen worden ist, gerechtfertigt werden kann. Der Kritik der Venedig-Kommission kann man daher auch in Bezug auf die hier ebenfalls unter dem Gesichtspunkt des Prinzips der Nichtdiskriminierung untersuchten völkerrechtlichen Verträge des bilateralen völkerrechtlichen Minderheitenschutzes und deren Vereinbarkeit mit dem ungarischen Statusgesetz nur zustimmen.

d. Ergebnis

Nach all diesen Ausführungen kommt man zu dem Ergebnis, dass das ungarische Statusgesetz mit dem Prinzip der Nichtdiskriminierung weder auf universeller noch auf regionaler oder bilateraler Ebene in Einklang zu bringen ist. Der anfangs bei der Prüfung der Vereinbarkeit des Gesetzes mit Art. 1 III und Art. 55 c) der UN-Charta festgestellte Verstoß gegen das Verbot der Diskriminierung wirkt sich auf die Prüfung aller weiteren diesem Prinzip entsprechenden Bestimmungen aus, was wegen der völkerrechtskonformen Auslegung und des Art. 103 der UN-Charta auch nicht erstaunlich ist. Da das Prinzip der Nichtdiskriminierung als eines der wichtigsten menschenrechtlichen Prinzipien zu den wichtigsten Prinzipien des Völkerrechts zu zählen ist, verstößt Ungarn somit durch den Erlass und der darauf beruhenden Umsetzung des ungarischen Statusgesetzes, die mit diesem Prinzip nicht vereinbar sind, gegen das Völkerrecht. Die von der Venedig-Kommission vorgebrachten Kritikpunkte gegen

[851]) S.o. Kapitel III, B., I., 2., c., S. 109.

die Vereinbarkeit des Statusgesetzes mit dem Völkerrecht sind daher als berechtigt anzusehen.

III. Prinzip der freundschaftlichen nachbarschaftlichen Beziehungen zwischen den Staaten

Das Prinzip der freundschaftlichen nachbarschaftlichen Beziehungen zwischen den Staaten soll diese dazu anhalten, einseitige Maßnahmen zu vermeiden, durch die sie riskieren würden, das Klima der Zusammenarbeit mit anderen Staaten zu verschlechtern.[852]

Im Folgenden ist nun unter Beachtung des Inhalts dieses Prinzips die Vereinbarkeit des ungarischen Statusgesetzes mit den speziellen Vorschriften des universellen, regionalen und bilateralen völkerrechtlichen Minderheitenschutzes in Bezug auf das Prinzip der freundschaftlichen nachbarschaftlichen Beziehungen zwischen den Staaten zu untersuchen.

1. Universelles Völkerrecht

Im Rahmen des universellen Völkerrechts sind in Bezug auf die Prüfung der Vereinbarkeit des ungarischen Statusgesetzes mit dem Prinzip der freundschaftlichen nachbarschaftlichen Beziehungen der Staaten untereinander vor allem die Artikel 1 II und 55 der UN-Charta von Bedeutung.

a. Art. 1 II und Art. 55 der UN-Charta

Der Art. 1 II der UN-Charta besagt, dass die Entwicklung freundschaftlicher, auf der Achtung vor dem Grundsatz der Gleichberechtigung und Selbstbestimmung der Völker beruhenden Beziehungen zwischen den Nationen sowie das Treffen anderer geeigneter Maßnahmen zur Festigung des Weltfriedens zu den Zielen der Vereinten Nationen gehören. Damit wird zum Ausdruck gebracht, dass Frieden mehr beinhaltet als die Abwesenheit von Krieg. Zur Vermeidung von Krieg tragen vor allem die sich im Laufe der Zeit entwickelten freundschaftlichen Beziehungen der Staaten untereinander bei.[853] Ebenso wie der bereits dargestellte Art. 1 III der UN-Charta umfasst auch der Art. 1 II der UN-Charta lediglich die Ziele der Vereinten Nationen, die durch die Charta verfolgt werden sollen. Für die Umsetzung dieser Ziele ist daher ein operativer Teil notwendig. Für den Art. 1 II der UN-Charta befindet sich dieser operative Teil ebenfalls in dem Kapitel IX, insbesondere in Art. 55 der UN-Charta.[854] Im Gegensatz zu Art. 1 III der UN-Charta, der in Art. 55 c) der UN-Charta fast wortwörtlich wiederholt wird und somit anwendbar gemacht wird, findet die Aussage des Art. 1 II der UN-Charta in dem Art. 55 der UN-Charta nur insoweit Berücksichtigung, als dass sie dort lediglich in dem einleitenden Teil – und nicht in den einzelnen Handlungsabschnitten wie der Art. 1 III der UN-Charta – wiederum nur als ein zu erreichendes Ziel genannt wird.[855] Diese Position in-

---

852) **Venedig-Kommission**, (s. Fn. 28), Punkt D., c., S. 14.

853) **R. Wolfrum**, (s. Fn. 441), Article 1, Rn. 9.

854) **K. Doehring**, in: B. Simma (Hrsg.), "The Charter of the UNITED NATIONS – A Commentary", Vol. I, Zweite Auflage, 2002, Article 1, "Self-Determination", Rn. 2 ff.

855) Der einleitende Teil des Art. 55 der UN-Charta lautet: "Um jenen Zustand der Stabilität und Wohlfahrt herbeizuführen, der erforderlich ist, damit zwischen den Nationen friedliche und freundschaftliche, auf

nerhalb des Art. 55 der UN-Charta führt dazu, dass der Art. 1 II der UN-Charta, anders als der Art. 1 III der UN-Charta, durch den Art. 55 der UN-Charta nicht direkt anwendbar, sondern lediglich als Zielvorstellung wiederholt wird.

In Bezug auf die Vereinbarkeit des ungarischen Statusgesetzes mit dem Prinzip der freundschaftlichen nachbarschaftlichen Beziehungen lassen sich aus der UN-Charta somit keine direkt anwendbaren Bestimmungen herleiten. Insofern ist die Prüfung der Vereinbarkeit an den in Art. 1 II der UN-Charta niedergelegten Zielen der Vereinten Nationen zu orientieren. Dabei ist allerdings zu bedenken, dass das ungarische Statusgesetz auf die Unterstützung der nationalen ungarischen Minderheiten in den an Ungarn angrenzenden Ländern ausgerichtet ist; das in Art. 1 II der UN-Charta zu beachtende Selbstbestimmungsrecht der Völker ist aber nicht für Minderheiten geschaffen. Träger des völkerrechtlichen Selbstbestimmungsrechtes können nämlich nur Völker und keine Minderheiten sein.[856] Dies bedeutet, dass der völkerrechtliche Minderheitenschutz, der aus Normen besteht, die auf die Wahrung und Förderung der eigenständigen Identität von Minderheiten zielen und die entsprechenden staatlichen Verpflichtungen enthalten, sich weder mit dem Selbstbestimmungsrecht beschäftigen kann noch darf.[857] Insofern ist bei der Prüfung der Vereinbarkeit des ungarischen Statusgesetzes mit den in Art. 1 II der UN-Charta niedergelegten Zielen der Vereinten Nationen dem Selbstbestimmungsrecht der Völker keine Bedeutung beizumessen. Zusammenfassend kann man aus all dem folgern, dass durch das ungarische Statusgesetz, um mit dem Prinzip der freundschaftlichen nachbarschaftlichen Beziehungen und demnach auch mit dem in Art. 1 II der UN-Charta niedergelegten Ziel vereinbar zu sein, sämtliche einseitige Maßnahmen vermieden werden müssten, durch die Ungarn riskieren würde, das Klima der Zusammenarbeit mit seinen Nachbarstaaten zu verschlechtern bzw. die Entwicklung freundschaftlicher, auf der Achtung vor dem Grundsatz der Gleichberechtigung beruhenden Beziehungen zwischen den Nationen zu hemmen.

Im Rahmen der Prüfung, ob durch das ungarische Statusgesetz einseitige Maßnahmen getroffen werden oder nicht, ist wieder zwischen dem Erlass und der Umsetzung des Statusgesetzes zu unterscheiden.

Dem Erlass des ungarisches Statusgesetzes gingen zwar intensive Konsultationen der ungarischen Regierung mit den politischen Akteuren in Ungarn sowie mit den Vertretern der Ungarn in den Nachbarstaaten voraus, eine vorhergehende Kontaktierung der betroffenen ungarischen Nachbarstaaten bezüglich des bevorstehenden Erlasses des ungarischen Statusgesetzes fand allerdings nicht statt.[858] Gerade der bereits bewiesene Verstoß des ungarischen Statusgesetzes gegen das Prinzip der territorialen Staatensouveränität[859] belegt aber, von welcher Wichtigkeit eine derartige vorhergehende Absprache Ungarns mit den betroffenen Staaten gewesen wäre. Aufgrund dieser fehlenden vorhergehenden Konsultationen ist der Erlass des ungarischen Statusgesetzes als eine einseitige Maßnahme zu charakterisieren. Durch den auf dem Erlass (und der Umsetzung) des ungarischen Statusgesetzes beruhenden Verstoß gegen das Prinzip der territorialen Staatensouveränität wird eine Verschlechterung des Klimas der Zusammenarbeit Ungarns mit seinen Nachbarstaaten nicht nur riskiert, sondern dieses Risiko hat sich – wie sich an den Reaktionen der an Ungarn angrenzenden Länder (v.a. von Rumä-

---

der Achtung vor dem Grundsatz der Gleichberechtigung und Selbstbestimmung der Völker beruhende Beziehungen herrschen, fördern die Vereinten Nationen..."

856) **M. Mohr**, "Abgrenzung von Selbstbestimmungsrecht und Minderheitenschutz", in: H.-J. Heintze (Hrsg.), "Selbstbestimmungsrecht der Völker – Herausforderung der Staatenwelt", 1997, S. 122 – 141 (124).

857) Vgl. **R. Hofmann**, (s. Fn. 239), S. 564.

858) Vgl. **A. Schmidt-Schweizer** (s. Fn. 18), S. 27.

859) S.o. Kapitel III, B., I., S. 128.

nien und der Slowakei) auf den Erlass des ungarischen Statusgesetzes gezeigt hat[860] – auch bereits verwirklicht. Diese Verschlechterung des Klimas der Zusammenarbeit zwischen Ungarn und seinen Nachbarstaaten verhindert auch die Entwicklung freundschaftlicher, auf der Achtung vor dem Grundsatz der Gleichberechtigung und Selbstbestimmung der Völker beruhenden Beziehungen zwischen den Nationen. Insofern handelt es sich bei dem Erlass des ungarischen Statusgesetz um eine einseitige Maßnahme Ungarns.
In Bezug auf die Umsetzung des ungarischen Statusgesetzes könnten die Errichtung der "Urkundenbüros" in den Nachbarstaaten Ungarns, die Ausstellung des sog. Ungarnausweises sowie die damit einhergehenden Konsequenzen und die den Angehörigen der nationalen ungarischen Minderheit in den an Ungarn angrenzenden Staaten aufgrund des ungarischen Statusgesetzes zu gewährenden Vergünstigungen in ihrem Aufenthaltsstaat als derartige einseitige Maßnahmen von Seiten Ungarns angesehen werden. Die Errichtung der "Urkundenbüros" auf dem Staatsgebiet der Nachbarstaaten Ungarns erfolgt auf Initiative Ungarns ohne vorhergehende Absprachen mit der jeweiligen Regierung des betroffenen Landes. Da die Errichtung dieser "Urkundenbüros" zudem den Verstoß gegen das Territorialitätsprinzip nach sich zieht[861], ist nicht davon auszugehen, dass das Vorgehen Ungarns mit dem Einverständnis der an Ungarn angrenzenden Länder geschah. Die Handlungen Ungarns sind vielmehr als einseitige Maßnahmen von Seiten Ungarns zu charakterisieren. Zu demselben Ergebnis kommt man in Bezug auf die Ausstellung des sog. Ungarnausweises und die damit einhergehenden Konsequenzen. Der sog. Ungarnausweises führt nämlich dazu, dass seine Inhaber sofort als Mitglied einer nationalen Minderheit zu erkennen sind. Dies bewirkt, dass ihnen eine besondere Rolle zukommt und ihre "Nicht-Dazugehörigkeit" zur Mehrheitsbevölkerung des entsprechenden Landes hervorgehoben wird. Gerade diese besondere Rolle entspricht aber nicht den Interessen der jeweiligen Aufenthaltsstaaten der Minderheitenangehörigen. Diese sind nämlich vielmehr auf einen einheitlichen innerstaatlichen Minderheitenschutz ausgerichtet.[862] Die Ausstellung des sog. Ungarnausweises und die damit einhergehenden Konsequenzen fallen demnach ebenfalls in die Kategorie der einseitigen Maßnahmen von Seiten Ungarns. In Bezug auf die den Angehörigen der nationalen ungarischen Minderheit in den an Ungarn angrenzenden Staaten aufgrund des ungarischen Statusgesetzes zu gewährenden Vergünstigungen lässt sich – ebenso wie in Bezug auf die Ausstellung des sog. Ungarnausweises und die damit einhergehenden Konsequenzen – feststellen, dass die auf den Territorien der Nachbarstaaten Ungarns zu realisierenden Vergünstigungen nicht Aufgabe Ungarns sind, sondern in den innerstaatlichen Minderheitenschutz des jeweiligen Nachbarstaates eingreifen.[863] Diese Vergünstigungen innerhalb ihrer jeweiligen Aufenthaltsstaaten sind demnach – ebenso wie die Errichtung der "Urkundenbüros" – als ein Verstoß gegen das Prinzip der territorialen Staatensouveränität zu verstehen.[864] Infolgedessen kann man sie ebenfalls als eine einseitige Maßnahme von Seiten Ungarns charakterisieren. Wie soeben dargelegt, führt auch die Umsetzung des ungarischen Statusgesetzes zur Ergreifung einseitiger Maßnahmen von Seiten Ungarns. Insbesondere der Verstoß des Statusgesetzes gegen das Prinzip der territorialen Staatensouveränität, der auf der Umsetzung des Gesetzes beruht, sorgt nicht unbedingt für eine Verbesserung des Klimas der Zusammenarbeit Ungarns mit seinen Nachbarstaaten, sondern

---

[860]) Vgl. **R. Olt**, "Mit oder ohne Vergünstigung – Selbst das modifizierte Statusgesetz steht zwischen Ungarn und einigen seiner Nachbarn", in: Frankfurter Allgemeine Zeitung (FAZ) vom 31.03.2003, S. 12; zudem zeigt der Erlass des ungarisch-rumänischen Memorandums, das das ungarische Statusgesetz modifiziert, die Unzufriedenheit Rumäniens mit dem ursprünglichen Statusgesetz.

[861]) S.o. Kapitel III, B., I., S. 128.

[862]) S.o. Kapitel III, B., I., 1., a., (2), (b), S. 97

[863]) S.o. Kapitel III, B., I., 1., a., (2), (b), S. 98.

[864]) S.o. Kapitel III, B., I., 1., a., (2), (b), S. 98.

er bewirkt vielmehr eine extreme Verschlechterung dieses Klimas. Diese Verschlechterung des Klimas der Zusammenarbeit Ungarns mit seinen Nachbarstaaten geht einher mit der Hemmung der Entwicklung freundschaftlicher, auf der Achtung vor dem Grundsatz der Gleichberechtigung und Selbstbestimmung der Völker beruhenden Beziehungen der Staaten untereinander.

Es lässt sich folglich feststellen, dass Ungarn sowohl durch den Erlass als auch durch die Umsetzung des Statusgesetzes einseitige Maßnahmen ergreift, durch deren Schwere (v.a. aufgrund des Verstoßes gegen das Territorialitätsprinzip) das Klima der Zusammenarbeit zwischen Ungarn und seinen Nachbarstaaten verschlechtert wird. Dies bedeutet, dass das ungarische Statusgesetz weder mit dem Prinzip der freundschaftlichen nachbarschaftlichen Beziehungen noch mit dem in Art. 1 II der UN-Charta niedergelegten Ziel der Entwicklung freundschaftlicher, auf der Achtung vor dem Grundsatz der Gleichberechtigung und Selbstbestimmung der Völker beruhenden Beziehungen zwischen den Nationen sowie des Ergreifens anderer geeigneter Maßnahmen zur Festigung des Weltfriedens vereinbar ist.

b. Zwischenergebnis

Da in Bezug auf die Prüfung der Vereinbarkeit des ungarischen Statusgesetzes mit dem Prinzip der freundschaftlichen nachbarschaftlichen Beziehungen zwischen den Staaten die Art. 1 II und 55 der UN-Charta die einzigen Bestimmungen im Rahmen des universellen Völkerrechts sind, die auf dieses Prinzip Bezug nehmen, lässt sich neben diesen Vorschriften, mit denen das ungarische Statusgesetz im Rahmen der Prüfung der Vereinbarkeit mit dem Prinzip der freundschaftlichen nachbarschaftlichen Beziehungen zwischen den Staaten – wie soeben dargelegt – unvereinbar ist, keine weitere Bestimmung des universellen Völkerrechts finden, mit der das ungarische Statusgesetz im Rahmen der Prüfung der Vereinbarkeit mit diesem Prinzip möglicherweise in Einklang gebracht werden könnte.
Zusammenfassend kann man daher aus all dem folgern, dass der Erlass und die darauf beruhende Umsetzung des ungarischen Statusgesetzes gegen das Prinzip der freundschaftlichen nachbarschaftlichen Beziehungen der Staaten untereinander verstoßen und dass dieser Verstoß durch keine Vorschrift des universellen Völkerrechts gerechtfertigt werden kann. In Bezug auf die hier unter dem Gesichtspunkt des Prinzips der freundschaftlichen nachbarschaftlichen Beziehungen untersuchten Vorschriften des universellen Völkerrechts und deren Vereinbarkeit mit dem ungarischen Statusgesetz kann man der Kritik der Venedig-Kommission daher nur zustimmen.

2. Regionales Völkerrecht

Im Rahmen des regionalen Völkerrechts ist in Bezug auf die Prüfung der Vereinbarkeit des ungarischen Statusgesetzes mit dem Prinzip der freundschaftlichen nachbarschaftlichen Beziehungen der Staaten untereinander zunächst zwischen den relevanten Bestimmungen des Europarates und denen der OSZE / KSZE zu unterscheiden.

a. Europarat

Von den Bestimmungen der vom Europarat erlassenen Konventionen sind in Bezug auf die Prüfung der Vereinbarkeit des ungarischen Statusgesetzes mit dem Prinzip der freundschaftlichen nachbarschaftlichen Beziehungen die Artikel 2, 17 und 18 des Rahmenübereinkommens von Bedeutung.

(1) Art. 2 des Rahmenübereinkommens zum Schutz nationaler Minderheiten

Nach Art. 2 des Rahmenübereinkommens ist das Rahmenübereinkommen selbst nach Treu und Glauben, im Geist der Verständigung und Toleranz und in Übereinstimmung mit den Grundsätzen guter Nachbarschaft, freundschaftlicher Beziehungen und der Zusammenarbeit zwischen den Staaten anzuwenden.

Der Art. 2 des Rahmenübereinkommens enthält eine Reihe von Prinzipien, die die Anwendung des Vertragsinhaltes der Konvention regeln. Auch wenn die Prinzipien von sehr genereller Natur sind, so haben sie dennoch eine bestimmte Bedeutung für die durch die Konvention geregelten Gebiete.[865] Zu den von Art. 2 des Rahmenübereinkommens erfassten Prinzipien zählt auch die völkervertragsrechtliche Selbstverständlichkeit, dass die Bestimmungen der Rahmenkonvention in Übereinstimmung mit den "principles of good neighbourliness, friendly relations and co-operation between States" anzuwenden sind.[866] Die Formulierung erinnert an den Inhalt der 'Friendly Relations Declaration' der Generalversammlung der Vereinten Nationen, die auch als eine der Grundlagen für das Rahmenübereinkommen gedient hat.[867] Da nicht zuletzt aus dieser Deklaration gefolgert wird, dass nationalen Minderheiten (grundsätzlich) kein Recht auf Sezession zustehe und dementsprechend Nachbarstaaten die Förderung eventuell bestehender Sezessionsbestrebungen zu unterlassen haben, kann man darin einen der politischen Gründe sehen, warum eine Bestimmung wie die des Art. 2 des Rahmenübereinkommens, die von ihrem Inhalt her eher der Präambel als dem operativen Teil der Konvention zugeordnet werden würde, ihren Platz letztendlich im operativen Teil des Rahmenübereinkommens gefunden hat.[868]

In Bezug auf die Vereinbarkeit des ungarischen Statusgesetzes mit dem Art. 2 des Rahmenübereinkommens im Hinblick auf das Prinzip der freundschaftlichen nachbarschaftlichen Beziehungen der Staaten untereinander lassen sich folgende Schlussfolgerungen ziehen:
Wie bereits dargelegt, haben sowohl Ungarn als auch alle anderen durch das Statusgesetz betroffenen Nachbarländer Ungarns das Rahmenübereinkommen unterzeichnet.[869] Demnach sind seine Bestimmungen für alle durch das ungarische Statusgesetz betroffenen Länder verbindlich. Bei Art. 2 des Rahmenübereinkommens handelt es sich aber nicht um eine direkt anwendbare Bestimmung, die in Bezug auf das Prinzip der freundschaftlichen nachbarschaftlichen Beziehungen der Staaten untereinander konkrete Handlungen vorsieht bzw. von den Unterzeichnerstaaten verlangt, sondern Art. 2 des Übereinkommens stellt vielmehr eine Art

865) **Explanatory Report on the Framework Convention for the Protection of National Minorities**, (s. Fn. 192), Ziffer 32, S. 103.
866) **R. Hofmann**, (s. Fn. 167), S. 134.
867) **Explanatory Report on the Framework Convention for the Protection of National Minorities**, (s. Fn. 192), Ziffer 32, S. 103.
868) Vgl. **R. Hofmann**, (s. Fn. 167), S. 134.
869) S.o. Kapitel III, A., II., 1., b., S. 65.

Auslegungshilfe in Bezug auf die Interpretation der weiteren Vorschriften des Übereinkommens dar. Dieser Mangel an konkreten Handlungsvorschriften des Art. 2 des Rahmenübereinkommens bewirkt, dass das ungarische Statusgesetz mit dem Art. 2 des Übereinkommens dann nicht in Einklang gebracht werden kann, wenn dieser lediglich allein betrachtet wird.
Für die grundsätzliche Vereinbarkeit eines Gesetzes mit dem Art. 2 des Übereinkommens ist es nämlich vielmehr erforderlich, dass durch das Gesetz zunächst einmal andere Bestimmungen des Rahmenübereinkommens betroffen werden. Sofern dies der Fall ist, sind neben der Vereinbarkeit des Gesetzes mit diesen anderen Vorschriften zusätzlich auch noch die in Art. 2 des Übereinkommens niedergelegten Grundsätze der guten Nachbarschaft, der freundschaftlichen Beziehungen und der Zusammenarbeit zwischen den Staaten einzuhalten.
Bezogen auf das ungarische Statusgesetz bedeutet dies, dass es nur dann mit dem Art. 2 des Rahmenübereinkommens vereinbar sein kann, wenn es neben dem Art. 2 auch noch andere Vorschriften des Übereinkommens tangiert. Sowohl im Rahmen der Prüfung der Vereinbarkeit des ungarischen Statusgesetzes mit dem Prinzip der territorialen Staatensouveränität (Art. 21 des Übereinkommens) als auch im Rahmen der Prüfung der Vereinbarkeit des ungarischen Statusgesetzes mit dem Prinzip der Nichtdiskriminierung (Art. 4 des Übereinkommens) sind Vorschriften des Rahmenübereinkommens zum Schutz nationaler Minderheiten von dem ungarischen Statusgesetz berührt worden. Ob die im weiteren Verlauf der Prüfung der Vereinbarkeit des ungarischen Statusgesetzes mit dem Prinzip der freundschaftlichen nachbarschaftlichen Beziehungen noch zu prüfenden Art. 17 und Art. 18 des Rahmenübereinkommens ebenfalls durch das ungarische Statusgesetz betroffen werden, ist an dieser Stelle noch irrelevant. Für die Anwendbarkeit des Art. 2 des Übereinkommens ist nämlich bereits das Eingreifen einer weiteren Bestimmung des Rahmenübereinkommens ausreichend. Insofern besteht die Möglichkeit der Prüfung der Vereinbarkeit des ungarischen Statusgesetzes mit dem Art. 2 des Übereinkommens aufgrund der bereits bejahten Betroffenheit des Art. 21 des Übereinkommens[870] und des Art. 4 des Übereinkommens[871] durch das ungarische Statusgesetz.

Um demnach mit dem Art. 2 des Übereinkommens vereinbar zu sein, müsste das ungarische Statusgesetz neben der Tatsache, dass es die Artikel 21 und 4 des Übereinkommens thematisch betrifft, den in dem Art. 2 des Übereinkommens niedergelegten Grundsätzen der guten Nachbarschaft, der freundschaftlichen Beziehungen und der Zusammenarbeit zwischen den Staaten entsprechen. Im Rahmen der Prüfung der Vereinbarkeit des ungarischen Statusgesetzes mit dem Prinzip der freundschaftlichen nachbarschaftlichen Beziehungen zwischen den Staaten unter dem Gesichtspunkt des universellen Völkerrechts ist bereits dargelegt worden, dass sowohl der Erlass des ungarischen Statusgesetzes als auch seine Umsetzung (v.a. in Bezug auf die Errichtung der "Urkundenbüros" in den Nachbarstaaten Ungarns, die Ausstellung des sog. Ungarnausweises und die damit einhergehenden Konsequenzen und die den Angehörigen der nationalen ungarischen Minderheit in den an Ungarn angrenzenden Staaten aufgrund des ungarischen Statusgesetzes zu gewährenden Vergünstigungen in ihrem Aufenthaltsstaat) als einseitige Maßnahmen von Seiten Ungarns zu charakterisieren sind, die zum Teil gegen das Territorialitätsprinzip verstoßen und durch die das Klima der Zusammenarbeit zwischen Ungarn und seinen Nachbarstaaten verschlechtert wird.[872] An der Tatsache, dass die auf dem ungarischen Statusgesetz beruhenden Handlungen von ungarischer Seite aus einseitige Maßnahmen darstellen und dass dadurch das Klima der Zusammenarbeit zwischen Ungarn und seinen Nachbarstaaten verschlechtert wird, ändert sich auch unter dem Prüfungspunkt des

---

870) S.o. Kapitel III, B., I., 2., a., (1), S. 105.
871) S.o. Kapitel III, B., II., 2., b., (1), (c), S. 207.
872) S.o. Kapitel III, B., III., 1., a., S. 261.

regionalen Völkerrechts nichts. Durch derartige einseitige Maßnahmen werden das Nachbarschaftsverhältnis zwischen Staaten, ihre Beziehungen untereinander und die zwischenstaatliche Zusammenarbeit nicht gerade gefördert. Vielmehr werden die an Ungarn angrenzenden Staaten durch ein solch einseitiges Verhalten Ungarns abgeschreckt und stehen im Folgenden einer Zusammenarbeit mit Ungarn wahrscheinlich eher kritisch gegenüber.

Aus den eben dargelegten Gründen ist das ungarische Statusgesetz nicht mit den in Art. 2 des Rahmenübereinkommens niedergelegten Grundsätzen der guten Nachbarschaft, der freundschaftlichen Beziehungen und der Zusammenarbeit zwischen den Staaten vereinbar. Folglich ist das Statusgesetz auch nicht mit dem diesen Grundsätzen aus Art. 2 des Übereinkommens übergeordneten Prinzip der freundschaftlichen nachbarschaftlichen Beziehungen in Einklang zu bringen.

(2) Art. 17 des Rahmenübereinkommens zum Schutz nationaler Minderheiten

Nach Absatz 1 des Art. 17 des Rahmenübereinkommens verpflichten sich die Vertragsparteien, nicht in das Recht von Angehörigen nationaler Minderheiten einzugreifen, ungehindert und friedlich Kontakte über Grenzen hinweg zu Personen herzustellen und zu pflegen, die sich rechtmäßig in anderen Staaten aufhalten, insbesondere zu Personen mit derselben ethnischen, kulturellen, sprachlichen oder religiösen Identität oder mit demselben kulturellen Erbe. Dem Absatz 2 des Art. 17 des Übereinkommens zufolge verpflichten sich die Vertragsparteien, nicht in das Recht von Angehörigen nationaler Minderheiten auf Teilnahme an der Tätigkeit nichtstaatlicher Organisationen sowohl auf nationaler als auch auf internationaler Ebene einzugreifen.

Der Art. 17 des Übereinkommens ist zum größten Teil an den Punkten 32.4 und 32.6 des Kopenhagener Abschlussdokuments über die menschliche Dimension orientiert[873] und hat das Prinzip der freundschaftlichen nachbarschaftlichen Beziehungen der Staaten untereinander zum Inhalt. Allerdings ist dieser Artikel in Bezug auf das ungarische Statusgesetz nicht einschlägig. Die Regelungen des Art. 17 des Übereinkommens betreffen nämlich die Angehörigen von nationalen Minderheiten und ihr Recht, grenzüberschreitende Kontakte herzustellen bzw. zu pflegen oder sich an der Tätigkeit nichtstaatlicher Organisationen auf nationaler oder internationaler Ebene zu beteiligen. Die Staaten, in denen die Angehörigen der nationalen Minderheiten ansässig sind oder in denen sich die von ihnen kontaktierten Personen befinden, werden demnach durch Art. 17 des Übereinkommens zur Duldung dieser Handlungen der Angehörigen der nationalen Minderheiten verpflichtet. Das ungarische Statusgesetz richtet sich zwar auch an die Angehörigen der nationalen ungarischen Minderheit in den an Ungarn angrenzenden Ländern, es enthält aber keine für Ungarn lediglich (passiven) Duldungsverpflichtungen, sondern es erlegt Ungarn bzw. ungarischen Organisationen aktive Handlungsverpflichtungen auf.[874] Insofern lassen sich die Regelungen des ungarischen Statusgesetzes inhaltlich nicht unter den Art. 17 des Rahmenübereinkommens fassen, so dass der Art. 17 des Übereinkommens in Bezug auf das Statusgesetz nicht anwendbar ist.

---

[873]) Vgl. **Explanatory Report on the Framework Convention for the Protection of National Minorities**, (s. Fn. 192), Ziffer 84, S. 107.

[874]) S.o. Kapitel II, B., S. 36.

Die Prüfung der Vereinbarkeit des ungarischen Statusgesetzes mit dem Art. 17 des Übereinkommens im Rahmen des Prinzips der freundschaftlichen nachbarschaftlichen Beziehungen zwischen den Staaten entfällt daher aufgrund der Tatsache, dass der Art. 17 des Übereinkommens nicht zum Tragen kommt.

(3) Art. 18 des Rahmenübereinkommens zum Schutz nationaler Minderheiten

Nach Art. 18 Absatz 1 des Rahmenübereinkommens sollen sich die Vertragsparteien bemühen, erforderlichenfalls zwei- und mehrseitige Übereinkünfte mit anderen Staaten, insbesondere Nachbarstaaten, zu schließen, um den Schutz von Angehörigen der betreffenden nationalen Minderheiten sicherzustellen. Gegebenenfalls sollen die Vertragsparteien gemäß dem Absatz 2 des Art. 18 des Übereinkommens Maßnahmen zur Förderung der grenzüberschreitenden Zusammenarbeit treffen.

Diese nach Art. 18 Absatz 1 der Rahmenkonvention abzuschließenden bilateralen oder multilateralen Übereinkünften sollen dabei vor allem die Gebiete der Bildung, der Information und der Kultur betreffen.[875] Für die Förderung des gegenseitigen Verständnisses und Vertrauens ist nämlich gerade der Austausch von Informationen und Erfahrungen von größter Wichtigkeit. Zudem bringt die grenzüberschreitende Zusammenarbeit den Vorteil mit sich, dass man die abzuschließenden Übereinkommen den Wünschen und Bedürfnissen der betreffenden Personen anpassen kann.[876]

Um demnach mit dem Art. 18 Absatz 1 des Übereinkommens vereinbar zu sein, müsste es sich bei dem ungarischen Statusgesetz um eine zwei- bzw. mehrseitige Übereinkunft mit den an Ungarn angrenzenden Nachbarstaaten (also der ehemaligen Bundesrepublik Jugoslawien (jetzt Serbien-Montenegro), der Republik Kroatien, der Republik Slowenien, Rumänien, der Slowakischen Republik und der Ukraine) handeln, die sich dem Schutz von Angehörigen der nationalen ungarischen Minderheit in den Nachbarstaaten und der jeweils anderen nationalen Minderheit des betreffenden Nachbarstaates in Ungarn widmet.
Dass sich das ungarische Statusgesetz dem Schutz der nationalen ungarischen Minderheit, die in den Nachbarstaaten Ungarns (außer in Österreich) ansässig sind, verschrieben hat, ist bereits dargestellt worden.[877] Für die Vereinbarkeit mit dem Art. 18 Absatz 1 des Rahmenübereinkommens ist es somit nur noch erforderlich, dass das ungarische Statusgesetz als zumindest zweiseitige Übereinkunft zu charakterisieren ist, was bedeuten würde, dass auch die Angehörigen der nationalen Minderheiten der Nachbarstaaten in Ungarn durch das Statusgesetz geschützt werden. Im Rahmen der Prüfung der Vereinbarkeit des ungarischen Statusgesetzes mit dem Prinzip der freundschaftlichen nachbarschaftlichen Beziehungen zwischen den Staaten unter dem Gesichtspunkt des universellen Völkerrechts ist bereits dargelegt worden, dass sowohl der Erlass des ungarischen Statusgesetzes als auch seine Umsetzung (v.a. in Bezug auf die Errichtung der "Urkundenbüros" in den Nachbarstaaten Ungarns, die Ausstellung des sog. Ungarnausweises sowie die damit einhergehenden Konsequenzen und die den Angehörigen der nationalen ungarischen Minderheit in den an Ungarn angrenzenden Staaten aufgrund des ungarischen Statusgesetzes zu gewährenden Vergünstigungen in ihrem Aufenthaltsstaat)

---

875) Vgl. **Explanatory Report on the Framework Convention for the Protection of National Minorities**, (s. Fn. 192), Ziffer 86, S. 107.
876) Vgl. **Explanatory Report on the Framework Convention for the Protection of National Minorities**, (s. Fn. 192), Ziffer 87, S. 107.
877) S.o. Kapitel II, A., S. 36.

als einseitige Maßnahmen von Seiten Ungarns anzusehen sind, die zum Teil gegen das Territorialitätsprinzip verstoßen und durch die das Klima der Zusammenarbeit zwischen Ungarn und seinen Nachbarstaaten verschlechtert wird.[878] An der Tatsache, dass die auf dem ungarischen Statusgesetz beruhenden Handlungen von ungarischer Seite aus einseitige Maßnahmen darstellen und dass dadurch das Klima der Zusammenarbeit zwischen Ungarn und seinen Nachbarstaaten verschlechtert wird, ändert sich auch unter dem Prüfungspunkt des regionalen Völkerrechts nichts. Die Qualifizierung des ungarischen Statusgesetzes als derartige einseitige Maßnahme hat zur Folge, dass man das Statusgesetz nicht als zwei- oder mehrseitige Übereinkunft mit den an Ungarn angrenzenden Nachbarstaaten ansehen kann. Darüber hinaus werden durch das ungarische Statusgesetz auch die Angehörigen der nationalen Minderheiten der Nachbarstaaten in Ungarn nicht geschützt. Die Tatsache, dass das ungarische Statusgesetz ohne vorhergehende Konsultationen mit den betroffenen Nachbarstaaten Ungarns im Alleingang von dem ungarischen Parlament verabschiedet worden ist, führt dazu, dass das Statusgesetz nicht den Anforderungen des Art. 18 Absatz 1 des Rahmenübereinkommens in Bezug auf eine zwei- oder mehrseitige Übereinkunft und in Bezug auf den Schutz der Angehörigen der nationalen Minderheiten der ungarischen Nachbarstaaten entspricht und demnach nicht mit dem Absatz 1 des Art. 18 des Übereinkommens vereinbar ist.

Da sich das ungarische Statusgesetz als einseitige Maßnahme von Seiten Ungarns ausschließlich um den Schutz der nationalen ungarischen Minderheiten in den an Ungarn angrenzenden Staaten kümmert, werden durch das Statusgesetz auch keine Maßnahmen zur Förderung der grenzüberschreitenden Zusammenarbeit, wie sie gemäß dem Absatz 2 des Art. 18 des Rahmenübereinkommens verlangt werden, von Ungarn und seinen Nachbarstaaten getroffen. Eine Vereinbarkeit des ungarischen Statusgesetzes mit Art. 18 Absatz 2 des Rahmenübereinkommens ist daher ebenfalls nicht gegeben.

Aus den eben dargelegten Gründen ist das ungarische Statusgesetz weder mit dem Absatz 1 noch mit dem Absatz 2 des Art. 18 des Rahmenübereinkommens zum Schutz nationaler Minderheiten zu vereinbaren. Folglich ist das Statusgesetz auch nicht mit dem diesem Artikel des Übereinkommens übergeordneten Prinzip der freundschaftlichen nachbarschaftlichen Beziehungen in Einklang zu bringen.

(4) Zusammenfassung

Zusammenfassend lässt sich somit feststellen, dass das ungarische Statusgesetz mit den Regelungen des Europarates in Bezug auf das Prinzip der freundschaftlichen nachbarschaftlichen Beziehungen zwischen den Staaten (mit Art. 2, 17 und 18 des Rahmenübereinkommens zum Schutz nationaler Minderheiten) nicht zu vereinbaren ist.

b. OSZE / KSZE

Von den von der OSZE / KSZE erarbeiteten Dokumenten bezieht sich der Punkt 36 des Kopenhagener Abschlussdokuments über die menschliche Dimension der KSZE auf das Prinzip der freundschaftlichen nachbarschaftlichen Beziehungen zwischen den Staaten.

---

[878]) S.o. Kapitel III, B., III., 1., a., S. 261.

(1) Punkt 36 des Kopenhagener Abschlussdokuments über die menschliche Dimension der KSZE

In dem Absatz 1 des Punktes 36 des Kopenhagener Abschlussdokuments erkennen die Teilnehmerstaaten die besondere Bedeutung einer verstärkten konstruktiven Zusammenarbeit untereinander bei Fragen betreffend nationale Minderheiten an. Eine solche Zusammenarbeit soll das gegenseitige Verständnis und Vertrauen, die freundschaftlichen und gutnachbarschaftlichen Beziehungen, den internationalen Frieden, die internationale Sicherheit und Gerechtigkeit fördern.
Gemäß dem Punkt 36 Absatz 2 des Kopenhagener Abschlussdokuments wird jeder Teilnehmerstaat ein Klima der gegenseitigen Achtung, des Verständnisses, der Zusammenarbeit und Solidarität zwischen allen Bewohnern seines Territoriums fördern, ohne Unterschied der ethnischen oder nationalen Abstammung oder der Religion, und die Lösung von Problemen durch einen auf den Prinzipien der Rechtsstaatlichkeit beruhenden Dialog herbeiführen.
Sensibilisiert durch die damaligen Ereignisse in Jugoslawien und der ehemaligen Sowjetunion haben die Teilnehmerstaaten erkannt, wie wichtig eine internationale Zusammenarbeit im Bereich des Minderheitenschutzes, insbesondere für den internationalen Frieden und die internationale Sicherheit ist. Aus diesem Grund regelt der Punkt 36 des Abschlussdokuments in seinem Absatz 1 die Zusammenarbeit im Bereich des Minderheitenschutzes auf internationaler Ebene, und der Absatz 2 des Punktes 36 des Abschlussdokuments betrifft die nationale Ebene.[879]

In Bezug auf die Vereinbarkeit des ungarischen Statusgesetzes mit dem Punkt 36 des Kopenhagener Abschlussdokuments im Hinblick auf das Prinzip der freundschaftlichen nachbarschaftlichen Beziehungen zwischen den Staaten lassen sich folgende Schlussfolgerungen ziehen:
Durch die Qualifizierung sämtlicher in Zusammenhang mit dem ungarischen Statusgesetz getätigten Handlungen (sowohl des Erlasses als auch der Umsetzung (Stärkung ihrer gutnachbarschaftlichen Beziehungen, ihres gegenseitigen Verständnisses, ihrer Freundschaft und des Vertrauens zwischen ihren Ländern)) als einseitige Maßnahmen von Seiten Ungarns[880] lässt Ungarn die in Punkt 36 Absatz 1 des Abschlussdokuments verankerte besondere Bedeutung einer verstärkten konstruktiven Zusammenarbeit der Staaten untereinander bei Fragen, die nationale Minderheiten betreffen, vollkommen unbeachtet. Das ungarische Statusgesetz sorgt vielmehr dafür, dass das gegenseitige Verständnis und Vertrauen sowie die freundschaftlichen und gutnachbarschaftlichen Beziehungen, die durch Punkt 35 Absatz 1 des Kopenhagener Abschlussdokuments gefördert werden sollen, aufgrund der Einseitigkeit der ungarischen Maßnahmen verschlechtert werden.
Die Prüfung der Vereinbarkeit des ungarischen Statusgesetzes mit dem Absatz 2 des Punktes 36 des Kopenhagener Abschlussdokuments im Rahmen des Prinzips der freundschaftlichen nachbarschaftlichen Beziehungen scheitert bereits an der Tatsache, dass Regelungen, die auf lediglich nationaler Ebene – wie es der Absatz 2 des Punktes 36 des Abschlussdokuments vorsieht – zu treffen sind, Gesetze, die u.a. die freundschaftlichen nachbarschaftlichen Beziehungen zwischen Staaten betreffen, nicht rechtfertigen können. Aufgrund der Beschränkung auf die bloß nationale Ebene ist die Bestimmung des Punktes 36 Absatz 2 des Kopenhagener Abschlussdokuments in Bezug auf die Vereinbarkeit mit dem ungarischen Statusgesetz im

---

879) **C. Riepe**, (s. Fn. 326), II. Kapitel, 3., S. 103.
880) S.o. Kapitel III, B., III., 1., a., S. 261.

Rahmen des Prinzips der freundschaftlichen nachbarschaftlichen Beziehungen demnach gar nicht anwendbar.

Insofern ist der Absatz 1 des Punktes 36 des Kopenhagener Abschlussdokuments im Rahmen des Prinzips der freundschaftlichen nachbarschaftlichen Beziehungen zwischen den Staaten mit dem ungarischen Statusgesetz nicht in Einklang zu bringen und der Absatz 2 des Punktes 36 des Kopenhagener Abschlussdokuments ist auf das ungarische Statusgesetz gar nicht anwendbar.

(2) Zusammenfassung

Zusammenfassend lässt sich demnach feststellen, dass das ungarische Statusgesetz ebenfalls nicht mit den Regelungen der OSZE / KSZE in Bezug auf das Prinzip der freundschaftlichen nachbarschaftlichen Beziehungen zwischen den Staaten (mit dem Punkt 36 des Kopenhagener Abschlussdokuments über die menschliche Dimension der KSZE) zu vereinbaren ist.

c. Zwischenergebnis

Auch die Vorschriften des regionalen Völkerrechts in Bezug auf das Prinzip der freundschaftlichen nachbarschaftlichen Beziehungen zwischen den Staaten (sowohl die vom Europarat erlassenen Bestimmungen der Art. 2, 17 und 18 des Rahmenübereinkommens als auch der Punkt 36 des Kopenhagener Abschlussdokuments über die menschliche Dimension der KSZE), die soeben daraufhin untersucht wurden, ob das ungarische Statusgesetz mit ihnen in Einklang zu bringen ist, führen nur zu dem Ergebnis, dass es dem ungarischen Statusgesetz an einer Vereinbarkeit mit dem Prinzip der freundschaftlichen nachbarschaftlichen Beziehungen zwischen den Staaten auch auf regionaler Ebene mangelt. Es lässt sich folglich keine Vorschrift aus dem regionalen Völkerrecht finden, die den Erlass oder die im Rahmen der Umsetzung des ungarischen Statusgesetzes von diesem angeordneten Handlungen legitimieren könnte. Da allerdings die Bestimmungen des regionalen Minderheitenschutzes aufgrund der völkerrechtskonformen Auslegung möglichst aller Verträge und des in Art. 103 der UN-Charta festgelegten Vorrangs der Bestimmungen der UN-Charta gegenüber widersprüchlichen Regelungen früherer oder späterer Verträge meistens in Einklang mit den Bestimmungen der UN-Charta formuliert werden[881], ist es auch nicht verwunderlich, dass das ungarische Statusgesetz, nachdem bereits ein Verstoß gegen das universelle Völkerrecht bejaht wurde, auch nicht mit dem regionalen Minderheitenschutz vereinbar ist.

Zusammenfassend kann man aus all dem folgern, dass der Erlass und die darauf beruhende Umsetzung des ungarischen Statusgesetzes gegen das Prinzip der freundschaftlichen nachbarschaftlichen Beziehungen zwischen den Staaten verstoßen und dass dieser Verstoß auch durch keine Vorschrift des regionalen Völkerrechts gerechtfertigt werden kann. Man kann der Kritik der Venedig-Kommission daher auch in Bezug auf die hier ebenfalls unter dem Gesichtspunkt des Prinzips der freundschaftlichen nachbarschaftlichen Beziehungen zwischen den Staaten untersuchten Vorschriften des regionalen Völkerrechts und deren Vereinbarkeit mit dem ungarischen Statusgesetz nur zustimmen.

---

[881]) S.o. Kapitel III, B., I., 2., c., S. 109.

3. Bilateraler Minderheitenschutz

Im Rahmen des bilateralen Minderheitenschutzes sind in Bezug auf die Prüfung der Vereinbarkeit des ungarischen Statusgesetzes mit dem Prinzip der freundschaftlichen nachbarschaftlichen Beziehungen zwischen den Staaten die bereits aufgelisteten, von Ungarn mit Rumänien, der Slowakei, Kroatien und der Ukraine geschlossenen bilateralen Verträge sowie das zwischen Ungarn und Serbien-Montenegro unterzeichnete Abkommen von Bedeutung. Wie unter den Prüfungspunkten der Vereinbarkeit des ungarischen Statusgesetzes mit den Prinzipien der territorialen Staatensouveränität und der Nichtdiskriminierung wird auch an dieser Stelle trotz der Ähnlichkeit der von Ungarn mit Rumänien, der Slowakei, Kroatien und der Ukraine unterzeichneten Verträge jede Regelung einzeln untersucht.

In Bezug auf das ungarisch-kroatische und das ungarisch-slowenische Übereinkommen sowie in Bezug auf die ungarisch-ukrainische Deklaration lässt sich feststellen, dass diese sowohl ihrem Titel zufolge als auch ihrem Inhalt nach lediglich auf die den jeweils anderen Minderheiten zu gewährenden speziellen Rechte spezialisiert sind und keine allgemeinen Regelungen über die sich aus der Nachbarschaft ergebenden Rechte und Pflichten, dem gegenseitigen Respekt und dem Verhalten dem Vertragspartner gegenüber enthalten.[882] Dies hat zur Folge, dass eine Rechtfertigung des ungarischen Statusgesetzes durch diese speziellen Bestimmungen nicht in Betracht kommt. Dafür wären vielmehr die eben schon beschriebenen allgemeineren Regelungen über die sich aus der Nachbarschaft ergebenden Rechte und Pflichten, dem gegenseitigen Respekt und dem Verhalten dem Vertragspartner gegenüber (wie sie der ungarisch-rumänische Vertrag, der ungarisch-slowakische Vertrag, der ungarisch-kroatische Vertrag, der ungarisch-ukrainische Vertrag und teilweise auch das Abkommen zwischen Ungarn und Serbien-Montenegro aufweisen) erforderlich. Aus diesem Grund erübrigt sich die Prüfung der Vereinbarkeit des ungarischen Statusgesetzes mit den das Prinzip der freundschaftlichen nachbarschaftlichen Beziehungen zwischen den Staaten betreffenden Bestimmungen dieser Übereinkommen bzw. Deklarationen, da das gesamte ungarische Statusgesetz durch diese Übereinkommen bzw. Deklarationen aufgrund ihrer Spezialisierung auf die Verwirklichung des gegenseitig anerkannten, innerstaatlichen Minderheitenschutzes nicht gerechtfertigt werden kann. Für eine Prüfung der Vereinbarkeit des ungarischen Statusgesetzes mit dem Prinzip der freundschaftlichen nachbarschaftlichen Beziehungen zwischen den Staaten im Rahmen des bilateralen völkerrechtlichen Minderheitenschutzes sind das ungarisch-kroatische Übereinkommen, das ungarisch-slowenische Übereinkommen und die ungarisch-ukrainische Deklaration somit ungeeignet.

Die anderen vier Verträge (der ungarisch-rumänische Vertrag, der ungarisch-slowakische Vertrag, der ungarisch-kroatische Vertrag und der ungarisch-ukrainische Vertrag) und das Abkommen zwischen Ungarn und Serbien-Montenegro beinhalten hingegen – wie schon erwähnt – allgemeinere Regelungen über die sich aus der Nachbarschaft ergebenden Rechte und Pflichten, dem gegenseitigen Respekt und dem Verhalten dem Vertragspartner gegenüber, so dass sie für eine Prüfung der Vereinbarkeit des ungarischen Statusgesetzes mit dem Prinzip der freundschaftlichen nachbarschaftlichen Beziehungen zwischen den Staaten im Rahmen des bilateralen völkerrechtlichen Minderheitenschutzes in Frage kommen.

---

[882]) Bzgl. des ungarisch-kroatischen Übereinkommens: s.o. Kapitel III, B., I., 3., c., (2), S. 242.
Bzgl. des ungarisch-slowenischen Übereinkommens: s.o. Kapitel III, B., I., 3., d., S. 245.
Bzgl. der ungarisch-ukrainischen Deklaration: s.o. Kapitel III, B., I., 3., e., (1), S. 249.

a. Vertrag zwischen Ungarn und Rumänien (einschließlich des nachträglichen Memorandums sowie des das Memorandum ersetzenden Übereinkommens)

Der zwischen Ungarn und Rumänien am 16. September 1996 unterzeichnete Vertrag über gegenseitiges Verständnis, Kooperation und gute Nachbarschaft ("Treaty between the Republic of Hungary and Romania on Understanding, Cooperation and Good Neighborhood") ist inhaltlich insgesamt dem Prinzip der freundschaftlichen nachbarschaftlichen Beziehungen zuzuordnen. Dies geht zum einen bereits aus dem Titel des Vertrags hervor ("Vertrag über gegenseitiges Verständnis, Kooperation und gute Nachbarschaft"). Zum anderen wird diese inhaltliche Verpflichtung dem Prinzip der freundschaftlichen nachbarschaftlichen Beziehungen zwischen den Staaten gegenüber sowohl in dem Absatz 1 der Präambel des ungarisch-rumänischen Vertrags[883] als auch in dem Absatz 1 des Art. 1 des ungarisch-rumänischen Vertrags[884] noch einmal explizit als Grundlage dieses Vertrags hervorgehoben. Alle weiteren Artikel dieses Vertrags beinhalten Verpflichtungen für Ungarn und Rumänien, die zur Verbesserung ihrer gegenseitigen Beziehungen (und zur Einhaltung ihrer internationalen Verpflichtungen) beitragen sollen. Aus diesem Grund lassen sich eigentlich nicht einige bestimmte Artikel benennen, mit denen das ungarische Statusgesetz vereinbar sein muss, um dem Prinzip der freundschaftlichen nachbarschaftlichen Beziehungen zwischen den Staaten zu entsprechen. Vielmehr muss das ungarische Statusgesetz, um mit diesem Prinzip im Rahmen des Vertrags zwischen Ungarn und Rumänien in Einklang gebracht werden zu können, mit sämtlichen Bestimmungen dieses ungarisch-rumänischen Vertrags zu vereinbaren sein.

In Bezug auf die Vereinbarkeit des ungarischen Statusgesetzes mit dem ungarisch-rumänischen Vertrag im Rahmen des Prinzips der freundschaftlichen nachbarschaftlichen Beziehungen lassen sich folgende Schlussfolgerungen ziehen:
Auf der einen Seite ist Ungarn durch den Erlass und die Umsetzung des Statusgesetzes, die beide als einseitige Maßnahmen von Seiten Ungarns zu qualifizieren sind[885], weder dem nach Absatz 1 der Präambel und Absatz 1 des Art. 1 des ungarisch-rumänischen Vertrags erwarteten Handeln in gegenseitiger Achtung noch dem ebenfalls dort geforderten Vertrauen und der Kooperation nachgekommen. Damit allerdings die in dem ungarisch-rumänischen Vertrag niedergelegten Anforderungen (gegenseitige Achtung, Vertrauen und Kooperation) zwischen Ungarn und Rumänien erfüllt werden können, wird sowohl von Ungarn als auch von Rumänien erwartet, dass derartige grenzüberschreitende Maßnahmen wie das ungarische Statusgesetz vor ihrem Erlass und ihrer Umsetzung mit dem jeweiligen Nachbarland abgesprochen werden. Mangelnde Absprachen und darauf beruhende einseitige Maßnahmen von einer Vertragsseite stehen der Bildung von gegenseitigem Vertrauen und gegenseitiger Achtung sowie einer Kooperation zwischen den Vertragsstaaten entgegen. Eine Vereinbarkeit des ungarischen Statusgesetzes mit dem ungarisch-rumänischen Vertrag im Rahmen des Prinzips der freundschaftlichen nachbarschaftlichen Beziehungen ist daher aus dem Grund nicht zu bejahen, da Ungarn durch den Erlass und die Umsetzung des Statusgesetzes den Anforderungen des Absatzes 1 der Präambel und des Absatzes 1 des Art. 1 des ungarisch-rumänischen Vertrags, nämlich der gegenseitigen Achtung, dem gegenseitigen Vertrauen und der Verpflichtung zur Kooperation, nicht entspricht.

---

883) Der Absatz 1 der Präambel des Vertrags lautet: "The Republic of Hungary and Romania, being convinced that good neighbourhood, mutual respect and cooperation correspond to the fundamental interests of Hungary and Romania; ...."

884) Art. 1 Absatz 1 des Vertrags lautet: "The Republic of Hungary and Romania (hereinafter referred to as "the Contracting Parties") will base their relations on confidence, cooperation and mutual respect."

885) S.o. Kapitel III, B., III., 1., a., S. 261.

Auf der anderen Seite ist bereits nachgewiesen worden, dass der Erlass und die darauf beruhende Umsetzung des ungarischen Statusgesetzes in Bezug auf die Prüfung der Vereinbarkeit mit dem ungarisch-rumänischen Vertrag sowohl im Rahmen des Prinzips der territorialen Staatensouveränität als auch im Rahmen des Prinzips der Nichtdiskriminierung gegen die Bestimmungen dieses ungarisch-rumänischen Vertrags verstoßen.[886] Zwar steht die Prüfung der Vereinbarkeit des ungarischen Statusgesetzes mit diesen beiden Prinzipien an dieser Stelle nicht zur Debatte, doch ist – wie bereits erwähnt – der gesamte ungarisch-rumänische Vertrag dem Prinzip der freundschaftlichen nachbarschaftlichen Beziehungen zuzuordnen. Dies bedeutet, dass auch die Bestimmungen des Vertrags, die die territoriale Staatensouveränität bzw. das Verbot der Diskriminierung betreffen, nicht nur unter diesem Gesichtspunkt mit dem ungarischen Statusgesetz in Einklang zu bringen sein müssen, sondern auch noch unter dem Gesichtspunkt des Prinzips der freundschaftlichen nachbarschaftlichen Beziehungen zwischen den Staaten. Der bereits bejahte Verstoß des ungarischen Statusgesetzes gegen den ungarisch-rumänischen Vertrag im Rahmen des Prinzips der territorialen Staatensouveränität (Verstoß gegen den Absatz 5 der Präambel, den Art. 1 (2) und den Art. 4 Satz 1 des ungarisch-rumänischen Vertrags)[887] und im Rahmen des Prinzips der Nichtdiskriminierung (Verstoß gegen den Absatz 2 und den Absatz 5 der Präambel, den Art. 1 (2), den Art. 2 (1), den Art. 3 (1) Satz 1, den Art. 14 und den Art. 15 (1) b) des ungarisch-rumänischen Vertrags)[888] beinhaltet demnach gleichzeitig einen Verstoß gegen das all diesen Bestimmungen ebenfalls innewohnende Prinzip der freundschaftlichen nachbarschaftlichen Beziehungen zwischen den Staaten.

Es lässt sich somit feststellen, dass das ungarische Statusgesetz aufgrund der Tatsache, dass es den in Absatz 1 der Präambel und den in Absatz 1 des Art. 1 des ungarisch-rumänischen Vertrags niedergelegten Anforderungen (nämlich der gegenseitigen Achtung, dem gegenseitigen Vertrauen und der Verpflichtung zur Kooperation) nicht nachkommt und dass es aufgrund des bereits bejahten Verstoßes gegen das Prinzip der territorialen Staatensouveränität und gegen das Prinzip der Nichtdiskriminierung mit dem Prinzip der freundschaftlichen nachbarschaftlichen Beziehungen zwischen den Staaten im Rahmen des ungarisch-rumänischen Vertrags nicht zu vereinbaren ist.

Möglicherweise könnte sich aber an dieser Stelle durch das "Memorandum of Understanding between the Government of the Republic of Hungary and the Government of Romania concerning the Law on Hungarians Living in Neighbouring Countries and Issues of Bilateral Cooperation" eine Vereinbarkeit zwischen dem ungarischen Statusgesetz und dem Prinzip der freundschaftlichen nachbarschaftlichen Beziehungen zwischen den Staaten herstellen lassen. Das Memorandum nimmt anders als der ungarisch-rumänische Vertrag seinem Titel nach nicht ausschließlich auf das Prinzip der freundschaftlichen nachbarschaftlichen Beziehungen zwischen den Staaten Bezug, sondern es erwähnt die "Angelegenheiten bilateraler Kooperation" nur neben dem Statusgesetz, auf das es sich ebenfalls bezieht. Dem Titel entsprechend wird auf das Prinzip der freundschaftlichen nachbarschaftlichen Beziehungen zwischen den Staaten in dem Absatz 1 der Präambel sowie in dem Teil II. des Memorandums eingegangen.

---

[886]) Bzgl. des Prinzips der territorialen Staatensouveränität: s.o. Kapitel III, B., I., 3., a., S. 112.
Bzgl. des Prinzips der Nichtdiskriminierung: s.o. Kapitel III, B., II., 2., c., (1), S. 231.

[887]) S.o. Kapitel III, B., I., 3., a., S. 112.

[888]) S.o. Kapitel III, B., II., 2., c., (1), S. 231.

Der Absatz 1 der Präambel des Memorandums besagt, dass die Vertragsparteien geleitet werden von ihren vereinten Kräften, um ihre bilateralen Beziehungen im Sinne eines gegenseitigen Verständnisses und der gut-nachbarschaftlichen Kooperation zu fördern.[889]
Der Teil II. des Memorandums, der die bilateralen Beziehungen zwischen Ungarn und Rumänien zum Thema hat, trifft in seinen Punkten 1 und 2 grundsätzliche Regelungen, wohingegen die Punkte 3 bis 6 sich doch sehr speziell einzelnen Themen (Straßenausbau, finanzielle Angelegenheiten, Euro-Atlantische Integration und die Modernisierung bzw. Entwicklung des zwischenstaatlichen gesetzlichen Rahmens) widmen. In Punkt I. 1. des Memorandums wird festgelegt, dass die Vertragsparteien zur Feier ihrer 5-jährigen aktiven Partnerschaft eine Sondersitzung der Gemeinsamen Intergouvernementalen Kommission einberufen sollen. Um einen Plan auszuarbeiten, der konkrete Schritte in Bezug auf das Vorankommen ihrer bilateralen Beziehungen beinhaltet, werden die Vertragsparteien innerhalb der Komitees der Ungarisch-Rumänischen Intergouvernementalen Gemeinsamen Kommission für Aktive Zusammenarbeit und Partnerschaft sowie auf ihrer Vollversammlung, die für das erste Quartal des Jahres 2002 angesetzt ist, den gesamten Umfang ihrer bilateralen Beziehungen begutachten und Empfehlungen für zu ergreifende Maßnahmen herausgeben.[890] In Punkt II. 2 des Memorandums wird festgelegt, dass die beiden Regierungen die notwendigen Maßnahmen zur Umsetzung der Empfehlungen ergreifen werden, die in dem Protokoll des Komitees für nationale Minderheiten der Ungarisch-Rumänischen Intergouvernementalen Gemeinsamen Kommission für Aktive Zusammenarbeit und Partnerschaft beschlossen, auf der vierten Sitzung am 19. Oktober 2001 unterzeichnet und von beiden Regierungen gebilligt wurden.[891]
Aus dem Absatz 1 der Präambel des Memorandums ergibt sich, dass die Förderung der zwischenstaatlichen Beziehungen im Sinne eines gegenseitigen Verständnisses und einer gutnachbarschaftlichen Zusammenarbeit von großem Interesse für die Vertragsparteien ist. Der Erlass und die im Rahmen der Umsetzung des ungarischen Statusgesetzes ergriffenen Maßnahmen lassen sich als einseitig qualifizieren[892], so dass das ungarische Statusgesetz auch dem Absatz 1 der Präambel des Memorandums, der ebenfalls dem Prinzip der freundschaftlichen nachbarschaftlichen Beziehungen zwischen den Staaten verpflichtet ist, nicht entspricht. Die beiden soeben dargestellten Bestimmungen des Teils II., die die zwischenstaatlichen Beziehungen zwischen Ungarn und Rumänien betreffen, nehmen zwar nicht explizit auf das Prinzip der freundschaftlichen nachbarschaftlichen Beziehungen zwischen den Staaten Bezug. Daher könnte das ungarische Statusgesetz, betrachtet man beide Bestimmungen isoliert, möglicherweise mit ihnen in Einklang gebracht werden. Allerdings ist dabei zu beachten, dass die beiden Bestimmungen (wie auch alle anderen des Teils II.) mit den in der Präambel niedergelegten Zielen des Memorandums vereinbar sein müssen. Insofern wirkt sich das in der Präam-

---

889) Der Absatz 1 der Präambel des Memorandums lautet: "The Government of the Republic of Hungary and the Government of Romania, hereinafter referred to as "the Parties", guided by a joint effort to strengthen their bilateral relations in the spirit of mutual understanding and good-neighbourly co-operation; …."

890) Der Punkt II. 1. des Memorandums lautet: "On the occasion of the anniversary of 5 years of active partnership between Romania and the Republic of Hungary, the Parties shall convoke a special session of the Joint Intergovernmental Commission. In order to work out a plan to make concrete steps forward in their bilateral co-operation, Parties will, in the Committees of the Hungarian-Romanian Intergovernmental Joint Commission on Active Co-operation and Partnership and at its plenary session scheduled for the first quarter of 2002, survey the full range of the bilateral relations and make recommendations for measures to be taken."

891) Der Punkt II. 2. des Memorandums lautet: "In order to carry out the Recommendations made in the Protocol of the Committee on national minorities of the Hungarian-Romanian Intergovernmental Joint Commission on Active Co-operation and Partnership, signed at its 4th session on October 19, 2001, which will be approved by the two Governments, who will take the necessary measures for implementation."

892) S.o. Kapitel III, B., III., 1., a., S. 261.

bel verankerte Prinzip der freundschaftlichen nachbarschaftlichen Beziehungen auch auf die Bestimmungen des Teils II. des Memorandums dadurch aus, dass es bei der Auslegung all dieser Bestimmungen zu beachten ist. Bezogen auf den Fall des ungarischen Statusgesetzes und seine Vereinbarkeit mit den Bestimmungen des Teils II. des Memorandums bedeutet dies, dass die Einseitigkeit der von Ungarn ergriffenen Maßnahmen bei Zugrundelegung des Prinzips der freundschaftlichen nachbarschaftlichen Beziehungen zwischen den Staaten in Bezug auf den Teil II. des Memorandums ebenfalls für die Unvereinbarkeit des Statusgesetzes mit diesen Bestimmungen sorgt.
Im Gegensatz zu dem Prinzip der territorialen Staatensouveränität und ähnlich wie bei dem Prinzip der Nichtdiskriminierung führt das zwischen Ungarn und Rumänien verabschiedete Memorandum in Bezug auf das Prinzip der freundschaftlichen nachbarschaftlichen Beziehungen zwischen den Staaten – wie soeben dargelegt – nicht dazu, dass der Verstoß des ungarischen Statusgesetz gegen das letztgenannte Prinzip aufgehoben wird. Es ist vielmehr festzustellen, dass auch das Memorandum von dem Prinzip der freundschaftlichen nachbarschaftlichen Beziehungen zwischen den Staaten geleitet wird und das ungarische Statusgesetz demnach aus denselben Gründen weder mit dem ungarisch-rumänischen Vertrag noch mit dem Memorandum zu vereinbaren ist.

In Bezug auf die Vereinbarkeit des ungarischen Statusgesetzes mit dem Prinzip der freundschaftlichen nachbarschaftlichen Beziehungen zwischen den Staaten im Rahmen des ungarisch-rumänischen Vertrags ergeben sich auch durch das das Memorandum ersetzende Übereinkommen keinerlei Änderungen. Das Übereinkommen erwähnt in gleicher Weise wie das Memorandum in dem Absatz 1 seiner Präambel, dass die Förderung der zwischenstaatlichen Beziehungen im Sinne eines gegenseitigen Verständnisses und einer gut-nachbarschaftlichen Zusammenarbeit von großem Interesse für die Vertragsparteien ist.[893] Ansonsten nimmt das Übereinkommen aber in keinem seiner weiteren Artikel direkt Bezug auf das Prinzip der freundschaftlichen nachbarschaftlichen Beziehungen zwischen den Staaten. Trotzdem wohnt dieses Prinzip aufgrund seiner Stellung in der Präambel allen weiteren Bestimmungen des Übereinkommens inne und ist immer zu beachten. Die Einseitigkeit des Erlasses des ungarischen Statusgesetzes sowie der Maßnahmen, die im Rahmen seiner Umsetzung von Seiten Ungarns ergriffen wurden, sorgen demnach auch für eine Unvereinbarkeit des ungarischen Statusgesetzes mit dem zwischen Ungarn und Rumänien geschlossenen Übereinkommen.
Ebenso wie bereits das Memorandum kann auch das das Memorandum ersetzende Übereinkommen den Verstoß des ungarischen Statusgesetzes gegen das Prinzip der freundschaftlichen nachbarschaftlichen Beziehungen zwischen den Staaten im Rahmen des ungarisch-rumänischen Vertrags nicht aufheben.

Insgesamt lässt sich somit feststellen, dass das ungarische Statusgesetz weder mit dem ungarisch-rumänischen Vertrag allein noch mit diesem einschließlich dessen Modifizierungen, d.h. dem Memorandum und dem Übereinkommen, in Einklang zu bringen ist. Anders als bei der Prüfung der Vereinbarkeit des ungarischen Statusgesetzes mit dem Prinzip der territorialen Staatensouveränität und ähnlich wie bei der Prüfung der Vereinbarkeit des ungarischen Statusgesetzes mit dem Prinzip der Nichtdiskriminierung bewirken die Modifizierungen des Vertrags in bezug das Prinzip der freundschaftlichen nachbarschaftlichen Beziehungen zwischen

[893]) Der Absatz 1 der Präambel des Übereinkommens lautet: "The Government of Romania and the Government of the Republic of Hungary, hereinafter referred to as "the Parties", guided by a joint effort to strengthen their bilateral relations in the spirit of mutual understanding and good-neighbourly co-operation; …."

den Staaten nicht die Vereinbarkeit des ungarischen Statusgesetzes mit diesem Prinzip. Die Vereinbarkeit des ungarischen Statusgesetz mit dem Prinzip der freundschaftlichen nachbarschaftlichen Beziehungen zwischen den Staaten lässt sich somit nicht durch den ungarisch-rumänischen Vertrag und dessen Modifizierungen rechtfertigen.

b. Vertrag zwischen Ungarn und der Slowakei

Der zwischen Ungarn und der Slowakei am 19. März 1995 geschlossene Vertrag über gut-nachbarschaftliche Beziehungen und freundschaftliche Kooperation ("Treaty on Good-neighbourly Relations and Friendly Co-operation between the Republic of Hungary and the Slovak Republic") ist ebenso wie der ungarisch-rumänische Vertrag inhaltlich insgesamt dem Prinzip der freundschaftlichen nachbarschaftlichen Beziehungen zuzuordnen. Dies geht zum einen bereits aus dem Titel des Vertrags hervor ("Vertrag über gut-nachbarschaftliche Beziehungen und freundschaftliche Kooperation"). Zum anderen wird diese inhaltliche Verpflichtung dem Prinzip der freundschaftlichen nachbarschaftlichen Beziehungen zwischen den Staaten gegenüber sowohl in den Absätzen 1 und 4 der Präambel des ungarisch-slowakischen Vertrags als auch in dem Art. 1 und dem Absatz 1 des Art. 15 des ungarisch-slowakischen Vertrags noch einmal explizit hervorgehoben. Alle weiteren Artikel dieses Vertrags beinhalten Verpflichtungen für Ungarn und für die Slowakei, die zur Verbesserung ihrer gegenseitigen Beziehungen (und zur Einhaltung ihrer internationalen Verpflichtungen) beitragen sollen. Im Gegensatz zu dem ungarisch-rumänischen Vertrag lassen sich – auch wenn das ungarische Statusgesetz im Grunde genommen, um mit dem Prinzip der freundschaftlichen nachbarschaftlichen Beziehungen zwischen den Staaten im Rahmen des Vertrags zwischen Ungarn und der Slowakei in Einklang gebracht werden zu können, mit sämtlichen Bestimmungen dieses ungarisch-slowakischen Vertrags zu vereinbaren sein muss – die eben dargelegten Bestimmungen aus dem ungarisch-slowakischen Vertrag als charakteristische Bestimmungen in Bezug auf das Prinzip der freundschaftlichen nachbarschaftlichen Beziehungen zwischen den Staaten herausgreifen. Man kann demnach sagen, dass sich der ungarisch-slowakische Vertrag in den Absätzen 1 und 4 seiner Präambel, dem Art. 1 und dem Art. 15 (1) auf das Prinzip der freundschaftlichen nachbarschaftlichen Beziehungen zwischen den Staaten bezieht.
Dem Absatz 1 der Präambel des ungarisch-slowakischen Vertrags zufolge sind die Vertragsparteien überzeugt, dass die historischen Umwälzungen, die in Europa und speziell in ihren jeweiligen Ländern stattfanden, eine noch nicht da gewesene Möglichkeit bieten, die gemeinsamen Aufgaben, die sich aus der Entwicklung ihrer bilateralen Beziehungen im Sinne der guten Nachbarschaft und der freundschaftlichen Zusammenarbeit ergeben, zu bewältigen.[894]
Die Vertragsparteien erkennen gemäß dem Absatz 4 der Präambel des ungarisch-slowakischen Vertrags an, dass die Angehörigen nationaler Minderheiten einen wesentlichen Teil der Gesellschaft und des Vertragsstaates, in dem sie leben, darstellen, und dass sie zur Bereicherung des gesellschaftlichen Lebens und zur Bildung von Vertrauen, Freundschaft und Zusammenarbeit zwischen ihren Ländern beitragen, und sie erklären, dass sie Verantwortung für den Schutz, den Erhalt und die Vertiefung der nationalen oder ethnischen, kulturellen,

---

[894]) Der Absatz 1 der Präambel des Vertrags lautet: "The Republic of Hungary and the Slovak Republic (hereinafter referred to as "the Contracting Parties"), being convinced that the historical change that took place in Europe and in their respective countries offer unprecedented opportunities for resolving the common tasks that derive from the development of their bilateral relations in a spirit of good neighbourliness and friendly co-operation; …."

religiösen und sprachlichen Identität der Minderheiten, die auf ihrem Territorium leben, übernehmen.[895]
Nach Art. 1 des ungarisch-slowakischen Vertrags sollen die Vertragsparteien ihre Beziehungen im Sinne der guten Nachbarschaft, des Vertrauens und der freundschaftlichen Zusammenarbeit entwickeln, und sie sollen den Dialog auf allen Gebieten des gegenseitigen Interesses suchen.[896]
Der Art. 15 Absatz 1 des ungarisch-slowakischen Vertrags nimmt auf den Absatz 4 der Präambel des ungarisch-slowakischen Vertrags Bezug. Die Vertragsparteien bestätigen in Art. 15 (1) des ungarisch-slowakischen Vertrags nämlich, dass der Schutz nationaler Minderheiten und der der Rechte und Freiheiten ihrer Angehörigen einen wesentlichen Teil des internationalen Schutzes der Menschenrechte darstellt und dass er als solcher in den Anwendungsbereich der internationalen Zusammenarbeit fällt. In diesem Sinne ist er nicht ausschließlich eine innerstaatliche Angelegenheit des betroffenen Staates, sondern er stellt ein legitimes Anliegen der internationalen Gemeinschaft dar. Die Vertragsparteien haben erkannt, dass ihre Zusammenarbeit auf diesem Gebiet zur Stärkung ihrer gut-nachbarschaftlichen Beziehungen, ihres gegenseitigen Verständnisses, ihrer Freundschaft und des Vertrauens zwischen ihren Ländern und zugleich auch zur Konsolidierung der internationalen Sicherheit, Stabilität und der europäischen Integration beiträgt.[897]
Neben der grundsätzlichen, in Absatz 1 der Präambel und Art. 1 des ungarisch-slowakischen Vertrags niedergelegten Entwicklung und dem Erhalt der gut-nachbarschaftlichen Beziehungen, des Vertrauens und der freundschaftlichen Zusammenarbeit nehmen der Absatz 4 der Präambel und der Art. 15 Absatz 1 des ungarisch-slowakischen Vertrags konkret Bezug auf den Schutz der nationalen Minderheiten und die damit einhergehende Stärkung ihrer gut-nachbarschaftlichen Beziehungen, ihres gegenseitigen Verständnisses, ihrer Freundschaft und des Vertrauens zwischen ihren Ländern. Durch den Erlass und die daran anschließende Umsetzung des ungarischen Statusgesetzes (v.a. in Bezug auf die Errichtung der "Urkundenbüros" in den Nachbarstaaten Ungarns, die Ausstellung des sog. Ungarnausweises sowie die damit einhergehenden Konsequenzen und die den Angehörigen der nationalen ungarischen Minderheit in den an Ungarn angrenzenden Staaten aufgrund des ungarischen Statusgesetzes zu gewährenden Vergünstigungen in ihrem Aufenthaltsstaat), die als einseitige Maßnahmen von Seiten Ungarns zu qualifizieren sind[898], handelt Ungarn – gerade auch in Bezug auf den konkret in dem ungarisch-slowakischen Vertrag erwähnten Schutz nationaler Minderheiten –

[895]) Der Absatz 4 der Präambel des Vertrags lautet: "The Republic of Hungary and the Slovak Republic (hereinafter referred to as "the Contracting Parties"), ..., recognising that persons belonging to national minorities constitute an integral part of the society and of the State of the Contracting Party on whose territory they live and they concurrently contribute to the enrichment of the life of their societies and to building confidence, friendship and co-operation between their countries, and declaring that they feel responsibility for granting protection to, and promoting preservation and deepening of, national or ethnic, cultural, religious and linguistic identity of the minorities living within their respective territories; ..."

[896]) Art. 1 des Vertrags lautet: "The Contracting Parties shall develop their relations in the spirit of good neighbourliness, confidence and friendly co-operation and shall maintain a dialog in all the areas of mutual interest."

[897]) Art. 15 Absatz 1 des Vertrags lautet: "The Contracting Parties confirm that protection of national minorities and of the rights and freedoms of persons belonging to those minorities forms an integral part of the international protection of human rights and as such falls within the scope of international co-operation and, in this sense, it is therefore not an exclusively domestic affair of the States concerned but constitute a legitimate concern of the international community. The Contracting Parties recognize that their co-operation in this field contributes to the strengthening of good-neighbourly relations, mutual understanding, friendship and confidence between their countries and, at the same time, to the consolidation of international security, stability and European integration."

[898]) S.o. Kapitel III, B., III., 1., a., S. 261.

sowohl dem Absatz 1 der Präambel und Art. 1 des ungarisch-slowakischen Vertrags als auch dem Absatz 4 der Präambel und dem Art. 15 Absatz 1 des ungarisch-slowakischen Vertrags zuwider. Die Einseitigkeit der ungarischen Maßnahmen pflegt zum einen weder den Dialog zwischen Ungarn und der Slowakei, und zum anderen bewirkt diese Einseitigkeit keine Stärkung des Vertrauens zwischen den beiden Ländern.

Das ungarische Statusgesetz ist demnach nicht mit den Absätzen 1 und 4 der Präambel, dem Art. 1 und dem Art. 15 (1) des ungarisch-slowakischen Vertrags, die das Prinzip der freundschaftlichen nachbarschaftlichen Beziehungen zwischen den Staaten im Rahmen dieses Vertrags verkörpern, in Einklang zu bringen.

Da der gesamte ungarisch-slowakische Vertrag – ähnlich wie der ungarisch-rumänische Vertrag – inhaltlich insgesamt dem Prinzip der freundschaftlichen nachbarschaftlichen Beziehungen zuzuordnen ist, basiert die Unvereinbarkeit mit dem ungarischen Statusgesetz darüber hinaus auch noch – ebenso wie bei dem ungarisch-rumänischen Vertrag – auf dem (bei der Prüfung der Vereinbarkeit des ungarischen Statusgesetzes mit dem Prinzip der territorialen Staatensouveränität und mit dem Prinzip der Nichtdiskriminierung im Rahmen dieses ungarisch-slowakischen Vertrags) bereits bejahten Verstoß des Statusgesetzes gegen diese beiden Prinzipien.[899] Die Ausrichtung des gesamten ungarisch-slowakischen Vertrags auf das Prinzip der freundschaftlichen nachbarschaftlichen Beziehungen zwischen den Staaten hat nämlich zur Folge, dass auch die Bestimmungen des Vertrags, die die territoriale Staatensouveränität bzw. das Verbot der Diskriminierung betreffen, nicht nur unter diesem Gesichtspunkt mit dem ungarischen Statusgesetz in Einklang zu bringen sein müssen, sondern auch noch unter dem Gesichtspunkt des Prinzips der freundschaftlichen nachbarschaftlichen Beziehungen zwischen den Staaten. Der bereits erörterte Verstoß des ungarischen Statusgesetzes gegen den ungarisch-slowakischen Vertrag im Rahmen des Prinzips der territorialen Staatensouveränität (Verstoß gegen den Absatz 5 der Präambel, den Art. 2 und den Art. 3 (1) Satz 1 des ungarisch-slowakischen Vertrags)[900] und im Rahmen des Prinzips der Nichtdiskriminierung (Verstoß gegen den Absatz 3 und den Absatz 5 der Präambel, den Art. 2, den Art. 14 und den Art. 15 (2) (b), (4) (b) und (5) des ungarisch-slowakischen Vertrags)[901] beinhaltet demnach gleichzeitig einen Verstoß gegen das all diesen Bestimmungen ebenfalls innewohnende Prinzip der freundschaftlichen nachbarschaftlichen Beziehungen zwischen den Staaten.

Es lässt sich somit feststellen, dass das ungarische Statusgesetz aufgrund der Tatsache, dass es den in den Absätzen 1 und 4 der Präambel, in dem Art. 1 und dem Art. 15 (1) des ungarisch-slowakischen Vertrags niedergelegten Anforderungen (nämlich der Entwicklung und dem Erhalt der gut-nachbarschaftlichen Beziehungen, des Vertrauens und der freundschaftlichen Zusammenarbeit sowie der Stärkung ihrer gut-nachbarschaftlichen Beziehungen, ihres gegenseitigen Verständnisses, ihrer Freundschaft und des Vertrauens zwischen ihren Ländern aufgrund des Schutzes der nationalen Minderheiten) nicht nachkommt und dass es aufgrund des bereits bejahten Verstoßes gegen das Prinzip der territorialen Staatensouveränität und gegen das Prinzip der Nichtdiskriminierung, mit dem Prinzip der freundschaftlichen nachbarschaftlichen Beziehungen zwischen den Staaten im Rahmen des ungarisch-slowakischen Vertrags nicht zu vereinbaren ist.

Im Gegensatz zu dem zwischen Ungarn und Rumänien geschlossenen Vertrag, der später durch das Memorandum (und daran anschließend durch das Übereinkommen) ergänzt worden ist, kann der ungarisch-slowakische Vertrag den Abschluss eines derartigen Zusatzes (noch)

---

[899]) Bzgl. des Prinzips der territorialen Staatensouveränität: s.o. Kapitel III, B., I., 3., b., S. 116.
Bzgl. des Prinzips der Nichtdiskriminierung: s.o. Kapitel III, B., II., 2., c., (2), S. 236.

[900]) S.o. Kapitel III, B., I., 3., b., S. 116.

[901]) S.o. Kapitel III, B., II., 2., c., (2), S. 236.

nicht vorweisen. Da aber dieser Zusatz sowohl in Bezug auf das Prinzip der Nichtdiskriminierung als auch in Bezug auf das Prinzip der freundschaftlichen nachbarschaftlichen Beziehungen zwischen den Staaten auch bei dem ungarisch-rumänischen Vertrag nicht zur Vereinbarkeit mit dem ungarischen Statusgesetz geführt hat, zeigt sich, dass der Verstoß des ungarischen Statusgesetzes gegen diese Bestimmungen des ungarisch-slowakischen Vertrags nicht einfach durch eine derartige zusätzliche zwischenstaatliche Vereinbarung aufgehoben werden kann. Insofern kann man auch nicht sagen, dass es dem ungarisch-slowakischen Vertrags zur Vereinbarkeit mit dem ungarischen Statusgesetz lediglich an den dem ungarisch-rumänischen Vertrag entsprechenden Modifizierungen mangelt.

c. Vertrag zwischen Ungarn und Kroatien

Der am 16. Dezember 1992 von Ungarn und der Republik Kroatien unterzeichnete Vertrag über freundschaftliche Beziehungen und Kooperation ("Treaty between the Republic of Hungary and the Republic of Croatia on Friendly Relations and Co-operation") ist ebenso wie der ungarisch-rumänische und der ungarisch-slowakische Vertrag inhaltlich insgesamt dem Prinzip der freundschaftlichen nachbarschaftlichen Beziehungen zuzuordnen. Dies geht ebenfalls zum einen bereits aus dem Titel des Vertrags hervor ("Vertrag über freundschaftliche Beziehungen und Kooperation"). Zum anderen wird diese inhaltliche Verpflichtung dem Prinzip der freundschaftlichen nachbarschaftlichen Beziehungen zwischen den Staaten gegenüber sowohl in dem Absatz 5 der Präambel als auch in dem Art. 1 Absatz 1 des ungarisch-kroatischen Vertrags noch einmal explizit hervorgehoben. Alle weiteren Artikel dieses Vertrags beinhalten Verpflichtungen für Ungarn und Kroatien, die zur Verbesserung ihrer gegenseitigen Beziehungen (und zur Einhaltung ihrer internationalen Verpflichtungen) beitragen sollen. Ähnlich wie bei dem ungarisch-slowakischen Vertrag und im Gegensatz zu dem ungarisch-rumänischen Vertrag lassen sich – auch wenn das ungarische Statusgesetz im Grunde genommen mit sämtlichen Bestimmungen dieses ungarisch-kroatischen Vertrags zu vereinbaren sein muss, um mit dem Prinzip der freundschaftlichen nachbarschaftlichen Beziehungen zwischen den Staaten im Rahmen des Vertrags zwischen Ungarn und Kroatien in Einklang gebracht werden zu können – die eben dargelegten Bestimmungen aus dem ungarisch-kroatischen Vertrag als charakteristische Bestimmungen in Bezug auf das Prinzip der freundschaftlichen nachbarschaftlichen Beziehungen zwischen den Staaten herausgreifen. Man kann demnach sagen, dass sich der ungarisch-kroatische Vertrag in dem Absatz 5 seiner Präambel und dem Art. 1 Absatz 1 auf das Prinzip der freundschaftlichen nachbarschaftlichen Beziehungen zwischen den Staaten bezieht.

Dem Absatz 5 der Präambel des ungarisch-kroatischen Vertrags zufolge setzen es sich die Vertragsparteien zum Ziel, die gegenseitige Kooperation auf allen Gebieten zu entwickeln und zu erweitern.[902]

Nach Art. 1 Absatz 1 des ungarisch-kroatischen Vertrags sollen die Vertragsparteien ihre Beziehungen im Sinne ihrer Freundschaft und auf der Grundlage ihres gemeinsamen kulturellen Erbes entwickeln, wobei sie die Gelegenheit zur Intensivierung ihrer Beziehungen nutzen sollen, die ihnen durch den Wandel in Europa eröffnet wurde.[903]

---

[902]) Der Absatz 5 der Präambel des Vertrags lautet: "The Republic of Hungary and the Republic of Croatia (hereafter Contracting Parties), ..., striving to develop and further strengthen mutual co-operation in all fields; ...."

[903]) Art. 1 Absatz 1 des Vertrags lautet: "The Contracting Parties shall develop their relations in the spirit of friendship and on the basis of their common cultural heritage, and they shall utilise the opportunities presented by the changes in Europe to intensify their relations."

Neben diesen beiden Bestimmungen nimmt der Art. 2 des ungarisch-kroatischen Vertrags indirekt auf das Prinzip der freundschaftlichen nachbarschaftlichen Beziehungen zwischen den Staaten Bezug, indem er von den Vertragsparteien erwartet, dass sie sich bei der Entwicklung ihrer Beziehungen und bei Fragen in Bezug auf Frieden, Sicherheit und europäische Kooperation an die folgenden Prinzipien halten:

- Das oberste Ziel ihrer Politik soll nach Absatz 1 der Erhalt von Frieden, die Stärkung der Stabilität und die effektive Vermeidung jeglicher Kriege oder bewaffneter Konflikte sein.
- Nach Absatz 2 sollen sie im Einklang mit dem internationalen Recht, insbesondere im Einklang mit der UN-Charta, der Helsinki-Schlussakte, der Pariser Charta für ein Neues Europa und den anderen Dokumenten der KSZE, handeln.
- Absatz 3 gebietet, dass sie die anderen Prinzipien, das Verbot der Drohung mit oder des Gebrauch von Gewalt, die territoriale Integrität und die politische Unabhängigkeit respektieren sollen und dass sie keine Handlungen vornehmen sollen, die nicht mit den Zielen und Prinzipien der UN-Charta oder der Helsinki-Schlussakte vereinbar sind.
- Dem Absatz 4 zufolge sehen sie nationale Minderheiten als natürliches Bindeglied zwischen dem kroatischen und dem ungarischen Volk an, und sie vertrauen darauf, dass die nationalen Minderheiten einen wertvollen Beitrag zu dem Leben beider Gesellschaften leisten.
- Nach Absatz 5 verurteilen sie schließlich, in Übereinstimmung mit ihren internationalen Verpflichtungen, Totalitarismus, Rassenhass und Hass zwischen ethnischen Gruppen, Antisemitismus, Fremdenfeindlichkeit, Diskriminierung gegenüber Minderheiten und die Verfolgung aufgrund von religiösen oder ideologischen Gründen.[904]

Der von Absatz 5 der Präambel und von Art. 1 Absatz 1 des ungarisch-kroatischen Vertrags geforderten Entwicklung und Erweiterung der Kooperation und der freundschaftlichen Beziehungen wird weder durch den Erlass noch durch die daran anschließende Umsetzung des ungarischen Statusgesetzes (v.a. in Bezug auf die Errichtung der "Urkundenbüros" in den Nachbarstaaten Ungarns, die Ausstellung des sog. Ungarnausweises und die damit einhergehenden Konsequenzen und die den Angehörigen der nationalen ungarischen Minderheit in den an Ungarn angrenzenden Staaten aufgrund des ungarischen Statusgesetzes zu gewährenden Vergünstigungen in ihrem Aufenthaltsstaat), die als einseitige Maßnahmen von Seiten Ungarns zu qualifizieren sind[905], entsprochen. Auch ist bereits dargelegt worden, dass die Vertragsparteien den für die Entwicklung ihrer Beziehungen wichtigen Prinzipien, die in Art. 2 Absatz 2, 3 und 5 des ungarisch-kroatischen Vertrags niedergelegt worden sind, nicht nachkommen.[906] Dass die Vertragsparteien den Absätzen 1 und 4 des Art. 2 des ungarisch-kroatischen Vertrags entsprechend handeln, ist zwar möglich, geht aus dem ungarischen Statusgesetz nicht klar hervor. Da der Art. 2 des ungarisch-kroatischen Vertrags mit seinen fünf Absätzen allerdings aufgrund der Tatsache, dass sich die Entwicklung der Beziehungen zwischen den Staaten an

---

[904]) Art. 2 des Vertrags lautet: " The Contracting Parties shall adhere to the following principles in developing their relations and issues of peace, security and European co-operation:
- Bzgl. der Abs. 1, 2 und 3 des Art. 2 des Vertrags: s.o. Kapitel III, B., I., 3., c., (1), S. 116.
- They regard national minorities as natural bridges between the Croatian and Hungarian peoples and are confident that the national minorities make a valuable contribution to the life of their societies.
- Bzgl. des Abs. 5 des Art. 2 des Vertrags: s.o. Kapitel III., B., II., 2., c., (3), (a), S. 238.

[905]) S.o. Kapitel III, B., III., 1., a., S. 261.

[906]) Bzgl. der Abs. 2 und 3 des Art. 2 des Vertrags: s.o. Kapitel III, B., I., 3., c., (1), S. 117.
Bzgl. des Abs. 5 des Art. 2 des Vertrags: s.o. Kapitel III., B., II., 2., c., (3), (a), S. 239.

alle der folgenden Prinzipien halten muss, als eine Einheit anzusehen ist, ist die mögliche Vereinbarkeit des Statusgesetzes mit den Absätzen 1 und 4 des Art. 2 des ungarisch-kroatischen Vertrags nicht relevant. Der Verstoß des Statusgesetzes gegen die anderen drei Absätze des Art. 2 des ungarisch-kroatischen Vertrags hat nämlich die Unvereinbarkeit des Statusgesetzes mit dem gesamten Art 2 des ungarisch-kroatischen Vertrags zur Folge. Diese kann auch nicht durch eine mögliche Vereinbarkeit mit den Absätzen 1 und 4 des Art. 2 des ungarisch-kroatischen Vertrags aufgehoben werden.
Das ungarische Statusgesetz ist demnach nicht mit dem Absatz 5 der Präambel, dem Art. 1 Absatz 1 und dem gesamten Art. 2 des ungarisch-kroatischen Vertrags, die das Prinzip der freundschaftlichen nachbarschaftlichen Beziehungen zwischen den Staaten im Rahmen dieses Vertrags verkörpern, in Einklang zu bringen.

Da der gesamte ungarisch-kroatische Vertrag – ähnlich wie der ungarisch-rumänische und der ungarisch-slowakische Vertrag – inhaltlich insgesamt dem Prinzip der freundschaftlichen nachbarschaftlichen Beziehungen zuzuordnen ist, basiert die Unvereinbarkeit mit dem ungarischen Statusgesetz darüber hinaus auch noch – ebenso wie bei dem ungarisch-rumänischen und dem ungarisch-slowakischen Vertrag – auf dem (bei der Prüfung der Vereinbarkeit des ungarischen Statusgesetzes mit dem Prinzip der territorialen Staatensouveränität und mit dem Prinzip der Nichtdiskriminierung im Rahmen dieses ungarisch-kroatischen Vertrags) bereits bejahten Verstoß des Statusgesetzes gegen diese beiden Prinzipien.[907] Die Ausrichtung des gesamten ungarisch-kroatischen Vertrags auf das Prinzip der freundschaftlichen nachbarschaftlichen Beziehungen zwischen den Staaten hat nämlich zur Folge, dass auch die Bestimmungen des Vertrags, die die territoriale Staatensouveränität bzw. das Verbot der Diskriminierung betreffen, nicht nur unter diesem Gesichtspunkt mit dem ungarischen Statusgesetz in Einklang zu bringen sein müssen, sondern auch noch unter dem Gesichtspunkt des Prinzips der freundschaftlichen nachbarschaftlichen Beziehungen zwischen den Staaten. Der bereits angenommene Verstoß des ungarischen Statusgesetzes gegen den ungarisch-kroatischen Vertrag im Rahmen des Prinzips der territorialen Staatensouveränität (Verstoß gegen den Art. 2 Absatz 1 bis 3 des ungarisch-kroatischen Vertrags)[908] und im Rahmen des Prinzips der Nichtdiskriminierung (Verstoß gegen den Art. 1 (2), Art. 2 Absatz 2, 3 und 5 sowie Art. 17 (1) des ungarisch-kroatischen Vertrags)[909] beinhaltet demnach gleichzeitig einen Verstoß gegen das all diesen Bestimmungen ebenfalls innewohnende Prinzip der freundschaftlichen nachbarschaftlichen Beziehungen zwischen den Staaten.

Es lässt sich somit feststellen, dass das ungarische Statusgesetz aufgrund der Tatsache, dass es den in dem Absatz 5 der Präambel, in dem Art. 1 Absatz 1 und dem Art. 2 des ungarisch-kroatischen Vertrags niedergelegten Anforderungen (nämlich der Entwicklung und Erweiterung der Kooperation und der freundschaftlichen Beziehungen) nicht nachkommt sowie aufgrund des bereits bejahten Verstoßes gegen das Prinzip der territorialen Staatensouveränität und gegen das Prinzip der Nichtdiskriminierung, mit dem Prinzip der freundschaftlichen nachbarschaftlichen Beziehungen zwischen den Staaten im Rahmen des ungarisch-kroatischen Vertrags nicht zu vereinbaren ist.

---

907) Bzgl. des Prinzips der territorialen Staatensouveränität: s.o. Kapitel III, B., I., 3., c., (1), S. 117.
Bzgl. des Prinzips der Nichtdiskriminierung: s.o. Kapitel III, B., II., 2., c., (3), (a), S. 240.

908) S.o. Kapitel III, B., I., 3., c., (1), S. 117.

909) S.o. Kapitel III, B., II., 2., c., (2), S. 240.

Im Gegensatz zu dem zwischen Ungarn und Rumänien geschlossenen Vertrag, der später durch das Memorandum (und daran anschließend durch das Übereinkommen) ergänzt worden ist, kann der ungarisch-kroatische Vertrag – genau wie der ungarisch-slowakische Vertrag – den Abschluss eines derartigen Zusatzes allerdings (noch) nicht vorweisen. Da aber dieser Zusatz sowohl in Bezug auf das Prinzip der Nichtdiskriminierung als auch in Bezug auf das Prinzip der freundschaftlichen nachbarschaftlichen Beziehungen zwischen den Staaten auch bei dem ungarisch-rumänischen Vertrag nicht zur Vereinbarkeit mit dem ungarischen Statusgesetz geführt hat, zeigt sich, dass der Verstoß des ungarischen Statusgesetzes gegen diese Bestimmungen des ungarisch-kroatischen Vertrags nicht einfach durch eine derartige zusätzliche zwischenstaatliche Vereinbarung aufgehoben werden kann. Insofern kann man auch nicht sagen, dass es dem ungarisch-kroatischen Vertrag zur Vereinbarkeit mit dem ungarischen Statusgesetz lediglich an den dem ungarisch-rumänischen Vertrag entsprechenden Modifizierungen mangelt.

d. Vertrag zwischen Ungarn und der Ukraine

Der am 06. Dezember 1991 von Ungarn und der Ukraine geschlossene Vertrag über die Grundlagen einer guten Nachbarschaft und einer Kooperation zwischen Ungarn und der Ukraine ("Treaty on the Foundations of Good-Neighbourliness and Co-operation between the Republic of Hungary and Ukraine") ist ebenso wie der ungarisch-rumänische, der ungarisch-slowakische und der ungarisch-kroatische Vertrag inhaltlich insgesamt dem Prinzip der freundschaftlichen nachbarschaftlichen Beziehungen zuzuordnen. Dies geht ebenfalls zum einen bereits aus dem Titel des Vertrags hervor ("Vertrag über die Grundlagen einer guten Nachbarschaft und einer Kooperation"). Zum anderen wird diese inhaltliche Verpflichtung dem Prinzip der freundschaftlichen nachbarschaftlichen Beziehungen zwischen den Staaten gegenüber sowohl in dem Absatz 2 der Präambel als auch in dem Art. 1 Satz 1 und dem Art. 17 des ungarisch-ukrainischen Vertrags noch einmal explizit hervorgehoben. Alle weiteren Artikel dieses Vertrags beinhalten Verpflichtungen für Ungarn und die Ukraine, die zur Verbesserung ihrer gegenseitigen Beziehungen (und zur Einhaltung ihrer internationalen Verpflichtungen) beitragen sollen. Ähnlich wie bei dem ungarisch-slowakischen Vertrag und im Gegensatz zu dem ungarisch-rumänischen Vertrag lassen sich – auch wenn das ungarische Statusgesetz im Grunde genommen mit sämtlichen Bestimmungen dieses ungarisch-ukrainischen Vertrags zu vereinbaren sein muss, um mit dem Prinzip der freundschaftlichen nachbarschaftlichen Beziehungen zwischen den Staaten im Rahmen des Vertrags zwischen Ungarn und der Ukraine in Einklang gebracht werden zu können – die eben dargelegten Bestimmungen aus dem ungarisch-ukrainischen Vertrag als charakteristische Bestimmungen in Bezug auf das Prinzip der freundschaftlichen nachbarschaftlichen Beziehungen zwischen den Staaten herausgreifen. Man kann demnach sagen, dass sich der ungarisch-ukrainische Vertrag in dem Absatz 2 seiner Präambel, dem Art. 1 Satz 1 und dem Art 17 auf das Prinzip der freundschaftlichen nachbarschaftlichen Beziehungen zwischen den Staaten bezieht.

In dem Absatz 2 der Präambel des ungarisch-ukrainischen Vertrags werden die Vertragsparteien von der Überzeugung geleitet, dass gute nachbarschaftliche Beziehungen, gegenseitiger Respekt und Zusammenarbeit zwischen den beiden Staaten zu den Interessen des ungarischen und auch des ukrainischen Volkes gehören, und sie fördern die Schaffung von qualitativ neu-

en Beziehungen, die auf der Gleichheit und der gemeinsamen Stärkung des europäischen Sicherheitssystems beruhen.[910]
Nach Art. 1 Satz 1 des ungarisch-ukrainischen Vertrags sollen Ungarn und die Ukraine ihre auf der Freundschaft der Staaten beruhenden Beziehungen entwickeln.[911]
Nach Art. 17 des ungarisch-ukrainischen Vertrags erklären die Vertragsparteien, in vollkommener Übereinstimmung mit der Charta von Paris für ein Neues Europa und anderen relevanten KSZE-Dokumenten, dass freundschaftliche Beziehungen zwischen ihren Völkern sowie Frieden, Gerechtigkeit, Stabilität und Demokratie es erfordern, dass den ethnischen, kulturellen, sprachlichen und religiösen Eigenschaften der nationalen Minderheiten gegenseitiger Schutz garantiert wird, und dass alle dafür erforderlichen Bedingungen getroffen werden sollen. Die Vertragsparteien sollen einzeln und zusammen Schritte zur Förderung der Umsetzung solcher Verpflichtungen treffen, die im Einklang stehen mit der Deklaration über die Grundsätze der Kooperation in Bezug auf die Zusicherung der Rechte von nationalen Minderheiten und dem daran angefügten Protokoll, die am 31. Mai 1991 unterzeichnet worden sind. In Bezug auf ihre internationalen Beziehungen sollen die Vertragsparteien sowohl unabhängig als auch gemeinsam Schritte zur Umsetzung der Bestimmungen internationaler Dokumente, die sich auf nationale Minderheiten beziehen, unternehmen.[912]

Durch den Erlass und die daran anschließende Umsetzung des ungarischen Statusgesetzes (v.a. in Bezug auf die Errichtung der "Urkundenbüros" in den Nachbarstaaten Ungarns, die Ausstellung des sog. Ungarnausweises und die damit einhergehenden Konsequenzen und die den Angehörigen der nationalen ungarischen Minderheit in den an Ungarn angrenzenden Staaten aufgrund des ungarischen Statusgesetzes zu gewährenden Vergünstigungen in ihrem Aufenthaltsstaat), die als einseitige Maßnahmen von Seiten Ungarns zu qualifizieren sind[913], handelt Ungarn dem Absatz 2 der Präambel, dem Art. 1 Satz 1 und dem Art. 17 des ungarisch-ukrainischen Vertrags zuwider. Die Einseitigkeit der ungarischen Maßnahmen pflegt nämlich weder die Zusammenarbeit zwischen Ungarn und der Ukraine noch bewirkt diese Einseitigkeit eine Stärkung der guten Nachbarschaft, des gegenseitigen Respekts und der freundschaftlichen Beziehungen zwischen den beiden Ländern.
Das ungarische Statusgesetz ist demnach nicht mit dem Absatz 2 der Präambel, dem Art. 1 Satz 1 und dem Art. 17 des ungarisch-ukrainischen Vertrags, die das Prinzip der freundschaftlichen nachbarschaftlichen Beziehungen zwischen den Staaten im Rahmen dieses Abkommens verkörpern, in Einklang zu bringen.

Da der gesamte ungarisch-ukrainische Vertrag – ähnlich wie der ungarisch-rumänische, der ungarisch-slowakische und der ungarisch-kroatische Vertrag – inhaltlich insgesamt dem Prinzip der freundschaftlichen nachbarschaftlichen Beziehungen zuzuordnen ist, basiert die Unvereinbarkeit mit dem ungarischen Statusgesetz darüber hinaus auch noch – ebenso wie bei dem ungarisch-rumänischen und dem ungarisch-slowakischen Vertrag – auf dem (bei der Prüfung der Vereinbarkeit des ungarischen Statusgesetzes mit dem Prinzip der territorialen Staa-

---

[910]) Der Absatz 2 der Präambel des Vertrags lautet: "The Republic of Hungary and Ukraine (hereafter Contracting Parties), ..., guided by the conviction that good-neighbourly relations, mutual respect and co-operation between the two countries correspond to the interests of the peoples of Hungary and Ukraine and promote the creation of qualitatively new relations based on equality, and the common strengthening of the European system of security, ..."

[911]) Art. 1 Satz 1 des Vertrags lautet: "The Republic of Hungary and Ukraine shall develop their relations as friendly states."

[912]) Bzgl. des Art. 17 des Vertrags: s.o. Kapitel III, B., II., 2., c., (5), (b), S. 250.

[913]) S.o. Kapitel III, B., III., 1., a., S. 261.

tensouveränität und mit dem Prinzip der Nichtdiskriminierung im Rahmen dieses ungarisch-ukrainischen Vertrags) bereits bejahten Verstoß des Statusgesetzes gegen diese beiden Prinzipien.[914] Die Ausrichtung des gesamten ungarisch-ukrainischen Vertrags auf das Prinzip der freundschaftlichen nachbarschaftlichen Beziehungen zwischen den Staaten hat nämlich zur Folge, dass auch die Bestimmungen des Vertrags, die die territoriale Staatensouveränität bzw. das Verbot der Diskriminierung betreffen, nicht nur unter diesem Gesichtspunkt mit dem ungarischen Statusgesetz in Einklang zu bringen sein müssen, sondern auch noch unter dem Gesichtspunkt des Prinzips der freundschaftlichen nachbarschaftlichen Beziehungen zwischen den Staaten. Der bereits angenommene Verstoß des ungarischen Statusgesetzes gegen den ungarisch-ukrainischen Vertrag im Rahmen des Prinzips der territorialen Staatensouveränität (Verstoß gegen den Absatz 4 der Präambel, den Art. 1 Satz 2 und den Art. 2 Satz 3 des ungarisch-ukrainischen Vertrags)[915] und im Rahmen des Prinzips der Nichtdiskriminierung (Verstoß gegen die Absätze 5 und 6 der Präambel, den Art. 1 Satz 2 und den Art. 17 des ungarisch-ukrainischen Vertrags)[916] beinhaltet demnach gleichzeitig einen Verstoß gegen das all diesen Bestimmungen ebenfalls innewohnende Prinzip der freundschaftlichen nachbarschaftlichen Beziehungen zwischen den Staaten.

Es lässt sich somit feststellen, dass das ungarische Statusgesetz aufgrund der Tatsache, dass es den in dem Absatz 2 der Präambel, dem Art. 1 Satz 1 und dem Art. 17 des ungarisch-ukrainischen Vertrags niedergelegten Anforderungen nicht nachkommt sowie aufgrund des bereits bejahten Verstoßes gegen das Prinzip der territorialen Staatensouveränität und gegen das Prinzip der Nichtdiskriminierung, mit dem Prinzip der freundschaftlichen nachbarschaftlichen Beziehungen zwischen den Staaten im Rahmen des ungarisch-ukrainischen Vertrags nicht zu vereinbaren ist.
Im Gegensatz zu dem zwischen Ungarn und Rumänien geschlossenen Vertrag, der später durch das Memorandum (und daran anschließend durch das Übereinkommen) ergänzt worden ist, kann der ungarisch-ukrainische Vertrag – genau wie der ungarisch-slowakische und der ungarisch-kroatische Vertrag – den Abschluss eines derartigen Zusatzes allerdings (noch) nicht vorweisen. Da aber dieser Zusatz sowohl in Bezug auf das Prinzip der Nichtdiskriminierung als auch in Bezug auf das Prinzip der freundschaftlichen nachbarschaftlichen Beziehungen zwischen den Staaten auch bei dem ungarisch-rumänischen Vertrag nicht zur Vereinbarkeit mit dem ungarischen Statusgesetz geführt hat, zeigt sich, dass der Verstoß des ungarischen Statusgesetzes gegen diese Bestimmungen des ungarisch-ukrainischen Vertrags nicht einfach durch eine derartige zusätzliche zwischenstaatliche Vereinbarung aufgehoben werden kann. Insofern kann man auch nicht sagen, dass es dem ungarisch-ukrainischen Vertrag zur Vereinbarkeit mit dem ungarischen Statusgesetz lediglich an den dem ungarisch-rumänischen Vertrag entsprechenden Modifizierungen mangelt.

e. Abkommen zwischen Ungarn und Serbien-Montenegro

Das von der Republik Ungarn und Serbien-Montenegro am 21. Oktober 2003 unterzeichnete Abkommen über den Schutz der Rechte der ungarischen Minderheit, die in Serbien-Montenegro lebt, und der serbischen Minderheit, die in Ungarn ansässig ist ("Agreement bet-

---

[914]) Bzgl. des Prinzips der territorialen Staatensouveränität: s.o. Kapitel III, B., I., 3., e., (2), S. 124. Bzgl. des Prinzips der Nichtdiskriminierung: s.o. Kapitel III, B., II., 2., c., (5), (b), S. 251.
[915]) S.o. Kapitel III, B., I., 3., e., (2), S. 124.
[916]) S.o. Kapitel III, B., II., 2., c., (5), (b), S. 251.

ween the Republic of Hungary and Serbia and Montenegro, on the protection of Rights of the Hungarian Minority living in Serbia and Montenegro, and the Serbian Minority living in the Republic of Hungary") ist anders als der ungarisch-rumänische, der ungarisch-slowakische und der ungarisch-kroatische Vertrag von seinem Inhalt her nicht insgesamt dem Prinzip der freundschaftlichen nachbarschaftlichen Beziehungen zuzuordnen. Wie bereits dargelegt, handelt es sich bei diesem Abkommen um ein Übereinkommen, das zum Teil den jeweils betroffenen Minderheiten spezielle Rechte zugesteht. Darüber hinaus nimmt es aber auch in einigen Bestimmungen – ähnlich wie die bilateralen Verträge Ungarns mit Rumänien und der Slowakei – auf die Verbesserung der freundschaftlichen Beziehungen Bezug. Dies kommt vor allem in dem Absatz 5 der Präambel des Abkommens zwischen Ungarn und Serbien-Montenegro zum Ausdruck.
Nach Absatz 5 der Präambel des Abkommens zwischen Ungarn und Serbien-Montenegro sind sich die Vertragsparteien bewusst, dass ihre Zusammenarbeit auf dem Gebiet des Schutzes der Minderheitenrechte und der Förderung der Stellung der Minderheiten zur Stärkung der guten Nachbarschaft, des gegenseitigen Verständnisses, der freundschaftlichen Beziehungen und des Vertrauens, und dadurch zur Festigung der internationalen Sicherheit und Stabilität, beiträgt.[917]

Durch den Erlass und die daran anschließende Umsetzung des ungarischen Statusgesetzes (v.a. in Bezug auf die Errichtung der "Urkundenbüros" in den Nachbarstaaten Ungarns, die Ausstellung des sog. Ungarnausweises und die damit einhergehenden Konsequenzen und die den Angehörigen der nationalen ungarischen Minderheit in den an Ungarn angrenzenden Staaten aufgrund des ungarischen Statusgesetzes zu gewährenden Vergünstigungen in ihrem Aufenthaltsstaat), die als einseitige Maßnahmen von Seiten Ungarns zu qualifizieren sind[918], handelt Ungarn dem Absatz 5 der Präambel des Abkommens zwischen Ungarn und Serbien-Montenegro zuwider. Die Einseitigkeit der ungarischen Maßnahmen pflegt nämlich zum einen weder die Zusammenarbeit zwischen Ungarn und Serbien-Montenegro auf dem Gebiet des Schutzes der Minderheitenrechte und der Förderung der Stellung der Minderheiten noch bewirkt diese Einseitigkeit zum anderen eine Stärkung der guten Nachbarschaft, des gegenseitigen Verständnisses, der freundschaftlichen Beziehungen und des Vertrauens zwischen den beiden Ländern.

Das ungarische Statusgesetz ist demnach nicht mit dem Absatz 5 der Präambel des Abkommens zwischen Ungarn und Serbien-Montenegro, der das Prinzip der freundschaftlichen nachbarschaftlichen Beziehungen zwischen den Staaten im Rahmen dieses Abkommens verkörpert, in Einklang zu bringen. Da die Präambel als Auslegungshilfe bei der Inhaltsbestimmung des Übereinkommens heranzuziehen ist[919], ist in Bezug auf das Abkommen zwischen Ungarn und Serbien-Montenegro davon auszugehen, dass es, trotz der Tatsache, dass in den Artikeln des Abkommens das Prinzip der freundschaftlichen nachbarschaftlichen Beziehungen zwischen den Staaten nicht direkt erwähnt wird, auch diesem Prinzip verpflichtet ist. Diese Verpflichtung führt dazu, dass das ungarische Statusgesetz mit dem Abkommen zwischen Ungarn und Serbien-Montenegro nicht vereinbar ist, da sich die bewiesene Unvereinbarkeit des Statusgesetzes mit der Bestimmung des Absatz 5 der Präambel dieses Abkommens auch

917) Der Absatz 5 der Präambel des Abkommens lautet: "The Republic of Hungary and Serbia and Montenegro, ..., aware that their co-operation in the field of protection of minority rights and the promotion of the status of minorities contributes to the strengthening of good neighbourliness, mutual understanding, friendly relations and trust, and thus to the consolidation of international security and stability; ..."

918) S.o. Kapitel III, B., III., 1., a., S. 261.

919) S.o. Kapitel III, B., II., 2., a., (9), (b), S. 180.

auf die Vereinbarkeit des ungarischen Statusgesetzes mit dem gesamten Abkommen zwischen Ungarn und Serbien-Montenegro überträgt.

f. Zwischenergebnis

Auch im Rahmen des bilateralen Minderheitenschutzes führen in Bezug auf die Prüfung der Vereinbarkeit des ungarischen Statusgesetzes mit dem Prinzip der freundschaftlichen nachbarschaftlichen Beziehungen zwischen den Staaten die Verträge und das Abkommen, die soeben daraufhin untersucht wurden, ob das Statusgesetz mit ihnen in Einklang zu bringen ist, nur zu dem Ergebnis, dass es dem ungarischen Statusgesetz an einer Vereinbarkeit mit dem Prinzip der freundschaftlichen nachbarschaftlichen Beziehungen auch auf bilateraler Ebene mangelt. Es lässt sich folglich kein einziger völkerrechtlicher Vertrag finden, durch den der auf dem ungarischen Statusgesetz basierende Verstoß gegen dieses Prinzip legitimiert werden könnte. Wie sich gezeigt hat, sind von den von Ungarn mit seinen Nachbarstaaten abgeschlossenen völkerrechtlichen Verträgen überhaupt nur die Verträge mit Rumänien, der Slowakei, Kroatien und der Ukraine sowie das Abkommen zwischen Ungarn und Serbien-Montenegro dazu geeignet, auf ihre Vereinbarkeit mit dem ungarischen Statusgesetz hin überprüft zu werden. Die Übereinkommen mit Kroatien und Slowenien sowie die Deklaration mit der Ukraine sind wegen ihrer Spezialisierung auf den Schutz der nationalen Minderheiten und auf die Verbesserung ihrer Lage in den betroffenen Ländern für eine Vereinbarkeitsprüfung im Rahmen des Prinzips der freundschaftlichen nachbarschaftlichen Beziehungen zwischen den Staaten nicht heranzuziehen. Aber auch die überprüfbaren Verträge mit Rumänien, der Slowakei, Kroatien und der Ukraine sowie das Abkommen zwischen Ungarn und Serbien-Montenegro sind ebenfalls – trotz einer später hinzugefügten Erklärung – mit dem ungarischen Statusgesetz unvereinbar. Dieses Ergebnis ist allerdings nach den obigen Ausführungen auch nicht weiter erstaunlich. Denn aufgrund der schon erwähnten völkerrechtskonformen Auslegung möglichst aller Verträge und des in Art. 103 der UN-Charta festgelegten Vorrangs der Bestimmungen der UN-Charta gegenüber widersprüchlichen Regelungen früherer oder späterer Verträge[920], werden auch die meisten bilateralen völkerrechtlichen Verträge in Einklang mit den Bestimmungen der UN-Charta formuliert. Daraus folgt, dass das ungarische Statusgesetz, nachdem bereits ein Verstoß gegen das universelle Völkerrecht bejaht wurde, auch nicht mit dem bilateralen völkerrechtlichen Minderheitenschutz vereinbar ist.

Zusammenfassend kann man aus all dem folgern, dass der Erlass und die darauf beruhende Umsetzung des ungarischen Statusgesetzes gegen das Prinzip der freundschaftlichen nachbarschaftlichen Beziehungen zwischen den Staaten verstoßen und dass dieser Verstoß durch keinen völkerrechtlichen Vertrag, der auf bilateraler Ebene geschlossen worden ist, gerechtfertigt werden kann. Der Kritik der Venedig-Kommission kann man daher auch in Bezug auf die hier ebenfalls unter dem Gesichtspunkt des Prinzips der freundschaftlichen nachbarschaftlichen Beziehungen zwischen den Staaten untersuchten völkerrechtlichen Verträge des bilateralen völkerrechtlichen Minderheitenschutzes und deren Vereinbarkeit mit dem ungarischen Statusgesetz nur zustimmen.

---

920) S.o. Kapitel III, B., I., 2., c., S. 109.

4. Ergebnis

Nach all diesen Ausführungen kommt man zu dem Ergebnis, dass das ungarische Statusgesetz mit dem Prinzip der freundschaftlichen nachbarschaftlichen Beziehungen zwischen den Staaten weder auf universeller noch auf regionaler oder bilateraler Ebene in Einklang zu bringen ist. Der anfangs bei der Prüfung der Vereinbarkeit des Gesetzes mit Art. 1 II und Art. 55 der UN-Charta festgestellte Verstoß gegen das Prinzip der freundschaftlichen nachbarschaftlichen Beziehungen zwischen den Staaten wirkt sich auf die Prüfung aller weiteren diesem Prinzip entsprechenden Bestimmungen aus, was wegen der völkerrechtskonformen Auslegung und des Art. 103 der UN-Charta auch nicht erstaunlich ist. Da das Prinzip der freundschaftlichen nachbarschaftlichen Beziehungen zwischen den Staaten zu den von den Staaten einzuhaltenden Prinzipien des Völkerrechts zu zählen ist, verstößt Ungarn somit durch den Erlass und die darauf beruhende Umsetzung des ungarischen Statusgesetzes, die mit diesem Prinzip nicht vereinbar sind, gegen das Völkerrecht. Die von der Venedig-Kommission vorgebrachten Bedenken gegen die Vereinbarkeit des Statusgesetzes mit dem Völkerrecht sind daher als bewiesen anzusehen.

IV. "Pacta sunt servanda"

Grundlage der verbindlichen Kraft aller völkerrechtlichen Verträge – sowohl in ihrer rechtsgeschäftlichen Wirkung als auch in ihrer Wirkung als Rechtsquellen – ist der Satz "pacta sunt servanda", auch Grundsatz der Heiligkeit der Verträge genannt. Dieser schon die Grundlage der römischen Privatrechtsordnung darstellende Grundsatz[921] ist nicht erst durch die Staatenpraxis entstanden, sondern er geht aus dieser hervor. Die völkerrechtlichen Verträge könnten keine rechtserzeugende Wirkung entfalten, wenn der Grundsatz der Heiligkeit der Verträge sich erst allmählich als Völkergewohnheitsrecht durchgesetzt hätte, was zugleich bedeuten würde, dass er durch entsprechendes derogierendes Völkergewohnheitsrecht wieder beseitigt werden könnte.[922] In der Völkerrechtslehre wird allgemein anerkannt, dass der Satz "pacta sunt servanda" jeder Beeinträchtigung durch die Staatenpraxis entzogen ist und dass bereits die ersten völkerrechtlichen Vertragsabschlüsse von der Geltung jener Norm abhängig waren.[923] Zum Teil wird der Grundsatz "pacta sunt servanda" sogar als eine "Grundnorm" des Völkerrechts angesehen.[924]
Dieser völkergewohnheitsrechtlich anerkannte Grundsatz der Heiligkeit der Verträge wird auch nicht durch den Grundsatz "lex posterior derogat legi priori" (das jüngere Gesetz verdrängt das ältere) durchbrochen. Auch wenn grundsätzlich völkerrechtliches Vertragsrecht, sofern es für die gleichen Völkerrechtssubjekte gilt, im gleichen Rang wie völkerrechtliches Gewohnheitsrecht steht und somit nach dem eben genannten Grundsatz "lex posterior derogat legi priori" späteres Gewohnheitsrecht früheres Vertragsrecht abändern oder aufheben kann, so ist bei der Anwendung dieses Grundsatzes stets mit größter Sorgfalt auf die absolute Identität der beteiligten Völkerrechtssubjekte zu achten.[925]

---

[921]) **St. Hobe / O. Kimminich,** (s. Fn. 69), Kapitel 2.2, S. 28.

[922]) **St. Hobe / O. Kimminich,** (s. Fn. 69), Kapitel 4.2, S. 182.

[923]) **A. Verdross,** "Die Quellen des universellen Völkerrechts", 1973, 1.3.3, S. 24.

[924]) Vgl. **H. Kelsen / R. Tucker,** "Principles of International Law", 2. Auflage, 1957, S. 446 f und 564; **H. Kelsen,** "Théorie du droit international public", in: Recueil des Cours de l'Académie de Droit International (RdC) 84 (1953/III), 1955, S. 1 – 203, (1 ff und 123).

[925]) **St. Hobe / O. Kimminich,** (s. Fn. 69), Kapitel 4.2, S. 182 f.

Im Folgenden ist nun unter Beachtung des Inhalts dieses Prinzips die Vereinbarkeit des ungarischen Statusgesetzes mit den speziellen Vorschriften des universellen, regionalen und bilateralen völkerrechtlichen Minderheitenschutzes in Bezug auf das Prinzip der Heiligkeit der Verträge zu untersuchen.

1. Universelles Völkerrecht

Im Rahmen des universellen Völkerrechts ist in Bezug auf die Prüfung der Vereinbarkeit des ungarischen Statusgesetzes mit dem Prinzip der Heiligkeit der Verträge der Art. 26 der Wiener Vertragsrechtskonvention von Bedeutung.

a. Art. 26 der Wiener Vertragsrechtskonvention

Als fundamentaler Grundsatz hat das Prinzip "pacta sunt servanda" in dem Art. 26 der Wiener Konvention über das Recht der Verträge (Wiener Vertragsrechtskonvention (WVRK)) vom 23. Mai 1969 seinen Niederschlag gefunden. Die nach der Ratifikation durch 35 Staaten am 27. Januar 1980 in Kraft getretene Konvention umfasst neben diesem Grundsatz Bestimmungen über den Abschluss von Verträgen und deren Inkrafttreten, Vorschriften über die Anwendung und Interpretation von Verträgen, deren Wirksamkeit, Beendigung und Suspendierung. Nach herrschender Meinung wurde / wird durch die Konvention im Wesentlichen das bereits vorher geltende Gewohnheitsrecht kodifiziert. (Dies gilt allerdings nicht in Bezug auf Bestimmungen über Vorbehalte: In diesen Fällen gelten die Normen des allgemeinen, nichtvertraglichen Völkerrechts weiter.)[926]

Der Art. 26 der WVRK besagt, dass ein in Kraft getretener Vertrag die Vertragsparteien bindet und von ihnen nach Treu und Glauben zu erfüllen ist.
Im Rahmen der bisher erörterten Vereinbarkeit des ungarischen Statusgesetzes mit dem Prinzip der territorialen Staatensouveränität, dem Prinzip der Nichtdiskriminierung und dem Prinzip der freundschaftlichen nachbarschaftlichen Beziehungen zwischen den Staaten ist überprüft worden, ob das Statusgesetz mit den universellen völkerrechtlichen Bestimmungen der UN-Charta, der AEMR, dem IPBPR und der UN-Minderheitendeklaration in Einklang zu bringen ist. Mit Ausnahme der AEMR und der UN-Minderheitendeklaration, denen als Resolutionen der UN-Generalversammlung nur ein rechtlich nicht bindender, sondern lediglich empfehlender Charakter beizumessen ist[927], stellen sowohl die UN-Charta als auch der IPBPR völkerrechtliche Verträge dar, denen Ungarn auch beigetreten ist.[928] Die Tatsache, dass Ungarn Vertragspartner dieser völkerrechtlichen Verträge ist, verpflichtet es dazu, den Bestimmungen genau dieser Verträge nachzukommen. Da aber auch die rechtlich nicht verbindlichen Resolutionen der UN-Generalversammlung trotz allem nicht rechtlich bedeutungslos sind[929], sollte das Verhalten Ungarns nicht gegen diese verstoßen.
Die bisherigen Erörterungen im Rahmen der Prüfung der Vereinbarkeit des ungarischen Statusgesetzes mit dem Prinzip der territorialen Staatensouveränität, dem Prinzip der Nichtdis-

---

926) **W. Graf Vitzthum**, (s. Fn. 34), Erster Abschnitt (S. 1 – 85), III., 1., a), Rn. 114 ff, S. 63 ff.
927) S.o. Kapitel III, A., I., 3., b. und d., S. 54 und S. 57.
928) Bzgl. der UN-Charta: s.o. Kapitel III, A., I., 3., a., S. 51.
Bzgl. des IPBPR: s.o. Kapitel III, A., I., 3., c., S. 56.
929) S.o. Kapitel III, A., I., 3., b., S. 54.

kriminierung und dem Prinzip der freundschaftlichen nachbarschaftlichen Beziehungen zwischen den Staaten auf universeller Ebene haben gezeigt, dass das ungarische Statusgesetz mit keiner der entsprechenden Bestimmungen der soeben aufgelisteten, völkerrechtlichen Dokumente in Einklang zu bringen ist.[930] Dieser Verstoß des ungarischen Statusgesetzes gegen die entsprechenden universellen völkerrechtlichen Bestimmungen der soeben aufgelisteten Dokumente bewirkt somit nicht nur, dass das Statusgesetz nicht mit den zuvor geprüften drei Prinzipien des Völkerrechts im Rahmen des universellen Völkerrechts vereinbar ist, sondern auch, dass das ungarische Statusgesetz gegen das weitere völkerrechtliche Prinzip der Heiligkeit der Verträge ebenfalls im Rahmen des universellen Völkerrechts verstößt. Dadurch, dass Ungarn nämlich seinen vertraglichen Verpflichtungen, die sich aus seinem Beitritt zu diesen Verträgen ergeben, nicht nachkommt, erfüllt es diese Verträge nicht nach Treu und Glauben und bringt damit zum Ausdruck, dass es sich durch diese Verträge nicht gebunden fühlt. Das Verhalten Ungarns ist demnach mit der Bestimmung des Art. 26 der WVRK nicht zu vereinbaren. Dies hat zur Folge, dass das von Ungarn erlassene Statusgesetz im Rahmen des universellen Völkerrechts ebenfalls nicht mit dem Prinzip "pacta sunt servanda" in Einklang zu bringen ist.

b. Zwischenergebnis

Da in Bezug auf die Prüfung der Vereinbarkeit des ungarischen Statusgesetzes mit dem Prinzip der Heiligkeit der Verträge der Art. 26 der WVRK die einzige Bestimmung im Rahmen des universellen Völkerrechts ist, die auf dieses Prinzip Bezug nimmt, lässt sich neben dieser Vorschrift, mit der das ungarische Statusgesetz im Rahmen der Prüfung der Vereinbarkeit mit dem Prinzip der Heiligkeit der Verträge – wie soeben dargelegt – unvereinbar ist, keine weitere Bestimmung des universellen Völkerrechts finden, mit der das ungarische Statusgesetz im Rahmen der Prüfung der Vereinbarkeit mit diesem Prinzip möglicherweise in Einklang gebracht werden könnte.

Zusammenfassend kann man daher aus all dem folgern, dass der Erlass und die darauf beruhende Umsetzung des ungarischen Statusgesetzes gegen das Prinzip der Heiligkeit der Verträge verstoßen und dass dieser Verstoß durch keine Vorschrift des universellen Völkerrechts gerechtfertigt werden kann. In Bezug auf die hier unter dem Gesichtspunkt des Prinzips der Heiligkeit der Verträge untersuchten Vorschriften des universellen Völkerrechts und deren Vereinbarkeit mit dem ungarischen Statusgesetz kann man der Kritik der Venedig-Kommission daher nur zustimmen.

2. Regionales Völkerrecht

Im Rahmen des regionalen Völkerrechts existiert in Bezug auf die Prüfung der Vereinbarkeit des ungarischen Statusgesetzes mit dem Prinzip der Heiligkeit der Verträge keine konkrete Norm, durch die dieses Prinzip im regionalen Völkerrecht verankert wird.

---

[930]) Bzgl. des Prinzips der territorialen Staatensouveränität: s.o. Kapitel III, B., I., 1., S. 103.
Bzgl. des Prinzips der Nichtdiskriminierung: s.o. Kapitel III, B., II., 2., a., S. 184.
Bzgl. des Prinzips der freundschaftlichen nachbarschaftlichen Beziehungen zwischen den Staaten: s.o. Kapitel III, B., III., 1., S. 261.

Da allerdings das Prinzip der Heiligkeit der Verträge als völkergewohnheitsrechtlich anerkannter Grundsatz auch in Bezug auf das regionale Völkerrecht zur Anwendung kommt, ist auch ohne eine konkrete Norm die Vereinbarkeit des ungarischen Statusgesetzes mit diesem Prinzip auf regionaler Ebene zu überprüfen.

In Bezug auf die Prüfung der Vereinbarkeit des ungarischen Statusgesetzes mit dem Prinzip der Heiligkeit der Verträge im Rahmen des regionalen Völkerrechts lässt sich ähnlich wie bei der Prüfung im Rahmen des universellen Völkerrechts argumentieren:
Die bisherigen Erörterungen in Bezug auf die Vereinbarkeit des ungarischen Statusgesetzes mit dem Prinzip der territorialen Staatensouveränität, dem Prinzip der Nichtdiskriminierung und dem Prinzip der freundschaftlichen nachbarschaftlichen Beziehungen zwischen den Staaten auf regionaler Ebene haben ergeben, dass das Statusgesetz mit den regionalen völkerrechtlichen Bestimmungen der EMRK, dem 12. ZP zur EMRK, dem Rahmenübereinkommen zum Schutz nationaler Minderheiten, der Europäischen Charta der Regional- und Minderheitensprachen, dem Kopenhagener Abschlussdokument über die menschliche Dimension der KSZE und den Empfehlungen des OSZE-Hochkommissars für nationale Minderheiten nicht in Einklang zu bringen ist. Mit Ausnahme des 12. ZP zur EMRK, das zum Zeitpunkt der Beendigung dieser Arbeit noch nicht in Kraft getreten ist[931], sowie mit Ausnahme des Kopenhagener Abschlussdokuments und den Empfehlungen des OSZE-Hochkommissars, die lediglich politisch verbindlicher Natur sind und denen keine rechtliche Verbindlichkeit zukommt[932], stellen die anderen eben genannten Dokumente völkerrechtliche Verträge dar, denen Ungarn auch beigetreten ist.[933] Die Tatsache, dass Ungarn ebenfalls Vertragspartner all dieser völkerrechtlichen Verträge ist, verpflichtet es dazu, den Bestimmungen genau dieser Verträge nachzukommen. Trotz des rechtlich nicht bindenden Charakters der OSZE-Dokumente wird eine Verletzung der sich daraus ergebenden Verpflichtungen von den Teilnehmerstaaten als nicht zu akzeptierender Verstoß angesehen.[934] Da das gleiche für die Empfehlungen des OSZE-Hochkommissars gilt[935], sollte das Verhalten Ungarns auch nicht gegen diese verstoßen.
Die bisherigen Erörterungen im Rahmen der Prüfung der Vereinbarkeit des ungarischen Statusgesetzes mit dem Prinzip der territorialen Staatensouveränität, dem Prinzip der Nichtdiskriminierung und dem Prinzip der freundschaftlichen nachbarschaftlichen Beziehungen zwischen den Staaten auf regionaler Ebene haben gezeigt, dass das ungarische Statusgesetz mit keiner der entsprechenden Bestimmungen der soeben aufgelisteten, völkerrechtlichen Dokumente in Einklang zu bringen ist.[936] Dieser Verstoß des ungarischen Statusgesetzes gegen die entsprechenden regionalen völkerrechtlichen Bestimmungen der soeben aufgelisteten Dokumente bewirkt somit nicht nur, dass das Statusgesetz nicht mit den zuvor geprüften drei Prinzipien des Völkerrechts im Rahmen des regionalen Völkerrechts vereinbar ist, sondern auch,

---

931) S.o. Kapitel III, A., II., 1., a., (2), S. 64.
932) S.o. Kapitel III, A., II., 2., S. 68.
933) Bzgl. der EMRK: s.o. Kapitel III, A., II., 1., a., (1), S. 62.
Bzgl. des 12. ZP zur EMRK: s.o. Kapitel III, A., II., 1., a., (2), S. 64.
Bzgl. der Rahmenkonvention zum Schutz nationaler Minderheiten: s.o. Kapitel III, A., II., 1., b., S. 65.
Bzgl. der Europäischen Charta der Regional- und Minderheitensprachen: s.o. Kapitel III, A., II., 1., c., S. 67.
934) S.o. Kapitel III, A., II., 2., S. 68.
935) S.o. Kapitel III, A., II., 2., b., S. 74.
936) Bzgl. des Prinzips der territorialen Staatensouveränität: s.o. Kapitel III, B., I., 2., S. 109.
Bzgl. des Prinzips der Nichtdiskriminierung: s.o. Kapitel III, B., II., 2., b., S. 222.
Bzgl. des Prinzips der freundschaftlichen nachbarschaftlichen Beziehungen zwischen den Staaten: s.o. Kapitel III, B., III., 2., S. 268.

dass das ungarische Statusgesetz gegen das weitere völkerrechtliche Prinzip der Heiligkeit der Verträge ebenfalls im Rahmen des regionalen Völkerrechts verstößt.
Auch wenn im regionalen Völkerrecht keine Bestimmung existiert, die das völkergewohnheitsrechtliche Prinzip der Heiligkeit der Verträge verkörpert, lässt sich aus dem Zusammenspiel der gewohnheitsrechtlichen Geltung dieses Prinzips und dem bewiesenen Verstoß des ungarischen Statusgesetzes gegen die Bestimmungen des regionalen Völkerrechtsrechts schlussfolgern, dass das Verhalten Ungarns ebenfalls nicht mit dem Prinzip der Heiligkeit der Verträge in Einklang zu bringen ist. Dafür wäre nämlich erforderlich, dass Ungarn seinen sich aus diesen Verträgen ergebenden Verpflichtungen nach Treu und Glauben nachkommt. Dass dies nicht der Fall ist, wird durch die zuvor einzeln aufgelisteten Verstöße des ungarischen Statusgesetzes gegen die Bestimmungen des regionalen Völkerrechts belegt.

Nach dem soeben bejahten Verstoß des ungarischen Statusgesetzes gegen das Prinzip der Heiligkeit der Verträge auf universeller Ebene ist somit auch auf regionaler Ebene ein Verstoß des ungarischen Statusgesetzes gegen dieses Prinzip festzustellen. Da dieser Verstoß folglich durch keine Vorschrift des regionalen Völkerrechts gerechtfertigt werden kann, kann man der Kritik der Venedig-Kommission daher auch in Bezug auf die hier untersuchte Vereinbarkeit des ungarischen Statusgesetzes mit dem im Rahmen des regionalen Völkerrechts gewohnheitsrechtlich geltenden Prinzip der Heiligkeit der Verträge nur zustimmen.

3. Bilateraler Minderheitenschutz

In Bezug auf die Vereinbarkeit des ungarischen Statusgesetzes mit dem Prinzip der Heiligkeit der Verträge im Rahmen der von Ungarn mit Rumänien, der Slowakei, Kroatien, Slowenien, Serbien-Montenegro und der Ukraine geschlossenen bilateralen Abkommen lässt sich – ähnlich wie im regionalen Völkerrecht – in den einzelnen Verträgen keine konkrete Regelung finden, die dieses Prinzip in den Verträgen verankert.
Da aber den zwischen Ungarn und seinen Nachbarstaaten (mit Ausnahme Österreichs) geschlossenen zwischenstaatlichen Abkommen sowohl ihrem Namen als auch ihrem Inhalt nach ein relativ großer Stellenwert beizumessen ist, ist davon auszugehen, dass die Vertragsparteien bei dem Abschluss dieser Abkommen beabsichtigten, diesen Abkommen einen rechtsverbindlichen Charakter zukommen zu lassen. Dies bedeutet, dass diese zwischenstaatlichen Abkommen als völkerrechtliche Verträge einzustufen sind.[937]
Als völkerrechtliche Verträge fallen die bilateralen Abkommen Ungarns mit seinen Nachbarstaaten ebenfalls unter den völkergewohnheitsrechtlichen Grundsatz der Heiligkeit der Verträge. Um demnach mit dem Prinzip der Heiligkeit der Verträge auf bilateraler Ebene vereinbar zu sein, dürfte das ungarische Statusgesetz nicht im Widerspruch zu den einzelnen bilateralen Abkommen stehen. Genauer gesagt bedeutet dies, dass Gesetze oder Verordnungen bzgl. der besonderen Behandlung von nationalen Minderheiten nicht in Bereiche eingreifen dürfen, die durch bilaterale Verträge geregelt werden, sofern nicht der betroffene Aufenthaltsstaat vorher befragt worden ist und zugestimmt hat bzw. es dadurch akzeptiert hat, dass er keine Gegenmaßnahmen unternommen hat.

Es ist bereits bewiesen worden, dass das ungarische Statusgesetz sowohl in Bezug auf das Prinzip der territorialen Staatensouveränität als auch in Bezug auf das Prinzip der Nichtdiskriminierung und in Bezug auf das Prinzip der freundschaftlichen nachbarschaftlichen Bezie-

[937]) S.o. Kapitel III, A., III., 6., S. 83.

hungen zwischen den Staaten gegen die bilateralen Abkommen verstößt.[938] Dieser Verstoß des ungarischen Statusgesetzes gegen die bilateralen Abkommen Ungarns mit seinen Nachbarstaaten bewirkt somit nicht nur, dass das Statusgesetz nicht mit den zuvor geprüften drei Prinzipien des Völkerrechts im Rahmen des bilateralen völkerrechtlichen Minderheitenschutzes vereinbar ist, sondern auch, dass das ungarische Statusgesetz gegen das weitere völkerrechtliche Prinzip der Heiligkeit der Verträge ebenfalls im Rahmen des bilateralen völkerrechtlichen Minderheitenschutzes verstößt. Wegen der von rumänischer Seite ergriffenen Gegenmaßnahmen (in Form von dem das ungarische Statusgesetz modifizierenden Memorandums bzw. Agreements) sowie wegen Kritik der weiteren Nachbarstaaten Ungarns in Bezug auf das ungarische Statusgesetz ist folglich auch nicht davon auszugehen, dass die an Ungarn angrenzenden Staaten, die vor Erlass des Gesetzes nicht konsultiert wurden[939], dem Gesetz uneingeschränkt zustimmen und demnach den Verstoß des Statusgesetzes gegen das Prinzip der Heiligkeit der Verträge auf diesem Weg aufheben.

Auch wenn in den bilateralen Abkommen keine Bestimmung existiert, die das völkergewohnheitsrechtliche Prinzip der Heiligkeit der Verträge verkörpert, lässt sich aus dem Zusammenspiel der gewohnheitsrechtlichen Geltung dieses Prinzips und dem bewiesenen Verstoß des ungarischen Statusgesetzes gegen die Bestimmungen der zwischenstaatlichen Abkommen schlussfolgern, dass das Verhalten Ungarns auch nicht mit dem Prinzip der Heiligkeit der Verträge in Einklang zu bringen ist. Dafür wäre nämlich erforderlich gewesen, dass Ungarn seinen sich aus diesen Verträgen ergebenden Verpflichtungen nach Treu und Glauben nachkommt. Dass dies nicht der Fall ist, wird durch die einzeln aufgelisteten Verstöße des ungarischen Statusgesetzes gegen die Bestimmungen der einzelnen zwischenstaatlichen Abkommen belegt.

Nach dem soeben bejahten Verstoß des ungarischen Statusgesetzes gegen das Prinzip der Heiligkeit der Verträge auf universeller sowie auf regionaler Ebene ist somit auch in Bezug auf den bilateralen völkerrechtlichen Minderheitenschutz ein Verstoß des ungarischen Statusgesetzes gegen dieses Prinzip festzustellen. Da dieser Verstoß folglich durch keine Vorschrift des bilateralen völkerrechtlichen Minderheitenschutzes gerechtfertigt werden kann, kann man der Kritik der Venedig-Kommission daher auch in Bezug auf die hier ebenfalls unter dem Gesichtspunkt des Prinzips der Heiligkeit der Verträge untersuchten zwischenstaatlichen Abkommen im Rahmen des bilateralen völkerrechtlichen Minderheitenschutzes und deren Vereinbarkeit mit dem ungarischen Statusgesetz nur zustimmen.

4. Ergebnis

Nach all diesen Ausführungen kommt man zu dem Ergebnis, dass das ungarische Statusgesetz mit dem Prinzip der Heiligkeit der Verträge weder auf universeller noch auf regionaler oder bilateraler Ebene in Einklang zu bringen ist. Aufgrund der völkergewohnheitsrechtlichen Geltung dieses Prinzips konnte es sowohl auf universeller Ebene, auf der es in Art. 26 der WVRK seinen Niederschlag findet, als auch auf regionaler und bilateraler Ebene, auf denen es durch keine konkrete Norm verkörpert wird, auf seine Vereinbarkeit mit dem ungarischen Statusge-

[938]) Bzgl. des Prinzips der territorialen Staatensouveränität: s.o. Kapitel III, B., I., 3., S. 127 ff
Bzgl. des Prinzips der Nichtdiskriminierung: s.o. Kapitel III, B., II., 2., c., S. 256 ff.
Bzgl. des Prinzips der freundschaftlichen nachbarschaftlichen Beziehungen zwischen den Staaten: s.o. Kapitel III, B., III., 3., S. 284 ff.

[939]) S.o. Kapitel III, B., III., 1., a., S. 259.

setz hin überprüft werden. Der zuvor bereits belegte Verstoß des ungarischen Statusgesetzes gegen die Prinzipien der territorialen Staatensouveränität, der Nichtdiskriminierung und der freundschaftlichen nachbarschaftlichen Beziehungen zwischen den Staaten sorgt allerdings auf allen drei Ebenen für die Unvereinbarkeit des Statusgesetzes mit dem Prinzip der Heiligkeit der Verträge. Da das Prinzip der Heiligkeit der Verträge zu den von den Staaten einzuhaltenden Prinzipien des Völkerrechts zu zählen ist, verstößt Ungarn somit durch den Erlass und der darauf beruhenden Umsetzung des ungarischen Statusgesetzes, die mit diesem Prinzip nicht vereinbar sind, gegen das Völkerrecht. Die von der Venedig-Kommission vorgebrachten Bedenken gegen die Vereinbarkeit des Statusgesetzes mit dem Völkerrecht sind daher als bewiesen anzusehen.

V. Endergebnis

Nach genauer Betrachtung aller vier von der Venedig-Kommission in Bezug auf die Vereinbarkeit mit dem ungarischen Statusgesetz kritisierten Punkte (der Unvereinbarkeit des ungarischen Statusgesetzes mit dem Prinzip der territorialen Staatensouveränität, dem Prinzip der Nichtdiskriminierung, dem Prinzip der freundschaftlichen nachbarschaftlichen Beziehungen zwischen den Staaten und dem Prinzip der Heiligkeit der Verträge ("pacta sunt servanda")) kommt man zu dem Endergebnis, dass das ungarische Statusgesetz weder mit dem Prinzip der territorialen Staatensouveränität noch mit dem Prinzip der Nichtdiskriminierung, dem Prinzip der freundschaftlichen nachbarschaftlichen Beziehungen zwischen den Staaten oder dem Prinzip der Heiligkeit der Verträge in Einklang zu bringen ist. Es lässt sich vielmehr feststellen, dass die Vereinbarkeit des ungarischen Statusgesetzes mit den genannten Prinzipien an den entsprechenden Bestimmungen des universellen, regionalen und bilateralen völkerrechtlichen Minderheitenschutzes scheitert.

Die Unvereinbarkeit des ungarischen Statusgesetzes mit den entsprechenden Bestimmungen des universellen, regionalen und bilateralen völkerrechtlichen Minderheitenschutzes basiert vor allem auf der grenzüberschreitenden sowie auf der diskriminierenden Wirkung des ungarischen Statusgesetzes. Die Verstöße des ungarischen Statusgesetzes sowohl gegen das Prinzip der territorialen Staatensouveränität als auch gegen das Prinzip der Nichtdiskriminierung stellen Verstöße gegen grundlegende Prinzipien des Völkerrechts dar, die im Folgenden auch noch die Verstöße des ungarischen Statusgesetzes gegen die Prinzipien der freundschaftlichen nachbarschaftlichen Beziehungen zwischen den Staaten und der Heiligkeit der Verträge nach sich ziehen.

Bei der Prüfung der Vereinbarkeit des ungarischen Statusgesetzes mit den Prinzipien der territorialen Staatensouveränität, der Nichtdiskriminierung und der freundschaftlichen nachbarschaftlichen Beziehungen zwischen den Staaten wirkt sich der anfangs im Rahmen des universellen Völkerrechts festgestellte Verstoß des Statusgesetzes gegen die entsprechenden, jedem einzelnen Prinzip zuzuordnenden Bestimmungen der UN-Charta auf die Prüfung aller weiteren diesem Prinzip entsprechenden Bestimmungen aus, was wegen der völkerrechtskonformen Auslegung und wegen des Art. 103 der UN-Charta auch nicht erstaunlich ist. Insofern kann man sagen, dass bei bestehender Unvereinbarkeit des ungarischen Statusgesetzes mit den dem jeweiligen zu prüfenden Prinzip entsprechenden Bestimmungen der UN-Charta das Statusgesetz wegen der völkerrechtskonformen Auslegung und wegen des Art. 103 der UN-Charta ebenfalls mit sämtlichen anderen völkerrechtlichen Bestimmungen nicht zu vereinbaren ist.

Da alle vier von der Venedig-Kommission in Bezug auf die Vereinbarkeit mit dem ungarischen Statusgesetz kritisierten Punkte (der Unvereinbarkeit des ungarischen Statusgesetzes mit dem Prinzip der territorialen Staatensouveränität, dem Prinzip der Nichtdiskriminierung, dem Prinzip der freundschaftlichen nachbarschaftlichen Beziehungen zwischen den Staaten und dem Prinzip der Heiligkeit der Verträge) – wie eben bereits dargestellt – zu den von den Staaten einzuhaltenden grundlegenden Prinzipien des Völkerrechts zu zählen sind, verstößt Ungarn somit durch den Erlass und die darauf beruhende Umsetzung des ungarischen Statusgesetzes, die mit diesen Prinzipien nicht vereinbar sind, gegen das Völkerrecht. Die von der Venedig-Kommission vorgebrachten Kritikpunkte gegen die Vereinbarkeit des Statusgesetzes mit dem Völkerrecht sind daher als berechtigt anzusehen.

KAPITEL IV: ANDERE ERGEBNISSE DURCH DIE MODIFIZIERUNG DES UNGARISCHEN STATUSGESETZES ?

Das in der zuvor dargestellten Form erlassene ursprüngliche ungarische Statusgesetz[940] führte zu unterschiedlichen Reaktionen in den einzelnen Nachbarstaaten Ungarns:
Die Slowenen zeigten sich erfreut über die aufgrund des ungarischen Statusgesetzes den in Slowenien lebenden Angehörigen der nationalen ungarischen Minderheit zu gewährenden Unterstützungen. Diese tragen nämlich auf der einen Seite zum Erhalt der in den letzten Jahren stark zurückgegangenen Zahl der ethnischen Magyaren in Slowenien bei, und auf der anderen Seite gibt das ungarische Statusgesetz der slowenischen Regierung ebenfalls das Recht, sich für die gut zweitausend ethnischen Slowenen, die in dem Dreiländereck im Gebiet Szentgotthard beheimatet sind, stark zu machen.[941]
Die Regierungen in der Ukraine, in Kroatien und in Serbien-Montenegro haben sich gegenüber dem ungarischen Statusgesetz zunächst weder zustimmend noch ablehnend geäußert, sondern haben es vielmehr einfach akzeptiert. Der von der Slowakei ins Rollen gebrachten Forderung nach einer doppelten Staatsbürgerschaft für die in diesen Ländern ansässigen Angehörigen der nationalen ungarischen Minderheit haben sich diese drei Staaten aber sofort angeschlossen.[942]
Im Gegensatz zu den eben erwähnten Staaten, die den Bestimmungen des ungarischen Statusgesetzes wohlwollend oder gleichgültig gegenüberstehen, kam es in Rumänien und der Slowakei, d.h. in den beiden Ländern, in denen die zahlenmäßig größten ungarischen Minderheiten (in Rumänien sind um die 1,7 Millionen und in der Slowakei knapp 600.000 ethnische Magyaren ansässig) leben, zu einer deutlichen Ablehnung der Regelungen des Statusgesetzes. Diese basierte vor allem auf der exterritorialen und diskriminierenden Wirkung des Gesetzes sowie auf der Angst dieser beiden Staaten vor einer Revision des Vertrags von Trianon.[943]

Sowohl wegen der harschen Kritik gegenüber dem ungarischen Statusgesetz, die vor allem aus Rumänien zu hören war und aus der Slowakei immer noch zu hören ist, als auch wegen der Unvereinbarkeit der wichtigsten Bestimmungen des Statusgesetzes mit den europäischen Normen, die einerseits von dem Europarat (Venedig-Kommission[944]) und andererseits auch von der EU-Kommission (Erweiterungskommissar Verheugen) und der OSZE geltend gemacht wurden, wollte Ungarn das Statusgesetz "in Konsultationen mit den Nachbarn" korrigieren.[945] Aus diesem Grund hat das ungarische Parlament am 23. Juni 2003, nach bereits im Dezember 2002 vorangegangenen Verhandlungen, eine modifizierte Version des Statusgesetzes verabschiedet, die am 11. Juli 2003 in Kraft getreten ist.

Um überprüfen zu können, ob dieses modifizierte Statusgesetz möglicherweise mit den schon mit negativem Ergebnis auf ihre Vereinbarkeit mit dem ungarischen Statusgesetz hin untersuchten vier Prinzipien des Völkerrechts (dem Prinzip der territorialen Staatensouveränität, dem Prinzip der Nichtdiskriminierung, dem Prinzip der freundschaftlichen nachbarschaftlichen Beziehungen zwischen den Staaten und dem Prinzip der Heiligkeit der Verträge ("pacta

---

940) S.o. Kapitel II, A. und B., S. 36 ff.
941) Vgl. **R. Olt**, "Ohne Stephanskrone – Die Einigung über das Statusgesetz trägt für manche Ungarn Züge eines faulen Kompromisses", in: Frankfurter Allgemeine Zeitung (FAZ) vom 25.07.2003, S. 10.
942) Vgl. **ders.**, S. 10.
943) Vgl. **ders.**, S. 10.
944) S.o. Kapitel II, D., S. 41.
945) Vgl. **R. Olt**, (s. Fn. 860), S. 12.

sunt servanda“)) in Einklang zu bringen ist, sollen zunächst einmal die grundlegenden Veränderungen, die in Bezug auf das Statusgesetz durch die Modifizierung stattgefunden haben, dargestellt werden.

A. Darstellung der Modifizierungen des ungarischen Statusgesetzes

Die Modifizierungen, die in Bezug auf das ungarische Statusgesetz vorgenommen worden sind, lassen sich in formelle, d.h. lediglich andere Begriffe verwendende, und inhaltliche, d.h. den Inhalt der Bestimmungen des Statusgesetzes modifizierende, Änderungen unterteilen.

In formeller Hinsicht lassen sich einige Änderungen innerhalb des Statusgesetzes erkennen, die allerdings nicht dazu führen, dass das Statusgesetz mit den eben aufgezählten Prinzipien vereinbar ist, sondern durch die lediglich die Formulierungen abgeändert werden. Zu diesen formellen Änderungen zählen folgende Formulierungen:
Das modifizierte Statusgesetz wird der politischen Entwicklung auf dem Balkan gerecht und zählt folglich zu den Nachbarstaaten Ungarns, deren Staatsangehörige die durch das Statusgesetz gewährten Vergünstigungen in Anspruch nehmen können, sofern sie der nationalen ungarischen Minderheit angehören, nicht mehr die Bundesrepublik Jugoslawien, sondern deren Nachfolgestaat Serbien-Montenegro (vgl. Abschnitt 1 (1) des modifizierten Statusgesetzes).
Innerhalb des modifizierten Statusgesetzes ist die in dem ursprünglichen Statusgesetz auftauchende Formulierung der “ungarischen Nationalität“ (“Hungarian nationality“) nicht mehr zu finden. Die Modifizierung des Statusgesetzes hat sie durch die Formulierung “ethnisch-ungarische Abstammung“ (“Hungarian ethnic origin“) ersetzt. Diese wirkt sich – allerdings nicht in der deutschen Formulierung – auch auf den Begriff des “Ungarnausweises“ bzw. des “Ungarischen Angehörigenausweises“ aus. Der bisher als “Certificate of Hungarian Nationality“ bekannte Ungarnausweis ist ab sofort unter dem Begriff “Ethnic Hungarian Card“ zu finden. Ebenso wird der bislang als ungarischer Angehörigenausweis (“Certificate for Dependants of Persons of Hungarian Nationality“) bekannte Ausweis ab sofort unter dem Begriff “Familiy of ethnic Hungarian card“ geführt.
Schließlich kann man noch feststellen, dass das modifizierte Statusgesetz – anders als das ursprüngliche Statusgesetz – in seinem Abschnitt 30 eine Definition des Begriffs “ungarische Kultur“ beinhaltet. Demnach werden von der ungarischen Kultur die ungarische Sprache, Literatur, Geschichte, kulturelle Geschichte und ungarische Wissenschaft umfasst.

Im Gegensatz zu den formellen Änderungen des ungarischen Statusgesetzes, die auf die Vereinbarkeit des Statusgesetzes mit den bereits diskutierten Prinzipien des Völkerrechts keinen Einfluss nehmen, kommt den inhaltlichen Modifizierungen des Statusgesetzes diesbezüglich ein ganz anderer Stellenwert zu. Zu den ausschlaggebenden inhaltlichen Änderungen, d.h. zu den inhaltlichen Änderungen, die möglicherweise zu anderen Ergebnissen in Bezug auf die Prüfung der Vereinbarkeit des ungarischen Statusgesetzes mit den bereits genannten Prinzipien des Völkerrechts führen könnten, zählen folgende Modifizierungen:
Beginnend mit der Präambel ist festzustellen, dass in Absatz 4 der Präambel des modifizierten Statusgesetzes im Vergleich zu dem ursprünglichen Statusgesetz die Entwicklung von bi- und multilateralen zwischenstaatlichen Beziehungen insbesondere im Hinblick auf die zwischen Ungarn und seinen Nachbarstaaten geschlossenen bilateralen Beziehungen und den damit einhergehenden Verpflichtungen, nämlich den Erhalt der gut-nachbarschaftlichen Beziehun-

gen und der Zusammenarbeit sowie die Zusicherung der Rechte der Minderheiten, deutlicher betont wird.
Im Rahmen des Abschnitts 1 (3) des modifizierten Statusgesetzes werden die Grundvoraussetzungen, die die Personen erfüllen müssen, um in den Anwendungsbereich dieses Gesetzes zu fallen, im Vergleich zu dem Art. 1 (1) des ursprünglichen Statusgesetzes erweitert: Neben der Tatsache, dass die betreffenden Personen ihre ungarische Staatsangehörigkeit nicht durch einen freiwilligen Verzicht verloren haben dürfen und dass sie nicht im Besitz einer Genehmigung für den dauerhaften Aufenthalt in Ungarn sein dürfen, darf ihnen die ungarische Staatsangehörigkeit auch nicht aberkannt worden sein, weil sie diese durch betrügerische Umstände erhalten haben, und ihnen darf neben der dauerhaften Aufenthaltsgenehmigung auch keine Einwanderungserlaubnis auf dem ungarischen Staatsgebiet oder der Status eines Flüchtlings oder einer zeitweise geschützten Person zugebilligt worden sein.
Die Abschnitte 2 und 3 des modifizierten Statusgesetzes stellen eine erweiterte bzw. ergänzte Fassung des Art. 2 des ursprünglichen Statusgesetzes dar. In Abschnitt 2 (1) des modifizierten Statusgesetzes, der keine Entsprechung in dem Art. 2 des ursprünglichen Statusgesetzes findet, wird in allgemeiner Form vorangestellt, dass Ungarn zum Wohlergehen und zum Wohlstand der in den Nachbarstaaten lebenden Ungarn sowie zum Erhalt ihrer kulturellen und sprachlichen Identität beitragen will, indem Ungarn den Personen und ihren Organisationen, die von dem Anwendungsbereich dieses Gesetzes umfasst werden, Vorteile und Subventionen gewährt. Der Abschnitt 2 (2) des modifizierten Statusgesetzes entspricht – allerdings in erweiterter Form – dem Art. 2 (2) des ursprünglichen Statusgesetzes. Neben der auch in Art. 2 (2) des ursprünglichen Statusgesetzes niedergelegten Verpflichtung der Vereinbarkeit der Bestimmungen dieses Gesetzes mit den Verpflichtungen der Republik Ungarn aus völkerrechtlichen Verträgen fordert der Abschnitt 2 (2) des modifizierten Statusgesetzes (unter Bezugnahme auf die Ausführungen der Venedig-Kommission) zusätzlich noch die Vereinbarkeit der Bestimmungen des Statusgesetzes mit den generell anerkannten Vorschriften des internationalen Rechts, insbesondere mit den Prinzipien der territorialen Staatensouveränität, der Nichtdiskriminierung, der freundschaftlichen nachbarschaftlichen Beziehungen zwischen den Staaten und der Heiligkeit der Verträge ("pacta sunt servanda"). Der Abschnitt 3 (1) und (2) des modifizierten Statusgesetzes ist vom Inhalt her vergleichbar mit dem Art. 2 (1) des ursprünglichen Statusgesetzes. Allerdings unterteilt der Abschnitt 3 des modifizierten Statusgesetzes – anders als der Art. 2 (1) des ursprünglichen Statusgesetzes, der alles zusammenfasst – die zu gewährenden Vergünstigungen nach dem Ort ihrer Gewährung: Nach Abschnitt 3 (1) des modifizierten Statusgesetzes sollen die von diesem Gesetz erfassten Personen nach den in diesem Gesetz niedergelegten Bestimmungen berechtigt sein, in Ungarn die Vorteile und Subventionen in Anspruch zu nehmen; nach Abschnitt 3 (2) Satz 1 des modifizierten Statusgesetzes sind die in den Anwendungsbereich dieses Gesetzes fallenden Personen, die sich darüber hinaus noch zu ihrer ethnisch-ungarischen Abstammung bekennen, berechtigt, auf dem Gebiet ihres Aufenthaltsstaates kulturelle und bildungsbezogene Vergünstigungen zu beziehen, die zum Erhalt ihrer kulturellen und sprachlichen Identität beitragen sollen. Der Abschnitt 3 (3) des modifizierten Statusgesetzes schließlich entspricht weitestgehend der Bestimmung des Art. 2 (3) des ursprünglichen Statusgesetzes. Da das die allgemeinen Bestimmungen enthaltende Kapitel I sowohl im Rahmen des ursprünglichen als auch im Rahmen des modifizierten Statusgesetzes aus drei Bestimmungen besteht, führt die auf die Abschnitte 2 und 3 des modifizierten Statusgesetzes ausgedehnte Fassung des ehemaligen Art. 2 des ursprünglichen Statusgesetzes dazu, dass in dem Kapitel I des modifizierten Statusgesetzes kein Platz mehr für die Bestimmung des ehemaligen Art. 3 des ursprünglichen Statusgesetzes ist. Letzterer findet demnach in dem modifizierten Stausgesetz keinen Niederschlag.

Der Art. 7 des ursprünglichen Statusgesetzes, der den Angehörigen der nationalen ungarischen Minderheit, die in den an Ungarn angrenzenden Staaten ansässig sind, Sozialversicherungsleistungen und Gesundheitsdienste zusichert, ist in die modifizierte Fassung des ungarischen Statusgesetzes nicht mit übernommen worden. Dies bedeutet, dass nach dem modifizierten Statusgesetz derartige Vergünstigungen nicht mehr gewährt werden.
Anders als nach Art. 14 des ursprünglichen Statusgesetzes muss nicht mehr ein in den Geltungsbereich des ungarischen Statusgesetzes fallendes Elternteil, das in seinem Haushalt mindestens zwei minderjährige Kinder großzieht, für jedes Kind einzeln eine Erziehungs- und Bildungsunterstützung beantragen, wenn das jeweilige Kind in eine seinem Lebensalter entsprechende Erziehungs- oder Bildungseinrichtung geht und dort die Erziehung genießt oder am Unterricht in ungarischer Sprache teilnimmt und diese Erziehungs- oder Bildungseinrichtung auf dem Gebiet des Staates, in dem das Elternteil seinen Wohnsitz hat, arbeitet. Dem Abschnitt 14 des modifizierten Statusgesetzes zufolge sind Minderjährige, die ihren Unterricht / ihr Studium in ungarischer Sprache oder auf dem Gebiet der ungarischen Kultur in einer primären, sekundären oder tertiären Bildungseinrichtung absolvieren und die in den Anwendungsbereich des Statusgesetzes fallen, in Zusammenarbeit mit einer Nicht-Regierungsorganisation, die in einem Nachbarstaat Ungarns errichtet worden ist und den Erhalt der ungarischen Bildung und Kultur zum Ziel hat, berechtigt, bildungsbezogene Unterstützungen, Unterstützungen für die Anschaffung von Büchern und Lernutensilien sowie – falls es sich um Studenten handelt – eine studienbezogene Unterstützung zu beantragen. Die Beantragung der Bildungsunterstützungen ist demnach unabhängig von der Anzahl der Kinder und von der Tatsache, ob das Elternteil in den Anwendungsbereich des Statusgesetzes fällt. Zudem werden diese Bildungsunterstützungen nicht mehr von den Eltern beantragt, sondern direkt von den betroffenen Minderjährigen.
Die nach Art. 15 des ursprünglichen Statusgesetzes mögliche Gewährung von Kurzzeit-Arbeitsgenehmigungen für die Angehörigen der nationalen ungarischen Minderheit, die auf dem Gebiet eines der an Ungarn angrenzenden Länder ansässig sind, findet in der modifizierten Fassung des Statusgesetzes keine Entsprechung. In dem Abschnitt 15 des modifizierten Statusgesetzes wird vielmehr festgestellt, dass sich auch die Gewährung von Arbeit auf dem ungarischen Staatsgebiet für Personen, die in den Anwendungsbereich des (modifizierten) Statusgesetzes fallen, nach den allgemeinen Regeln, die für die Erteilung von Arbeitserlaubnissen für Ausländer in Ungarn gelten, richtet. Der die nach Art. 15 des ursprünglichen Statusgesetzes gewährte Kurzzeit-Arbeitsgenehmigung konkretisierende Art. 16 des ursprünglichen Statusgesetzes findet in dem modifizierten Statusgesetz aufgrund des Wegfalls der Genehmigung der Kurzzeit-Arbeit nach Art. 15 des ursprünglichen Statusgesetzes keinen Niederschlag.
Der Abschnitt 18 (1) des modifizierten Statusgesetzes listet die Arbeit der in den Nachbarstaaten tätigen Organisationen im Gegensatz zu dem Art. 18 (1) des ursprünglichen Statusgesetzes genau auf (Vereinfachung des Erhalts der Identität, der Muttersprache und der Kultur der ursprünglich ungarischen Minderheiten-Gemeinschaften), wohingegen in Art. 18 (1) des ursprünglichen Statusgesetzes nur verlangt wird, dass diese Organisationen den Zwecken der in den Nachbarstaaten lebenden ungarischen nationalen Gemeinschaften dienen. In dem Absatz 2 des Abschnitt 18 des modifizierten Statusgesetzes sind die Ziele, die diese Organisationen zum Erhalt der Unterstützungen verfolgen müssen, im Vergleich mit dem Absatz 2 des Art. 18 des ursprünglichen Statusgesetzes eingeschränkt. Im Rahmen des Abschnitt 18 (2) des modifizierten Statusgesetzes darf die Aufgabe solcher Organisationen nicht mehr in der Verbesserung der Fähigkeit der auf dem von der auslandsungarischen nationalen Gemeinschaft bewohnten Gebiet befindlichen Siedlungen in benachteiligter Lage, die Bevölkerung zu halten, und der Entwicklung des Dorftourismus liegen oder in der Schaffung und Entwicklung

der infrastrukturellen Voraussetzungen für die Kontaktpflege mit der Republik Ungarn oder in sonstigen Tätigkeiten, die die in Absatz 1 genannten Zwecke fördern.
Der Abschnitt 19 des modifizierten Statusgesetzes, der das Kapitel III, das die Verfahrensordnung zur Inanspruchnahme der Vergünstigungen und Unterstützungen betrifft, einleitet, stellt im Vergleich zu dem Art. 19 des ursprünglichen Statusgesetzes eine wesentlich detailliertere Liste der von den durch das Statusgesetz betroffenen Personen zu erfüllenden Kriterien auf, die für die Beantragung und die darauf folgende Ausstellung des Ungarnausweises bzw. des ungarischen Angehörigenausweises ausschlaggebend sind. Diese äußerst detaillierte Liste kommt einerseits dadurch zustande, dass der Abschnitt 19 des modifizierten Statusgesetzes den Art. 20 (1) (a) und (b) des ursprünglichen Statusgesetzes vom Inhalt her weitestgehend in sich aufgenommen hat und andererseits dadurch, dass die bisherigen Regelungen des Art. 19 und des Art. 20 (1) (a) und (b) des ursprünglichen Statusgesetzes extrem erweitert und ausgeschmückt worden sind, um alle Eventualitäten, die bei der Ausstellung des Ungarnausweises auftreten könnten, abzudecken. Demzufolge wird in Abschnitt 19 Absatz 3 des modifizierten Statusgesetzes von den Personen ethnisch-ungarischer Abstammung, die einen Ungarnausweis beantragen wollen, verlangt, dass die betreffenden Personen die ungarische Sprache beherrschen oder in ihrem Aufenthaltsstaat entweder als Personen ethnisch-ungarischer Abstammung registriert sind oder als Mitglieder von Organisationen, deren Ziel die Zusammenführung der Personen ethnisch-ungarischer Abstammung ist und die auf dem Gebiet des Aufenthaltsstaates tätig sind, anerkannt sind oder die von der Kirche in ihrem Aufenthaltsstaat als Personen ethnisch-ungarischer Abstammung registriert sind. Trotz des Vorliegens der Voraussetzungen des Abschnitts 19 Absatz 3 des modifizierten Statusgesetzes kann dem Antragssteller der Ungarnausweis dennoch nach Abschnitt 19 Absatz 4 des modifizierten Statusgesetzes verweigert werden. Letzterer besagt nämlich, dass dem Antragssteller der Ungarnausweis verweigert wird, wenn dieser bereits in dem Besitz eines gültigen Ungarnausweises ist, der nach dem ursprünglichen Statusgesetz ausgestellt worden ist, es sei denn, dass er seine Bewerbung aufgrund von Änderungen bezüglich der darin enthaltenen Informationen erneut eingereicht hat, oder wenn er in seiner Einreise oder seinem Aufenthalt in Ungarn beschränkt wird bzw. seine Ausweisung aus Ungarn beantragt worden ist, oder wenn er keine nach Abschnitt 20 (2) des modifizierten Statusgesetzes erforderliche Bescheinigung vorweisen kann. Diejenigen Personen, die sich um einen ungarischen Angehörigenausweis bemühen, dürfen nach Abschnitt 19 Absatz 5 nur direkte Familienmitglieder sein, die diese familiäre Bindung zu einer Person ethnisch-ungarischer Abstammung durch ein offizielles Dokument belegen können und die sich auf der Basis ihrer familiären Beziehung zu einer Person ethnisch-ungarischer Abstammung, die einen Ungarnausweis besitzt bzw. zu diesem Besitz berechtigt ist, um einen derartigen Ausweis bewerben. Vergleichbar mit dem Absatz 4 des Abschnitts 19 des modifizierten Statusgesetzes kann diesen Personen trotz des Vorliegens der Voraussetzungen des Abschnitts 19 Absatz 5 des modifizierten Statusgesetzes dennoch nach Abschnitt 19 Absatz 6 des modifizierten Statusgesetzes die Ausstellung des ungarischen Angehörigenausweises verweigert werden, wenn sie bereits in dem Besitz eines gültigen solchen sind, es sei denn, dass sie ihre Bewerbung aufgrund von Änderungen bezüglich der darin enthaltenen Informationen erneut eingereicht haben, oder wenn sie in ihrer Einreise oder ihrem Aufenthalt in Ungarn beschränkt werden bzw. ihre Ausweisung aus Ungarn beantragt worden ist, oder wenn sie keine nach Abschnitt 20 (3) des modifizierten Statusgesetzes erforderliche Bescheinigung vorweisen können, oder wenn sie den ungarischen Angehörigenausweis auf der Grundlage ihrer Beziehung zu einer Person ethnisch-ungarischer Abstammung beantragen, diese Person aber keine nach Abschnitt 20 (2) des modifizierten Statusgesetzes erforderliche Bescheinigung vorweisen kann oder ihre Bewerbung für einen Ungarnausweis von einer zur

Beurteilung fähigen Autorität zurückgewiesen worden ist oder ihr Ungarnausweis nicht gültig ist.
Der grundlegende Unterschied zwischen dem Abschnitt 20 des modifizierten Statusgesetzes und dem Art. 20 des ursprünglichen Statusgesetzes besteht in der Tatsache, dass nach dem modifizierten Statusgesetz für die Abgabe der erforderlichen Empfehlung nicht mehr die "Urkundenbüros" zuständig sind, die in Vertretung der in den Nachbarstaaten lebenden nationalen ungarischen Gemeinschaften in dem entsprechenden Staat tätige Organisationen darstellen und von der Regierung der Republik Ungarn als empfehlende Organisationen anerkannt werden, sondern dass die erforderliche Bescheinigung vielmehr von den in den Nachbarstaaten Ungarns ansässigen ungarischen diplomatischen Missionen oder Konsulaten ausgestellt wird. Dies hat zur Folge, dass es in Abschnitt 20 des modifizierten Statusgesetzes einer Regelung wie der des Art. 20 Absatz 3 des ursprünglichen Statusgesetzes, die festlegt, unter welchen Umständen eine Organisation als "Urkundenbüro" zu qualifizieren ist, nicht bedarf. Stattdessen legt der Abschnitt 20 des modifizierten Statusgesetzes in seinem Absatz 4 fest, dass alle für den Erhalt der Ausweise nötigen Erfordernisse durch offizielle Dokumente zu beweisen sind. Sofern diese Beweise nicht erbracht werden können, sind die ungarischen diplomatischen Missionen oder Konsulaten berechtigt, Informationen von Nicht-Regierungsorganisationen anzufordern, die von den ethnisch-ungarischen Gemeinden, die in den Nachbarstaaten ansässig sind, gegründet wurden. Sofern die Erfüllung der Bedingungen für die Ausstellung der erforderlichen Bescheinigung weder durch offizielle Dokumente noch durch die angeforderten Informationen belegt werden kann, sollen die ungarischen diplomatischen Missionen oder Konsulate nach Abschnitt 20 Absatz 5 des modifizierten Statusgesetzes die Bescheinigung nicht ausstellen, sondern das Ersuchen auf jeden Fall an eine zur Beurteilung fähigen Autorität weiterleiten.
Der Abschnitt 21 des modifizierten Statusgesetzes unterscheidet sich insofern von dem Art. 21 des ursprünglichen Statusgesetzes, als dass auf der einen Seite der Absatz 4 weggefallen ist (was allerdings auch damit zu begründen ist, dass es nach dem modifizierten Statusgesetz keine empfehlenden Organisationen mehr gibt) und auf der anderen Seite der Absatz 5 einen weiteren Zusatz (Unterpunkt h)) erhalten hat. In dem Abschnitt 21 (5) (h) wird hervorgehoben, dass in dem Ungarnausweis bzw. in dem ungarischen Angehörigenausweis noch einmal festgehalten werden soll, dass dieser Ausweis kein offizielles Identifikationsdokument oder Reisedokument darstellt und dass er den Inhaber nicht zur Aus- oder Einreise in ein Land berechtigt.
In dem modifizierten Statusgesetz findet der Art. 24 des ursprünglichen Statusgesetzes, der die Ordnung der Beantragung der Unterstützungen regelt, die in der Republik Ungarn in Anspruch genommen werden können, keine Entsprechung. Er ist weggefallen.
Der Abschnitt 25 Absatz 1 des modifizierten Statusgesetzes nimmt im Gegensatz zu dem Art. 25 Absatz 1 des ursprünglichen Statusgesetzes konkret Bezug auf die beiden einzigen Vorschriften des modifizierten Statusgesetzes, die Vergünstigungen in den Nachbarstaaten gewähren (Abschnitt 13 (2) und Abschnitt 18 (2)). Dieser Abschnitt 25 Absatz 1 des modifizierten Statusgesetzes bringt zum Ausdruck, dass die Beantragung der auf die in Abschnitt 13 (2) und Abschnitt 18 (2) dieses Gesetzes gewährten Vergünstigungen bei nicht gewinnorientierten Organisationen, die zu diesem Zweck in den Nachbarstaaten mit eingetragenem Gesellschaftssitz gegründet wurden und die sowohl von der Registrierung als auch von der Arbeitsweise her mit der Gesetzgebung des jeweiligen Staates vereinbar sein müssen, eingereicht werden müssen.
Die letzte große Änderung im Vergleich zu dem ursprünglichen Statusgesetz weist der zu den Schlussbestimmungen zählende Abschnitt 27 des modifizierten Statusgesetzes in seinen neu hinzugefügten Absätzen 3 bis 5 auf. Der Absatz 3 von Abschnitt 27 des modifizierten Status-

gesetzes legt fest, dass die – gemäß den internationalen Übereinkünften – in Abschnitt 10 und 14 des modifizierten Statusgesetzes für die Angehörigen der nationalen ungarischen Minderheit verankerten Vergünstigungen auch den nicht dieser nationalen ungarischen Minderheit angehörenden Schülern, die primäre oder sekundäre Bildungseinrichtungen in den ungarischen Nachbarländern besuchen, in denen auf ungarisch unterrichtet wird, sowie auch den nicht dieser nationalen ungarischen Minderheit angehörenden Studenten, die an einer höheren Bildungseinrichtung in einem der ungarischen Nachbarstaaten eingeschrieben sind und ihre Studien in ungarischer Sprache oder auf dem Gebiet der ungarischen Kultur absolvieren, zugute kommen. Gleiches gilt nach Absatz 4 des Abschnitts 27 des modifizierten Statusgesetzes auch für die nicht der nationalen ungarischen Minderheit angehörenden Lehrer der primären und sekundären Bildungseinrichtungen sowie der Hochschulen, sofern sie auf ungarisch lehren oder sich in ihrem Unterricht bzw. ihren Vorlesungen mit der ungarischen Kultur beschäftigen. Nachdem in den Abschnitten 11 und 12 des modifizierten Statusgesetzes nur die Angehörigen der nationalen ungarischen Minderheit mit Vergünstigungen bedacht wurden, stehen diese Vergünstigungen nunmehr auch anderen Personen zu. Der Absatz 5 des Abschnitts 27 des modifizierten Statusgesetzes bestimmt zum Schluss nur noch, dass die genaueren Bestimmungen bezüglich der Vergabe der in den Absätzen 3 und 4 festgelegten Vergünstigungen durch ein spezielles Gesetz geregelt werden sollen.
Die schließlich in Abschnitt 28 und 29 des modifizierten Statusgesetzes niedergelegten Ermächtigungsvorschriften für Regierungsverordnungen und Ministerialverordnungen sind entsprechend den vorhergehenden Änderungen des ursprünglichen Statusgesetzes abgeändert und erweitert worden.

Zusammenfassend ergeben sich die grundlegenden inhaltlichen Änderungen des modifizierten Statusgesetzes demnach aus der Absicht Ungarns, den Angehörigen der nationalen ungarischen Minderheit in den an Ungarn angrenzenden Ländern nur kulturelle und bildungsbezogene Vergünstigungen im ihrem Aufenthaltsstaat zu gewähren (Abschnitt 3 (2)). Darüber hinaus fallen die Kurzzeit-Arbeitsgenehmigungen (Abschnitte 15 und 16) sowie – damit einhergehend – die Sozialversicherungs- und Gesundheitsleistungen (Abschnitt 7) weg, werden die Auszahlungsmodalitäten für die Förderung des Besuchs muttersprachlicher Schulen geändert (Abschnitt 14), können Fördergelder für den Ungarisch-Unterricht bzw. für den Unterricht, der sich mit der ungarischen Kultur beschäftigt, auch von Personen, die nicht der nationalen ungarischen Minderheit in den an Ungarn angrenzenden Staaten angehören, in ihrem Aufenthaltsstaat beantragt werden (Abschnitt 27 (3) und (4)) und muss die Etablierung des Unterstützungssystems für ethnische Ungarn auf dem Gebiet eines Nachbarstaates mit dem prinzipiellen Einverständnis desselben erfolgen (Abschnitt 25). Wie bereits dargelegt, wird in dem Abschnitt 21 (5) (h) hervorgehoben, dass in dem Ungarnausweis bzw. in dem ungarischen Angehörigenausweis festgehalten werden soll, dass dieser Ausweis kein offizielles Identifikationsdokument oder Reisedokument darstellt und dass er den Inhaber nicht zur Aus- oder Einreise in ein Land berechtigt. Dies bedeutet, dass der Ungarnausweis lediglich für die sprachliche Bindung seines Inhabers stehen und dessen Berechtigung zum Erhalt der Vergünstigungen belegen soll (vgl. Abschnitt 4 Absatz 4, Abschnitt 8 Absatz 4, Abschnitt 10 Satz 2, Abschnitt 12 Satz 2, Abschnitt 19 Absatz 1).
Im Hinblick auf das modifizierte Statusgesetz ist zudem festzuhalten, dass es im Sinne der Modifizierung keine politische Bindung zwischen Ungarn und den in den an Ungarn angrenzenden Staaten lebenden Angehörigen der ungarischen Nation schafft.

B. Auswirkungen der Modifizierungen auf die Vereinbarkeit des ungarischen Statusgesetzes mit dem Völkerrecht

Im folgenden Teil der Arbeit soll untersucht werden, ob sich die soeben dargestellten Modifizierungen des ungarischen Statusgesetzes auf dessen zuvor mit negativem Ergebnis betrachtete Vereinbarkeit mit dem Völkerrecht positiv auswirken. Um dies beurteilen zu können, werden die eben dargestellten Modifizierungen auf jeden der vier von der Venedig-Kommission kritisierten Punkte bezogen.

I. Prinzip der territorialen Staatensouveränität

Wie bereits dargelegt worden ist, ist für die Beantwortung der Frage der Vereinbarkeit des (modifizierten) ungarischen Statusgesetzes mit dem Prinzip der territorialen Staatensouveränität grundsätzlich notwendig, zwischen den Auswirkungen eines Gesetzes auf ausländische Bürger und der Ausübung von Staatsgewalt außerhalb der eigenen Grenzen zu unterscheiden.[946]

In Bezug auf die Auswirkungen eines Gesetzes auf ausländische Bürger kann ein Staat vollkommen legitim Gesetze oder Verordnungen, die ausländische Bürger betreffen, erlassen, ohne vorher die Staaten, deren Staatsangehörigkeit die jeweils betroffenen Bürger besitzen, um ihr Einverständnis bitten zu müssen, solange die Auswirkungen dieser Gesetze oder Verordnungen nur innerhalb der eigenen Staatsgrenzen zum Tragen kommen. Nach Ansicht der Venedig-Kommission stellt nämlich die bloße Tatsache, dass die Adressaten eines Gesetzes ausländische Staatsbürger sind, keine Verletzung des Prinzips der territorialen Staatensouveränität dar. Es lassen sich vielmehr eine Reihe von Beispielen heranziehen, die auf eine ausländische Staatsangehörigkeit Bezug nehmen (z.B. IPBPR etc.) und mit dem internationalen Recht vereinbar sind.
Bezieht sich ein Gesetz allerdings auf ausländische Bürger in einem anderen Land, so ist es undenkbar, dass der Aufenthaltsstaat der betroffenen Personen zu diesem Thema nichts zu sagen hat. In den Augen der Venedig-Kommission besteht in diesem Fall die Möglichkeit, auf den Gebieten, auf denen es internationaler Brauch ist (z.B. Bildung und Kultur), das Einverständnis des Aufenthaltsstaates zu vermuten, so dass der Ursprungsstaat einseitige administrative oder legislative Maßnahmen treffen kann. Auf den anderen Gebieten, die nicht durch Verträge oder internationaler Brauch abgedeckt sind, ist das Einverständnis des Aufenthaltsstaates, der durch die Maßnahmen des Ursprungsstaates betroffen wird, ausdrücklich zu erteilen.[947]

In Bezug auf die Auswirkungen der Ausübung von Staatsgewalt außerhalb der eigenen Grenzen kommt die Venedig-Kommission zu der Überzeugung, dass kein Staat seine Staatsgewalt ohne eine explizite Erlaubnis – entweder in Form einer internationalen Gewohnheit oder in Form eines Vertrags – in dem Territorium eines anderen Staates ausüben darf. Und für den Fall, dass eine solche Erlaubnis vorliegt, sind nach internationalem Recht die Konsulate handlungsberechtigt.[948]

---

946) S.o. Kapitel III, B., I., S. 88.
947) S.o. Kapitel III, B., I., S. 88.
948) S.o. Kapitel III, B., I., S. 88.

Wendet man das modifizierte ungarische Statusgesetz auf diese grundlegenden Aussagen zu dem Prinzip der territorialen Staatensouveränität an, so kann man folgende Feststellungen treffen:
Wie sich aus den Abschnitten 14 und 18 des modifizierten Statusgesetzes ergibt, werden auch durch das modifizierte Statusgesetz Vergünstigungen auf den Territorien der ungarischen Nachbarstaaten gewährt. Dies bedeutet, dass sich auch das modifizierte Statusgesetz nicht lediglich auf dem ungarischen Staatsgebiet, sondern auch auf den Staatsgebieten der Nachbarstaaten Ungarns auswirkt. Im Gegensatz zum ursprünglichen Statusgesetz, bei dem diesbezüglich keine Extra-Erwähnung zu finden ist, hebt das modifizierte Statusgesetz in seinem Abschnitt 3 Absatz 2 direkt hervor, dass die auf den Gebieten der ungarischen Nachbarstaaten zu gewährenden Vergünstigungen nur die Bildung und die Kultur betreffen. Durch diese Beschränkung kommt das modifizierte Statusgesetz konkret den Forderungen der Venedig-Kommission nach. Demnach zählen die durch das modifizierte Statusgesetz zu gewährenden Vergünstigungen nämlich zu der Gruppe von Vergünstigungen, bei denen es internationaler Brauch ist, das Einverständnis des Aufenthaltsstaates einfach zu unterstellen. Dies berechtigt den Ursprungsstaat somit dazu, einseitige administrative oder legislative Maßnahmen zu treffen, wie Ungarn es durch die Bestimmungen des modifizierten Statusgesetz getan hat. Trotz der Auswirkungen des modifizierten Statusgesetzes auf den Territorien der ungarischen Nachbarstaaten steht das modifizierte Statusgesetz mit den grundlegenden Aussagen der Venedig-Kommission in Bezug auf die Auswirkungen eines Gesetzes auf ausländische Bürger in Einklang, da es den in den Nachbarstaaten Ungarns lebenden Personen ethnisch-ungarischer Abstammung nur bildungsbezogene und kulturelle Vergünstigungen zubilligt.
Wie im Rahmen der Darstellung der Modifizierungen des ungarischen Statusgesetzes verdeutlicht wurde, muss nach Abschnitt 25 des modifizierten Statusgesetzes die Etablierung des Unterstützungssystems für ethnische Ungarn auf dem Gebiet eines Nachbarstaates mit dem prinzipiellen Einverständnis desselben erfolgen. Zudem sind nach Abschnitt 20 des modifizierten Statusgesetzes – anders als nach dem ursprünglichen Statusgesetz – nur die ungarischen diplomatischen Missionen oder Konsulate handlungsberechtigt. Sowohl das Erfordernis einer expliziten Erlaubnis als auch die ausschließliche Handlungsberechtigung der ungarischen diplomatischen Missionen oder Konsulate in den Nachbarstaaten Ungarns sorgen dafür, dass das modifizierte Statusgesetz auch in Bezug auf die Auswirkungen der Ausübung von Staatsgewalt außerhalb der eigenen Grenzen mit den diesbezüglichen Ansichten der Venedig-Kommission übereinstimmt.
Zusammenfassend lässt sich demnach feststellen, dass das modifizierte Statusgesetz den grundlegenden Aussagen der Venedig-Kommission zu dem Prinzip der territorialen Staatensouveränität nachkommt.

Ob das modifizierte Statusgesetz auch mit den entsprechenden, sich auf das Prinzip der territorialen Staatensouveränität beziehenden Vorschriften des universellen und regionalen Völkerrechts und des bilateralen Minderheitenschutzes zu vereinbaren ist, ist im Folgenden zu überprüfen.

1. Universelles Völkerrecht

Im Rahmen des universellen Völkerrechts ist der Verstoß des ursprünglichen ungarischen Statusgesetzes gegen den Art. 2 I der UN-Charta und den Art. 8 IV der UN-

Minderheitendeklaration bejaht worden. Die entsprechenden Bestimmungen der Wiener Konsularrechtskonvention (WKRK) fanden diesbezüglich keine Anwendung.[949]

Im Folgenden ist nun zu untersuchen, ob diese Verstöße auch bei der Prüfung der Vereinbarkeit des modifizierten ungarischen Statusgesetzes mit eben diesen Vorschriften des universellen Völkerrechts im Rahmen des Prinzips der territorialen Staatensouveränität vorliegen oder ob sie durch die Änderungen des Statusgesetzes aufgehoben werden.

a. Art. 2 I der UN-Charta

Der Verstoß des ursprünglichen ungarischen Statusgesetzes gegen den Art. 2 I der UN-Charta basiert darauf, dass die Errichtung der Urkundenbüros und der ausländischen gemeinnützigen Organisationen auf dem Gebiet der ungarischen Nachbarstaaten im Rahmen der Umsetzung des ursprünglichen ungarischen Statusgesetzes einen Akt der ungarischen Exekutive auf fremdem Staatsgebiet darstellt. Durch diese Handlungen greift Ungarn sowohl in die innere als auch in die äußere Souveränität seiner Nachbarstaaten ein.[950]

Nach dem modifizierten ungarischen Statusgesetz existieren derartige Urkundenbüros oder derartige ausländische gemeinnützige Organisationen auf dem Gebiet der ungarischen Nachbarstaaten zur Umsetzung des Statusgesetzes, die einen Akt der ungarischen Exekutive auf fremdem Staatsgebiet darstellen, nicht mehr. Vielmehr werden von ungarischer Seite lediglich die ungarischen diplomatischen Missionen oder Konsulate auf dem Gebiet der Nachbarstaaten Ungarns tätig. Ein Verstoß des modifizierten ungarischen Statusgesetzes gegen den Art. 2 I der UN-Charta wegen der Errichtung der Urkundenbüros und der ausländischen gemeinnützigen Organisationen auf dem Gebiet der ungarischen Nachbarstaaten im Rahmen der Umsetzung des Statusgesetzes scheidet somit aus. An dessen Stelle tritt nach dem modifizierten Statusgesetz aber nicht die Handlungsberechtigung der ungarischen diplomatischen Missionen oder Konsulate. Zu deren Aufgaben zählen nach Art. 5 b) der WKRK nämlich gerade die Förderung der Entwicklung kommerzieller, wirtschaftlicher, kultureller und wissenschaftlicher Beziehungen zwischen dem Entsendestaat und dem Empfangsstaat und die Pflege der freundschaftlichen Beziehungen. Dies bedeutet, dass gerade die Aktionen, die nach dem modifizierten ungarischen Statusgesetz von den ungarischen diplomatischen Missionen und Konsulaten verlangt werden, auch offiziell, d.h. dem Art. 5 b) der WKRK zufolge, von ihnen erwartet werden, so dass in der Handlungsberechtigung der ungarischen diplomatischen Missionen oder Konsulate auf dem Staatsgebiet der ungarischen Nachbarstaaten nicht Negatives bzw. Widersprüchliches zu finden ist. Ein Verstoß gegen die innere und äußere Souveränität der Nachbarstaaten Ungarns aufgrund der Errichtung der Urkundenbüros und der ausländischen gemeinnützigen Organisationen auf dem Gebiet der ungarischen Nachbarstaaten im Rahmen der Umsetzung des Statusgesetzes wie nach dem ursprünglichen Statusgesetz findet nach dem modifizierten Statusgesetz somit nicht statt.
Ähnlich verhält es sich mit den nach dem modifizierten ungarischen Statusgesetz zu gewährenden Vergünstigungen von Seiten Ungarns. Da diese dem modifizierten Statusgesetz zufolge innerhalb der Aufenthaltsstaaten der Minderheiten ethnisch-ungarischer Abstammung lediglich auf den die Bildung und die Kultur betreffenden Gebieten gewährt werden und diese Gebiete zu denen zählen, bei denen es internationaler Brauch ist, dass das Einverständnis des

---

[949]) S.o. Kapitel III, B., I., 1., S. 103.
[950]) S.o. Kapitel III, B., I., 1., a., S. 100.

Aufenthaltsstaates vermutet wird, so dass der Ursprungsstaat einseitige administrative oder legislative Maßnahmen treffen kann, verstoßen die Bestimmungen des modifizierten Statusgesetzes bezüglich der Gewährung von Vergünstigungen auf dem Staatsgebiet der Nachbarstaaten Ungarns nicht gegen die innere und äußere Souveränität dieser Länder. Alle weiteren Vergünstigungen werden den Angehörigen ethnisch-ungarischer Abstammung ausschließlich auf dem ungarischen Staatsgebiet gewährt. Dabei ist es irrelevant, um welche Art von Vergünstigungen es sich handelt, da die (innere und äußere) Souveränität der Nachbarstaaten Ungarns durch Handlungen auf dem ungarischen Staatsgebiet nicht tangiert wird.

Das modifizierte Statusgesetz sorgt demzufolge dafür, dass der Verstoß des ursprünglichen Statusgesetzes gegen den Art. 2 I der UN-Charta (der Verstoß wegen der Errichtung der Urkundenbüros und der ausländischen gemeinnützigen Organisationen auf dem Gebiet der ungarischen Nachbarstaaten im Rahmen der Umsetzung des ursprünglichen ungarischen Statusgesetzes, der einen Akt der ungarischen Exekutive auf fremdem Staatsgebiet darstellt) aufgehoben wird.
Es ist darüber hinaus festzustellen, dass das modifizierte Statusgesetz mit Art. 2 I der UN-Charta und somit mit dem Grundsatz der souveränen Gleichheit vereinbar ist. Dies bedeutet, dass das modifizierte Statusgesetz daher weder die innere noch die äußere Souveränität der ungarischen Nachbarstaaten tangiert, sondern vielmehr mit dem Prinzip der territorialen Staatensouveränität aufgrund seiner Vereinbarkeit mit dem Art. 2 I der UN-Charta im Rahmen der Prüfung der Vereinbarkeit des Statusgesetzes mit den diesbezüglichen Bestimmungen des universellen Völkerrechts in Einklang gebracht werden kann.

b. Art. 8 IV der UN-Minderheitendeklaration

Der Verstoß des ursprünglichen ungarischen Statusgesetzes gegen den Art. 8 IV der UN-Minderheitendeklaration hat seine Wurzeln in dem Verstoß des ursprünglichen ungarischen Statusgesetzes gegen den Art. 2 I der UN-Charta.[951]

Wie bereits dargelegt, nimmt der Art. 8 IV der UN-Minderheitendeklaration Bezug auf die Ziele und Grundsätze der Vereinten Nationen, einschließlich der souveränen Gleichheit, der territorialen Integrität der Staaten und der Unabhängigkeit der Staaten.[952] Die Unvereinbarkeit des ursprünglichen ungarischen Statusgesetzes mit dem Grundsatz der souveränen Gleichheit, die bereits unter dem Art. 2 I der UN-Charta bewiesen wurde, wirkt sich mit der zuvor aufgeführten Begründung auch auf den Art. 8 IV der UN-Minderheitendeklaration aus. Aus diesem Grund hat sich in Bezug auf das ursprüngliche Statusgesetz auch eine weitere Einordnung des Gesetzes unter einen der drei möglichen Artikel (Art. 5 II, Art. 6 oder Art. 7) der Deklaration erübrigt.

Die Tatsache, dass das modifizierte Statusgesetz nicht mehr gegen den Grundsatz der souveränen Gleichheit verstößt, sondern vielmehr mit diesem und somit mit Art. 2 I der UN-Charta vereinbar ist[953], sorgt somit dafür, dass auch der auf der Unvereinbarkeit des ursprünglichen Statusgesetzes mit Art. 2 I der UN-Charta beruhende Verstoß gegen Art. 8 IV der UN-Minderheitendeklaration nicht mehr vorliegt. Da der Grundsatz der souveränen Gleichheit –

[951]) S.o. Kapitel III, B., I., 1., b., S. 102.
[952]) S.o. Kapitel III, B., I., 1., b., S. 100.
[953]) S.o. Kapitel IV, B., I., 1., a., S. 303.

wie bereits erörtert[954] – die Begriffe der territorialen Integrität der Staaten und der Unabhängigkeit der Staaten mitumfasst, ist der Art. 8 IV der UN-Minderheitendeklaration vollständig mit dem modifizierten Statusgesetz zu vereinbaren.
Für die Anwendbarkeit und die Einschlägigkeit des Art. 8 IV der Deklaration ist aber neben der Vereinbarkeit mit dem modifizierten Statusgesetz zusätzlich noch erforderlich, dass das modifizierte Statusgesetz zumindest unter einen der drei die gegenseitige Kooperation betreffenden Artikel der Deklaration (Art. 5 II, Art. 6 oder Art. 7) [955] fällt. Im Gegensatz zu dem ursprünglichen Statusgesetz, das ohne vorhergehende Absprachen mit den davon betroffenen ungarischen Nachbarstaaten von dem ungarischen Parlament beschlossen wurde, sollte das modifizierte Statusgesetz "nach Konsultationen mit den Nachbarn" zustande kommen.[956] Sicher ist, dass das ungarische Statusgesetz – egal in welcher Fassung – den Interessen der Angehörigen von Minderheiten (speziell den der Angehörigen der nationalen ungarischen Minderheit bzw. ethnisch-ungarischer Abstammung) zugute kommt. Ob allerdings durch das modifizierte Statusgesetz die Kooperation und die Unterstützung der Staaten untereinander (Art. 5 II der Deklaration) bzw. das gegenseitige Verständnis und Vertrauen (Art. 6 der Deklaration) gefördert wird, ist nicht so eindeutig zu bejahen. Auch wenn das modifizierte Statusgesetz zunächst auf einer nicht unbedingt das Vertrauen und die Kooperation fördernden einseitigen Maßnahme von Seiten Ungarns basiert, die dann nach Konsultationen mit den Nachbarstaaten abgeändert worden ist, stehen seine Regelungen letztendlich – in Bezug auf das Prinzip der territorialen Staatensouveränität – im Einklang mit den Aussagen der Venedig-Kommission. Zudem hat Ungarn mit fast allen seinen durch das Statusgesetz betroffenen Nachbarn (die Ausnahme bildet die Slowakei) nach der Modifizierung des Statusgesetzes ein gutnachbarschaftliches Verhältnis.[957] Dies bedeutet, dass das möglicherweise durch den einseitigen Erlass des ursprünglichen ungarischen Statusgesetzes gestörte Vertrauen einiger ungarischer Nachbarstaaten gegenüber Ungarn nach der auf den Konsultationen beruhenden Modifizierung des Statusgesetzes wiederhergestellt worden ist. Demnach ist das modifizierte Statusgesetz sowohl unter den Art. 5 II der Deklaration als auch unter den Art. 6 der Deklaration zu fassen. Daraus folgt, dass der mit dem modifizierten Stausgesetz zu vereinbarende Art. 8 IV der UN-Minderheitendeklaration somit auch anwendbar und zudem einschlägig ist.

Zusammenfassend kann man feststellen, dass das modifizierte Statusgesetz mit dem Art. 8 IV der UN-Minderheitendeklaration in Einklang zu bringen ist und dass dieser Artikel auch anwendbar und einschlägig ist, da das modifizierte Statusgesetz unter die Art. 5 II und Art. 6 der Deklaration fällt.

c. Wiener Konsularrechtskonvention

Die Prüfung der Vereinbarkeit des ursprünglichen ungarischen Statusgesetzes mit den entsprechenden Bestimmungen der Wiener Konsularrechtskonvention (WKRK) im Rahmen des Prinzips der territorialen Staatensouveränität scheiterte bereits an der Anwendbarkeit / Einschlägigkeit dieser Konvention bzw. an der Zuwiderhandlung aufgrund des ursprünglichen Statusgesetzes.[958]

---

954) S.o. Kapitel III, B., I., 1., a., (1), S. 90.
955) Bzgl. des Inhalts der Art. 5 II, Art. 6 und Art. 7 der UN-Minderheitendeklaration: s.o. Kapitel III, B., I., 1., b., S. 100.
956) Vgl. **R. Olt**, (s. Fn. 860), S. 12.
957) Vgl. **R. Olt**, (s. Fn. 941), S. 10.
958) S.o. Kapitel III, B., I., 1., c., S. 102.

Da das modifizierte Statusgesetz mit dem Grundsatz der souveränen Gleichheit zu vereinbaren ist[959], besteht – im Gegensatz zu dem ursprünglichen Statusgesetz – kein Widerspruch zwischen ihm und der Präambel der Wiener Konsularrechtskonvention, die auf die in der Charta der Vereinten Nationen verkündeten Ziele und Grundsätze in Bezug auf die souveräne Gleichheit der Staaten, die Wahrung des Weltfriedens und der internationalen Sicherheit sowie auf die Förderung freundschaftlicher Beziehungen zwischen den Nationen verweist. Zudem wird die ungarische Exekutive nach dem modifizierten Statusgesetz nicht mehr selbst auf den Territorien der Nachbarstaaten aktiv, sondern es sind vielmehr die ungarischen diplomatischen Missionen und Konsulate handlungsberechtigt. (Die darüber hinaus nach Abschnitt 25 des modifizierten Statusgesetzes tätigen nicht gewinnorientierten Organisationen, bei denen die nach Abschnitt 13 (2) und Abschnitt 18 (2) dieses Gesetzes gewährten Vergünstigungen beantragt werden müssen, sind extra zu diesem Zweck in den Nachbarstaaten mit eingetragenem Gesellschaftssitz gegründet und sind sowohl von der Registrierung als auch von der Arbeitsweise her mit der Gesetzgebung des jeweiligen Staates vereinbar.) Dass gerade die Förderung der Entwicklung kommerzieller, wirtschaftlicher, kultureller und wissenschaftlicher Beziehungen zwischen dem Entsendestaat und dem Empfangsstaat und die Pflege der freundschaftlichen Beziehungen nach Art. 5 b) der WKRK zu den Aufgaben der ungarischen diplomatischen Missionen und Konsulate zählen, ist soeben bereits dargelegt worden. Die ihnen nach Abschnitt 20 des modifizierten Statusgesetzes zukommenden Aufgaben kann man unter die nach Art. 5 f) der WKRK[960] oder nach Art. 5 m) der WKRK[961] aufgezählten konsularischen Aufgaben fassen. Insofern handeln die ungarischen diplomatischen Missionen und Konsulate in den an Ungarn angrenzenden Staaten im Rahmen der ihnen nach der Wiener Konsularrechtskonvention zugewiesenen Aufgaben.

Bezogen auf das modifizierte Statusgesetz lässt sich demnach feststellen, dass laut Abschnitt 20 des modifizierten Statusgesetzes die ungarischen diplomatischen Missionen und Konsulate auf dem Gebiet der an Ungarn angrenzenden Staaten handlungsberechtigt sind und dass sich ihr Handeln im Rahmen des von Art. 5 der WKRK vorgegebenen Rahmens bewegt. Im Gegensatz zu dem ursprünglichen Statusgesetz ist nach dem modifizierten Statusgesetz die Wiener Konsularrechtskonvention für eine Rechtfertigung des modifizierten ungarischen Statusgesetzes in Bezug auf dessen Vereinbarkeit mit dem Prinzip der territorialen Staatensouveränität einschlägig.

d. Zwischenergebnis

Die Prüfung der Vorschriften des universellen Völkerrechts in Bezug auf das Prinzip der territorialen Souveränität der Staaten (Art. 2 I der UN-Charta, Art. 8 IV der Minderheitendeklaration der UN sowie die Artikel der Wiener Konsularrechtskonvention), die soeben daraufhin untersucht wurden, ob das modifizierte Statusgesetz mit ihnen in Einklang zu bringen ist,

---

959) S.o. Kapitel IV, B., I., 1., a., S. 303.

960) Art. 5 f) der WKRV lautet: "Die konsularischen Aufgaben bestehen darin, notarielle, standesamtliche und ähnliche Befugnisse auszuüben sowie bestimmte Verwaltungsaufgaben wahrzunehmen, soweit die Gesetze und sonstigen Rechtsvorschriften des Empfangsstaates dem nicht entgegenstehen."

961) Art. 5 m) der WKRV lautet: "Die konsularischen Aufgaben bestehen darin, alle anderen der konsularischen Vertretung vom Entsendestaat zugewiesenen Aufgaben wahrzunehmen, die nicht durch Gesetze und sonstigen Rechtsvorschriften des Empfangsstaates verboten sind oder gegen die der Empfangsstaat keinen Einspruch erhebt oder die in den zwischen dem Entsendestaat und dem Empfangsstaat in Kraft befindlichen internationalen Übereinkünften erwähnt sind."

führt – anders als bei dem ursprünglichen Statusgesetz – zu dem Ergebnis, dass das modifizierte Statusgesetz mit der souveränen Gleichheit und damit auch mit der territorialen Staatensouveränität all der Länder, in denen es zur Anwendung kommt, in Einklang zu bringen ist. Die eben aufgezählten Vorschriften des universellen Völkerrechts sorgen demnach dafür, dass die aufgrund des modifizierten Statusgesetzes auf den Territorien der betroffenen ungarischen Nachbarstaaten stattfindenden Handlungen legitimiert werden.

Dies bedeutet, dass der im Rahmen des ursprünglichen Statusgesetzes festgestellte Verstoß des Erlasses und der darauf beruhenden Umsetzung des ursprünglichen Statusgesetzes gegen das Prinzip der territorialen Staatensouveränität auf universeller Ebene durch das modifizierte Statusgesetz aufgehoben wird. Die aufgrund des modifizierten Statusgesetz vorzunehmenden Handlungen stehen vielmehr im Einklang mit den entsprechenden Bestimmungen des universellen Völkerrechts, was zur Folge hat, dass das modifizierte Statusgesetz der Venedig-Kommission in Bezug auf das Prinzip der territorialen Staatensouveränität keinen Anlass zur Kritik geben kann.

2. Regionales Völkerrecht

Im Rahmen des regionalen Völkerrechts ist für die Prüfung der Vereinbarkeit des modifizierten Statusgesetzes mit dem Prinzip der territorialen Staatensouveränität zwischen den Regelungen des Europarates und denen der OSZE / KSZE zu unterscheiden.

a. Europarat

Das ursprüngliche ungarische Statusgesetz hat gegen den Art. 21 der vom Europarat erlassenen Rahmenkonvention zum Schutz nationaler Minderheiten sowie gegen den Art. 5 der vom Europarat verabschiedeten Europäischen Charta der Regional- und Minderheitensprachen verstoßen.[962]

Im Folgenden ist nun zu untersuchen, ob diese Verstöße auch bei der Prüfung der Vereinbarkeit des modifizierten ungarischen Statusgesetzes mit eben diesen Vorschriften des regionalen Völkerrechts im Rahmen des Prinzips der territorialen Staatensouveränität vorliegen oder ob sie durch die Änderungen des Statusgesetzes nicht mehr existent sind.

(1) Art. 21 des Rahmenübereinkommens zum Schutz nationaler Minderheiten

Dass der Schutz und die Unterstützung der Personen ethnisch-ungarischer Abstammung in den Nachbarländern Ungarns, die durch das modifizierte Statusgesetz gewährleistet werden sollen, mit dem völkerrechtlichen Grundsatz der souveränen Gleichheit und den – laut der 'Friendly Relations Declaration' davon miterfassten – Aspekten der territorialen Unversehrtheit und der politischen Unabhängigkeit der Staaten vereinbar ist, ist soeben bei der Vereinbarkeitsprüfung des modifizierten Statusgesetzes mit Art. 2 I der UN-Charta ausgiebig erörtert worden.[963] Da Art. 21 des Rahmenübereinkommens die Vereinbarkeit mit wortwörtlich

---

[962]) S.o. Kapitel III, B., I., 2., a., S. 105.
[963]) S.o. Kapitel IV, B., I., 1., a., S. 303.

genau denselben Prinzipien des Völkerrechts erfordert[964], kann auf die dort erzielten Ergebnisse einschließlich der Begründungen verwiesen werden.[965] Dies hat zur Folge, dass das modifizierte Statusgesetz somit aufgrund der Vereinbarkeit mit den Grundsatz der souveränen Gleichheit (und den davon mitumfassten Begriffen der territorialen Integrität und der politischen Unabhängigkeit der Staaten) auch mit dem Art. 21 des Rahmenübereinkommens zum Schutz nationaler Minderheiten in Einklang zu bringen ist.

(2) Art. 5 der Europäischen Charta der Regional- und Minderheitensprachen

Bezogen auf den Art. 5 der Europäischen Charta der Regional- oder Minderheitensprachen lässt sich feststellen, dass das modifizierte Statusgesetz wegen seiner Vereinbarkeit mit dem Grundsatz der souveränen Gleichheit[966], der die territoriale Unversehrtheit der Staaten umfasst, auch mit diesem Artikel, der die Ausübung einer Tätigkeit oder die Vornahme einer Handlung verbietet, die gegen die Ziele der Charta der Vereinten Nationen oder sonstige völkerrechtliche Verpflichtungen einschließlich des Grundsatzes der Souveränität und territorialen Unversehrtheit der Staaten verstößt, zu vereinbaren ist.
Dennoch ist in Bezug auf die Europäische Charta der Regional- und Minderheitensprachen zu beachten, dass sie lediglich rein sprachenrechtliche Bestimmungen enthält und somit das modifizierte Statusgesetz als Ganzes nicht rechtfertigen kann, da dieses einen weit über bloß sprachenrechtliche Regelungen hinausgehenden Anwendungsbereich hat.

Insofern ist festzuhalten, dass das modifizierte Statusgesetz zwar mit dem Art. 5 der Europäischen Charta der Regional- und Minderheitensprachen zu vereinbaren ist, dass diese aber – wegen ihres beschränkten Anwendungsbereiches – nicht ausreichend ist für die Rechtfertigung des modifizierten Statusgesetzes.

(3) Zusammenfassung

Zusammenfassend lässt sich somit feststellen, dass das modifizierte Statusgesetz mit den Regelungen des Europarates in Bezug auf das Prinzip der territorialen Staatensouveränität (sowohl mit dem Art. 21 des Rahmenübereinkommens zum Schutz nationaler Minderheiten als auch mit dem Art. 5 der Europäischen Charta der Regional- und Minderheitensprachen) in Einklang zu bringen ist, dass aber Letztere für eine Rechtfertigung des modifizierten Statusgesetzes allein nicht ausreichend ist.

Dies bedeutet, dass auch der Verstoß des ursprünglichen Statusgesetzes gegen die vom Europarat erlassenen Konventionen im Rahmen des regionalen Völkerrechts durch die geänderten Bestimmungen des modifizierten Statusgesetzes aufgehoben wird.

---

964) S.o. Kapitel III, B., I., 2., a., (1), S. 104.
965) S.o. Kapitel IV, B., I., 1., a., S. 303.
966) S.o. Kapitel IV, B., I., 1., a., S. 303.

b. OSZE / KSZE

Das ursprüngliche ungarische Statusgesetz hat gegen den Punkt 37 des Kopenhagener Abschlussdokuments über die menschliche Dimension der KSZE sowie gegen die Errungenschaften des Hohen Kommissars für nationale Minderheiten auf diesem Gebiet verstoßen.[967]

Im Folgenden ist nun zu untersuchen, ob diese Verstöße auch bei der Prüfung der Vereinbarkeit des modifizierten ungarischen Statusgesetzes mit eben diesen Vorschriften des regionalen Völkerrechts im Rahmen des Prinzips der territorialen Staatensouveränität festgestellt werden können oder ob sie durch die Änderungen des Statusgesetzes aufgehoben werden.

(1) Punkt 37 des Kopenhagener Abschlussdokuments über die menschliche Dimension der KSZE

Der Verstoß des ursprünglichen Statusgesetzes gegen den Punkt 37 des Kopenhagener Abschlussdokuments basierte auf der Tatsache, dass der Punkt 37 wiederum auf die Ziele und Prinzipien der Charta der Vereinten Nationen (wozu auch der Grundsatz der souveränen Gleichheit zu zählen ist), auf andere völkerrechtliche Verpflichtungen oder auf die Bestimmungen der Schlussakte einschließlich des Prinzips der territorialen Integrität der Staaten Bezug nimmt.[968]
Die bejahte Vereinbarkeit des modifizierten Statusgesetzes mit dem Grundsatz der souveränen Gleichheit[969], der das in Punkt 37 des Kopenhagener Abschlussdokuments extra hervorgehobene Prinzip der territorialen Integrität der Staaten mitumfasst, führt dazu, dass das modifizierte Statusgesetz im Gegensatz zu dem ursprünglichen Statusgesetz mit dem Punkt 37 des Kopenhagener Abschlussdokuments in Einklang zu bringen ist.

(2) OSZE-Hochkommissar für nationale Minderheiten

Wie sich aus den dargestellten Einstellungen der beiden OSZE-Hochkommissare (Max van der Stoel und Rolf Ekeus) ergibt, ist der Schutz der in einem Land lebenden Minderheiten Aufgabe des jeweiligen Aufenthaltsstaates dieser Minderheiten und nicht ihres Ursprungsstaates. Sollte sich ein Ursprungsstaat dennoch um "seine" Minderheiten in anderen Staaten kümmern wollen, ist dies ausschließlich nach vorhergehenden Konsultationen und mit dem Einverständnis des jeweiligen Aufenthaltsstaates möglich.[970] Es ist bereits festgestellt worden, dass diese grundlegenden Einstellungen der beiden OSZE-Hochkommissare in Bezug auf den Schutz nationaler Minderheiten durch ihren Ursprungsstaat mit dem Inhalt des Prinzips der territorialen Staatensouveränität übereinstimmen.[971]

Die Vereinbarkeit des modifizierten Statusgesetzes mit dem Prinzip der territorialen Staatensouveränität ist sowohl in Bezug auf die diesbezüglichen Regelungen des universellen Völkerrechts als auch in Bezug auf die diesbezüglichen Regelungen des Europarates bereits – im

---

967) S.o. Kapitel III, B., I., 2., b., S. 109.
968) S.o. Kapitel III, B., I., 2., b., (1), S. 107.
969) S.o. Kapitel IV, B., I., 1., a., S. 303.
970) S.o. Kapitel III, B., I., 2., b., (2), S. 107.
971) S.o. Kapitel III, B., I., 2., b., (2), S. 108.

Gegensatz zu dem ursprünglichen Statusgesetz – aufgrund der Tatsache bejaht worden, dass die Bestimmungen zum Schutz und zur Unterstützung der Personen ethnisch-ungarischer Abstammung in den Nachbarländern Ungarns, die durch das modifizierte Statusgesetz gewährleistet werden sollen, mit dem völkerrechtlichen Grundsatz der souveränen Gleichheit und den – laut der 'Friendly Relations Declaration' davon miterfassten – Aspekten der territorialen Unversehrtheit und der politischen Unabhängigkeit der Staaten vereinbar sind.[972] Da das modifizierte Statusgesetz auch nach vorhergehenden Konsultationen mit den benachbarten Ländern und mit deren Einverständnis zustande gekommen ist, sind seine Bestimmungen nicht nur mit dem Prinzip der territorialen Staatensouveränität in Einklang zu bringen, sondern sie bewegen sich auch im Rahmen der grundlegenden Einstellungen der beiden OSZE-Hochkommissare in Bezug auf den Schutz nationaler Minderheiten durch ihren Ursprungsstaat.
Dies wird auch durch eine nach der Modifizierung des ungarischen Statusgesetzes veröffentlichten Pressemitteilung von Rolf Ekeus bestätigt, in der er lobend die Bemühungen Ungarns hervorhebt, die sich darauf richten, den Empfehlungen, das Gesetz mit einem Minimum an grundlegenden internationalen Standards in Einklang zu bringen, Folge zu leisten.[973]

Trotz der Umsetzung der Empfehlungen des OSZE-Hochkommissars durch das modifizierte Statusgesetz und die damit einhergehende Übereinstimmung mit diesen ist dennoch zu beachten, dass den Empfehlungen des OSZE-Hochkommissars kein rechtsverbindlicher Charakter zukommt.[974] Dies bedeutet, dass das ungarische Statusgesetz auch bei der hier gegebenen Vereinbarkeit mit den Empfehlungen des OSZE-Hochkommissars nicht durch diese gerechtfertigt werden kann.

(3) Zusammenfassung

Zusammenfassend lässt sich somit feststellen, dass das modifizierte Statusgesetz auch mit den Regelungen des Punktes 37 des Kopenhagener Abschlussdokuments über die menschliche Dimension der KSZE sowie mit den von den OSZE-Hochkommissaren für nationale Minderheiten zu dem Thema des Schutzes nationaler Minderheiten abgegebenen Einstellungen in Einklang zu bringen ist, dass aber Letztere für eine Rechtfertigung des modifizierten Statusgesetzes allein nicht ausreichend sind.

Dies bedeutet, dass auch der Verstoß des ursprünglichen Statusgesetzes gegen die Regelungen der OSZE / KSZE im Rahmen des regionalen Völkerrechts durch die geänderten Bestimmungen des modifizierten Statusgesetzes aufgehoben wird.

c. Zwischenergebnis

Auch die Untersuchungen der Vorschriften des regionalen Völkerrechts in Bezug auf das Prinzip der territorialen Souveränität der Staaten (sowohl die vom Europarat erlassenen Bestimmungen des Art. 21 des Rahmenübereinkommens und des Art. 5 der Europäischen Charta der Regional- oder Minderheitensprachen als auch der Punkt 37 des Kopenhagener Ab-

---

[972]) S.o. Kapitel IV, B., I., 1., a., S. 303.
[973]) S.o. Kapitel III, B., I., 2., b., (2), S. 107.
[974]) S.o. Kapitel III, A., II., 2., S. 68.

schlussdokuments über die menschliche Dimension der KSZE und die Einstellungen des OSZE-Hochkommissars für nationale Minderheiten zu diesem Thema) führen hinsichtlich der Vereinbarkeit des modifizierten Statusgesetzes mit diesen Vorschriften zu dem Ergebnis, dass es dem modifizierten Statusgesetz – anders als dem ursprünglichen Statusgesetz – nicht an einer Vereinbarkeit mit dem Prinzip der territorialen Staatensouveränität, dem der Grundsatz der souveränen Gleichheit unterzuordnen ist, auf regionaler Ebene mangelt. Da allerdings die Bestimmungen des regionalen Minderheitenschutzes aufgrund der völkerrechtskonformen Auslegung möglichst aller Verträge und des in Art. 103 der UN-Charta festgelegten Vorrangs der Bestimmungen der UN-Charta gegenüber widersprüchlichen Regelungen früherer oder späterer Verträge meistens in Einklang mit den Bestimmungen der UN-Charta formuliert werden[975], ist es auch nicht verwunderlich, dass das modifizierte Statusgesetz, nachdem bereits die Vereinbarkeit mit dem universellen Völkerrecht bejaht wurde, auch mit dem regionalen Minderheitenschutz in Einklang zu bringen ist.

Dies bedeutet, dass der im Rahmen des ursprünglichen Statusgesetzes festgestellte Verstoß des Erlasses und der darauf beruhenden Umsetzung des ursprünglichen Statusgesetzes gegen das Prinzip der territorialen Staatensouveränität auch auf regionaler Ebene durch das modifizierte Statusgesetz aufgehoben wird. Die aufgrund des modifizierten Statusgesetzes vorzunehmenden Handlungen stehen vielmehr im Einklang mit den entsprechenden Bestimmungen des regionalen Völkerrechts, was zur Folge hat, dass das modifizierte Statusgesetz der Venedig-Kommission in Bezug auf das Prinzip der territorialen Staatensouveränität keinen Anlass zur Kritik geben kann.

3. Bilateraler Minderheitenschutz

Im Rahmen des bilateralen Minderheitenschutzes sind bereits die Bestimmungen der einzelnen, von Ungarn mit all seinen Nachbarstaaten (mit Ausnahme von Österreich) abgeschlossenen bilateralen Verträge bzw. Abkommen bzw. Deklarationen dargestellt worden, die sich auf das Prinzip der territorialen Staatensouveränität beziehen.

Dabei ist allerdings auch festgestellt worden, dass das ungarisch-kroatische Übereinkommen, das ungarisch-slowenische Übereinkommen sowie die ungarisch-ukrainische Deklaration zwar in ihren Präambeln und einigen ihrer Artikel auf das Prinzip der territorialen Staatensouveränität Bezug nehmen, dass aber diese drei Übereinkommen bzw. Deklarationen lediglich auf die den jeweils anderen Minderheiten zu gewährenden besonderen Rechte spezialisiert sind und keine allgemeinen Regelungen über die sich aus der Nachbarschaft ergebenden Rechte und Pflichten, dem gegenseitigen Respekt und dem Verhalten dem Vertragspartner gegenüber enthalten. Wie in Bezug auf das ursprüngliche Statusgesetz bereits dargelegt, bildet zwar auch bei dem modifizierten Statusgesetz der Schutz und die Unterstützung von Minderheiten den Schwerpunkt, doch kann es gerade unter dem Aspekt der Prüfung seiner Vereinbarkeit mit dem Prinzip der territorialen Staatensouveränität nicht durch die eben aufgezählten derart speziellen Übereinkommen bzw. Deklarationen des bilateralen völkerrechtlichen Minderheitenschutzes gerechtfertigt werden. Dafür bedürfte es vielmehr der eben schon beschriebenen allgemeineren Regelungen über die sich aus der Nachbarschaft ergebenden Rechte und Pflichten, dem gegenseitigen Respekt und dem Verhalten dem Vertragspartner gegenüber (wie sie der ungarisch-rumänische Vertrag, der ungarisch-slowakische Vertrag, der

---

[975]) S.o. Kapitel III, B., I., 2., c., S. 109.

ungarisch-kroatische Vertrag und der ungarisch-ukrainische Vertrag sowie das Abkommen zwischen Ungarn und Serbien-Montenegro aufweisen).[976] Aus diesem Grund erübrigt sich die Prüfung der Vereinbarkeit des modifizierten Statusgesetzes mit den das Prinzip der territorialen Staatensouveränität betreffenden Bestimmungen dieser drei Übereinkommen bzw. Deklarationen, da das gesamte modifizierte Statusgesetz durch diese aufgrund ihrer Spezialisierung auf die Verwirklichung des gegenseitig anerkannten, innerstaatlichen Minderheitenschutzes nicht gerechtfertigt werden kann. Für eine Prüfung der Vereinbarkeit des modifizierten Statusgesetzes mit dem Prinzip der territorialen Staatensouveränität im Rahmen des bilateralen völkerrechtlichen Minderheitenschutzes sind das ungarisch-kroatische Übereinkommen, das ungarisch-slowenische Übereinkommen sowie die ungarisch-ukrainische Deklaration somit ungeeignet.

Die anderen vier Verträge (der ungarisch-rumänische Vertrag, der ungarisch-slowakische Vertrag, der ungarisch-kroatische Vertrag und der ungarisch-ukrainische Vertrag) sowie das Abkommen zwischen Ungarn und Serbien-Montenegro beinhalten hingegen – wie schon erwähnt – allgemeinere Regelungen über die sich aus der Nachbarschaft ergebenden Rechte und Pflichten, dem gegenseitigen Respekt und dem Verhalten dem Vertragspartner gegenüber, so dass sie für eine Prüfung der Vereinbarkeit des modifizierten Statusgesetzes mit dem Prinzip der territorialen Staatensouveränität im Rahmen des bilateralen völkerrechtlichen Minderheitenschutzes in Frage kommen. Es ist bereits dargelegt worden, gegen welche Bestimmungen des ungarisch-rumänischen Vertrags (Absatz 5 der Präambel, Art. 1 (2), Art. 2 (1) und Art 4 Satz 1 des ungarisch-rumänischen Vertrags)[977], des ungarisch-slowakischen Vertrags (Absatz 5 der Präambel, Art. 2 und Art. 3 (1) Satz 1 des ungarisch-slowakischen Vertrags)[978], des ungarisch-kroatischen Vertrags (Art. 2 (1) bis (3) des ungarisch-kroatischen Vertrags)[979] und des ungarisch-ukrainischen Vertrags (Absatz 4 der Präambel, Art. 1 Satz 2 und Art. 2 Satz 3 des ungarisch-ukrainischen Vertrags)[980] sowie des Abkommens zwischen Ungarn und Serbien-Montenegro (Absatz 6 der Präambel, Art. 1 und Art. 15 Absatz 2 des Abkommens zwischen Ungarn und Serbien-Montenegro)[981] das ursprüngliche Statusgesetz verstößt.

Im Folgenden ist nun zu untersuchen, ob diese Verstöße auch hinsichtlich der Vereinbarkeit des modifizierten ungarischen Statusgesetzes mit eben diesen Vorschriften der genannten bilateralen Verträge im Rahmen des Prinzips der territorialen Staatensouveränität vorliegen oder ob sie durch die Änderungen des Statusgesetzes aufgehoben werden.

a. Vertrag zwischen Ungarn und Rumänien (einschließlich des nachträglichen Memorandums sowie des das Memorandum ersetzenden Übereinkommens)

Der zwischen Ungarn und Rumänien am 16. September 1996 unterzeichnete Vertrag über gegenseitiges Verständnis, Kooperation und gute Nachbarschaft ("Treaty between the Republic of Hungary and Romania on Understanding, Cooperation and Good Neighbourhood")

---

976) Bzgl. des ungarisch-kroatischen Übereinkommens: s.o. Kapitel III, B., I., 3., c., (2), S. 119.
Bzgl. des ungarisch-slowenischen Übereinkommens: s.o. Kapitel III, B., I., 3., d., S. 121.
Bzgl. der ungarisch-ukrainischen Deklaration: s.o. Kapitel III, B., I., 3., e., (1), S. 122.

977) S.o. Kapitel III, B., I., 3., a., S. 112.

978) S.o. Kapitel III, B., I., 3., b., S. 116

979) S.o. Kapitel III, B., I., 3., c., (1), S. 117.

980) S.o. Kapitel III, B., I., 3., e., (2), S. 124.

981) S.o. Kapitel III, B., I., 3., f., S. 127.

verstößt – wie erörtert – in dem Absatz 5 seiner Präambel, dem Art. 1 (2), dem Art. 2 (1) und dem Art. 4 Satz 1 gegen das Prinzip der territorialen Staatensouveränität.[982]
Dabei beziehen sich der Absatz 5 der Präambel und der Art. 1 (2) des ungarisch-rumänischen Vertrags auf die Ziele und Prinzipien der Charta der Vereinten Nationen. Der Art. 2 (1) des ungarisch-rumänischen Vertrags bindet die Vertragspartner an ihre im Rahmen der Organisation für Sicherheit und Zusammenarbeit in Europa übernommenen Verpflichtungen, und der Art. 4 Satz 1 des ungarisch-rumänischen Vertrags verlangt ein Handeln im Einklang mit den Prinzipien und Normen des internationalen Rechts, zu denen auch der Grundsatz der souveränen Gleichheit gehört, und die Achtung der territorialen Integrität des anderen Vertragspartners.[983]

Wie sich aus Art. 2 I der UN-Charta ergibt, zählt der Grundsatz der souveränen Gleichheit zu den Prinzipien der Charta der Vereinten Nationen.[984] Im Rahmen des universellen Völkerrechts ist bei der Prüfung der Vereinbarkeit des modifizierten Statusgesetzes mit dem Art. 2 I der UN-Charta dargelegt worden, dass das modifizierte Statusgesetz dafür sorgt, dass der Verstoß des ursprünglichen Statusgesetzes gegen den Art. 2 I der UN-Charta (der Verstoß durch die Errichtung der Urkundenbüros und der ausländischen gemeinnützigen Organisationen auf dem Gebiet der ungarischen Nachbarstaaten im Rahmen der Umsetzung des ursprünglichen ungarischen Statusgesetzes, der einen Akt der ungarischen Exekutive auf fremdem Staatsgebiet darstellt) aufgehoben wird. Es ist festzustellen, dass das modifizierte Statusgesetz somit mit Art. 2 I der UN-Charta und folglich mit dem Grundsatz der souveränen Gleichheit (der die Begriffe der territorialen Integrität der Staaten und der Unabhängigkeit der Staaten mitumfasst) vereinbar ist.[985] Dies bedeutet, dass das modifizierte Statusgesetz – im Gegensatz zu dem ursprünglichen Statusgesetz – in Einklang steht mit dem Absatz 5 der Präambel, mit dem Art. 1 (2) und dem Art. 4 Satz 1 des ungarisch-rumänischen Vertrags. Zu den im Rahmen der Organisation für Sicherheit und Zusammenarbeit in Europa übernommenen Verpflichtungen gehören u.a. die Bestimmungen des Kopenhagener Abschlussdokuments über die menschliche Dimension. Nachdem bereits die Vereinbarkeit des modifizierten Statusgesetzes mit dem Punkt 37 des Kopenhagener Abschlussdokuments bewiesen worden ist, existiert im Rahmen des Prinzips der territorialen Staatensouveränität keine weitere Vorschrift der OSZE / KSZE, mit der das modifizierte Statusgesetz vereinbar sein müsste.[986] Insofern ist die Vereinbarkeit mit dem Punkt 37 des Kopenhagener Abschlussdokuments ausreichend dafür, dass das modifizierte Statusgesetz auch mit dem Art. 2 (1) des ungarisch-rumänischen Vertrags in Einklang zu bringen ist.

Die Vereinbarkeit des modifizierten Statusgesetzes mit dem in Art. 2 I der UN-Charta verankerten Grundsatz der souveränen Gleichheit hat also zur Folge, dass der Verstoß des ursprünglichen Statusgesetzes gegen den Absatz 5 der Präambel, den Art. 1 (2), den Art. 2 (1) und den Art. 4 Satz 1 des ungarisch-rumänischen Vertrags aufgehoben wird. Anders als das ursprüngliche Statusgesetz ist das modifizierte Statusgesetz demnach aufgrund seiner Vereinbarkeit mit dem ungarisch-rumänischen Vertrag auch hinsichtlich der Vereinbarkeit des Statusgesetzes mit den diesbezüglichen Bestimmungen des bilateralen Minderheitenschutzes mit dem Prinzip der territorialen Staatensouveränität zu vereinbaren.

---

982) S.o. Kapitel III, B., I., 3., a., S. 112.
983) S.o. Kapitel III, B., I., 3., a., S. 110.
984) S.o. Kapitel III, B., I., 1., a., (1), S. 89.
985) S.o. Kapitel IV, B., I., 1., a., S. 303.
986) S.o. Kapitel III, B., I., 2., b., (1), S. 107.

In Bezug auf das nachträgliche Memorandum und das dieses Memorandum ersetzende Agreement, durch deren Hinzufügung zu dem mit dem ungarisch-rumänischen Vertrag zunächst nicht zu vereinbarenden ursprünglichen Statusgesetz dieses letztendlich doch mit dem ungarisch-rumänischen Vertrag in Einklang zu bringen war, lässt sich im Hinblick auf die Vereinbarkeit des modifizierten Statusgesetzes mit dem Prinzip der territorialen Staatensouveränität feststellen, dass die Modifizierungen des Statusgesetzes lediglich das Statusgesetz selbst betreffen, nicht aber das Memorandum oder das Agreement. Dies bedeutet, dass sich die Argumentation, die im Rahmen des Memorandums bzw. des Agreements geführt wurde, durch die Modifizierungen des ungarischen Statusgesetzes nicht ändert, d.h., sie könnte auch in gleicher Weise auf ein mit dem ungarisch-rumänischen Vertrag möglicherweise immer noch nicht zu vereinbarendes modifiziertes Statusgesetz übertragen werden. Die Vereinbarkeit des modifizierten Statusgesetzes mit dem ungarisch-rumänischen Vertrag bewirkt allerdings, dass es keines untrennbaren Zusatzes in Form des Memorandums bzw. des Agreements bedarf, damit das Statusgesetz mit dem Prinzip der territorialen Staatensouveränität in Einklang gebracht werden kann. Das Memorandum und das Agreement werden durch die Modifizierung des Statusgesetzes vielmehr überflüssig.

b. Vertrag zwischen Ungarn und der Slowakei

Der zwischen Ungarn und der Slowakei am 19. März 1995 geschlossene Vertrag über gutnachbarschaftliche Beziehungen und freundschaftliche Kooperation ("Treaty on Good-neighbourly Relations and Friendly Co-operation between the Republic of Hungary and the Slovak Republic") verstößt in dem Absatz 5 seiner Präambel, dem Art. 2 und dem Art. 3 (1) Satz 1 gegen das Prinzip der territorialen Staatensouveränität.[987]
Ähnlich wie bei dem ungarisch-rumänischen Vertrag beziehen sich der Absatz 5 der Präambel und der Art. 2 des ungarisch-slowakischen Vertrags auf die Ziele und Prinzipien, die in der Charta der Vereinten Nationen sowie in den Dokumenten der OSZE niedergelegt sind. Der Art. 3 (1) Satz 1 des ungarisch-slowakischen Vertrags entspricht seinem Inhalt nach dem Art. 4 Satz 1 des ungarisch-rumänischen Vertrags, dadurch, dass er ein Handeln im Einklang mit den Prinzipien und Normen des internationalen Rechts, zu denen auch der Grundsatz der souveränen Gleichheit gehört, und die Achtung der territorialen Integrität des anderen Vertragspartners erfordert.[988]

Aufgrund der Ähnlichkeit des Inhalts der Bestimmungen des ungarisch-slowakischen Vertrags mit dem der Bestimmungen des ungarisch-rumänischen Vertrags, die sich auf das Prinzip der territorialen Staatensouveränität beziehen, lässt sich die im Rahmen des ungarisch-rumänischen Vertrags geführte Argumentation[989] auch auf den ungarisch-slowakischen Vertrag übertragen. Das heißt, dass die Vereinbarkeit des modifizierten Statusgesetzes mit dem in Art. 2 I der UN-Charta verankerten Grundsatz der souveränen Gleichheit außerdem zur Folge hat, dass der Verstoß des ursprünglichen Statusgesetzes gegen den Absatz 5 der Präambel, den Art. 2 und den Art. 3 (1) Satz 1 des ungarisch-slowakischen Vertrags aufgehoben wird. Anders als das ursprüngliche Statusgesetz ist das modifizierte Statusgesetz demnach aufgrund seiner Vereinbarkeit mit dem ungarisch-slowakischen Vertrag auch im Rahmen der Prüfung

---

[987]) S.o. Kapitel III, B., I., 3., b., S. 116.
[988]) S.o. Kapitel III, B., I., 3., b., S. 114.
[989]) S.o. Kapitel IV, B., I., 3., a., S. 312.

der Vereinbarkeit des Statusgesetzes mit den diesbezüglichen Bestimmungen des bilateralen Minderheitenschutzes mit dem Prinzip der territorialen Staatensouveränität zu vereinbaren.

c. Vertrag zwischen Ungarn und Kroatien

Der zwischen Ungarn und Kroatien am 16. Dezember 1992 unterzeichnete Vertrag über freundschaftliche Beziehungen und Kooperation ("Treaty between the Republic of Hungary and the Republic of Croatia on Friendly Relations and Co-operation") verstößt in seinem Art. 2 (1) – (3) gegen das Prinzip der territorialen Staatensouveränität.[990]
Ebenso wie in den beiden zuvor betrachteten Verträgen Ungarns mit Rumänien und der Slowakei wird auch in Art. 2 des ungarisch-kroatischen Vertrags deutlich betont, dass die Prinzipien der Charta der Vereinten Nationen und der OSZE von den Vertragsstaaten bei ihren Handlungen zu berücksichtigen und zu respektieren sind.[991]

Aus diesem Grund lässt sich mit der gleichen Begründung wie bei dem ungarisch-rumänischen Vertrag[992] die Vereinbarkeit des modifizierten Statusgesetzes mit dem in Art. 2 I der UN-Charta verankerten Grundsatz der souveränen Gleichheit bejahen. Diese Vereinbarkeit des modifizierten Statusgesetzes mit dem Grundsatz der souveränen Gleichheit hat zur Folge, dass der Verstoß des ursprünglichen Statusgesetzes gegen den Art. 2 (1) bis (3) des ungarisch-kroatischen Vertrags aufgehoben wird. Anders als das ursprüngliche Statusgesetz ist das modifizierte Statusgesetz demnach aufgrund seiner Vereinbarkeit mit dem ungarisch-kroatischen Vertrag auch im Rahmen der Prüfung der Vereinbarkeit des Statusgesetzes mit den diesbezüglichen Bestimmungen des bilateralen Minderheitenschutzes mit dem Prinzip der territorialen Staatensouveränität zu vereinbaren.

d. Vertrag zwischen Ungarn und der Ukraine

Der am 06. Dezember 1991 von Ungarn und der Ukraine geschlossene Vertrag über die Grundlagen einer guten Nachbarschaft und einer Kooperation zwischen Ungarn und der Ukraine ("Treaty on the Foundations of Good-Neighbourliness and Co-operation between the Republic of Hungary and Ukraine") verstößt in dem Absatz 4 seiner Präambel, seinem Art. 1 Satz 2 und seinem Art. 2 Satz 3 gegen das Prinzip der territorialen Staatensouveränität.[993]
Ähnlich wie in den zuvor betrachteten Verträgen Ungarns mit Rumänien, der Slowakei und Kroatien wird auch in dem Absatz 4 der Präambel des ungarisch-ukrainischen Vertrags deutlich betont, dass die Prinzipien der Charta der Vereinten Nationen von den Vertragsstaaten bei ihren Handlungen zu berücksichtigen und zu respektieren sind. Darüber hinaus nimmt der ungarisch-ukrainische Vertrag in seinem Art. 1 Satz 2 und seinem Art. 2 Satz 3 direkt Bezug auf das Prinzip der souveränen Gleichheit bzw. auf den Respekt der territorialen Integrität des Vertragspartners.[994]

---

990) S.o. Kapitel III, B., I., 3., c., (1), S. 117.
991) S.o. Kapitel III, B., I., 3., c., (1), S. 116.
992) S.o. Kapitel IV, B., I., 3., a., S. 312.
993) S.o. Kapitel III, B., I., 3., e., (2), S. 124.
994) S.o. Kapitel III, B., I., 3., e., (2), S. 123.

Aus diesem Grund lässt sich ebenfalls mit der gleichen Begründung wie bei dem ungarisch-rumänischen Vertrag[995] die Vereinbarkeit des modifizierten Statusgesetzes mit dem in Art. 2 I der UN-Charta verankerten Grundsatz der souveränen Gleichheit bejahen. Diese Vereinbarkeit des modifizierten Statusgesetzes mit dem Grundsatz der souveränen Gleichheit hat zur Folge, dass der Verstoß des ursprünglichen Statusgesetzes gegen den Absatz 4 der Präambel, den Art. 1 Satz 2 und den Art. 2 Satz 3 des ungarisch-ukrainischen Vertrags aufgehoben wird. Anders als das ursprüngliche Statusgesetz ist das modifizierte Statusgesetz demnach aufgrund seiner Vereinbarkeit mit dem ungarisch-ukrainischen Vertrag auch im Rahmen der Prüfung der Vereinbarkeit des Statusgesetzes mit den diesbezüglichen Bestimmungen des bilateralen Minderheitenschutzes mit dem Prinzip der territorialen Staatensouveränität zu vereinbaren.

e. Abkommen zwischen Ungarn und Serbien-Montenegro

Das zwischen der Republik Ungarn und Serbien-Montenegro am 21. Oktober 2003 unterzeichnete Abkommen über den Schutz der Rechte der ungarischen Minderheit, die in Serbien-Montenegro lebt, und der serbischen Minderheit, die in Ungarn ansässig ist ("Agreement between the Republic of Hungary and Serbia and Montenegro, on the protection of Rights of the Hungarian Minority living in Serbia and Montenegro, and the Serbian Minority living in the Republic of Hungary"), verstößt in seinem Absatz 6 der Präambel und seinem Art. 1 gegen das Prinzip der territorialen Staatensouveränität.[996]
Ebenso wie in den zuvor betrachteten Verträgen Ungarns mit Rumänien, der Slowakei und Kroatien wird auch in dem Absatz 6 der Präambel und dem Art. 1 des Abkommens zwischen Ungarn und Serbien-Montenegro deutlich betont, dass die Prinzipien der Charta der Vereinten Nationen und der OSZE von den Vertragsstaaten bei ihren Handlungen zu berücksichtigen und zu respektieren sind.[997]
Aus diesem Grund lässt sich ebenfalls mit der gleichen Begründung wie bei dem ungarisch-rumänischen Vertrag[998] die Vereinbarkeit des modifizierten Statusgesetzes mit dem in Art. 2 I der UN-Charta verankerten Grundsatz der souveränen Gleichheit bejahen. Diese Vereinbarkeit des modifizierten Statusgesetzes mit dem Grundsatz der souveränen Gleichheit hat zur Folge, dass der Verstoß des ursprünglichen Statusgesetzes gegen den Absatz 6 der Präambel und dem Art. 1 des Abkommens zwischen Ungarn und Serbien-Montenegro aufgehoben wird. Anders als das ursprüngliche Statusgesetz ist das modifizierte Statusgesetz demnach aufgrund seiner Vereinbarkeit mit dem Abkommen zwischen Ungarn und Serbien-Montenegro auch im Rahmen der Prüfung der Vereinbarkeit des Statusgesetzes mit den diesbezüglichen Bestimmungen des bilateralen Minderheitenschutzes mit dem Prinzip der territorialen Staatensouveränität zu vereinbaren.

f. Zwischenergebnis

Auch die Prüfung der Vorschriften des bilateralen Minderheitenschutzes in Bezug auf das Prinzip der territorialen Souveränität der Staaten (der ungarisch-rumänische Vertrag, der ungarisch-slowakische Vertrag, der ungarisch-kroatische Vertrag, der ungarisch-ukrainische

---

[995]) S.o. Kapitel IV, B., I., 3., a., S. 312.
[996]) S.o. Kapitel III, B., I., 3., f., S. 127.
[997]) S.o. Kapitel III, B., I., 3., f., S. 124 f.
[998]) S.o. Kapitel IV, B., I., 3., a., S. 312.

Vertrag und das Abkommen zwischen Ungarn und Serbien-Montenegro), die soeben daraufhin untersucht wurden, ob das modifizierte Statusgesetz mit ihnen in Einklang zu bringen ist, führt zu dem Ergebnis, dass es dem modifizierten Statusgesetz – anders als dem ursprünglichen Statusgesetz – nicht an einer Vereinbarkeit mit dem Prinzip der territorialen Staatensouveränität, dem der Grundsatz der souveränen Gleichheit unterzuordnen ist, auf bilateraler Ebene mangelt. Da allerdings (fast) alle bilateralen Verträge bzw. Abkommen bzw. Deklarationen aufgrund der völkerrechtskonformen Auslegung möglichst aller Verträge und des in Art. 103 der UN-Charta festgelegten Vorrangs der Bestimmungen der UN-Charta gegenüber widersprüchlichen Regelungen früherer oder späterer Verträge meistens in Einklang mit den Bestimmungen der UN-Charta formuliert werden[999], ist es auch nicht verwunderlich, dass das modifizierte Statusgesetz, nachdem bereits die Vereinbarkeit mit dem universellen Völkerrecht bejaht wurde, auch mit den im Rahmen des bilateralen Minderheitenschutzes von Ungarn mit Rumänien, der Slowakei, Kroatien, der Ukraine und Serbien-Montenegro geschlossenen bilateralen Verträgen bzw. Abkommen in Einklang zu bringen ist.

Dies bedeutet, dass der im Rahmen des ursprünglichen Statusgesetzes festgestellte Verstoß des Erlasses und der darauf beruhenden Umsetzung des ursprünglichen Statusgesetzes gegen das Prinzip der territorialen Staatensouveränität schließlich auch auf bilateraler Ebene durch das modifizierte Statusgesetz aufgehoben wird. Die aufgrund des modifizierten Statusgesetzes vorzunehmenden Handlungen stehen auch im Einklang mit den entsprechenden bilateralen Verträgen Ungarns, was zur Folge hat, dass das modifizierte Statusgesetz der Venedig-Kommission in Bezug auf das Prinzip der territorialen Staatensouveränität keinen Anlass zur Kritik geben kann.

4. Ergebnis

Nach all diesen Ausführungen kommt man zu dem Ergebnis, dass das modifizierte ungarische Statusgesetz – im Gegensatz zu dem ursprünglichen ungarischen Statusgesetz – mit dem Prinzip der territorialen Staatensouveränität sowohl auf universeller als auch auf regionaler und bilateraler Ebene in Einklang zu bringen ist. Die anfangs festgestellte Vereinbarkeit des Gesetzes mit Art. 2 I der UN-Charta und somit mit dem Grundsatz der souveränen Gleichheit, der dem Prinzip der territorialen Staatensouveränität unterzuordnen ist, wirkt sich auf die Prüfung aller weiteren diesem Prinzip unterworfenen Bestimmungen aus, was wegen der völkerrechtskonformen Auslegung und wegen des Art. 103 der UN-Charta auch nicht erstaunlich ist.

Die Modifizierung des ungarischen Statusgesetzes sorgt demnach dafür, dass der im Rahmen des ursprünglichen Statusgesetzes festgestellte Verstoß des Erlasses und der darauf beruhenden Umsetzung des ursprünglichen Statusgesetzes gegen das Prinzip der territorialen Staatensouveränität auf universeller, regionaler und bilateraler Ebene aufgehoben wird.

Da das Prinzip der territorialen Souveränität der Staaten eines der wichtigsten Prinzipien des Völkerrechts darstellt, handelt Ungarn somit durch den Erlass und die darauf beruhende Umsetzung des modifizierten Statusgesetzes, die mit diesem Prinzip vereinbar ist, im Einklang mit dem Völkerrecht. Dies hat zur Folge, dass das modifizierte Statusgesetz der Venedig-Kommission in Bezug auf das Prinzip der territorialen Staatensouveränität keinen Anlass zur Kritik geben kann.

---

[999]) S.o. Kapitel III, B., I., 2., c., S. 109.

II. Respektierung des Diskriminierungsverbots

Generell sind im Gegensatz zu dem Prinzip der territorialen Staatensouveränität in Bezug auf das Prinzip der Nichtdiskriminierung nicht nur die Bestimmungen des modifizierten Statusgesetzes relevant, die sich auf den Territorien der Nachbarstaaten auswirken, sondern es ist vielmehr die Gesamtheit aller Regelungen von Bedeutung, da sowohl die Staatsangehörigen der Nachbarstaaten als auch die ungarischen Staatsangehörigen und die Angehörigen weiterer in den ungarischen Nachbarländern beheimateter Minderheiten möglicherweise durch das modifizierte ungarische Statusgesetz diskriminiert werden.

Wie bereits dargestellt, ist nach Auffassung der Venedig-Kommission in Bezug auf die Natur der Begünstigungen, die durch das ungarische Statusgesetz bewilligt werden, zwischen den Belangen, die die Bildung und Kultur betreffen und den übrigen Belangen zu unterscheiden. Soweit es sich nur um die Gebiete der Bildung und Kultur handelt, kann eine unterschiedliche Behandlung dann gerechtfertigt sein, wenn dadurch das legitime Ziel verfolgt wird, die kulturellen Verbindungen der Angehörigen der nationalen Minderheit zum Ursprungsstaat zu verbessern. In allen anderen Bereichen stimmt die Venedig-Kommission einer unterschiedlichen Behandlung nur ausnahmsweise und nur dann zu, wenn es bewiesen ist, dass das natürliche Ziel des Erhalts der Beziehungen zum Ursprungsstaat verfolgt wird und diese unterschiedliche Behandlung im Verhältnis zum Ziel steht.[1000]

Zudem ist die Venedig-Kommission der Ansicht, dass es zur Herstellung von Gleichheit im Rahmen des Diskriminierungsverbots gestattet ist, eine benachteiligte Bevölkerungsgruppe über einen bestimmten Zeitraum hinweg bevorzugt zu behandeln. Dabei werden derartige bevorzugte Behandlungen von ethnischen Minderheiten für die Personen, die nicht dieser ethnischen Minderheit angehören, als nicht diskriminierend angesehen.[1001]

Bezieht man das modifizierte ungarische Statusgesetz auf diese grundlegenden Aussagen der Venedig-Kommission zum Prinzip der Nichtdiskriminierung, so kann man folgende Feststellungen treffen:
Wie im Rahmen der Prüfung der Vereinbarkeit des modifizierten Statusgesetzes mit dem Prinzip der territorialen Staatensouveränität bereits festgestellt worden ist, beziehen sich die den Angehörigen ethnisch-ungarischer Abstammung nach dem modifizierten Statusgesetz auf den Gebieten der ungarischen Nachbarstaaten gewährten Vergünstigungen lediglich auf die Bereiche der Bildung und der Kultur. Dies bedeutet, dass den Anforderungen der Venedig-Kommission in Bezug auf diese Vergünstigungen Genüge geleistet wird.[1002]
Bezogen auf die den Angehörigen ethnisch-ungarischer Abstammung nach dem modifizierten Statusgesetz auf dem ungarischen Staatsgebiet gewährten Vergünstigungen kommt man zu dem Ergebnis, dass diese zum größten Teil ebenfalls lediglich die finanzielle Unterstützung bzw. die Gewährung von Maßnahmen in Bezug auf Bildung und Kultur betreffen (Bildung: Abschnitte 5, 6, 9, 10, 11 und 12 des modifizierten Statusgesetzes; Kultur: Abschnitte 4 und 17 des modifizierten Statusgesetzes). Allerdings werden den Angehörigen ethnisch-ungarischer Abstammung neben diesen bildungsbezogenen und kulturellen Vergünstigungen nach Abschnitt 8 des modifizierten Statusgesetzes auch noch Reisevergünstigungen gewährt. Gesondert betrachtet handelt es sich bei diesen Reisevergünstigungen weder um bildungsbe-

---

1000) S.o. Kapitel III, B., II., 1., d., S. 136.
1001) S.o. Kapitel III, B., II., 1., d., S. 136.
1002) S.o. Kapitel IV, B., I., S. 300.

zogene noch um kulturelle Vergünstigungen. Dies führt zu der Vermutung, dass die auf dem ungarischen Staatsgebiet durch das modifizierte Statusgesetz gewährten Reisevergünstigungen nicht mit den diesbezüglichen Anforderungen der Venedig-Kommission in Einklang zu bringen sind.
Die den Forderungen der Venedig-Kommission nicht entsprechenden Reisevergünstigungen könnten möglicherweise aber – sofern sie das natürliche Ziel des Erhalts der Beziehungen zum Ursprungsstaat verfolgen und diese unterschiedliche Behandlung im Verhältnis zum Ziel steht – als nach Ansicht der Venedig-Kommission erlaubte positive Diskriminierung einzustufen sein. Dies würde bedeuten, dass die bevorzugte Behandlung einer benachteiligten Bevölkerungsgruppe über einen bestimmten Zeitraum hinweg sowohl als erlaubt als auch für die Personen, die nicht dieser ethnischen Minderheit angehören, als nicht diskriminierend angesehen wird. An dieser Stelle stellt sich demzufolge die Frage, ob die nach Abschnitt 8 des modifizierten Statusgesetzes gewährten Reisevergünstigungen im Rahmen einer positiven Diskriminierung zu rechtfertigen sind. Da die positive Diskriminierung – wie bereits deutlich geworden ist – als Kriterium für das Vorliegen der Angemessenheit im Rahmen der Prüfung der Verhältnismäßigkeit der auf dem modifizierten Statusgesetz beruhenden Ungleichbehandlung herangezogen wird[1003], sind daher zunächst die weiteren Voraussetzungen für das Vorliegen einer Diskriminierung zu erörtern.

Wie bereits dargelegt, zählt zu den Voraussetzungen einer Diskriminierung die Bestimmung der möglicherweise diskriminierten Personengruppen. Bei der Prüfung der Vereinbarkeit des ursprünglichen Statusgesetzes mit dem Prinzip der Nichtdiskriminierung gehörten alle der drei in Frage kommenden Personengruppen (die Staatsbürger der Aufenthaltsstaaten der Angehörigen der ethnisch-ungarischen Minderheiten, die ungarischen Staatsbürger und die Angehörigen anderer Minderheiten in den Aufenthaltsstaaten) zu den möglicherweise diskriminierten Personengruppen.[1004] Ob auch in Bezug auf das modifizierte Statusgesetz eine Diskriminierung gegenüber diesen drei Personengruppen als möglich erscheint, ist im Folgenden zu klären.
Bezogen auf die Staatsangehörigen der Staaten, in denen sich die Angehörigen der ethnisch-ungarischen Minderheiten aufhalten, lässt sich anführen, dass ihnen nach dem modifizierten Statusgesetz (nach Abschnitt 27 Absatz 3 und 4 des modifizierten Statusgesetzes) in ihren Aufenthaltsstaaten dieselben bildungsbezogenen Unterstützungen zustehen wie den Personen ethnisch-ungarischer Abstammung, sofern sie als Schüler einer Einrichtung der primären oder sekundären Bildungsstufe besuchen, in denen auf ungarisch unterrichtet wird, oder sofern sie als Student an einer höheren Bildungseinrichtung eingeschrieben sind und ihre Studien in ungarischer Sprache oder auf dem Gebiet der ungarischen Kultur absolvieren. Daneben kommen diese bildungsbezogenen Unterstützungen in den Aufenthaltsstaaten auch den nicht der nationalen ungarischen Minderheit angehörenden Lehrern einer Einrichtung der primären und sekundären Bildungsstufe sowie der Hochschulen zu, sofern sie auf ungarisch lehren oder sich in ihrem Unterricht bzw. ihren Vorlesungen mit der ungarischen Kultur beschäftigen. Dies bedeutet, dass diesen Personen aus der großen Gruppe der Staatsangehörigen der Aufenthaltsstaaten auf ihrem Staatsgebiet nach dem modifizierten Statusgesetz dieselben Vergünstigungen zustehen wie den Angehörigen ethnisch-ungarischer Abstammung in den betroffenen Ländern. Allerdings beschränken sich die dieser Personengruppe zugebilligten Vergünstigungen auf das Gebiet ihrer Aufenthaltsstaaten, d.h., es werden dieser Personengruppe keine Vergünstigungen auf ungarischem Staatsgebiet gewährt. Den eben gemachten Ausfüh-

[1003]) S.o. Kapitel III, B., II., 2., a., (1), (b), ((1)), ((b)), ((iii)), S. 152.
[1004]) S.o. Kapitel III, B., II., 2., a., (1), (b), ((1)), ((a)), S. 141.

rungen zufolge betreffen die auf dem ungarischen Statusgebiet gewährten Vergünstigungen aber nur die Reisevergünstigungen, da sich alle weiteren Unterstützungen auf die Bildung und Kultur beziehen und nach Ansicht der Venedig-Kommission problemlos zu rechtfertigen sind. Die den Staatsangehörigen der Aufenthaltsstaaten verweigerten Reisevergünstigungen auf dem ungarischen Staatsgebiet sind allerdings ausreichend für die Annahme, dass eine Diskriminierung dieser Personengruppe gegenüber vorliegt.

In Bezug auf die ungarischen Staatsbürger lässt sich zunächst feststellen, dass sie auch nach dem modifizierten Statusgesetz mit keinerlei Vergünstigungen bedacht werden. Zum einen entspricht dies der mit dem Statusgesetz verfolgten Absicht, d.h. dem Schutz der in den Nachbarstaaten Ungarns lebenden Personen ethnisch-ungarischer Abstammung. Zum anderen beziehen sich die auf dem ungarischen Territorium gewährten Vergünstigungen zum größten Teil auf die Gebiete der Bildung und der Kultur, so dass sie nach Ansicht der Venedig-Kommission gerechtfertigt sind. Selbst wenn dies aber nicht der Fall wäre, würde sich die Frage stellen, ob derartige bildungsbezogene und kulturelle Vergünstigung eine Diskriminierung gegenüber der ungarischen Bevölkerung bedeuten würden. Denn mangels genauer Angaben über die in Ungarn vorherrschenden Schul- bzw. Studienbedingungen für ungarische Schüler bzw. Studenten sowie mangels genauer Angaben über die Zugangsbedingungen der Ungarn zu ihren sich in Ungarn befindenden kulturellen Einrichtungen kann man nicht definitiv sagen, dass die den Personen ethnisch-ungarischer Abstammung, die in den ungarischen Nachbarstaaten leben, in Ungarn gewährten bildungsbezogenen und kulturellen Vergünstigungen diese Personen besser stellt als die in Ungarn lebenden ungarischen Staatsbürger. Möglicherweise werden Letztere nämlich durch Ungarn ebenfalls im Rahmen ihrer Ausbildung unterstützt bzw. erhalten im kulturellen Bereich ebenfalls Vergünstigungen. Dass den ungarischen Staatsbürgern aufgrund des ungarischen Statusgesetzes allerdings in den Nachbarstaaten Ungarns keine Vergünstigungen gewährt werden, ist nicht weiter verwunderlich, da wegen des Prinzips der territorialen Staatensouveränität nicht Ungarn über derartige Vergünstigungen bestimmen darf, sondern der jeweils betroffene Nachbarstaat. Unabhängig von dem eben Dargelegten ist aber in Bezug auf die ungarischen Staatsbürger festzustellen, dass ihnen ebenso wie den Staatsangehörigen der Aufenthaltsstaaten nach dem modifizierten Statusgesetz auf ungarischem Staatsgebiet keine Reisevergünstigungen zugestanden werden. Dies führt dazu, dass auch gegenüber den ungarischen Staatsbürgern eine Diskriminierung als möglich erachtet wird.

Bezogen auf die Angehörigen der weiteren, in den Nachbarländern Ungarns lebenden Minderheiten kann man zum einen anmerken, dass diese – ebenso wie die Personen ethnisch-ungarischer Abstammung – zwar einer Minderheit angehören, dennoch aber die Staatsbürgerschaft ihres jeweiligen Aufenthaltsstaates besitzen. Insofern treffen auf sie die zu den Staatsangehörigen der Nachbarstaaten getätigten Ausführungen in gleicher Weise zu. Zum anderen ist aber anzubringen, dass sich alle in einem Land ansässigen unterschiedlichen Minderheiten unter den Oberbegriff der "Minderheit" zusammenfassen lassen. Obwohl sie wahrscheinlich alle aus anderen Gründen nicht der Mehrheitsbevölkerung angehören, ist ihnen trotz allem gemein, dass sie in den betreffenden Staaten als Minderheit akzeptiert werden. Normalerweise werden sämtlichen Angehörigen von Minderheiten von innerstaatlicher Seite aus bereits gewisse Zusatzrechte eingeräumt, um sie somit besser in den (ihnen fremden) Staat zu integrieren und sie vor einer Assimilierung mit der Mehrheitsbevölkerung zu schützen. Erhalten jetzt einige Personen dieser Gruppe aller in einem Staat lebenden Angehörigen von Minderheiten eine wiederum zusätzliche Behandlung durch ihren Ursprungsstaat, so könnte dies eine Ungleichbehandlung gegenüber den anderen Minderheitenangehörigen in dem jeweiligen Aufenthaltsstaat bedeuten. Es bestünde zwar die Möglichkeit, dass alle weiteren Personen der Minderheitengruppe eines Landes ebenfalls durch ihre Ursprungsstaaten unterstützt werden.

Um auf diese Art und Weise allerdings wirklich allen Angehörigen der Minderheitengruppe eines Staates gerecht werden zu können, müssten alle Angehörigen dieser Gruppe sich zu einem Ursprungsstaat hingezogen fühlen. Da dies aber lange nicht bei allen Minderheitenangehörigen der Fall ist (vergleiche z.B. die Situation der Sinti und Roma), würde auch bei möglicherweise mit den aufgrund des ungarischen Statusgesetzes gewährten Vergünstigungen vergleichbaren Regelungen anderer Ursprungsstaaten immer ein Teil der Gruppe der Minderheitenangehörigen nicht bevorzugt werden. Insofern kann man feststellen, dass unabhängig davon, ob vergleichbare Regelungen anderer Ursprungsstaaten in Bezug auf die Angehörigen ihrer Nation in ihren Nachbarländern existieren oder nicht, immer eine Diskriminierung der restlichen bzw. eines Teils der restlichen Angehörigen aller in einem Staat ansässigen Mitglieder von Minderheiten möglich ist.[1005] Dies trifft auch nach dem modifizierten Statusgesetz zu, allerdings nur in Bezug auf die den Personen ethnisch-ungarischer Abstammung in Ungarn gewährten Reisevergünstigungen (alle anderen Vergünstigungen fallen unter die Bereiche Bildung und Kultur).
Zusammenfassend kann man feststellen, dass eine die in Ungarn zu gewährenden Reisevergünstigungen betreffende Diskriminierung in Bezug auf alle drei Personengruppen in Betracht kommen könnte. Die Personen ethnisch-ungarischer Abstammung in den an Ungarn angrenzenden Ländern sind nämlich sowohl aufgrund von objektiven Kriterien (gleiche Staatsangehörigkeit sowie die Zugehörigkeit zu der Gruppe der Minderheit in einem Staat) als auch aufgrund von subjektiven Kriterien (Zugehörigkeit zur ungarischen Nation) mit den Staatsangehörigen der Aufenthaltsstaaten, mit den ungarischen Staatsangehörigen und mit den Angehörigen der anderen in den Aufenthaltsstaaten ansässigen Minderheiten vergleichbar. Diese Vergleichbarkeit führt dazu, dass eine unterschiedliche Behandlung (in Bezug auf die in Ungarn zu gewährenden Reisevergünstigungen) der einzelnen Vergleichsparteien eine diskriminierend wirkende Ungleichbehandlung darstellen könnte.

Wie bereits dargestellt, müssten die auf dem ungarischen Territorium durch das modifizierte Statusgesetz gewährten Reisevergünstigungen, damit es sich bei ihnen um eine Diskriminierung handelt, eine willkürliche Ungleichbehandlung von Rechtsgenossen unter Anknüpfung an Unterscheidungsmerkmale, die von diesen Personen nicht beeinflussbar sind oder unter keinem rationalen Gesichtspunkt als Unterscheidungskriterien von Individuen, Gruppen oder Staaten sachlich gerechtfertigt sind, darstellen, und sie müssten zur Folge haben, dass dadurch ein gleichberechtigtes Anerkennen, Genießen oder Ausüben von Menschenrechten oder Grundfreiheiten im politischen, wirtschaftlichen, sozialen, kulturellen oder jedem sonstigen Bereich des öffentlichen Lebens vereitelt oder beeinträchtigt wird.[1006]
Dass zwischen den drei Personengruppen und den Personen ethnisch-ungarischer Abstammung in den Nachbarstaaten Ungarns eine vergleichbare Ausgangslage gegeben ist, ist soeben ausführlich dargelegt worden. Daher ist im Folgenden von einer solchen auszugehen.
Neben einer vergleichbaren Ausgangslage ist für das Vorliegen einer Diskriminierung zudem erforderlich, dass es für eine mögliche Ungleichbehandlung keine sachliche Begründung gibt. Dies wäre der Fall, wenn die Ungleichbehandlung nicht auf berechtigten und objektiven Kriterien beruht.[1007] Durch das modifizierte Statusgesetz werden den Personen ethnisch-ungarischer Abstammung in den Nachbarstaaten Ungarns Reisevergünstigungen auf dem ungarischen Staatsgebiet gewährt, die weder der übrigen Bevölkerung in diesen Ländern (inkl. der anderen Minderheiten) noch der in Ungarn wohnenden ungarischen Bevölkerung zuteil

---

[1005]) S.o. Kapitel III, B., II., 2., a., (1), (b), ((1)), ((a)), ((iv)), S. 155.
[1006]) S.o. Kapitel III, B., II., 1., b., S. 132.
[1007]) S.o. Kapitel III, B., II., 2., a., (1), (b), ((1)), ((b)), ((ii)), S. 146.

werden. Aufgrund der vergleichbaren Ausgangslage all dieser Personengruppen stellen die lediglich den Personen ethnisch-ungarischer Abstammung in den Nachbarstaaten Ungarns gewährten Reisevergünstigungen auf ungarischem Staatsgebiet eine Ungleichbehandlung dieser Personen im Vergleich zu den Angehörigen der drei anderen Personengruppen dar. Nach dem modifizierten Statusgesetz sind die Kriterien, die die entsprechenden Personen für die Beantragung eines Ungarnausweises erfüllen müssen, um ihre ethnisch-ungarische Abstammung zu belegen, im Gegensatz zu dem ursprünglichen Statusgesetz noch verschärft worden (vgl. Abschnitt 19 des modifizierten Statusgesetzes). Aus diesem Grund ist mit der bereits dargebrachten Begründung davon auszugehen, dass berechtigte und objektive Kriterien vorliegen, auf denen die Ungleichbehandlung beruht, auszugehen.[1008] Demnach ist festzustellen, dass es sich nicht um eine willkürliche Ungleichbehandlung handelt, sondern dass diese vielmehr sachlich gerechtfertigt ist. Da die soeben überprüfte, für das Vorliegen einer Diskriminierung erforderliche Voraussetzung somit nicht gegeben ist, ist deshalb an dieser Stelle das Vorliegen einer Diskriminierung zu verneinen.

Für das Vorliegen einer Diskriminierung würde daher nur noch die Unverhältnismäßigkeit der Ungleichbehandlung sprechen. Wie schon dargelegt, erfordert eine solche Verhältnismäßigkeitsprüfung – angelehnt an das deutsche Verfassungsrecht – die Feststellung eines "legitimen Zwecks" sowie eine anschließende Überprüfung der Zweck/Mittel–Relation.[1009] Auch wenn die Präambel des modifizierten Statusgesetzes etwas anders formuliert ist als die des ursprünglichen Statusgesetzes, ist die mit dem Gesetz verfolgte Absicht immer noch dieselbe: Die materielle Situation der ethnischen Ungarn in den Nachbarstaaten soll verbessert bzw. stabilisiert werden, ihre nationale Identitätswahrung soll unterstützt werden, bzw. dem Assimilierungsdruck durch den Aufenthaltsstaat soll entgegengewirkt werden, ihre Bindungen zum Mutterland sollen gestärkt werden, und damit soll gleichzeitig der Abwanderungsprozess der Personen ethnisch-ungarischer Abstammung abgebremst werden sowie der Stabilität des Donau-Karpaten-Raumes gedient werden.[1010] Zudem nimmt auch die Präambel des modifizierten Statusgesetzes in ihrem ersten Absatz auf Art. 6 III der ungarischen Verfassung[1011] Bezug, womit zum Ausdruck gebracht werden soll, dass der Schutz der "eigenen", in den Nachbarstaaten lebenden Minderheiten auch durch das modifizierte Statusgesetz in die Tat umgesetzt werden soll. Da diese Absichten im Grunde genommen keine evident unvernünftigen Erwägungen darstellen, ist der mit dem Gesetz verfolgte Zweck als legitim einzustufen. Das modifizierte Statusgesetz, das der Realisierung dieses Zwecks dient, ist demnach das zur Zweckerreichung erforderliche Mittel. Da sich die Modifizierungen des ungarischen Statusgesetzes immer noch auf die Erreichung des legitimen Ziels beziehen, kann sowohl die im Rahmen der Zweck/Mittel–Relation zu überprüfende Geeignetheit als auch die Erforderlichkeit des Mittels, d.h. des modifizierten Statusgesetzes, mit der bereits erfolgten Begründung bejaht werden.[1012] Dies bedeutet, dass das (Nicht-) Vorliegen einer Diskriminierung von der Verneinung bzw. Bejahung des dritten Kriteriums der Zweck/Mittel–Relation, d.h. der Angemessenheit der Ungleichbehandlung, abhängt. Bezieht man die bereits erwähnte Definition der Angemessenheit auf den vorliegenden Fall, kommt man zu dem Schluss, dass die Ungleichbehandlung angemessen ist, sofern die durch sie angerichtete Schwere des Nachteils in einem recht gewichteten und wohl abgewogenen, d.h. tragbaren Verhältnis zu dem verfolgten Zweck und dem Grad an Effektivität (Eignung) des Mittels, also dem Umfang des Vorteils für

---

[1008]) S.o. Kapitel III, B., II., 2., a., (1), (b), ((1)), ((b)), ((ii)), S. 146.

[1009]) S.o. Kapitel III, B., II., 2., a., (1), (b), ((1)), ((b)), ((iii)), S. 147.

[1010]) Vgl. die Präambel des modifizierten Statusgesetzes.

[1011]) Bzgl. des Art. 6 III der ungarischen Verfassung: s.o. Fn. 39.

[1012]) S.o. Kapitel III, B., II., 2., a., (1), (b), ((1)), ((b)), ((iii)), S. 149.

den Staat oder Dritte steht.[1013] Der Nachteil, der durch die auf dem modifizierten Statusgesetz beruhende Ungleichbehandlung bezüglich der in Ungarn zu gewährenden Reisevergünstigungen entsteht, ist in der möglicherweise vorliegenden Diskriminierung zu sehen. Wie bereits dargelegt, führt das im Völkerrecht grundsätzlich vorherrschende Prinzip der Nichtdiskriminierung dazu, dass der durch die Ungleichbehandlung entstehende Nachteil eine derartige Schwere erhält, dass er eigentlich nie in ein recht gewichtetes und wohl abgewogenes Verhältnis zu dem verfolgten Zweck gestellt werden könnte.[1014] Allerdings wäre es in diesem Fall möglich, dass es sich bei der Ungleichbehandlung und den daraus erwachsenden Nachteilen um eine positive Diskriminierung handelt, die unter gewissen Bedingungen erlaubt ist. Nur dann könnte ein tragbares Verhältnis zum angestrebten Zweck erzielt werden, was bewirken würde, dass die Ungleichbehandlung nicht nur im engeren Sinne, sondern auch insgesamt verhältnismäßig ist. Wie bereits beschrieben, müsste für das Vorliegen einer derartigen positiven Diskriminierung eine bestimmte Personengruppe durch die Ungleichbehandlung bevorzugt behandelt werden, indem ihr Rechtspositionen eingeräumt werden, die über den Rechtskreis des Normalbürgers hinausgehen, und indem sie durch spezielle Maßnahmen bis zum Erreichen einer faktischen Gleichstellung mit den Mehrheitsangehörigen gefördert wird. Dabei müssten diese speziellen Maßnahmen allerdings auf dem Prinzip der Gleichbehandlung beruhen, d.h., sie dürften keine Privilegien darstellen. Zudem dürften sie nur zeitweiliger Natur sein, müssten einen bestimmten Zweck verfolgen und dürften nicht zur Festschreibung von Sonderrechten führen.[1015]

Das modifizierte Statusgesetz gewährt den Personen ethnisch-ungarischer Abstammung, die in den Nachbarstaaten Ungarns leben, auf dem ungarischen Staatsgebiet die angeführten Reisevergünstigungen.[1016] Außer den betroffenen Minderheitenangehörigen werden diese Reisevergünstigungen weder einem anderen Personenkreis zugestanden, noch ist davon auszugehen, dass sie dem Standard an staatlichen Zugeständnissen entsprechen, der normalerweise den ungarischen Staatsbürgern, den Staatsbürgern der ungarischen Nachbarstaaten oder den Angehörigen aller weiteren in diesen Ländern ansässigen Minderheiten zugebilligt wird. Es handelt sich bei diesen aufgrund des modifizierten Statusgesetzes gewährten Reisevergünstigungen demnach um eine bevorzugte Behandlung der Personen ethnisch-ungarischer Abstammung in den Nachbarländern Ungarns, durch die den betroffenen Personen Rechtspositionen eingeräumt werden, die über den Rechtskreis der drei vergleichbaren Gruppen von "normalen" Staatsbürgern (ungarische Staatsbürger, Staatsbürger der an Ungarn angrenzenden Länder und alle weiteren Minderheitenangehörigen, die in diesen Ländern leben) hinausgehen. Dass durch das modifizierte Statusgesetz die Zugehörigkeit der in den Nachbarstaaten lebenden Personen ethnisch-ungarischer Abstammung zu der einheitlichen ungarischen Nation, ihr Wohlergehen in ihrer Heimat sowie ihr nationales Identitätsbewusstsein sichergestellt und gefördert werden sollen, wird auch in der Präambel des modifizierten Gesetzes zum Ausdruck gebracht. Erst wenn die Personen ethnisch-ungarischer Abstammung in den an Ungarn angrenzenden Ländern sich als den ungarischen Staatsbürgern ebenbürtige und gleichberechtigte Mitglieder der ungarischen Nation fühlen, ist dieses in der Präambel verankerte Ziel des modifizierten Statusgesetzes erreicht. Da somit schon in der Präambel des Gesetzes das Erreichen einer faktischen Gleichheit mit den ungarischen Staatsbürgern betont wird, können die in dem Gesetz getroffenen Regelungen, und insbesondere die hier relevanten Reisevergünstigungen, nur als Maßnahme angesehen werden, die dazu dienen soll, dieses Ziel zu erreichen.

1013) S.o. Kapitel III, B., II., 2., a., (1), (b), ((1)), ((b)), ((iii)), S. 149.
1014) S.o. Kapitel III, B., II., 2., a., (1), (b), ((1)), ((b)), ((iii)), S. 149.
1015) S.o. Kapitel III, B., II., 1., c., S. 135.
1016) S.o. Kapitel IV, A., S. 294.

Insofern handelt es sich bei den auf dem modifizierten Statusgesetz beruhenden Reisevergünstigungen, die eine bevorzugte Behandlung der Personen ethnisch-ungarischer Abstammung in den Nachbarländern Ungarns darstellen, um eine spezielle Maßnahme, durch die die faktische Gleichstellung mit den Mehrheitsangehörigen gefördert werden soll. Die Tatsache, dass das gesamte Gesetz, d.h. die gesamte Grundlage, auf der die Ungleichbehandlung basiert, darauf ausgerichtet ist, die Situation der in den Nachbarstaaten lebenden Ungarn zu verbessern, zeigt deutlich, dass mit dem Gesetz ein bestimmter Zweck verfolgt wird. Das für eine positive Diskriminierung erforderliche Kriterium der Zweckorientiertheit ist folglich auch gegeben.
Fraglich ist hingegen, ob die durch das modifizierte Statusgesetz gewährten Reisevergünstigungen trotz allem Rechte darstellen, die auf dem Prinzip der Gleichbehandlung beruhen, oder ob sie doch zur Festschreibung von Sonderrechten führen und demnach als Privilegien zu charakterisieren sind. Wie eben bereits dargelegt, lässt sich anführen, dass das modifizierte Statusgesetz und die daraus resultierende Ungleichbehandlung als spezielle Maßnahmen zur Erreichung einer faktischen Gleichstellung mit den jeweiligen Mehrheitsangehörigen angesehen werden können. Dies kommt vor allem dadurch zum Ausdruck, dass den Personen ethnisch-ungarischer Abstammung in den Nachbarstaaten Ungarns durch die im modifizierten Statusgesetz vorgesehenen Reisevergünstigungen Möglichkeiten auf dem ungarischen Staatsgebiet eröffnet werden, durch die sie die sich aus ihrer Minderheitenstellung ergebenden konkreten faktischen Nachteile abschaffen und dem Lebensstandard der ungarischen Staatsbürger angenähert werden sollen. Im Gegensatz zu dem ursprünglichen Statusgesetz handelt es sich bei den nach dem modifizierten Statusgesetz zur Debatte stehenden Vergünstigungen, die den Personen ethnisch-ungarischer Abstammung gewährt werden, aber lediglich um Reisevergünstigungen. Dies bedeutet, dass sowohl der nach dem ursprünglichen Statusgesetz gewährte Zugang zum Arbeitsmarkt als auch der Zugang zum Sozialversicherungs- und Gesundheitswesen, die beide durch die Steigerung des Zugehörigkeitsgefühls zur ungarischen Nation die Annahme nahe legten, dass die Maßnahmen des ursprünglichen Statusgesetzes nicht als Sonderrechte bzw. als Privilegien einzustufen sind, sondern vielmehr als notwendige, auf dem Prinzip der Gleichbehandlung beruhende Rechte auf dem Weg zur Erreichung einer faktischen Gleichstellung mit den jeweiligen Mehrheitsangehörigen anzusehen sind, nach dem modifizierten Statusgesetz wegfallen und daher kein Argument für die Bejahung bzw. Verneinung des Vorliegens von Sonderrechten bzw. Privilegien bilden. Die Erörterung, ob es sich bei den nach dem modifizierten Statusgesetz gewährten Reisevergünstigungen um Sonderrechte bzw. Privilegien handelt, orientiert sich demnach an der zusätzlichen Frage, ob die bevorzugte Behandlung aufgrund der Reisevergünstigungen allein dazu dient, durch sie die beiden erwähnten Aspekte der Gleichheit ("jedem das Gleiche" und "jedem das Seine") zu verwirklichen. Zu beachten ist nämlich, dass eine derartige bevorzugte Behandlung den Sinn und Zweck hat, konkrete faktische Nachteile einer Minderheit, die sich aus ihrer Existenz als Minderheit ergeben, durch vorübergehende unterstützende Maßnahmen auszugleichen.[1017]
Man kann einerseits sagen, dass die im modifizierten Statusgesetz vorgesehenen Reisevergünstigungen (neben den hier nicht relevanten bildungsbezogenen und kulturellen Vergünstigungen) auf jeden Fall dazu geeignet sind, das Ausmaß an Nachteilen zu reduzieren, das den Personen ethnisch-ungarischer Abstammung in den an Ungarn angrenzenden Ländern dadurch entsteht, dass sie als Angehörige der ungarischen Nation weder in Ungarn ansässig sind noch die ungarische Staatsbürgerschaft besitzen und ihnen daher auch nicht die gleichen Rechte zugebilligt werden können wie den – aus Sicht der ungarischen Regierung als vergleichbar angesehenen – ungarischen Staatsangehörigen. Andererseits handelt es sich bei den

[1017]) S.o. Kapitel III, B., II., 1., c., S. 135.

sich ausschließlich auf die Mobilität beziehenden Vergünstigungen des modifizierten Statusgesetzes im Vergleich zu dem ursprünglichen Statusgesetz zudem um weitaus weniger umfassende Maßnahmen. Da die weiteren durch das modifizierte Statusgesetz gewährten Vergünstigungen ausschließlich die Bildung und die Kultur betreffen, demnach nach Ansicht der Venedig-Kommission gerechtfertigt sind und somit hier nicht von Bedeutung sind, ist es (fast) unmöglich, die den Personen ethnisch-ungarischer Abstammung im Rahmen des modifizierten Statusgesetzes gewährten Vergünstigungen noch weiter zu beschränken. Letztendlich beinhalten die Reisevergünstigungen für die Personen zwischen 6 und 64 Jahren viermal pro Jahr eine Vergünstigung von 90% auf Fahrten mit inländischen (d.h. in Ungarn) überörtlichen öffentlichen Verkehrsmitteln sowie eine einmal pro Jahr gewährte Vergünstigung von 90% für Gruppen von mindestens zehn Personen unter 18 Jahren und zwei sie begleitende Erwachsene. Bezogen auf die in Ungarn studierenden Personen ethnisch-ungarischer Abstammung bedeuten diese Vergünstigungen z.B. die Gewährung einer zweimal im Jahr verbilligten Reise in ihre Aufenthaltsstaaten (Hin- und Rückreise). Auch wenn die Personen ethnisch-ungarischer Abstammung in ihrem Aufenthaltsstaat unter den Sammelbegriff der "Minderheit" fallen, unter dem sich alle in einem Land befindlichen Minderheiten subsumieren, und ihnen demzufolge als eine dieser in ihrem Aufenthaltsstaat ansässigen Minderheiten auch durch den Aufenthaltsstaat selbst Zugeständnisse gemacht werden, um die auf ihrer Minderheitenstellung beruhenden Nachteile gegenüber den Bürgern der jeweiligen Aufenthaltsstaaten zu minimieren[1018], kann man im Gegensatz zu dem ursprünglichen Statusgesetz in Bezug auf das modifizierte Statusgesetz nicht von einer übermäßigen doppelten Begünstigung der Personen ethnisch-ungarischer Abstammung ausgehen. Denn lediglich durch die Gewährung von Reisevergünstigungen kommt es auf keinen Fall zu einer "Beinahe-Gleichstellung" der Personen ethnisch-ungarischer Abstammung mit den ungarischen Staatsbürgern. Vielmehr kann man sagen, dass die hier ausschließlich relevanten Reisevergünstigungen die Nachteile ausgleichen sollen, die sich für die Personen ethnisch-ungarischer Abstammung aus ihrer Zugehörigkeit zu einer Minderheit ergeben. Insofern sprengen sie nicht den Rahmen einer bevorzugten Behandlung und können daher als Rechte angesehen werden, die auf dem Prinzip der Gleichbehandlung beruhen. Dies bedeutet, dass die den Personen ethnisch-ungarischer Abstammung in den Nachbarstaaten Ungarns gewährten Reisevergünstigungen diesen Rechte einräumen, die nicht über eine bloß bevorzugte Behandlung wegen ihrer Zugehörigkeit zur nationalen ungarischen Minderheit hinausgehen. Demnach schreiben die aufgrund des modifizierten Statusgesetzes zu ergreifenden Maßnahmen, d.h. die Reisevergünstigungen, weder Sonderrechte fest noch stellen sie Privilegien dar.

Das letzte Kriterium für das Vorliegen einer positiven Diskriminierung erfordert die bloß zeitweilige Natur der in Frage stehenden Maßnahme. Ebenso wie das ursprüngliche Statusgesetz enthält auch das modifizierte Statusgesetz in seinem Abschnitt 27 nur eine Bestimmung hinsichtlich des Datums seines Inkrafttretens (11. Juli 2003). Grundsätzlich könnte man daher sagen, dass das Merkmal der zeitweiligen Natur demnach nicht erfüllt ist, da ein Ende der Gültigkeit des ungarischen Statusgesetz nicht absehbar ist. Dem widersprechen allerdings folgende Argumente: Zum einen sind die den Personen ethnisch-ungarischer Abstammung zu gewährenden Reisevergünstigungen zwar nicht zeitlich (auf die Dauer von ein paar Monaten oder Jahren), dafür aber – bezogen auf die dieser Personengruppe angehörenden und den größten Teil dieser Gruppe darstellenden 6- bis 64-jährigen Personen – mengenmäßig auf vier verbilligte Fahrten pro Jahr beschränkt. Zum anderen haben die nach dem modifizierten Statusgesetz auf die Mobilität beschränkten Vergünstigungen für die Personen ethnisch-ungarischer Abstammung nach vorhergehenden Konsultationen mit den an Ungarn angren-

[1018]) S.o. Kapitel III, B., II., 2., a., (1), (b), ((1)), ((a)), ((i)), S. 142.

zenden Nachbarstaaten, und somit mit deren Einverständnis, Eingang in das modifizierte Statusgesetz gefunden. Dies bedeutet, dass sämtliche auf dem modifizierten Statusgesetz beruhenden Vergünstigungen zuvor durch die Nachbarstaaten abgesegnet worden sind und als im Rahmen einer positiven Diskriminierung erlaubte Handlungen von diesen akzeptiert wurden. Das hat zur Folge, dass somit – auch ohne ausdrückliche zeitliche Begrenzung, sondern allein wegen der mengenmäßigen Beschränkung der Reisevergünstigungen – auch das zur Annahme einer positiven Diskriminierung erforderliche Kriterium der zeitweilige Natur der in Frage stehenden Maßnahme erfüllt sein muss. Schließlich kann man zur Untermauerung dieser Argumentation noch darauf hinweisen, dass das modifizierte Statusgesetz in seinem die Reisevergünstigungen betreffenden Abschnitt 8 Absatz 1 auch noch betont, dass die den Personen ethnisch-ungarischer Abstammung zu gewährenden Reisevergünstigungen "in Übereinstimmung mit den Zielen des Gesetzes und zur Stärkung der Verbindung mit der ungarischen Kultur" erfolgen. Dieser Zusatz könnte auch zu der Schlussfolgerung führen, dass die Reisevergünstigungen nicht allein wegen ihrer mangelnden zeitlichen Begrenzung als positive Diskriminierung abgelehnt werden könnten. Letztendlich ist die ihnen zukommende Bedeutung nämlich sehr gering, was sich daran zeigt, dass der Zusatz sie lediglich als Zwischenziel darstellt, die nötig bzw. erforderlich ist, um die Personen ethnisch-ungarischer Abstammung mit der ungarischen Kultur in Verbindung zu bringen. Diese sehr grobe Zuordnung der Reisevergünstigungen zur ungarischen Kultur könnte daher bewirken, dass durch das modifizierte Statusgesetz schließlich im weiteren Sinne nur noch die Bereiche der Bildung und der Kultur betroffen wären, was die Erörterung des Vorliegens einer positiven Diskriminierung vollkommen überflüssig machen würde. All diese Argumente zeigen deutlich, dass die fehlende zeitliche und die lediglich mengenmäßige Begrenzung der Reisevergünstigungen nicht verhindern können, dass die nach dem modifizierten Statusgesetz zu gewährenden Reisevergünstigungen als positive Diskriminierung einzustufen sind. Demnach muss trotz allem durch die lediglich mengenmäßige Begrenzung der Reisevergünstigungen das Kriterium der bloß zeitweiligen Natur der in Frage stehenden Maßnahme erfüllt werden.
Trotz der Tatsache, dass die durch das modifizierte Statusgesetz gewährten Reisevergünstigungen zeitlich nicht explizit begrenzt sind, sind dennoch – aufgrund der eben dargelegten Argumente – alle für das Vorliegen einer positiven Diskriminierung notwendigen Kriterien erfüllt, so dass von einer solchen in Bezug auf das modifizierte Statusgesetz auszugehen ist. Diese positive Diskriminierung sorgt dafür, dass die aufgrund des modifizierten Statusgesetzes gewährten Reisevergünstigungen als angemessen bzw. als im engeren Sinne verhältnismäßig einzustufen sind. Dies bedeutet auch, dass die gewährten Reisevergünstigungen in einem tragbaren Verhältnis zum angestrebten Zweck stehen. Das Vorliegen einer völkerrechtlich nicht gestatteten Diskriminierung aufgrund der durch das modifizierte Statusgesetz zu gewährenden Reisevergünstigungen ist folglich wegen des Vorliegens einer völkerrechtlich erlaubten positiven Diskriminierung zu verneinen. Es ist demnach bewiesen, dass mit den nach dem modifizierten Statusgesetz gewährten Reisevergünstigungen das natürliche Ziel des Erhalts der Beziehungen zum Ursprungsstaat verfolgt wird und die sich basierend auf den gewährten Reisevergünstigungen erfolgte unterschiedliche Behandlung der genannten drei Personengruppen im Verhältnis zum Ziel steht. Somit ist diese unterschiedliche Behandlung auch nach der dargestellten Ansicht der Venedig-Kommission gerechtfertigt.

In Bezug auf das modifizierte Statusgesetz lässt sich somit – im Gegensatz zu dem ursprünglichen Statusgesetz – feststellen, dass sich seine Regelungen zum einen hauptsächlich mit den Bereichen der Bildung und Kultur beschäftigen, die nach Ansicht der Venedig-Kommission nicht zu einer Diskriminierung führen, sondern vielmehr gerechtfertigt sind. Zum anderen ist die Regelung des modifizierten Statusgesetzes, die nicht – direkt – zu diesen Bereichen zu

zählen ist (die Regelung der Reisevergünstigungen), als positive Diskriminierung zu charakterisieren, was zur Folge hat, dass auch sie nicht gegen die grundsätzliche Aussage des völkerrechtlichen Diskriminierungsverbots verstößt. Dies bedeutet, dass das gesamte modifizierte Statusgesetz keine Diskriminierung – weder gegenüber den Staatsangehörigen der Aufenthaltsstaaten noch gegenüber den ungarischen Staatsangehörigen oder den Angehörigen weiterer in den Aufenthaltsstaaten lebenden Minderheiten – aufweist.
Eine solche lässt sich auch nicht daraus herleiten, dass sich die Slowakei – im Gegensatz zu allen anderen ungarischen Nachbarstaaten – nicht mit dem modifizierten Statusgesetz einverstanden erklärt hat.[1019] Dies könnte darauf hindeuten, dass auch dem modifizierten Statusgesetz eine gewisse Diskriminierung immer noch anhaftet. Auch wenn spekuliert werden kann, dass sich Rumänien, die Ukraine, Kroatien und Serbien-Montenegro durch ihr Einverständnis mit dem modifizierten Statusgesetz möglicherweise die Tür nach Europa offen halten wollten, lassen sich diese Spekulationen nicht belegen und sind demnach auch nicht haltbar. Zudem ist vielmehr davon auszugehen, dass das verweigerte slowakische Einverständnis eine Trotzreaktion auf den erfolgten Eingriff in die slowakische Staatssouveränität darstellt, der in dem Erlass des ursprünglichen Statusgesetzes zu sehen war. Insofern kann eine völkerrechtswidrige Diskriminierung auch nicht durch das verweigerte slowakische Einverständnis mit dem modifizierten Statusgesetz hervorgerufen werden.

Die Vereinbarkeit des modifizierten Statusgesetzes mit den Ansichten der Venedig-Kommission bzw. die Annahme einer positiven Diskriminierung in Bezug auf die in dem modifizierten Statusgesetz enthaltenen Reisevergünstigungen und die damit einhergehende Verneinung des Vorliegens einer Diskriminierung sorgen allerdings nicht automatisch für die Vereinbarkeit des modifizierten Statusgesetzes mit allen in Bezug auf die Vereinbarkeit des Statusgesetzes mit dem Prinzip der Nichtdiskriminierung erörterten Vorschriften des universellen und regionalen Völkerrechts sowie des bilateralen Minderheitenschutzes. Aus diesem Grund ist im Folgenden – trotz der Verneinung des Vorliegens einer Diskriminierung – noch die Vereinbarkeit des modifizierten Statusgesetzes mit den bereits aufgelisteten, sich auf das Prinzip der Nichtdiskriminierung beziehenden Vorschriften des (universellen, regionalen und bilateralen) Völkerrechts zu überprüfen.

1. Universelles Völkerrecht

Im Rahmen des universellen Völkerrechts ist der Verstoß des ursprünglichen ungarischen Statusgesetzes gegen Art. 1 III und Art. 55 c) der UN-Charta, Art. 2 I der UN-Charta, Art. 2 I der AEMR, Art. 7 der AEMR, Art. 2 I des IPBPR, Art. 3 des IPBPR, Art. 26 des IPBPR, Art. 27 des IPBPR und die entsprechenden Bestimmungen der UN-Minderheitendeklaration bejaht worden. Diese Verstöße basierten zum größten Teil – neben der Tatsache, dass das ursprüngliche Statusgesetz gar nicht in den (personellen oder territorialen) Anwendungsbereich einiger, sich auf die Respektierung des Diskriminierungsverbots beziehender Vorschriften des universellen Völkerrechts gefallen war – auf der durch das ursprüngliche Statusgesetz hervorgerufenen Diskriminierung sowohl gegenüber den ungarischen Staatsbürgern als auch gegenüber den übrigen Staatsangehörigen der Nachbarländer sowie den weiteren in diesen

[1019]) **R. Olt**, (s. Fn. 941), S. 10; R. Olt, "Der Status der Magyaren – Die Minderheiten in den Nachbarländern Ungarns und die EU", in: Frankfurter Allgemeine Zeitung (FAZ) vom 23.09.2003, S. 10.

Ländern lebenden Minderheiten, die für die Unvereinbarkeit des Gesetzes mit den anwendbaren Vorschriften des universellen Völkerrechts sorgte.[1020]

Im Folgenden ist nun zu untersuchen, ob diese Verstöße auch bei der Prüfung der Vereinbarkeit des modifizierten ungarischen Statusgesetzes mit eben diesen Vorschriften des universellen Völkerrechts im Rahmen des Prinzips der Nichtdiskriminierung vorliegen oder ob sie durch die Änderungen des Statusgesetzes aufgehoben werden.

a. Art. 1 III und Art. 55 c) der UN-Charta

Wie bereits dargelegt, stellen der Art. 1 III der UN-Charta, dem der Stellenwert eines allgemeinen Diskriminierungsverbots beizumessen ist, und der Art. 55 c) der UN-Charta, der selbst das Verbot der Diskriminierung in sich vereint, einen groben Rahmen für alle in den folgenden Jahren niedergelegten Vorschriften zur Vermeidung von Diskriminierungen dar. Dabei entspricht der Inhalt dieses Diskriminierungsverbots den zu diesem Begriff gemachten Ausführungen und ist im Sinne der erörterten Definition zu verstehen. Die vier in Art. 1 III und Art. 55 c) der UN-Charta für illegitim erklärten Kriterien (Rasse, Geschlecht, Sprache und Religion) sind gegenüber den in anderen völkerrechtlichen Instrumenten aufgelisteten Diskriminierungsmaßstäben in der Unterzahl, Letztere lassen sich allerdings zum größten Teil unter einen der vier in Art. 1 III und Art. 55 c) der UN-Charta genannten Begriffe fassen.[1021] Für die Vereinbarkeit des modifizierten Statusgesetzes mit den Art. 1 III und Art. 55 c) der UN-Charta ist demnach erforderlich, dass das Statusgesetz die allgemeine Achtung und Verwirklichung der Menschenrechte und Grundfreiheiten für alle ohne Unterschied der Rasse, des Geschlechts, der Sprache oder der Religion gewährleistet. Dies bedeutet, dass es primär auf keinen Fall eine diskriminierende Wirkung aufweisen darf und dass – für den Fall, dass keine Diskriminierung vorliegt – durch dieses Gesetz zudem die allgemeine Achtung und Verwirklichung der Menschenrechte und Grundfreiheiten sichergestellt werden soll.[1022]

Dass das Merkmal der "Nation" unter den Begriff der Rasse gefasst werden kann, ist bereits erörtert worden.[1023] Zudem ist soeben das Vorliegen einer Diskriminierung aufgrund des modifizierten Statusgesetzes verneint worden.[1024] Zusammengefasst ergibt sich aus diesen beiden Erkenntnissen, dass das modifizierte Statusgesetz mit der ersten Voraussetzung der Art. 1 III und Art. 55 c) der UN-Charta zu vereinbaren ist, da es keine Diskriminierung aufgrund der Zugehörigkeit zu einer bestimmten Rasse (und damit ebenfalls zu einer bestimmten Nation) aufweist.
Wie bereits festgestellt worden ist, gehört das Verbot der Diskriminierung zu den wichtigsten Aspekten der Menschenrechte und der Grundfreiheiten und ist diesen unterzuordnen.[1025] Dadurch, dass die nicht die Bildung und Kultur betreffenden Vorschriften des modifizierten Statusgesetzes als positive Diskriminierung zu charakterisieren sind, widersprechen die Bestimmungen des modifizierten Statusgesetzes nicht den Menschenrechten und Grundfreiheiten, sondern sie achten diese vielmehr. Da der Schutz bzw. die Unterstützung von Minderheiten, der durch das modifizierte Statusgesetz laut seiner Präambel erreicht werden soll, darüber

---

[1020]) S.o. Kapitel III, B., II., 2., a., S. 184.
[1021]) S.o. Kapitel III, B., II., 2., a., (1), (a), S. 138.
[1022]) S.o. Kapitel III, B., II., 2., a., (1), (b), S. 140.
[1023]) S.o. Kapitel III, B., II., 2., a., (1), (b), ((1)), ((b)), ((ii)), S. 146.
[1024]) S.o. Kapitel IV, B., II., S. 325.
[1025]) S.o. Kapitel III, B., II., 1., S. 129.

hinaus der Verwirklichung der Menschenrechte und Grundfreiheiten dient, kommt man zu dem Ergebnis, dass das modifizierte Statusgesetz die Sicherstellung der allgemeinen Achtung und Verwirklichung der Menschenrechte und Grundfreiheiten zum Ziel hat.
Insofern sind beide Voraussetzungen für die Vereinbarkeit des modifizierten Statusgesetzes mit den Art. 1 III und Art. 55 c) der UN-Charta als gegeben anzusehen. Anders als das ursprüngliche Statusgesetz ist das modifizierte Statusgesetz daher mit dem allgemeinen Diskriminierungsverbot der Art. 1 III und Art. 55 c) der UN-Charta in Einklang zu bringen.

b. Art. 2 I der UN-Charta

In Anlehnung an die Prüfung der Vereinbarkeit des ursprünglichen Statusgesetzes mit dem Art. 2 I der UN-Charta im Rahmen des Prinzips der Nichtdiskriminierung ist auch in Bezug auf das, das ursprüngliche Statusgesetz ersetzende, modifizierte Statusgesetz dessen Vereinbarkeit mit dem Art. 2 I der UN-Charta zu verneinen. Auch wenn das modifizierte Statusgesetz inzwischen aufgrund seiner Änderungen im Rahmen des Prinzips der territorialen Staatensouveränität mit dem Art. 2 I der UN-Charta zu vereinbaren ist, kann man im Rahmen des Prinzips der Nichtdiskriminierung auf die obige Begründung verweisen und die Vereinbarkeit verneinen. Trotz des Nicht-Vorliegens einer Diskriminierung[1026] ist nämlich dennoch zu beachten, dass sich eine mögliche Diskriminierung ausschließlich auf Personengruppen bezogen hätte, die in Ungarn bzw. einem seiner Nachbarländer ansässig sind, und nicht auf die Staaten als solche.[1027]
Wie bereits festgestellt, verbietet die in Art. 2 I der UN-Charta zugesicherte Gleichheit der Staaten zwar eine vertraglich nicht abgesicherte, schlechtere Behandlung einzelner Staaten.[1028] Da seine Regelungen aber nicht auf Einzelpersonen zugeschnitten sind, was allerdings auch bei der Betrachtung des modifizierten Statusgesetzes unter dem Gesichtspunkt des Vorliegens einer Diskriminierung erforderlich ist, ist Art. 2 I der UN-Charta ebenfalls in Bezug auf die Vereinbarkeit des modifizierten Statusgesetzes mit dem Verbot der Diskriminierung nicht anwendbar.

c. Art. 2 I der AEMR

Für die Vereinbarkeit des modifizierten Statusgesetzes mit dem rechtlich unverbindlichen Art. 2 I der AEMR müsste wegen der Akzessorietät des Art. 2 I der AEMR zumindest eine andere Bestimmung der AEMR durch das modifizierte Statusgesetz betroffen sein.[1029] Da durch das modifizierte Statusgesetz neben den bereits aufgezählten, möglicherweise betroffenen Bestimmungen der AEMR (Art. 12 und Art. 16 Punkt 3 der AEMR) keine weiteren Bestimmungen tangiert werden und da das modifizierte Statusgesetz im Vergleich zu dem ursprünglichen Statusgesetz inhaltlich gekürzt worden ist, kann die Betroffenheit der genannten Bestimmungen mit derselben Begründung wie auch zuvor in Bezug auf das ursprüngliche Statusgesetz verneint werden.[1030] Dies bedeutet, dass der Art. 2 I der AEMR auch bezogen auf das modifizierte Statusgesetz keine Anwendung findet.

[1026]) S.o. Kapitel IV, B., II., S. 325.
[1027]) S.o. Kapitel III, B., II., 2., a., (2), S. 156.
[1028]) S.o. Kapitel III, B., II., 2., a., (2), S. 156.
[1029]) S.o. Kapitel III, B., II., 2., a., (3), S. 156.
[1030]) S.o. Kapitel III, B., II., 2., a., (3), S. 156.

d. Art. 7 der AEMR

Genau wie Art. 2 I der AEMR handelt es sich auch bei dem rechtlich unverbindlichen Art. 7 der AEMR um ein akzessorisches Recht, da ein Anspruch auf den gleichen Schutz gegen jede unterschiedliche Behandlung nur dann gewährt wird, wenn durch sie die vorliegende Erklärung verletzt werden würde.[1031] Wie allerdings erörtert, ist kein anderes Recht der AEMR durch die Bestimmungen des modifizierten Statusgesetzes betroffen[1032], so dass neben Art. 2 I der AEMR auch Art. 7 der AEMR nicht zur Anwendung kommt. Aus diesem Grund erübrigt sich ebenfalls die Prüfung der Vereinbarkeit des modifizierten Statusgesetzes mit dem Art. 7 der AEMR.

e. Art. 2 I des IPBPR

Damit die aufgrund des modifizierten Statusgesetzes zu treffenden Regelungen mit dem Art. 2 I des IPBPR vereinbar sind, müssten wegen der Akzessorietät des Art. 2 I des IPBPR andere in dem Pakt anerkannte Rechte durch das Statusgesetz betroffen werden, das Statusgesetz dürfte keine diskriminierende Wirkung aufweisen, und es müsste weiter sowohl in den personellen als auch in den territorialen Geltungsbereich des Paktes fallen.[1033]
Ebenso wie durch das ursprüngliche Statusgesetz sind – mit gleicher Begründung[1034] – durch das modifizierte Statusgesetz die Artikel 17, 23 I und 27 des IPBPR betroffen, so dass dem Kriterium der Akzessorietät Genüge geleistet wird.
Die Tatsache, dass das modifizierte Statusgesetz durch seine Regelungen weder die ungarischen Staatsangehörigen noch die Staatsangehörigen der Nachbarstaaten Ungarns sowie die in diesen Staaten lebenden Angehörigen weiterer Minderheiten im negativen Sinne diskriminiert[1035], führt dazu, dass auch die zweite Voraussetzung für die Vereinbarkeit des modifizierten Statusgesetzes mit dem Art. 2 I des IPBPR erfüllt ist.
Als letzte Voraussetzung müsste das modifizierte Statusgesetz schließlich noch in den personellen und territorialen Anwendungsbereich des Art. 2 I des IPBPR fallen. Der personelle Geltungsbereich ist mit obiger Begründung[1036] auch in Bezug auf das modifizierte Statusgesetz zu bejahen. Der territoriale Geltungsbereich des Paktes wäre für einem Staat von den Bestimmungen des modifizierten Statusgesetzes eingehalten, wenn die Rechte des Paktes für alle sich in seinem Gebiet befindlichen und seiner Herrschaftsgewalt unterstehenden Individuen gewährleistet werden würden. Wie bereits genauer erläutert, bedeutet dies, dass Staaten grundsätzlich nur für die Rechtssicherheit von Personen verantwortlich sind, die sich auf ihrem Territorium befinden und ihrer Herrschaftsgewalt unterstehen.[1037] Die durch das modifizierte Statusgesetz begünstigten Personen sind die in den Nachbarstaaten Ungarns lebenden Personen ethnisch-ungarischen Abstammung, die sich weder auf dem ungarischen Staatsgebiet befinden noch der ungarischen Herrschaftsgewalt unterstehen. Insofern stehen die Regelungen des modifizierten Statusgesetzes im Widerspruch zu der Regelung des Art. 2 I des IPBPR, der den territorialen Geltungsbereich des Paktes festsetzt. Allerdings stellt sich die Frage, ob die Tatsache, dass es sich bei den nach dem modifizierten Statusgesetz gewährten

---

[1031]) S.o. Kapitel III, B., II., 2., a., (4), S. 158.
[1032]) S.o. Kapitel IV, B., II., 1., c., S. 328.
[1033]) S.o. Kapitel III, B., II., 2., a., (5), (a), S. 158.
[1034]) S.o. Kapitel III, B., II., 2., a., (5), (b), ((1)), ((2)) und ((4)), S. 160 ff, 163 ff und 165.
[1035]) S.o. Kapitel IV, B., II., S. 325.
[1036]) S.o. Kapitel III, B., II., 2., a., (5), (b), ((5)), ((a)), S. 167.
[1037]) S.o. Kapitel III, B., II., 2., a., (5), (b), ((5)), ((a)), S. 167.

Vergünstigungen im weiteren Sinne nur um bildungsbezogene und kulturelle Vergünstigungen handelt, die nach Ansicht der Venedig-Kommission mit den internationalen Regelungen zu vereinbaren sind, sich auch darauf auswirkt, dass diese bildungsbezogenen und kulturellen Vergünstigungen nicht nur mit den internationalen Regelungen, sondern auch mit dem territorialen Geltungsbereich des Internationalen Paktes über Bürgerliche und Politische Rechte in Einklang zu bringen sind. Dazu lässt sich auf der einen Seite anführen, dass der Internationale Pakt über Bürgerliche und Politische Rechte einen völkerrechtlichen Vertrag auf universeller Ebene darstellt und somit möglicherweise unter die von der Venedig-Kommission angesprochenen Regelungen des internationalen Rechts zu fassen ist. Nachdem bereits die Vereinbarkeit des modifizierten Statusgesetzes mit dem Prinzip der territorialen Staatensouveränität bejaht worden ist, könnten vielleicht auch die im Rahmen des Diskriminierungsverbots zu überprüfenden Regelungen des modifizierten Statusgesetzes auf dem Staatsgebiet der Nachbarstaaten gerechtfertigt sein. Letztendlich lässt sich nämlich die Regelung bezüglich des territorialen Geltungsbereiches des Art. 2 I des IPBPR auf das Prinzip der territorialen Staatensouveränität zurückführen. (Beide besagen, dass Staaten nur für Personen verantwortlich sind, die sich auf ihrem Territorium befinden und jeweils ihrer Herrschaftsgewalt unterstehen.) Auf der anderen Seite ist aber zu bedenken, dass die Reisevergünstigungen nur im weiteren Sinne zu den kulturellen Vergünstigungen zu zählen sind. Dies bedeutet, dass die eben dargestellte Auffassung nur im Rahmen einer weiten Auslegung zu ihrem Ergebnis kommt; im Rahmen einer engen Auslegung ist dieses Ergebnis nicht haltbar. (Danach zählen die Reisevergünstigungen weder zu den bildungsbezogenen noch zu den kulturellen Vergünstigungen, sondern sie stellen gesonderte Vergünstigungen dar, die allerdings als positive Diskriminierung zu beschreiben sind.) Zudem bezieht sich die Ansicht der Venedig-Kommission, die bildungsbezogene und kulturelle Vergünstigungen auf dem Staatsgebiet anderer Staaten gestattet bzw. im Rahmen einer positiven Diskriminierung erlaubt, lediglich auf die territoriale Staatensouveränität und auf die positive Diskriminierung – was auch die Bejahung dieser beiden Punkte belegt. In diesem Fall handelt es sich aber um die grundlegende Frage nach dem territorialen Geltungsbereich des Internationalen Paktes über Bürgerliche und Politische Rechte. Die Ausdehnung der Aussagen der Venedig-Kommission auf die Frage nach dem territorialen Geltungsbereich des Internationalen Paktes über Bürgerliche und Politische Rechte würde viel zu weitreichende Folgen haben. Im Gegensatz zu anderen internationalen Dokumenten (z.B. UN-Charta, EMRK, Rahmenübereinkommen), die den territorialen Anwendungsbereich ihrer Regelungen auf ihr gesamtes Geltungsgebiet erstrecken, beschränkt der Internationale Pakt über Bürgerliche und Politische Rechte diesen nämlich – nach dem Prinzip der völkerrechtlichen Verantwortlichkeit der Staaten – auf das Staatsgebiet des jeweils betroffenen Staates. Könnte diese Beschränkung des territorialen Geltungsbereiches eines universell geltenden völkerrechtlichen Vertrags (IPBPR) durch Äußerungen einer Unterkommission des auf regionaler Ebene tätigen Europarates (Venedig-Kommission) ohne Weiteres zum Teil aufgehoben werden, würde dies dem gesamten Vertrag seine Glaubwürdigkeit absprechen. Gerade weil er entgegen vieler anderen universellen und regionalen völkerrechtlichen Verträge den territorialen Geltungsbereich seiner Bestimmungen auf das Staatsgebiet des jeweils betroffenen Staates beschränkt, hebt er sich von den anderen Verträgen ab. Dieser Unterschied würde aber durch die Ausdehnung der Aussagen der Venedig-Kommission auf den territorialen Geltungsbereich des Internationalen Paktes über Bürgerliche und Politische Rechte zunichte gemacht werden. Der Pakt würde seine signifikanten Merkmale verlieren. Aus diesem Grund ist im Sinne der eben dargelegten Argumente zu konstatieren, dass die bildungsbezogenen und kulturellen Vergünstigungen nicht nur mit den internationalen Regelungen, sondern auch mit den Bestimmungen zu dem territorialen Geltungsbereich des Internationalen Paktes über Bürgerliche und Politische Rechte nicht in Einklang zu bringen sind. Demnach lässt sich die bereits getätigte Aussage, dass die Regelungen des modifizierten Statusgesetzes im Widerspruch zu dem von Art. 2 I des IPBPR festgesetzten territorialen Geltungsbereich des Paktes stehen, nicht widerlegen. Das modifizierte Statusgesetz ist somit – genau wie auch das ursprüngliche Statusgesetz[1038] – mit dem territorialen Geltungsbereich des Art. 2 I des IPBPR nicht zu vereinbaren.

Zusammenfassend lässt sich daher feststellen, dass von dem modifizierten Statusgesetz drei der vier Voraussetzungen für die Vereinbarkeit mit dem Art. 2 I des IPBPR erfüllt werden: Es betrifft die Vorschriften des Art. 17, des Art. 23 I und des Art. 27 des IPBPR, es sorgt nicht für eine negative Diskriminierung, und es fällt auch in den personellen Geltungsbereich des Art. 2 I des IPBPR. Da das modifizierte Statusgesetz aber genau wie das ursprüngliche Statusgesetz ausschließlich Regelungen trifft, aufgrund derer den Personen ethnisch-ungarischer Abstammung in den Nachbarstaaten Ungarns Vergünstigungen zugestanden werden, die Angehörigen in Ungarn ansässiger Minderheiten aber leer ausgehen, kümmert sich Ungarn auch im Rahmen des modifizierten Statusgesetzes um Individuen, die sich weder auf seinem Territorium befinden noch seiner Herrschaftsgewalt unterstehen. Dies führt zur Unvereinbarkeit mit dem territorialen Geltungsbereich des Paktes. Aufgrund dieser Unvereinbarkeit kann auch bei Bejahung aller weiteren Voraussetzungen das ungarische Statusgesetz nicht mehr mit dem Art. 2 I des IPBPR in Einklang gebracht werden. Die Vereinbarkeit des modifizierten Statusgesetzes mit dem Art. 2 I des IPBPR ist somit aus dem Grund, dass das Gesetz den territorialen Anwendungsbereich des Paktes nicht einhält, zu verneinen.

f. Art. 3 des IPBPR

Da auch durch das modifizierte Statusgesetz nicht die Frauen in ihrer Eigenschaft als weibliche Personen betroffen werden, ist der Art. 3des IPBPR auch auf das modifizierte Statusgesetz – genauso wie auf das ursprüngliche Statusgesetz[1039] – nicht anwendbar.

g. Art. 26 des IPBPR

Unabhängig davon, ob das modifizierte Statusgesetz mit dem in dem ersten Teil des 1. Satzes von Art. 26 des IPBPR verankerten Recht auf Gleichheit vor dem Gesetz oder mit dem in dem zweiten Teil des 1. Satzes von Art. 26 des IPBPR niedergelegten Recht auf gleichen Schutz durch das Gesetz (das sich aus dem Recht auf gleichen Schutz durch das Gesetz, dem Diskriminierungsverbot und dem Recht auf Diskriminierungsschutz zusammensetzt) in Einklang zu bringen ist oder nicht, müsste auch in Bezug auf die Prüfung der Vereinbarkeit des modifizierten Statusgesetzes mit dem Art. 26 des IPBPR der territoriale Geltungsbereich des Art. 2 I des IPBPR, der eine für alle Rechte des Paktes gleichermaßen anwendbare "Schirmklausel" darstellt[1040], eingehalten werden.[1041] Dass dies auch bezogen auf das modifizierte Statusgesetz nicht der Fall ist, ist soeben bewiesen worden.[1042] Aufgrund des Verstoßes des modifizierten Statusgesetzes gegen den in Art. 2 I des IPBPR vorgegebenen und sich auf alle

[1038]) S.o. Kapitel III, B., II., 2., a., (5), (b), ((5)), ((a)), S. 167.
[1039]) S.o. Kapitel III, B., II., 2., a., (6), S. 169.
[1040]) S.o. Kapitel III, B., II., 2., a., (7), (b), ((1)), S. 159.
[1041]) S.o. Kapitel III, B., II., 2., a., (7), (a), S. 169.
[1042]) S.o. Kapitel IV, B., II., 1., e., S. 329.

weiteren Vorschriften des Paktes erstreckenden territorialen Geltungsbereich des Paktes ist das Gesetz demnach auch nicht mit dem Art. 26 des IPBPR zu vereinbaren.

h. Art. 27 des IPBPR

In Bezug auf die Vereinbarkeit des ungarischen Statusgesetzes mit Art. 27 des IPBPR ist bereits ausführlich dargestellt worden, dass diese an der Tatsache scheitert, dass Ungarn durch das ungarische Statusgesetz lediglich die Angehörigen der nationalen ungarischen Minderheit in den ungarischen Nachbarstaaten begünstigt und die in Ungarn selbst lebenden Angehörigen anderer Minderheiten vollkommen unbeachtet lässt.[1043] Bezogen auf das modifizierte Statusgesetz lässt sich diese Argumentation übertragen: Auch das modifizierte Statusgesetz begünstigt zum größten Teil die Personen ethnisch-ungarischer Abstammung, die in den ungarischen Nachbarstaaten leben, und lässt die in Ungarn selbst lebenden Angehörigen anderer Minderheiten vollkommen unbeachtet. Dies führt dazu, dass auch das modifizierte Statusgesetz weder mit den Regelungen des Art. 27 des IPBPR[1044] noch mit den Bestimmungen zu dem territorialen Geltungsbereich des Paktes, der sich gemäß Art. 2 I des IPBPR – in seiner Funktion als "Schirmklausel" – auch auf Art. 27 des IPBPR erstreckt[1045], vereinbar ist.

i. UN-Minderheitendeklaration

Wie bereits gesagt, orientiert sich die Prüfung der Anwendbarkeit der rechtlich unverbindlichen UN-Minderheitendeklaration auf das (ursprüngliche bzw. modifizierte) Statusgesetz aufgrund der Tatsache, dass sich die UN-Minderheitendeklaration dem Schutz von Minderheiten widmet, die Prinzipien der UN-Charta, der AEMR und des IPBPR in sich aufgenommen hat und von Art. 27 des IPBPR inspiriert worden ist, an den zu diesen Themen bereits gemachten Ausführungen.[1046]

Den soeben getätigten Ausführungen zufolge ist das modifizierte Statusgesetz aufgrund seiner nicht-diskriminierenden Wirkung[1047] zwar mit den Art. 1 III und Art. 55 c) der UN-Charta zu vereinbaren, allerdings verstößt es wegen des begrenzten territorialen Anwendungsbereich des IPBPR – ebenso wie das ursprüngliche Statusgesetz – gegen Art. 2 I, Art. 26 und Art. 27 des Paktes. Die entsprechenden Bestimmungen der AEMR sind auf das modifizierte Statusgesetz – ebenso wie auf das ursprüngliche Statusgesetz – nicht anwendbar.[1048] Um aber mit den Bestimmungen der UN-Minderheitendeklaration in Einklang zu bringen zu sein, reicht die Vereinbarkeit mit den Bestimmungen der UN-Charta allein nicht aus. Wie sich an Art. 2 I und Art. 4 der Deklaration zeigt, wäre vielmehr auch die Vereinbarkeit mit dem IPBPR erforderlich gewesen. (Art. 2 I und Art 4 der Deklaration beziehen den territorialen Geltungsbereich (und Art. 4 zusätzlich auch noch den personellen Geltungsbereich) der Deklaration – in Anlehnung an den IPBPR – auf die in den Territorien der jeweiligen Staaten lebenden Minderheiten.[1049]) Die Tatsache, dass das modifizierte Statusgesetz im Gegensatz zu dem ursprünglichen Statusgesetz aufgrund seiner Änderungen mit einigen Bestimmungen der UN-

---

[1043]) S.o. Kapitel III, B., II., 2., a., (5), (b), ((4)), S. 165.
[1044]) S.o. Kapitel III, B., II., 2., a., (5), (b), ((4)), S. 165.
[1045]) S.o. Kapitel III, B., II., 2., a., (7), (b), ((1)), S. 177.
[1046]) S.o. Kapitel III, B., II., 2., a., (9), (b), S. 180.
[1047]) S.o. Kapitel IV, B., II., S. 325.
[1048]) S.o. Kapitel IV, B., II., 1., a. – h., S. 326.
[1049]) S.o. Kapitel III, B., II., 2., a., (9), (b), S. 180.

Minderheitendeklaration in Einklang zu bringen ist, ist für die grundsätzliche Vereinbarkeit des modifizierten Statusgesetzes mit der gesamten Deklaration nicht ausreichend. Aus diesem Grund ist auch die Vereinbarkeit des modifizierten Statusgesetzes mit der UN-Minderheitendeklaration zu verneinen.

j. Zwischenergebnis

Die Prüfung der Vorschriften des universellen Völkerrechts in Bezug auf das Prinzip der Nichtdiskriminierung (Art. 1 III und Art. 55 c) der UN-Charta, Art. 2 I der UN-Charta, Art. 2 I der AEMR, Art. 7 der AEMR, Art. 2 I des IPBPR, Art. 3 des IPBPR, Art. 26 des IPBPR, Art. 27 des IPBPR und die entsprechenden Bestimmungen der UN-Minderheitendeklaration), die soeben daraufhin untersucht wurden, ob das modifizierte Statusgesetz mit ihnen in Einklang zu bringen ist, führen – anders als bei dem ursprünglichen Statusgesetz – zu einem geteilten Ergebnis: Aufgrund der Tatsache, dass durch die Bestimmungen des modifizierten Statusgesetzes keine Diskriminierung hervorgerufen wird, ist das modifizierte Statusgesetz mit den Art. 1 III und Art. 55 c) der UN-Charta in Einklang zu bringen. Trotz des Nicht-Vorliegens einer Diskriminierung aufgrund des modifizierten Statusgesetzes und trotz der Vereinbarkeit des modifizierten Statusgesetzes mit dem Prinzip der territorialen Staatensouveränität bleibt es mit den Art. 2 I, Art. 26 und Art. 27 des IPBPR sowie mit den entsprechenden Bestimmungen der UN-Minderheitendeklaration wegen seines Verstoßes gegen den territorialen Anwendungsbereich dieser Vorschriften unvereinbar. Ebenso wie im Rahmen des ursprünglichen Statusgesetzes bleiben der Art. 2 I der UN-Charta, der 2 I der AEMR, der Art. 7 der AEMR und der Art. 3 des IPBPR auch im Rahmen des modifizierten Statusgesetzes unanwendbar.

Der Art. 1 III und Art. 55 c) der UN-Charta stellen somit die einzigen Vorschriften des universellen Völkerrechts dar, nach denen die aufgrund des modifizierten Statusgesetzes vorzunehmenden Handlungen im Rahmen des Prinzips der Nichtdiskriminierung legitimiert werden. Alle weiteren diesbezüglichen Vorschriften des universellen Völkerrechts führen zur Unvereinbarkeit des modifizierten Statusgesetzes mit diesem Prinzip. Dabei ist aber festzuhalten, dass das mit den Bestimmungen des universellen Völkerrechts nicht zu vereinbarende modifizierte Statusgesetz dennoch den Anforderungen der völkerrechtskonformen Auslegung und dem in Art. 103 der UN-Charta niedergelegten Vorrang der Bestimmungen der UN-Charta gegenüber widersprüchlichen Bestimmungen früherer oder späterer Verträge[1050] Genüge leisten. Denn auch diese mit dem modifizierten Statusgesetz nicht zu vereinbarenden Bestimmungen des universellen Völkerrechts beinhalten genau wie der Art. 1 III und der Art. 55 c) der UN-Charta das Verbot der Diskriminierung. Die Unvereinbarkeit des modifizierten Statusgesetzes mit diesen Bestimmungen basiert – wie gezeigt – auch nicht auf einer Verletzung des Diskriminierungsverbots, sondern auf dem im Vergleich zu den entsprechenden Bestimmungen der UN-Charta begrenzten territorialen Anwendungsbereich dieser Bestimmungen des universellen Völkerrechts, mit denen das modifizierte Statusgesetz nicht zu vereinbaren ist. Insofern ist es nicht von Bedeutung, dass das modifizierte Statusgesetz zwar mit den in Bezug auf das Prinzip der Nichtdiskriminierung relevanten Bestimmungen der UN-Charta zu vereinbaren ist, zu einigen anderen Regelungen des universellen Völkerrechts allerdings im Widerspruch steht.

[1050]) S.o. Kapitel III, B., I., 2., c., S. 109.

Dies bedeutet, dass der im Rahmen des ursprünglichen Statusgesetzes festgestellte Verstoß des ursprünglichen Statusgesetzes gegen das Prinzip der Nichtdiskriminierung auf universeller Ebene durch das modifizierte Statusgesetz zum Teil aufgehoben wird. Die aufgrund des modifizierten Statusgesetz vorzunehmenden Handlungen stehen teilweise im Einklang mit den entsprechenden Bestimmungen des universellen Völkerrechts, was zur Folge hat, dass das modifizierte Statusgesetz der Venedig-Kommission in Bezug auf das Prinzip der Nichtdiskriminierung im Rahmen des universellen Völkerrechts geringeren Anlass zur Kritik geben kann als das ursprüngliche Statusgesetz.

2. Regionales Völkerrecht

In Bezug auf das regionale Völkerrecht ist für die Prüfung der Vereinbarkeit des modifizierten Statusgesetzes mit dem Prinzip der Nichtdiskriminierung ebenfalls wieder zwischen den relevanten Bestimmungen des Europarates und denen der OSZE / KSZE zu unterscheiden.

a. Europarat

Das ursprüngliche ungarische Statusgesetz hat gegen den Art. 14 der EMRK, den Art. 1 des 12. ZP zur EMRK, den Art. 4 der Rahmenkonvention zum Schutz nationaler Minderheiten sowie gegen die gesamte Minderheitensprachencharta verstoßen.[1051]

Im Folgenden ist nun zu untersuchen, ob diese Verstöße auch bei der Prüfung der Vereinbarkeit des modifizierten ungarischen Statusgesetzes mit eben diesen Vorschriften des regionalen Völkerrechts im Rahmen des Prinzips der Nichtdiskriminierung vorliegen oder ob sie durch die Änderungen des Statusgesetzes aufgehoben werden.

(1) Art. 14 der EMRK

Damit die aufgrund des modifizierten Statusgesetzes zu treffenden Regelungen mit dem Art. 14 der EMRK vereinbar sind, müssten wegen der Akzessorietät von Art. 14 der EMRK andere in der Konvention anerkannte Rechte durch das Gesetz betroffen werden, das Gesetz dürfte keine diskriminierende Wirkung aufweisen, und es müsste weiter sowohl in den personellen als auch in den territorialen Geltungsbereich des Art. 14 der EMRK fallen.[1052]

Ebenso wie durch das ursprüngliche Statusgesetz sind – mit gleicher Begründung[1053] – durch das modifizierte Statusgesetz die Artikel 8 und 9 der EMRK betroffen, so dass dem Kriterium der Akzessorietät Genüge geleistet wird.
Die Tatsache, dass das modifizierte Statusgesetz durch seine Regelungen weder die ungarischen Staatsangehörigen noch die Staatsangehörigen der Nachbarstaaten Ungarns sowie die in diesen Staaten lebenden Angehörigen weiterer Minderheiten im negativen Sinne diskrimi-

---

1051) S.o. Kapitel III, B., II., 2., b., (1), (e), S. 208.
1052) S.o. Kapitel III, B., II., 2., b., (1), (a), ((1)), S. 188.
1053) S.o. Kapitel III, B., II., 2., b., (1), (a), ((2)), ((a)) und ((b)), S. 193 und S. 195.

niert[1054], führt dazu, dass auch die zweite Voraussetzung für die Vereinbarkeit des modifizierten Statusgesetzes mit dem Art. 14 der EMRK erfüllt ist.
Wie bereits dargestellt, werden von dem sich aus Art. 1 der EMRK ergebenden personellen Geltungsbereich der Konvention alle Personen erfasst, die der Hoheitsgewalt eines Staates unterworfen sind, unabhängig davon, ob sie Staatsangehöriger dieses Staates sind oder nicht. Dies hatte in Bezug auf das ursprüngliche Statusgesetz zur Folge, dass alle Personen, die in einem der sechs Nachbarstaaten Ungarns ansässig sind, von dem personellen Geltungsbereich des Art. 14 der EMRK erfasst wurden.[1055] Daran ändert sich auch im Rahmen des modifizierten Statusgesetzes nichts. Der territoriale Geltungsbereich der Konvention ergibt sich aus Art. 1 der EMRK (i.V.m. Art. 56 der EMRK). Anders als der territoriale Geltungsbereich des IPBPR erfasst der territoriale Geltungsbereich der EMRK allerdings u.a. auch Handlungen, die innerhalb des Staatsgebietes vorgenommen werden, ihre Wirkungen aber außerhalb des Staatsgebietes entfalten.[1056] Diese Ausdehnung des territorialen Geltungsbereiches im Rahmen der EMRK verglichen mit dem IPBPR führt dazu, dass das in Ungarn erlassene modifizierte Statusgesetz, das sich zum Teil auch in den an Ungarn angrenzenden Nachbarstaaten auswirkt, sich in dem territorialen Geltungsbereich der Konvention bewegt und somit mit diesem vereinbar ist.

Man kommt demnach zu dem Ergebnis, dass das modifizierte Statusgesetz alle für eine Vereinbarkeit mit dem Art. 14 der EMRK erforderlichen Voraussetzungen erfüllt. Dies bedeutet, dass der vorhergehende Verstoß gegen diese Bestimmung durch das modifizierte Statusgesetz aufgehoben wird. Das modifizierte Statusgesetz ist folglich mit dem Art. 14 der EMRK in Einklang zu bringen.

(2) Art. 1 des 12. Zusatzprotokolls zur EMRK

Wie bereits festgestellt, handelt es sich bei dem zum Zeitpunkt des Abschlusses dieser Arbeit immer noch nicht in Kraft getretenen Art. 1 des 12. ZP zur EMRK im Gegensatz zu dem Art. 14 der EMRK um ein generelles und unabhängiges Diskriminierungsverbot. Im Verhältnis zu dem Art. 14 der EMRK kann man in Bezug auf den Art. 1 des 12. ZP zur EMRK davon ausgehen, dass der Art. 14 EMRK eine Art "lex specialis" gegenüber dem Art. 1 des 12. ZP zur EMRK darstellt.[1057]
Nachdem nun eben der Verstoß des modifizierten Statusgesetzes gegen den Art. 14 der EMRK verneint worden ist, ist es in diesem Fall – anders als in Bezug auf das ursprüngliche Statusgesetz – notwendig, zu prüfen, ob das modifizierte Statusgesetz möglicherweise gegen die allgemeinere Bestimmung des Art. 1 des 12. ZP zur EMRK verstößt. Dafür dürfte das modifizierte Statusgesetz keine Diskriminierung beinhalten, und es müsste in den personellen und territorialen Geltungsbereich des 12. ZP zur EMRK fallen.[1058]

Dass das modifizierte Statusgesetz keine diskriminierende Wirkung entfaltet[1059], ist bereits bewiesen worden. Als Zusatzprotokoll zur EMRK orientiert sich sein personeller und territorialer Geltungsbereich an den entsprechenden Bereichen der EMRK. Die Vereinbarkeit des

[1054]) S.o. Kapitel IV, B., II., S. 325.
[1055]) S.o. Kapitel III, B., II., 2., b., (1), (a), ((2)), ((c)), ((i)), S. 196.
[1056]) S.o. Kapitel III, B., II., 2., b., (1), (a), ((2)), ((c)), ((i)), S. 196.
[1057]) S.o. Kapitel III, B., II., 2., b., (1), (b), ((2)), S. 202.
[1058]) S.o. Kapitel III, B., II., 2., b., (1), (b), ((1)), S. 198.
[1059]) S.o. Kapitel IV, B., II., S. 325.

modifizierten Statusgesetzes mit dem personellen und territorialen Geltungsbereich der EMRK, und somit auch des 12. ZP zur EMRK, ist bereits eben bejaht worden. Demnach sind die beiden Voraussetzungen für die Vereinbarkeit des modifizierten Statusgesetzes mit dem Art. 1 des 12. ZP zur EMRK gegeben.
Das modifizierte Statusgesetz ist somit also neben dem Art. 14 der EMRK auch mit dem allgemeineren Art. 1 des 12. ZP zur EMRK in Einklang zu bringen.

(3) Art. 4 des Rahmenübereinkommens zum Schutz nationaler Minderheiten

Es ist bereits dargestellt worden, dass nach der Ansicht Ungarns der Wortlaut der Rahmenkonvention und deren Ziele ausreichende Möglichkeiten bieten, es den Ursprungsstaaten zu erlauben, eine derartige Gesetzgebung wie das (ursprüngliche bzw. modifizierte) ungarische Statusgesetz zu erlassen. Ungarn hat in Bezug auf das ursprüngliche Statusgesetz erklärt, dass gemäß dem Art. 4 des Übereinkommens und der Rechtsprechung des EuGMR das Statusgesetz lediglich drei Bedingungen erfüllen muss (Bestehen eines legitimen Ziels, eine objektive und mit einer Begründung zu rechtfertigende Maßnahme und die Verhältnismäßigkeit zwischen dem Ziel und der Maßnahme), damit die in ihm niedergelegten Maßnahmen im Einklang mit dem Rahmenübereinkommen stehen.[1060]
Ebenso wie in Bezug auf das ursprüngliche Statusgesetz ist dieser Erklärung allerdings auch in Bezug auf das modifizierte Statusgesetz entgegenzuhalten, dass die Regelungen des modifizierten Statusgesetzes, damit dieses Gesetz mit dem Art. 4 der Rahmenkonvention in Einklang zu bringen ist, überhaupt in den personellen und territorialen Anwendungsbereich des Übereinkommens fallen und darüber hinaus mit dem von Art. 4 der Konvention aufgestellten Gleichheitssatz und dem Grundsatz der Nichtdiskriminierung konform sein müssen.[1061]

Der personelle Anwendungsbereich der Rahmenkonvention bezieht sich auf die nationalen Minderheiten.[1062] Durch das modifizierte Statusgesetz werden vorwiegend die Personen ethnisch-ungarischer Abstammung in den ungarischen Nachbarstaaten begünstigt. Da diese Personen mit den von dem ursprünglichen Statusgesetz begünstigten Angehörigen der nationalen ungarischen Minderheit in diesen Ländern vergleichbar sind, die bereits als nationale Minderheit charakterisiert worden sind und somit dem personellen Anwendungsbereich der Rahmenkonvention zugeordnet worden sind[1063], handelt es sich auch bei den nach dem modifizierten Statusgesetz begünstigten Personen ethnisch-ungarischer Abstammung um eine nationale Minderheit. Als derartige nationale Minderheit fallen demnach auch die Personen ethnisch-ungarischer Abstammung in den personellen Anwendungsbereich der Rahmenkonvention.
Wie bereits erörtert, bezieht sich der territoriale Anwendungsbereich der Rahmenkonvention gemäß dem 11. Absatz der Präambel und der Regelung des Art. 28 der Konvention auf die Territorien der Mitgliedsstaaten des Europarates, die das Übereinkommen ratifiziert haben, und auf die Territorien der Länder, die zwar dem Europarat nicht angehören, aber gemäß Art. 29 der Konvention dem Rahmenübereinkommen beigetreten sind.[1064] Da alle in diesem Fall betroffenen Nachbarstaaten Ungarns sowie Ungarn selbst die Rahmenkonvention ratifiziert haben, erstreckt sich ihr territorialer Anwendungsbereich somit auf die durch das Statusgesetz

---

1060) S.o. Kapitel II, C., S. 40.
1061) S.o. Kapitel III, B., II., 2., b., (1), (c), ((1)), S. 203.
1062) S.o. Kapitel III, B., II., 2., b., (1), (c), ((2)), S. 205.
1063) S.o. Kapitel III, B., II., 2., b., (1), (c), ((2)), S. 205.
1064) S.o. Kapitel III, B., II., 2., b., (1), (c), ((2)), S. 206.

betroffenen Länder.[1065] Bei der Bestimmung dieses territorialen Geltungsbereiches sind allerdings der Absatz 8 der Präambel und der Art. 21 des Übereinkommens zu beachten, die auch im Rahmen des territorialen Geltungsbereiches die Einhaltung der Grundsätze der souveränen Gleichheit, der territorialen Unversehrtheit und der politischen Unabhängigkeit der Staaten, d.h. die Einhaltung des Prinzips der territorialen Staatensouveränität, erfordern. Wie bereits gezeigt, bedeutet dies, dass wegen der Einflussnahme der Bestimmungen der Präambel auf die Auslegung der Vorschriften eines Gesetzes[1066] und auch wegen der Bezugnahme des Art. 21 des Übereinkommens auf alle Vorschriften der Rahmenkonvention sich im Rahmen dieses Übereinkommens die Einhaltung des Prinzips der territorialen Staatensouveränität auch auf das in Art. 4 des Übereinkommens verankerte Diskriminierungsverbot auswirkt.[1067] Demnach bezieht sich die Verpflichtung der Vertragsstaaten, jeder Person, die einer nationalen Minderheit angehört, das Recht auf Gleichheit vor dem Gesetz und auf gleichen Schutz durch das Gesetz zu gewährleisten, nur auf die Angehörigen einer nationalen Minderheit, die in dem betroffenen Staat selbst leben. Davon ausgenommen sind nach Ansicht der Venedig-Kommission allerdings Handlungen im Rahmen einer erlaubten positiven Diskriminierung oder Handlungen, die nur die Bereiche der Bildung und Kultur betreffen.[1068] Derartige Handlungen dürften auch in Bezug auf Minderheiten vorgenommen werden, die in einem anderen Staat ansässig sind. Es ist bereits bewiesen worden, dass das modifizierte Statusgesetz auf der einen Seite mit dem Prinzip der territorialen Staatensouveränität in Einklang zu bringen ist[1069] und dass es auf der anderen Seite bis auf die Reisevergünstigungen, die eine positive Diskriminierung darstellen, nur bildungsbezogene und kulturelle Vergünstigungen gewährt.[1070] Die zusätzlichen, auf dem Absatz 8 der Präambel und auf dem Art. 21 des Übereinkommens beruhenden Kriterien in Bezug auf den territorialen Geltungsbereich werden somit von dem modifizierten Statusgesetz erfüllt. Gegen die Vereinbarkeit des modifizierten Statusgesetzes mit dem territorialen Geltungsbereich der Rahmenkonvention könnte daher nur noch der Absatz 4 der Präambel der Rahmenkonvention sprechen, nach dem die Vertragsstaaten entschlossen sind, in ihrem jeweiligen Hoheitsgebiet den Erhalt nationaler Minderheiten zu schützen. Als Teil der Präambel dient der Absatz 4 der Präambel der Rahmenkonvention als Auslegungshilfe in Bezug auf die gesamte Konvention.[1071] Dies bedeutet, dass die Vertragsstaaten der Rahmenkonvention ihr Hauptaugenmerk auf den Schutz der in ihrem Hoheitsgebiet ansässigen nationalen Minderheiten richten sollen. Allerdings verbietet die Rahmenkonvention an keiner Stelle den Schutz nationaler Minderheiten durch ihren Ursprungsstaat. Zudem ist im Rahmen der Darstellung der Rahmenkonvention festgestellt worden, dass den Vertragsstaaten aufgrund der Verabschiedung des Übereinkommens als "Rahmen"-Übereinkommen, und somit als völkervertraglich schwächste Form einer rechtlichen Bindung, ein sehr weiter Ermessensspielraum bei der Auswahl von (rechtlichen und politischen) Maßnahmen zur Erfüllung ihrer völkerrechtlichen Pflichten zukommt.[1072] Da Maßnahmen von Ursprungsstaaten zum Schutz ihrer nationalen Minderheiten in den Nachbarstaaten nicht grundsätzlich verboten sind und da auch der Absatz 4 der Präambel der Rahmenkonvention lediglich die Funktion einer Auslegungshilfe erfüllt, berechtigt dieser weite Ermessensspielraum die Vertragsstaaten, neben dem Schutz der in ihrem Hoheitsgebiet ansässigen Minder-

[1065]) S.o. Kapitel III, A., II., 1., b., S. 65.
[1066]) S.o. Kapitel III, B., II., 2., a., (9), (b), S. 180.
[1067]) S.o. Kapitel III, B., II., 2., b., (1), (c), ((2)), S. 206.
[1068]) S.o. Kapitel III, B., II., 1., d., S. 136.
[1069]) S.o. Kapitel IV, B., I., S. 316.
[1070]) S.o. Kapitel IV, B., II., S. 325.
[1071]) S.o. Kapitel III, B., II., 2., a., (9), (b), S. 180.
[1072]) S.o. Kapitel III, A., II., 1., b., S. 65.

heiten (wie ihn der Absatz 4 der Präambel der Rahmenkonvention vorsieht) auch "seine" in den Nachbarstaaten lebenden nationalen Minderheiten durch derartige politische Maßnahmen wie das modifizierte Statusgesetz zu schützen. Diese Ausschöpfung des durch die Rahmenkonvention bereitgestellten Ermessensspielraums ist auf den Schutz nationaler Minderheiten bezogen, so dass durch die Maßnahmen, d.h. durch die Regelungen des modifizierten Statusgesetzes, auch die völkerrechtlichen Pflichten (zu denen auf jeden Fall der Schutz von Minderheiten gehört) erfüllt werden. Das modifizierte Statusgesetz bewegt sich demnach im Rahmen des durch die Rahmenkonvention erlaubten Ermessensspielraums und ist folglich auch mit dem Absatz 4 der Präambel der Rahmenkonvention zu vereinbaren. Außerdem ist das modifizierte Statusgesetz nach Konsultationen mit den Nachbarstaaten zustande gekommen. Es ist daher davon auszugehen, dass für den Fall, dass sich die Regelungen des modifizierten Statusgesetzes nicht an den territorialen Geltungsbereich der Rahmenkonvention gehalten hätten, dieser Verstoß durch die Nachbarstaaten angezeigt worden wäre. Insofern ist das modifizierte Statusgesetz neben dem personellen auch mit dem territorialen Geltungsbereich der Rahmenkonvention in Einklang zu bringen.
Dadurch, dass das modifizierte Statusgesetz keine diskriminierende Wirkung entfaltet, kommt es auf der einen Seite dem durch Art. 4 der Rahmenkonvention aufgestellten Gleichheitssatz (der den gleichen Schutz durch das Gesetz im Rahmen des Erlass des Gesetzes und die Gleichheit vor dem Gesetz im Rahmen der Umsetzung des Gesetzes betrifft) nach. Auf der anderen Seite ist das modifizierte Statusgesetz konform mit dem Prinzip der Nichtdiskriminierung, da es keine Diskriminierung aus Gründen der Zugehörigkeit zu einer nationalen Minderheit aufweist.
Zusammenfassend kann man somit feststellen, dass alle Voraussetzungen, die vor den von Ungarn aufgelisteten Kriterien als grundlegende Voraussetzungen für die Vereinbarkeit des modifizierten Statusgesetzes mit dem Art. 4 der Rahmenkonvention zu erfüllen waren, vorliegen.

Um die Vereinbarkeit des modifizierten Statusgesetzes mit dem Art. 4 der Rahmenkonvention auch nach den von Ungarn aufgestellten Kriterien beurteilen zu können, sollen die folgenden drei Kriterien Ungarns (Bestehen eines legitimen Ziels, eine objektive und mit einer Begründung zu rechtfertigende Maßnahme und die Verhältnismäßigkeit zwischen dem Ziel und der Maßnahme) genauer betrachtet werden:
Grundsätzlich gehört der Schutz nationaler Minderheiten zu den völkerrechtlichen Pflichten von Staaten und ist daher als ein legitimes Ziel zu charakterisieren. Dass das mit dem modifizierten Statusgesetz verfolgte Ziel des Schutzes nationaler Minderheiten durch ihren Ursprungsstaat als legitim einzustufen ist, ist im Rahmen der Prüfung des Vorliegens einer Diskriminierung nach dem modifizierten Statusgesetz bereits bejaht worden: Mit dem modifizierten Statusgesetz wird die Absicht verfolgt, die materielle Situation der ethnischen Ungarn in den Nachbarstaaten zu verbessern bzw. zu stabilisieren, ihre nationale Identitätswahrung zu unterstützen bzw. dem Assimilierungsdruck durch den Aufenthaltsstaat entgegenzuwirken, ihre Bindungen zum Mutterland zu stärken und damit gleichzeitig den Abwanderungsprozess der Personen ethnisch-ungarischer Abstammung abzubremsen sowie der Stabilität des Donau-Karpaten-Raumes zu dienen.[1073] Zudem nimmt die Präambel des modifizierten Statusgesetzes in ihrem ersten Absatz auch auf Art. 6 III der ungarischen Verfassung[1074] Bezug, womit zum Ausdruck gebracht werden soll, dass der Schutz der "eigenen", in den Nachbarstaaten lebenden Minderheiten auch durch das modifizierte Statusgesetz in die Tat umgesetzt werden soll.

[1073]) Vgl. die Präambel des modifizierten Statusgesetzes.
[1074]) Bzgl. des Art. 6 III der ungarischen Verfassung: s.o. Fn. 39.

Da diese Absichten im Grunde genommen keine evident unvernünftigen Erwägungen darstellen, ist das mit dem Gesetz verfolgte Ziel als legitim einzustufen.
Die Maßnahme, die objektiv und mit einer Begründung zu rechtfertigen sein muss, ist in dem modifizierten Statusgesetz zu sehen. Dass dieses Gesetz auf objektiven Kriterien beruht, ist bereits bewiesen worden.[1075] Die zur Rechtfertigung des Statusgesetzes erforderliche Begründung ergibt sich aus dem eben dargelegten legitimen Ziel, so dass auch das zweite Kriterium Ungarns erfüllt ist.
Es ist ebenfalls erörtert worden, dass die Maßnahme, d.h., das modifizierte Statusgesetz, zur Erreichung des Ziels sowohl geeignet als auch erforderlich und auch angemessen ist.[1076] Dies bedeutet, dass somit auch die Verhältnismäßigkeit zwischen der Maßnahme und dem Ziel gegeben ist.
Zusammenfassend kann man folglich feststellen, dass auch alle von Ungarn geforderten Bedingungen für die Vereinbarkeit des modifizierten Statusgesetzes mit dem Art. 4 der Rahmenkonvention vorliegen.

Da sowohl alle Voraussetzungen, die vor den von Ungarn aufgelisteten Kriterien als grundlegende Voraussetzungen für die Vereinbarkeit des modifizierten Statusgesetzes mit dem Art. 4 der Rahmenkonvention zu erfüllen waren, vorliegen und da auch alle drei von Ungarn für die Vereinbarkeit des modifizierten Statusgesetzes mit dem Art. 4 der Rahmenkonvention aufgestellten Kriterien erfüllt sind, steht einer Vereinbarkeit des modifizierten Statusgesetzes mit dem Art. 4 der Rahmenkonvention nichts entgegen.

(4) Europäische Charta der Regional- und Minderheitensprachen

Wie bereits dargelegt, beinhaltet die Europäische Charta der Regional- und Minderheitensprachen im Gegensatz zu allen bisher im Rahmen des Prinzips der Nichtsdiskriminierung untersuchten Bestimmungen keine separate Regelung, die ein Verbot der Diskriminierung aufstellt. Dieses ist vielmehr in Absatz 2 des Art. 7 der Charta enthalten, der die Ziele und Grundsätze der Charta festlegt.[1077]
Trotz der Tatsache, dass der Art. 7 II der Charta eine sehr vage Formulierung des Verbots der Diskriminierung enthält und demnach auch Auswirkungen auf alle weiteren Vorschriften der Charta hat, ist er dennoch nicht anwendbar, da es sich bei diesen Regelungen nur um sprachenrechtliche Bestimmungen handelt.[1078] Da das modifizierte Statusgesetz – ähnlich wie das ursprüngliche Statusgesetz – als Ganzes einen weit über bloß sprachenrechtliche Regelungen hinausgehenden Anwendungsbereich hat, kann es daher nicht durch die rein sprachenrechtliche Bestimmungen enthaltende Minderheitensprachencharta und das nur darauf bezogenen Diskriminierungsverbot des Art. 7 II der Charta gerechtfertigt werden.

(5) Zusammenfassung

Zusammenfassend lässt sich in Bezug auf die Vereinbarkeit des modifizierten Statusgesetzes mit den Regelungen des Europarates, die sich mit dem Verbot der Diskriminierung beschäfti-

---

[1075]) S.o. Kapitel IV, B., II., S. 321.
[1076]) S.o. Kapitel IV, B., II., S. 321 ff.
[1077]) S.o. Kapitel III, B., II., 2., b., (1), (d), S. 207.
[1078]) S.o. Kapitel III, B., II., 2., b., (1), (d), S. 207

gen (Art. 14 der EMRK, Art. 1 des 12. ZP zur EMRK, Art. 4 des Rahmenübereinkommens zum Schutz nationaler Minderheiten und der Europäischen Charta der Regional- und Minderheitensprachen), feststellen, dass das modifizierte Statusgesetz im Gegensatz zu dem ursprünglichen Statusgesetz mit allen – mit Ausnahme der Europäischen Charta der Regional- und Minderheitensprachen, die aufgrund ihrer rein sprachenrechtlichen Regelungen auf das modifizierte Statusgesetz nicht anzuwenden ist – in Einklang zu bringen ist.

b. OSZE / KSZE

Das ursprüngliche ungarische Statusgesetz hat gegen die Punkte 5.7, 5.9, 25.4, 31, 32.4, 33, 36, 40.1 und 40.2 des Kopenhagener Abschlussdokuments über die menschliche Dimension der KSZE sowie gegen die Errungenschaften des Hohen Kommissars für nationale Minderheiten auf diesem Gebiet verstoßen.[1079]

Im Folgenden ist nun zu untersuchen, ob diese Verstöße auch bei der Prüfung der Vereinbarkeit des modifizierten ungarischen Statusgesetzes mit eben diesen Vorschriften des regionalen Völkerrechts im Rahmen des Prinzips der Nichtdiskriminierung vorliegen oder ob sie durch die Änderungen des Statusgesetzes aufgehoben werden.

(1) Regelungen des Kopenhagener Abschlussdokuments über die menschliche Dimension der KSZE

Die in Bezug auf das Diskriminierungsverbot relevanten Vorschriften des Kopenhagener Abschlussdokuments (die Punkte 5.7, 5.9, 25.4 des Abschlussdokuments und die dem Kapitel IV über nationale Minderheiten angehörigen Punkte 31, 32.4, 33, 36, 40.1 und 40.2 Abschlussdokuments) sollen im Folgenden einzeln auf ihre Vereinbarkeit mit den Regelungen des modifizierten Statusgesetzes hin überprüft werden.

(a) Punkte 5.7 und 5.9 des Kopenhagener Abschlussdokuments

Es ist bereits dargestellt worden, dass den nationalen Minderheiten mit dem Kapitel IV ein eigenes Kapitel in dem Abschlussdokument gewidmet worden ist, in dem auch ausführlich auf das Diskriminierungsverbot in Bezug auf die nationalen Minderheiten eingegangen wird. Im Gegensatz zu den in Kapitel IV enthaltenen Bestimmungen sind die in Punkt 5 des Dokuments niedergelegten Regelungen eher allgemein gehalten. Punkt 5 des Dokuments stellt demnach generelle Grundsätze auf, die für die Gerechtigkeit in einem Staat maßgeblich sind.[1080]

Eine genaue Erörterung der Vereinbarkeit des modifizierten Statusgesetzes mit den Punkten 5.7 und 5.9 des Kopenhagener Abschlussdokuments muss daher zunächst aufgrund der Tatsache, dass es sich bei diesen Bestimmungen um allgemeine Grundsätze handelt, im Vergleich zu denen die in Bezug auf die nationalen Minderheiten spezielleren Vorschriften in Kapitel IV des Abschlussdokuments vorrangig zu prüfen sind, zurückgestellt werden. Nur im Falle der Unvereinbarkeit des modifizierten Statusgesetzes mit den in Bezug auf nationale Minderhei-

---

1079) S.o. Kapitel III, B., 2., b., (2), S. 222.
1080) S.o. Kapitel III, B., II., 2., b., (2), (a), ((1)), S. 209.

ten spezielleren Vorschriften des Kapitels IV wäre die Prüfung der Vereinbarkeit des Statusgesetzes mit den allgemeineren Punkten 5.7 und 5.9 des Abschlussdokuments von Bedeutung.

(b) Punkt 25.4 des Kopenhagener Abschlussdokuments

Wie bereits festgestellt worden ist, betrifft der Punkt 25.4 des Abschlussdokuments inhaltlich zwar das Verbot der Diskriminierung, jedoch ist der Punkt 25.4 dieses Dokuments auf die Situation eines öffentlichen Notstandes bezogen.[1081]
Da auch durch das modifizierte Statusgesetz keine Situation eines öffentlichen Notstandes erfasst wird, erübrigt sich eine nähere Betrachtung des Punktes 25.4 des Abschlussdokuments. Letztendlich ist dieser Punkt somit für die hier relevante Prüfung der Vereinbarkeit des modifizierten Statusgesetzes mit den Bestimmungen des Kopenhagener Abschlussdokuments im Hinblick auf das Diskriminierungsverbot thematisch nicht einschlägig.

(c) Kapitel IV des Kopenhagener Abschlussdokuments

Ebenso wie im Rahmen des ursprünglichen Statusgesetzes sollen im Folgenden die in Bezug auf die Vereinbarkeit des modifizierten Statusgesetzes mit den Bestimmungen des Kapitels IV des Kopenhagener Abschlussdokuments im Hinblick auf das Verbot der Diskriminierung relevanten Bestimmungen (Punkt 31, 32.4, 33, 36, 40.1 und 40.2 des Abschlussdokuments) näher untersucht werden.

((1)) Punkt 31 des Kopenhagener Abschlussdokuments

Wie bereits dargelegt, handelt es sich bei den Vergünstigungen, die aufgrund des modifizierten Statusgesetzes gewährt werden, – im Gegensatz zu den nach dem ursprünglichen Statusgesetz gewährten Vergünstigungen – zum einen um nur die Bildung und die Kultur betreffende Vergünstigungen, die nach Ansicht der Venedig-Kommission unproblematisch mit den internationalen Regelungen zu vereinbaren sind, und zum anderen um Vergünstigungen, die als positive Diskriminierung zu charakterisieren sind.[1082] Dies bedeutet, dass sich das modifizierte Statusgesetz diesbezüglich im Rahmen der Vorgabe des Punktes 31 des Kopenhagener Abschlussdokuments bewegt.
Anders als die Punkte 33 und 36 des Abschlussdokuments enthält der Punkt 31 des Abschlussdokuments nicht den Zusatz, dass es sich bei den durch das Dokument Begünstigten um die Angehörigen der nationalen Minderheiten "auf ihrem Territorium" handelt. Dies könnte bedeuten, dass auf das Kriterium des territorialen Anwendungsbereiches der Vorschriften des Kapitels IV des Kopenhagener Dokuments in Bezug auf Punkt 31 des Abschlussdokuments verzichtet wird. Da aber auch das Kopenhagener Dokument dem Prinzip der territorialen Integrität der Staaten – wie aus dem Punkt 37 des Abschlussdokuments hervorgeht[1083] – eine erhebliche Bedeutung zumisst, ist davon auszugehen, dass sich dieses Prinzip auch auf den Punkt 31 des Abschlussdokuments auswirkt. Demzufolge dürfen sich die Teilnehmerstaaten nur dann auch um nationale Minderheiten außerhalb ihres Territoriums

---

[1081]) S.o. Kapitel III, B., II., 2., b., (2), (a), ((2)), S. 210.
[1082]) S.o. Kapitel IV, B., II., S. 317 ff.
[1083]) S.o. Kapitel III, B., I., 2., b., (1), S. 106.

kümmern, wenn sie bei ihren Handlungen das Prinzip der territorialen Staatensouveränität respektieren. Aus diesem Grund kann man daher feststellen, dass es dem Punkt 31 des Abschlussdokuments auf der einen Seite an einer expliziten Bestimmung seines territorialen Anwendungsbereiches fehlt und dass sich auf der anderen Seite das Prinzip der territorialen Staatensouveränität trotz der Tatsache, dass es nicht als gesonderter Zusatz in dem Punkt 31 des Abschlussdokuments seinen Niederschlag gefunden hat, auch auf die Regelung des Punktes 31 des Abschlussdokuments bezieht.
Im Gegensatz zu dem ursprünglichen Statusgesetz ist das modifizierte Statusgesetz – wie bereits bewiesen[1084] – mit dem Prinzip der territorialen Staatensouveränität zu vereinbaren. Dies bedeutet, dass in Bezug auf das modifizierte Statusgesetz der das Prinzip der territorialen Staatensouveränität beinhaltende und sich auf den Punkt 31 des Abschlussdokuments auswirkende Punkt 37 des Abschlussdokuments nicht dafür sorgt, dass das modifizierte Statusgesetz mit dem Punkt 31 des Abschlussdokuments unvereinbar ist. Insgesamt kann man somit festhalten, dass das modifizierte Statusgesetz aufgrund der Tatsache, dass es dem Punkt 31 des Abschlussdokuments an dem aufgeführten Zusatz ("auf ihrem Territorium") mangelt, sowie aufgrund der Tatsache, dass das modifizierte Statusgesetz mit dem Prinzip der territorialen Staatensouveränität vereinbar ist, mit dem Punkt 31 des Kopenhagener Abschlussdokument in Einklang zu bringen ist.

Losgelöst von sämtlichen anderen Vorschriften des Kopenhagener Abschlussdokument (sowie des Wiener KSZE-Dokuments) ist dieses Ergebnis akzeptabel. Betrachtet man den Punkt 31 des Kopenhagener Abschlussdokuments allerdings im Rahmen der weiteren Vorschriften des Kapitels IV des Kopenhagener Abschlussdokuments, die sich auf das Prinzip der Nichtdiskriminierung beziehen (Punkt 32.4, 33, 36, 40.1 und 40.2 des Abschlussdokuments), stellt man fest, dass das modifizierte Statusgesetz allein mit dem Punkt 31 des Abschlussdokuments zu vereinbaren ist. Die Prüfung führt zu dem Ergebnis, dass das modifizierte Statusgesetz mit allen anderen dieser Punkte nicht vereinbar ist (s.u.). Da das Kopenhagener Abschlussdokument (und insbesondere das Kapitel IV des Dokuments) als ein in sich stimmiges Dokument anzusehen ist und da sowohl der Punkt 33 als auch der Punkt 36 dieses Dokuments den territorialen Anwendungsbereich der Vorschriften des Kapitels IV des Kopenhagener Dokuments auf das jeweilige Staatsgebiet des handelnden Teilnehmerstaates beschränken, ist im Sinne der Stimmigkeit der einzelnen Regelungen des Kapitels IV des Kopenhagener Abschlussdokuments untereinander darauf zu schließen, dass sich nicht nur das in Punkt 37 des Abschlussdokuments verankerte Prinzip der territorialen Staatensouveränität auf die anderen Bestimmungen des Kapitels IV erstreckt, sondern dass diese Ausweitung auch für den in den Punkten 33 und 36 des Abschlussdokuments verankerten territorialen Anwendungsbereich der Vorschriften des Kapitels IV des Kopenhagener Dokuments gilt. Im Gegensatz zu dem Rahmenübereinkommen zum Schutz nationaler Minderheiten, bei dem die Vertragsstaaten "nur" durch einen Absatz der Präambel verpflichtet werden, lediglich innerhalb ihres Hoheitsgebiets den Minderheitenschutz zu betreiben, und bei dem den Staaten ein sehr weiter Ermessensspielraum zusteht, wird der territoriale Anwendungsbereich der Vorschriften des Kapitels IV des Kopenhagener Dokuments nicht allein durch die Präambel, sondern durch mehrere Bestimmungen des Dokuments selbst festgelegt, und außerdem steht den Teilnehmerstaaten im Rahmen des Kopenhagener Abschlussdokuments kein derart weiter Ermessensspielraum zu. Dies bedeutet, dass die in Bezug auf das Rahmenübereinkommen getätigte Argumentation, die zur Vereinbarkeit des modifizierten Statusgesetzes mit dem Art. 4 des

[1084]) S.o. Kapitel IV, B., I., S. 316.

Übereinkommens geführt hat[1085], nicht auf die entsprechenden Bestimmungen des Kopenhagener Abschlussdokuments übertragen werden kann. Demnach ist der in den Punkten 33 und 36 des Abschlussdokuments niedergelegte Zusatz, dass es sich bei den durch dieses Dokument Begünstigten um die Angehörigen der nationalen Minderheiten "auf ihrem Territorium" handelt, auch auf den Punkt 31 des Abschlussdokuments anzuwenden. Dies führt dazu, dass auch die dem Punkt 31 des Abschlussdokuments zufolge zu gewährenden besonderen Maßnahmen nur den Minderheiten zugestanden werden dürfen, die auf dem Hoheitsgebiet des jeweils handelnden Teilnehmerstaates ansässig sind.
Bezieht man diese Überlegungen in die Prüfung der Vereinbarkeit des modifizierten Statusgesetzes mit dem Punkt 31 des Kopenhagener Abschlussdokuments mit ein, so kommt man zu dem Ergebnis, dass die aufgrund des modifizierten Statusgesetzes auf dem Gebiet der Nachbarstaaten Ungarns gewährten Vergünstigungen gegen den territorialen Anwendungsbereich des Punktes 31 des Abschlussdokuments verstoßen. Auch die Tatsache, dass es sich bei den auf dem Staatsgebiet der ungarischen Nachbarstaaten zu gewährenden Vergünstigungen lediglich um bildungsbezogene und kulturelle Vergünstigungen handelt, die nach Ansicht der Venedig-Kommission mit den internationalen Regelungen unproblematisch in Einklang zu bringen sind, führt nicht zu einem anderen Ergebnis. Wie nämlich schon in dem vergleichbaren Fall bei der Prüfung der Vereinbarkeit des modifizierten Statusgesetzes mit dem Art. 2 I des IPBPR dargelegt worden ist[1086], würde die Ausdehnung der Aussagen der Venedig-Kommission auf die Frage nach dem territorialen Geltungsbereich der Vorschriften des Kapitels IV des Kopenhagener Dokuments viel zu weitreichende Folgen haben. Insofern kommt man zu dem Schluss, dass das modifizierte Statusgesetz – genau wie das ursprüngliche Statusgesetz – wegen des Verstoßes gegen den territorialen Anwendungsbereich der Vorschriften des Kapitels IV des Kopenhagener Dokuments mit dem Punkt 31 dieses Dokuments unvereinbar ist.

((2)) Punkt 32.4 des Kopenhagener Abschlussdokuments

Zunächst ist in Bezug auf den Punkt 32 des Kopenhagener Abschlussdokuments festzustellen, dass die soeben im Rahmen des Punktes 31 des Abschlussdokuments getätigten Aussagen über den territorialen Geltungsbereich der Vorschriften des Kapitels IV des Kopenhagener Dokuments auch auf den Punkt 32 des Abschlussdokuments zutreffen. Allerdings ist dies in Bezug auf den Punkt 32 des Abschlussdokuments nicht von derart ausschlaggebender Bedeutung wie in Bezug auf den Punkt 31 des Abschlussdokuments.
Im Rahmen des Punktes 32.4 des Abschlussdokuments ist nämlich vielmehr bedeutsam, dass dieser nur den Angehörigen der nationalen Minderheiten selbst die grenzüberschreitenden Kontakte zu ihrem Ursprungsstaat zubilligt. Den jeweiligen Ursprungsstaaten wird hingegen nicht das Recht zugestanden, grenzüberschreitende Kontakte zu den Angehörigen "ihrer" nationalen Minderheit zu unterhalten.[1087] Die aufgrund des modifizierten Statusgesetzes erfolgenden grenzüberschreitenden Kontakte gehen zwar von den durch das Statusgesetz begünstigten Personen ethnisch-ungarischer Abstammung aus. Da diese Kontakte aber auf den Regelungen des Statusgesetzes beruhen und der erste Schritt somit von der ungarischen Regierung und nicht von den Personen ethnisch-ungarischer Abstammung ausging, stehen die

[1085]) S.o. Kapitel IV, B., II., 2., a., (3)., S. 336.
[1086]) S.o. Kapitel IV, B., II., 1., e., S. 329.
[1087]) S.o. Kapitel III, B., II., 2., b., (2), (a), ((3)), ((b)), S. 214.

aufgrund des modifizierten Statusgesetzes erfolgenden grenzüberschreitenden Kontakte nicht im Einklang mit den Erfordernissen des Unterpunktes 32.4 des Abschlussdokuments.
Da die Vergünstigungen des modifizierten Statusgesetzes – wie eben dargelegt – nicht mit den durch den Punkt 32 des Abschlussdokuments gewährten Rechten in Einklang zu bringen sind, kommt auch der Charakter des speziellen Diskriminierungsverbots, der diesen Rechten aufgrund des letzten Absatzes von Punkt 32 des Abschlussdokuments zukommt, auch in Bezug auf das modifizierte Statusgesetz nicht zum Tragen.
Da das modifizierte Statusgesetz nicht in den territorialen Anwendungsbereich des Punktes 32 des Abschlussdokuments fällt und da das modifizierte Statusgesetz mit dem Punkt 32.4 des Abschlussdokuments trotz der Tatsache, dass nach Punkt 32.4 des Abschlussdokuments grenzüberschreitende Kontakte gestattet werden, mit diesem nicht vereinbar ist, da nach Punkt 32.4 des Abschlussdokuments lediglich grenzüberschreitende Kontakte der Angehörigen nationaler Minderheiten erlaubt sind, den Ursprungsstaaten dieser Minderheitenangehörigen derartige Kontakte aber nicht gestattet sind, ist das modifizierte Statusgesetz mit den Bestimmungen des Punktes 32 und des Unterpunktes 32.4 des Kopenhagener Abschlussdokuments nicht in Einklang zu bringen. Dies bedeutet, dass das modifizierte Statusgesetz im Vergleich zu dem ursprünglichen Statusgesetz für keine Änderung hinsichtlich der Vereinbarkeit mit dem Punkt 32.4 des Kopenhagener Abschlussdokuments sorgt.

((3)) Punkt 33 des Kopenhagener Abschlussdokuments

Im Gegensatz zu dem ursprünglichen Statusgesetz ist das modifizierte Statusgesetz nach vorhergehenden Konsultationen mit den Nachbarstaaten zustande gekommen[1088] (was für eine Vereinbarkeit mit dem Punkt 33 Satz 2 des Abschlussdokuments spricht), und es weist auch keine Diskriminierung auf[1089] (was für eine Vereinbarkeit mit dem Punkt 33 Satz 3 des Abschlussdokuments spricht).
Allerdings gehört der Punkt 33 Satz 1 des Abschlussdokuments zu einer der zwei Bestimmungen des Kapitels IV des Abschlussdokuments, in der direkt der territoriale Anwendungsbereich des Kopenhagener Abschlussdokuments auf das Hoheitsgebiet des jeweils handelnden Teilnehmerstaates beschränkt wird.[1090] Aufgrund der dargebrachten Argumentation[1091] bedeutet dies, dass das modifizierte Statusgesetz und die durch dieses Gesetz zu gewährenden Vergünstigungen nicht in den territorialen Anwendungsbereich der Vorschriften des Kapitels IV des Kopenhagener Dokuments fallen.
Trotz der Vereinbarkeit des modifizierten Statusgesetzes mit den Sätzen 2 und 3 des Punktes 33 des Abschlussdokuments bleibt es – genau wie das ursprüngliche Statusgesetz – unvereinbar mit der Bestimmung des Punktes 33 Satz 1 des Abschlussdokuments.

((4)) Punkt 36 Absatz 2 des Kopenhagener Abschlussdokuments

Dass das modifizierte Statusgesetz im Gegensatz zu dem ursprünglichen Statusgesetz keine diskriminierende Wirkung aufweist[1092], ist für die Bejahung der Vereinbarkeit des modifizier-

[1088]) S.o. Kapitel IV, B., I., 1., b., S. 304.
[1089]) S.o. Kapitel IV, B., II., S. 325.
[1090]) S.o. Kapitel III, B., II., 2., b., (2), (a), ((3)), ((c)), S. 217.
[1091]) S.o. Kapitel IV, B., II., 1., e., S. 329.
[1092]) S.o. Kapitel IV, B., II., S. 325.

ten Statusgesetzes mit dem Punkt 36 II des Abschlussdokuments nicht ausreichend. Denn der Punkt 36 II des Abschlussdokuments stellt neben dem Punkt 33 des Abschlussdokuments die zweite Bestimmung dieses Dokuments dar, in der direkt der territoriale Anwendungsbereich der Vorschriften des Kapitels IV des Kopenhagener Dokuments auf das Hoheitsgebiet des jeweils handelnden Teilnehmerstaates beschränkt wird.[1093] Aus diesem Grund ist ebenso wie bei Punkt 33 des Abschlussdokuments aufgrund der zuvor dargebrachten Argumentation[1094] festzustellen, dass das modifizierte Statusgesetz und die durch dieses Gesetz zu gewährenden Vergünstigungen nicht in den territorialen Anwendungsbereich der Vorschriften des Kapitels IV des Kopenhagener Dokuments fallen.
Dies bedeutet, dass das modifizierte Statusgesetz – genau wie das ursprüngliche Statusgesetz – trotz des Nicht-Vorliegens einer Diskriminierung nicht mit dem Absatz 2 des Punktes 36 des Abschlussdokuments in Einklang zu bringen ist.

((5)) Punkte 40.1 und 40.2 des Kopenhagener Abschlussdokuments

Dadurch, dass festgestellt worden ist, dass das modifizierte Statusgesetz – anders als das ursprüngliche Statusgesetz – nicht zu einer Diskriminierung führt[1095], handelt Ungarn seiner im Rahmen des Punktes 40 des Abschlussdokuments abgegebenen Verurteilung von Diskriminierungen[1096] entsprechend.
Durch das modifizierte Statusgesetz sollen die Personen ethnisch-ungarischer Abstammung in den an Ungarn angrenzenden Ländern durch die Gewährung der bereits dargestellten Vergünstigungen unterstützt werden.[1097] Dabei ist nicht zu erkennen, dass das Statusgesetz zum Schutz vor Handlungen gedacht ist, die zu Gewalt gegen Personen oder Gruppen aufgrund nationaler, rassischer, ethnischer oder religiöser Diskriminierung, zu Feindseligkeit oder Hass einschließlich Antisemitismus aufhetzen. Im Rahmen des ursprünglichen Statusgesetzes musste man sich vielmehr eher die Frage stellen, ob dieses Gesetz nicht zu einer derartigen Diskriminierung aufgrund nationaler Kriterien führt.[1098] Dies ist aber im Rahmen des modifizierten Statusgesetz nicht der Fall. Da somit kein Anlass im Sinne der Punkte 40.1 bzw. 40.2 des Abschlussdokuments für den Erlass des modifizierten Statusgesetzes bestand und da das Statusgesetz eher "unterstützen" als "schützen" soll, lässt es sich nicht mit der Regelung des Punktes 40.1 des Abschlussdokuments vereinbaren.
Mit gleicher Begründung lässt sich auch die Vereinbarkeit des modifizierten Statusgesetzes mit dem Punkt 40.2 des Abschlussdokuments verneinen.
Man kommt somit zu dem Ergebnis, dass das modifizierte Statusgesetz ebenso wie das ursprüngliche Statusgesetz nicht mit den Regelungen der Punkte 40.1 und 40.2 des Kopenhagener Abschlussdokuments in Einklang zu bringen ist.

((6)) Zusammenfassung

Zusammenfassend lässt sich somit feststellen, dass das modifizierte Statusgesetz trotz der Tatsache, dass es keine diskriminierende Wirkung aufweist, mit den betreffenden Punkten des

[1093]) S.o. Kapitel III, B., II., 2., b., (2), (a), ((3)), ((d)), S. 218.
[1094]) S.o. Kapitel IV, B., II., 1., e., S. 329.
[1095]) S.o. Kapitel IV, B., II., S. 325.
[1096]) S.o. Kapitel III, B., II., 2., b., (2), (a), ((3)), ((d)), S. 219.
[1097]) S.o. Kapitel IV, A., S. 294.
[1098]) S.o. Kapitel III, B., II., 2., a., (1), (b), ((1)), S. 141.

IV. Kapitels des Kopenhagener Abschlussdokuments nicht zu vereinbaren ist. Dies liegt vor allem an dem in den Punkten 33 und 36 des Abschlussdokuments explizit hervorgehobenen territorialen Anwendungsbereich der Vorschriften des Kapitels IV des Kopenhagener Dokuments, der sich auch auf alle anderen Bestimmungen dieses Kapitels erstreckt.
Darüber hinaus scheitert die Vereinbarkeit des modifizierten Statusgesetzes mit dem Unterpunkt 25.4 an der Tatsache, dass dieser Unterpunkt 25.4 des Abschlussdokuments in Bezug auf das Prinzip der Nichtdiskriminierung vom Thema her nicht einschlägig ist.
In Bezug auf das Kapitel IV des Kopenhagener Abschlussdokuments kann man daher festhalten, dass die Untersuchungen des modifizierten Statusgesetzes zu den gleichen Ergebnissen kommen wie die des ursprünglichen Statusgesetzes.

Da das modifizierte Statusgesetz mit den Bestimmungen des Kapitels IV des Abschlussdokuments nicht vereinbar ist, stellt sich somit die Frage nach seiner Vereinbarkeit mit den Punkten 5.7 und 5.9 des Abschlussdokuments. Im Gegensatz zu dem ursprünglichen Statusgesetz ist diese allerdings zu bejahen. Wie nämlich bereits erläutert worden ist, werden in dem Punkt 5 des Abschlussdokuments generelle Grundsätze aufgestellt, die für die Gerechtigkeit in einem Staat maßgeblich sind. Dabei zählt zu den nach Punkt 5.7 des Abschlussdokuments zu gewährleistenden Menschenrechten und Grundfreiheiten auch das Verbot der Diskriminierung. Nach Punkt 5.9 des Abschlussdokuments wird das Diskriminierungsverbot noch einmal separat betont.[1099] Diese generellen Grundsätze werden dann in den folgenden Kapiteln konkretisiert und auf die jeweils entsprechende Situation (in Bezug auf das Kapitel IV ist dies der Schutz der Angehörigen nationaler Minderheiten) angewandt. Da das modifizierte Statusgesetz keine Diskriminierung beinhaltet, verstößt es zwar nicht gegen die generellen Grundsätze der Punkte 5.7 und 5.9 des Abschlussdokuments. Dies bedeutet aber nicht, dass es gezwungener Maßen auch mit allen anderen Bestimmungen des Kopenhagener Dokuments zu vereinbaren sein muss. Der Verstoß des modifizierten Statusgesetzes gegen die Bestimmungen des Kapitels IV des Abschlussdokument basiert – wie bereits bewiesen – zudem nicht auf dem Verstoß gegen das Verbot der Diskriminierung, sondern auf dem Verstoß gegen den territorialen Anwendungsbereich des Kapitels IV des Kopenhagener Dokuments. Dadurch wird belegt, dass das modifizierte Statusgesetz mit dem zunächst in den generellen Grundsätzen niedergelegten und dann in Bezug auf die Angehörigen der nationalen Minderheiten genauer konkretisierten Verbot der Diskriminierung in Einklang zu bringen ist. Daher führt es auch zu keinem Widerspruch, dass das modifizierte Statusgesetz mit den generellen Grundsätzen (v.a. mit dem Verbot der Diskriminierung) aus Punkt 5.7 und 5.9 des Abschlussdokuments in Einklang zu bringen ist, allerdings gegen die speziell den Angehörigen von nationalen Minderheiten gewidmeten Bestimmungen des Kapitels IV des Abschlussdokuments (aufgrund der Unvereinbarkeit des modifizierten Statusgesetzes mit dem territorialen Anwendungsbereich des Kapitels IV des Kopenhagener Dokuments) verstößt.
Das modifizierte Statusgesetz ist daher – anders als das ursprüngliche Statusgesetz – mit den in den Punkten 5.7 und 5.9 des Abschlussdokuments niedergelegten generellen Grundsätzen in Bezug auf das Verbot der Diskriminierung zu vereinbaren.

(2) OSZE-Hochkommissar für nationale Minderheiten

Genau wie in Bezug auf die Vereinbarkeit des ursprünglichen Statusgesetzes mit dem Verbot der Diskriminierung aufgrund von Empfehlungen des OSZE-Hochkommissars für nationale

[1099]) S.o. Kapitel III, B., II., 2., b., (2), (a), ((1)), S. 209.

Minderheiten lassen sich auch in Bezug auf die Vereinbarkeit des modifizierten Statusgesetzes mit dem Verbot der Diskriminierung aufgrund von Empfehlungen des OSZE-Hochkommissars für nationale Minderheiten keine darauf bezogenen Äußerungen des OSZE-Hochkommissars finden.[1100]

Wie bereits dargestellt, lässt sich aus der sehr allgemein gehaltenen Rede des OSZE-Hochkommissars Rolf Ekeus ableiten, dass Anti-Diskriminierungsbestimmungen, die mit dem internationalen Recht, zu dem auch das Prinzip der Nichtdiskriminierung zählt, nicht vereinbar sind, nicht seinen Empfehlungen und Vorstellungen zu dem Thema des Diskriminierungsverbots entsprechen.[1101] Bezogen auf das modifizierte Statusgesetz bedeutet dies, dass die Änderungen, aufgrund derer das Vorliegen einer Diskriminierung zu verneinen ist, den vom OSZE-Hochkommissar zu diesem Thema aufgestellten Vorgaben entsprechen und demnach durch diese auch gerechtfertigt werden könnten.
Dabei ist allerdings zu bedenken, dass den Empfehlungen des OSZE-Hochkommissars kein rechtsverbindlicher Charakter zukommt[1102], so dass sie auch nicht als Grundlage für einen Legislativakt herangezogen werden können. Eine Rechtfertigung des modifizierten Statusgesetzes aufgrund der Übereinstimmung mit den Empfehlungen des OSZE-Hochkommissars ist demnach nicht gegeben.

(3) Zusammenfassung

Zusammenfassend lässt sich in Bezug auf die Vereinbarkeit des modifizierten Statusgesetzes mit den Regelungen der OSZE / KSZE, die sich mit dem Verbot der Diskriminierung beschäftigen (Punkte 5.7, 5.9, 25.4, 31, 32.4, 33, 36 Absatz 2, 40.1 und 40.2 des Kopenhagener Abschlussdokuments über die menschliche Dimension der KSZE und die Empfehlungen des OSZE-Hochkommissars für nationale Minderheiten zu dem Thema der Nichtdiskriminierung), feststellen, dass das modifizierte Statusgesetz im Gegensatz zu dem ursprünglichen Statusgesetz zwar mit den die generellen Grundsätze enthaltenden Punkten 5.7 und 5.9 des Kopenhagener Abschlussdokuments sowie mit den rechtlich nicht relevanten Empfehlungen des OSZE-Hochkommissars zu vereinbaren ist, ansonsten aber – genauso wie das ursprüngliche Statusgesetz – gegen die speziell den Angehörigen nationaler Minderheiten gewidmeten Bestimmungen des Kapitels IV des Kopenhagener Abschlussdokument verstößt.

c. Zwischenergebnis

Die Prüfung der Vorschriften des regionalen Völkerrechts in Bezug auf das Prinzip der Nichtdiskriminierung (sowohl die vom Europarat erlassenen Bestimmungen des Art. 14 der EMRK, des Art. 1 des 12. ZP zur EMRK, des Art. 4 der Rahmenkonvention zum Schutz nationaler Minderheiten und der Europäischen Charta der Regional- oder Minderheitensprachen als auch die Punkte 5.7, 5.9, 25.4, 31, 32.4, 33, 36 Absatz 2, 40.1 und 40.2 des Kopenhagener Abschlussdokuments über die menschliche Dimension der KSZE und die Einstellungen des OSZE-Hochkommissars für nationale Minderheiten zu diesem Thema), die soeben daraufhin untersucht wurden, ob das modifizierte Statusgesetz mit ihnen in Einklang zu bringen ist,

---

1100) S.o. Kapitel III, B., II., 2., b., (2), (b), S. 221
1101) S.o. Kapitel III, B., II., 2., b., (2), (b), S. 221
1102) S.o. Kapitel III, B., I., 2., b., (2), S. 108.

führt – anders als bei dem ursprünglichen Statusgesetz – zu einem geteilten Ergebnis: Aufgrund der Tatsache, dass durch die Bestimmungen des modifizierten Statusgesetzes keine Diskriminierung hervorgerufen wird, ist das modifizierte Statusgesetz mit dem Art. 14 der EMRK, dem Art. 1 des 12. ZP zur EMRK, dem Art. 4 der Rahmenkonvention zum Schutz nationaler Minderheiten sowie mit den Punkten 5.7 und 5.9 des Kopenhagener Abschlussdokuments und den rechtlich nicht relevanten Empfehlungen des OSZE-Hochkommissars in Einklang zu bringen. Trotz des Nicht-Vorliegens einer Diskriminierung aufgrund des modifizierten Statusgesetzes und trotz der Vereinbarkeit des modifizierten Statusgesetzes mit dem Prinzip der territorialen Staatensouveränität bleibt es aber dennoch mit den Punkten 31, 32.4, 33, 36 II, 40.1 und 40.2 des Kopenhagener Abschlussdokuments wegen seines Verstoßes gegen den territorialen Anwendungsbereich der Vorschriften des Kapitels IV des Kopenhagener Abschlussdokuments unvereinbar. Ebenso wie im Rahmen des ursprünglichen Statusgesetzes bleiben die Europäische Minderheitensprachencharta (aufgrund ihrer Beschränkung auf rein sprachenrechtliche Aspekte) und der Punkt 25.4 des Kopenhagener Abschlussdokuments auch im Rahmen des modifizierten Statusgesetzes unanwendbar.
Der Art. 14 der EMRK, zusammen mit dem Art. 1 des 12. ZP zur EMRK, dem Art. 4 der Rahmenkonvention zum Schutz nationaler Minderheiten sowie den Punkten 5.7 und 5.9 des Kopenhagener Abschlussdokuments stellen die einzigen Vorschriften des regionalen Völkerrechts dar, nach der die aufgrund des modifizierten Statusgesetzes stattfindenden Handlungen im Rahmen des Prinzips der Nichtdiskriminierung legitimiert werden. Alle weiteren diesbezüglichen Vorschriften des regionalen Völkerrechts führen zur Unvereinbarkeit des modifizierten Statusgesetzes mit diesem Prinzip. Dabei ist aber festzuhalten, dass die mit dem modifizierten Statusgesetz nicht zu vereinbarenden Bestimmungen des regionalen Völkerrechts – ebenso wie die mit dem modifizierten Statusgesetz nicht zu vereinbarenden Bestimmungen des universellen Völkerrechts – dennoch den Anforderungen der völkerrechtskonformen Auslegung und dem in Art. 103 der UN-Charta niedergelegten Vorrang der Bestimmungen der UN-Charta gegenüber widersprüchlichen Bestimmungen früherer oder späterer Verträge Genüge leisten. Denn auch diese mit dem modifizierten Statusgesetz nicht zu vereinbarenden Bestimmungen des regionalen Völkerrechts beinhalten genau wie der Art. 1 III und der Art. 55 c) der UN-Charta das Verbot der Diskriminierung. Die Unvereinbarkeit des modifizierten Statusgesetzes mit diesen Bestimmungen basiert – wie gezeigt – auch nicht auf einer Verletzung des Diskriminierungsverbots, sondern auf dem im Vergleich zu den entsprechenden Bestimmungen der UN-Charta begrenzten territorialen Anwendungsbereich dieser mit dem modifizierten Statusgesetz nicht zu vereinbarenden Bestimmungen des regionalen Völkerrechts. Insofern ist es nicht von Bedeutung, dass das modifizierte Statusgesetz zu einigen Regelungen des regionalen Völkerrechts im Widerspruch steht, da es mit den in Bezug auf das Prinzip der Nichtdiskriminierung relevanten Bestimmungen der UN-Charta zu vereinbaren ist.

Dies bedeutet, dass der im Rahmen des ursprünglichen Statusgesetzes festgestellte Verstoß des ursprünglichen Statusgesetzes gegen das Prinzip der Nichtdiskriminierung auf regionaler Ebene durch das modifizierte Statusgesetz zum Teil aufgehoben wird. Die aufgrund des modifizierten Statusgesetz vorzunehmenden Handlungen stehen teilweise im Einklang mit den entsprechenden Bestimmungen des regionalen Völkerrechts, was zur Folge hat, dass das modifizierte Statusgesetz der Venedig-Kommission in Bezug auf das Prinzip der Nichtdiskriminierung im Rahmen des regionalen Völkerrechts geringeren Anlass zur Kritik geben kann als das ursprüngliche Statusgesetz.

3. Bilateraler Minderheitenschutz

Im Rahmen des bilateralen Minderheitenschutzes sind bereits die Bestimmungen der einzelnen, von Ungarn mit all seinen Nachbarstaaten (mit Ausnahme von Österreich) abgeschlossenen bilateralen Verträge bzw. Abkommen bzw. Deklarationen dargestellt worden, die sich auf das Prinzip der Nichtdiskriminierung beziehen.

Dabei ist allerdings auch festgestellt worden, dass sowohl das ungarisch-kroatische Übereinkommen als auch das ungarisch-slowenische Übereinkommen sowie die ungarisch-ukrainische Deklaration zwar in ihren Präambeln und einigen ihrer Artikel auf das Prinzip der Nichtdiskriminierung Bezug nehmen, dass aber diese Übereinkommen bzw. Deklarationen lediglich auf die den jeweils anderen Minderheiten zu gewährenden besonderen Rechte spezialisiert sind und keine allgemeinen Regelungen über die sich aus der Nachbarschaft ergebenden Rechte und Pflichten, dem gegenseitigen Respekt und dem Verhalten dem Vertragspartner gegenüber enthalten. Wie in Bezug auf das ursprüngliche Statusgesetz bereits dargelegt, bildet zwar auch bei dem modifizierten Statusgesetz der Schutz und die Unterstützung von Minderheiten den Schwerpunkt, doch kann es gerade in Bezug auf die Prüfung seiner Vereinbarkeit mit dem Prinzip der Nichtdiskriminierung nicht durch die eben aufgezählten derart speziellen Übereinkommen bzw. Deklarationen des bilateralen völkerrechtlichen Minderheitenschutzes gerechtfertigt werden. Dafür bedürfte es vielmehr der schon beschriebenen allgemeineren Regelungen über die sich aus der Nachbarschaft ergebenden Rechte und Pflichten, dem gegenseitigen Respekt und dem Verhalten dem Vertragspartner gegenüber (wie sie der ungarisch-rumänische Vertrag, der ungarisch-slowakische Vertrag, der ungarisch-kroatische Vertrag und der ungarisch-ukrainische Vertrag sowie das Abkommen zwischen Ungarn und Serbien-Montenegro aufweisen).[1103] Aus diesem Grund erübrigt sich die Prüfung der Vereinbarkeit des modifizierten Statusgesetzes mit den das Prinzip der Nichtdiskriminierung betreffenden Bestimmungen dieser Übereinkommen bzw. Deklarationen, da das gesamte modifizierte Statusgesetz durch diese Übereinkommen bzw. Deklarationen aufgrund ihrer Spezialisierung auf die Verwirklichung des gegenseitig anerkannten, innerstaatlichen Minderheitenschutzes nicht gerechtfertigt werden kann. Für eine Prüfung der Vereinbarkeit des modifizierten Statusgesetzes mit dem Prinzip der Nichtdiskriminierung im Rahmen des bilateralen völkerrechtlichen Minderheitenschutzes sind das ungarisch-kroatische Übereinkommen, das ungarisch-slowenische Übereinkommen, sowie die ungarisch-ukrainische Deklaration somit ungeeignet.

Die anderen vier Verträge (der ungarisch-rumänische Vertrag, der ungarisch-slowakische Vertrag, der ungarisch-kroatische Vertrag und der ungarisch-ukrainische Vertrag) und das Abkommen zwischen Ungarn und Serbien-Montenegro beinhalten hingegen – wie schon erwähnt – allgemeinere Regelungen über die sich aus der Nachbarschaft ergebenden Rechte und Pflichten, dem gegenseitigen Respekt und dem Verhalten dem Vertragspartner gegenüber, so dass sie für eine Prüfung der Vereinbarkeit des modifizierten Statusgesetzes mit dem Prinzip der Nichtdiskriminierung im Rahmen des bilateralen völkerrechtlichen Minderheitenschutzes in Frage kommen. Es ist bereits dargelegt worden, gegen welche Bestimmungen des ungarisch-rumänischen Vertrags (Absatz 2 und Absatz 5 der Präambel, Art. 1 (2), Art. 2 (1), Art. 3

[1103]) Bzgl. des ungarisch-kroatischen Übereinkommens s.o. Kapitel III, B., I., 3., c., (2), S. 242.
Bzgl. des ungarisch-slowenischen Übereinkommens: s.o. Kapitel III, B., I., 3., d., S. 245.
Bzgl. der ungarisch-ukrainischen Deklaration: s.o Kapitel III, B., I., 3., e., (1), S. 249.

(1) Satz 1, Art. 14 und Art. 15 (1) b) des ungarisch-rumänischen Vertrags)[1104], des ungarisch-slowakischen Vertrags (Absatz 3 und Absatz 5 der Präambel, Art. 2, Art. 14 und Art. 15 (2) (b) und (4) (b) des ungarisch-slowakischen Vertrags)[1105], des ungarisch-kroatischen Vertrags (Art. 1 (2), Art. 2 Absatz 2, 3 und 5 sowie Art. 17 (1) des ungarisch-kroatischen Vertrags)[1106], des ungarisch-ukrainischen Vertrags (Absätze 5 und 6 der Präambel, Art. 1 Satz 2 und Art. 17 des ungarisch-ukrainischen Vertrags)[1107] und des Abkommens zwischen Ungarn und Serbien-Montenegro (Absatz 6 der Präambel, Art. 1 und Art. 2 Absatz 1 bis 3 des Abkommens zwischen Ungarn und Serbien-Montenegro)[1108] das ursprüngliche Statusgesetz in Bezug auf das Prinzip der Nichtdiskriminierung verstößt.

Im Folgenden ist nun zu untersuchen, ob diese Verstöße auch bei der Prüfung der Vereinbarkeit des modifizierten ungarischen Statusgesetzes mit eben diesen Vorschriften der genannten bilateralen Verträge im Rahmen des Prinzips der Nichtdiskriminierung vorliegen oder ob sie durch die Änderungen des Statusgesetzes aufgehoben werden.

a. Vertrag zwischen Ungarn und Rumänien (einschließlich des nachträglichen Memorandums sowie des das Memorandum ersetzenden Übereinkommens)

Der zwischen Ungarn und Rumänien am 16. September 1996 unterzeichnete Vertrag über gegenseitiges Verständnis, Kooperation und gute Nachbarschaft ("Treaty between the Republic of Hungary and Romania on Understanding, Cooperation and Good Neighbourhood") verstößt – wie bereits erörtert – in dem Absatz 2 und dem Absatz 5 der Präambel, dem Art. 1 (2), dem Art. 2 (1), dem Art. 3 (1) Satz 1, dem Art. 14 und dem Art. 15 (1) b) gegen das Prinzip der Nichtdiskriminierung.[1109]
Der Absatz 2 der Präambel des ungarisch-rumänischen Vertrags nimmt auf die Menschenrechte und Grundfreiheiten Bezug. Sowohl der Absatz 5 der Präambel als auch der Art. 1 (2) und der Art. 15 (1) b) des ungarisch-rumänischen Vertrags beziehen sich auf die Ziele und Prinzipien der Charta der Vereinten Nationen. Der Art. 2 (1) des ungarisch-rumänischen Vertrags bindet die Vertragspartner an ihre im Rahmen der Organisation für Sicherheit und Zusammenarbeit in Europa übernommenen Verpflichtungen, und der Art. 3 (1) Satz 1 des ungarisch-rumänischen Vertrags verlangt die Abstandnahme von Handlungen, die mit den Zielen der Vereinten Nationen unvereinbar sind. Nach Art. 14 Satz 1 des ungarisch-rumänischen Vertrags sollen schließlich die Vertragsparteien das Klima der Toleranz und des Verständnisses zwischen ihren Staatsangehörigen unterschiedlicher ethnischer, religiöser, kultureller und sprachlicher Herkunft fördern.[1110]

Dass das Diskriminierungsverbot zu einem der wichtigsten Aspekte der Menschenrechte und Grundfreiheiten gehört, ist bereits dargelegt worden.[1111] Da das modifizierte Statusgesetz – im Gegensatz zu dem ursprünglichen Statusgesetz – zu keiner Diskriminierung führt[1112] und

[1104]) S.o. Kapitel III, B., II., 2., c., (1), S. 231.
[1105]) S.o. Kapitel III, B., II., 2., c., (2), S. 236.
[1106]) S.o. Kapitel III, B., II., 2., c., (3), S. 240.
[1107]) S.o. Kapitel III, B., II., 2., c., (5), (2), S. 251.
[1108]) S.o. Kapitel III, B., II., 2., c., (6), S. 256.
[1109]) S.o. Kapitel III, B., II., 2., c., (1), S. 231.
[1110]) S.o. Kapitel III, B., II., 2., c., (1), S. 223 ff..
[1111]) S.o. Kapitel III, B., II., S. 129.
[1112]) S.o. Kapitel IV, B., II., S. 325.

demnach den Anforderungen des Diskriminierungsverbots entspricht, ist es somit auch mit dem Absatz 2 der Präambel des ungarisch-rumänischen Vertrags zu vereinbaren.
Die bereits bejahte Vereinbarkeit des modifizierten Statusgesetzes mit dem in Art. 1 III und Art. 55 c) der UN-Charta niedergelegten allgemeinen Diskriminierungsverbot[1113] führt dazu, dass das modifizierte Statusgesetz ebenfalls mit dem Absatz 5 der Präambel, dem Art. 1 (2) und dem Art. 15 (1) b) des ungarisch-rumänischen Vertrags in Einklang zu bringen ist, die sich alle drei auf die Ziele und Prinzipien der UN-Charta beziehen.
In Bezug auf die Vereinbarkeit des modifizierten Statusgesetzes mit dem Art. 2 (1) des ungarisch-rumänischen Vertrags lässt sich – ebenso wie im Rahmen des ursprünglichen Statusgesetzes – anführen, dass bereits ein Verstoß des modifizierten Statusgesetzes gegen die dem Kapitel IV über nationale Minderheiten zugehörigen Punkte 31, 32.4, 33, 36, 40.1 und 40.2 des Kopenhagener Abschlussdokuments über die menschliche Dimension der KSZE bejaht worden ist.[1114] Durch diesen Verstoß kommt Ungarn seinen im Rahmen der KSZE / OSZE übernommenen Verpflichtungen nicht nach. Dies bedeutet, dass auch das modifizierte Statusgesetz dem von Art. 2 (1) des ungarisch-rumänischen Vertrags geforderten Verhalten nicht nachkommt und somit mit diesem unvereinbar ist.
Die Vereinbarkeit des modifizierten Statusgesetzes mit dem Art. 1 III und dem Art. 55 c) der UN-Charta zeigt deutlich, dass das modifizierte Statusgesetz mit den Zielen der Vereinten Nationen in Einklang zu bringen ist. Dies führt ferner zu dem Schluss, dass durch das modifizierte Statusgesetz keine Handlungen vorgenommen werden, die mit den Zielen der Vereinten Nationen unvereinbar sind. Demzufolge ist auch die Vereinbarkeit des modifizierten Statusgesetzes mit dem Art. 3 (1) Satz 1 des ungarisch-rumänischen Vertrags gegeben.
Ähnlich wie das ursprüngliche Statusgesetz bezieht sich auch das modifizierte Statusgesetz hauptsächlich auf die in den Nachbarstaaten Ungarns lebenden Personen ethnisch-ungarischer Abstammung, die die Staatsangehörigkeit dieser Staaten besitzen. Auch wenn den anderen Staatsangehörigen der an Ungarn angrenzenden Staaten aufgrund des modifizierten Statusgesetzes teilweise auch Vergünstigungen eingeräumt werden, so ist es Ungarn trotz allem nicht möglich, im Sinne des Satzes 1 des Art. 14 des ungarisch-rumänischen Vertrags das Klima der Toleranz und des Verständnisses zwischen seinen Staatsangehörigen unterschiedlicher ethnischer, religiöser, kultureller und sprachlicher Herkunft zu fördern. Eine Vereinbarkeit des modifizierten Statusgesetzes mit dem Art. 14 Satz 1 des ungarisch-rumänischen Vertrags liegt daher nicht vor.

Die Vereinbarkeit des modifizierten Statusgesetzes mit dem in Art. 1 III und dem Art. 55 c) der UN-Charta verankerten allgemeinen Diskriminierungsverbot hat also zur Folge, dass der Verstoß des ursprünglichen Statusgesetzes gegen den Absatz 2 und den Absatz 5 der Präambel, den Art. 1 (2), den Art. 3 (1) Satz 1 und den Art. 15 (1) b) des ungarisch-rumänischen Vertrags aufgehoben wird. Im Gegensatz zu dem Prinzip der territorialen Staatensouveränität kann das modifizierte Statusgesetz allerdings im Rahmen des Prinzips der Nichtdiskriminierung nicht alle Verstöße des ursprünglichen Statusgesetzes gegen den ungarisch-rumänischen Vertrag aufheben. Die Verstöße gegen den Art. 2 I und gegen den Art. 14 Satz 1 des ungarisch-rumänischen Vertrags bleiben vielmehr erhalten. Diese beruhen aber nicht auf einer Unvereinbarkeit mit dem Diskriminierungsverbot, sondern auf dem für diese Bestimmungen (oder für die Bestimmungen, auf die sie Bezug nehmen) zu weit gefassten territorialen Geltungsbereich des modifizierten Statusgesetzes.

[1113]) S.o. Kapitel IV, B., II., 1., a., S. 328.
[1114]) S.o. Kapitel IV, B., II., 2., b., (1), (c), ((6)), S. 345.

Wie bereits festgestellt, haben die nachträglichen Ergänzungen des ursprünglichen Statusgesetzes, d.h. das Memorandum und das dieses Memorandum ersetzende Agreement, – anders als im Rahmen des Prinzips der territorialen Staatensouveränität – nicht zu einer Vereinbarkeit des ursprünglichen Statusgesetzes mit dem Prinzip der Nichtdiskriminierung geführt. Da aber die Modifizierungen des ursprünglichen Statusgesetzes lediglich das Statusgesetz selbst und nicht das Memorandum oder das Agreement betreffen, wird die Argumentation, die im Rahmen des Memorandums bzw. des Agreements dargebracht wurde, durch die Modifizierungen des ungarischen Statusgesetzes auch nicht verändert, d.h., sie könnte auch genauso auf ein mit dem ungarisch-rumänischen Vertrag möglicherweise immer noch nicht zu vereinbarendes modifiziertes Statusgesetz übertragen werden. Sowohl das Memorandum als auch das Agreement versuchen – bezogen auf das Prinzip der Nichtdiskriminierung – allerdings ausschließlich, die durch das ursprüngliche Statusgesetz entstehenden Ungleichbehandlungen der beschriebenen Personengruppen durch Zugeständnisse auszugleichen.[1115] Der Verstoß des modifizierten Statusgesetzes gegen die auf das Prinzip der Nichtdiskriminierung Bezug nehmenden Bestimmungen des ungarisch-rumänischen Vertrags beruht aber nicht auf einer Diskriminierung, sondern auf dem zu weit gefassten territorialen Geltungsbereich des modifizierten Statusgesetzes. Dies bedeutet, dass eine Vereinbarkeit des modifizierten Statusgesetzes mit dem ungarisch-rumänisch Vertrag durch die Ergänzungen (d.h. durch das Memorandum bzw. durch das dieses Memorandum ersetzende Agreement) gar nicht zustande kommen könnte, da sich diese dargelegten Ergänzungen auf den Ausgleich der Ungleichbehandlung richten und nicht auf die Beschränkung des territorialen Geltungsbereiches. Weder das Memorandum noch das dieses Memorandum ersetzende Übereinkommen führen daher zur Vereinbarkeit des modifizierten Statusgesetzes mit den sich auf das Prinzip der Nichtdiskriminierung beziehenden Bestimmungen des ungarisch-rumänischen Vertrags.

b. Vertrag zwischen Ungarn und der Slowakei

Der zwischen Ungarn und der Slowakei am 19. März 1995 geschlossene Vertrag über gutnachbarschaftliche Beziehungen und freundschaftliche Kooperation ("Treaty on Good-neighbourly Relations and Friendly Co-operation between the Republic of Hungary and the Slovak Republic") verstößt in dem Absatz 3 und dem Absatz 5 seiner Präambel, dem Art. 2, dem Art. 14, dem Art. 15 (2) (b) und dem Art. 15 (4) (b) gegen das Prinzip der Nichtdiskriminierung.[1116]

Der Absatz 3 der Präambel des ungarisch-slowakischen Vertrags entspricht dem Absatz 2 der Präambel des ungarisch-rumänischen Vertrags, da auch dieser auf die Menschenrechte und Grundfreiheiten Bezug nimmt. Ähnlich wie bei dem ungarisch-rumänischen Vertrag beziehen sich der Absatz 5 der Präambel und der Art. 2 des ungarisch-slowakischen Vertrags auf die Prinzipien, die in der Charta der Vereinten Nationen sowie in den Dokumenten der OSZE niedergelegt sind. Auch der Art. 14 des ungarisch-slowakischen Vertrags ist von seinem Inhalt her dem Art. 14 des ungarisch-rumänischen Vertrag sehr ähnlich, da er ebenfalls von den Vertragsparteien die Förderung des Klimas der Toleranz und des Verständnisses zwischen ihren Staatsangehörigen unterschiedlicher ethnischer, religiöser, kultureller und sprachlicher Herkunft verlangt. Der Art. 15 (2) (b) des ungarisch-slowakischen Vertrags garantiert die Gleichheit vor dem Gesetz und den gleichen Schutz durch das Gesetz, und er verbietet gleichsam jede Diskriminierung. Nach Art. 15 (4) (b) des ungarisch-slowakischen Vertrags gelten

---

[1115]) S.o. Kapitel III, B., II., 2., c., (1), S. 226 ff.

[1116]) S.o. Kapitel III, B., II., 2., c., (2), S. 236.

u.a. die Bestimmungen des Kopenhagener Abschlussdokuments als gesetzliche Verpflichtung für die Vertragsstaaten.[1117]

Aufgrund der Vergleichbarkeit des Absatzes 3 der Präambel des ungarisch-slowakischen Vertrags mit dem Absatz 2 der Präambel des ungarisch-rumänischen Vertrags lässt sich das modifizierte Statusgesetz auch mit Ersterem mit der (im Rahmen der Prüfung der Vereinbarkeit des modifizierten Statusgesetzes mit dem Absatz 2 der Präambel des ungarisch-rumänischen Vertrags) dargebrachten Begründung[1118] vereinbaren.
In Bezug auf den Absatz 5 der Präambel und den Art. 2 des ungarisch-slowakischen Vertrags kann man – wie auch schon im Rahmen des ursprünglichen Statusgesetzes – feststellen, dass das Verbot der Diskriminierung nicht zu den Prinzipien der Charta der Vereinten Nationen zu zählen ist, mit denen das modifizierte Statusgesetz nach Absatz 5 der Präambel und nach Art. 2 des ungarisch-slowakischen Vertrags in Einklang zu bringen sein müsste. Das Verbot der Diskriminierung gehört vielmehr zu den von diesen beiden Bestimmungen nicht erwähnten Zielen der Charta der Vereinten Nationen (genauer gesagt dem Art. 1 III der UN-Charta). Daher kann auch eine mögliche Vereinbarkeit des modifizierten Statusgesetzes mit diesen Bestimmungen nicht durch seine Vereinbarkeit mit den Prinzipien der Charta der Vereinten Nationen begründet werden. Sowohl der Absatz 5 der Präambel als auch der Art. 2 des ungarisch-slowakischen Vertrags beziehen sich aber nicht nur auf die Prinzipien der Charta der Vereinten Nationen, sondern u.a. auch auf die Prinzipien des Kopenhagener Abschlussdokuments über die menschliche Dimension der KSZE, das zu den weiteren Dokumenten der OSZE zu zählen ist. Dass das modifizierte Statusgesetz mit den Punkten des Kapitels IV, nämlich mit den Punkten 31, 32.4, 33, 36 Absatz 2, 40.1 und 40.2 des Kopenhagener Abschlussdokuments über die menschliche Dimension der KSZE nicht in Einklang zu bringen ist, ist bereits bewiesen worden.[1119] Dies bedeutet, dass das modifizierte Statusgesetz aufgrund dieses Verstoßes bzw. aufgrund dieser Unvereinbarkeit nicht mit dem Absatz 5 der Präambel und auch nicht mit dem Art. 2 des ungarisch-slowakischen Vertrags vereinbar ist. Dem widerspricht auch nicht die Vereinbarkeit des modifizierten Statusgesetzes mit den Punkten 5.7 und 5.9 des Kopenhagener Abschlussdokuments, da diese nicht die Unvereinbarkeit mit den eben genannten Bestimmungen des Kopenhagener Abschlussdokuments aufgehoben.
Die Vergleichbarkeit des Art. 14 des ungarisch-slowakischen Vertrags mit dem Art. 14 des ungarisch-rumänischen Vertrags sorgt dafür, dass das modifizierte Statusgesetz mit der (im Rahmen der Prüfung der Vereinbarkeit des modifizierten Statusgesetzes mit dem Art. 14 des ungarisch-rumänischen Vertrags) bereits dargebrachten Begründung[1120] nicht mit diesem Artikel in Einklang zu bringen ist.
Für eine Vereinbarkeit des modifizierten Statusgesetzes mit dem an Art. 26 des IPBPR angelehnten Art. 15 (2) (b) des ungarisch-slowakischen Vertrags müsste das modifizierte Statusgesetz sowohl mit dem Recht auf Gleichheit vor dem Gesetz als auch mit dem Recht auf gleichen Schutz durch das Gesetz in Einklang zu bringen sein. Ebenso wie das ursprüngliche Statusgesetz[1121] beruht auch die zunächst durch das modifizierte Statusgesetz hervorgerufene Ungleichbehandlung auf objektiven und berechtigten Kriterien, so dass das Vorliegen von Willkür nicht zu bejahen ist. Demnach steht auch das modifizierte Statusgesetz mit dem von Art. 15 (2) (b) des ungarisch-slowakischen Vertrags geforderten Recht auf Gleichheit vor dem

---

[1117]) S.o. Kapitel III, B., II., 2., c., (2), S. 231.
[1118]) S.o. Kapitel IV, B., II., 3., a., S. 350.
[1119]) S.o. Kapitel IV, B., II., 2., b., (1), (c), ((6)), S. 345.
[1120]) S.o. Kapitel IV, B., II., 3., a., S. 351.
[1121]) S.o. Kapitel III, B., II., 2., c., (2), S. 233 ff.

Gesetz in Einklang. In Bezug auf das Recht auf gleichen Schutz durch das Gesetz, das neben diesem Recht auch noch das Diskriminierungsverbot und das Recht auf Diskriminierungsschutz umfasst, ist festzustellen, dass die Verneinung des Vorliegens einer Diskriminierung bereits bei Erlass des modifizierten Statusgesetzes dazu führt, dass das modifizierte Statusgesetz seiner sich aus dem Art. 15 (2) (b) des ungarisch-slowakischen Vertrags ergebenden Verpflichtung zum gleichen Schutz durch das Gesetz nachkommt. Durch das Nicht-Vorliegen einer Diskriminierung nach dem modifizierten Statusgesetz leistet das modifizierte Statusgesetz auch dem Verbot der Diskriminierung Folge. Dem Recht auf positiven Diskriminierungsschutz entspricht das modifizierte Statusgesetz aufgrund der Tatsache, dass die nach dem modifizierten Statusgesetz zu gewährenden Vergünstigungen – wie bereits dargelegt – als positive Diskriminierung anzusehen sind.[1122] Man kommt somit zu dem Schluss, dass das modifizierte Statusgesetz nicht nur mit dem von Art. 15 (2) (b) des ungarisch-slowakischen Vertrags geforderten Recht auf Gleichheit vor dem Gesetz in Einklang zu bringen ist, sondern auch mit allen drei Teilaspekten des Rechts auf gleichen Schutz durch das Gesetz (dem Recht auf gleichen Schutz durch das Gesetz, dem Diskriminierungsverbot und dem Recht auf Diskriminierungsschutz), auf die sich der Art. 15 (2) (b) des ungarisch-slowakischen Vertrags ebenfalls bezieht, zu vereinbaren ist. Im Gegensatz zu dem ursprünglichen Statusgesetz ist das modifizierte Statusgesetz daher mit dem Art. 15 (2) (b) des ungarisch-slowakischen Vertrags in Einklang zu bringen.
Die bejahte Unvereinbarkeit des modifizierten Statusgesetzes mit den Bestimmungen des Kapitels IV des Kopenhagener Abschlussdokuments[1123] und mit den Bestimmungen der UN-Minderheitendeklaration[1124] sorgt aufgrund der kumulativen Aufzählung der Verpflichtungen, denen das modifizierte Statusgesetz entsprechen muss, um mit dem Art. 15 (4) (b) des ungarisch-slowakischen Vertrags vereinbar zu sein, dafür, dass das modifizierte Statusgesetz – unabhängig von seiner Vereinbarkeit mit der Empfehlung 1201 (1993) des Europarates – nicht mit dem Art. 15 (4) (b) des ungarisch-slowakischen Vertrags in Einklang zu bringen ist.

Die Vereinbarkeit des modifizierten Statusgesetzes mit dem in Art. 1 III und dem Art. 55 c) der UN-Charta verankerten allgemeinen Diskriminierungsverbot hat zur Folge, dass der Verstoß des ursprünglichen Statusgesetzes gegen den Absatz 3 der Präambel und den Art. 15 (2) (b) des ungarisch-slowakischen Vertrags aufgehoben wird. Im Gegensatz zu dem Prinzip der territorialen Staatensouveränität kann das modifizierte Statusgesetz allerdings im Rahmen des Prinzips der Nichtdiskriminierung nicht alle Verstöße des ursprünglichen Statusgesetzes gegen den ungarisch-slowakischen Vertrag aufheben. Die Verstöße gegen den Absatz 5 der Präambel, den Art. 2, den Art. 14 und gegen den Art. 15 (4) (b) des ungarisch-slowakischen Vertrags bleiben vielmehr bestehen. Diese beruhen aber nicht auf einer Unvereinbarkeit mit dem Diskriminierungsverbot, sondern auf dem für diese Bestimmungen (oder für die Bestimmungen, auf die sie Bezug nehmen) zu weit gefassten territorialen Geltungsbereich des modifizierten Statusgesetzes.

c. Vertrag zwischen Ungarn und Kroatien

Der zwischen Ungarn und Kroatien am 16. Dezember 1992 unterzeichnete Vertrag über freundschaftliche Beziehungen und Kooperation ("Treaty between the Republic of Hungary

[1122]) S.o. Kapitel IV, B., II., S. 325.
[1123]) S.o. Kapitel IV, B., II., 2., b., (1), (c), S. 345.
[1124]) S.o. Kapitel IV, B., II., 1., i, S. 332.

and the Republic of Croatia on Friendly Relations and Co-operation“) verstößt in dem Art. 1 (2), dem Art. 2 Absatz 2, 3 und 5 sowie in dem Art. 17 (1) gegen das Prinzip der Nichtdiskriminierung.[1125]
Der Art. 1 (2) des ungarisch-kroatischen Vertrags nimmt – ähnlich wie der Absatz 2 der Präambel des ungarisch-rumänischen Vertrags und ähnlich wie der Absatz 3 der Präambel des ungarisch-slowakischen Vertrags – auf die Menschenrechte und Grundfreiheiten Bezug. Ebenso wie in den beiden zuvor betrachteten Verträgen Ungarns mit Rumänien und der Slowakei wird auch in Art. 2 des ungarisch-kroatischen Vertrags deutlich betont, dass die Ziele und Prinzipien der Charta der Vereinten Nationen und der OSZE von den Vertragsstaaten bei ihren Handlungen zu berücksichtigen und zu respektieren sind. Dem Art. 17 des ungarisch-kroatischen Vertrags zufolge sind die gesetzlichen Verpflichtungen des Kopenhagener Abschlussdokuments von den Vertragsparteien einzuhalten.[1126]

Die Vergleichbarkeit des Art. 1 (2) des ungarisch-kroatischen Vertrags mit dem Absatz 2 der Präambel des ungarisch-rumänischen Vertrags und dem Absatz 3 der Präambel des ungarisch-slowakischen Vertrags sorgt dafür, dass das modifizierte Statusgesetz auch mit dem Art. 1 (2) des ungarisch-kroatischen Vertrags mit der (im Rahmen der Prüfung der Vereinbarkeit des modifizierten Statusgesetzes mit dem Absatz 2 der Präambel des ungarisch-rumänischen Vertrags) dargebrachten Begründung[1127] zu vereinbaren ist.
Das Nicht-Vorliegen einer Diskriminierung nach dem modifizierten Statusgesetz[1128] und die darauf beruhende Vereinbarkeit des modifizierten Statusgesetzes mit dem in Art. 1 III und Art. 55 c) der UN-Charta verankerten allgemeinen Diskriminierungsverbot führen zwar dazu, dass das modifizierte Statusgesetz mit den Zielen der Charta der Vereinten Nationen und den entsprechenden Bestimmungen der Helsinki-Schlussakte in Einklang zu bringen ist.[1129] Allerdings ist das modifizierte Statusgesetz trotz allem nicht mit den Bestimmungen des Kapitels IV des Kopenhagener Abschlussdokuments zu vereinbaren.[1130] Dies bedeutet, dass eine Vereinbarkeit des modifizierten Statusgesetzes mit dem Art. 2 Absatz 3 des ungarisch-kroatischen Vertrags zwar zu bejahen ist, die Vereinbarkeit des modifizierten Statusgesetzes mit dem Art. 2 Absatz 2 des ungarisch-kroatischen Vertrags allerdings verneint werden muss, da das Kopenhagener Abschlussdokument zu den von Art. 2 Absatz 2 des ungarisch-kroatischen Vertrags erwähnten "anderen Dokumenten der KSZE“ zu zählen ist. Das Nicht-Vorliegen einer Diskriminierung nach dem modifizierten Statusgesetz und die darauf beruhende Vereinbarkeit des modifizierten Statusgesetzes mit dem in Art. 1 III und Art. 55 c) der UN-Charta verankerten allgemeinen Diskriminierungsverbot sorgen zudem für die Vereinbarkeit des modifizierten Statusgesetzes mit dem Absatz 5 des Art. 2 des ungarisch-kroatischen Vertrags, der die Diskriminierung gegenüber Minderheiten verbietet.
Die Vereinbarkeit des modifizierten Statusgesetzes mit dem sich ausschließlich auf das Kopenhagener Abschlussdokument beziehenden Art. 17 Absatz 1 des ungarisch-kroatischen Vertrags kann nur verneint werden, da das modifizierte Statusgesetz – wie bereits gesehen[1131] – aufgrund seines weit gefassten territorialen Geltungsbereiches nicht mit den Bestimmungen des Kapitels IV des Kopenhagener Abschlussdokuments in Einklang zu bringen ist.

1125) S.o. Kapitel III, B., II., 2., c., (3), (a), S. 240.
1126) S.o. Kapitel III, B., II., 2., c., (3), (a), S. 237 ff.
1127) S.o. Kapitel IV, B., II., 3., a., S. 350.
1128) S.o. Kapitel IV, B., II., S. 325.
1129) S.o. Kapitel IV, B., II., 1., a., S. 328.
1130) S.o. Kapitel IV, B., II., 2., b., (1), (c), S. 345.
1131) S.o. Kapitel IV, B., II., 2., b., (1), (c), S. 345.

Die Vereinbarkeit des modifizierten Statusgesetzes mit dem in Art. 1 III und dem Art. 55 c) der UN-Charta verankerten allgemeinen Diskriminierungsverbot hat also zur Folge, dass der Verstoß des ursprünglichen Statusgesetzes gegen den Art. 1 (2) und gegen den Art. 2 (3) und (5) des ungarisch-kroatischen Vertrags aufgehoben wird. Im Gegensatz zu dem Prinzip der territorialen Staatensouveränität kann das modifizierte Statusgesetz allerdings im Rahmen des Prinzips der Nichtdiskriminierung nicht alle Verstöße des ursprünglichen Statusgesetzes gegen den ungarisch-kroatischen Vertrag aufheben. Die Verstöße gegen den Art. 2 (2) und gegen den Art. 17 Absatz 1 des ungarisch-kroatischen Vertrags bleiben vielmehr erhalten. Diese beruhen aber nicht auf einer Unvereinbarkeit mit dem Diskriminierungsverbot, sondern auf dem für diese Bestimmungen (oder für die Bestimmungen, auf die sie Bezug nehmen) zu weit gefassten territorialen Geltungsbereich des modifizierten Statusgesetzes.

d. Vertrag zwischen Ungarn und der Ukraine

Der am 06. Dezember 1991 von Ungarn und der Ukraine geschlossene Vertrag über die Grundlagen einer guten Nachbarschaft und einer Kooperation zwischen Ungarn und der Ukraine ("Treaty on the Foundations of Good-Neighbourliness and Co-operation between the Republic of Hungary and Ukraine") verstößt in den Absätzen 5 und 6 seiner Präambel, seinem Art. 1 Satz 2 und seinem Art. 17 gegen das Prinzip der Nichtdiskriminierung.[1132]
Sowohl in den Absätzen 5 und 6 der Präambel des ungarisch-ukrainischen Vertrags als auch in dem Art. 1 Satz 2 und dem Art. 17 des ungarisch-ukrainischen Vertrags wird auf die Dokumente der KSZE bzw. auf das Prinzip der Menschenrechte und Grundfreiheiten hingewiesen, mit denen der ungarisch-ukrainische Vertrag zu vereinbaren sein muss.[1133]

Dadurch, dass nach dem modifizierten Statusgesetz keine Diskriminierung mehr vorliegt[1134], ist das modifizierte Statusgesetz, da das Verbot der Diskriminierung zu einem der wichtigsten Aspekte der Menschenrechte und Grundfreiheiten gehört[1135], mit den Bestimmungen des ungarisch-ukrainischen Vertrags, die auf die Menschenrechte und Grundfreiheiten Bezug nehmen (Absatz 5der Präambel und Art. 1 Satz 2 des ungarisch-ukrainischen Vertrags), zu vereinbaren. Aufgrund der auch noch nach dem modifizierten Statusgesetz vorliegenden Unvereinbarkeit desselben mit den Bestimmungen des Kapitels IV des Kopenhagener Abschlussdokuments (wegen des weit gefassten territorialen Geltungsbereiches des modifizierten Statusgesetzes)[1136] ist allerdings auch das modifizierte Statusgesetz mit dem Absatz 6 der Präambel und dem Art. 17 des ungarisch-ukrainischen Vertrags, die eine Vereinbarkeit mit den OSZE-Dokumenten erfordern, nicht in Einklang zu bringen.

Die Vereinbarkeit des modifizierten Statusgesetzes mit dem in Art. 1 III und dem Art. 55 c) der UN-Charta verankerten allgemeinen Diskriminierungsverbot hat also zur Folge, dass der Verstoß des ursprünglichen Statusgesetzes gegen den Absatz 5 der Präambel und gegen den Art. 1 Satz 2 des ungarisch-ukrainischen Vertrags aufgehoben wird. Im Gegensatz zu dem Prinzip der territorialen Staatensouveränität kann das modifizierte Statusgesetz allerdings im Rahmen des Prinzips der Nichtdiskriminierung nicht alle Verstöße des ursprünglichen Statusgesetzes gegen den ungarisch-ukrainischen Vertrag aufheben. Die Verstöße gegen den Absatz

---

1132) S.o. Kapitel III, B., II., 2., c., (5), (2), S. 251.
1133) S.o. Kapitel III, B., II., 2., c., (5), (2), S. 250.
1134) S.o. Kapitel IV, B., II., S. 325.
1135) S.o. Kapitel III, B., II., S. 129.
1136) S.o. Kapitel IV, B., II., 2., b., (1), (c), ((6)), S. 345.

6 der Präambel und dem Art. 17 des ungarisch-ukrainischen Vertrags bleiben vielmehr erhalten. Diese beruhen aber nicht auf einer Unvereinbarkeit mit dem Diskriminierungsverbot, sondern auf dem für diese Bestimmungen (oder für die Bestimmungen, auf die sie Bezug nehmen) zu weit gefassten territorialen Geltungsbereich des modifizierten Statusgesetzes.

e. Abkommen zwischen Ungarn und Serbien-Montenegro

Das zwischen der Republik Ungarn und Serbien-Montenegro am 21. Oktober 2003 geschlossene Abkommen über den Schutz der Rechte der ungarischen Minderheit, die in Serbien-Montenegro lebt, und der serbischen Minderheit, die in Ungarn ansässig ist ("Agreement between the Republic of Hungary and Serbia and Montenegro, on the protection of Rights of the Hungarian Minority living in Serbia and Montenegro, and the Serbian Minority living in the Republic of Hungary"), das zum größten Teil den jeweils betroffenen Minderheiten spezielle Rechte zugesteht, darüber hinaus aber in einigen Bestimmungen auch auf die Verbesserung der freundschaftlichen Beziehungen abhebt, verstößt in dem Absatz 6 der Präambel, dem Art. 1 und dem Art. 2 Absatz 1 bis 3 gegen das Prinzip der Nichtdiskriminierung.[1137]
Nach Absatz 6 der Präambel des Abkommens zwischen Ungarn und Serbien-Montenegro sind die Prinzipien und Bestimmungen der internationalen Dokumente, die sich auf die Menschenrechte und den Schutz von Minderheiten beziehen, von den Vertragsparteien zu respektieren. Der Art. 1 des Abkommens zwischen Ungarn und Serbien-Montenegro sichert den Angehörigen der ungarischen bzw. serbischen nationalen Minderheit den Erhalt und die Entwicklung ihrer Identität entsprechend den Prinzipien und Bestimmungen, die in den Instrumenten der Vereinten Nationen, der KSZE / OSZE und des Europarate niedergelegt sind, zu. Der Art. 2 des Abkommens verbietet in seinem Absatz 1 jede Form der Diskriminierung. Sein Absatz 2 garantiert die Gleichheit vor dem Gesetz und den gleichen Schutz durch das Gesetz, und nach Absatz 3 ist die Ergreifung angemessener Maßnahmen zur Schaffung gleicher Möglichkeiten gestattet.[1138]

Geht man allein von dem Satz 1 des Absatzes 6 der Präambel des Abkommens zwischen Ungarn und Serbien-Montenegro aus, so könnte man eine Vereinbarkeit des modifizierten Statusgesetzes, das keine Diskriminierung beinhaltet, mit diesem Satz 1 des Absatzes 6 der Präambel des Abkommens zwischen Ungarn und Serbien-Montenegro bejahen. Das modifizierte Statusgesetz ist nämlich – wie bereits bewiesen – aufgrund seiner Vereinbarkeit mit dem in dem Art. 1 III und dem Art. 55 c) der UN-Charta verankerten allgemeinen Diskriminierungsverbot auch mit vielen weiteren Bestimmungen der internationalen Dokumente, die sich im Rahmen des Prinzips der Nichtdiskriminierung auf die Menschenrechte und den Schutz von Minderheiten beziehen, zu vereinbaren.[1139] Dagegen spricht aber, dass auf der einen Seite der Satz 1 des Absatzes 6 der Präambel des Abkommens zwischen Ungarn und Serbien-Montenegro nicht ohne den ihn genauer erläuternden Satz 2 des Absatzes 6 der Präambel dieses Abkommens betrachtet werden kann, da beide eine Einheit bilden. Zum anderen ist auch bereits dargelegt worden, dass das modifizierte Statusgesetz mit einigen Bestimmungen der internationalen Dokumente, die sich auf die Menschenrechte und den Schutz von Minderheiten beziehen (u.a. dem IPBPR, der UN-Minderheitendeklaration, dem Kopenhagener Ab-

---

[1137]) S.o. Kapitel III, B., II., 2., c., (6), S. 256.
[1138]) S.o. Kapitel III, B., II., 2., c., (6), S. 252 ff.
[1139]) S.o. Kapitel IV, B., II., 1. und 2., S. 333 und 347.

schlussdokument), unvereinbar ist.[1140] Der Satz 2 des Absatzes 6 der Präambel des Abkommens zwischen Ungarn und Serbien-Montenegro nimmt direkt Bezug auf eben diese Bestimmungen, nämlich auf den Internationalen Pakt über Bürgerliche und Politische Rechte, die UN-Minderheitendeklaration und das Kopenhagener Abschlussdokument über die menschliche Dimension der KSZE. Die bewiesene Unvereinbarkeit des modifizierten Statusgesetzes mit diesen Bestimmungen hat demnach zur Folge, dass das modifizierte Statusgesetz ebenfalls nicht mit dem Absatz 6 der Präambel des Abkommens zwischen Ungarn und Serbien-Montenegro in Einklang zu bringen ist.
Gleiches gilt für den Art. 1 des Abkommens zwischen Ungarn und Serbien-Montenegro, der ähnlich wie der Absatz 6 der Präambel dieses Abkommens auf die Prinzipien und Bestimmungen Bezug nimmt, die in den Instrumenten der Vereinten Nationen, der KSZE / OSZE und des Europarates niedergelegt sind.
Durch die Verneinung des Vorliegens einer Diskriminierung[1141] nach dem modifizierten Statusgesetz entspricht dieses Gesetzes den Vorgaben des Art. 2 Absatz 1 des Abkommens zwischen Ungarn und Serbien-Montenegro.
Dass das modifizierte Statusgesetz sowohl dem Recht auf Gleichheit vor dem Gesetz als auch dem Recht auf gleichen Schutz durch das Gesetz nachkommt, ist bereits in Bezug auf die Prüfung der Vereinbarkeit des modifizierten Statusgesetzes mit dem Art. 15 (2) (b) des ungarisch-slowakischen Vertrags im Rahmen des bilateralen Minderheitenschutzes bejaht worden.[1142] Da sich der Absatz 2 des Art. 2 des Abkommens zwischen Ungarn und Serbien-Montenegro auch auf das Recht auf Gleichheit vor dem Gesetz und das Recht auf gleichen Schutz durch das Gesetz bezieht, kann man die dargebrachte Argumentation auch auf den Art. 2 (2) des Abkommens zwischen Ungarn und Serbien-Montenegro übertragen. Demzufolge ist das modifizierte Statusgesetz ebenfalls mit dem Art. 2 (2) des Abkommens zwischen Ungarn und Serbien-Montenegro zu vereinbaren.
Die Qualifizierung der nach dem modifizierten Statusgesetz zu gewährenden Vergünstigungen als Maßnahmen im Rahmen einer erlaubten positiven Diskriminierung[1143] spricht dafür, dass das modifizierte Statusgesetz schließlich auch mit dem Absatz 3 des Art. 2 des Abkommens zwischen Ungarn und Serbien-Montenegro in Einklang zu bringen ist.

Die Vereinbarkeit des modifizierten Statusgesetzes mit dem in Art. 1 III und dem Art. 55 c) der UN-Charta verankerten allgemeinen Diskriminierungsverbot und die Qualifizierung der nach dem modifizierten Statusgesetz zu gewährenden Vergünstigungen als Maßnahmen im Rahmen einer erlaubten positiven Diskriminierung haben also zur Folge, dass der Verstoß des ursprünglichen Statusgesetzes gegen den Art. 2 Absatz 1 bis 3 des Abkommens zwischen Ungarn und Serbien-Montenegro aufgehoben wird. Allerdings können auch durch das modifizierte Statusgesetz nicht alle Verstöße des ursprünglichen Statusgesetzes gegen das Abkommen zwischen Ungarn und Serbien-Montenegro aufgehoben werden. Die Verstöße gegen den Absatz 6 der Präambel und gegen den Art. 1 des Abkommens zwischen Ungarn und Serbien-Montenegro bleiben vielmehr bestehen. Diese beruhen aber nicht auf einer Unvereinbarkeit mit dem Diskriminierungsverbot, sondern auf dem für diese Bestimmungen (oder für die Bestimmungen, auf die sie Bezug nehmen) zu weit gefassten territorialen Geltungsbereich des modifizierten Statusgesetzes.

1140) S.o. Kapitel IV, B., II., 1. und 2., S. 333 und 347.
1141) S.o. Kapitel IV, B., II., S. 325.
1142) S.o. Kapitel IV, B., II., 3., b., S. 353.
1143) S.o. Kapitel IV, B., II., S. 325.

f. Zwischenergebnis

Auch die Vorschriften des bilateralen Minderheitenschutzes in Bezug auf das Prinzip der Nichtdiskriminierung (der ungarisch-rumänische Vertrag, der ungarisch-slowakische Vertrag, der ungarisch-kroatische Vertrag, der ungarisch-ukrainische Vertrag und das Abkommen zwischen Ungarn und Serbien-Montenegro), die soeben daraufhin untersucht wurden, ob das modifizierte Statusgesetz mit ihnen in Einklang zu bringen ist, führen – ebenso wie die Vorschriften des universellen und des regionalen Völkerrechts in Bezug auf das Prinzip der Nichtdiskriminierung und anders als das ursprüngliche Statusgesetz – zu einem geteilten Ergebnis: Aufgrund der Tatsache, dass durch die Bestimmungen des modifizierten Statusgesetzes keine Diskriminierung hervorgerufen wird und dass die durch das modifizierte Statusgesetz zu gewährenden Vergünstigungen als Maßnahmen einer erlaubten positiven Diskriminierung anzusehen sind, ist das modifizierte Statusgesetz mit den Absätzen 2 und 5 der Präambel, dem Art. 1 (2), dem Art. 3 (1) Satz 1 und dem Art. 15 (1) b) des ungarisch-rumänischen Vertrags, mit dem Absatz 3 der Präambel und dem Art. 15 (2) (b) des ungarisch-slowakischen Vertrags, mit dem Art. 1 (2) und dem Art. 2 (3) und (5) des ungarisch-kroatischen Vertrags, mit dem Absatz 5 der Präambel und dem Art. 1 Satz 2 des ungarisch-ukrainischen Vertrags sowie mit dem Art. 2 (1) bis (3) des Abkommens zwischen Ungarn und Serbien-Montenegro in Einklang zu bringen. Trotz des Nicht-Vorliegens einer Diskriminierung aufgrund des modifizierten Statusgesetzes und trotz der Vereinbarkeit des modifizierten Statusgesetzes mit dem Prinzip der territorialen Staatensouveränität bleibt es aber dennoch bei der Unvereinbarkeit mit den Vorschriften des bilateralen Minderheitenschutzes, die auf die internationalen Dokumente Bezug nehmen, mit denen das modifizierte Statusgesetz bereits im Rahmen der Prüfung des universellen und des regionalen Völkerrechts für unvereinbar erklärt worden war (dazu zählen: der Internationale Pakt über Bürgerliche und Politische Rechte, die UN-Minderheitendeklaration, das Kapitel IV des Kopenhagener Abschlussdokuments). Zu diesen mit dem modifizierten Statusgesetz immer noch nicht zu vereinbarenden Vorschriften des bilateralen Minderheitenschutzes gehören der Art. 2 (1) und der Art. 14 Satz 1 des ungarisch-rumänischen Vertrags, der Absatz 5 der Präambel, der Art. 2, der Art. 14 und der Art. 15 (4) (b) des ungarisch-slowakischen Vertrags, der Art. 2 (2) und der Art. 17 (1) des ungarisch-kroatischen Vertrags, der Absatz 6 der Präambel und der Art. 17 des ungarisch-ukrainischen Vertrags sowie der Absatz 6 der Präambel und der Art. 1 des Abkommens zwischen Ungarn und Serbien-Montenegro. Dabei ist aber auch in Bezug auf den bilateralen Minderheitenschutz festzuhalten, dass die mit dem modifizierten Statusgesetz nicht zu vereinbarenden Bestimmungen der bilateralen Verträge bzw. Abkommen Ungarns – ebenso wie die mit dem modifizierten Statusgesetz nicht zu vereinbarenden Bestimmungen des universellen und des regionalen Völkerrechts – dennoch den Anforderungen der völkerrechtskonformen Auslegung und dem in Art. 103 der UN-Charta niedergelegten Vorrang der Bestimmungen der UN-Charta gegenüber widersprüchlichen Bestimmungen früherer oder späterer Verträge Genüge leisten. Auch diese mit dem modifizierten Statusgesetz nicht zu vereinbarenden Bestimmungen des bilateralen Minderheitenschutzes beinhalten nämlich genau wie der Art. 1 III und der Art. 55 c) der UN-Charta das Verbot der Diskriminierung. Die Unvereinbarkeit des modifizierten Statusgesetzes mit diesen Bestimmungen basiert – wie gezeigt – auch nicht auf einer Verletzung des Diskriminierungsverbots, sondern auf dem im Vergleich zu den entsprechenden Bestimmungen der UN-Charta begrenzten territorialen Anwendungsbereich dieser mit dem modifizierten Statusgesetz nicht zu vereinbarenden Bestimmungen des bilateralen Völkerrechts (bzw. der Bestimmungen, auf die diese Vorschriften Bezug nehmen). Insofern ist es nicht von Bedeutung, dass das modifizierte Statusgesetz zwar mit den in Bezug auf das Prinzip der Nichtdiskriminierung relevanten Bestimmungen der UN-Charta zu vereinbaren ist, zu einigen anderen Regelungen des bilateralen Minderheitenschutzes allerdings im Widerspruch steht.

Dies bedeutet, dass der im Rahmen des ursprünglichen Statusgesetzes festgestellte Verstoß des ursprünglichen Statusgesetzes gegen das Prinzip der Nichtdiskriminierung auch auf bilateraler Ebene durch das modifizierte Statusgesetz nur zum Teil aufgehoben wird. Die aufgrund des modifizierten Statusgesetzes vorzunehmenden Handlungen stehen teilweise im Einklang mit den entsprechenden Bestimmungen des bilateralen Minderheitenschutzes, was zur Folge hat, dass das modifizierte Statusgesetz der Venedig-Kommission in Bezug auf das Prinzip der Nichtdiskriminierung im Rahmen des bilateralen Minderheitenschutzes geringeren Anlass zur Kritik geben kann als das ursprüngliche Statusgesetz.

4. Ergebnis

Nach all diesen Ausführungen kommt man zu dem Ergebnis, dass das modifizierte Statusgesetz sowohl auf universeller als auch auf regionaler und bilateraler Ebene jeweils nur zum Teil mit dem Prinzip der Nichtdiskriminierung in Einklang zu bringen ist. Die anfangs festgestellte Vereinbarkeit des modifizierten Statusgesetzes mit dem in Art. 1 III und Art. 55 c) der UN-Charta verankerten allgemeinen Verbot der Diskriminierung wirkt sich auf die Prüfung aller weiteren diesem Prinzip unterworfenen Bestimmungen aus, was wegen der völkerrechtskonformen Auslegung und des Art. 103 der UN-Charta auch nicht erstaunlich ist. Dennoch verstößt das modifizierte Statusgesetz gegen den territorialen Anwendungsbereich einiger Bestimmungen, die sich im Rahmen des universellen und regionalen Völkerrechts und des bilateralen Minderheitenschutzes auf das Prinzip der Nichtdiskriminierung beziehen. In Bezug auf die Bestimmungen, deren territorialer Anwendungsbereich von dem modifizierten Statusgesetz eingehalten wird, sorgen die Modifizierungen des ungarischen Statusgesetzes demnach dafür, dass der im Rahmen dieses Gesetzes festgestellte Verstoß des ursprünglichen Statusgesetzes gegen das Prinzip der Nichtdiskriminierung auf universeller, regionaler und bilateraler Ebene durch das modifizierte Statusgesetz aufgehoben wird. In Bezug auf die Bestimmungen, gegen deren territorialen Anwendungsbereich das modifizierte Statusgesetz verstößt, bewirken die Modifizierungen des ungarischen Statusgesetzes keine Revidierung des im Rahmen des ursprünglichen Statusgesetzes festgestellten Verstoßes des ursprünglichen Statusgesetzes gegen das Prinzip der Nichtdiskriminierung auf universeller, regionaler und bilateraler Ebene.
Da das Prinzip der Nichtdiskriminierung als eines der bedeutendsten menschenrechtlichen Prinzipien zu den wichtigsten Prinzipien des Völkerrechts zu zählen ist, verstößt Ungarn somit auch durch die Teile des modifizierten Statusgesetzes, die mit diesem Prinzip nicht vereinbar sind, gegen das Völkerrecht. Die von der Venedig-Kommission vorgebrachten Bedenken gegen die Vereinbarkeit des Statusgesetzes mit dem Völkerrecht (in diesem Fall mit dem Prinzip der Nichtdiskriminierung) sind daher auch in Bezug auf das modifizierte Statusgesetz – im Gegensatz zu dem ursprünglichen Statusgesetz allerdings in abgeschwächter Form – als berechtigt anzusehen.

III. Prinzip der freundschaftlichen nachbarschaftlichen Beziehungen zwischen den Staaten

Es ist bereits dargelegt worden, dass das Prinzip der freundschaftlichen nachbarschaftlichen Beziehungen zwischen den Staaten diese dazu anhalten soll, einseitige Maßnahmen zu vermeiden, durch die sie riskieren würden, das Klima der Zusammenarbeit mit anderen Staaten zu verschlechtern.[1144]

Nachdem die Vereinbarkeit des ursprünglichen Statusgesetzes mit dem Prinzip der freundschaftlichen nachbarschaftlichen Beziehungen zwischen den Staaten verneint worden ist, ist im Folgenden zu untersuchen, ob das modifizierte Statusgesetz aufgrund seiner Modifizierungen möglicherweise mit den entsprechenden, sich auf das Prinzip der freundschaftlichen nachbarschaftlichen Beziehungen zwischen den Staaten beziehenden Vorschriften des universellen und regionalen Völkerrechts und des bilateralen Minderheitenschutzes zu vereinbaren ist.

1. Universelles Völkerrecht

Bei der Prüfung im Rahmen des universellen Völkerrechts ist der Verstoß des ursprünglichen ungarischen Statusgesetzes gegen den Art. 1 II und den Art. 55 der UN-Charta bejaht worden.[1145] Im Folgenden ist nun zu untersuchen, ob dieser Verstoß auch bei der Prüfung der Vereinbarkeit des modifizierten ungarischen Statusgesetzes mit eben diesen Vorschriften des universellen Völkerrechts im Rahmen des Prinzips der freundschaftlichen nachbarschaftlichen Beziehungen zwischen den Staaten vorliegt oder ob er durch die Änderungen des Statusgesetzes aufgehoben worden ist.

a. Art. 1 II und Art. 55 der UN-Charta

Wie zuvor dargelegt, ist für eine Vereinbarkeit des Statusgesetzes mit dem Art. 1 II und dem Art. 55 der UN-Charta erforderlich, dass sämtliche einseitigen Maßnahmen vermieden werden, durch die das Klima der Zusammenarbeit zwischen Ungarn und seinen Nachbarstaaten verschlechtert werden könnte bzw. durch die die Entwicklung freundschaftlicher, auf der Achtung vor dem Grundsatz der Gleichberechtigung beruhender Beziehungen zwischen den Nationen gehemmt werden könnte.[1146]
Im Rahmen des ursprünglichen Statusgesetzes ist festgestellt worden, dass Ungarn sowohl durch den Erlass als auch durch die Umsetzung des ursprünglichen Statusgesetzes einseitige Maßnahmen ergreift, die dazu führen, dass dieses Gesetz weder mit dem Prinzip der freundschaftlichen nachbarschaftlichen Beziehungen noch mit dem in Art. 1 II der UN-Charta niedergelegten Ziel der Entwicklung freundschaftlicher, auf der Achtung vor dem Grundsatz der Gleichberechtigung und Selbstbestimmung der Völker beruhender Beziehungen zwischen den Nationen sowie des Treffens anderer geeigneter Maßnahmen zur Festigung des Weltfriedens in Einklang zu bringen ist.

[1144]) S.o. Kapitel III, B., III., S. 258.
[1145]) S.o. Kapitel III, B., III., 1., a., S. 261.
[1146]) S.o. Kapitel III, B., III., 1., a., S. 258 ff.

Um mit dem Art. 1 II und dem Art. 55 der UN-Charta vereinbar zu sein, dürften weder durch den Erlass noch durch die Umsetzung des modifizierten Statusgesetzes einseitige Maßnahmen von Seiten Ungarns aus ergriffen werden.
In Bezug auf den Erlass des modifizierten Statusgesetzes lässt sich anführen, dass neben den schon erwähnten, bereits vor dem Erlass des ursprünglichen Statusgesetzes erfolgten intensiven Konsultationen der ungarischen Regierung mit den politischen Akteuren in Ungarn sowie mit den Vertretern der Ungarn in den Nachbarstaaten Ungarns[1147] im Hinblick auf den Erlass des modifizierten Statusgesetzes auch die durch das modifizierte Statusgesetz betroffenen Nachbarstaaten Ungarns vorher kontaktiert wurden.[1148] Diese sind auch – mit Ausnahme der Slowakei – alle mit dem modifizierten Statusgesetz einverstanden.[1149] Dadurch, dass das modifizierte Statusgesetz – anders als das ursprüngliche Statusgesetz – auch mit dem Prinzip der territorialen Staatensouveränität in Einklang zu bringen ist[1150], wird den ungarischen Nachbarstaaten zudem kein Anlass zur Kritik gegeben. All dies spricht dafür, dass es im Rahmen des modifizierten Statusgesetzes nicht zu einer Verschlechterung des Klimas der Zusammenarbeit Ungarns mit seinen Nachbarstaaten kommt. Es wird vielmehr (v.a. durch die vorhergehende Kontaktierung der ungarischen Nachbarstaaten) die Entwicklung freundschaftlicher, auf der Achtung vor dem Grundsatz der Gleichberechtigung und Selbstbestimmung der Völker beruhender Beziehungen zwischen den Nationen gefördert. Insofern kann der Erlass des modifizierten Statusgesetzes nicht als eine einseitige Maßnahme charakterisiert werden. Demnach ist der Erlass des modifizierten Statusgesetzes mit dem das Prinzip der freundschaftlichen nachbarschaftlichen Beziehungen zwischen den Staaten beinhaltenden Art. 1 II und dem Art. 55 der UN-Charta zu vereinbaren.

In Bezug auf die Vereinbarkeit der Umsetzung des modifizierten Statusgesetzes mit diesem Prinzip und dem Art. 1 II und dem Art. 55 der UN-Charta lässt sich zunächst einmal feststellen, dass dem modifizierten Statusgesetz zufolge keine Urkundenbüros mehr existieren, die auf dem Staatsgebiet der ungarischen Nachbarstaaten tätig sind, sondern dass nur noch die sich in diesen Ländern befindlichen diplomatischen und konsularischen Missionen handlungsberechtigt sind. Demnach können auch derartige Urkundenbüros nicht mehr – wie noch im Rahmen des ursprünglichen Statusgesetzes – gegen das Prinzip der territorialen Staatensouveränität verstoßen oder als einseitige Maßnahmen von Seiten Ungarns qualifiziert werden. Dies bedeutet, dass einer der Punkte, die für die Unvereinbarkeit der Umsetzung des ursprünglichen Statusgesetzes mit diesem Prinzip und dem Art. 1 II und dem Art. 55 der UN-Charta sorgten, nach dem modifizierten Statusgesetz bereits wegfällt. Anders verhält es sich allerdings möglicherweise mit dem Ungarnausweis, der auch nach dem modifizierten Statusgesetz erhalten bleibt. Der nach dem modifizierten Statusgesetz auszustellende Ungarnausweis bewirkt nämlich genau wie im Rahmen des ursprünglichen Statusgesetzes, dass seine Inhaber sofort als Mitglieder einer nationalen Minderheit zu erkennen sind. Auch wenn dieser Ungarnausweis nach Abschnitt 21 (5) (h) des modifizierten Statusgesetzes kein offizielles Dokument darstellt, kommt seinen Inhabern auf diese Weise eine "Extrarolle" zu und ihre "Nicht-Dazugehörigkeit" zur Mehrheitsbevölkerung des entsprechenden Landes wird hervorgehoben.[1151] Dem ist allerdings entgegenzuhalten, dass die von den Inhabern des Ungarnausweises in Anspruch zu nehmenden Vergünstigungen sich nach dem modifizierten Statusge-

1147) S.o. Kapitel III, B., III., 1., a., S. 259.
1148) S.o. Kapitel IV, B., I., 1., b., S. 304.
1149) Vgl. **R. Olt**, (s. Fn. 941), S. 10.
1150) S.o. Kapitel IV, B., I., S. 316.
1151) S.o. Kapitel III, B., III., 1., a., S. 260.

setz lediglich (im weiteren Sinne) auf die Bereiche der Bildung und Kultur beziehen.[1152] Da es sich bei diesen beiden Gebieten um Bereiche handelt, bei denen es internationaler Brauch ist, dass Staaten u.a. auch grenzüberschreitend tätig werden[1153], besteht daher die Möglichkeit, dass auch den übrigen Bürgern der ungarischen Nachbarstaaten, die keinen Ungarnausweis besitzen, derartige Vergünstigungen in den Bereichen der Bildung und Kultur gewährt werden. Ein erster Schritt in diese Richtung ist bereits dadurch unternommen worden, dass gemäß dem Abschnitt 27 (3) und (4) des modifizierten Statusgesetzes die eigentlich nur den Inhabern von Ungarnausweisen zustehenden Vergünstigungen auch auf Personen (Schüler, Studenten, Lehrer und Professoren) ausgedehnt wurden, die weder ethnisch-ungarischer Abstammung sind noch sich im Besitz eines Ungarnausweises befinden. Daraus lässt sich schlussfolgern, dass der Ungarnausweis nach dem modifizierten Statusgesetz – im Vergleich zu dem ursprünglichen Statusgesetz – fast gar keine eigenständige Bedeutung mehr hat. Zudem ist bereits festgestellt worden, dass das modifizierte Statusgesetz nach vorhergehender Kontaktierung der an Ungarn angrenzenden Nachbarstaaten zustande kam.[1154] Im Rahmen dieser Kontaktierung haben die Nachbarstaaten Ungarns die Möglichkeit gehabt, auf die Aspekte des modifizierten Statusgesetzes, die ihrer Meinung nach nicht mit dem Prinzip der freundschaftlichen nachbarschaftlichen Beziehungen in Einklang zu bringen sind, aufmerksam zu machen und eine einverständliche Änderung zu fordern. Insofern ist davon auszugehen, dass der Inhalt des modifizierten Statusgesetzes auch mit der Ansicht der ungarischen Nachbarstaaten zu vereinbaren ist. Diese vorhergehende Kontaktierung der ungarischen Nachbarstaaten führt letztendlich aber dazu, dass trotz des Erhalts des Ungarnausweises und der damit einhergehenden Hervorhebung der "Nicht-Dazugehörigkeit" seiner Inhaber zur Mehrheitsbevölkerung eines Landes nach dem modifizierten Statusgesetz die Umsetzung des modifizierten Statusgesetzes (einschließlich des Ungarnausweises) nicht als einseitige Maßnahme von Seiten Ungarns angesehen werden kann. Diese Begründung sowie die Beschränkung der aufgrund des modifizierten Statusgesetzes in den an Ungarn angrenzenden Ländern zu gewährenden Vergünstigungen auf die Bereiche der Bildung und Kultur (im weiteren Sinne), die dem internationalen Brauch entspricht, haben zur Folge, dass diese Vergünstigungen auch nicht – wie die nach dem ursprünglichen Statusgesetz in den Nachbarstaaten Ungarns zu realisierenden Vergünstigungen – in den innerstaatlichen Minderheitenschutz des jeweiligen Nachbarstaates eingreifen. Aufgrund der Vereinbarkeit des modifizierten Statusgesetzes (und somit auch der in ihm enthaltenen Vergünstigungen) mit dem Prinzip der territorialen Staatensouveränität[1155] kann man dieses Gesetz schließlich auch nicht als einseitige Maßnahmen von Seiten Ungarns bezeichnen. Wie soeben dargelegt, führt demnach die Umsetzung des modifizierten Statusgesetzes auch nicht zur Vornahme einseitiger Maßnahmen von Seiten Ungarns. Insbesondere die Vereinbarkeit des Statusgesetzes mit dem Prinzip der territorialen Staatensouveränität sowie die vor dem Erlass und der Umsetzung des Gesetzes erfolgte Kontaktierung der ungarischen Nachbarstaaten sorgen für eine Verbesserung des Klimas der Zusammenarbeit Ungarns mit seinen Nachbarstaaten. Dies zieht die Förderung der Entwicklung freundschaftlicher, auf der Achtung vor dem Grundsatz der Gleichberechtigung und Selbstbestimmung der Völker beruhender Beziehungen der Staaten untereinander nach sich.

Es lässt sich folglich feststellen, dass Ungarn sowohl durch den Erlass als auch durch die Umsetzung des modifizierten Statusgesetzes keine einseitigen Maßnahmen ergreift, so dass das

---

[1152]) S.o. Kapitel IV, B., II., S. 317.
[1153]) S.o. Kapitel III, B., I., S. 88.
[1154]) S.o. Kapitel IV, B., I., 1., b., S. 304.
[1155]) S.o. Kapitel IV, B., I., 4., S. 316.

Klima der Zusammenarbeit zwischen Ungarn und seinen Nachbarstaaten auch nicht verschlechtert wird. Dies bedeutet, dass das modifizierte Statusgesetz – im Gegensatz zu dem ursprünglichen Statusgesetz – sowohl mit dem Prinzip der freundschaftlichen nachbarschaftlichen Beziehungen als auch mit dem in Art. 1 II und in Art 55 der UN-Charta niedergelegten Ziel der Entwicklung freundschaftlicher, auf der Achtung vor dem Grundsatz der Gleichberechtigung und Selbstbestimmung der Völker beruhender Beziehungen zwischen den Nationen sowie des Treffens anderer geeigneter Maßnahmen zur Festigung des Weltfriedens vereinbar ist.

b. Zwischenergebnis

Da in Bezug auf die Prüfung der Vereinbarkeit des modifizierten Statusgesetzes mit dem Prinzip der freundschaftlichen nachbarschaftlichen Beziehungen zwischen den Staaten die Art. 1 II und 55 der UN-Charta die einzigen Bestimmungen im Rahmen des universellen Völkerrechts sind, die auf dieses Prinzip Bezug nehmen, lässt sich neben diesen Vorschriften, mit denen das modifizierte Statusgesetz – im Gegensatz zu dem ursprünglichen Statusgesetz – in Einklang zu bringen ist, keine weitere diesbezügliche Bestimmung des universellen Völkerrechts finden.

Dies bedeutet, dass der im Rahmen des ursprünglichen Statusgesetzes festgestellte Verstoß des ursprünglichen Statusgesetzes gegen das Prinzip der freundschaftlichen nachbarschaftlichen Beziehungen zwischen den Staaten auf universeller Ebene durch das modifizierte Statusgesetz aufgehoben wird. Die aufgrund des modifizierten Statusgesetzes vorzunehmenden Handlungen stehen im Einklang mit den entsprechenden Bestimmungen des universellen Völkerrechts, was zur Folge hat, dass das modifizierte Statusgesetz der Venedig-Kommission in Bezug auf das Prinzip der freundschaftlichen nachbarschaftlichen Beziehungen zwischen den Staaten im Rahmen des universellen Völkerrechts keinen Anlass zur Kritik geben kann.

2. Regionales Völkerrecht

In Bezug auf das regionale Völkerrecht ist für die Prüfung der Vereinbarkeit des modifizierten Statusgesetzes mit dem Prinzip der freundschaftlichen nachbarschaftlichen Beziehungen zwischen den Staaten ebenfalls wieder zwischen den relevanten Bestimmungen des Europarates und denen der OSZE / KSZE zu unterscheiden.

a. Europarat

Das ursprüngliche ungarische Statusgesetz hat gegen den Art. 2, den Art. 17 und den Art. 18 der Rahmenkonvention zum Schutz nationaler Minderheiten verstoßen.[1156]

Im Folgenden ist nun zu untersuchen, ob diese Verstöße auch bei der Prüfung der Vereinbarkeit des modifizierten ungarischen Statusgesetzes mit eben diesen Vorschriften des regionalen Völkerrechts im Rahmen des Prinzips der freundschaftlichen nachbarschaftlichen Beziehun-

[1156]) S.o. Kapitel III, B., III., 2., a., (4), S. 266.

gen zwischen den Staaten vorliegen oder ob sie durch die Änderungen des Statusgesetzes aufgehoben werden.

(1) Art. 2 des Rahmenübereinkommens zum Schutz nationaler Minderheiten

Wie bereits dargelegt, handelt es sich bei Art. 2 des Rahmenübereinkommens nicht um eine direkt anwendbare Bestimmung, die in Bezug auf das Prinzip der freundschaftlichen nachbarschaftlichen Beziehungen zwischen den Staaten konkrete Handlungen vorsieht bzw. von den Unterzeichnerstaaten verlangt. Art. 2 des Rahmenübereinkommens stellt vielmehr eine Art Auslegungshilfe in Bezug auf die Interpretation der weiteren Vorschriften des Übereinkommens dar.[1157] Die daher für die Anwendbarkeit des Art. 2 des Übereinkommens erforderliche Betroffenheit bzw. das Eingreifen anderer Bestimmungen des Übereinkommens ergibt sich in Bezug auf das modifizierte Statusgesetz – genau wie in Bezug auf das ursprüngliche Statusgesetz – aus der Betroffenheit bzw. dem Eingreifen des Art. 21 des Übereinkommens im Rahmen der Prüfung der Vereinbarkeit des modifizierten Statusgesetzes mit dem Prinzip der territorialen Staatensouveränität und aus der Betroffenheit bzw. dem Eingreifen des Art. 4 des Übereinkommens im Rahmen der Prüfung der Vereinbarkeit des modifizierten Statusgesetzes mit dem Prinzip der Nichtdiskriminierung. Dies bedeutet, dass der Art. 2 des Übereinkommens somit auch in Bezug auf das modifizierte Statusgesetz anwendbar ist.

Für eine Vereinbarkeit mit dem Art. 2 des Übereinkommens müsste das modifizierte Statusgesetz demnach den in dem Art. 2 des Übereinkommens niedergelegten Grundsätzen der guten Nachbarschaft, der freundschaftlichen Beziehungen und der Zusammenarbeit zwischen den Staaten entsprechen. Im Rahmen der Prüfung der Vereinbarkeit des modifizierten Statusgesetzes mit dem Prinzip der freundschaftlichen nachbarschaftlichen Beziehungen zwischen den Staaten unter dem Gesichtspunkt des universellen Völkerrechts ist bereits dargelegt worden, dass sowohl der Erlass des modifizierten Statusgesetzes als auch seine Umsetzung nicht als einseitige Maßnahmen von Seiten Ungarns zu charakterisieren sind. Dies bedeutet, dass durch sie das Klima der Zusammenarbeit zwischen Ungarn und seinen Nachbarstaaten verbessert wird.[1158] An der Tatsache, dass die auf dem modifizierten Statusgesetz beruhenden Handlungen von ungarischer Seite aus keine einseitigen Maßnahmen darstellen und dass dadurch das Klima der Zusammenarbeit zwischen Ungarn und seinen Nachbarstaaten verbessert wird, ändert sich auch unter dem Aspekt des regionalen Völkerrechts nichts.
Demzufolge ist das modifizierte Statusgesetz auch mit den in Art. 2 des Rahmenübereinkommens niedergelegten Grundsätzen der guten Nachbarschaft, der freundschaftlichen Beziehungen und der Zusammenarbeit zwischen den Staaten vereinbar. Somit ist das Statusgesetz auch mit dem diesen Grundsätzen aus Art. 2 des Übereinkommens übergeordneten Prinzip der freundschaftlichen nachbarschaftlichen Beziehungen in Einklang zu bringen.

(2) Art. 17 des Rahmenübereinkommens zum Schutz nationaler Minderheiten

Wie zuvor bereits dargestellt, ist der Art. 17 des Übereinkommens zum größten Teil an den Punkten 32.4 und 32.6 des Kopenhagener Abschlussdokuments über die menschliche Dimen-

---

[1157]) S.o. Kapitel III, B., III., 2., a., (1), S. 262.
[1158]) S.o. Kapitel IV, B., III., 1., a., S. 363.

sion orientiert und hat das Prinzip der freundschaftlichen nachbarschaftlichen Beziehungen der Staaten untereinander zum Inhalt.[1159]

Da sich auch das modifizierte Statusgesetz – ebenso wie das ursprüngliche Statusgesetz – zwar an die Angehörigen der nationalen ungarischen Minderheit in den an Ungarn angrenzenden Ländern richtet, aber keine für Ungarn lediglich passiven Duldungsverpflichtungen enthält, sondern Ungarn bzw. ungarischen Organisationen ausschließlich aktive Handlungsverpflichtungen auferlegt[1160], entspricht das modifizierte Statusgesetz nicht der durch Art. 17 des Übereinkommens aufgestellten Verpflichtung der Aufenthaltsstaaten zur Duldung der Handlungen der Angehörigen der nationalen Minderheiten. Insofern lassen sich ebenfalls die Regelungen des modifizierten Statusgesetzes inhaltlich nicht unter den Art. 17 des Rahmenübereinkommens fassen, so dass der Art. 17 des Übereinkommens auch in Bezug auf das modifizierte Statusgesetz nicht anwendbar ist.

(3) Art. 18 des Rahmenübereinkommens zum Schutz nationaler Minderheiten

Um mit dem zuvor bereits dargestellten Art. 18 Absatz 1 des Rahmenübereinkommens[1161] vereinbar zu sein, müsste es sich bei dem modifizierten Statusgesetz um eine zwei- bzw. mehrseitige Übereinkunft mit den an Ungarn angrenzenden Nachbarstaaten handeln, die sich dem Schutz der Personen ethnisch-ungarischer Abstammung in den Nachbarstaaten und der Personen in Ungarn widmet, die ihrer Abstammung nach einem der betreffenden Nachbarstaaten Ungarns zugehörig sind.
Dass sich das modifizierte Statusgesetz dem Schutz der Personen ethnisch-ungarischer Abstammung, die in den Nachbarstaaten Ungarns (außer in Österreich) ansässig sind, verschrieben hat, ist bereits festgestellt worden.[1162] Im Rahmen der Prüfung der Vereinbarkeit des ungarischen Statusgesetzes mit dem Prinzip der freundschaftlichen nachbarschaftlichen Beziehungen zwischen den Staaten unter dem Gesichtspunkt des universellen Völkerrechts ist bereits dargelegt worden, dass sowohl der Erlass des ungarischen Statusgesetzes als auch seine Umsetzung nicht als einseitige Maßnahmen von Seiten Ungarns anzusehen sind, durch die das Klima der Zusammenarbeit zwischen Ungarn und seinen Nachbarstaaten verschlechtert werden könnte.[1163] An der Tatsache, dass die auf dem ungarischen Statusgesetz beruhenden Handlungen von ungarischer Seite aus keine einseitigen Maßnahmen darstellen und dass dadurch das Klima der Zusammenarbeit zwischen Ungarn und seinen Nachbarstaaten nicht verschlechtert wird, ändert sich auch unter dem Prüfungspunkt des regionalen Völkerrechts nichts. Die Qualifizierung des modifizierten Statusgesetzes als keine derartige einseitige Maßnahme hat zur Folge, dass man das modifizierte Statusgesetz – im Gegensatz zu dem ursprünglichen Statusgesetz – als zwei- oder mehrseitige Übereinkunft mit den an Ungarn angrenzenden Nachbarstaaten ansehen kann. Dafür spricht auch die vor Erlass des modifizierten Statusgesetzes erfolgte vorhergehende Kontaktierung der an Ungarn angrenzenden Nachbarstaaten. Im Rahmen dieser Kontaktierung haben die Nachbarstaaten Ungarns die Möglichkeit gehabt, auf die Aspekte des modifizierten Statusgesetzes, die ihrer Meinung nach nicht mit dem Prinzip der freundschaftlichen nachbarschaftlichen Beziehungen in Einklang zu bringen sind, aufmerksam zu machen und eine einverständliche Änderung zu fordern. Dies bedeutet,

---

1159) S.o. Kapitel III, B., III., 2., a., (2), S. 264.
1160) S.o. Kapitel IV, A., S. 294.
1161) S.o. Kapitel III, B., III., 2., a., (3), S. 265.
1162) S.o. Kapitel IV, A., S. 294.
1163) S.o. Kapitel IV, B., III., 1., a., S. 363.

dass auch die Nachbarstaaten Ungarns den Schutz ihrer eigenen nationalen Minderheiten, die in Ungarn ansässig sind, in das modifizierte Statusgesetz hätten einbeziehen können, was sie aber nicht getan haben. Insofern ist davon auszugehen, dass der Inhalt des modifizierten Statusgesetzes auch mit der Ansicht der ungarischen Nachbarstaaten zu vereinbaren ist.[1164] Demnach steht das modifizierte Statusgesetz auch nicht aus dem Grund mit dem Art. 18 Absatz 1 des Rahmenübereinkommens in Widerspruch, dass es keine konkreten Regelungen in Bezug auf die in Ungarn lebenden Personen trifft, die ihrer Abstammung nach einem der betreffenden Nachbarstaaten Ungarns zugehörig sind. All diese Argumente sprechen dafür, dass das modifizierte Statusgesetz mit dem Absatz 1 des Art. 18 des Übereinkommens in Einklang zu bringen ist.

Um mit dem dargestellten Art. 18 Absatz 2 des Rahmenübereinkommens[1165] vereinbar zu sein, müssten die Vertragsparteien Maßnahmen zur Förderung der grenzüberschreitenden Zusammenarbeit treffen.
Wie zuvor bereits dargelegt, ist das modifizierte Statusgesetz nicht als einseitige Maßnahme von Seiten Ungarns zu charakterisieren. Die vor Erlass des modifizierten Statusgesetzes erfolgte Kontaktierung der an Ungarn angrenzenden Nachbarstaaten sorgt vielmehr dafür, dass man das modifizierte Statusgesetz als zwei- oder mehrseitige Übereinkunft mit diesen Staaten ansehen kann.[1166] Insofern ist – im Gegensatz zu dem ursprünglichen Statusgesetz – die Qualifizierung des modifizierten Statusgesetzes als Maßnahme zur Förderung der grenzüberschreitenden Zusammenarbeit nicht von vornherein ausgeschlossen. Die vorhergehenden Konsultationen können vielmehr bereits als eine Art grenzüberschreitende Zusammenarbeit gewertet werden. Fraglich ist allerdings, ob das modifizierte Statusgesetz als eine "Maßnahme zur Förderung" dieser grenzüberschreitenden Zusammenarbeit beschrieben werden kann. Es ist bereits festgestellt worden, dass durch die Bestimmungen des modifizierten Statusgesetzes vor allem den Personen ethnisch-ungarischer Abstammung in den ungarischen Nachbarstaaten durch ihren Ursprungsstaat (Ungarn) kulturelle und bildungsbezogene Vergünstigungen gewährt werden. Darüber hinaus besteht aber nach dem modifizierten Statusgesetz auch für Personen, die nicht der nationalen ungarischen Minderheit in den an Ungarn angrenzenden Staaten angehören, die Möglichkeit, in ihrem Aufenthaltsstaat Fördergelder des ungarischen Staates für den Ungarisch-Unterricht bzw. für den Unterricht, der sich mit der ungarischen Kultur beschäftigt, zu beantragen (Abschnitt 27 (3) und (4) des modifizierten Statusgesetzes). Dies bedeutet, dass sich die von Ungarn in seinen Nachbarstaaten zu gewährenden Vergünstigungen nicht nur den Angehörigen der nationalen ungarischen Minderheit, sondern auch Personen zugute kommen, die nicht dieser Minderheit angehören. Durch diese Unterstützungen an Personen nicht ethnisch-ungarischer Abstammung wird die grenzüberschreitende Zusammenarbeit zwischen Ungarn und seinen Nachbarstaaten gefördert. Das gleiche Ziel verfolgen auch die Etablierung des Unterstützungssystems für ethnische Ungarn auf dem Gebiet eines Nachbarstaates, die mit dem prinzipiellen Einverständnis desselben erfolgen muss (Abschnitt 25 des modifizierten Statusgesetzes), sowie Beschränkung der Handlungsberechtigung auf den Territorien der Nachbarstaaten auf die ungarischen diplomatischen und konsularischen Missionen (Abschnitt 20 des modifizierten Statusgesetzes). Zusammenfassend kann man feststellen, dass die Tatsache, dass das modifizierte Statusgesetz – anders als das ursprüngliche Statusgesetz – nicht mehr gegen das Prinzip der territorialen Staatensouveränität verstößt[1167],

[1164]) S.o. Kapitel IV, B., III., 1., a., S. 363.
[1165]) S.o. Kapitel III, B., III., 2., a., (3), S. 265.
[1166]) S.o. Kapitel IV, B., III., 1., a., S. 363.
[1167]) S.o. Kapitel IV, B., I., 4., S. 316.

zur Folge hat, dass die grenzüberschreitende Zusammenarbeit zwischen Ungarn und seinen Nachbarstaaten gefördert wird. Da schließlich aufgrund der vorhergehenden Konsultationen auch die Nachbarstaaten die Möglichkeit hatten, ihre Ansichten in Bezug auf das modifizierte Statusgesetz vor dessen Erlass darzustellen und für "ihre" Angehörigen entsprechende Regelungen auch in dieses Gesetz einzubringen, wird außerdem unterstrichen, dass die grenzüberschreitende Zusammenarbeit zwischen Ungarn und seinen Nachbarstaaten durch das modifizierte Statusgesetz gefördert wird. Insofern ist das modifizierte Statusgesetz in dem eben dargestellten Sinne auch als eine Maßnahme zur Förderung der grenzüberschreitenden Zusammenarbeit nach Art. 18 Absatz 2 des Rahmenübereinkommens aufzufassen.

Aus den eben dargelegten Gründen ist das modifizierte Statusgesetz sowohl mit dem Absatz 1 als auch mit dem Absatz 2 des Art. 18 des Rahmenübereinkommens zum Schutz nationaler Minderheiten in Einklang zu bringen. Folglich ist das Statusgesetz auch mit dem diesem Artikel des Übereinkommens übergeordneten Prinzip der freundschaftlichen nachbarschaftlichen Beziehungen zu vereinbaren.

(4) Zusammenfassung

Zusammenfassend lässt sich in Bezug auf die Vereinbarkeit des modifizierten Statusgesetzes mit den Regelungen des Europarates, die sich mit dem Prinzip der freundschaftlichen nachbarschaftlichen Beziehungen zwischen den Staaten beschäftigen (Art. 2, Art. 17 und Art. 18 des Rahmenübereinkommens zum Schutz nationaler Minderheiten), feststellen, dass das modifizierte Statusgesetz – im Gegensatz zu dem ursprünglichen Statusgesetz – sowohl mit dem Art. 2 als auch mit dem Art. 18 dieses Übereinkommens in Einklang zu bringen ist. Der Art. 17 des Übereinkommens ist auch in Bezug auf das modifizierte Statusgesetz nicht anwendbar.

b. OSZE / KSZE

Das ursprüngliche ungarische Statusgesetz hat gegen den Punkt 36 des Kopenhagener Abschlussdokuments über die menschliche Dimension der KSZE verstoßen.[1168]

Im Folgenden ist nun zu untersuchen, ob dieser Verstoß auch bei der Prüfung der Vereinbarkeit des modifizierten ungarischen Statusgesetzes mit eben dieser Vorschrift des regionalen Völkerrechts im Rahmen des Prinzips der freundschaftlichen nachbarschaftlichen Beziehungen zwischen den Staaten vorliegt oder ob er durch die Änderungen des Statusgesetzes aufgehoben wird.

(1) Punkt 36 des Kopenhagener Abschlussdokuments über die menschliche Dimension der KSZE

Es ist bereits festgestellt worden, dass der Punkt 36 des Kopenhagener Abschlussdokuments in seinem Absatz 1 die Zusammenarbeit im Bereich des Minderheitenschutzes auf internatio-

---

[1168]) S.o. Kapitel III, B., III., 2., b., (2), S. 268.

naler Ebene regelt und dass der Absatz 2 des Punktes 36 des Abschlussdokuments die nationale Ebene betrifft.[1169]

Dadurch, dass weder der Erlass noch die Umsetzung des modifizierten Statusgesetzes als einseitige Maßnahme von Seiten Ungarns zu qualifizieren sind[1170] und dass – wie im Rahmen der Prüfung der Vereinbarkeit des modifizierten Statusgesetzes mit dem Art. 18 des Rahmenübereinkommens zum Schutz nationaler Minderheiten bereits bewiesen[1171] – das modifizierte Statusgesetz als Maßnahme zur Förderung der grenzüberschreitenden Zusammenarbeit zwischen Ungarn und seinen Nachbarstaaten angesehen werden kann, trägt das modifizierte Statusgesetz der in Absatz 1 des Punktes 36 des Abschlussdokuments verankerten besonderen Bedeutung einer verstärkten konstruktiven Zusammenarbeit der Staaten untereinander bei Fragen betreffend nationale Minderheiten Rechnung. Gleichzeitig zeigt sich anhand der Reaktionen der Nachbarstaaten Ungarns auf das modifizierte Statusgesetz auch, dass durch diese grenzüberschreitende Zusammenarbeit, die auch mit dem Prinzip der territorialen Staatensouveränität zu vereinbaren ist, das gegenseitige Verständnis und Vertrauen sowie die freundschaftlichen und gutnachbarschaftlichen Beziehungen der Staaten untereinander gefördert werden.[1172] Dies alles bedeutet, dass das modifizierte Statusgesetz – anders als das ursprüngliche Statusgesetz – mit dem Absatz 1 des Punktes 36 des Kopenhagener Abschlussdokuments in Einklang zu bringen ist.
In Bezug auf die Vereinbarkeit des modifizierten Statusgesetzes mit dem Absatz 2 des Punktes 36 des Kopenhagener Abschlussdokuments kann man allerdings auf die im Rahmen der Prüfung der Vereinbarkeit des ursprünglichen Statusgesetzes mit dieser Bestimmung des Kopenhagener Abschlussdokuments dargebrachte Argumentation verweisen. Wie nämlich bereits festgestellt, können Regelungen, die auf lediglich nationaler Ebene zu treffen sind (zu denen der Absatz 2 des Punktes 36 des Abschlussdokuments gehört), ein Gesetz im Hinblick auf seine Vereinbarkeit mit dem Prinzip der freundschaftlichen nachbarschaftlichen Beziehungen zwischen Staaten nicht rechtfertigen.[1173] Aufgrund der Beschränkung auf die bloß nationale Ebene ist die Bestimmung des Punktes 36 Absatz 2 des Kopenhagener Abschlussdokuments demzufolge auch in Bezug auf die Vereinbarkeit mit dem modifizierten Statusgesetz im Rahmen des Prinzips der freundschaftlichen nachbarschaftlichen Beziehungen nicht anwendbar.

Somit ist der Absatz 1 des Punktes 36 des Kopenhagener Abschlussdokuments im Rahmen des Prinzips der freundschaftlichen nachbarschaftlichen Beziehungen zwischen den Staaten mit dem modifizierten Statusgesetz zu vereinbaren. Der Absatz 2 des Punktes 36 des Kopenhagener Abschlussdokuments ist hingegen auch auf das modifizierte Statusgesetz nicht anwendbar.

(2) Zusammenfassung

Zusammenfassend lässt sich demnach feststellen, dass das modifizierte Statusgesetz – im Gegensatz zu dem ursprünglichen Statusgesetz – mit den in Bezug auf das Prinzip der freundschaftlichen nachbarschaftlichen Beziehungen zwischen den Staaten anwendbaren Regelun-

---

1169) S.o. Kapitel III, B., III., 2., b., (1), S. 267.
1170) S.o. Kapitel IV, B., III., 1., a., S. 363.
1171) S.o. Kapitel IV, B., III., 2., a., (3), S. 368.
1172) Vgl. **R. Olt**, (s. Fn. 941), S. 10.
1173) S.o. Kapitel III, B., III., 2., b., (1), S. 267.

gen der OSZE / KSZE (mit dem Punkt 36 Absatz 1 des Kopenhagener Abschlussdokuments über die menschliche Dimension der KSZE) in Einklang zu bringen ist.

c. Zwischenergebnis

Die Prüfung der Vorschriften des regionalen Völkerrechts in Bezug auf das Prinzip der freundschaftlichen nachbarschaftlichen Beziehungen zwischen den Staaten (sowohl die vom Europarat erlassenen Bestimmungen des Art. 2, des Art. 17 und des Art. 18 der Rahmenkonvention zum Schutz nationaler Minderheiten als auch der Punkt 36 des Kopenhagener Abschlussdokuments über die menschliche Dimension der KSZE), die soeben daraufhin untersucht worden sind, ob das modifizierte Statusgesetz mit ihnen in Einklang zu bringen ist, führen zu dem Ergebnis, dass sowohl der Art. 2 und der Art. 18 des Rahmenübereinkommens als auch der Absatz 1 des Punktes 36 des Kopenhagener Abschlussdokuments, die mit dem ursprünglichen Statusgesetz nicht zu vereinbaren waren, mit dem modifizierten Statusgesetz in Einklang zu bringen sind. Der Art. 17 des Rahmenübereinkommens und der Absatz 2 des Punktes 36 des Kopenhagener Abschlussdokuments sind auch in Bezug auf die Vereinbarkeit mit dem modifizierten Statusgesetz im Rahmen des Prinzips der freundschaftlichen nachbarschaftlichen Beziehungen nicht anwendbar. Diese Unanwendbarkeit beruht allerdings nicht auf dem modifizierten Statusgesetz, sondern auf der inhaltlichen Beschränkung dieser Bestimmungen auf die Rechte der Minderheitenangehörigen sowie auf die nationale Ebene. Insofern kann man diese Bestimmungen außer Acht lassen und in Bezug auf die anderen Bestimmungen feststellen, dass der Verstoß des ursprünglichen Statusgesetzes gegen diese Bestimmungen durch das modifizierte Statusgesetz vollkommen aufgehoben wird. Nachdem zuvor bereits die Vereinbarkeit des modifizierten Statusgesetzes mit dem universellen Völkerrecht im Rahmen des Prinzips der freundschaftlichen nachbarschaftlichen Beziehungen zwischen den Staaten bejaht worden ist, liegt dieses Ergebnis auch in dem nach internationalem Recht zu erwartenden Rahmen. Wie nämlich bereits mehrfach dargelegt worden ist, werden die Bestimmungen des regionalen Minderheitenschutzes aufgrund der völkerrechtskonformen Auslegung möglichst aller Verträge und des in Art. 103 der UN-Charta festgelegten Vorrangs der Bestimmungen der UN-Charta gegenüber widersprüchlichen Regelungen früherer oder späterer Verträge meistens in Einklang mit den Bestimmungen der UN-Charta formuliert.[1174] Demnach ist es auch nicht verwunderlich, dass das modifizierte Statusgesetz, nachdem bereits die Vereinbarkeit mit dem universellen Völkerrecht bejaht wurde, auch mit dem regionalen Minderheitenschutz in Einklang zu bringen ist.

Dies bedeutet, dass der im Rahmen des ursprünglichen Statusgesetzes festgestellte Verstoß des ursprünglichen Statusgesetzes gegen das Prinzip der freundschaftlichen nachbarschaftlichen Beziehungen zwischen den Staaten auf regionaler Ebene durch das modifizierte Statusgesetz aufgehoben wird. Die aufgrund des modifizierten Statusgesetzes vorzunehmenden Handlungen stehen im Einklang mit den entsprechenden Bestimmungen des regionalen Völkerrechts, was zur Folge hat, dass das modifizierte Statusgesetz der Venedig-Kommission in Bezug auf das Prinzip der Nichtdiskriminierung im Rahmen des regionalen Völkerrechts keinen Anlass zur Kritik geben kann.

[1174]) S.o. Kapitel III, B., I., 2., c., S. 109.

3. Bilateraler Minderheitenschutz

Im Rahmen des bilateralen Minderheitenschutzes sind bereits die Bestimmungen der einzelnen, von Ungarn mit all seinen Nachbarstaaten (mit Ausnahmen von Österreich) abgeschlossenen bilateralen Verträge bzw. Abkommen bzw. Deklarationen dargestellt worden, die sich auf das Prinzip der freundschaftlichen nachbarschaftlichen Beziehungen zwischen den Staaten beziehen. (Das sind der ungarisch-rumänische Vertrag, der ungarisch-slowakische Vertrag, der ungarisch-kroatische Vertrag, der ungarisch-ukrainische Vertrag sowie das Abkommen zwischen Ungarn und Serbien-Montenegro.)

Wie zuvor bereits dargestellt, beinhalten allein diese Verträge bzw. Abkommen allgemeinere Regelungen über die sich aus der Nachbarschaft ergebenden Rechte und Pflichten, dem gegenseitigen Respekt und dem Verhalten dem Vertragspartner gegenüber, so dass sie für eine Prüfung der Vereinbarkeit des modifizierten Statusgesetzes mit dem Prinzip der freundschaftlichen nachbarschaftlichen Beziehungen zwischen den Staaten im Rahmen des bilateralen völkerrechtlichen Minderheitenschutzes in Frage kommen. Die übrigen von Ungarn mit seinen Nachbarstaaten geschlossenen Übereinkommen bzw. Deklarationen (das sind das ungarisch-kroatische Übereinkommen, das ungarisch-slowenische Übereinkommen sowie die ungarisch-ukrainische Deklaration) nehmen zwar in ihren Präambeln und einigen ihrer Artikel auf das Prinzip der freundschaftlichen nachbarschaftlichen Beziehungen zwischen den Staaten Bezug, letztendlich sind sie aber auf die den jeweils anderen Minderheiten zu gewährenden besonderen Rechte spezialisiert und enthalten keine allgemeinen Regelungen über die sich aus der Nachbarschaft ergebenden Rechte und Pflichten, dem gegenseitigen Respekt und dem Verhalten dem Vertragspartner gegenüber. Dies bedeutet allerdings, dass das gesamte modifizierte Statusgesetz durch diese Übereinkommen bzw. Deklarationen aufgrund ihrer Spezialisierung auf die Verwirklichung des gegenseitig anerkannten, innerstaatlichen Minderheitenschutzes nicht gerechtfertigt werden kann und dass sie daher für eine Prüfung der Vereinbarkeit des modifizierten Statusgesetzes mit dem Prinzip der freundschaftlichen nachbarschaftlichen Beziehungen zwischen den Staaten im Rahmen des bilateralen völkerrechtlichen Minderheitenschutzes nicht geeignet sind.[1175]

Es ist bereits dargelegt worden, gegen welche Bestimmungen des ungarisch-rumänischen Vertrags (Absatz 1 der Präambel und Art. 1 (1) des ungarisch-rumänischen Vertrags)[1176], des ungarisch-slowakischen Vertrags (Absatz 1 und Absatz 4 der Präambel, Art. 1 und Art. 15 (1) des ungarisch-slowakischen Vertrags)[1177], des ungarisch-kroatischen Vertrags (Absatz 5 der Präambel, Art. 1 Absatz 1 (und indirekt Art. 2) des ungarisch-kroatischen Vertrags)[1178], des ungarisch-ukrainischen Vertrags (Absatz 2 der Präambel, Art. 1 Satz 1 und Art. 17 des ungarisch-ukrainischen Vertrags)[1179] und des Abkommens zwischen Ungarn und Serbien-Montenegro (Absatz 5 der Präambel des Abkommens zwischen Ungarn und Serbien-Montenegro)[1180] das ursprüngliche Statusgesetz in Bezug auf das Prinzip der freundschaftlichen nachbarschaftlichen Beziehungen zwischen den Staaten verstößt.

1175) S.o. Kapitel III, B., III., 3., S. 269.
1176) S.o. Kapitel III, B., III., 3., a., S. 271.
1177) S.o. Kapitel III, B., III., 3., b., S. 276.
1178) S.o. Kapitel III, B., III., 3., c., S. 279.
1179) S.o. Kapitel III, B., III., 3., d., S. 282.
1180) S.o. Kapitel III, B., III., 3., e., S. 283.

Im Folgenden ist nun zu untersuchen, ob diese Verstöße auch bei der Prüfung der Vereinbarkeit des modifizierten ungarischen Statusgesetzes mit eben diesen Vorschriften der genannten bilateralen Verträge im Rahmen des Prinzips der freundschaftlichen nachbarschaftlichen Beziehungen zwischen den Staaten weiterhin vorliegen oder ob sie durch die Änderungen des Statusgesetzes aufgehoben werden.

a. Vertrag zwischen Ungarn und Rumänien (einschließlich des nachträglichen Memorandums sowie des das Memorandum ersetzenden Übereinkommens)

Der zwischen Ungarn und Rumänien am 16. September 1996 unterzeichnete Vertrag über gegenseitiges Verständnis, Kooperation und gute Nachbarschaft ("Treaty between the Republic of Hungary and Romania on Understanding, Cooperation and Good Neighbourhood") verstößt – wie bereits erörtert – in dem Absatz 1 der Präambel und dem Art. 1 Absatz 1 gegen das Prinzip der freundschaftlichen nachbarschaftlichen Beziehungen zwischen den Staaten.[1181]
Dass der Vertrag inhaltlich insgesamt dem Prinzip der freundschaftlichen nachbarschaftlichen Beziehungen zuzuordnen ist, geht – wie bereits festgestellt – zum einen bereits aus dem Titel des Vertrags hervor ("Vertrag über gegenseitiges Verständnis, Kooperation und gute Nachbarschaft"). Zum anderen wird diese inhaltliche Verpflichtung dem Prinzip der freundschaftlichen nachbarschaftlichen Beziehungen zwischen den Staaten gegenüber aber sowohl in dem Absatz 1 der Präambel als auch in dem Absatz 1 des Art. 1 des ungarisch-rumänischen Vertrags noch einmal explizit als Grundlage dieses Vertrags hervorgehoben. Da allerdings alle weiteren Artikel dieses Vertrags Verpflichtungen für Ungarn und Rumänien beinhalten, die zur Verbesserung ihrer gegenseitigen Beziehungen (und zur Einhaltung ihrer internationalen Verpflichtungen) beitragen sollen, lassen sich eigentlich nicht einige bestimmte Artikel benennen, mit denen das modifizierte Statusgesetz vereinbar sein muss, um dem Prinzip der freundschaftlichen nachbarschaftlichen Beziehungen zwischen den Staaten zu entsprechen, sondern es muss vielmehr, um mit diesem Prinzip im Rahmen des Vertrags zwischen Ungarn und Rumänien in Einklang gebracht werden zu können, mit sämtlichen Bestimmungen dieses ungarisch-rumänischen Vertrags zu vereinbaren sein.[1182]

Anders als bei dem ursprüngliche Statusgesetz handelt es sich bei dem modifizierten Statusgesetz nicht um eine einseitige Maßnahme von Seiten Ungarns, was sich zum Teil auf die vor Erlass des modifizierten Statusgesetzes erfolgte Kontaktierung der ungarischen Nachbarstaaten durch Ungarn zurückführen lässt.[1183] Durch diese vorhergehenden Konsultationen kommt Ungarn seiner ihm nach Absatz 1 der Präambel und nach Art. 1 Absatz 1 des ungarisch-rumänischen Vertrags obliegenden Verpflichtung zu gegenseitiger Achtung und Kooperation und zu gegenseitigem Vertrauen nach. Dies hat zur Folge, dass das modifizierte Statusgesetz mit den eben genannten Bestimmungen des ungarisch-rumänischen Vertrags in Einklang zu bringen ist.
Die Tatsache, dass der gesamte ungarisch-rumänische Vertrag dem Prinzip der freundschaftlichen nachbarschaftlichen Beziehungen zwischen den Staaten unterzuordnen ist, macht allerdings Untersuchungen erforderlich, ob auch noch die Bestimmungen des Vertrags, die die territoriale Staatensouveränität bzw. das Verbot der Diskriminierung betreffen, unter dem

1181) S.o. Kapitel III, B., III., 3., a., S. 271.
1182) S.o. Kapitel III, B., III., 3., a., S. 270.
1183) S.o. Kapitel IV, B., III., 1., a., S. 363.

Gesichtspunkt des Prinzips der freundschaftlichen nachbarschaftlichen Beziehungen zwischen den Staaten mit dem modifizierten Statusgesetz in Einklang zu bringen sind. Dass das modifizierte Statusgesetz auf der einen Seite mit den Bestimmungen des ungarisch-rumänischen Vertrags, die das Prinzip der territorialen Staatensouveränität betreffen, zu vereinbaren ist und auf der anderen Seite mit einigen der Bestimmungen, die sich auf das Verbot der Diskriminierung beziehen, wegen des zu weit gefassten territorialen Geltungsbereichs des modifizierten Statusgesetzes nicht in Einklang zu bringen ist, ist bereits erörtert worden.[1184] Trotz der Vereinbarkeit des modifizierten Statusgesetzes mit dem Prinzip der territorialen Staatensouveränität und der Vereinbarkeit mit dem Prinzip der freundschaftlichen nachbarschaftlichen Beziehungen zwischen den Staaten ist das modifizierte Statusgesetz nicht mit dem letztgenannten Prinzip zu vereinbaren. Dagegen spricht nämlich die Unvereinbarkeit des modifizierten Statusgesetzes mit einigen Bestimmungen, die sich auf das Prinzip der Nichtdiskriminierung beziehen. Denn diese Unvereinbarkeit mit dem Prinzip der Nichtdiskriminierung führt dazu, dass das modifizierte Statusgesetz auch nicht mit dem diesen Bestimmungen ebenfalls innewohnenden Prinzip der freundschaftlichen nachbarschaftlichen Beziehungen zwischen den Staaten in Einklang zu bringen ist.

Obwohl das modifizierte Statusgesetz – im Gegensatz zu dem ursprünglichen Statusgesetz – sowohl mit dem Absatz 1 der Präambel als auch mit dem Art. 1 Absatz 1 des ungarisch-rumänischen Vertrags, die beide auf das Prinzip der freundschaftlichen nachbarschaftlichen Beziehungen zwischen den Staaten Bezug nehmen, zu vereinbaren ist, ist das modifizierte Statusgesetz letztendlich aufgrund seiner nachgewiesenen Unvereinbarkeit mit dem Prinzip der Nichtdiskriminierung nicht mit dem Prinzip der freundschaftlichen nachbarschaftlichen Beziehungen zwischen den Staaten in Einklang zu bringen.

Wie bereits festgestellt, haben die nachträglichen Ergänzungen des ursprünglichen Statusgesetzes, d.h. das Memorandum und das dieses Memorandum ersetzende Agreement, – anders als im Rahmen des Prinzips der territorialen Staatensouveränität – nicht zu einer Vereinbarkeit des ursprünglichen Statusgesetzes mit dem Prinzip der freundschaftlichen nachbarschaftlichen Beziehungen zwischen den Staaten geführt.[1185] Da aber die Modifizierungen des ursprünglichen Statusgesetzes lediglich das Statusgesetz selbst und nicht das Memorandum oder das Agreement betreffen, wird die Argumentation, die im Rahmen des Memorandums bzw. des Agreements dargebracht wurde, durch die Modifizierungen des ungarischen Statusgesetzes auch nicht verändert, d.h., sie kann auch genauso auf ein mit dem ungarisch-rumänischen Vertrag immer noch nicht zu vereinbarendes modifiziertes Statusgesetz übertragen werden. Dies bedeutet, dass das modifizierte Statusgesetz auch trotz der Ergänzungen, d.h. trotz des Memorandums und trotz des Agreements, nicht mit dem ungarisch-rumänischen Vertrag in Bezug auf das Prinzip der freundschaftlichen nachbarschaftlichen Beziehungen zwischen den Staaten in Einklang zu bringen ist.
Weder das Memorandum noch das dieses Memorandum ersetzende Übereinkommen führen daher zur Vereinbarkeit des modifizierten Statusgesetzes mit den sich auf das Prinzip der freundschaftlichen nachbarschaftlichen Beziehungen zwischen den Staaten beziehenden Bestimmungen des ungarisch-rumänischen Vertrags.

[1184]) Bezogen auf das Prinzip der territorialen Staatensouveränität: s.o. Kapitel IV, B., I., 3., a., S. 316.
Bezogen auf das Prinzip der Nichtdiskriminierung: s.o. Kapitel IV, B., II., 3., a. S. 360.

[1185]) S.o. Kapitel III, B., III., 3., a., S. 271.

b. Vertrag zwischen Ungarn und der Slowakei

Der zwischen Ungarn und der Slowakei am 19. März 1995 geschlossene Vertrag über gut-nachbarschaftliche Beziehungen und freundschaftliche Kooperation ("Treaty on Good-neighbourly Relations and Friendly Co-operation between the Republic of Hungary and the Slovak Republic") verstößt in dem Absatz 1 und dem Absatz 4 seiner Präambel, dem Art. 1 und dem Art. 15 Absatz 1 gegen das Prinzip der freundschaftlichen nachbarschaftlichen Beziehungen zwischen den Staaten.[1186]
Dass der ungarisch-slowakische Vertrag – ebenso wie der ungarisch-rumänische Vertrag – inhaltlich insgesamt dem Prinzip der freundschaftlichen nachbarschaftlichen Beziehungen zuzuordnen ist, geht – wie bereits festgestellt – zum einen bereits aus dem Titel des Vertrags hervor ("Vertrag über gut-nachbarschaftliche Beziehungen und freundschaftliche Kooperation"). Zum anderen wird diese inhaltliche Verpflichtung dem Prinzip der freundschaftlichen nachbarschaftlichen Beziehungen zwischen den Staaten gegenüber sowohl in dem Absatz 1 und dem Absatz 4 seiner Präambel, dem Art. 1 und dem Art. 15 Absatz 1 des ungarisch-slowakischen Vertrags noch einmal explizit als Grundlage dieses Vertrags hervorgehoben. Alle weiteren Artikel dieses Vertrags beinhalten Verpflichtungen für Ungarn und die Slowakei, die zur Verbesserung ihrer gegenseitigen Beziehungen (und zur Einhaltung ihrer internationalen Verpflichtungen) beitragen sollen. Im Gegensatz zu dem ungarisch-rumänischen Vertrag lassen sich – auch wenn das ungarische Statusgesetz im Grunde genommen mit sämtlichen Bestimmungen dieses ungarisch-slowakischen Vertrags zu vereinbaren sein muss, um mit dem Prinzip der freundschaftlichen nachbarschaftlichen Beziehungen zwischen den Staaten im Rahmen des Vertrags zwischen Ungarn und der Slowakei in Einklang gebracht werden zu können – die eben dargelegten Bestimmungen aus dem ungarisch-slowakischen Vertrag als charakteristische Bestimmungen in Bezug auf das Prinzip der freundschaftlichen nachbarschaftlichen Beziehungen zwischen den Staaten herausgreifen. Man kann demnach sagen, dass sich der ungarisch-slowakische Vertrag in dem Absatz 1 und dem Absatz 4 seiner Präambel, dem Art. 1 und dem Art. 15 Absatz 1 auf das Prinzip der freundschaftlichen nachbarschaftlichen Beziehungen zwischen den Staaten bezieht.[1187]

Aufgrund der Vergleichbarkeit des ungarisch-slowakischen Vertrags mit dem ungarisch-rumänischen Vertrag lässt sich die im Rahmen des zuletzt genannten Vertrags dargebrachte Argumentation auch auf den ungarisch-slowakischen Vertrag übertragen.[1188] Dies bedeutet, dass das modifizierte Statusgesetz dadurch, dass es keine einseitige Maßnahme von Seiten Ungarns darstellt[1189], mit dem durch den Absatz 1 und den Absatz 4 seiner Präambel, durch den Art. 1 und durch den Art. 15 Absatz 1 des ungarisch-slowakischen Vertrags verkörperten Prinzip der freundschaftlichen nachbarschaftlichen Beziehungen zwischen den Staaten zu vereinbaren ist. Diese Vergleichbarkeit sowie die Unvereinbarkeit des modifizierten Statusgesetzes mit einigen Bestimmungen, die sich auf das Prinzip der Nichtdiskriminierung beziehen, führt allerdings auch in Bezug auf den ungarisch-slowakischen Vertrag dazu, dass dieser (mit der zuvor dargebrachten Begründung) letztendlich nicht mit dem Prinzip der freundschaftlichen nachbarschaftlichen Beziehungen zwischen den Staaten in Einklang zu bringen ist.

1186) S.o. Kapitel III, B., III., 3., b., S. 276.
1187) S.o. Kapitel III, B., III., 3., b., S. 274.
1188) S.o. Kapitel IV, B., III., 3., a., S. 372.
1189) S.o. Kapitel IV, B., III., 1., a., S. 363.

c. Vertrag zwischen Ungarn und Kroatien

Der am 16. Dezember 1992 von Ungarn und der Republik Kroatien unterzeichnete Vertrag über freundschaftliche Beziehungen und Kooperation ("Treaty between the Republic of Hungary and the Republic of Croatia on Friendly Relations and Co-operation") verstößt in seinem Absatz 5 der Präambel, in dem Art. 1 Absatz 1 und indirekt auch in dem Art. 2 gegen das Prinzip der freundschaftlichen nachbarschaftlichen Beziehungen zwischen den Staaten.[1190] Dass der ungarisch-kroatische Vertrag – ebenso wie der ungarisch-rumänische und der ungarisch-slowakische Vertrag – inhaltlich insgesamt dem Prinzip der freundschaftlichen nachbarschaftlichen Beziehungen zuzuordnen ist, geht – wie bereits festgestellt – zum einen bereits aus dem Titel des Vertrags hervor ("Vertrag über freundschaftliche Beziehungen und Kooperation"). Zum anderen wird diese inhaltliche Verpflichtung dem Prinzip der freundschaftlichen nachbarschaftlichen Beziehungen zwischen den Staaten gegenüber aber sowohl in dem Absatz 2 der Präambel als auch in dem Art. 1 Satz 1 und dem Art. 17 des ungarisch-ukrainischen Vertrags noch einmal explizit als Grundlage dieses Vertrags hervorgehoben. Alle weiteren Artikel dieses Vertrags beinhalten Verpflichtungen für Ungarn und die Ukraine, die zur Verbesserung ihrer gegenseitigen Beziehungen (und zur Einhaltung ihrer internationalen Verpflichtungen) beitragen sollen. Ähnlich wie bei dem ungarisch-slowakischen Vertrag und im Gegensatz zu dem ungarisch-rumänischen Vertrag lassen sich – auch wenn das ungarische Statusgesetz im Grunde genommen mit sämtlichen Bestimmungen dieses ungarisch-ukrainischen Vertrags zu vereinbaren sein muss, um mit dem Prinzip der freundschaftlichen nachbarschaftlichen Beziehungen zwischen den Staaten im Rahmen des Vertrags zwischen Ungarn und der Ukraine in Einklang gebracht werden zu können – die eben dargelegten Bestimmungen aus dem ungarisch-ukrainischen Vertrag als charakteristische Bestimmungen in Bezug auf das Prinzip der freundschaftlichen nachbarschaftlichen Beziehungen zwischen den Staaten herausgreifen. Man kann demnach sagen, dass sich der ungarisch-ukrainische Vertrag in dem Absatz 2 seiner Präambel, dem Art. 1 Satz 1 und dem Art. 17 auf das Prinzip der freundschaftlichen nachbarschaftlichen Beziehungen zwischen den Staaten bezieht.[1191]

Aufgrund der Vergleichbarkeit des ungarisch-kroatischen Vertrags mit dem ungarisch-rumänischen und dem ungarisch-slowakischen Vertrag lässt sich die im Rahmen des ungarisch-rumänischen Vertrags dargebrachte Argumentation auch auf den ungarisch-kroatischen Vertrag übertragen.[1192] Dies bedeutet, dass das modifizierte Statusgesetz, dadurch, dass es keine einseitige Maßnahme von Seiten Ungarns darstellt[1193], mit dem durch den Absatz 5 der Präambel und dem Art. 1 Absatz 1 (und indirekt auch dem Art. 2) des ungarisch-kroatischen Vertrags verkörperten Prinzip der freundschaftlichen nachbarschaftlichen Beziehungen zwischen den Staaten zu vereinbaren ist. Diese Vergleichbarkeit sowie die Unvereinbarkeit des modifizierten Statusgesetzes mit einigen Bestimmungen, die sich auf das Prinzip der Nichtdiskriminierung beziehen, führt allerdings auch in Bezug auf den ungarisch-kroatischen Vertrag dazu, dass dieser (mit der zuvor dargebrachten Begründung) letztendlich trotz allem nicht mit dem Prinzip der freundschaftlichen nachbarschaftlichen Beziehungen zwischen den Staaten in Einklang zu bringen ist.

1190) S.o. Kapitel III, B., III., 3., c., S. 279.
1191) S.o. Kapitel III, B., III., 3., c., S. 277.
1192) S.o. Kapitel IV, B., III., 3., a., S. 372.
1193) S.o. Kapitel IV, B., III., 1., a., S. 363.

d. Vertrag zwischen Ungarn und der Ukraine

Der am 06. Dezember 1991 von Ungarn und der Ukraine geschlossene Vertrag über die Grundlagen einer guten Nachbarschaft und einer Kooperation zwischen Ungarn und der Ukraine ("Treaty on the Foundations of Good-Neighbourliness and Co-operation between the Republic of Hungary and Ukraine") verstößt in dem Absatz 2 seiner Präambel, seinem Art. 1 Satz 1 und seinem Art. 17 gegen das Prinzip der freundschaftlichen nachbarschaftlichen Beziehungen zwischen den Staaten.[1194]
Dass auch der ungarisch-ukrainische Vertrag – ebenso wie der ungarisch-rumänische, der ungarisch-slowakische und der ungarisch-kroatische Vertrag – inhaltlich insgesamt dem Prinzip der freundschaftlichen nachbarschaftlichen Beziehungen zuzuordnen ist, geht – wie bereits festgestellt – zum einen bereits aus dem Titel des Vertrags hervor ("Vertrag über die Grundlagen einer guten Nachbarschaft und einer Kooperation"). Zum anderen wird diese inhaltliche Verpflichtung dem Prinzip der freundschaftlichen nachbarschaftlichen Beziehungen zwischen den Staaten gegenüber aber sowohl in dem Absatz 2 seiner Präambel als auch in dem Art. 1 Satz 1 und dem Art. 17 des ungarisch-kroatischen Vertrags noch einmal explizit als Grundlage dieses Vertrags hervorgehoben. Alle weiteren Artikel dieses Vertrags beinhalten Verpflichtungen für Ungarn und Kroatien, die zur Verbesserung ihrer gegenseitigen Beziehungen (und zur Einhaltung ihrer internationalen Verpflichtungen) beitragen sollen. Ähnlich wie bei dem ungarisch-slowakischen Vertrag und im Gegensatz zu dem ungarisch-rumänischen Vertrag lassen sich – auch wenn das ungarische Statusgesetz im Grunde genommen mit sämtlichen Bestimmungen dieses ungarisch-kroatischen Vertrags zu vereinbaren sein muss, um mit dem Prinzip der freundschaftlichen nachbarschaftlichen Beziehungen zwischen den Staaten im Rahmen des Vertrags zwischen Ungarn und Kroatien in Einklang gebracht werden zu können – die eben dargelegten Bestimmungen aus dem ungarisch-kroatischen Vertrag als charakteristische Bestimmungen in Bezug auf das Prinzip der freundschaftlichen nachbarschaftlichen Beziehungen zwischen den Staaten herausgreifen. Man kann demnach sagen, dass sich der ungarisch-kroatische Vertrag in dem Absatz 5 seiner Präambel und dem Art. 1 Absatz 1 (und indirekt auch in dem Art. 2) auf das Prinzip der freundschaftlichen nachbarschaftlichen Beziehungen zwischen den Staaten bezieht.[1195]

Aufgrund der Vergleichbarkeit des ungarisch-ukrainischen Vertrags mit dem ungarisch-rumänischen, dem ungarisch-slowakischen und dem ungarisch-kroatischen Vertrag lässt sich die im Rahmen des ungarisch-rumänischen Vertrags dargebrachte Argumentation auch auf den ungarisch-ukrainischen Vertrag übertragen.[1196] Dies bedeutet, dass das modifizierte Statusgesetz, dadurch, dass es keine einseitige Maßnahme von Seiten Ungarns darstellt[1197], mit dem durch den Absatz 2 der Präambel, dem Art. 1 Satz 1 und dem Art. 17 des ungarisch-ukrainischen Vertrags verkörperten Prinzip der freundschaftlichen nachbarschaftlichen Beziehungen zwischen den Staaten zu vereinbaren ist. Diese Vergleichbarkeit sowie die Unvereinbarkeit des modifizierten Statusgesetzes mit einigen Bestimmungen, die sich auf das Prinzip der Nichtdiskriminierung beziehen, führt allerdings auch in Bezug auf den ungarisch-ukrainischen Vertrag dazu, dass dieser (mit der zuvor dargebrachten Begründung) letztendlich trotz allem nicht mit dem Prinzip der freundschaftlichen nachbarschaftlichen Beziehungen zwischen den Staaten in Einklang zu bringen ist.

1194) S.o. Kapitel III, B., III., 3., d., S. 282.
1195) S.o. Kapitel III, B., III., 3., c., S. 277.
1196) S.o. Kapitel IV, B., III., 3., a., S. 372.
1197) S.o. Kapitel IV, B., III., 1., a., S. 363.

e. Abkommen zwischen Ungarn und Serbien-Montenegro

Das zwischen der Republik Ungarn und Serbien-Montenegro am 21. Oktober 2003 geschlossene Abkommen über den Schutz der Rechte der ungarischen Minderheit, die in Serbien-Montenegro lebt, und der serbischen Minderheit, die in Ungarn ansässig ist ("Agreement between the Republic of Hungary and Serbia and Montenegro, on the protection of Rights of the Hungarian Minority living in Serbia and Montenegro, and the Serbian Minority living in the Republic of Hungary"), das zum größten Teil den jeweils betroffenen Minderheiten spezielle Rechte zugesteht, darüber hinaus aber auch in einigen Bestimmungen auf die Verbesserung der freundschaftlichen Beziehungen Bezug nimmt, verstößt in seinem Absatz 5 der Präambel gegen das Prinzip der freundschaftlichen nachbarschaftlichen Beziehungen zwischen den Staaten.[1198]

Dadurch, dass weder der Erlass noch die Umsetzung des modifizierten Statusgesetzes als einseitige Maßnahme zu charakterisieren sind[1199], handelt Ungarn im Einklang mit dem Absatz 5 der Präambel des Abkommens zwischen Ungarn und Serbien-Montenegro. Sowohl die Modifizierungen des ursprünglichen Statusgesetzes als auch die vor Erlass des modifizierten Statusgesetzes erfolgten Konsultationen der an Ungarn angrenzenden Länder haben zur Folge, dass das modifizierte Statusgesetz zum einen die Zusammenarbeit zwischen Ungarn und Serbien-Montenegro auf dem Gebiet des Schutzes der Minderheitenrechte und der Förderung der Stellung der Minderheiten pflegt und zum anderen die Stärkung der guten Nachbarschaft, des gegenseitigen Verständnisses, der freundschaftlichen Beziehungen und des Vertrauens zwischen den beiden Ländern bewirkt. Dies bedeutet, dass das modifizierte Statusgesetz demnach mit dem Absatz 5 der Präambel des Abkommens zwischen Ungarn und Serbien-Montenegro, der das Prinzip der freundschaftlichen nachbarschaftlichen Beziehungen zwischen den Staaten im Rahmen dieses Abkommens verkörpert, in Einklang zu bringen ist. Da die Präambel als Auslegungshilfe bei der Inhaltsbestimmung des Übereinkommens heranzuziehen ist[1200], ist in Bezug auf das Abkommen zwischen Ungarn und Serbien-Montenegro davon auszugehen, dass es, trotz der Tatsache, dass in den Artikeln des Abkommens das Prinzip der freundschaftlichen nachbarschaftlichen Beziehungen zwischen den Staaten nicht direkt erwähnt wird, auch diesem Prinzip verpflichtet ist. Diese Verpflichtung führt dazu, dass das modifizierte Statusgesetz mit dem Abkommen zwischen Ungarn und Serbien-Montenegro vereinbar ist, da sich die bewiesene Vereinbarkeit des Statusgesetzes mit der Bestimmung des Absatz 5 der Präambel dieses Abkommens auch auf die Vereinbarkeit des modifizierten Statusgesetzes mit dem gesamten Abkommen zwischen Ungarn und Serbien-Montenegro überträgt.

f. Zwischenergebnis

Auch die Vorschriften des bilateralen Minderheitenschutzes in Bezug auf das Prinzip der freundschaftlichen nachbarschaftlichen Beziehungen zwischen den Staaten (der ungarisch-rumänische Vertrag, der ungarisch-slowakische Vertrag, der ungarisch-kroatische Vertrag, der ungarisch-ukrainische Vertrag und das Abkommen zwischen Ungarn und Serbien-Montenegro), die soeben daraufhin untersucht worden sind, ob das modifizierte Statusgesetz mit ihnen in Einklang zu bringen ist, führen – ebenso wie die Vorschriften des universellen

[1198]) S.o. Kapitel III, B., III., 3., e., S. 283.
[1199]) S.o. Kapitel IV, B., III., 1., a., S. 363.
[1200]) S.o. Kapitel III, B., II., 2., a., (9), (b), S. 180.

und des regionalen Völkerrechts in Bezug auf das Prinzip der freundschaftlichen nachbarschaftlichen Beziehungen zwischen den Staaten und anders als das ursprüngliche Statusgesetz – zu einem geteilten Ergebnis: Aufgrund der Tatsache, dass der ungarisch-rumänische, der ungarisch-slowakische Vertrag, der ungarisch-kroatische Vertrag und der ungarisch-ukrainische inhaltlich insgesamt dem Prinzip der freundschaftlichen nachbarschaftlichen Beziehungen zuzuordnen sind sowie aufgrund der bereits festgestellten Unvereinbarkeit des modifizierten Statusgesetzes mit einigen Bestimmungen dieser Verträge, die sich auf das Prinzip der Nichtdiskriminierung beziehen, sind diese Verträge auch mit dem Prinzip der freundschaftlichen nachbarschaftlichen Beziehungen zwischen den Staaten nicht in Einklang zu bringen. Im Gegensatz zu dem ungarisch-rumänischen, zu dem ungarisch-slowakischen, zu dem ungarisch-kroatischen Vertrag und zu dem ungarisch-ukrainischen Vertrag ist das Abkommen zwischen Ungarn und Serbien-Montenegro hingegen mit dem Prinzip der freundschaftlichen nachbarschaftlichen Beziehungen zwischen den Staaten zu vereinbaren. Nachdem zuvor bereits die Vereinbarkeit des modifizierten Statusgesetzes mit dem universellen Völkerrecht im Rahmen des Prinzips der freundschaftlichen nachbarschaftlichen Beziehungen zwischen den Staaten bejaht worden ist, liegt allein die Vereinbarkeit des modifizierten Statusgesetzes mit dem Abkommen zwischen Ungarn und Serbien-Montenegro in dem nach internationalem Recht zu erwartenden Rahmen. Wie nämlich mehrfach bereits dargelegt worden ist, werden die Bestimmungen des bilateralen Minderheitenschutzes aufgrund der völkerrechtskonformen Auslegung möglichst aller Verträge und des in Art. 103 der UN-Charta festgelegten Vorrangs der Bestimmungen der UN-Charta gegenüber widersprüchlichen Regelungen früherer oder späterer Verträge meistens in Einklang mit den Bestimmungen der UN-Charta formuliert.[1201] Demnach ist es auch nicht verwunderlich, dass das modifizierte Statusgesetz, nachdem bereits die Vereinbarkeit mit dem universellen Völkerrecht bejaht worden ist, auch mit diesem Abkommen des bilateralen Minderheitenschutz in Einklang zu bringen ist. In Bezug auf die mit dem modifizierten Statusgesetz nicht zu vereinbarenden Bestimmungen des ungarisch-rumänischen, des ungarisch-slowakischen, des ungarisch-kroatischen Vertrags und des ungarisch-ukrainischen Vertrags kann man allerdings – ebenso wie in Bezug auf die mit dem modifizierten Statusgesetz nicht zu vereinbarenden Bestimmungen des universellen und des regionalen Völkerrechts – dennoch feststellen, dass sie den Anforderungen der völkerrechtskonformen Auslegung und dem in Art. 103 der UN-Charta niedergelegten Vorrang der Bestimmungen der UN-Charta gegenüber widersprüchlichen Bestimmungen früherer oder späterer Verträge Genüge leisten. Auch diese mit dem modifizierten Statusgesetz nicht zu vereinbarenden Bestimmungen des bilateralen Minderheitenschutzes beinhalten nämlich genau wie der Art. 1 II und der Art. 55 c) der UN-Charta das Verbot sämtlicher einseitiger Maßnahmen, durch die das Klima der Zusammenarbeit zwischen Ungarn und seinen Nachbarstaaten verschlechtert werden könnte bzw. durch die die Entwicklung freundschaftlicher, auf der Achtung vor dem Grundsatz der Gleichberechtigung beruhender Beziehungen zwischen den Nationen gehemmt werden könnte. Die Unvereinbarkeit des modifizierten Statusgesetzes mit den Bestimmungen dieser vier bilateralen Verträge basiert – wie gezeigt – auch nicht auf einer Verletzung der sich auf das Prinzip der freundschaftlichen nachbarschaftlichen Beziehungen zwischen den Staaten beziehenden Vorschriften (sondern auf der zuvor bereits angenommenen Unvereinbarkeit des modifizierten Statusgesetzes mit einigen Bestimmungen dieser Verträge, die sich auf das Prinzip der Nichtdiskriminierung beziehen). Insofern ist es nicht von Bedeutung, dass das modifizierte Statusgesetz zwar mit den in Bezug auf das Prinzip der freundschaftlichen nachbarschaftlichen Beziehungen zwischen den Staaten relevanten

[1201]) S.o. Kapitel III, B., I., 2., c., S. 109.

Bestimmungen der UN-Charta zu vereinbaren ist, zu einigen anderen Regelungen des bilateralen Minderheitenschutzes allerdings im Widerspruch steht.

Dies bedeutet, dass der im Rahmen des ursprünglichen Statusgesetzes festgestellte Verstoß des ursprünglichen Statusgesetzes gegen das Prinzip der freundschaftlichen nachbarschaftlichen Beziehungen zwischen den Staaten auch auf bilateraler Ebene durch das modifizierte Statusgesetz nur zum Teil aufgehoben wird. Die aufgrund des modifizierten Statusgesetzes vorzunehmenden Handlungen stehen teilweise im Einklang mit den entsprechenden Bestimmungen des bilateralen Minderheitenschutzes, was zur Folge hat, dass das modifizierte Statusgesetz der Venedig-Kommission in Bezug auf das Prinzip der Nichtdiskriminierung im Rahmen des bilateralen Minderheitenschutzes geringeren Anlass zur Kritik geben kann als das ursprüngliche Statusgesetz.

4. Ergebnis

Nach all diesen Ausführungen kommt man zu dem Ergebnis, dass das modifizierte Statusgesetz sowohl auf universeller als auch auf regionaler Ebene vollständig mit dem Prinzip der freundschaftlichen nachbarschaftlichen Beziehungen zwischen den Staaten in Einklang zu bringen ist. In Bezug auf den bilateralen Minderheitenschutz ist das modifizierte Statusgesetz hingegen nur zum Teil mit dem Prinzip der freundschaftlichen nachbarschaftlichen Beziehungen zwischen den Staaten zu vereinbaren. Die anfangs festgestellte Tatsache, dass es sich weder bei dem Erlass noch bei der Umsetzung des modifizierten Statusgesetzes um eine einseitige Maßnahme von Seiten Ungarns handelt, was sich zum Teil auf die vor dem Erlass des modifizierten Statusgesetzes erfolgte Kontaktierung der ungarischen Nachbarstaaten durch Ungarn zurückführen lässt, sorgt zunächst für die Vereinbarkeit des modifizierten Statusgesetzes mit dem in Art. 1 II und Art. 55 c) der UN-Charta verankerten allgemeinen Verbot sämtlicher einseitiger Maßnahmen, durch die das Klima der Zusammenarbeit zwischen Ungarn und seinen Nachbarstaaten verschlechtert werden könnte bzw. durch die die Entwicklung freundschaftlicher, auf der Achtung vor dem Grundsatz der Gleichberechtigung beruhender Beziehungen zwischen den Nationen gehemmt werden könnte. Im Folgenden wirkt sich diese Vereinbarkeit bei der Prüfung aller weiteren diesem Prinzip entsprechenden Bestimmungen aus, was wegen der völkerrechtskonformen Auslegung und des Art. 103 der UN-Charta auch nicht erstaunlich ist. Dennoch ist das modifizierte Statusgesetz mit einigen bilateralen Verträgen nicht zu vereinbaren. In Bezug auf die Bestimmungen, mit denen das modifizierte Statusgesetz in Einklang zu bringen ist, sorgen die Modifizierungen des ungarischen Statusgesetzes dafür, dass der im Rahmen des ursprünglichen Statusgesetzes festgestellte Verstoß des ursprünglichen Statusgesetzes gegen das Prinzip der freundschaftlichen nachbarschaftlichen Beziehungen zwischen den Staaten auf universeller, regionaler und bilateraler Ebene durch das modifizierte Statusgesetz aufgehoben wird. In Bezug auf die mit dem modifizierten Statusgesetz nicht zu vereinbarenden bilateralen Verträge bewirken die Modifizierungen des ungarischen Statusgesetzes keine Revidierung des im Rahmen des ursprünglichen Statusgesetzes festgestellten Verstoßes des ursprünglichen Statusgesetzes gegen das Prinzip der freundschaftlichen nachbarschaftlichen Beziehungen zwischen den Staaten.
Da das Prinzip der freundschaftlichen nachbarschaftlichen Beziehungen zwischen den Staaten zu den von den Staaten einzuhaltenden Prinzipien des Völkerrechts zu zählen ist, verstößt Ungarn somit auch durch die Teile des modifizierten Statusgesetzes, die mit diesem Prinzip nicht vereinbar sind, gegen das Völkerrecht. Die von der Venedig-Kommission vorgebrachten Bedenken gegen die Vereinbarkeit des Statusgesetzes mit dem Völkerrecht (in diesem Fall

mit dem Prinzip der freundschaftlichen nachbarschaftlichen Beziehungen zwischen den Staaten) sind daher auch in Bezug auf das modifizierte Statusgesetz – im Gegensatz zu dem ursprünglichen Statusgesetz allerdings in sehr abgeschwächter Form – als berechtigt anzusehen.

IV. "Pacta sunt servanda"

Es ist bereits dargelegt worden, dass das völkergewohnheitsrechtlich anerkannte Prinzip der Heiligkeit der Verträge ("pacta sunt servanda") die Staaten dazu verpflichtet, sich an die von ihnen unterzeichneten Verträge zu halten.[1202]

Nachdem die Vereinbarkeit des ursprünglichen Statusgesetzes mit dem Prinzip der Heiligkeit der Verträge verneint worden ist, ist im Folgenden zu untersuchen, ob das modifizierte Statusgesetz aufgrund seiner Modifizierungen mit den entsprechenden, sich auf das Prinzip der Heiligkeit der Verträge beziehenden Vorschriften des universellen und regionalen Völkerrechts und des bilateralen Minderheitenschutzes zu vereinbaren ist.

1. Universelles Völkerrecht

Im Rahmen der Prüfung des universellen Völkerrechts ist der Verstoß des ursprünglichen ungarischen Statusgesetzes gegen den Art. 26 der Wiener Vertragsrechtskonvention bejaht worden.[1203] Im Folgenden ist nun zu untersuchen, ob dieser Verstoß auch bei der Prüfung der Vereinbarkeit des modifizierten ungarischen Statusgesetzes mit eben diesen Vorschriften des universellen Völkerrechts im Rahmen des Prinzips der Heiligkeit der Verträge vorliegt oder ob er durch die Änderungen des Statusgesetzes aufgehoben worden ist.

a. Art. 26 der Wiener Vertragsrechtskonvention

Wie zuvor dargelegt, ist für die Vereinbarkeit des Statusgesetzes mit dem Art. 26 der Wiener Vertragsrechtskonvention (WVRK) erforderlich, dass die Vertragsparteien einen in Kraft getretenen Vertrag nach Treu und Glauben erfüllen.[1204]

Die bisherigen Erörterungen im Rahmen der Prüfung der Vereinbarkeit des modifizierten Statusgesetzes mit dem Prinzip der territorialen Staatensouveränität, dem Prinzip der Nichtdiskriminierung und dem Prinzip der freundschaftlichen nachbarschaftlichen Beziehungen zwischen den Staaten auf universeller Ebene haben gezeigt, dass das modifizierte Statusgesetz zwar sowohl mit dem Prinzip der territorialen Staatensouveränität als auch mit dem Prinzip der freundschaftlichen nachbarschaftlichen Beziehungen zwischen den Staaten vollständig in Einklang zu bringen ist, dass es aber mit dem Prinzip der Nichtdiskriminierung nur teilweise zu vereinbaren ist.[1205] Diese Unvereinbarkeit des modifizierten Statusgesetzes mit den ent-

---

1202) S.o. Kapitel III, B., IV., S. 285.
1203) S.o. Kapitel III, B., IV., 1., b., S. 287.
1204) S.o. Kapitel III, B., IV., 1., a., S. 286.
1205) Bzgl. des Prinzips der territorialen Staatensouveränität: s.o. Kapitel IV, B., I., 1., d., S. 316.
Bzgl. des Prinzips der Nichtdiskriminierung: s.o. Kapitel IV, B., II., 1., j., S. 333.
Bzgl. des Prinzips der freundschaftlichen nachbarschaftlichen Beziehungen zwischen den Staaten: s.o. Kapitel IV, B., III., 1., b., S. 364.

sprechenden universellen völkerrechtlichen Bestimmungen der dieses letztgenannte Prinzip verkörpernden Dokumente bewirkt somit nicht nur, dass das Statusgesetz nicht mit diesem Prinzip des Völkerrechts im Rahmen des universellen Völkerrechts vollständig zu vereinbaren ist, sondern auch, dass das modifizierte Statusgesetz mit dem weiteren völkerrechtlichen Prinzip der Heiligkeit der Verträge im Rahmen des universellen Völkerrechts unvereinbar ist. Dadurch, dass Ungarn nämlich seinen vertraglichen Verpflichtungen, die sich aus seinem Beitritt zu diesen sich auf das Prinzip der Nichtdiskriminierung beziehenden Verträgen ergeben, – wie bereits bewiesen – nicht nachkommt, erfüllt es diese Verträge nicht nach Treu und Glauben und bringt damit zum Ausdruck, dass es sich durch diese Verträge nicht gebunden fühlt. Das Verhalten Ungarns ist demnach mit der Bestimmung des Art. 26 der WVRK nicht zu vereinbaren. Dies hat zur Folge, dass auch das von Ungarn erlassene modifizierte Statusgesetz im Rahmen des universellen Völkerrechts nicht mit dem Prinzip "pacta sunt servanda" in Einklang zu bringen ist.

b. Zwischenergebnis

Bei der Prüfung der Vereinbarkeit des modifizierten Statusgesetzes mit dem Prinzip der Heiligkeit der Verträge ist der Art. 26 der WVRK die einzige Bestimmung im Rahmen des universellen Völkerrechts, die auf dieses Prinzip Bezug nimmt. Es lässt sich keine weitere diesbezügliche Bestimmung des universellen Völkerrechts finden, mit der das modifizierte Statusgesetz im Rahmen der Prüfung der Vereinbarkeit mit diesem Prinzip möglicherweise zu vereinbaren sein könnte.

Dies bedeutet, dass die im Rahmen des ursprünglichen Statusgesetzes festgestellte Unvereinbarkeit des ursprünglichen Statusgesetzes mit dem Prinzip der Heiligkeit der Verträge auf universeller Ebene durch das modifizierte Statusgesetz nicht vollständig aufgehoben wird, sondern vielmehr zum Teil bestehen bleibt. Die aufgrund des modifizierten Statusgesetzes vorzunehmenden Handlungen stehen daher nur zum Teil im Einklang mit den sich auf das Prinzip der Heiligkeit der Verträge beziehenden Bestimmungen des universellen Völkerrechts. Dies hat zur Folge, dass das modifizierte Statusgesetz der Venedig-Kommission in Bezug auf das Prinzip der Heiligkeit der Verträge geringeren Anlass zur Kritik geben kann als das ursprüngliche Statusgesetz.

2. Regionales Völkerrecht

Da im Rahmen des regionalen Völkerrechts in Bezug auf die Prüfung der Vereinbarkeit des Statusgesetzes mit dem Prinzip der Heiligkeit der Verträge keine konkrete Norm existiert, durch die dieses Prinzip im regionalen Völkerrecht verankert wird, ist im Rahmen des ursprünglichen Statusgesetzes dessen Vereinbarkeit mit diesem Prinzip auf regionaler Ebene auch ohne konkrete Norm überprüft und verneint worden.[1206]

Bei der Prüfung der Vereinbarkeit des modifizierten Statusgesetzes mit dem Prinzip der Heiligkeit der Verträge im Rahmen des regionalen Völkerrechts lässt sich ähnlich wie bei der Prüfung im Rahmen des universellen Völkerrechts argumentieren:

[1206]) S.o. Kapitel III, B., IV., 2., S. 287.

Die bisherigen Erörterungen im Rahmen der Prüfung der Vereinbarkeit des modifizierten Statusgesetzes mit dem Prinzip der territorialen Staatensouveränität, dem Prinzip der Nichtdiskriminierung und dem Prinzip der freundschaftlichen nachbarschaftlichen Beziehungen zwischen den Staaten auf regionaler Ebene haben gezeigt, dass das modifizierte Statusgesetz zwar sowohl mit dem Prinzip der territorialen Staatensouveränität als auch mit dem Prinzip der freundschaftlichen nachbarschaftlichen Beziehungen zwischen den Staaten vollständig in Einklang zu bringen ist, dass es aber mit dem Prinzip der Nichtdiskriminierung nur teilweise zu vereinbaren ist.[1207] Diese Unvereinbarkeit des modifizierten Statusgesetzes mit den entsprechenden regionalen völkerrechtlichen Bestimmungen der dieses letztgenannte Prinzip verkörpernden Dokumente bewirkt somit nicht nur, dass das Statusgesetz mit diesem Prinzip des Völkerrechts im Rahmen des regionalen Völkerrechts nicht vollständig zu vereinbaren ist, sondern auch, dass das modifizierte Statusgesetz ebenfalls mit dem weiteren völkerrechtlichen Prinzip der Heiligkeit der Verträge im Rahmen des regionalen Völkerrechts unvereinbar ist.

Auch wenn im regionalen Völkerrecht keine Bestimmung existiert, die das völkergewohnheitsrechtliche Prinzip der Heiligkeit der Verträge verkörpert, lässt sich aus dem Zusammenspiel der gewohnheitsrechtlichen Geltung dieses Prinzips und der bewiesenen teilweisen Unvereinbarkeit des modifizierten Statusgesetzes mit den Bestimmungen des regionalen Völkerrechtsrechts, die sich auf das Prinzip der Nichtdiskriminierung beziehen, schlussfolgern, dass das Verhalten Ungarns mit dem Prinzip der Heiligkeit der Verträge ebenfalls nicht in Einklang zu bringen ist. Dafür wäre es nämlich erforderlich gewesen, dass Ungarn seinen vertraglichen Verpflichtungen, die sich aus seinem Beitritt zu diesen sich auf das Prinzip der Nichtdiskriminierung beziehenden Verträgen ergeben, nach Treu und Glauben nachkommt. Dass dies nicht der Fall ist, wird durch die zuvor dargestellte Unvereinbarkeit des modifizierten Statusgesetzes mit den sich auf das Prinzip der Nichtdiskriminierung beziehenden Bestimmungen des regionalen Völkerrechts belegt.

Nach der soeben bejahten Unvereinbarkeit des modifizierten Statusgesetzes mit dem Prinzip der Heiligkeit der Verträge auf universeller Ebene ist somit auch auf regionaler Ebene eine Unvereinbarkeit des modifizierten Statusgesetzes mit diesem Prinzip festzustellen. Dies bedeutet, dass die bereits festgestellte Unvereinbarkeit des ursprünglichen Statusgesetzes mit dem Prinzip der Heiligkeit der Verträge auch auf regionaler Ebene durch das modifizierte Statusgesetz nicht vollständig aufgehoben wird. Die aufgrund des modifizierten Statusgesetzes vorzunehmenden Handlungen stehen daher nur zum Teil im Einklang mit den sich auf das Prinzip der Heiligkeit der Verträge beziehenden Bestimmungen des regionalen Völkerrechts. Dies hat zur Folge, dass das modifizierte Statusgesetz der Venedig-Kommission in Bezug auf das Prinzip der Heiligkeit der Verträge weiterhin Anlass zur Kritik geben kann, wenn auch in geringerem Maße als das ursprüngliche Statusgesetz.

[1207]) Bzgl. des Prinzips der territorialen Staatensouveränität: s.o. Kapitel IV, B., I., 2., c., S. 309.
Bzgl. des Prinzips der Nichtdiskriminierung: s.o. Kapitel IV, B., II., 2., c., S. 347.
Bzgl. des Prinzips der freundschaftlichen nachbarschaftlichen Beziehungen zwischen den Staaten: s.o. Kapitel IV, B., III., 2., c., S. 370.

3. Bilateraler Minderheitenschutz

Da sich einerseits auch in Bezug auf die Vereinbarkeit des Statusgesetzes mit dem Prinzip der Heiligkeit der Verträge im Rahmen der von Ungarn mit Rumänien, der Slowakei, Kroatien, Slowenien, Serbien-Montenegro und der Ukraine geschlossenen bilateralen Abkommen– ähnlich wie bei dem regionalen Völkerrecht – in den einzelnen Verträgen keine konkrete Regelung finden lässt, die dieses Prinzip in den Verträgen verankert, da aber andererseits diesen zwischenstaatlichen Abkommen sowohl ihrem Namen als auch ihrem Inhalt nach ein relativ großer Stellenwert beizumessen ist, ist davon auszugehen, dass die Vertragsparteien bei dem Abschluss dieser Abkommen beabsichtigten, diesen Abkommen einen rechtsverbindlichen Charakter zukommen zu lassen. Dies bedeutet, dass diese zwischenstaatlichen Abkommen als völkerrechtliche Verträge einzustufen sind und somit ebenfalls unter den völkergewohnheitsrechtlichen Grundsatz der Heiligkeit der Verträge fallen.[1208]
Um demnach mit dem Prinzip der Heiligkeit der Verträge auf bilateraler Ebene vereinbar zu sein, dürfte das ungarische Statusgesetz nicht im Widerspruch zu den einzelnen bilateralen Abkommen stehen.

Die bisherigen Erörterungen im Rahmen der Prüfung der Vereinbarkeit des modifizierten Statusgesetzes mit dem Prinzip der territorialen Staatensouveränität, dem Prinzip der Nichtdiskriminierung und dem Prinzip der freundschaftlichen nachbarschaftlichen Beziehungen zwischen den Staaten auf bilateraler Ebene haben gezeigt, dass das modifizierte Statusgesetz zwar mit dem Prinzip der territorialen Staatensouveränität vollständig in Einklang zu bringen ist, dass es aber sowohl mit dem Prinzip der Nichtdiskriminierung als auch mit dem Prinzip der freundschaftlichen nachbarschaftlichen Beziehungen zwischen den Staaten nicht zu vereinbaren ist.[1209] Diese Unvereinbarkeit des modifizierten Statusgesetzes mit den bilateralen Verträgen Ungarns mit Rumänien, der Slowakei und Kroatien bewirkt somit nicht nur, dass das Statusgesetz nicht mit diesen beiden Prinzipien des Völkerrechts im Rahmen des bilateralen völkerrechtlichen Minderheitenschutzes zu vereinbaren ist, sondern auch, dass das modifizierte Statusgesetz mit dem weiteren völkerrechtlichen Prinzip der Heiligkeit der Verträge im Rahmen des bilateralen völkerrechtlichen Minderheitenschutzes unvereinbar ist.
Auch wenn in den bilateralen Abkommen keine Bestimmung existiert, die das völkergewohnheitsrechtliche Prinzip der Heiligkeit der Verträge verkörpert, lässt sich aus dem Zusammenspiel der gewohnheitsrechtlichen Geltung dieses Prinzips und der bewiesenen Unvereinbarkeit des modifizierten Statusgesetzes mit den Bestimmungen des ungarisch-rumänischen, des ungarisch-slowakischen und des ungarisch-kroatischen Vertrags schlussfolgern, dass das Verhalten Ungarns ebenfalls nicht mit dem Prinzip der Heiligkeit der Verträge in Einklang zu bringen ist. Dafür wäre es nämlich erforderlich gewesen, dass Ungarn seinen sich aus diesen beiden Verträgen ergebenden Verpflichtungen nach Treu und Glauben nachkommt. Dass dies nicht der Fall ist, wird durch die bereits dargestellte Unvereinbarkeit des modifizierten Statusgesetzes mit den Bestimmungen dieser beiden Verträge belegt.

Nach der soeben bejahten Unvereinbarkeit des modifizierten Statusgesetzes mit dem Prinzip der Heiligkeit der Verträge auf universeller sowie auf regionaler Ebene ist somit auch in Be-

---

[1208]) S.o. Kapitel III, B., IV., 3., S. 289.

[1209]) Bzgl. des Prinzips der territorialen Staatensouveränität: s.o. Kapitel IV, B., I., 3 , d., S. 315.
Bzgl. des Prinzips der Nichtdiskriminierung: s.o. Kapitel IV, B., II., 3., e., S. 359.
Bzgl. des Prinzips der freundschaftlichen nachbarschaftlichen Beziehungen zwischen den Staaten: s.o. Kapitel IV, B., III., 3., e., S. 377.

zug auf den bilateralen völkerrechtlichen Minderheitenschutz eine Unvereinbarkeit des modifizierten Statusgesetzes mit diesem Prinzip festzustellen. Dies bedeutet, dass die im Rahmen des ursprünglichen Statusgesetzes festgestellte Unvereinbarkeit des ursprünglichen Statusgesetzes mit dem Prinzip der Heiligkeit der Verträge auch im Rahmen des bilateralen Minderheitenschutzes durch das modifizierte Statusgesetz nicht vollständig aufgehoben wird. Die aufgrund des modifizierten Statusgesetzes vorzunehmenden Handlungen stehen daher nur zum Teil im Einklang mit den sich auf das Prinzip der Heiligkeit der Verträge beziehenden Bestimmungen des bilateralen Minderheitenschutzes. Dies hat zur Folge, dass das modifizierte Statusgesetz der Venedig-Kommission in Bezug auf das Prinzip der Heiligkeit der Verträge weiterhin Anlass zur Kritik geben kann, wenn auch in geringerem Maße als das ursprüngliche Statusgesetz.

4. Ergebnis

Nach all diesen Ausführungen kommt man zu dem Ergebnis, dass auch das modifizierte Statusgesetz mit dem Prinzip der Heiligkeit der Verträge sowohl auf universeller als auch auf regionaler und bilateraler Ebene nur zum Teil in Einklang zu bringen ist. Aufgrund der völkergewohnheitsrechtlichen Geltung dieses Prinzips konnte es sowohl auf universeller Ebene, auf der es in Art. 26 der WVRK seinen Niederschlag findet, als auch auf regionaler und bilateraler Ebene, bei denen es durch keine konkrete Norm verkörpert wird, auf seine Vereinbarkeit mit dem modifizierten Statusgesetz hin überprüft werden. Die zuvor bereits belegte Unvereinbarkeit des modifizierten Statusgesetzes mit dem Prinzip der Nichtdiskriminierung und teilweise auch mit dem Prinzip der freundschaftlichen nachbarschaftlichen Beziehungen zwischen den Staaten sorgt allerdings auf allen drei Ebenen für die Unvereinbarkeit des modifizierten Statusgesetzes mit dem Prinzip der Heiligkeit der Verträge. Da dieses Prinzip zu den von den Staaten einzuhaltenden Prinzipien des Völkerrechts zu zählen ist, verstößt Ungarn somit durch den Erlass und der darauf beruhenden Umsetzung des modifizierten Statusgesetzes, die mit diesem Prinzip nicht vereinbar sind, gegen das Völkerrecht. Die von der Venedig-Kommission vorgebrachten Bedenken gegen die Vereinbarkeit des Statusgesetzes mit dem Völkerrecht (in diesem Fall mit dem Prinzip der Heiligkeit der Verträge) sind daher auch in Bezug auf das modifizierte Statusgesetz – im Gegensatz zu dem ursprünglichen Statusgesetz allerdings in sehr abgeschwächter Form – als berechtigt anzusehen.

V. Endergebnis

Nach genauer Betrachtung aller vier von der Venedig-Kommission in Bezug auf die Vereinbarkeit mit dem Statusgesetz kritisierten Punkte (der Unvereinbarkeit des Statusgesetzes mit dem Prinzip der territorialen Staatensouveränität, mit dem Prinzip der Nichtdiskriminierung, mit dem Prinzip der freundschaftlichen nachbarschaftlichen Beziehungen zwischen den Staaten und mit dem Prinzip der Heiligkeit der Verträge ("pacta sunt servanda")) kommt man – im Gegensatz zu dem ursprünglichen Statusgesetz – im Rahmen des modifizierten Statusgesetzes zu einem geteilten Endergebnis:
Die Modifizierungen des ursprünglichen ungarischen Statusgesetzes sorgen dafür, dass der im Rahmen des ursprünglichen Statusgesetzes festgestellte Verstoß des Erlasses und der darauf beruhenden Umsetzung des ursprünglichen Statusgesetzes gegen das Prinzip der territorialen Staatensouveränität auf universeller, regionaler und bilateraler Ebene durch das modifizierte Statusgesetz aufgehoben wird.

Im Rahmen des Prinzips der Nichtdiskriminierung führen die Modifizierungen des ungarischen Statusgesetzes dazu, dass der im Rahmen des ursprünglichen Statusgesetzes festgestellte Verstoß des ursprünglichen Statusgesetzes gegen das Prinzip der Nichtdiskriminierung auf universeller, regionaler und bilateraler Ebene durch das modifizierte Statusgesetz aufgehoben wird, sofern es sich um die Bestimmungen handelt, deren territorialer Anwendungsbereich von dem modifizierten Statusgesetz eingehalten wird. In Bezug auf die Bestimmungen, gegen deren territorialen Anwendungsbereich auch das modifizierte Statusgesetz verstößt, bewirken die Modifizierungen des ungarischen Statusgesetzes keine Aufhebung des im Rahmen des ursprünglichen Statusgesetzes festgestellten Verstoßes des ursprünglichen Statusgesetzes gegen das Prinzip der Nichtdiskriminierung auf universeller, regionaler und bilateraler Ebene. Ähnlich wie im Rahmen des Prinzips der Nichtdiskriminierung sorgen die Modifizierungen des ungarischen Statusgesetzes auch im Rahmen des Prinzips der freundschaftlichen nachbarschaftlichen Beziehungen zwischen den Staaten dafür, dass der im Rahmen des ursprünglichen Statusgesetzes festgestellte Verstoß des ursprünglichen Statusgesetzes gegen das Prinzip der freundschaftlichen nachbarschaftlichen Beziehungen zwischen den Staaten auf universeller, regionaler und bilateraler Ebene durch das modifizierte Statusgesetz aufgehoben wird, sofern es sich um die Bestimmungen handelt, deren territorialer Anwendungsbereich von dem modifizierten Statusgesetz eingehalten wird. In Bezug auf die mit dem modifizierten Statusgesetz nicht zu vereinbarenden bilateralen Verträgen bewirken die Modifizierungen des ungarischen Statusgesetzes keine Revidierung des im Rahmen des ursprünglichen Statusgesetzes festgestellten Verstoßes des ursprünglichen Statusgesetzes gegen das Prinzip der freundschaftlichen nachbarschaftlichen Beziehungen zwischen den Staaten.
In Bezug auf das Prinzip der Heiligkeit der Verträge konnte man feststellen, dass die zuvor bereits belegte Unvereinbarkeit des modifizierten Statusgesetzes mit dem Prinzip der Nichtdiskriminierung und teilweise auch mit dem Prinzip der freundschaftlichen nachbarschaftlichen Beziehungen zwischen den Staaten sowohl auf universeller als auch auf regionaler und bilateraler Ebene die Unvereinbarkeit des modifizierten Statusgesetzes mit dem Prinzip der Heiligkeit der Verträge nach sich zieht..

Diese zum größten Teil als gegeben anzusehende Vereinbarkeit des modifizierten Statusgesetzes mit den entsprechenden Bestimmungen des universellen, regionalen und bilateralen völkerrechtlichen Minderheitenschutzes beruht vor allem auf der im Gegensatz zum ursprünglichen Statusgesetz eingeschränkt grenzüberschreitenden und eingeschränkt diskriminierenden Wirkung des modifizierten Statusgesetzes, die sich im Rahmen des völkerrechtlich anerkannten Standards bewegen. Daneben stellen auch die Bestimmungen des modifizierten Statusgesetzes – anders als die des ursprünglichen Statusgesetzes – keine einseitigen Maßnahmen dar, was ebenfalls zu einer erhöhten Vereinbarkeit des modifizierten Statusgesetzes mit den von der Venedig-Kommission kritisierten Punkten führt.

In Bezug auf das ursprüngliche Statusgesetz wirkte sich jeweils der anfangs im Rahmen des universellen Völkerrechts festgestellte Verstoß des Statusgesetzes gegen die entsprechenden, jedem einzelnen Prinzip zuzuordnenden Bestimmungen der UN-Charta auf die Prüfung aller weiteren diesem Prinzip entsprechenden Bestimmungen aus, was wegen der völkerrechtskonformen Auslegung und wegen des Art. 103 der UN-Charta auch nicht erstaunlich war. Diese Feststellung lässt sich – wie gezeigt – nicht auf das modifizierte Statusgesetz übertragen. Trotz der im Rahmen des modifizierten Statusgesetzes nicht immer vorliegenden Übereinstimmung der Ergebnisse der Prüfung der Vereinbarkeit des modifizierten Statusgesetzes mit den erörterten minderheitenrechtlichen Bestimmungen des universellen, regionalen und bilateralen Völkerrechts mit den erzielten Ergebnissen der Prüfung der Vereinbarkeit des modifizierten Statusgesetzes mit den im Rahmen des universellen Völkerrechts erörterten Bestimmungen der UN-Charta ist dennoch der völkerrechtskonformen Auslegung und dem Art. 103 der UN-Charta auch durch die nicht dem Ergebnis der UN-Charta entsprechenden Bestimmungen des universellen, regionalen und bilateralen Völkerrechts Genüge geleistet worden.

Durch die teilweise Unvereinbarkeit des modifizierten Statusgesetzes mit drei der vier von der Venedig-Kommission kritisierten Punkten (mit dem Prinzip der Nichtdiskriminierung, mit dem Prinzip der freundschaftlichen nachbarschaftlichen Beziehungen zwischen den Staaten und mit dem Prinzip der Heiligkeit der Verträge), von denen vor allem das Prinzip der Nichtdiskriminierung zu den von den Staaten einzuhaltenden grundlegenden Prinzipien des Völkerrechts zählt, verstößt Ungarn durch die Teile des modifizierten Statusgesetzes, die mit diesen Prinzipien nicht vereinbar sind, gegen das Völkerrecht. Die von der Venedig-Kommission vorgebrachte Kritik gegen die Vereinbarkeit des Statusgesetzes mit dem Völkerrecht ist daher trotz der Vereinbarkeit des modifizierten Statusgesetzes mit dem Prinzip der territorialen Staatensouveränität auch in Bezug auf das modifizierte Statusgesetz – im Gegensatz zu dem ursprünglichen Statusgesetz allerdings in (sehr) abgeschwächter Form – als berechtigt anzusehen.

FAZIT

Nach der ausgiebigen Erörterung der Vereinbarkeit des ursprünglichen und des modifizierten Statusgesetzes mit dem Prinzip der territorialen Staatensouveränität, dem Prinzip der Nichtdiskriminierung, dem Prinzip der freundschaftlichen nachbarschaftlichen Beziehungen zwischen den Staaten und dem Prinzip der Heiligkeit der Verträge ("pacta sunt servanda"), hat sich herausgestellt, dass die zunächst von der Venedig-Kommission vorgebrachte Kritik zum größten Teil als berechtigt anzusehen ist.

Allgemein lassen sich daher in Bezug auf den Erlass und die Umsetzung derartiger Gesetze, die von den Ursprungsstaaten zum Schutz und zur Unterstützung "ihrer" nationalen Minderheiten, die in anderen Ländern ansässig sind, verabschiedet werden, insbesondere vor allem in Bezug auf das hier zur Debatte stehende ungarische Statusgesetz (in seinen beiden Varianten) folgende Schlüsse ziehen.

Das ursprüngliche Statusgesetz gewann als Form einer umfassenden, allgemeinen, institutionalisierten und rechtlich abgesicherten Begünstigung und Unterstützung der Ungarn in den Nachbarstaaten vor dem Hintergrund zunehmender Abwanderungstendenzen von ethnischen Ungarn aus den Nachbarstaaten, die aus ihren oftmals schwierigen Lebensbedingungen und der "Schengen-Politik" – also der Furcht vor einer rigiden und nachhaltigen Separation der ethnischen Ungarn durch die EU-Außengrenzen im Falle eines Beitritts des Mutterlandes zur Union (neuer "Eiserner Vorhang") – resultieren, besondere Aktualität. Die Gewährung von Sonderrechten für die Ungarn in den Nachbarstaaten wurde dabei insbesondere auch als präventive Maßnahme zur Linderung der Nachteile angesehen, die durch den EU-Beitritt für die ethnischen Ungarn in den Nachbarstaaten entstehen würden.[1210]
Darüber hinaus hat die national-konservative Regierung, die das ursprüngliche Statusgesetz erlassen hat, mit diesem aber auch noch andere Ziele verfolgt: Aufgrund der dynamischen Wirtschaftsentwicklung in Ungarn und der niedrigen Arbeitslosenzahlen war zu erkennen, dass sich hinter dem Ziel der Schaffung enger Beziehungen zwischen den Ungarn in den Nachbarstaaten und dem Mutterland auch die Absicht verbarg, deren Arbeitskraft – kontrolliert und offiziell – in den Kreislauf der ungarischen Wirtschaft einzubeziehen.[1211] Mit Blick auf die betont nationale Politik der Regierung kann überdies davon ausgegangen werden, dass die Ausarbeitung und Verabschiedung des Statusgesetzes auch innenpolitischen Zielen dienen sollte, nämlich der Ausweitung der Anhängerschaft und der Wählerbasis der damaligen national-konservativen Regierung.[1212]

Im Rahmen des ursprünglichen Statusgesetzes stellte der Ungarnausweis das handgreifliche Symbol für die ethnischen Unterscheidungen dar. Insbesondere in den Ländern, die auf lange Sicht keine Chance zum EU-Beitritt haben, sah man mit Unmut, dass den meisten Staatsangehörigen nach der EU-Beitrittswelle vom 01. Mai 2004 eine Reise nach Ungarn nur noch nach Durchlaufen eines langwierigen Visa-Erteilungsverfahrens möglich sein würde, die

---

1210) Vgl. **A. Schmidt-Schweizer**, (s. Fn. 18), S. 26 f.

1211) Vgl. diesbezüglich die folgende Äußerung von dem damaligen Ministerpräsidenten **Viktor Orbán**: "Wenn wir das Wirtschaftswachstum in Ungarn bewahren wollen, sind zehn Millionen Ungarn nicht genug." (Heti Világgazdaság, 16. Juni 2001; auch: Népszabadság, 09. Juni 2001; Népszabadság, 28. Januar 2002).

1212) Vgl. **H. Küpper**, (s. Fn. 37), S. 418 f.

Staatsangehörigen mit magyarischem ethnischem Hintergrund jedoch diese Hürde mit Hilfe des Ungarnausweises problemlos überspringen könnten. Diese Einschätzung war zwar nicht "eo ipse" richtig, aber der Inhaber eines Ungarnausweises konnte doch im Rahmen des Schengen-Regimes bevorzugt werden, etwa durch die Erteilung von Dauer- oder Mehrfachvisa (nach Art. 3 des ursprünglichen Statusgesetzes). Schließlich symbolisierte der Ungarnausweis auch die Furcht der Nachbarländer, Ungarn verleihe den ko-nationalen Minderheitenangehörigen die Staatsangehörigkeit "durch die Hintertür".

Diese Furcht wurde zum einen durch extreme und politisch isolierte, dafür aber um so lautere und schrillere Stimmen aus dem hypernationalistischen Lager Ungarns genährt, die alle Magyaren in den Nachbarländern kollektiv einbürgern wollten, zum anderen wurde sie auch durch die stark ethno-nationalistisch gefärbte Sprache des Gesetzes gefördert. Während das ungarische Minderheitengesetz (Gesetz LXXVII von 1993) die Minderheiten in Ungarn als "nationale und ethnische Minderheiten" bezeichnete[1213], verwendete das Statusgesetz in Bezug auf die Auslandsungarn den Terminus "ungarische nationale Gemeinschaften", hierin der Terminologie des ehemaligen Jugoslawiens und seiner Nachfolgestaaten folgend. Zwar hat das ungarische Adjektiv für national (nemzeti) stärker als sein deutsches Pendant einen Bezug nicht nur zu dem Substantiv "Nation" (nemzet), sondern auch zudem Substantiv "Nationalität" (nemzetiség), das regelmäßig "Minderheit" bedeutet, aber die ganze Sprache des Gesetzes konnte mit den Augen der von Irredentismusängsten geplagten Nachbarn Ungarns als Vereinnahmung der magyarischen Minderheiten für die Sache des ungarischen Staates, also ihre Umwandlung in sog. "fünfte Kolonnen", gelesen werden. Hinzu kam auf der einen Seite, dass die Bezugnahme in dem Absatz 5 der Präambel auf die "einheitliche ungarische Nation", zu der die ungarischen Minderheiten durch das Statusgesetz wieder verstärkt gehören sollen, sicherlich nicht geeignet war, derartige Ängste abzubauen.[1214] Auf der anderen Seite wurde von national-konservativen Politikern Ungarns ohne Unterbrechung erklärt, dass sie die "Zukunft der Ungarn nicht im 10 Millionen (Menschen) umfassenden Ungarn, sondern in der 15 Millionen umfassenden ungarischen Nation" sehen würden und eine "einheitliche ungarische Nation" auch weiterhin existiere bzw. die Ungarn in den Nachbarstaaten einen "Teil der Nation" darstellen würden.[1215] Darüber hinaus kam es immer wieder zu prekären Erklärungen, mit denen ungarische Politiker das Statusgesetz ideologisch "garnierten": Beispielsweise sprach Ministerpräsident Orbán in Zusammenhang mit dem Gesetz von einem "die Grenzen überbrückenden Programm der nationalen Wiedervereinigung"[1216], von der "Wiedervereinigung der ungarischen Nation ohne Grenzänderung"[1217] oder gar von der "nationalen Wiedervereinigung" (nemzeti újraegyesítés)[1218]. Auch wenn es sich bei diesen Äußerungen – die vor allem im Vorfeld der Parlamentswahlen im Frühjahr 2002 getätigt wurden – zweifellos um innenpolitisch motivierte Erklärungen handelte, waren sie allerdings – trotz der Tatsache, dass

---

1213) In § 1 (1) des ungarischen Gesetzes LXXVII heißt es z.B.: "Der Geltungsbereich dieses Gesetzes erstreckt sich auf alle auf dem Gebiet der Republik Ungarn lebenden Personen ungarischer Staatsangehörigkeit, die sich als Angehörige einer *nationalen oder ethnischen Minderheit* betrachten, sowie auf die Gemeinschaften dieser Personen."

1214) Vgl. **ders.**, S. 423.

1215) Siehe exemplarisch: **V. Orbán**; "Die Reden von Viktor Orbán im Milleniumspark", 21. April 2002 (Orbán Viktor beszéde a Millenáris Parkban, 2002, április 21) (aufzurufen unter: http://szoclib.hu/valogatas/Ovmillenaris.htm, besucht am 20.07.2004).

1216) Siehe: Vasárnapi Újság Online, 20. Mai 2001 (aufzurufen unter: http://www.netlap.hu/vasarnapiujsag/09lakatos010520.htm, besucht am 20.07.2004).

1217) **V. Orbán**: "Rede und Antwort von Viktor Orbán auf dem EU-Diskussionstag des Parlaments", 30. November 2000 (Orbán Viktor felszólalása és viszontválasza a parlamenti EU vitanapon (2000.11.30.)) (aufzurufen unter: www.meh.hu/Kormany/Kormanyfo/beszedek.htm, besucht am 20.07.2004).

1218) **V. Orbán**; (s. Fn. 1215).

möglicherweise die "Kulturnation" und nicht die "Staatsnation" gemeint war – keineswegs dazu geeignet, in den Nachbarländern Befürchtungen vor einem Wiedererwachen des ungarischen Nationalismus und Irredentismus aus der Zwischenkriegszeit zu entkräften und die Akzeptanz des Statusgesetzes zu fördern.[1219] Dies wurde unter anderem z.B. sowohl von nationalistisch orientierten Politikern der slowakischen Opposition als auch von der slowakischen Regierung selbst artikuliert, die (historisch bedingt) befürchteten, dass ein "großungarischer Lebensraum" wiederhergestellt und der Friedensvertrag von Trianon nach dem Ersten Weltkrieg in Frage gestellt werden könnte. Sie sahen die Gefahr einer drohenden Revision der Staatsgrenzen auch durch antislowakische Demonstrationen in Budapest bestätigt.[1220]
Aufgrund der sehr deutlichen Kritik sowohl von Seiten der ungarischen Nachbarstaaten als auch von Seiten des Europarates (Venedig-Kommission) sowie anderen europäischen und internationalen Institutionen hat die neue ungarische Regierung von Péter Medgyessy gleich nach ihrem Amtsantritt im Mai 2002 mit der Neugestaltung des ursprünglichen Statusgesetzes begonnen. Nach Konsultationen mit den Nachbarstaaten wurde das modifizierte Statusgesetz erlassen.[1221] Aufgrund der dargelegten vollständigen Vereinbarkeit des modifizierten Statusgesetzes mit dem Prinzip der territorialen Staatensouveränität sowie aufgrund der teilweisen Vereinbarkeit des modifizierten Statusgesetzes mit den Prinzipien der Nichtdiskriminierung, der freundschaftlichen nachbarschaftlichen Beziehungen zwischen den Staaten und der Heiligkeit der Verträge[1222] werden einige der eben aufgeführten negativen Aspekte des ursprünglichen Statusgesetzes aufgehoben.
Wie bereits erörtert, hat der Ungarnausweis im Rahmen des modifizierten Statusgesetzes viel von seiner ursprünglichen Bedeutung verloren: In dem Abschnitt 21 (5) (h) des modifizierten Statusgesetzes wird hervorgehoben, dass dieser Ausweis kein offizielles Identifikationsdokument oder Reisedokument darstellt und dass er den Inhaber nicht zur Aus- oder Einreise in ein Land berechtigt. Dies bedeutet, dass der Ungarnausweis lediglich für die sprachliche Bindung seines Inhabers stehen soll und dessen Berechtigung zum Erhalt der Vergünstigungen belegen soll.[1223]
Da Ungarn für die Gewährung der ungarischen Staatsbürgerschaft für die in den Nachbarstaaten lebenden Angehörigen der nationalen ungarischen Minderheit einen festen Wohnsitz in Ungarn voraussetzt, bringt Ungarn auch sehr deutlich zum Ausdruck, dass eine derartige doppelte Staatsbürgerschaft von seiner Seite aus nicht erwünscht ist. Der ungarische Außenminister Peter Kovács selbst gab nämlich zu bedenken, dass im Falle der Verleihung der ungarischen Staatsbürgerschaft an die ungefähr drei Millionen Angehörigen ungarischer Minderheiten in den Nachbarstaaten, die ohnehin nicht kollektiv möglich wäre, die sozialen Belastungen für Ungarn nicht tragbar wären.[1224]
Schließlich werden in dem modifizierten Statusgesetz für die zu begünstigenden Personen auch nicht mehr die Formulierungen "ungarische nationale Gemeinschaften" bzw. "Angehörige der nationalen ungarischen Minderheit" verwendet. Der Begriff "national" in allen seinen Varianten wird vielmehr im Rahmen des modifizierten Statusgesetzes durch den Ausdruck "Personen ethnisch-ungarischer Abstammung" ersetzt.[1225]

1219) Vgl. **A. Schmidt-Schweizer**, (s. Fn. 18), S. 32 f.
1220) Vgl. **Ch. Thanei**, "Streit über den Status der ungarischen Minderheit in der Slowakei eskaliert", Bericht für die Konrad-Adenauer-Stiftung Büro Bratislava, Bratislava im März 2002 (aufzurufen unter: http://www1.kas.de/publikationen/2002/laenderberichte/slowakei02-03.html, besucht am 04.08.2003).
1221) S.o. Kapitel IV, B., I., 1., b., S. 304.
1222) S.o. Kapitel IV, B., V., S. 384.
1223) S.o. Kapitel IV, A., S. 294.
1224) Vgl. **R. Olt**, (s. Fn. 1019), S. 10.
1225) S.o. Kapitel IV, A., S. 294.

Zusammenfassend kommt man somit in Bezug auf den Erlass und die Umsetzung des ungarischen Statusgesetzes (in seinen beiden Varianten) zu folgenden Erkenntnissen:

In Bezug auf das ursprüngliche Statusgesetz lässt sich feststellen, dass es vielleicht geholfen hätte, den Nachweis der Zugehörigkeit zur ungarischen Minderheit nicht zu einem "Ausweis" zu stilisieren, der Assoziationen an einen Pass erwecken muss (und soll) und damit symbolisch in die Nähe der Staatsbürgerschaft gerückt wird. Auf einem von Symbolen so stark geprägten Feld wie der Minderheitenpolitik können eben auch bloße Symbole und Stilfragen große Wirkung haben, und wenn die Wirkung negativer Natur ist, sind die betroffenen Minderheiten als das schwächste Glied immer die ersten Leidtragenden.[1226] Das ursprüngliche Statusgesetz war somit wegen seiner Zielsetzungen sowie aus den genannten Gründen und dem dargestellten Verstoß gegen die von der Venedig-Kommission kritisierten Punkte (das Prinzip der territorialen Staatensouveränität, das Prinzip der Nichtdiskriminierung, das Prinzip der freundschaftlichen nachbarschaftlichen Beziehungen zwischen den Staaten und das Prinzip der Heiligkeit der Verträge ("pacta sunt servanda")) nicht tragbar. Dadurch, dass Ungarn sich darauf einließ, das ursprüngliche Statusgesetz im Nachhinein zu korrigieren und schließlich durch das modifizierte Statusgesetz zu ersetzen, erkannte Ungarn selbst – wenn auch nur indirekt – die Mängel des ursprünglichen Statusgesetzes bzw. dessen Unvereinbarkeit mit dem (universellen, regionalen und bilateralen) Völkerrecht an.

In Bezug auf das modifizierte Statusgesetz bewirken die Änderungen zwar, dass einige der im Rahmen des ursprünglichen Statusgesetzes kritisierten bzw. bemängelten Punkte wegfallen, doch sorgt dies nicht automatisch – wie sich auch bei der Prüfung der Vereinbarkeit des modifizierten Statusgesetzes mit dem Prinzip der territorialen Staatensouveränität, dem Prinzip der Nichtdiskriminierung, dem Prinzip der freundschaftlichen nachbarschaftlichen Beziehungen zwischen den Staaten und dem Prinzip der Heiligkeit der Verträge ("pacta sunt servanda") gezeigt hat – dafür, dass das modifizierte als annehmbar zu qualifizieren ist. Denn trotz der Änderungen bietet das modifizierte Statusgesetz noch genug Grund zur Kritik:
Auch wenn national-konservative Politiker behaupten, dass das modifizierte Statusgesetz seine ursprüngliche Zielsetzung verloren habe[1227], ist dennoch davon auszugehen, dass Letztere auch in Bezug auf das modifizierte Statusgesetz zugrunde zu legen ist. Diese Annahme basiert vor allem darauf, dass sich die (neue) ungarische Regierung bei dem Erlass des modifizierten Statusgesetzes in Bezug auf dessen Zielsetzungen weder direkt (z.B. durch Äußerungen bei öffentlichen Auftritten) noch indirekt (z.B. in geschriebener Form) zu den im Rahmen des ursprünglichen Statusgesetzes dargelegten Zielsetzungen geäußert hat, was für deren Übernahme in das modifizierte Statusgesetz spricht. Dem entspricht auch der Absatz 5 der Präambel des modifizierten Statusgesetzes, der mit dem Absatz 5 der Präambel des ursprünglichen Statusgesetzes zwar nicht wortwörtlich übereinstimmt, vom Inhalt her aber dennoch mit diesem vergleichbar ist. In Absatz 5 der Präambel des modifizierten Statusgesetzes beschließt das Parlament nämlich, für folgende Aspekte im Rahmen des modifizierten Statusgesetzes zu sorgen: für das Gedeihen der in den Nachbarstaaten lebenden Ungarn in ihrer Heimat, für die Förderung ihrer Beziehungen zu Ungarn, für die Unterstützung bzw. den Erhalt ihrer ungarischen Identität und ihrer Verbindungen zum kulturellen ungarischen Erbe als Ausdruck ihrer Zugehörigkeit zur ungarischen Nation. Auch wenn in dem Absatz 5 der Präambel des modifizierten Statusgesetzes nicht von der Zugehörigkeit zur "einheitlichen ungarischen Nation" die Rede ist, sondern nur von der Zugehörigkeit zur "ungarischen Nation", reicht auch diese

---

1226) Vgl. **H. Küpper**, (s. Fn. 37), S. 423.
1227) Vgl. **R. Olt**, (s. Fn. 860), S. 12.

Formulierung aus, um darin die im Rahmen des ursprünglichen Statusgesetzes dargestellten Ziele wiederzufinden, zumal auch noch die Förderung ihrer Beziehungen zu Ungarn explizit hervorgehoben wird. Diese Auffassung wird auch noch dadurch bestärkt, dass Ungarn mit seinem Statusgesetz einerseits die Angehörigen der ungarischen Nation in der Republik Kroatien, in Rumänien, in der Republik Slowenien, in der Slowakischen Republik, in der Ukraine und in Serbien-Montenegro, die durch den Vertrag von Trianon unfreiwillig von ihrem Mutterland getrennt wurden, unterstützen will, andererseits aber die ebenfalls durch den Vertrag von Trianon unfreiwillig vom Mutterland abgetrennten, in der Tschechischen Republik und in den weiteren jugoslawischen Nachfolgestaaten, d.h. in Staaten, die nicht direkt an Ungarn angrenzen, lebenden Angehörigen der ungarischen Nation vollkommen unberücksichtigt lässt.[1228] Die alleinige Einbeziehung der in den an Ungarn angrenzenden Ländern ansässigen Personen ethnisch-ungarischer Abstammung in das ungarische Statusgesetz stellt insofern ein Argument für das Ziel der Zusammenführung der gesamten ungarischen Nation in einem Staat durch die Schaffung einer Art "fünften Kolonne" innerhalb dieser Personen in den direkten ungarischen Nachbarstaaten dar.
Darüber hinaus ist festgestellt worden, dass das modifizierte Statusgesetz zu einer positiven Diskriminierung der Personen ethnisch-ungarischer Abstammung in den Nachbarländern Ungarns führt. In Bezug auf eine derartige völkerrechtlich erlaubte positive Diskriminierung ist anzumerken, dass sie nicht von vornherein als sinnvolle, d.h. die Integration der Minderheiten in die Mehrheitsbevölkerung fördernde Maßnahme, einzustufen ist. Neben der Auffassung, dass eine Begünstigung durch das Mutterland prinzipiell als gerechtfertigt anzusehen ist und dass sie umso legitimer ist, je weniger ein Staat für die Wahrung der Identität seiner Minderheiten unternimmt[1229], kann eine positive Diskriminierung auch grundsätzlich – weil angeblich konfliktfördernd – abgelehnt werden. Diese Ablehnung basiert auf der Ansicht, dass eine derartige Begünstigung durch das Mutterland nur vordergründig eine Gleichbehandlung mit dem Ziel einer besseren Integration anstrebt. In der Realität kann sie aber zu einer sprachlichen Segregation durch den Aufbau paralleler Bildungssysteme führen, wodurch die Chancen auf eine Integration der Minderheit in die Mehrheitsgesellschaft leichtfertig aufgegeben werden und in letzter Konsequenz die staatliche Einheit in Frage gestellt wird.[1230] Dies bedeutet, dass Maßnahmen der positiven Diskriminierung zugunsten der Angehörigen nationaler Minderheiten kontraproduktiv wirken können und bereits erreichte bzw. erreichbare Fortschritte im Minderheitenschutz wieder aufheben können. Wie sich im Laufe der Jahre gezeigt hat, ist eine derartige positive Diskriminierung zudem in den meisten multiethnischen Staaten politisch nicht durchsetzbar ("großzügig" zeigen sich in der Regel nur Staaten mit wenigen und / oder kleinen nationalen oder ethnischen Minderheiten, die kein politisches Problem darstellen). Aus diesem Grund sollte die Verbesserung der Rechtslage der Volksgruppen und ihrer Angehörigen auf völkerrechtlicher Ebene auf strikter Gleichbehandlung und Gleichberechtigung bestehen, aber keine kompensatorische Besserstellung fordern und damit Verteilungskämpfe auslösen.[1231] Überträgt man diese Erkenntnisse auf das eine positive Diskriminierung enthaltende modifizierte Statusgesetz, kommt man zu dem Ergebnis, dass diese positive Diskriminierung auf der einen Seite zwar zu einer teilweisen Vereinbarkeit des modifizierten Statusgesetzes mit dem Prinzip der Nichtdiskriminierung (und darauf aufbauend auch mit

---

1228) Vgl. **B. Fowler**, "Fuzzing citizenship, nationalising political space: A framework for interpreting the Hungarian 'status law' as a new form of kin-state policy in Central and Eastern Europe", University of Birmingham, Working Paper 40/02, 3., S. 37 (Fußnote 54).
1229) Vgl. **A. Schmidt-Schweizer**, (s. Fn. 18), S. 31.
1230) Vgl. **S. Riedel**, "Minderheitenpolitik im Prozeß der EU-Erweiterung – Dynamisierung ethnischer Konflikte durch positive Diskriminierung", in: Osteuropa, 11/12, 2001, S. 1262 – 1285 (1276 f).
1231) Vgl. **Ch. Hillgruber / M. Jestaedt**, (s. Fn. 606), 5. Teil, IV., 2., S. 102.

dem Prinzip der freundschaftlichen nachbarschaftlichen Beziehungen zwischen den Staaten sowie dem Prinzip der Heiligkeit der Verträge) geführt hat, dass sie auf der anderen Seite allerdings für die Integration der Personen ethnisch-ungarischer Abstammung in die Mehrheitsbevölkerungen der jeweiligen Nachbarstaaten Ungarns nicht geeignet ist. Dieses Ergebnis wird auch dadurch bestärkt, dass die Ungerechtigkeiten, die sowohl vor dem Erlass des ursprünglichen als auch des modifizierten Statusgesetzes bestanden haben, weder durch das ursprüngliche noch durch das modifizierte Statusgesetz vollständig ausgeglichen werden können. Das Statusgesetz sorgt insofern nur für eine Verlagerung der ungerechten bzw. nachteiligen Behandlung auf eine andere Personengruppe. Da allerdings das (modifizierte) Statusgesetz aufgrund der in ihm enthaltenen Vergünstigungen auch für Personen nicht ethnisch-ungarischer Abstammung einen Anreiz darstellt, den auch diese (relativ einfach) durch den Nachweis der in Abschnitt 19 Absatz 3 des modifizierten Statusgesetzes niedergelegten Kriterien (die betreffenden Personen müssen die ungarische Sprache beherrschen oder in ihrem Aufenthaltsstaat entweder als Personen ethnisch-ungarischer Abstammung registriert sein oder als Mitglieder von Organisationen, deren Ziel die Zusammenführung der Personen ethnisch-ungarischer Abstammung ist und die auf dem Gebiet des Aufenthaltsstaates tätig sind, anerkannt sein oder von der Kirche in ihrem Aufenthaltsstaat als Personen ethnisch-ungarischer Abstammung registriert sein) erreichen können, birgt das modifizierte Statusgesetz überdies die Gefahr des Missbrauchs in sich. Diesbezüglich besteht nämlich die Möglichkeit, dass von dem Statusgesetz Personen profitieren können, für die das Gesetz nicht konzipiert ist, was zu dem Vorliegen einer noch größeren Ungerechtigkeit führen würde, als dies vor dem Erlass des Statusgesetzes der Fall war.

Im Gegensatz zu allen weiteren Nachbarstaaten Ungarns, die sich mit dem modifizierten Statusgesetz einverstanden erklärten, konnte sich die Slowakei auch nach der Modifizierung des ursprünglichen Statusgesetzes mit diesem nicht anfreunden. Dies führte letztendlich dazu, dass zwischen Ungarn und der Slowakei ein Kompromiss geschlossen wurde, durch den festgelegt wurde, dass das modifizierte Statusgesetz als solches gar keine Rolle mehr spielt. Folglich wird das Statusgesetz in der Slowakei nicht angewandt, Pressburg verlangt aber auch nicht länger dessen Aufhebung; statt dessen soll jede Förderung der sprachlichen und kulturellen Identität der slowakischen Staatsbürger ungarischer Nationalität über bilaterale Verträge auf der Grundlage von Landesgesetzen geregelt und mittels in der Slowakei registrierter Organisationen bewerkstelligt werden.[1232]

Schließlich bleibt noch anzumerken, dass der am 01. Mai 2004 erfolgte Beitritt von Ungarn, Slowenien und der Slowakei zur Europäischen Union bewirkt hat, dass das Europarecht auch auf dem Gebiet dieser Staaten zur Anwendung kommt. Dies bedeutet, dass die schon in Bezug auf Österreich dargelegte Argumentation[1233] nun auch auf Slowenien und die Slowakei zutrifft. Demnach erstreckt sich das modifizierte Statusgesetz seit dem 01. Mai 2004 zur Vermeidung einer Kollision mit dem Europarecht auch nicht mehr auf diese beiden Länder. Da beabsichtigt ist, dass Rumänien im Jahr 2007 der Europäischen Union beitritt[1234] und da mittlerweile auch Beitrittsverhandlungen mit Kroatien eröffnet worden sind[1235], liegt die Vermutung sehr nahe, dass das modifizierte Statusgesetz in absehbarer Zeit nur noch in zwei der ursprünglichen sechs Nachbarstaaten (nämlich in der Ukraine und in Serbien-

[1232]) Vgl. **R. Olt**, (s. Fn. 941), S. 10.

[1233]) S.o. Kapitel III, B., I., 3., S. 110.

[1234]) **Website der Europäischen Kommission**: "Erweiterung der EU – Kandidatenländer – Rumänien" (aufzurufen unter: http://europa.eu.int/comm/enlargement/romania/index.htm, besucht am 22.07.2004).

[1235]) **Website der Europäischen Kommission**: "Croatia becomes a candidate for EU Membership" (aufzurufen unter: http://europa.eu.int/comm/external_relations/see/croatia04_14-06.pdf, besucht am 22.07. 2004).

Montenegro) Anwendung findet. Wie bereits festgestellt, handelt es sich bei den Personen ethnisch-ungarischer Abstammung in diesen beiden Ländern um – im Vergleich zu den in den anderen vier ursprünglich von dem Statusgesetz umfassten Ländern ansässigen Personen ethnisch-ungarischer Abstammung – um relativ kleine nationale Minderheiten.[1236] Ob es sich wegen dieser in der Ukraine und in Serbien-Montenegro lebenden, relativ kleinen nationalen ungarischen Minderheiten lohnen würde, sich durch ein – wie bereits nachgewiesen[1237] – gegen das (universelle, regionale und bilaterale) Völkerrecht verstoßendes Gesetz dem Unmut der europäischen und internationalen Gemeinschaft sowie der beiden betroffenen Nachbarstaaten auszusetzen, bleibt allerdings sehr fraglich. Möglicherweise ließen sich diesbezüglich andere Wege des Schutzes der nationalen ungarischen Minderheiten in diesen Ländern finden, die gleichzeitig auch noch mit dem (universellen, regionalen und bilateralen) Völkerrecht in Einklang zu bringen sind (z.B. konkretere diesbezügliche bilaterale Abkommen).
Die obigen Erörterungen und das eben Dargelegte haben außerdem gezeigt, dass das ursprüngliche Statusgesetz gegen den Art 14 der EMRK[1238], den Art. 4 des Rahmenübereinkommens zum Schutz nationaler Minderheiten[1239], den Punkt 32 des Kopenhagener Abschlussdokuments[1240] sowie gegen das Prinzip der territorialen Staatensouveränität als Ganzes[1241] verstößt. Dazu kommt noch, dass nach dem ursprünglichen ungarischen Statusgesetzes auch die positive Diskriminierung nicht bejaht werden konnte.[1242] Zudem hat Ungarn selbst erkannt, dass sich das Statusgesetz von den zum Schutz von Minderheiten erlassenen Gesetzen anderer Länder unterscheidet.[1243] Unabhängig von einer eventuellen Vereinbarkeit des ursprünglichen Statusgesetzes mit dem von Ungarn ebenfalls als Rechtfertigung erwähnten Art 3 I des Rahmenübereinkommens zum Schutz nationaler Minderheiten[1244] kann man somit feststellen, dass auch der Großteil der von Ungarn vorgebrachten Argumente zur Rechtfertigung des Statusgesetzes widerlegt werden können. Daran ändert sich auch nichts durch die Äußerungen Ungarn, die im Einklang mit den eben dargelegten grundlegenden Regelungen des internationalen Rechts stehen: nämlich die Tatsache, dass Ungarn keine doppelte Staatsbürgerschaft der Angehörigen der nationalen ungarischen Minderheit in den Nachbarstaaten durch das Statusgesetz anstrebt, dass das Statusgesetz keine gesetzlichen Auswirkungen auf die Rechte und Pflichten der Angehörigen der nationalen ungarischen Minderheit als Mitglieder von Minderheiten und als Bürger ihrer Aufenthaltsstaaten haben, und dass Ungarn akzeptiert, dass der Schutz der Minderheiten den Aufenthaltsstaaten und der internationalen Gemeinschaft zukommt.[1245] Da Ungarn diese Rechtfertigung bereits in Bezug auf das ursprüngliche Statusgesetz vorgebracht hat, sind grundsätzlich auch nur die in Bezug auf die Prüfung der Vereinbarkeit des ursprünglichen Statusgesetzes mit dem (universellen, regionalen und bilateralen) Völkerrecht erzielten Ergebnisse für die Widerlegung dieser Rechtfertigung relevant. Dass das modifizierte Statusgesetz – mit Ausnahme von Punkt 32 des Kopenhagener Abschlussdokuments[1246] – mit den von Ungarn in seiner Rechtfertigung genannten Bestimmungen (z.T. aber mit anderen Begründungen) vereinbar ist[1247], kann daher außer Acht gelas-

---

1236) S.o. Fn. 17.
1237) S.o. Kapitel III, B., V., S. 291 bzw. Kapitel IV, B., V., S. 384.
1238) S.o. Kapitel III, B., II., 2., b., (1), (a), ((d)), S. 198.
1239) S.o. Kapitel III, B., II., 2., b., (1), (c), ((2)), S. 207.
1240) S.o. Kapitel III, B., II., 2., b., (2), (a), ((3)), ((b)), S. 214 ff.
1241) S.o. Kapitel III, B., I., 4., S. 128.
1242) S.o. Kapitel III, B., II., 2., a., (1), (b), ((1)), ((b)), ((iii)), S. 152.
1243) S.o. Kapitel II, C., S. 39.
1244) S.o. Kapitel II, C., S. 38.
1245) S.o. Kapitel II, C., S. 37 ff.
1246) S.o. Kapitel IV, B., II., 2., b., (1), (c), ((2)), S. 343.
1247) Bzgl. Art. 14 der EMRK: s.o. Kapitel IV, B., II., 2., a., (1), S. 335.

sen werden. Zusammenfassend kommt man daher zu dem Ergebnis, dass die bereits im Rahmen des ursprünglichen ungarischen Statusgesetzes vorgebrachte Rechtfertigung desselben von Seiten Ungarns widerlegt werden kann.
Trotz der vollständigen Vereinbarkeit des modifizierten Statusgesetzes mit dem Prinzip der territorialen Staatensouveränität sowie der teilweisen Vereinbarkeit des modifizierten Statusgesetzes mit den Prinzipien der Nichtdiskriminierung, der freundschaftlichen nachbarschaftlichen Beziehungen zwischen den Staaten und der Heiligkeit der Verträge[1248] ist das modifizierte Statusgesetz aufgrund der eben dargelegten Argumente sowie aufgrund der bereits nachgewiesenen teilweisen Unvereinbarkeit des modifizierten Statusgesetzes mit dem (universellen, regionalen und bilateralen) Völkerrecht ebenfalls nicht tragbar.

Abschließend lassen sich daher in Bezug auf den Schutz nationaler Minderheiten durch ihren Ursprungsstaat folgende Schlussfolgerungen ziehen:
Die Diskussion über die Beziehung von Ursprungsstaaten zu "ihren" nationalen Minderheiten im Allgemeinen und über eine Gesetzgebung wie das ungarische Statusgesetz im Besonderen ist eine Diskussion über die Zulässigkeit des Abweichens von den "modernen" Normen der Eigenstaatlichkeit: der absoluten territorialen Souveränität, der einzelnen nationalen Identitäten und der exklusiven Staatsbürgerschaft als einzig möglicher legalen und politischen Beziehung zwischen Staaten und Individuen.[1249] Die Elemente der "Territorialität" und der "Staatsbürgerschaft" wurden bisher durch die Annahme zusammengehalten, dass Staatsbürger typischerweise auf dem Territorium "ihres" Staates physisch anwesend sind (wie durch Arbeit, Steuern, Heirat etc.). Dies hatte zur Folge, dass beide Begriff als synonym bezeichnet werden konnten. Seit dem Zweiten Weltkrieg haben sich allerdings die Ideen und Praktiken der "modernen" staatlichen Territorialität und Staatsbürgerschaft gerade unter den EU-Staaten verringert: Die Staaten besitzen nicht mehr die ausschließliche Gerichtsbarkeit; sie haben Teile ihrer territorialen Souveränität an die EU abgetreten; die Rechte ihrer Staatsbürger leiten sich nicht mehr ausschließlich aus ihrer Staatsbürgerschaft ab, sondern sie kommen von internationalen Institutionen oder resultieren aus der einfachen Tatsache des "Mensch-Seins"; die internationale Migration schwächt den Zusammenhalt zwischen den Staatsbürgern und den individuellen Rechten und regt die doppelte Staatsbürgerschaft wieder an. Aus diesen Aspekten entwickelte sich eine neue "post-moderne" Form der Eigenstaatlichkeit, die darauf basiert, dass Staaten nicht länger vollkommen souverän innerhalb ihrer Grenzen sind, dass die Grenzen poröser sind, dass die Staatsbürgerschaft nicht der einzige Weg zu Rechten, politischer Partizipation und Identität für Individuen darstellt sowie dass ein staatsübergreifendes Phänomen den Staaten ihre Position als einzige Teilnehmer im internationalen System streitig macht. Trotz allem behalten aber die "modernen" Elemente ihre überragende Bedeutung: territoriale Staaten und Bürger, die in Beziehung zu diesen definiert werden, bleiben die grundlegenden Werte im internationalen Recht und bei politischen Organisationen.[1250] Durch die historischen Bevölkerungsbewegungen und wegen der seit 1918 immer wieder neu gezogenen territorialen Grenzen der mittel- und osteuropäischen Länder, leben in jedem dieser Länder Gruppen von Personen, die sich zu einer anderen Nation bekennen als zu der, mit der sie zusammenwoh-

---

Bzgl. Art 4 des Rahmenübereinkommens zum Schutz nationaler Minderheiten: s.o. Kapitel IV, B., II., 2., a., (3), S. 339.
Bzgl. des Prinzips der territorialen Staatensouveränität: s.o. Kapitel IV, B., I., 4., S. 316.
Bzgl. des Vorliegens einer positiven Diskriminierung: s.o. Kapitel IV, B., II., S. 325.

1248) S.o. Kapitel IV, B., V., S. 384.

1249) Vgl. **B. Fowler**, (s. Fn. 1228), Introduction, S. 9.

1250) Vgl. **dies.**, 1., S. 12 ff.

nen, und andersherum leben auch Mitglieder der "eigenen" Nation in den umliegenden Ländern. Dies bedeutet eine Diskrepanz von Staat und Nation in Mittel- und Osteuropa. Diese Diskrepanz sowie die Tatsache, dass Staaten "aus und für" bestimmte Nationen konstruiert sein sollen, führen zu der Vorstellung, dass die mittel- und osteuropäischen Länder eine Art Beziehung zu den Angehörigen "ihrer" Nation im Ausland haben sollten. Daher befinden sich in sämtlichen Verfassungen der mittel- und osteuropäischen Länder entsprechende Artikel[1251], die allerdings den "modernen" Formen der Eigenstaatlichkeit widersprechen. Dadurch, dass Staaten nach den "modernen" Prinzipien der Eigenstaatlichkeit rechtmäßiger Weise nur eine Beziehung mit ihren Bürgern oder mit Personen, die auf ihrem Gebiet ansässig sind, haben können, billigen sie keine Beziehung zwischen Staaten und Angehörigen nationaler Minderheiten, die weder ihre Bürger sind noch in ihrem Land leben. Demnach sind die "modernen" Formen der Eigenstaatlichkeit nicht mit einer Beziehung zwischen einem Ursprungsstaat und "seinen" nationalen Minderheiten vereinbar. Der einzige Weg aus diesem Dilemma wäre die Einbürgerung, die am Ende eines Bevölkerungstransfers oder einen neuen Grenzziehung stünde.[1252] Die Beziehung zwischen einem Ursprungsstaat und "seinen" nationalen Minderheiten macht somit – wenn auch implizit – deutlich, dass die Staatsbürgerschaft und die territoriale Souveränität nicht die einzigen Phänomene sind; sie öffnet vielmehr den Weg zu einigen neuen, "post-modernen" Ideen (abgeschwächte bzw. geteilte Souveränität, mehrere Identitäten und eine nicht-staatsbürgerschaftliche Beziehung zwischen Staaten und Individuen).

1251) Vgl. Art. 6 III der ungarischen Verfassung: s.o. Fn. 39.

Vgl. Art. 7 der rumänischen Verfassung (vom 08. Dezember 1991): "Der Staat unterstützt die Festigung der Verbindungen mit den Rumänen, die außerhalb der Landesgrenzen leben, und wirkt für die Wahrung, Entwicklung und Äußerung ihrer ethnischen, kulturellen, sprachlichen und religiösen Identität, unter Beachtung der Gesetzgebung des Staates, dessen Bürger sie sind." (Die Verfassung Rumäniens ist zu finden unter: http://www.verfassungen.de).

Vgl. Art. 7a der slowakischen Verfassung (vom 01. September 1992), der durch das Verfassungsgesetz Nr. 90/2001 in die ursprüngliche Verfassung eingefügt wurde: "The Slovak Republic shall support the national consciousness and cultural identity of Slovaks living abroad, shall support their institutions established to achieve this goal and their relations with the homeland." (Die Verfassung der Slowakei ist zu finden unter: http://www.verfassungen.de).

Vgl. Art. 10 der kroatischen Verfassung (vom Dezember 1990): "Die Republik Kroatien schützt die Rechte und Interessen ihrer Staatsbürger, die im Ausland leben oder sich dort aufhalten, und unterstützt ihre Verbindung zur Heimat. Den Teilen des kroatischen Volkes in anderen Staaten wird von der Republik Kroatien besondere Sorgfalt und Schutz gewährleistet." (Die Verfassung Kroatiens ist zu finden unter: http://www.verfassungen.de).

Vgl. Art. 5 der slowenischen Verfassung (vom 23. September 1991): "Der Staat schützt auf seinem Hoheitsgebiet die Menschenrechte und Grundfreiheiten. Er schützt und gewährleistet die Rechte der autochthonen italienischen und ungarischen Volksgruppe. Er sorgt für die slowenischen Volksgruppen in den Nachbarstaaten, für die slowenischen Auswanderer und für die im Ausland arbeitenden slowenischen Staatsbürger und fördert deren Beziehungen zur Heimat. Er sorgt für die Erhaltung der Naturgüter und des kulturellen Erbes und schafft die Voraussetzungen für eine harmonische Entwicklung Sloweniens im Bereich der Zivilisation und Kultur.

Slowenen ohne slowenische Staatsbürgerschaft können in Slowenien Sonderrechte und –begünstigungen genießen. Die Art und der Umfang dieser Rechte und Begünstigungen werden durch Gesetz geregelt." (Die Verfassung Sloweniens ist zu finden unter: http://www.verfassungen.de).

Vgl. Art. 72 Punkt 12 der serbischen Verfassung (vom 28. September 1990): "Die Republik Serbien regelt und sichert: (...) andere Beziehungen, die für die Republik Serbien von Interesse sind, in Einklang mit der Verfassung. Die Republik Serbien pflegt Beziehungen mit den Serben, die außerhalb der Republik Serbien leben, zwecks Wahrung derer nationalen und kulturhistorischen Identität." (Die Verfassung von Serbien ist u.a. herausgegeben worden von dem "Informationssekretariat der Republik Serbien").

Vgl. Art. 12 der ukrainischen Verfassung (vom 28. Juni 1996): "Ukraine provides for the satisfaction of national and cultural, and linguistic needs of Ukrainians residing beyond the borders of the State." (Die Verfassung der Ukraine ist zu finden unter: http://www.infoukes.com/history/constitution/index-en.html).

1252) Vgl. **B. Fowler**, (s. Fn. 1228), 2., S. 21 ff.

Die Zulässigkeit von Beziehungen der Ursprungsstaaten zu "ihren" nationalen Minderheiten in Mittel- und Osteuropa kann folglich als Konflikt zwischen den "modernen" und den "post-modernen" Normen der Eigenstaatlichkeit gesehen werden.[1253] Dass allerdings die "modernen" Elemente der Eigenstaatlichkeit, d.h. territoriale Staaten und Bürger, die in Beziehung zu diesen definiert werden, ihre überragende Bedeutung beibehalten und die grundlegenden Werte im internationalen Recht und bei politischen Organisationen bleiben, zeigt sich an den dargelegten Reaktionen der europäischen und internationalen Organisationen sowie der ungarischen Nachbarländer auf den Erlass und die Umsetzung des Statusgesetzes. Insofern hat der Konflikt zwischen den "modernen" und den "post-modernen" Normen der Eigenstaatlichkeit keine Auswirkungen auf die bereits erzielten Ergebnisse in Bezug auf die Prüfung der Vereinbarkeit des (ursprünglichen und modifizierten) Statusgesetzes mit den die von der Venedig-Kommission kritisierten Punkte umfassenden Bestimmungen des (universellen, regionalen und bilateralen) Völkerrechts. Da vielmehr nach der gegenwärtigen europäischen Rechtspraxis der Minderheitenschutz (noch) in erster Linie die Aufgabe des Staates ist, dem die betroffenen Bürger angehören, handelt es sich insofern bei dem ungarischen Statusgesetz um einen "negativen Präzedenzfall".[1254]

Zudem sollten Gesetze zum Minderheitenschutz (auch diejenigen, die von den Ursprungsstaaten zum Schutz "ihrer" Minderheiten in anderen Ländern erlassen werden) sich ausschließlich von dem Gedanken der Integration der Minderheiten in die jeweilige Gesamtgesellschaft leiten lassen und nicht – wie bislang – auf eine sprachliche Segregation gerichtet sein. Dies bedeutet nicht den Verzicht auf muttersprachlichen Unterricht, wohl aber eine Absage an die Einführung paralleler Bildungssysteme. Multikulturelle Gemeinwesen werden nämlich gerade nicht durch die Gründung von Universitäten für Minderheiten in ihren Siedlungsgebieten erhalten, weil so der Erwerb der offiziellen Landessprache keine Rolle mehr spielt. Zur Pflege der traditionellen Mehrsprachigkeit gehören aber auch und gerade die Kenntnisse der offiziellen Amtssprache des betreffenden Landes. Andernfalls ist weder ein multikulturelles Zusammenleben noch irgendeine Art kultureller Begegnung zwischen den verschiedenen ethnischen Gruppen möglich, geschweige denn der Aufbau einer demokratischen Gesellschaft. Maßnahmen zur besseren Integration ethnischer Minderheiten sollten als Angebot an die Bürger verstanden werden, sich nicht trotz, sondern mit ihrer besonderen sprachlichen, religiösen oder sonstigen kulturellen Identität dem betreffenden Gemeinwesen zugehörig zu fühlen. Dazu bedarf es aber letztlich eines politischen Nationsbegriffs, der von der Gleichheit aller Bürger vor dem Gesetz sowie vom Universalismus der Menschenrechte ausgeht. Daher sollte auch im Rahmen der Bemühungen um einen besseren Schutz der Minderheitenrechte nicht nach neuen Kollektivrechten (wie sie z.B. durch das (ursprüngliche und modifizierte) ungarische Statusgesetz gewährt wurden / werden) Ausschau gehalten werden, die ohnehin selbst unter den OSZE-Teilnehmerstaaten und den Mitgliedern des Europarates umstritten sind. Vielmehr sollten die bestehenden völkerrechtlichen Verträge Anwendung finden, die nicht nur ausreichend Schutz vor Diskriminierung bieten, sondern darüber hinaus auch noch vor dem Europäischen Gerichtshof für Menschenrechte einklagbar sind.[1255]

Schließlich ist noch zu betonen, dass ein derartiger Schutz der nationalen Minderheiten durch ihren Ursprungsstaat immer – auch in dem Fall, dass alle Ursprungsstaaten der in einem Staat ansässigen nationalen Minderheiten entsprechende Regelungen treffen würden – zu einer ungerechten Behandlung der Minderheiten führen würde, die keinen Ursprungsstaat vorweisen können (wie z.B. die Sinti und Roma). Denn auch trotz der Tatsache, dass mittlerweile viele

[1253]) Vgl. **dies.**, 2., S. 24 f.

[1254]) Vgl. **A. Schmidt-Schweizer**, (s. Fn. 18), S. 29.

[1255]) Vgl. **S. Riedel**, (s. Fn. 1230), S. 1283 ff.

Schritte unternommen worden sind, um den Rassismus gegen die Sinti und Roma zu eliminieren und ihre Rechte zu entwickeln, bleibt ihre Situation immer noch besorgniserregend.[1256] Dies hat auch die Weltkonferenz gegen Rassismus auf ihrem Vorbereitungstreffen in Mittel- und Osteuropa im Jahr 2000 mit folgender Äußerung festgestellt: "Trotz ihrer langjährigen Anwesenheit in Europa bleiben die Roma das am wenigsten integrierte und am meisten verfolgte Volk in Europa. Die auf Rassismus beruhende Gewalt gegen die Roma hat sich sogar nach dem Untergang der Sowjetunion noch verschärft und ihre grundlegenden bürgerlichen Rechte wurden missachtet."[1257] Dem seit einigen Jahren von dem Europarat unternommenen Versuch, vermehrt vor allem auf europäischer Ebene durch zahlreiche Abkommen und Empfehlungen der Situation der Sinti und Roma besser gerecht zu werden[1258], wirkt der Schutz nationaler Minderheiten durch ihren Ursprungsstaat aufgrund der Tatsache, dass die Sinti und Roma keinen Ursprungsstaat vorweisen können, entgegen. Dies bedeutet, dass die Sinti und Roma indirekt durch die Zulässigkeit eines derartig ausgeprägten Schutzes der nationalen Minderheiten durch ihren Ursprungsstaat extrem benachteiligt wären. Gerade im Hinblick auf das eben Dargelegte sollte der Schwerpunkt des Minderheitenschutzes bei den jeweiligen Aufenthaltsstaaten der Minderheiten verbleiben. Ein zusätzlicher Schutz der nationalen Minderheiten sollte im Sinne der Minderheiten ohne Ursprungsstaat höchstens in dem von der Venedig-Kommission umrissenen Rahmen stattfinden.

1256) Vgl. **A. Xanthaki**, "Protection of a specific minority: the case of Roma/Gypsies", in: P. Thornberry / M. A. Martín Estébanez (Hrsg.), "Minority Rights in Europe – A review of the work and standards of the Council of Europe", 2004, Chapter 4, S. 169 – 194 (169).

1257) Report of the central and eastern European regional seminar of experts on the protection of minorities and other vulnerable groups and strengthening human rights capacity at the national level: World Conference against Racism, Racial Discrimination, Xenophobia and Related Intolerance, A/CONF.189/PC.2/2, 14 August 2000, paragraph 56.

1258) Vgl. die Ausführungen zu den einzelnen Abkommen bzw. Empfehlungen bei: **A. Xanthaki** (s. Fn. 1256), S. 170 ff.

LITERATURVERZEICHNIS

Aarnio, Eero J.: Minority Rights in the Council of Europe: Current Developments, in: Universal Minority Rights, Hrsg.: Phillips, Alan / Rosas, Allan, S. 123 – 133, Turku (Åbo) / London, 1995.

Alfredsson, Gudmundur: Identifying Possible Disadvantages of Bilateral Agreements and Advancing the 'Most-Favoured-Minority-Clause', in: Protection of Minority Rights Through Bilateral Treaties (The Case of Central and Eastern Europe), Hrsg.: Bloed, Arie / Dijk, Pieter van, S. 165 – 175, The Hague / London / Boston, 1999.

Alfredsson, Gudmundur: Minority Rights: Non-Discrimination, Special Rights and Special Measures, in: Volksgruppen im Spannungsfeld von Recht und Souveränität in Mittel- und Osteuropa, Hrsg.: Ermacora, Felix / Tretter, Hannes / Pelzl, Alexander, S. 149 – 158, Wien, 1993.

Alfredsson, Gudmundur: Non-Discrimination and Minority Rights, in: Diskriminierung – Antidiskriminierung, Hrsg.: Joerden, Jan C., S. 287 – 303, Berlin / Heidelberg / New York, 1996.

Alfredsson, Gudmundur / de Zayas, Alfred Maurice: Minority Rights: Protection by the United Nations, in: Human Rights Law Journal (HRLJ), Vol. 14, No. 1-2, 1993, S. 1 – 9.

Anand, Ram Prakash: Sovereign Equality of States in International Law, in: Recueil des Cours de l'Académie de Droit International (RdC) (1986 II), S. 9 – 228, 1987.

Arnardóttir, Oddný Mjöll: Equality and Non-Discrimination under the European Convention on Human Rights, The Hague / London / New York, 2003.

Auswärtiges Amt: Die Europäische Charta der Regional- und Minderheitensprachen des Europarates vom 05.11.1992 (Stand: Juni 2002) (aufzurufen unter: http://www.auswaertiges-amt.de/www/de/aussenpolitik/menschenrechte/europarat/konventionen/sprachen_html).

Auswärtiges Amt: "20 Jahre KSZE, 1973 – 1993", Eine Dokumentation, 2. Auflage, Bonn, 1993.

Barsh, Russell Lawrence: Minorities: The Struggle for a Universal Approach, in: The Living Law of Nations (Essays on refugees, minorities, indigenous peoples and the human rights of other vulnerable groups – in memory of Atle Grahl-Madsen), Hrsg.: Alfredsson, Gudmundur / Macalister-Smith, Peter, S. 143 – 156, Kehl / Strasbourg / Arlington, 1996.

Bayefsky, Anne F.: The Principle of Equality or Non-Discrimination in International Law, in: Human Rights Law Journal (HRLJ), Vol. 11, No. 1-2, 1989, S. 1 – 34.

Beyerlin, Ulrich: "Umgekehrte Rassendiskriminierung" und Gleichbehandlungsgebot in der amerikanischen Verfassungsrechtsprechung – Zum Bakke-Urteil des U.S. Supreme Court vom 28. Juni 1978, in: Zeitschrift für ausländisches öffentliches Recht und Völkerrecht (ZaöRV), Band 39, S. 496 – 554, 1979.

Bindschedler, Rudolf: Betrachtungen über die Souveränität, in: Recueil d'études de droit international en hommage à Paul Guggenheim (Faculté de droit de l'Université de Genève), S. 167 – 183, 1968.

Bloed, Arie: A new CSCE Human Rights 'Catalogue': The Copenhagen Meeting of the Conference on the Human Dimension of the CSCE, in: The Human Dimension of the Helsinki Process – The Vienna Follow-up Meeting and its Aftermath, Hrsg.: Bloed, Arie / Dijk, Pieter van, S. 54 – 73, Dordrecht / Boston / London, 1991.

Bloed, Arie: Die OSZE und nationale Minderheiten: eine neue Herangehensweise, in: Friedenssichernde Aspekte des Minderheitenschutzes in der Ära des Völkerbundes und der Vereinten Nationen in Europa, Hrsg.: Mohr, Manfred, S. 153 – 165, Berlin / Heidelberg / New York / Barcelona / Budapest / Hongkong / London / Paris / Santa Clara / Singapur / Tokio, 1996.

Bloed, Arie: The Conference on Security and Co-operation in Europe – Analysis and Basic Documents, 1972-1993, Dordrecht / Boston / London, 1993.

Bloed, Arie: The OSCE and the Issue of National Minorities, in: Universal Minority Rights, Hrsg.: Phillips, Alan / Rosas, Allan, S. 113 – 122, Turku (Åbo) / London, 1995.

Blum, Nikolaus: Die Gedanken-, Gewissens- und Religionsfreiheit nach Art. 9 der Europäischen Menschenrechtskonvention, Berlin, 1990.

Blumenwitz, Dieter: Minderheiten- und Volksgruppenrechte. Aktuelle Entwicklung (Kulturstiftung der Dt. Vertriebenen), Bonn, 1992.

Bossuyt, Marc J.: Guide to the "Travaux Préparatoires" of the International Covenant on Civil and Political Rights, Dordrecht / Boston / Lancaster, 1987.

Brinkmeier, Friederike: Der allgemeine völkerrechtliche Diskriminierungsschutz, insbesondere nach Art. 26 des Internationalen Paktes über bürgerliche und politische Rechte, in: Rassische Diskriminierung – Erscheinungsformen und Bekämpfungsmöglichkeiten, Tagung in Potsdam, 29./30. September 2000, Hrsg.: Klein, Eckart, S. 81 – 115, Berlin, 2002.

Brownlie, Ian: Principles of Public International Law, 5. Auflage, Oxford, 1998 (reprinted 1999, 2001).

Brunner, Georg: Minderheitenrechtliche Regelungskonzepte in Osteuropa, in: Das Recht der nationalen Minderheiten in Osteuropa, Hrsg.: Brunner, Georg / Meissner, Boris, S. 39 – 73, Berlin, 1999.

Brunner, Georg: Nationalitätenprobleme und Minderheitenkonflikte in Osteuropa, Gütersloh, 1996.

Brunner, Georg / Tontsch, Günther H.: Der Minderheitenschutz in Ungarn und Rumänien, aus der Reihe: Minderheitenschutz im östlichen Europa – Dokumentation und Analyse – (Band 4), (Kulturstiftung der Dt. Vertriebenen), 1995.

Buergenthal, Thomas: To Respect and to Ensure: State Obligations and Permissible Derogations, in: The International Bill of Rights – The Covenant on Civil and Political Rights, Hrsg.: Henkin, Louis, S. 72 – 91, New York, 1981.

Buonomo, Fabio: Protocol 12 to the European Convention on Human Rights, in: European Yearbook of Minority Issues (EYMI), Hrsg.: Bloed, Arie / Hofmann, Rainer / Marko, Joseph / Mayall, James / Weller, Marc, Volume 1, 2001/2, S. 425 – 433, The Hague / London / New York, 2003.

Buy, Frans de: Minderheiten- und Volksgruppenrecht in Europa und im Rahmen der Vereinten Nationen, in: Volksgruppenrecht: Ein Beitrag zur Friedenssicherung, Hrsg.: Wittmann, Fritz / Graf Bethlen, Stefan, S. 83 – 96, Wien, 1980.

Cannizzaro, Enzo: Producing 'Reverse Discrimination' Through the Exercise of EC Competences, in: Yearbook of European Law, Hrsg.: Barav, Ami / Wyatt, Derrick A., Band 17, S. 29 – 46, 1997.

Capotorti, Francesco: Minorities, in: Encyclopedia of Public International Law (EPIL), Hrsg.: Bernhardt, Rudolf, Vol. III, S. 410 – 420, Amsterdam / London / New York / Oxford / Paris / Shannon / Tokyo, 1997.

Capotorti, Francesco: Studies on the Rights of Persons Belonging to Ethnic, Religious and Linguistic Minorities, UN-Doc. E/CN.4/Sub.2/384/Rev.1, 1979.

Cicero, Marcus Tullius: De re publica, Rom, 129 v. Chr. (auszugsweiser Nachdruck: Paderborn, 1971).

Cicero, Marcus Tullius: M. Tullii Ciceronis Opera quae supersunt Omnia ac deperditorium Fragmenta, Vol. 1, Nachdruck, Turici, 1826.

Constantin, Sergiu: The Hungarian 'Status Law' on Hungarians Living in Neighbouring Countries, in: European Yearbook of Minority Issues (EYMI), Hrsg.: Bloed, Arie / Hofmann, Rainer / Marko, Joseph / Mayall, James / Weller, Marc, Volume 1, 2001/2, S. 593 – 622, The Hague / London / New York, 2003.

Dahm, Georg / Delbrück, Jost / Wolfrum, Rüdiger: Völkerrecht, Band I/1 (Die Grundlagen. Die Völkerrechtssubjekte), 2. Auflage Berlin / New York, 1989.

Delbrück, Jost: Die Rassenfrage als Problem des Völkerrechts und nationaler Rechtsordnungen, Frankfurt am Main, 1971.

Delbrück, Jost: Diskriminierung, in: Handbuch Vereinte Nationen, Hrsg.: Wolfrum, Rüdiger, S. 85 – 89, 2. Auflage, München, 1991.

Dicke, Klaus: Die UN-Deklaration zum Minderheitenschutz, in: Europa-Archiv, (Zeitschrift für internationale Politik), 48. Jahrgang, S. 107 – 116, 1993.

Dicke, Klaus: Menschenrechte, in: Handwörterbuch Internationale Politik, Hrsg.: Woyke, W., S. 261 – 268, Bonn, 2000.

Die Außenpolitik der Schweiz: Organisation für Sicherheit und Zusammenarbeit in Europa (aufzurufen unter: http://www.eda.admin.ch/eda/g/home/foreign/secpe/osce.html).

Dijk, Pieter van / Hoof, Godfried J. H. van Theory and Practice of the European Convention on Human Rights, 3. Auflage, The Hague / London / Boston, 1998.

Dinstein, Yoram: Collective Human Rights of Peoples and Minorities, in: The International and Comparative Law Quarterly (ICLQ), S. 102 – 120, 1976.

Dinstein, Yoram: Discrimination and International Human Rights, in: Israel Yearbook on Human Rights (IsraelYHR), Vol. 15, S. 11 – 27, 1985.

Doehring, Karl: Das Gutachten des Generalsekretärs der Vereinten Nationen über die Fortgeltung der nach dem Ersten Weltkrieg eingegangenen Minderheitenschutzverpflichtungen, in: Zeitschrift für ausländisches öffentliches Recht und Völkerrecht (ZaöRV), S. 521 – 540, 1954.

Dupuy, Pierre-Marie: Equality under the 1966 Covenants and in the 1948 Declaration, in: Gleichheit und Nichtdiskriminierung im nationalen und internationalen Menschenrechtsschutz, Hrsg.: Wolfrum, Rüdiger, S. 149 – 160, Berlin / Heidelberg / New York / Barcelona / Hongkong / London / Mailand / Paris / Tokio, 2003.

Eide, Asbjørn / Alfredsson, Gudmundur: Introduction, in: The Universal Declaration of Human Rights: A common standard of achievement, Hrsg.: Alfredsson, Gudmundur / Eide, Asbjørn, S. xxv – xxxv, The Hague / Boston / London, 1999.

Eide, Asbjørn / Opsahl, Torkel: General report on "Equality and non-discrimination", in: Rights of Persons Deprived of Their Liberty – Equality and Non-Discrimination (Proceedings of the 7th International Colloquy on the European Convention on Human Rights organised by the Secretariat General of the Council of Europe in collaboration with the Danish, Finnish, Norwegian, and Swedish Institutes of Human Rights; Copenhagen, Oslo, Lund (30 May – 2 June 1990)), Hrsg.: Council of Europe, S. 97 – 132, Kehl am Rhein / Strasbourg / Arlington, 1994.

Ekeus, Rolf: Combatting Extremism: Preventing and Fighting Racism, Xenophobia and Discrimination, Speech by the OSCE High Commissioner on National Minorities (Rolf Ekeus) at the Conference on Racism, Xenophobia and Discrimination, Vienna, Austria, 4 September 2003 (aufzurufen unter: http://www.osce.org/documents/hcnm/2003/09/613_en.pdf).

Epiney, Astrid: Umgekehrte Diskriminierungen – Zulässigkeit und Grenzen der discrimination à rebours nach europäischem Gemeinschaftsrecht und nationalem Verfassungsrecht, Köln / Berlin / Bonn / München, 1995.

Erler, Georg H. J.: Das Recht der nationalen Minderheiten, Münster in Westfalen, 1931.

Erler, Georg H. J.: Minderheitenrecht, in: Wörterbuch des Völkerrechts, Hrsg.: Strupp, Karl / Schlochauer, Hans-Jürgen, 2. Band, S. 531 – 536, Berlin, 1961.

Ermacora, Felix: Der Minderheitenschutz im Rahmen der Vereinten Nationen, Wien, 1988.

Ermacora, Felix: Späte Einsichten. Der Entwurf der UN-Erklärung zum Minderheitenschutz, in: Vereinte Nationen, Jahrgang 40, S. 149 – 153, 1992.

Ermacora, Felix: The Protection of Minorities before the United Nations, in: Recueil des Cours de l'Académie de Droit International (RdC), (1983, IV), S. 247 – 370, 1984.

Europarat: Website des Europarates: "Die Europäische Charta der Regional- und Minderheitensprachen (ETS no. 148)" (aufzurufen unter: http://conventions.coe.int/treaty/en/Treaties/Word/148.doc).

Europarat: Website des Europarates: "Die Mitgliedsstaaten des Europarates" (aufzurufen unter: http://www.coe.int/T/D/Com/Europarat_kurz/Mitgliedslaender/default.asp).

Europarat: Website des Europarates: "Explanatory Report on the Convention for the Protection of Human Rights and Fundamental Freedoms (ETS no. 177)" (aufzurufen unter: http://conventions.coe.int/treaty/en/Reports/Html/177.htm).

Europarat: Website des Europarates: "Framework Convention for the Protection of National Minorities (Chart of Signatures and Ratifications and Status of Monitoring Work)" (aufzurufen unter: http://www.humanrights.coe.int/Minorities/index.htm).

Europarat: Website des Europarates: "Konvention zum Schutze der Menschenrechte und Grundfreiheiten" (aufzurufen unter: http://conventions.coe.int/Treaty/Commun/ChercheSig.asp?NT=005&CM=1&DF=06/02/04&CL=GER).

Europarat: Website des Europarates: "Protokoll Nr. 12 zur Konvention zum Schutze der Menschenrechte und Grundfreiheiten" (aufzurufen unter: http://conventions.coe.int/Treaty/Commun/ChercheSig.asp?NT=177&CM=8&DF=&CL=GER).

Europarat: Website des Europarates: "States and the European Charter for Regional or Minority Languages" (aufzurufen unter: http://www.coe.int/T/E/Legal_Affairs/Local_and_regional_Democracy/Regional_or_Minority_languages/Charter/6_States/_Summary.asp#P100_1534).

Europäische Kommission: Website der Europäischen Kommission: "Croatia becomes a candidate for EU Membership" (aufzurufen unter: http://europa.eu.int/comm/external-Relations/see/croatia04_14-06.pdf).

Europäische Kommission: Website der Europäische Kommission: "Erweiterung der EU – Kandidatenländer – Rumänien" (aufzurufen unter: http://europa.eu.int/comm/enlargement/romania/index.htm).

Europäische Kommission: Website der Europäische Kommission: "Erweiterung der EU" (aufzurufen unter: http://europa.eu.int/comm/enlargement/enlargement_de.htm).

Explanatory Report: Explanatory Report on the Framework Convention for the Protection of National Minorities, abgedruckt in: Human Rights Law Journal (HRLJ), Vol. 16, 1995, S. 101 – 108.

Fawcett, James Edmund Sandford: The Application of the European Convention on Human Rights, 2. Auflage, Oxford, 1987.

Foerster, Rolf Hellmut: Europa, Geschichte einer politischen Idee, München, 1967.

Fowler, Brigid: Fuzzing citizenship, nationalising political space: A framework for interpreting the Hungarian 'status law' as a new form of kin-state policy in Central and Eastern Europe, University of Birmingham, Working Paper 40/02.

Franke, Dietrich / Hofmann, Rainer: Nationale Minderheiten – ein Thema für das Grundgesetz? (Verfassungs- und völkerrechtliche Aspekte des Schutzes nationaler Minderheiten), in: Europäische Grundrechte Zeitschrift (EuGRZ), S. 401 – 409, 1992.

Frowein, Jochen Abraham: United Nations, in: Encyclopedia of Public International Law (EPIL), Hrsg.: Bernhardt, Rudolf, Vol. IV, S. 1029 – 1043, Amsterdam / London / New York / Oxford / Paris / Shannon / Tokyo, 2000.

Frowein, Jochen Abraham / Peukert, Wolfgang: Europäische Menschenrechtskonvention, EMRK-Kommentar, 2. Auflage, Kehl / Straßburg / Arlington, 1996, zitiert: Bearbeiter, in: J. A. Frowein / W. Peukert (Hrsg.).

Gál, Kinga: Bilateral Agreements in Central and Eastern Europe: A New Inter-State Framework for Minority Protection?, European Centre for Minority Issues (ECMI) Working Paper No. 4, May 1999.

Gál, Kinga: The Hungarian legislation on Hungarians living in neighbouring countries, in: The protection of national minorities by their kin-state, Hrsg.: European Commission for Democracy Through Law (Venice Commission), Science and technique of democracy, No. 32, S. 157 – 174, 2002.

Golsong, Heribert / Karl, Wolfram / Miehsler, Herbert / Petzold, Herbert / Riedel, Eibe / Rogge, Kersten / Schweizer, Rainer J. / Vogler, Theo / Wildhaber, Luzius / Breitenmoser, Stephan: Internationaler Kommentar zur Europäischen Menschenrechtskonvention, 2. Lieferung – April 1992 (i.B.a. den zitierten Art. 8 EMRK), Köln / Berlin / Bonn / München, zitiert: Bearbeiter, in: H. Golsong / W. Karl / H. Miehsler / H. Petzold / E. Riedel / K. Rogge / R. J. Schweizer / Th. Vogler / L. Wildhaber / St. Breitenmoser (Hrsg.).

Greenberg, Jack: Race, Sex and Religious Discrimination, in: Human Rights in International Law: Legal and Policy Issues, Hrsg.: Meron, Theodor, S. 307 – 343 (Chapter 8), Oxford, 1984.

Grief, Nicholas: Non-discrimination under the European Convention on Human Rights: a critique of the United Kingdom Government's refusal to sign and ratify Protocol 12, in: European Law Review: Human Rights Survey, HR/3 – HR/18, 2002.

Guradze, Heinz: Die Europäische Menschenrechtskonvention, Konvention zum Schutze der Menschenrechte und Grundfreiheiten nebst Zusatzprotokollen, Berlin / Frankfurt am Main, 1968.

Hailbronner, Kay: Der Staat und der Einzelne als Völkerrechtssubjekt, in: Völkerrecht, Hrsg.: Graf Vitzthum, Wolfgang, S. 161 – 265 (Dritter Abschnitt), Berlin / New York, 2001.

Hailbronner, Kay: Der völkerrechtliche Schutz der Minderheiten, in: Neuntes Deutsch-Polnische Juristen-Kolloquium: der internationale und nationale Schutz der Menschenrechte, Hrsg.: Delbrück, Jost / Rauschning, Dietrich / Rudolf, Walter / Schweisfurth, Theodor, Band 9, S. 47 – 66, Baden-Baden, 1992.

Hartig, Hanno: The Role of the Council of Europe in the Field of the Protection of National Minorities, in: Wiener Internationale Begegnungen zu aktuellen Fragen nationaler Minderheiten, Hrsg.: Matscher, Franz, S. 267 – 278, Kehl / Strasbourg / Arlington, 1997.

Hasan, Jian: Stellung der Minderheiten nach dem internationalen Pakt über bürgerliche und politische Rechte (IPBPR) und der Konvention zum Schutz der Menschenrechte und Grundfreiheiten (EMRK), Teil 1, 2002/3 (aufzurufen unter: http://efrin.net/deutsch/index/stellung_der_minderheiten_nach_d.htm).

Helgesen, Jan: Protecting Minorities in the Conference on Security and Co-operation (CSCE) Process, in: The strength of Diversity – Human Rights and Pluralist Democracy,

Hrsg.: Rosas, Allan / Helgesen, Jan, S. 159 – 186, Dordrecht / Boston / London, 1992.

Herdegen, Matthias: Völkerrecht, 5. Auflage, München, 2003.

Herndl, Kurt: Die Wiener Konsularische Konferenz 1963, in: Archiv des Völkerrechts, 11. Band, S. 417 – 458, 1963/1964.

Hillgruber, Christian / Jestaedt, Matthias: Die Europäische Menschenrechtskonvention und der Schutz nationaler Minderheiten, (Kulturstiftung der Dt. Vertriebenen), Bonn, 1993.

Hobe, Stephan / Kimminich, Otto: Einführung in das Völkerrecht, 8. Auflage, Tübingen / Basel, 2004.

Hochkommissar der Vereinten Nationen für Menschenrechte: Website des Büros des Hochkommissars der Vereinten Nationen für Menschenrechte: "Status of Ratifications of the Principal International Human Rights Treaties (as of 02 November 2003)" (aufzurufen unter: http://www.unhchr.ch/pdf/report.pdf).

Hofmann, Rainer: Addendum 1995 (zu "Minorities"), in: Encyclopedia of Public International Law (EPIL), Hrsg.: Bernhardt, Rudolf, Vol. III, S. 420 – 424, Amsterdam / Lausanne / New York / Oxford / Shannon / Singapore / Tokyo, 1997.

Hofmann, Rainer: Das nationale Minderheitenrecht in Osteuropa. Gegenwärtiger Stand und aktuelle Perspektiven, in: Das Recht der nationalen Minderheiten in Osteuropa, Hrsg.: Brunner, Georg / Meissner, Boris, S. 9 – 37, Berlin, 1999.

Hofmann, Rainer: Der Schutz von Minderheiten in Europa, in: Europa-Handbuch (Bundeszentrale für politische Bildung), Hrsg.: Weidenfeld, Werner, S. 555 – 568, Bonn, 2002.

Hofmann, Rainer: Die Rolle des Europarates beim Minderheitenschutz, in: Friedenssichernde Aspekte des Minderheitenschutzes in der Ära des Völkerbundes und der Vereinten Nationen in Europa, Hrsg.: Mohr, Manfred, S. 111 – 147, Berlin / Heidelberg / New York / Barcelona / Budapest / Hongkong / London / Paris / Santa Clara / Singapur / Tokio, 1996.

Hofmann, Rainer: Minderheitenschutz in Europa: Überblick über die völker- und staatsrechtliche Lage, in: Zeitschrift für ausländisches öffentliches Recht und Völkerrecht (ZaöRV), Band 52, S. 1 – 69, 1992.

Hofmann, Rainer: Minderheitenschutz in Europa: völker- und staatsrechtliche Lage im Überblick, Berlin, 1995.

Hofmann, Rainer: Preferential treatment of Kin-Minorities and monitoring of the implementation of the framework Convention for national minorities, in: The protection of national minorities by their kin-state, Hrsg.: European Commission for Democracy Through Law (Venice Commission), Science and technique of democracy, No. 32, S. 235 – 260, 2002.

Hofmann, Rainer: Protecting the Rights of National Minorities in Europe. First Experiences with the Council of Europe Framework Convention for the Protection of National Minorities, in: German Yearbook of International Law – Jahrbuch für Internationales Recht, Hrsg.: Delbrück, Jost / Hofmann, Rainer / Zimmermann, Andreas, Volume 44 / 2001, S. 237 – 269, Berlin, 2002.

Höynck, Wilhelm: The Role of the OSCE, in: Wiener Internationale Begegnungen zu aktuellen Fragen nationaler Minderheiten, Hrsg.: Matscher, Franz, S. 261 – 266, Kehl / Strasbourg / Arlington, 1997.

Huber, Konrad: The CSCE and Ethnic conflict in the East, in: RFE/RL Research Report, 31/1993, S. 30 – 36.

Huber, Konrad / Mickey, Robert W.: Defining the Kin-State, in: Protection of Minority Rights Through Bilateral Treaties, Hrsg.: Bloed, Arie / Dijk, Pieter van, S. 17 – 51, The Hague / London / Boston, 1999.

Ipsen, Jörn: Staatsrecht II, 3. Auflage, Neuwied / Kriftel, 2000.

Ipsen, Knut: Völkerrecht, 3. Auflage, München, 1990.

Jaenicke, Günther: Der Begriff der Diskriminierung im modernen Völkerrecht, Berlin, 1940.

Jaenicke, Günther: Diskriminierung, in: Wörterbuch des Völkerrechts, Hrsg.: Strupp, Karl / Schlochauer, Hans-Jürgen, 1. Band, S. 387 – 392, Berlin, 1961.

Kanger, Helle: Human Rights in the U.N. Declaration, Uppsala, 1984.

Kántor, Zoltán: Nationalizing Minorities and Homeland politics, Paper prepared for the conference: "Voice or Exit: Comparative Perspectives on Ethnic Minorities in 20th Century Europe", Humboldt-Universität Berlin, 14-16 June, 2001.

Kelsen, Hans: Théorie du droit international public, in: Recueil des Cours de l'Académie de Droit International (RdC) 84, (1953/III), S. 1 – 203, 1955.

Kelsen, Hans / Tucker, R.: Principles of International Law, 2. Auflage, New York, 1967.

Kempen, Bernhard: Einige Bemerkungen zum völkerrechtlichen Begriff der Souveränität, in: Die Macht des Geistes, Festschrift für Hartmut Schiedermair, Hrsg.: Dörr, Dieter / Fink, Udo / Hillgruber, Christian / Kempen, Bernhard / Murswiek, Dietrich, S. 783 – 801, Heidelberg, 2001.

Kewenig, Wilhelm: Der Grundsatz der Nichtdiskriminierung im Völkerrecht der internationalen Handelsbeziehungen, Band 1: Der Begriff der Diskriminierung, Frankfurt am Main, 1972.

Kimminich, Otto: Der Schutz ethnischer Minderheiten in Westeuropa, in: Minderheitenschutz in Europa, Hrsg.: Deutsche Sektion der Internationalen Juristen-Kommission (Brunner, Georg / Camartin, Iso / Harbich, Heribert / Kimminich, Otto), S. 13 – 55, Heidelberg, 1985.

Kimminich, Otto: Minderheiten- und Volksgruppenrecht im Spiegel der Völkerrechtsentwicklung nach dem Zweiten Weltkrieg, in: Bayerische Verwaltungsblätter – Zeitschrift für öffentliches Recht und öffentliche Verwaltung (BayVBl), S. 321 – 326, 1993.

Kipp, Heinrich: Das Verbot der Diskriminierung im modernen Friedensvölkerrecht, in: Archiv des Völkerrechts, 9. Band, S. 137 – 161, 1961/1962.

Klebes, Heinrich: Einführung zu der Dokumentation "Rahmenübereinkommen des Europarates zum Schutz nationaler Minderheiten", in: Europäische Grundrechte Zeitschrift (EuGRZ), S. 262 – 285, 1995.

Klein, Eckart: Die Frage der Minderheitendefinition, in: Friedenssichernde Aspekte des Minderheitenschutzes in der Ära des Völkerbundes und der Vereinten Nationen in Europa, Hrsg.: Mohr, Manfred, S. 211 f., Berlin / Heidelberg / New York / Barcelona / Budapest / Hongkong / London / Paris / Santa Clara / Singapur / Tokio, 1996.

Klein, Eckart: Die Internationalen und Supranationalen Organisationen, in: Völkerrecht, Hrsg.: Graf Vitzthum, Wolfgang, S. 267 – 377 (Vierter Abschnitt), Berlin / New York, 2001.

Klein, Eckart / Brinkmeier, Friederike: Internationaler Pakt und EMRK, in: Vereinte Nationen, 50. Jahrgang, S. 99 – 103, Heft 3, 2002.

Konstantinov, Emil: Minderheitenschutz und Europarat, in: Selbstbestimmungsrecht der Völker – Herausforderung der Staatenwelt, Hrsg.: Heintze, Hans-Joachim, S. 177 – 199, Bonn, 1997.

Kraus, Herbert: Das Recht der Minderheiten, Berlin, 1927.

Küpper, Herbert: Das neue Minderheitenrecht in Ungarn, München, 1998.
Küpper, Herbert: Ungarns umstrittenes Statusgesetz, in: Osteuropa Recht 47, Heft 5, S. 18 – 434, 2001.
Lange, Falk: Minderheiten und die OSZE – Die Rolle des OSZE-Hochkommissars für Fragen der nationalen Minderheiten, in: Ein Jahrhundert Minderheiten- und Volksgruppenschutz, Hrsg.: Blumenwitz, Dieter / Gornig, Gilbert H. / Murswiek, Dietrich, S. 125 – 136, Köln, 2001.
Lantschner, Emma / Medda, Roberta: Bilateral Approach to the Protection of Kin-Minorities, in: The protection of national minorities by their kin-state, Hrsg.: European Commission for Democracy Through Law (Venice Commission), Science and technique of democracy (edited by the Council of Europe Publishing), No. 32, S. 107 – 133, Strasbourg, 2002.
Lantschner, Emma / Medda, Roberta: Protection of National Minorities through Bilateral Agreements in South-Eastern Europe, Draft report prepared by the European Academy of Bozen/Bolzano (under the supervision of Prof. Joseph Marko for the 8th Meeting of Government Offices for National Minorities), Strasbourg, 21-22 May 2001.
Lerner, Natan: Group Rights and Discrimination in International Law, Dordrecht / Boston / London, 1991.
Lucas, Michael R.: Minority Rights and Conflict Management: Developments in the CSCE and Their Inter-institutional Context, in: Minderheiten als Konfliktpotential in Ostmittel- und Südosteuropa, Hrsg.: Seewann, Gerhard, S. 243 – 281, München, 1995.
Malinverni, Giorgio: The draft Convention for the Protection of Minorities – The Proposal of the European Commission for Democracy through Law, in: Human Rights Law Journal (HRLJ), Vol. 12, 1991, S. 1 – 9.
Marauhn, Thilo: Der Status von Minderheiten im Erziehungswesen und Medienrecht, in: Das Minderheitenrecht europäischer Staaten, Hrsg.: Frowein, Jochen Abraham / Hofmann, Rainer / Oeter, Stefan, Teil 2, S. 410 – 450, Berlin / Heidelberg / New York / London / Paris / Tokyo / Hongkong / Barcelona / Budapest, 1994.
McKean, Warwick A.: Equality and Discrimination under International Law, Oxford, 1983.
McKean, Warwick A.: The Meaning of Discrimination in International and Municipal Law, in: The British Year Book of International Law (BritishYBIL), Vol. 44, S. 177 – 192, 1970.
Meessen, Karl M.: Souveränität, in: Handbuch Vereinte Nationen, Hrsg.: Wolfrum, Rüdiger, S. 788 – 792, 2. Auflage, München, 1991.
Menschenrechte Schweiz MERS: Website der Informationsplattform von Menschenrechte Schweiz MERS: "Die Allgemeine Erklärung der Menschenrechte (1948)" (aufzurufen unter: http://www.humanrights.ch/cms/Front_content.php?client=1&lang=1&idcat=217).
Meyer-Ladewig, Jens: EMRK, Konvention zum Schutz der Menschenrechte und Grundfreiheiten, Handkommentar, Baden-Baden, 2003
Mohr, Manfred: Abgrenzung von Selbstbestimmungsrecht und Minderheitenschutz, in: Selbstbestimmungsrecht der Völker – Herausforderung der Staatenwelt, Hrsg.: Heintze, Hans-Joachim, S. 122 – 141, Bonn, 1997.
Mohr, Manfred: Aktuelle Konturen des völkerrechtlichen Diskriminierungsverbotes, in: Diskriminierung – Antidiskriminierung, Hrsg.: Joerden, Jan C., S. 265 – 285, Berlin / Heidelberg / New York, 1996.
Mohr, Manfred: Die Vereinten Nationen und der Minderheitenschutz. Versuch einer Bestandsaufnahme, in: Friedenssichernde Aspekte des Minderheitenschutzes in der Ära des Völkerbundes und der Vereinten Nationen in Europa, Hrsg.: Mohr, Manfred, S.

85 – 106, Berlin / Heidelberg / New York / Barcelona / Budapest / Hongkong / London / Paris / Santa Clara / Singapur / Tokio, 1996.

Münger, Kurt: Bürgerliche und politische Rechte im Weltpakt der Vereinten Nationen und im Schweizerischen Recht, Zürich, 1973.

Myntti, Kristian: The Prevention of Discrimination v. Protection of Minorities – With Particular Reference to 'Special Measures', in: Baltic Yearbook of International Law (BalticYIL), Hrsg.: Ziemele, Ineta, Volume 2, 2002, S. 199 – 226, The Hague / London / New York, 2002.

Niewerth, Johannes: Der kollektive und der positive Schutz von Minderheiten und ihre Durchsetzung im Völkerrecht, Berlin, 1996.

Nowak, Manfred: Politische Grundrechte, Wien / New York, 1988.

Nowak, Manfred: The Interrelationship between the Covenant on Civil and Political Rights and the European Convention on Human Rights, in: Aspects of the Protection of Individual and Social Rights (Marangopoulos Foundation for Human Rights), Hrsg.: Vassilouni, Stavroula, S. 131 – 164, Athen, 1995.

Nowak, Manfred: U.N. Covenant on Civil and Political Rights – CCPR Commentary, Kehl / Strasbourg / Arlington, 1993.

Nowak, Manfred: UNO-Pakt über bürgerliche und politische Rechte und Fakultativprotokoll – CCPR-Kommentar, Kehl am Rhein / Straßburg / Arlington, 1989.

Oellers-Frahm, Karin: Der Status der Minderheitensprachen vor Behörden und Gerichten, in: Das Minderheitenrecht europäischer Staaten, Hrsg.: Frowein, Jochen Abraham / Hofmann, Rainer / Oeter, Stefan, Teil 2, S. 383 – 409, Berlin / Heidelberg / New York / London / Paris / Tokyo / Hongkong / Barcelona / Budapest, 1994.

Olt, Reinhard: Der Status der Magyaren – Die Minderheiten in den Nachbarländern Ungarns und die EU, in: Frankfurter Allgemeine Zeitung (FAZ) vom 23.09.2003, S. 10.

Olt, Reinhard: Mit oder ohne Vergünstigung – Selbst das modifizierte Statusgesetz steht zwischen Ungarn und einigen seiner Nachbarn, in: Frankfurter Allgemeine Zeitung (FAZ) vom 31.03.2003, S. 12.

Olt, Reinhard: Ohne Stephanskrone – Die Einigung über das Statusgesetz trägt für manche Ungarn Züge eines faulen Kompromisses, in: Frankfurter Allgemeine Zeitung (FAZ) vom 25.07.2003, S. 10.

Opsahl, Torkel: Equality Before the Law: the European Convention and the International Covenant, in: International Human Rights Law in the Commonwealth Caribbean, Hrsg.: Byre, Angela D. / Byfield, Beverley Y., S. 244 – 256, Dordrecht / Boston / London, 1991.

Opsahl, Torkel: Equality in Human Rights Law – With Particular Reference to Article 26 of the International Covenant on Civil and Political Rights, in: Fortschritt im Bewusstsein der Grund- und Menschenrechte, Festschrift für Felix Ermacora, Hrsg.: Nowak, Manfred / Steurer, Dorothea / Tretter, Hannes, S. 51 – 65, Kehl / Strasbourg / Arlington, 1988.

Orbán, Viktor: Die Reden von Viktor Orbán im Milleniumspark, 21. April 2002 (Orbán Viktor beszéde a Millenáris Parkban, 2002, április 21) (aufzurufen unter: http://szoclib.hu/valogatas/OVmillenaris.htm).

Orbán, Viktor: Rede und Antwort von Viktor Orbán auf dem EU-Diskussionstag des Parlaments, 30. November 2000 (Orbán Viktor felszólalása és viszontválasza a parlamenti EU vitanapon (2000.11.30.)) (aufzurufen unter: http://www.meh.hu/Kormany/Kormanyfo/beszedek.htm).

OSZE: Website der OSZE: "CSCE – Schlussakte – Helsinki 1975" (aufzurufen unter: http://www.osce.org/docs/german/1990-1999/summits/helfa75g.htm).
OSZE: Website der OSZE: "Das Kopenhagener Abschlussdokument über die menschliche Dimension der KSZE vom 29. Juni 1990" (aufzurufen unter: http://www.osce.org/docs/english/1990-1999/hd/Cope90e.htm).
OSZE: Website der OSZE: "Gipfeltreffen von Helsinki 1992" (aufzurufen unter: http://www.osce.org/docs/german/1990-1999/summits/hels92g.htm).
OSZE: Website der OSZE: "High Commissioner warns of Hungarian 'Status Law' precedent" (aufzurufen unter: http://www.osce.org/news/generate.pf.php3?news_id=3372).
OSZE: Website der OSZE: "OSCE High Commissioner on National Minorities – Mandate" (aufzurufen unter: http://www.osce.org/hcnm/mandate/).
OSZE: Website der OSZE: "OSCE High Commissioner on National Minorities – Overview" (aufzurufen unter: http://www.osce.org/hcnm/overview/).
OSZE: Website der OSZE: "Participating States" (aufzurufen unter: http://www.osce.org/general/participating_states/).
OSZE: Website der OSZE: "Sovereignty, responsibility, and national minorities: statement by OSCE minorities commissioner (Press Statement, 26 October 2001)" (aufzurufen unter: http://www.osce.org/news/generate.pf.php3?news_id=209).
Oxenknecht, Renate: Der Schutz ethnischer, religiöser und sprachlicher Minderheiten in Art. 27 des Internationalen Paktes über bürgerliche und politische Rechte vom 16. Dezember 1966, Frankfurt am Main / Bern / New York / Paris, 1988.
Packer, John: On the Definition of Minorities, in: The Protection of Ethnic and Linguistic Minorities in Europe, Hrsg.: Packer, John / Myntti, Kristian, S. 23 – 65, Turku (Åbo), 1993.
Pan, Christoph: Die Autonomierechte der Volksgruppen in Europa – Aufgaben und Inhalte europarechtlicher Regelungen, in: Rechtliche und politische Perspektiven deutscher Minderheiten und Volksgruppen, Hrsg.: Blumenwitz, Dieter / Gornig, Gilbert, S. 49 – 61, Köln, 1995.
Pan, Franz: Der Minderheitenschutz im Neuen Europa und seine historische Entwicklung, Wien, 1999.
Parlamentarische Materialien: 437 der Beilagen zu den Stenographischen Protokollen des Nationalrates XXI. GP; Ausgedruckt am 6.3.2001; Regierungsvorlage; europäische Charta der Regional- und Minderheitensprachen samt Erklärungen (aufzurufen unter: http://www.parlinkom.gv.at/pd/pm/XXI/I/texte/004/I00437_.html).
Partsch, Karl Josef: Discrimination, in: The European System for the Protection of Human Rights, Hrsg.: Macdonald, Ronald St. J. / Matscher, Franz / Petzold, Herbert, S. 571 – 592, Dordrecht / Boston / London, 1993.
Partsch, Karl Josef: Discrimination against Individuals and Groups, in: Encyclopedia of Public International Law (EPIL), Hrsg.: Bernhardt, Rudolf, Vol. I, S. 1079 – 1083, Amsterdam / London / New York / Tokyo, 1992.
Partsch, Karl Josef: Fundamental Principles of Human Rights: Self-Determination, Equality and Non-Discrimination, in: The International Dimensions of Human Rights, Hrsg.: Vasak, Karel / Alston, Philip, Volume 1, S. 61 – 86, Westport / Paris, 1982.
Pentassuglia, Gaetano: Minorities in international law: An introductory study (edited by Council of Europe Publishing), Strasbourg, 2002.
Pernthaler, Peter: Volksgruppe und Minderheit als Rechtsbegriff, in: Volksgruppenrecht: Ein Beitrag zur Friedenssicherung, Hrsg.: Wittmann, Fritz / Graf Bethlen, Stefan, S. 9 – 14, Wien, 1980.

Pieroth, Bodo / Schlink, Bernhard: Grundrechte – Staatsrecht II, 17. Auflage, Heidelberg, 2003.

Pircher, Erich H.: Der vertragliche Schutz ethnischer, sprachlicher und religiöser Minderheiten im Völkerrecht, Bern, 1979.

Politikforum: Balkan Forum, Thema: "Jugoslawien aufgelöst" (aufzurufen unter: http://politikforum.de/forum/archive/22/2003/02/2/25876).

Putkamer, Ellinor von: Peace Treaties of 1947, in: Encyclopedia of Public International Law (EPIL), Hrsg.: Bernhardt, Rudolf, Vol. III, S. 953 – 960, Amsterdam / Lausanne / New York / Oxford / Shannon / Singapore / Tokyo, 1997.

Radio Slowakei (Bratislava, 5.3.2003): Ungarisches Statusgesetz für die Slowakei nach wie vor inakzeptabel, in: Nachrichten aus Tschechien und der Slowakei vom 06.03.2003, (Quelle: Monitor-Dienst Osteuropa der Deutschen Welle) (aufzurufen unter: http://www.dtsg.de/monitor602.html).

Ramcharan, Bertrand G.: Equality and Nondiscrimination, in: The International Bill of Rights – The Covenant on Civil and Political Rights, Hrsg.: Henkin, Louis, S. 246 – 269, New York, 1981.

Randelzhofer, Albrecht: Staatsgewalt und Souveränität, in: Handbuch des Staatsrechts, Band I: Grundlagen von Staat und Verfassung, Hrsg.: Isensee, Josef / Kirchhof, Paul, S. 691 – 708 (§ 15), 2. Auflage, Heidelberg, 1995.

Randelzhofer, Albrecht: Ziele und Grundsätze der UN, in: Handbuch Vereinte Nationen, Hrsg.: Wolfrum, Rüdiger, S. 1151 – 1158, 2. Auflage, München, 1991.

Rauert, Fee: Das Kosovo: eine völkerrechtliche Studie, Wien, 1999.

Reschke, Brigitte: Ethnische Konflikte und Hoher Kommissar der OSZE für nationale Minderheiten, in: Selbstbestimmungsrecht der Völker – Herausforderung der Staatenwelt, Hrsg.: Heintze, Hans-Joachim, S. 200 – 219, Bonn, 1997.

Richter, Dagmar: Vereinigungsfreiheit und Parteienrecht, in: Das Minderheitenrecht europäischer Staaten, Hrsg.: Frowein, Jochen Abraham / Hofmann, Rainer / Oeter, Stefan, Teil 2, S. 451 – 490, Berlin / Heidelberg / New York / London / Paris / Tokyo / Hongkong / Barcelona / Budapest, 1994.

Riedel, Sabine: Minderheitenpolitik im Prozeß der EU-Erweiterung – Dynamisierung ethnischer Konflikte durch positive Diskriminierung, in: Osteuropa, 11/12, 2001, S. 1262 – 1285.

Riepe, Claudia: Der Minderheitenschutzstandard in der KSZE/OSZE, Hamburg, 1997.

Robertson, Arthur H.: Human Rights in the World, Manchester, 1972.

Rönquist, Anders: The Council of Europe Framework Convention for the Protection of National Minorities, in: Helsinki Monitor, 1995, No. 1, S. 38 – 44.

Rönquist, Anders: The Functions of the OSCE High Commissioner on National Minorities with Special Regard to Conflict Prevention, in: The Institution of a Commissioner for Human Rights and Minorities and the Prevention of Human Rights Violations – Colloquium Potsdam, 14./15. December 1994, Hrsg.: Klein, Eckart, S. 43 – 52, Berlin, 1995.

Russell, R. B. / Muther, J. S.: A History of the United Nations Charter. The Role of the United States 1940-45, Washington, 1958.

Salomon, Max: Der Begriff der Gerechtigkeit bei Aristoteles, Leiden 1937.

Samnøy, Åshild: The Origins of the Universal Declaration of Human Rights, in: The Universal Declaration of Human Rights: A common standard of achievement, Hrsg.: Alfredsson, Gudmundur / Eide, Asbjørn, S. 3 – 22, 1999.

Scherer-Leydecker, Christian: Minderheiten und sonstige ethnische Gruppen: Eine Studie zur kulturellen Identität im Völkerrecht, Berlin, 1997.

Scheuner, Ulrich: Die Fortbildung der Grundrechte in internationalen Konventionen durch die Rechtsprechung. Zur Rechtsprechung des Europäischen Gerichtshofs für Menschenrechte, in: Staatsrecht – Völkerrecht – Europarecht, Festschrift für Hans-Jürgen Schlochauer zum 75. Geburtstag am 28. März 1981, Hrsg.: von Münch, Ingo, S. 899 – 926, Berlin / New York, 1981.

Schindler, Dietrich: South Tyrol, in: Encyclopedia of Public International Law (EPIL), Hrsg.: Bernhardt, Rudolf, Vol. IV, S. 488 – 490, Amsterdam / Lausanne / New York / Oxford / Shannon / Singapore / Tokyo, 2000.

Schmalz, Dieter: Allgemeines Verwaltungsrecht und Grundlagen des Verwaltungsrechtsschutzes, 3. Auflage, Baden-Baden, 1998.

Schmidt, Rolf: Allgemeines Verwaltungsrecht, 7. Auflage, Bremen, 2003.

Schmidt-Schweizer, Andreas: Ungarische Minderheiten, ungarisches Statusgesetz: Brücke oder neues Konfliktpotential?, in: Minderheiten: Brücke oder Konfliktpotential im östlichen Europa, Hrsg.: forost – Forschungsverband Ost- und Südosteuropa, Arbeitspapier Nr. 8, S. 25 – 34, Oktober 2002.

Schneckener, Ulrich: Thesenpapier: Bi- und multilaterale Regime zum Minderheitenschutz in Südosteuropa, in: Balkan Forum : "Regionale Kooperation und europäische Integration des Westbalkans", 3. Sitzung, Berlin, 13. Mai 2002, Stiftung Wissenschaft und Politik, Berlin.

Schokkenbroek, Jeroen: Stronger European protection against discrimination: the new Protocol No. 12 to the European Convention on Human Rights, in: Rassische Diskriminierung – Erscheinungsformen und Bekämpfungsmöglichkeiten, Tagung in Potsdam, 29./30. September 2000, Hrsg.: Klein, Eckart, S. 175 – 193, Berlin, 2002.

Schwelb, Egon: Some aspects of the International Covenants on Human Rights of December 1966, in: International Protection of Human Rights (Proceedings of the Seventh Nobel Symposium, Oslo, September 25-27, 1967), Hrsg.: Eide, Asbjørn / Schou, August, S. 103 – 129, Uppsala, 1968.

Seidl-Hohenveldern, Ignaz: Völkerrecht, 10. Auflage, Köln / Berlin / Bonn / München, 2000.

Simma, Bruno: The Charter of the UNITED NATIONS, A Commentary, Volume I, 2. Auflage, München, 2002, zitiert: Bearbeiter, in: B. Simma (Hrsg.).

Skogly, Sigrun: Article 2, in: The Universal Declaration of Human Rights: A common standard of achievement, Hrsg.: Alfredsson, Gudmundur / Eide, Asbjørn, S. 75 – 87, The Hague / Boston / London, 1999.

Skubiszewski, Krzysztof: The Elaboration of General Multilateral Conventions and of Non-Contractual Instruments Having a Normative Function or Objective. Resolutions of the General Assembly of the United Nations, in: Annuaire de l'Institut de Droit International (AIDI), Vol. 61 – I, S. 305 – 358, 1985.

Sohn, Louis B.: The Rights of Minorities, in: The International Bill of Rights – The Covenant on Civil and Political Rights, Hrsg.: Henkin, Louis, S. 270 – 289, New York, 1981.

Stamatopoulou, Elsa: Protection of National Minorities and Kin-States: An International Perspective, in: The protection of national minorities by their kin-state, Hrsg.: European Commission for Democracy Through Law (Venice Commission), Science and technique of democracy, No. 32, S. 85 – 105, 2002.

Stern, Klaus: Das Staatsrecht der Bundesrepublik Deutschland, Band III (Allgemeine Lehren der Grundrechte), Halbband 2 (Grundrechtstatbestand, Grundrechtsbeeinträchtigungen und Grundrechtsbegrenzungen, Grundrechtsverluste und Grundpflichten,

Schutz der Grundrechte, Grundrechtskonkurrenzen, Grundrechtssystem), München, 1994.

Stewart, Michael: The Hungarian Status Law: A new European form of Transnational politics?, WPTC-02-09, University College London, 2002.

Sticher, Christiane: Europa als Rechts- und Friedensverbund – Sicherung der Grund- und Menschenrechte – ein Weg europäischer Einigung, in: Humanitäres Völkerrecht, S. 159 – 167, Heft 3 / 4, Juli / Dezember 1990.

Stoel, Max van der: Gedanken zur Rolle des Hohen Kommissars der OSZE für nationale Minderheiten als Instrument zur Konfliktverhütung, in: OSZE-Jahrbuch 1999, Hrsg.: Institut für Friedensforschung und Sicherheitspolitik an der Universität Hamburg, S. 429 – 441, Baden-Baden, 1999.

Stoel, Max van der: Rede vom 13. Mai 1994, in: Website der OSZE: "13may94" (aufzurufen unter: http://www.osce.org/hcnm/documents/speeches/1994/13may94.html).).

Stoel, Max van der: The OSCE High Commissioner on National Minorities, in: OSCE ODIHR Bulletin, Vol. 3, No. 3, S. 40 – 45, 1995.

Stoel, Max van der: The Role of the OSCE High Commissioner on National Minorities in the Field of Conflict Prevention (Address on 23 July 2002 at the Hague Academy of International Law, Peace Palace, The Hague), in: Recueil des Cours de l'Académie de Droit International (RdC), 296 (2002), S. 9 – 24, 2003.

Thanei, Christoph: Streit über den Status der ungarischen Minderheit in der Slowakei eskaliert, Bericht für die Konrad-Adenauer-Stiftung Büro Bratislava, Bratislava, März 2002 (aufzurufen unter: http://www1.kas.de/publikationen/220/laenderberichte/slowa-Kei02-03.html).

Thornberry, Patrick: International Law and the Rights of Minorities, Oxford, 1991.

Thornberry, Patrick: Is there a Phoenix in the ashes? – International Law and Minority Rights, in: Texas International Law Journal (TexasILJ), Vol. 15, S. 421 – 458, 1980.

Thornberry, Patrick: The Framework Convention on National Minorities: A Provisional Appraisal and a Memory of the Baltic States, in: Baltic Yearbook of International Law (BalticYIL), Hrsg.: Ziemele, Ineta, Volume 2, 2002, S. 127 – 157, The Hague / London / New York, 2002.

Thornberry, Patrick: The UN Declaration on the Rights of Persons Belonging to National or Ethnic, Religious and Linguistic Minorities: Background, Analysis, Observations and an Update, in: Universal Minority Rights, Hrsg.: Phillips, Alan / Rosas, Allan, S. 13 – 76, Turku (Åbo) / London, 1995.

Thornberry, Patrick / Martín Estébanez, María Amor: Minority rights in Europe – A review of the work and the standards of the Council of Europe, Strasbourg (Council of Europe Publishing), 2004.

Tomuschat, Christian: Der Gleichheitssatz nach dem Internationalen Pakt über bürgerliche und politische Rechte (Anmerkungen des Bearbeiters), in: Europäische Grundrechte Zeitschrift (EuGRZ), S. 37 f, 1989.

Tomuschat, Christian: Die Charta der wirtschaftlichen Rechte und Pflichten der Staaten – Zur Gestaltungskraft von Deklarationen der UN-Generalversammlung, in: Zeitschrift für ausländisches öffentliches Recht und Völkerrecht (ZaöRV), Band 36, S. 444 – 491, 1976.

Tomuschat, Christian: Equality and Non-Discrimination under the International Covenant on Civil and Political Rights, in: Staatsrecht – Völkerrecht – Europarecht, Festschrift für Hans-Jürgen Schlochauer zum 75. Geburtstag am 28. März 1981, Hrsg.: von Münch, Ingo, S. 691 – 716, Berlin / New York, 1981.

Tomuschat, Christian: Protection of Minorities under Article 27 of the International Covenant on Civil and Political Rights, in: Völkerrecht als Rechtsordnung, Internationale Gerichtsbarkeit, Menschenrechte, Festschrift für Hermann Mosler, Hrsg.: Bernhardt, Rudolf / Geck, Wilhelm Karl / Jaenicke, Günter / Steinberger, Helmut, S. 949 – 979, Berlin / Heidelberg / New York, 1983.

Tomuschat, Christian: Sondervotum (zu der Entscheidung des UN-Ausschusses für Menschenrechte vom 29. Juli 1981), in: Europäische Grundrechte Zeitschrift (EuGRZ), S. 521 f, 1981.

Trechsel, Stefan: Überlegungen zum Verhältnis zwischen Art. 14 EMRK und dem 12. Zusatzprotokoll, in: Gleichheit und Nichtdiskriminierung im nationalen und internationalen Menschenrechtsschutz, Hrsg.: Wolfrum, Rüdiger, S. 119 – 134, Berlin / Heidelberg / New York / Barcelona / Hongkong / London / Mailand / Paris / Tokio, 2003.

Troebst, Stefan: From paper to practice: The Council of Europe's Framework Convention for the protection of national minorities, in: Helsinki Monitor, Vol. 10, No. 1, S. 19 – 26, 1999.

Tudyka, Kurt P.: Das OSZE-Handbuch – Die Organisation für Sicherheit und Zusammenarbeit von Vancouver bis Wladiwostok, 2. Auflage, Opladen, 2002.

Uerpmann, Robert: Völkerrechtliche Grundlagen des Minderheitenschutzes, in: Minderheitenschutz in Mittel- und Osteuropa, Hrsg.: Manssen, Gerrit / Banaszak, Boguslaw, S. 9 – 27, Frankfurt am Main, 2001.

Vasak, Karel: Analytical Examination of Civil and Political Rights, in: Civil and Political Rights, Verf.: Newman, Frank C. / Vasak, Karel, S. 142 – 160, in: The International Dimensions of Human Rights, Hrsg.: Vasak, Karel / Alston, Philip, Volume 1, S. 135 – 173, Westport / Paris, 1982.

Vasak, Karel: The Council of Europe, in: The International Dimensions of Human Rights, Hrsg.: Vasak, Karel / Alston, Philip, Volume 2, S. 457 – 542, Westport / Paris, 1982.

Vattel, Emer de: Le droit des gens, ou principes de la loi naturelle, appliqués à la conduite et aux affaires des Nations et Souverains, 1758 (Translated as "The Law of Nations, or the Principles of Natural Law, applied to the Conduct and to the Affairs of Nations and of Sovereigns" by Fenwick, Charles G., "The Classics of International Law, Washington, 1916).

Veiter, Theodor: Nationalitätenkonflikt und Volksgruppenrecht im ausgehenden 20. Jahrhundert – Die Entwicklung des ethnischen Konflikts / Rechtsprobleme am ausgehenden zwanzigsten Jahrhundert / Schlussfolgerungen, 2. Auflage, Wien, 1984.

Venedig-Kommission: Paper containing the position of the Hungarian government in relation to the Act on Hungarians living in neighbouring countries, Strasbourg, 21 August 2001 (aufzurufen unter: http://www.venice.coe.int/docs/2001/CDL(2001)080-e.htm).

Venedig-Kommission: "Report on the Preferential Treatment of National Minorities By Their Kin-State" adopted by the Venice Commission at its 48th Plenary Meeting, Strasbourg, 22 October 2001 (aufzurufen unter: http://www.venice.coe.int/docs/2001/CDG-INF(2001)019-e.htm).

Verdoodt, Albert: Naissance et Signification de la Déclaration Universelle des Droits de l'Homme, Société d'Etudes Morales, Sociales et Juridiques, Louvain-Paris, 1964.

Verdross, Alfred: Die Quellen des universellen Völkerrechts, Freiburg im Breisgau, 1973.

Verdross, Alfred: Die völkerrechtliche und politische Souveränität der Staaten, in: Um Recht und Freiheit, Festschrift für Friedrich August Freiherr von der Heydte, Hrsg.: Kipp, Heinrich / Mayer, Franz / Steinkamm, Armin, S. 703 – 710, Berlin, 1977.

Verdross, Alfred / Simma, Bruno / Geiger, Rudolf: Territoriale Souveränität und Gebietshoheit: Zur völkerrechtlichen Lage der Oder-Neiße-Grenze (Kulturstiftung der Dt. Vertriebenen), Bonn, 1980.

Vereinte Nationen: Website der Vereinten Nationen: "List of Member States" (aufzurufen unter: http://www.un.org/Overview/unmember.html).

Vereinte Nationen: Website der Vereinten Nationen: "Growth in United Nations Membership, 1945-2003" (aufzurufen unter: http://www.un.org/Overview/growth.htm).

Vierdag, Egbert Willem: The Concept of Discrimination in International Law – With Special Reference to Human Rights, Den Haag, 1973.

Vierheilig, Monica: Minority Schools in Albania, in: Encyclopedia of Public International Law (EPIL), Hrsg.: Bernhardt, Rudolf, Vol. III, S. 425 – 427, Amsterdam / Lausanne / New York / Oxford / Shannon / Singapore / Tokyo, 1997.

Villiger, Mark E.: Handbuch der Europäischen Menschenrechtskonvention (EMRK) unter besonderer Berücksichtigung der schweizerischen Rechtslage, Zürich, 1993.

Vitzthum, Wolfgang Graf: Begriff, Geschichte und Quellen des Völkerrechts, in: Völkerrecht, Hrsg.: Graf Vitzthum, Wolfgang, 1 – 85 (Erster Abschnitt), Berlin / New York, 2001.

Volio, Fernando: Legal Personality, Privacy, and the Family, in: The International Bill of Rights – The Covenant on Civil and Political Rights, Hrsg.: Henkin, Louis, S. 185 – 208, New York, 1981.

Wildhaber, Luzius: Menschen- und Minderheitenrechte in der modernen Demokratie (Rektoratsrede gehalten an der Jahrfeier der Universität Basel am 27. November 1992), in: Baseler Universitätsreden, Heft 88, S. 3 – 25, Basel, 1992.

Wolfrum, Rüdiger: Das Verbot der Diskriminierung aufgrund von Rasse, Herkunft, Sprache oder Hautfarbe im Völkerrecht, in: Gleichheit und Nichtdiskriminierung im nationalen und internationalen Menschenrechtsschutz, Hrsg.: Wolfrum, Rüdiger, S. 215 – 231, Berlin / Heidelberg / New York / Barcelona / Hongkong / London / Mailand / Paris / Tokio, 2003.

Xanthaki, Alexandra: Protection of a specific minority: the case of Roma/Gypsies, in: Minority rights in Europe – A review of the work and the standards of the Council of Europe, Hrsg: Thornberry, Patrick / Martín Estébanez, María Amor, Chapter 4, S. 169 – 194, Strasbourg (Council of Europe Publishing), 2004.

Zaagman, Rob / Bloed, Arie: Die Rolle des Hohen Kommissars für Nationale Minderheiten bei der Konfliktprävention, in: OSZE-Jahrbuch 1995, Hrsg.: Institut für Friedensforschung und Sicherheitspolitik an der Universität Hamburg, S. 225 – 240, Baden-Baden, 1995.

Zaal, Hannie: The CSCE High Commissioner on National Minorities, in: Helsinki Monitor, Vol. 3, No. 4, S. 33 – 37, 1992.

Zellner, Wolfgang: Was der Hohe Kommissar für nationale Minderheiten bewirkt, in: Perspektiven und Defizite der OSZE, Hrsg.: Lutz, Dieter S. / Tudyka, Kurt P., S. 141 – 171, Baden-Baden, 1999/2000.

Angela Kaiser

Minderheitenschutz in der Europäischen Union

Eine Untersuchung des „doppelten Standards" des EU-Minderheitenschutzes unter besonderer Berücksichtigung der Europäischen Grundrechtecharta

Frankfurt am Main, Berlin, Bern, Bruxelles, New York, Oxford, Wien, 2005.
XXII, 346 S.
Schriften zum Staats- und Völkerrecht. Herausgegeben von Dieter Blumenwitz.
Bd. 114
ISBN 3-631-53334-9 · br. € 56.50*

Das Augenmerk von Minderheitenschützern galt in Europa lange dem Europarat und der OSZE. Die Europäische Union gewinnt jedoch durch den fortschreitenden Integrationsprozess zunehmend rechtlichen und tatsächlichen Einfluss auf das Minderheitenrecht in Europa. Insbesondere im Zusammenhang mit der Europäischen Grundrechtecharta und der Osterweiterung ist das Thema in jüngerer Zeit auf EU-Ebene diskutiert worden. Bisher gab es nur wenige Gesamtuntersuchungen zum Minderheitenschutz in der EU. Diese Untersuchung beleuchtet in einem mehrdimensionalen Ansatz die Chancen und Risiken des EU-Rechts für den Schutz von Minderheiten. Dabei wird das EU-Vertragswerk ebenso analysiert wie die Rechtsprechung des Europäischen Gerichtshofes und die Aktivitäten der EU auf dem Gebiet des Minderheitenschutzes in ihren Außenbeziehungen.

Aus dem Inhalt: Völkerrechtlicher Minderheitenschutz · Minderheitenschutz im EU-Vertragswerk · Art. 6 EU · Art. 12, 13 EG · EU-Antidiskriminierungsrichtlinien · Art. 21, 22 Europäische Grundrechtecharta · EU-Osterweiterung · Vereinbarkeit nationaler Minderheitenschutzregelungen mit EU-Recht · Rechtsprechung des EuGH · Stellenwert des Minderheitenschutzes im Außenverhältnis der EU gegenüber Drittstaaten · EU-Beitrittsrecht · Kopenhagener Kriterien · Verhältnis von EU-Außenstandard und EU-Innenstandard

FSC
www.fsc.org
MIX
Papier Fördert
gute Waldnutzung
FSC® C083411

Kolibri 360 GmbH
Ferdinand-Jühlke-Straße 7
99095 Erfurt, Deutschland
produktsicherheit@kolibri360.de

Druck:
CPI Druckdienstleistungen GmbH
im Auftrag der
Kolibri 360 GmbH
Ferdinand-Jühlke-Str. 7
99095 Erfurt